MAX PERKINS

Un éditeur de génie

A. Scott Berg

MAX PERKINS

Un éditeur de génie

Traduit de l'anglais (États-Unis)
par Joseph Antoine et Sébastien Baert

Michel LAFON

Titre original
Max Perkins, Editor of Genius

118, avenue Achille-Peretti – CS 70024
92521 Neuilly-sur-Seine Cedex
www.michel-lafon.com

À mon ami Carlos Baker
et à mes parents, Barbara et Richard Berg

« Il traversa les multitudes indifférentes,
Splendeur parmi les ombres, foyer de lumière
Sur cette scène obscure, Esprit luttant
Pour la vérité et, tel le prêcheur, échouant à l'atteindre. »

Shelley, *Poèmes*

Première partie

– 1 –

La musique juste

Peu après 18 heures, par un soir de mars 1946, un homme mince aux cheveux gris installé dans son bar favori, le Ritz, finissait le dernier d'une série de martinis. Quand il s'estima dûment tonifié, prêt pour l'épreuve, il régla la note, se leva, mit son manteau et son chapeau. Tenant d'une main une serviette gonflée et de l'autre son parapluie, il quitta l'établissement pour s'aventurer dans le déluge qui s'abattait sur le centre de Manhattan. Il prit vers l'ouest en direction d'un magasin de la 43e Rue, à quelques pâtés d'immeubles.

Trente jeunes gens des deux sexes l'attendaient dans ce local. Il s'agissait d'étudiants inscrits à un cours sur les métiers du livre. L'université de New York avait confié cet enseignement à Kenneth D. McCormick, responsable éditorial chez Doubleday and Company. Tous les élèves avaient hâte d'entrer dans le milieu de l'édition, et ils suivaient chaque semaine des séminaires susceptibles d'augmenter leurs chances. En général, il y avait des retardataires, mais McCormick observa que ce n'était pas le cas ce soir-là : tous les étudiants étaient au rendez-vous, assis derrière leurs tables de six. McCormick savait pourquoi : ce cours portait sur l'édition littéraire et il avait convaincu le plus grand éditeur des États-Unis de venir « en parler un peu ».

Si Maxwell Evarts Perkins n'était pas connu du large public, le milieu du livre le regardait comme une figure majeure du métier, presque comme un héros. C'était l'éditeur accompli. Encore jeune homme, il avait révélé de grandes plumes – tels F. Scott Fitzgerald,

Ernest Hemingway ou Thomas Wolfe. Il avait bâti sa carrière sur ces écrivains, bousculant les conventions artistiques de la génération précédente et révolutionnant la littérature américaine. Il travaillait pour la maison Charles Scribner's Sons depuis trente-six ans, période au cours de laquelle aucun éditeur d'aucune société n'avait même approché ses résultats, s'agissant de dénicher et de publier des auteurs talentueux. Plusieurs élèves avaient avoué à McCormick qu'ils avaient été attirés par l'édition sous l'influence du brillant exemple qu'était Perkins.

Après avoir réclamé l'attention en frappant de sa paume la table de bridge pliante dressée devant lui, McCormick commença son cours par une description du métier d'éditeur. La profession, dit-il, avait changé. Elle ne se résumait plus à corriger les manuscrits. Aujourd'hui, c'était un autre savoir-faire qui primait : que publier, comment mettre la main sur le « bon » livre, comment faire en sorte qu'il touche le maximum de lecteurs. Et sur ce plan, affirma McCormick, Max Perkins n'avait pas son pareil. Il possédait un jugement littéraire original et extrêmement pointu. Il était aussi célèbre pour sa capacité à pousser l'auteur à donner le meilleur de lui-même, ou d'elle-même. Il ne se conduisait pas avec l'écrivain comme un tyran, mais comme un ami à qui il venait en aide de différentes manières. Il l'aidait à structurer son livre si nécessaire ; il lui suggérait des titres et des intrigues ; il était à la fois son thérapeute, son conseiller dans les affaires de cœur et son coach pour sa carrière. Il lui prêtait de l'argent. Peu d'éditeurs avant lui avaient consacré autant d'énergie au travail sur les manuscrits, même s'il était toujours resté fidèle à son credo : « Un livre est la propriété de son auteur. »

McCormick laissa également entendre que Perkins, à certains égards, n'était peut-être pas fait pour cette profession : il était nul en orthographe, sa ponctuation était fantaisiste, et pour ce qui était de la lecture, il était selon son propre aveu « lent comme un bœuf ». Ce qui ne l'empêchait pas de faire de la littérature une question de vie ou de mort. Il avait écrit un jour à Thomas Wolfe : « Rien ne saurait être aussi important qu'un livre. »

Perkins était l'éditeur de référence, nombre de ses auteurs étaient célèbres et lui-même avait un côté excentrique ; tout cela contribuait à multiplier les légendes sur son compte, dont la plupart avaient un fond de vérité. Tous ceux qui assistaient au cours de

Kenneth McCormick avaient entendu raconter au moins une version palpitante de différentes anecdotes : comment Perkins avait découvert F. Scott Fitzgerald ; comment Zelda, la femme de Scott, avait transporté l'éditeur dans la voiture de Scott à Long Island Sound ; comment Perkins avait convaincu les Scribner de prêter à Fitzgerald des milliers de dollars ; comment il avait sauvé son auteur de sa dépression. On disait que Perkins avait accepté le premier roman d'Hemingway, *Le soleil se lève aussi*, sans l'avoir ouvert, et qu'il avait dû batailler ensuite pour ne pas perdre son emploi, car le manuscrit, à l'arrivée, contenait des grossièretés. Une des meilleures histoires de Perkins concernait un échange avec le très conservateur Charles Scribner au sujet des expressions vulgaires dont Hemingway avait émaillé *L'Adieu aux armes*, son deuxième roman. On racontait que Perkins avait griffonné dans son agenda les mots gênants qu'il souhaitait discuter – *shit*, *fuck*, *piss* – sans faire attention qu'il les inscrivait dans la case « À faire aujourd'hui ». Le vieux Scribner, paraît-il, était tombé sur cette liste, et il avait fait observer à Perkins qu'il devait avoir un problème s'il était obligé de marquer ce genre de choses pour ne pas les oublier.

Nombre de ces histoires concernaient Thomas Wolfe, auteur au style et au tempérament indomptables. On disait de lui qu'il avait écrit *Le Temps et le Fleuve* en appuyant sa carcasse d'un mètre quatre-vingt-dix-huit contre le frigidaire dont le plateau lui servait de pupitre, et qu'il avait empilé ses feuillets dans une caisse en bois sans même les relire. À la fin, paraît-il, trois costauds avaient apporté la caisse pleine à ras bord à Perkins qui s'était débrouillé pour en faire un livre. Les étudiants de McCormick avaient aussi entendu parler du chapeau de Perkins, un feutre informe qu'il gardait sur la tête toute la journée, à ce qu'on racontait, dehors comme à l'intérieur, et ne retirait que pour aller se coucher.

Tandis que McCormick parlait, la légende en personne s'approcha de ce magasin de la 43ᵉ Rue et pénétra sans bruit. McCormick leva la tête, aperçut au fond la silhouette voûtée arrêtée sur le seuil, et s'interrompit au milieu d'une phrase pour accueillir le nouveau venu. Tous les étudiants se retournèrent pour voir de leurs yeux le plus grand éditeur d'Amérique.

Il avait 61 ans et mesurait un mètre soixante-quinze pour un poids de soixante-quinze kilos. Son parapluie ne semblait pas lui avoir servi à grand-chose – il était trempé et son chapeau s'affalait sur ses oreilles. Sa longue figure étroite se couvrait d'une teinte rosâtre qui en atténuait les protubérances. Le visage entourait un fort nez rouge qui partait droit et le restait presque jusqu'au bout, avant de se courber comme un bec. Il avait les yeux bleu pastel. Wolfe les avait décrits un jour comme « emplis d'une lumière étrange, brumeuse, habités peut-être par un climat lointain et maritime, tels ceux d'un marin de la Nouvelle-Angleterre en partance pour la Chine à bord d'un voilier, plus ou moins noyé dans les eaux de son propre regard ».

Perkins, en se défaisant de son imperméable ruisselant, révéla un costume trois-pièces froissé de couleur grise. Puis ses yeux partirent brusquement vers le haut et il retira le chapeau sous lequel d'épais cheveux d'un gris métallique étaient peignés en arrière à partir d'une pointe en « V » dessinée sur le front. Max Perkins ne se souciait guère de son apparence ; en l'occurrence, il avait l'air ce soir-là d'un marchand de graines et fourrage débarqué du Vermont dans ses habits du dimanche, et que la pluie avait surpris en ville. Il sembla quelque peu perdu quand il traversa la pièce, et plus encore lorsque Kenneth McCormick le présenta comme « le doyen de l'édition américaine ».

C'était la première fois que Perkins s'adressait à une assistance de ce genre. Les invitations qu'il recevait chaque année par dizaines, il les déclinait. D'abord, il se faisait un peu dur d'oreille et préférait éviter d'avoir à parler en public. Ensuite, il estimait que les éditeurs devaient rester dans l'ombre ; il pensait que chercher la reconnaissance eût risqué de saper la confiance que les lecteurs plaçaient dans les auteurs, et celle que les auteurs plaçaient en eux-mêmes. Et surtout, il n'avait jamais vu l'intérêt de discuter de sa carrière – du moins jusqu'à l'invitation de McCormick qui était lui-même un des professionnels les plus doués et les plus appréciés de l'édition, un confrère à qui il n'était pas facile de dire non puisqu'il pratiquait la même philosophie que Perkins, et souhaitait lui aussi se tenir en retrait. Autre explication : Perkins, pressé par la lassitude et le chagrin nés de sa propre longévité, sentait que le moment était peut-être venu de transmettre ce qu'il avait appris, avant qu'il ne soit trop tard.

Les pouces confortablement accrochés aux emmanchures de son gilet, il commença de sa voix distinguée, un peu rauque, sans quitter son auditoire du regard : « Première chose que vous devez avoir à l'esprit : un éditeur n'ajoute rien à un livre. Au mieux, il est au service de l'auteur. Évitez de vous sentir important, car un éditeur, dans le meilleur des cas, est quelqu'un qui libère des énergies. Il ne crée rien. » Perkins admit qu'il lui était arrivé de suggérer des sujets à des auteurs qui manquaient d'inspiration, mais il continua de soutenir que les écrivains, en pareil cas, étaient rarement à leur meilleur, quand bien même il y avait à la clé un succès financier, voire critique. « L'écrivain est à son meilleur, dit-il, quand ça vient de lui. » Il mit les étudiants en garde : l'éditeur ne devait pas introduire sa vision des choses dans le travail de l'écrivain ni essayer de faire de lui ce qu'il n'était pas. « La démarche est simple. Si vous avez devant vous un Mark Twain, ne cherchez pas à en faire un Shakespeare. Et n'essayez pas de faire de Shakespeare un Mark Twain. Car finalement, le maximum que l'éditeur arrivera à tirer d'un auteur, c'est ce que l'auteur a en lui. »

Perkins parlait avec précaution, avec ce timbre un peu sourd, difficile à entendre, comme s'il était surpris par le son de sa propre voix. Au début, les étudiants durent tendre l'oreille, mais au bout de quelques minutes, ils étaient si attentifs que chaque syllabe prononcée leur parvenait nettement. Ils écoutaient, concentrés, cet éditeur pas comme les autres leur parler du défi électrisant que représentait son métier – la quête de ce qu'il continuait d'appeler « la musique juste ».

Quand Perkins eut terminé, Kenneth McCormick invita les étudiants à poser des questions. Et la première fut : « C'était comment, de travailler avec F. Scott Fitzgerald ? »

Perkins réfléchit. Un léger sourire flottait sur son visage. Puis la réponse tomba : « Scott était toujours bien élevé. Il avait quelquefois besoin d'être aidé – et il pouvait être lassant –, mais son écriture était tellement riche que le jeu en valait la chandelle. » Il continua en expliquant qu'avec Fitzgerald, c'était moins compliqué qu'avec d'autres dans la mesure où il avait en face de lui un perfectionniste, quelqu'un qui tenait à faire du bon travail. « Cependant, dit-il aussi, il était particulièrement sensible à la critique. Il pouvait l'accepter, mais en tant qu'éditeur, vous aviez intérêt à être sûr de vos suggestions. »

L'échange s'orienta ensuite vers Ernest Hemingway. Cet auteur, dit Perkins, avait eu besoin d'être soutenu au début de sa carrière, et encore plus après. « En effet, il était aussi audacieux dans son écriture que dans sa vie. » Perkins pensait que le travail d'Hemingway mettait en valeur cette vertu-là chez ses héros : ils réagissaient « avec grâce sous la pression des événements ». Il pouvait lui arriver de se surcorriger lui-même. « Il m'a dit un jour que certains passages de *L'Adieu aux armes* avaient été écrits cinquante fois. » Et Perkins d'ajouter : « Juste avant qu'un auteur ne détruise les qualités naturelles de son œuvre : c'est là que l'éditeur doit intervenir. Mais pas une seconde plus tôt. »

Perkins parla de sa collaboration avec Erskine Caldwell et évoqua plusieurs de ses romancières à succès, dont Taylor Caldwell, Marcia Davenport et Marjorie Kinnan Rawlings. À la fin, comme si la classe avait répugné jusque-là à aborder un sujet délicat, vinrent des questions sur feu Thomas Wolfe, un auteur dont Perkins s'était séparé. Et le reste de la soirée fut presque entièrement consacré à la relation intense qui avait uni l'éditeur à Wolfe, l'épreuve la plus difficile de sa carrière. Pendant des années, la rumeur s'était largement répandue selon laquelle Wolfe et Perkins avaient contribué à égalité à produire les immenses romans de cet écrivain. « Tom, dit-il, était un homme doté d'un énorme talent, un génie. Ce talent, comme sa vision de l'Amérique, était si profond qu'aucun livre, ni même une seule vie n'aurait pu contenir tout ce qu'il avait à dire. » Tandis que Wolfe transformait son propre univers en fiction, Perkins avait jugé de sa responsabilité de lui fixer certaines limites – touchant à la longueur et à la forme des textes.

« Il existait, dit-il, des règles pratiques auxquelles Wolfe ne pouvait pas prendre le temps de réfléchir pour se les appliquer à lui-même.

– Mais vos suggestions, il les acceptait poliment ? » demanda quelqu'un.

Pour la première fois de la soirée, Perkins eut un rire. Un jour, expliqua-t-il, à mi-chemin de leur relation, il avait essayé d'obtenir de Wolfe qu'il supprime un long passage de son roman *Le Temps et le Fleuve.* « C'était tard le soir, il faisait très chaud, on travaillait dans mon bureau. Je lui ai exposé mon point de vue, puis j'ai continué de lire le manuscrit en silence. » Perkins savait que Wolfe finirait par accepter de faire sauter ce passage, car la proposition se fondait sur un argument artistique. Mais l'auteur n'était pas prêt à rendre les armes si facilement. Il secouait la tête, se balançait sur sa chaise, promenait des regards sur les quelques meubles qui occupaient la pièce. « J'ai continué de lire le manuscrit pendant un bon quart d'heure, continua Max, mais sans perdre de vue les mouvements de Tom – en tout cas, je savais qu'il fixait des yeux un angle de la pièce. C'était là que j'accrochais mon manteau et mon chapeau. Mais il y avait aussi, partant du chapeau et tombant le long du manteau, une sinistre peau de serpent à sonnette avec sept anneaux. » Un cadeau de Marjorie Kinnan Rawlings. Max regarda Tom qui regardait le chapeau, le manteau et le serpent. Et Wolfe de s'exclamer soudain : « Ah ! Voilà le portrait même de l'éditeur ! » Ayant lâché cette petite blague, il consentit à la suppression du fameux passage.

Quelques-unes des questions posées par les apprentis éditeurs durent être répétées, car Perkins entendait mal. Il émaillait son intervention de longs silences. Il répondait avec éloquence, mais son esprit, entre les questions, avait l'air d'errer parmi un millier de souvenirs. « Max semblait pénétrer dans le monde privé de ses propres pensées, dirait McCormick des années plus tard, faire des associations d'idées intérieures qui n'appartenaient qu'à lui. On aurait dit qu'il était entré dans une petite chambre dont il avait refermé la porte. » Quoi qu'il en soit, Perkins se livra ce soir-là à un numéro mémorable qui laissa la classe éblouie. Le provincial débarqué voilà trois heures trempé comme une soupe s'était métamorphosé sous leurs yeux pour devenir l'authentique légende qu'ils avaient imaginée.

Peu après 21 heures, McCormick rappela à Max qu'il avait un train à prendre. Quelle pitié, de devoir arrêter ! Perkins n'avait même pas raconté son expérience avec des romanciers tels que Sherwood Anderson, John P. Marquand, Morley Callaghan, Hamilton Basso ; ni avec les biographes Douglas Southall Freeman, Edmund Wilson, Allen Tate, Alice Roosevelt Longworth, Nancy Hale… Et le temps lui manquait à présent pour parler de Joseph Stanley Pennell et de son livre, *Rome Hanks,* le roman le plus exaltant publié par ses soins ces dernières années. Pas le temps non plus d'évoquer la nouvelle génération d'écrivains – Alan Paton et James Jones, par exemple, deux auteurs dont il était en train d'éditer les manuscrits prometteurs. Cependant, il ne faisait aucun doute que Perkins estimait en avoir largement assez dit. Il reprit son chapeau et se l'enfonça sur la tête. Il enfila son manteau. Il tourna le dos à la standing ovation des élèves. Et il se glissa dehors aussi furtivement qu'il était venu.

La pluie n'avait pas cessé. Sous son parapluie noir, Perkins se dirigea péniblement vers Grand Central Station. De toute sa vie, il n'avait jamais autant parlé de lui en public.

Quand il rentra chez lui à New Canaan, Connecticut, il était tard. Il trouva l'aînée de ses cinq filles en train de l'attendre. Elle était venue passer la soirée à la maison. Elle nota que son père était d'humeur mélancolique et s'en inquiéta.

« J'ai donné un cours, répondit-il. Ils m'ont présenté comme le "doyen de l'édition américaine". Quand on te qualifie de doyen, ça veut dire que tu as fait ton temps.

– Oh ! papa ! protesta sa fille. Ça ne veut pas du tout dire ça ! Ça veut juste dire que tu es arrivé au sommet.

– Non, insista Perkins d'un ton égal. Ça veut dire que tu as fait ton temps. »

C'était le 26 mars. Vingt-six ans plut tôt, un autre 26 mars avait représenté un grand jour pour Maxwell Perkins : la parution d'un livre qui devait changer sa vie et lui apporter bien davantage encore.

– 2 –

Le paradis

En 1919, les rituels du printemps furent marqués à Manhattan par d'extraordinaires manifestations de patriotisme. Semaine après semaine, les régiments marchant au pas se succédaient dans la 5e Avenue. La « der des ders » était finie, et elle était gagnée.

À hauteur de la 48e Rue, les parades passaient sous les fenêtres de Charles Scribner's Sons – éditeurs et libraires. L'immeuble de neuf étages, de structure classique, était couronné par deux obélisques et orné de pilastres imposants. La façade du rez-de-chaussée resplendissait de cuivres – c'était l'élégante devanture de la librairie Scribner, un vaste espace rectangulaire abrité par de hautes voûtes, meublé d'étroits rayons métalliques qui s'élevaient en spirale vers les mezzanines. John Hall Wheelock, qui avait géré la librairie avant de devenir un des éditeurs maison, qualifiait cet endroit de « cathédrale byzantine du livre ».

La librairie était flanquée d'une entrée discrète donnant sur un vestibule et sur l'ascenseur brinquebalant qui menait aux divers royaumes de l'entreprise Scribner. Les premier et deuxième étages étaient occupés par les départements financiers et commerciaux. La publicité occupait le troisième niveau. Au quatrième, se trouvaient les locaux des équipes éditoriales – des murs et des plafonds blancs, un sol en ciment nu, des bureaux à cylindre et des rayonnages de livres. Les Scribner, une entreprise familiale de seconde génération, sacrifiaient à ce style austère, raffiné, pénétré de tradition, qui marquait la plupart des maisons d'édition américaines. Il continuait de régner chez eux une ambiance à la Dickens. La comptabilité, par exemple, était dirigée par un homme de plus de 70 ans perché sur un haut tabouret, qui passait ses journées à scruter les registres reliés de cuir. La machine à écrire faisait désormais partie des meubles, et comme c'étaient des femmes qui étaient employées pour se servir de ces engins, les messieurs étaient invités à s'abstenir de fumer dans les bureaux.

La société était gouvernée depuis le quatrième étage par une espèce de monarchie du XIXe siècle. Charles Scribner II, le « Vieux », en était le chef incontesté. Son visage montrait généralement une expression sévère ; il avait le nez pointu, ses cheveux blancs étaient coupés court et il portait la moustache. À l'âge de 66 ans, il était en place depuis quarante ans. Il était suivi dans l'ordre de la succession par son frère Arthur, un homme de neuf ans son cadet, au physique plus aimable, et dont Wheelock disait qu'il était « toujours un peu paralysé par la vitalité de son aîné ». William Crary Brownell, le responsable éditorial à barbe blanche et moustache de morse, avait dans son bureau un crachoir en cuivre et un canapé de cuir. Chaque après-midi, il lisait un nouveau manuscrit, puis « dormait dessus » pendant une heure. Après quoi il faisait le tour du pâté de maisons à pied, en fumant un cigare. Au retour, il crachait et s'asseyait derrière son bureau ; il était alors en mesure de donner son avis sur le livre en question.

Il y avait aussi des jeunes chez Scribner, dont Maxwell Evarts Perkins, entré dans la maison en 1910. Il avait dirigé pendant quatre ans et demi le département publicité avant de grimper à l'étage éditorial pour apprendre le métier sous la férule du vénérable Brownell. En 1919, Perkins s'était déjà taillé une place de jeune éditeur prometteur. Il éprouvait pourtant quelque déception touchant à sa carrière quand, penché à la fenêtre, il voyait défiler en bas les bataillons hauts en couleur. La trentaine passée, il s'était jugé lui-même trop âgé et trop chargé de responsabilités pour se porter candidat à des opérations en terres lointaines. Et maintenant qu'il voyait les soldats rentrer au pays, il regrettait de n'avoir pas assisté personnellement aux combats.

La maison Scribner elle-même n'avait que peu souffert de la guerre et de ses bouleversements. Son catalogue témoignait d'un goût indigent en matière de valeur littéraire. Ses livres ne franchissaient jamais les limites de la « décence ». Le fait est qu'ils allaient rarement au-delà du simple divertissement. Ils n'étaient pas signés non plus de la plume des jeunes auteurs qui faisaient parler d'eux – les Theodore Dreiser, les Sinclair Lewis, les Sherwood Anderson. Les trois piliers de Scribner étaient des écrivains qui marinaient depuis des lustres dans la bonne tradition anglaise. La maison publiait *La Dynastie des Forsyte*, de John Galsworthy, ainsi que les œuvres complètes de Henry James et d'Edith Wharton. Et les livres importants de son catalogue venaient d'écrivains publiés depuis des années, des auteurs dont les manuscrits n'exigeaient aucun travail éditorial. William C. Brownell avait d'ailleurs défini la politique littéraire de Scribner en répondant à Mrs. Wharton, après qu'elle lui eut soumis un manuscrit : « Je ne suis pas un grand bricoleur, ni assez *suffisant*[1] pour m'imaginer que l'éditeur puisse contribuer beaucoup à la valeur d'un livre en conseillant des modifications. »

Ce que l'on attendait principalement de l'éditeur Maxwell Perkins, c'était qu'il se coltine les lectures d'épreuves – de grands placards imprimés dont chacun contenait l'équivalent de trois pages de livre – et autres corvées de pure forme. Il pouvait arriver qu'on lui demande d'effectuer des corrections grammaticales dans un ouvrage sur le jardinage, ou de sélectionner les nouvelles appelées à figurer dans une anthologie scolaire de Tchekhov. Ce travail exigeait fort peu de créativité.

Scribner comptait parmi ses fidèles auteurs le journaliste irlandais Shane Leslie. Poète, conférencier, Leslie séjournait parfois plusieurs années consécutives aux États-Unis. Lors d'une de ses tournées, le directeur de la Newman School, dans le New Jersey, lui présenta un adolescent originaire du Minnesota, et qui souhaitait écrire. Leslie noua une amitié avec ce jeune homme charmant qui entra finalement à Princeton, mais fut enrôlé dans l'armée avant d'avoir pu obtenir son diplôme. On l'expédia en service commandé à Fort Leavenworth dans le Kansas. Il devait se remémorer ainsi cette période : « Tous les samedis, à 13 heures, quand la semaine de travail était finie, je me précipitais au mess des officiers et là, dans le coin d'une pièce enfumée, dans le bruit des conversations et le froissement des journaux, j'écrivais une nouvelle de vingt mille mots, et c'était comme ça pendant trois mois. » Au

1. En français dans le texte. (toutes les notes sont des traducteurs.)

printemps 1918, il pensa que l'armée allait l'envoyer à l'étranger. Incertain de son avenir, il confia son manuscrit à Leslie. Ce jeune officier n'était autre que F. Scott Fitzgerald.

L'œuvre s'intitulait alors *The Romantic Egotist* – « Le Romantique Égotiste ». Ce n'était rien de plus qu'un livre fourre-tout réunissant des nouvelles, des poèmes et des essais sur le passage de l'auteur à l'âge adulte. Leslie l'envoya à Charles Scribner « pour lui donner un avis », et présenta les choses ainsi : « En dépit des apparences, il m'a fourni un portrait frappant de la génération américaine jetée dans la guerre. J'admire sa grossièreté et son intelligence. C'est tantôt naïf, tantôt choquant, péniblement conventionnel et pourtant marqué à la fin par une touche sublime et ironique. Un tiers du livre environ pourrait être oublié sans que l'on perde le sentiment d'avoir lu un Rupert Brooke[1] américain... Il m'intéresse en tant qu'œuvre de jeunesse à même d'exprimer, je pense, cette vraie jeunesse américaine que les sentimentaux ont tellement hâte de cacher sous une tente du YMCA. »

Le manuscrit passa d'un éditeur à l'autre pendant trois mois. Brownell « n'arrivait pas du tout à le digérer ». Un autre responsable éditorial, Edward L. Burlingame, le jugea « dur à passer ». Il fut refusé jusqu'au moment où il tomba entre les mains de Maxwell Perkins qui écrivit à Fitzgerald à l'automne : « Nous avons lu *The Romantic Egoist*[2] avec un intérêt tout à fait inhabituel ; en fait, il y a bien longtemps que ne nous était parvenu un ms[3] de roman à ce point débordant de vitalité. » Il extrapolait puisqu'il était *le seul* à avoir aimé. La suite était pour dire qu'il refusait le manuscrit à contrecœur. Il mentionnait des restrictions gouvernementales touchant aux fournitures d'imprimerie, le prix élevé de la fabrication, ainsi que « certaines caractéristiques du roman lui-même ».

Les éditeurs, chez Scribner, inclinaient à penser qu'ils auraient outrepassé leurs fonctions en critiquant les manuscrits refusés, et probablement heurté les auteurs. Mais dans ce cas précis, Perkins

1. Poète anglais connu pour son idéalisme et ses évocations de la Grande Guerre.

2. Coquille de Perkins : « *Egoist* » pour « *Egotist* ».

3. Abréviation de « manuscrit ».

était si enthousiaste qu'il s'aventura plus loin dans son commentaire. S'appropriant le « nous » initial, il se risqua à formuler plusieurs remarques, en arguant du fait que la maison, selon lui, pourrait « reconsidérer son point de vue sur cette publication ».

Son principal reproche concernant *The Romantic Egotist* portait sur l'absence de conclusion. Le protagoniste partait à la dérive sans vraiment influer sur le cours de l'histoire : « C'est peut-être délibéré de votre part, même si ça ne se passe certainement pas comme ça dans la vie ; mais le lecteur en ressort clairement déçu et insatisfait dans la mesure où il s'attentait à voir le héros arriver quelque part, soit sur le plan du réel en offrant lui-même, peut-être, sa propre réponse à la guerre, soit au plan psychologique en "se trouvant lui-même" comme il advient à Pendennis[1], par exemple. Il part pour la guerre, mais pratiquement dans le même état d'esprit qui était le sien pour entrer au lycée ou à l'université – tout simplement parce que c'est ce qu'il doit faire. » Et Perkins de préciser : « Bref, il nous semble que l'histoire ne culmine jamais alors qu'elle devrait, afin de justifier l'intérêt mis par le lecteur à la suivre ; et que ça a peut-être quelque chose à voir avec les personnages et la mise en place de l'intrigue. » Perkins ne cherchait pas à rendre l'ouvrage plus « conventionnel », mais plus intense. Il concluait ainsi : « Nous espérons pouvoir l'avoir de nouveau sous les yeux, et dans ce cas, nous le relirons immédiatement. »

Ce courrier stimula le lieutenant Fitzgerald qui consacra les six semaines suivantes à retravailler son roman. À la mi-octobre, il expédia le nouveau manuscrit chez Scribner. Perkins le lut aussitôt, comme promis, et fut ravi de le trouver bien meilleur. Plutôt que d'aller affronter directement le vieux Charles Scribner, il tenta de se faire un allié en la personne de son fils, Charles III, qui lui aussi aima le livre. Mais ce soutien n'était pas suffisant. Les éditeurs historiques de la maison refusèrent cette nouvelle version du manuscrit. Perkins, plus tard, l'admettrait devant Fitzgerald : « J'ai craint alors [...] que vous n'en ayez bel et bien fini avec notre bande de conservateurs. »

Mais il n'en demeurait pas moins résolu à voir ce livre paraître. Il le proposa à l'attention de deux éditeurs rivaux, des collègues de

1. Le héros de *L'Histoire de Pendennis* de William Makepeace Thackeray.

Scribner dont Perkins devait se souvenir que « le premier fut épouvanté à l'idée de prendre un texte exigeant d'être aussi vigoureusement amélioré. Quant à l'autre, il retourna le manuscrit sans commentaire ».

Perkins ne se tint pas pour battu. Il continua de nourrir en privé l'espoir que ce livre pourrait être publié. Son idée était que Fitzgerald le travaillerait encore quand il rentrerait de l'armée, et l'autoriserait, lui Perkins, à présenter le roman une troisième fois devant le comité de lecture.

Sauf que Fitzgerald n'était pas aussi indomptable que son défenseur à New York. Quand *The Romantic Egotist* fut refusé pour la seconde fois, le jeune homme se trouvait au camp Sheridan à Montgomery, Alabama. Il cessa de croire en son livre. Cette déception fut toutefois adoucie par un autre centre d'intérêt : Zelda Sayre, la fille d'un juge de la Cour suprême d'Alabama, que sa classe de terminale venait d'élire l'élève « la plus belle et la plus séduisante ». Elle fut présentée au lieutenant Fitzgerald lors d'un bal au mois de juillet. Il devint alors l'un de ses admirateurs et lui rendit visite en août. Il confierait plus tard à son journal être « tombé amoureux » le 7 septembre. Zelda l'aimait aussi, mais elle le tint à distance. Elle attendait de voir si elle pouvait compter sur les talents du jeune homme pour leur procurer le luxe dont ils rêvaient tous les deux. Libéré de ses obligations militaires en février 1919, Fitzgerald se rendit à New York où l'attendait un emploi chez le publicitaire Barron Collier. Dès son arrivée, il câbla à Zelda : SUIS AU PAYS DE L'AMBITION ET DU SUCCÈS ET MON SEUL ESPOIR EST D'AVOIR BIENTÔT MON ADORÉE AUPRÈS DE MOI.

Bien sûr, il alla voir Max Perkins. On ignore ce qu'ils se sont dit. On sait seulement que Perkins suggéra discrètement à Fitzgerald de récrire son roman en faisant passer la narration de la première à la troisième personne. Des années plus tard, John Hall Wheelock présenterait le conseil de Perkins ainsi : « L'idée de Max était d'introduire une certaine distance entre l'auteur et l'histoire. Il admirait l'écriture exubérante de Fitzgerald, ainsi que sa personnalité, mais il ne pensait pas qu'un éditeur, et certainement pas Scribner, pût accepter l'œuvre d'un auteur à ce point effronté, singulier et sensuel. »

À l'été 1919, Fitzgerald écrivit à Perkins depuis Saint-Paul : « Au bout de quatre mois passés à essayer d'écrire le jour des textes commerciaux et la nuit de pénibles imitations de la littérature mélo, j'ai décidé que ce serait l'un ou l'autre. J'ai donc renoncé à mon mariage et je suis rentré chez moi. » Fin juillet, il avait terminé le premier jet d'un livre malencontreux intitulé *The Education of a Personnage*. Il rassura Perkins ainsi : « Ce n'est en aucune manière une resucée de ce pauvre *Romantic Egotist*, mais il contient des éléments du précédent sujet améliorés et retravaillés, avec une forte familiarité subsistant entre les deux. » Il ajouta : « L'autre livre était un ragoût fastidieux et décousu, mais là il y a une vraie tentative de créer un grand roman, et je pense vraiment y être parvenu. »

Comme toujours plein d'optimisme, Fitzgerald demanda si un roman présenté en août avait quelque chance de paraître en octobre. « Je me rends compte que la question va vous sembler bizarre, écrivit-il, puisque vous ne l'avez même pas lu, mais vous vous êtes montré si bienveillant avec mes trucs que je m'autorise à mettre une fois de plus votre patience à l'épreuve. » Fitzgerald précipita les choses en s'appuyant sur deux arguments : « Parce que j'ai envie de me jeter à l'eau littérairement et financièrement ; ensuite, parce qu'il s'agit dans une certaine mesure d'un livre qui tombe à pic, car il me semble que le public raffole des bons sujets. »

The Education of a Personnage : Perkins fut très agréablement surpris par ce titre qui excita sa curiosité. « Dès la première lecture de votre premier manuscrit, nous nous sommes dit que vous alliez réussir », répondit-il aussitôt. Et il précisa qu'en ce qui concernait la sortie du livre, il était sûr d'une chose : personne ne pourrait le faire paraître en deux mois sans pénaliser fortement ses chances de succès. Néanmoins, afin de limiter la période de délibération, il s'offrait de lire les chapitres à mesure qu'ils seraient écrits.

Fitzgerald n'envoya pas ses chapitres, mais un texte entièrement révisé qui arriva sur le bureau de Perkins durant la première semaine de septembre 1919. Le jeune écrivain avait effectué de profonds changements. En fait, il avait tenu compte de toutes les remarques de Perkins. Il avait transposé la narration à la troisième personne et fait un meilleur usage de son matériel. Il avait aussi donné au livre un nouveau titre : *This Side of Paradise*, *L'Envers du paradis* dans sa future traduction française.

Perkins se prépara à livrer bataille lors de la réunion mensuelle du comité de lecture en ayant soin de faire circuler le nouveau manuscrit parmi ses collègues. Le débat eut lieu à la mi-septembre. Charles Scribner siégeait en bout de table, l'œil mécontent. Il avait à son côté son frère Arthur. Brownell était présent aussi – une personnalité formidable puisqu'il était non seulement directeur éditorial, mais aussi l'un des critiques les plus éminents du pays. Il avait « dormi sur le manuscrit » et semblait impatient de croiser le fer avec tous ceux qui feraient mine de vouloir l'accepter.

Le vieux Charles Scribner prit la parole. Wheelock le décrivait comme « un éditeur-né, un homme doté d'un flair excellent, et qui adorait vraiment envoyer des livres à l'impression ». Mais Mr. Scribner déclara : « Je suis fier de ce que je fais imprimer. Je ne saurais publier des fictions dépourvues de valeur littéraire. » Puis Brownell exprima son point de vue en qualifiant le livre de « trivial ». Apparemment, le débat était clos. Mais le vieux Scribner reprit la parole en jetant vers l'assemblée son regard menaçant : « Max, on ne vous a pas entendu. »

Perkins quitta son siège et commença d'arpenter la salle. « Mon sentiment, dit-il sur un ton de regret, est qu'un éditeur doit servir avant tout le talent. Or si nous ne publions pas un talent tel que celui-ci, c'est que nous avons un sérieux problème. » Il soutint que l'ambitieux Fitzgerald saurait trouver un autre éditeur pour son roman, et que d'autres jeunes auteurs le suivraient : « Alors il se pourrait que nous ne soyons plus dans le coup. » Perkins regagna sa place, se tourna vers Scribner et dit encore : « Si c'est pour refuser les Fitzgerald, alors je ne verrai bientôt plus l'intérêt, en ce qui me concerne, de continuer à publier des livres. » L'affaire fut mise aux voix. Les jeunes éditeurs l'emportèrent sur les anciens. Il y eut un silence. Puis Scribner déclara qu'il avait encore besoin de réfléchir.

Fitzgerald se faisait un peu d'argent grâce à un emploi temporaire – il réparait la toiture des trains. Le 18 septembre, il reçut de Maxwell Perkins un courrier express : « Je suis personnellement très heureux d'être en mesure de vous écrire que nous sommes tous d'accord pour publier votre livre, *L'Envers du paradis*. En le regardant comme le livre même que nous avons eu précédemment, ce qu'il est en un sens, même s'il est transposé dans une langue assez différente, et même s'il va plus loin, je m'aperçois que vous l'avez énormément amélioré. Tout comme le manuscrit initial, il déborde de vie et d'énergie, et il me semble qu'il a pris beaucoup d'ampleur... Le roman est si original qu'il est difficile de se livrer à des prophéties sur les ventes, mais nous voulons lui donner sa chance et le soutenir vigoureusement. »

Scribner envisageait une parution au printemps.

Fitzgerald ne reçut pas d'avance sur ses futurs gains – les à-valoir, courants de nos jours, n'étaient pas systématiques à l'époque. Mais il se projetait déjà dans un avenir florissant. Il écrirait dans son essai *Early Success*[1], paru en 1937 : « Ce jour-là, j'ai quitté mon travail pour courir le long des rues, arrêter les voitures et tout raconter aux amis et aux connaissances – mon roman *L'Envers du paradis* était accepté... J'ai réglé les petites dettes qui m'empoisonnaient, je me suis acheté un costume, je me réveillais tous les matins avec un ineffable sentiment d'espoir et d'arrogance. » Fitzgerald s'en remit à Perkins pour les termes du contrat, mais il y avait une condition sur laquelle il n'était pas prêt à céder sans se bagarrer un tant soit peu. Une idée l'obsédait : être un écrivain publié dès Noël, au plus tard en février. Et il finit par s'expliquer sur ce point : il était près de conclure avec Zelda Sayre. Mais il y avait plus, comme il l'écrivit à Perkins : « Ça aura un effet psychologique sur moi et sur tout mon entourage, en plus de m'ouvrir des horizons. Je suis dans une période où chaque mois qui passe compte désespérément et ressemble à un gourdin dans un combat contre le temps pour atteindre le bonheur. »

Perkins expliqua que l'année éditoriale se composait de deux saisons, chacune étant préparée chez Scribner plusieurs mois à l'avance. Les représentants, par exemple : en juillet et en août, ils quadrillaient le pays dans des camions transportant les bonnes feuilles et les jaquettes des ouvrages qui feraient les plus grosses ventes à Noël. Un livre inscrit sur la liste d'automne après que les représentants avaient rendu visite à leurs librairies eût risqué d'être complètement abandonné à lui-même. Il n'aurait pas été présenté au libraire qui, disait Perkins, était « déjà débordé par le nombre d'ouvrages qu'il avait en réserve, et sur lesquels il avait

1. Le lecteur trouvera les romans et les « récits » de Fitzgerald en version française dans la Bibliothèque de la Pléiade et dans de nombreuses éditions de poche.

investi tout l'argent possible » ; il débarquerait donc – toujours selon Perkins – comme « la chose la plus malvenue et encombrante qui se puisse supporter ». Perkins recommandait une parution en deuxième saison dont la préparation commençait immédiatement après le rush des fêtes de Noël. C'était le moment où les libraires, ayant réalisé leurs bénéfices les plus importants de l'année, étaient prêts à regarnir leurs stocks avec, cette fois, les nouveaux titres du printemps, parmi lesquels on pouvait espérer que figurerait *L'Envers du paradis*.

Fitzgerald comprit et consentit. Il devait écrire dans son essai de 1937 : « Alors que j'attendais la sortie du roman, la métamorphose de l'amateur en professionnel commença de se produire – c'était un peu comme coudre sur une vie entière le motif du travail, quand la fin d'un boulot devient automatiquement le début d'un autre. » Il se lança dans plusieurs projets. Perkins s'intéressait particulièrement à un roman intitulé *The Demon Lover* dont Fitzgerald estimait qu'il lui demanderait un an d'effort. Quand son enthousiasme pour ce sujet eut faibli, il se rabattit sur des nouvelles qu'il soumit à *Scribner's Magazine*, le mensuel littéraire de la maison. Il en proposa quatre dont une seule fut acceptée.

Suite à ces diverses lettres de refus, Fitzgerald eut envie d'entendre des paroles encourageantes. Perkins lut les nouvelles refusées et n'eut pas de doute : elles pourraient facilement paraître ailleurs. « Leur grande beauté, écrivit-il, tient au fait qu'elles sont vivantes. Quatre-vingt-dix pour cent des textes qui nous arrivent sont des émanations de la vie rapetissée par le moyen de la littérature. Les vôtres expriment la vie directement, me semble-t-il. C'est vrai également pour la langue et le style : ce sont ceux d'aujourd'hui. Ils s'affranchissent de ces conventions du passé que la plupart des écrivains adorent… pour leur plus grand malheur. » Et Perkins d'ajouter : « [Elles] m'amènent à penser que vous êtes définitivement établi comme un auteur de nouvelles. »

Quelques mois plus tard, tandis que la fin de l'année approchait, Fitzgerald écrivit à Perkins : « Quelque chose me dit que j'ai dû avoir de la chance de rencontrer un éditeur qui semble s'intéresser à ce point à ses auteurs. Dieu sait que ce jeu littéraire a pu se révéler décourageant. » Ce dont Fitzgerald n'avait pas conscience, c'est que Perkins ne se réjouissait pas moins que lui, et qu'il jubilait d'avoir découvert le plus brillant des jeunes auteurs de chez Scribner.

*
* *

Au temps où Fitzgerald était étudiant à Princeton, il avait dit à Alfred Noyes, alors poète en résidence, qu'il était capable « d'écrire soit des livres qui se vendent, soit des livres dotés d'une valeur permanente », et qu'il ne savait quelle option choisir. Scott coltinerait ce conflit jusqu'à la fin de ses jours. Perkins eut tôt fait de comprendre que si ces deux choses comptaient pour Fitzgerald, l'argent avait pour lui une importance capitale. Quand *L'Envers du paradis* fut mis sous presse, l'auteur écrivit à Perkins qu'il avait une nouvelle idée de roman. « J'ai envie de commencer, dit-il, mais je n'ai pas envie de me retrouver sans un rond et de devoir arrêter pour écrire encore des nouvelles – vu que je n'aime pas ça [écrire], je le fais seulement pour le fric. » Ayant en tête l'idée d'empocher de l'argent – plus que d'acquérir une future reconnaissance littéraire –, il demanda : « Les recueils de nouvelles, ça marche ? »

Perkins confirma Fitzgerald dans son pressentiment : en général, les anthologies ne faisaient pas de grosses ventes. Il expliqua cependant : « En vérité, il m'est apparu que vos nouvelles à vous devaient sûrement constituer une exception, étant donné que beaucoup d'entre elles ont été publiées, et que votre nom est bien connu. Il me semble qu'elles ont quelque chose de populaire et qu'elles pourraient se vendre sous la forme de recueils. Je souhaiterais que vous vous attachiez à en écrire... parce qu'elles contribueront grandement à vous forger une réputation, et parce qu'elles ont en elles-mêmes une valeur certaine. »

Fitzgerald s'angoissa tout l'hiver. Zelda Sayre accepta de l'épouser, mais le mariage demeurait suspendu au succès de Scott en tant qu'auteur. Il envisagea donc les nouvelles comme un raccourci pour atteindre son but. Il divisa son *Demon Lover* en plusieurs portraits qu'il vendit quarante dollars pièce au *Smart Set*, le magazine littéraire à succès de George Jean Nathan et H.L. Mencken. En 1920, l'éditeur et chroniqueur Mencken encourageait plus que personne les écrivains à bousculer la « tradition de raffinement » et à reproduire la langue vivante d'aujourd'hui. À la fin de l'hiver, six textes bien troussés mettant en scène de jolies débutantes oisives et effrontées paraissaient dans *The Smart Set,* et le jeune écrivain se fit connaître rapidement.

L'Envers du paradis ne tarderait plus à sortir. Chez Charles Scribner's Sons, beaucoup avaient attrapé à leur tour la fièvre qui avait infecté Perkins des mois auparavant. Mais certains demeuraient plus horrifiés qu'enthousiastes. Le critique littéraire Malcolm Cowley écrivit que le livre, avant même sa parution, était regardé comme « la voix terrifiante de l'âge nouveau, et qu'il faisait grimacer plusieurs des anciens employés » de la maison. Réaction incarnée entre autres par Roger Burlingame, fils de l'éditeur Edward L. Burlingame, et lui-même futur éditeur chez Scribner, auteur de *Of Making Many Books*, une histoire non officielle de la maison. Il noterait qu'à l'époque, chez Scribner, un observateur des nouvelles tendances était un membre important du service commercial. Souvent méfiant envers son propre jugement littéraire, il exprimait un « avis pertinent » sur nombre d'ouvrages qu'il avait coutume de rapporter à la maison pour les confier au jugement de sa sœur, une femme érudite. La sœur en question passait pour infaillible et il est vrai que beaucoup de romans qui l'avaient « fait pleurer » avaient atteint des ventes prodigieuses. Alors quand les collègues apprirent que Burlingame avait emporté *L'Envers du paradis* chez lui pour le week-end, ils attendirent le lundi matin avec impatience. À son retour, ils lui demandèrent en chœur : « Alors ? Ta sœur ? Elle en a pensé quoi ? » Réponse de Burlingame : « Après l'avoir lu, elle ne voulait plus y toucher. Elle l'a pris avec des pinces et l'a fichu au feu. »

Le 26 mars 1920, *L'Envers du paradis* vit enfin le jour et Fitzgerald fut fièrement présenté au public comme « le plus jeune écrivain jamais publié par Scribner ». Perkins descendit déambuler dans la librairie et deux exemplaires du livre furent vendus sous ses yeux, ce qu'il jugea de bon augure. Une semaine plus tard, Zelda Sayre et Scott Fitzgerald se marièrent au presbytère de la cathédrale Saint-Patrick, à deux pas de chez Scribner. Selon eux, leur mariage s'était déroulé sous les auspices de Perkins.

L'Envers du paradis se déploya comme le drapeau de toute une génération. Le livre fut chroniqué et publié sur les listes des meilleures ventes. H.L. Mencken écrivit dans *Smart Set* que Fitzgerald avait sorti « un premier roman vraiment surprenant – original dans sa structure, extrêmement sophistiqué dans sa manière et porté par un style brillant, chose aussi rare dans la littérature américaine que l'honnêteté chez les politiciens américains ». Dans *Our Times*, une critique sociale des États-Unis publiée par Scribner, Mark Sullivan noterait que ce premier livre de Fitzgerald avait « certainement pour caractéristique, sinon de créer une génération, en tout cas d'attirer l'attention du monde sur une génération ».

Fitzgerald lui-même l'avait relevé dans les dernières pages de son livre : « Une nouvelle génération était née, qui poussait de vieux cris, apprenait les vieux principes au cours de longues journées et de longues nuits de rêverie ; destinée à sortir enfin de cette sale et grise agitation pour suivre l'amour et la fierté ; une nouvelle génération vouée, plus que la précédente, à la peur de la pauvreté et au culte du succès ; une génération née pour atteindre la mort de tous les Dieux, pour combattre toutes les guerres, et toutes les fois humaines. »

Dans *Early Success*, l'auteur se rappellerait l'engouement populaire suscité par son livre : « Stupéfait, j'avais dit à la maison Scribner que je ne m'attendais pas à voir mon roman se vendre à plus de vingt mille exemplaires, et ils m'avaient répondu après avoir bien ri que cinq mille exemplaires, c'était déjà excellent pour un premier roman. Je crois qu'une semaine après sa sortie, le livre dépassait déjà les vingt mille, mais je me prenais tellement au sérieux que je n'ai même pas trouvé ça drôle. »

Le livre fit moins de Fitzgerald un homme riche qu'un homme célèbre. Il n'avait que 24 ans et il était évident qu'il était taillé pour le succès. Plus tard, cette même année, Charles Scribner écrivit à Shane Leslie : « Votre idée de nous présenter Scott Fitzgerald s'est révélée importante pour nous : *L'Envers du paradis* est notre meilleure vente de la saison, et il continue de marcher très fort. »

Beaucoup de coquilles non négligeables furent repérées dans le livre et toute la responsabilité en incombait à Perkins. Il redoutait tellement la réaction des autres employés de chez Scribner que c'est à peine s'il acceptait de se séparer de la copie lors des étapes de la fabrication, même pour la confier aux correcteurs. Roger Burlingame nota dans *Of Making Many Books* que si le livre n'avait pas été supervisé d'un œil sourcilleux par Irma Wyckoff, la secrétaire dévouée de Perkins, il « aurait certainement ressemblé à un phénomène orthographique ». Les coquilles qui avaient échappé à Perkins ne tardèrent pas à devenir un sujet majeur des conversations littéraires. À l'été, Franklin P. Adams, le critique plein d'esprit du *New York Tribune*, s'amusa à transformer cette pêche aux erreurs en jeu de société. Un universitaire de Harvard finit même par expédier chez Scribner une liste de cent corrections. Perkins en fut humilié ; mais ce qui l'humilia encore plus, c'est que l'auteur lui-même lui signala des coquilles alors qu'il était mauvais en orthographe. Scott fut ravi de voir que son livre était réimprimé toutes les semaines, mais il s'énerva de voir que nombre d'erreurs figurant sur la liste de Franklin Adams ne furent pas corrigées avant la sixième édition.

Ces défauts ne semblaient pas déranger les lecteurs. La jeunesse déroutée du pays, notamment, s'était prise de passion pour le style du livre. Mark Sullivan, parlant du héros de Fitzgerald, devait dire plus tard : « Les jeunes ont trouvé dans la conduite d'Armory un modèle pour leur propre comportement – non sans alarmer les parents qui voyaient se réaliser leurs pires appréhensions. » Roger Burlingame ferait quant à lui observer que le roman « arrachait à leur sécurité tous les parents de la génération aisée qui avaient fait la guerre, et leur faisait prendre conscience qu'une chose précise, terrible et peut-être définitive, était arrivée à leurs enfants. Et il donnait aux enfants en question, pour la première fois, la fierté d'être "perdus" ». Quant à Fitzgerald, il écrirait : « L'Amérique allait poursuivre la fête la plus grande et la plus tapageuse de l'histoire, et il y aurait beaucoup à dire à ce sujet. »

Dans le mois qui suivit la publication de *L'Envers du paradis*, Fitzgerald envoya à son éditeur onze nouvelles, six poèmes – dont trois avaient discrètement paru dans le second volume de *A Book of Princeton Verse* – et plusieurs propositions de titres pour une anthologie. Max se pencha sur ces envois, sélectionna huit nouvelles et choisit le titre *Flappers and Philosophers – Garçonnes et Philosophes* –, qu'il considérait comme le plus enjoué et le plus marquant. Charles Scribner le jugea « déplaisant », mais il n'était pas contre le fait de voir Perkins doubler la mise.

Les droits de Fitzgerald explosèrent : ils passèrent de 879 dollars en 1919 à 18 850 l'année suivante. Tout fut gaspillé. Scribner put se rendre compte que son auteur ne se souciait guère de faire des économies et s'intéressait fort peu à l'avenir. À ce sujet, il écrivit à Shane Leslie : « Il adore les bonnes choses et il est prêt à en profiter pleinement tant que tout va bien. L'économie ne figure pas au rang de ses vertus. »

C'est avec Fitzgerald que Perkins prit l'habitude d'envoyer des livres à ses auteurs en plein travail. L'un d'eux, James Jones, s'en souviendrait : « Max, on aurait dit un pharmacien de jadis. Quand il repérait chez vous un signe de faiblesse, il vous prescrivait un livre dont il pensait qu'il allait vous redonner la forme. Le livre était toujours choisi en fonction de votre état, parfaitement adapté à vos goûts et à votre personnalité, mais capable de vous refiler le coup de fouet qui allait vous pousser à réfléchir autrement. » En juin 1920, Max envoya à Fitzgerald un exemplaire du livre de Van Wyck Brooks, *The Ordeal of Mark Twain*, accompagné d'une lettre qui disait ceci : « Brooks est un gars brillant, très séduisant, et si le livre vous plaît, je vous présenterai l'auteur un de ces jours à l'occasion d'un déjeuner. » Van Wyck Brooks était le meilleur ami de Max Perkins. Ils se connaissaient depuis la maternelle à Plainfield, New Jersey, et ils avaient fait Harvard ensemble. Douze ans après avoir obtenu son diplôme, Brooks était en passe de devenir le critique littéraire le plus important d'Amérique.

Fitzgerald répondit quelques jours après réception : « C'est un des livres les plus inspirés qu'il m'ait été donné de lire, et j'ai dans l'idée qu'il m'a permis de retrouver mon souffle. Je viens de finir la meilleure de mes nouvelles & mon roman promet d'être le chef-d'œuvre de ma vie. » Son exemplaire de l'ouvrage est copieusement souligné, preuve de l'effet considérable produit par le travail de Brooks sur les nouvelles à venir de Fitzgerald. Ce dernier trouva dans le livre de Brooks quelque chose sur un roman de S.L. Clemens intitulé *The Gilded Age*, dans lequel un homme s'en va vers l'ouest en quête d'une montagne de charbon, devient riche et peut épouser la femme qu'il aime. Scott écrivit ensuite une nouvelle dans laquelle Fitz-Norman Culpepper Washington, à peu près à la même époque, tombe par hasard sur un trésor minéral dans le Montana. Fitzgerald intitula sa nouvelle *The Diamond as Big as the Ritz, Un diamant gros comme le Ritz*, dans sa future parution en français.

Il y travailla tout l'été, mais Perkins, lui, prit des vacances. Il ne partait jamais de bon cœur, sauf s'il sentait que c'était mérité, et cette année-là, pour la première fois de sa carrière d'éditeur, il jugea qu'il avait gagné le droit au repos. Avant de partir, il envoya son adresse de vacances à Fitzgerald – elle se résumait au nom de la petite ville où il s'est rendu chaque été durant toute sa vie –, au cas où ce dernier aurait besoin de lui pour une raison ou une autre.

On atteint Windsor, dans le Vermont, après avoir couvert un tiers de la route menant à la frontière du New Hampshire. La ville se situe sur la rive ouest de la rivière Connecticut. Perkins la considérait comme le plus bel endroit de la terre. Quelque soixante-dix ans plus tôt, sa grand-mère maternelle avait fait construire à l'ombre du mont Ascutney les maisons qui lui permettraient de réunir sa famille autour d'elle. Fanny Cox, la sœur de Max, a écrit un jour dans le *Vermonter :* « Windsor était le paradis privé des petits-enfants de mon grand-père. L'hiver, nous vivions ailleurs… Mais l'été, tout le monde se retrouvait dans ce grand domaine, derrière la barrière en bois où six maisons donnaient sur la rue principale ; de l'autre côté, la propriété traversait des pelouses plantées de conifères et de massifs de bégonias, avant de descendre la colline en direction de l'étang. » Au-delà de l'étang s'élevait un endroit particulièrement charmant : des pentes où ruisseaux et sentiers tissaient leur toile entre les pins et les bouleaux. Et ces bois, la famille les appelait « Le Paradis ».

Au Paradis, les enfants pouvaient courir avec un déchaînement et une liberté qui étaient le propre de leur imagination. Le jeune Max Perkins y avait passé d'innombrables heures dans la compagnie de ses frères, de ses sœurs et de ses cousins. Plus tard, quand il devint père à son tour, il y emmena ses propres enfants. Le bonheur était au bout du chemin de fer : on s'y rendait en montant à New York dans un train estival merveilleusement confortable, le White Mountain Express.

Perkins dit à l'une de ses filles : « Le plus grand des plaisirs, c'est de se coucher fatigué. » L'heure de se mettre au lit avait toujours été pour lui le meilleur moment de la journée, tant il appréciait les quelques minutes qui précédaient l'entrée dans le sommeil, l'instant où il pouvait « guider ses rêves ». Encore éveillé, Maxwell Perkins avait alors coutume de se transporter périodiquement vers la Russie de 1812 – là où se déroulait l'action de *Guerre et Paix*, son livre préféré. Nuit après nuit, son esprit s'emplissait de visions de l'armée napoléonienne battant en retraite après Moscou, dans le froid et les premières neiges de l'hiver. Au matin, après avoir vu défiler sous ses yeux les personnages de Tolstoï, il insistait sur ce fait : il dormait plus profondément à Windsor que partout ailleurs, et ses rêves y étaient plus vivants.

Tous les étés, il organisait pour ses filles une randonnée sur le mont Ascutney : trente minutes de marche et dix minutes de repos – c'est ainsi que le prince André, dans *Guerre et Paix*, faisait avancer ses troupes. Mais son plus grand plaisir, à Windsor, était de se perdre dans de longues promenades qu'il appelait ses « vraies marches ». Seul, il foulait alors de ses pas les terres arpentées jadis par ses ancêtres.

– 3 –

Aux origines

« Aucun de ceux qui ont connu Max n'ignore ce que représentaient pour lui Windsor et le Vermont en général, cet enracinement dans une Amérique rurale d'où émanaient beaucoup d'éléments de sa vie sociale. » Ainsi parle Van Wyck Brooks dans son autobiographie, *Scenes and Portraits*. Perkins a presque toujours vécu à New York et dans la banlieue de New York, mais l'essence de son tempérament est à rechercher du côté des âpres valeurs de la Nouvelle-Angleterre. Il cultivait les idiosyncrasies et les préjugés yankees[1]. Dans son caractère et ses goûts littéraires, il pouvait se montrer irritable, voire borné et vieux jeu ; pourtant, Brooks était convaincu que Windsor et tout ce que représentait la Nouvelle-Angleterre avaient permis à son ami, au fond, de demeurer « tellement spontané, libre de préjugés et d'arrière-pensées, direct et plein de fraîcheur ». Max avait l'esprit de la Nouvelle-Angleterre, et cet esprit était plein de contradictions.

Il était né le 20 septembre 1884 à Manhattan, à l'angle de la 2e Avenue et de la 14e Rue. Son nom, William Maxwell Evarts Perkins, faisait de lui l'héritier de deux éminentes familles. Brooks disait avoir connu « peu d'Américains dans lesquels l'histoire fût à ce point palpable et visiblement incarnée, au point qu'on la voyait opérer en lui, et pas toujours pour le meilleur, dans la

1. Ce terme, qui reviendra souvent sous la plume de l'auteur, s'entend dans ce contexte comme « originaire de la Nouvelle-Angleterre ».

mesure où, mentalement, il était toujours en état de guerre civile ».

Selon Brooks, Max n'avait jamais pu dépasser l'Angleterre de 1642 et la bataille entre les « Têtes rondes » et les « Cavaliers[1] ». Cette guerre avait franchi l'océan et s'était frayé un chemin jusqu'aux Perkins huit générations plus tôt. La branche Perkins de sa famille avait modelé en lui le « garçon romantique et aventureux, indolent, gracieux, plein de franchise, de gaieté, de gentillesse et de charme sauvage » ; en revanche, il croyait comme les Evarts qu'il fallait choisir la difficulté – plutôt que de « suivre sa pente naturelle ». Et Brooks d'ajouter : « L'un ou l'autre camp [de la bataille] montait toujours au front en cas de crise. »

Le Gallois John Evarts fut le premier ancêtre de Max Perkins à émigrer vers le Nouveau Monde en tant qu'*indentured servant* : il avait payé son voyage en signant un contrat qui le mettait pour plusieurs années au service d'un employeur. Il prit la mer en 1635 et s'établit à Concord, Massachusetts, où sa liberté lui fut rendue en 1638. Un siècle et demi plus tard, il n'avait qu'un seul descendant direct : Jeremiah Evarts, né en 1872, étudiant à Yale puis avocat à New Haven, Connecticut, un homme pieux, sévère et puritain. À en croire un de ses contemporains, Jeremiah « pratiquait une intégrité trop rigide pour réussir en tant qu'avocat ». Il épousa Mehitabel Barnes, une veuve, fille de Roger Sherman, un homme qui figure parmi les signataires de la Déclaration d'indépendance dans le Connecticut. Installé à Charleston, Massachusetts, il prit la direction éditoriale du *Panoplist*, l'organe des congrégationalistes orthodoxes, une des Églises les plus puissantes des États-Unis, d'inspiration calviniste et républicaine. Sa vie fut entièrement vouée à des entreprises propagandistes et missionnaires, mais son prosélytisme ne se limitait pas aux convictions religieuses. Il fut emprisonné un an en Géorgie pour avoir défendu l'abolition de l'esclavage lors d'une de ses missions. Au début de mars 1818, au retour de Savannah, il apprit qu'un fils lui était né : William Maxwell Evarts.

1. Référence au conflit qui marque en Angleterre l'histoire du XVIIe siècle, entre les « puritains », surnommés les « Têtes rondes » et partisans du soldat républicain Oliver Cromwell, et les partisans du roi Charles Ier – les « Cavaliers ».

William, qui intégra Yale en 1833, compte parmi les fondateurs du *Yale Literary Magazine*. Ayant obtenu son diplôme avec les honneurs, il fit son droit à Harvard. Richard Henry Dana, lui-même étudiant à Harvard, y écrivit un récit maritime, *Two Years Before the Mast – Deux années sur le gaillard d'avant* en français –, et se souvint par la suite de son condisciple : « Le discours le plus apprécié de toutes les études dans cette université fut prononcé devant un jury de premier cycle [...] par William M. Evarts. S'il ne devient pas quelqu'un, il décevra beaucoup plus de monde que n'importe quel autre jeune homme de ma connaissance. » En 1843, Evarts épousa Helen Minerva Wardner à Windsor, ville natale de la mariée. En vingt ans, le couple donna naissance à sept garçons et cinq filles.

Evarts ne déçut pas les attentes de Dana. Devenu avocat à New York, il attira sur lui l'attention du pays tout entier en 1855 quand il versa la somme de mille dollars – un quart de sa fortune – à la cause abolitionniste. Jusqu'en 1899 – date de sa dernière apparition dans une cour de justice –, il prit part à nombre de procès appuyés sur les principes fondamentaux de la Constitution. Le *Dictionary of American Biography* le qualifie de « héros de trois grandes affaires » de sa génération – l'arbitrage de Genève entre les États-Unis et la Grande-Bretagne, le différend électoral qui opposa Tilden et Hayes à la présidentielle de 1876 et la procédure d'« *impeachment* » d'Andrew Johnson – la première dans l'histoire du pays. Evarts gagna tous ces procès. Il obtint des dédommagements des pays qui avaient combattu l'Union pendant la guerre de Sécession, il permit l'accès à la présidence d'un homme qui n'avait pas obtenu les voix nécessaires, il défendit le droit d'un autre à continuer de servir comme président.

Il préparait toujours ses procès en s'appuyant invariablement sur les conseils d'amis cultivés. Il se tourna souvent vers Henry Adams qui écrivit dans son autobiographie à la troisième personne : « En cas de doute, le moyen le plus rapide de clarifier ses idées, c'est la discussion, et Evarts y avait résolument recours. Jour après jour, en voiture, lors d'un dîner, en marchant, il obligeait Adams à discuter ses opinions. Il disait qu'il avait besoin d'une enclume sur laquelle marteler ses idées. » En 1877, Evarts fut nommé secrétaire d'État par le président Hayes ; et les électeurs de New York l'envoyèrent par deux fois au Sénat américain.

Il se retira des affaires et quitta Washington pour le Vermont où il régna en maître sur les activités familiales. Sa « Maison-Blanche » de Windsor était sombre à l'intérieur et tout encombrée d'objets victoriens, parmi lesquels se trouvaient les portraits de ses ancêtres dans leur cadre doré, ainsi qu'un buste en marbre de sa propre personne revêtue d'une toge.

Le *Dictionary of American Biography* consacre autant de colonnes aux pittoresques Perkins qu'aux sévères Evarts qui ne les appréciaient pas beaucoup. Quatre-vingt-dix ans après la naissance de Max, un de ses cousins Evarts était toujours de ce monde, et il pouvait dire : « Les Perkins étaient politiquement dans le mauvais camp, ils s'asseyaient du mauvais côté à l'église, et ils sont tous enterrés du mauvais côté du cimetière. »

Charles Callahan Perkins, le grand-père maternel de Max, hérita de ses parents l'argent et le caractère qui feraient de lui un influent protecteur des arts dans sa ville natale de Boston. Il descendait d'Edmund Perkins, un homme qui avait émigré en 1650 en Nouvelle-Angleterre où il était devenu un riche marchand et un philanthrope – un magnat du commerce avec les Indes orientales dont les enfants prirent le parti de la Révolution. Diplômé de Harvard en 1843, Charles s'intéressait au dessin et à la peinture. L'usage aurait voulu qu'il entre dans les affaires, mais il préféra partir pour l'étranger, résolu à étudier les arts qui étaient sa passion. Il fréquenta à Rome plusieurs artistes d'importance, mais ses propres talents étaient limités et il demeura lui-même un amateur. Il comprit du moins qu'il avait la possibilité de consacrer sa vie à l'art, mais sous un autre angle : celui de l'interprétation. C'est ainsi qu'il devint le premier critique d'art américain. En 1855, il épousa une New-Yorkaise, Frances D. Bruen. Il conserva des liens très proches avec les Brownings en Europe et avec les Longfellow de Boston. On lui doit une demi-douzaine de livres importants sur la sculpture européenne.

Le temps que les trois enfants de Charles Perkins grandissent, sa fortune était épuisée. Il installa sa famille en Nouvelle-Angleterre et se lia d'amitié avec le sénateur Evarts. Son deuxième enfant, Edward Clifford – un ancien de Harvard où il avait fait son droit –, s'éprit d'Elizabeth, la fille du sénateur. Les jeunes gens avaient tous deux 24 ans ; ils se marièrent à Windsor en 1882.

Elizabeth était une femme digne et élégante dont on raconte qu'elle marchait toujours du même pas – assez vite pour n'avoir pas l'air de n'aller nulle part, assez lentement pour demeurer gracieuse – en gardant les mains croisées sur son ventre. Il lui était souvent arrivé d'assister son père à Washington. Son mari, élégant lui aussi, était plus libre d'esprit. Ils s'en allèrent vivre à Plainfield, New Jersey, d'où Edward partait tous les jours pour New York où il exerçait le métier d'avocat – il se rendait à la gare sur un grand-bi, le premier vélo de ce genre dans la ville. Ils mirent au monde six enfants en treize ans. En tant que mère, Elizabeth n'exigeait pas une bonne conduite : elle pensait que ça devait aller de soi. Quant à Edward, il fut un père aimant.

Les caractères divergents propres aux deux familles se trouvèrent réunis chez leur deuxième enfant, William Maxwell Evarts Perkins. Les deux états d'esprit se mêlèrent en lui : le sens esthétique des Perkins et la rigueur des Evarts. Enfant déjà, il avait le goût des arts et un bon sens typiquement Nouvelle-Angleterre.

Tous les dimanches soir, Edward Perkins faisait la lecture à sa petite famille, ce que Fanny, la sœur cadette de Max, n'avait pas oublié : « On s'asseyait autour de notre père et nous l'écoutions nous lire *Ivanhoé* ou *La Rose et l'Anneau*. On éclatait tous de rire tellement c'était mélodramatique, même pour l'époque. » Max et son frère aîné, Edward, avaient droit à des lectures différentes : des livres français que leur père traduisait au fur et à mesure pour entretenir sa connaissance de la langue. Les deux garçons étaient envoûtés par *Les Trois Mousquetaires*, par les *Mémoires du général baron de Marbot* et par l'*Histoire d'un conscrit de 1813*, d'Erckmann-Chatrian. Max, en grandissant, se prit de passion pour la chose militaire, notamment pour les aventures héroïques de Napoléon.

À 16 ans, il entra à la St. Paul's Academy à Concord, New Hampshire, mais revint à la maison dès l'année suivante pour permettre à sa famille de relâcher un peu les cordons de la bourse. Puis, fin octobre 1902, le père de Max, qui s'entêtait à refuser de porter un pardessus, fit une pneumonie. Il mourut en quatre jours à l'âge de 44 ans. Edward C. Perkins n'avait pas mis d'argent de côté, mais sa veuve et ses six enfants avaient de quoi vivre confortablement des divers fonds de placements familiaux. Max acheva ses études secondaires à la Leal School de Plainfield.

Edward, l'aîné des enfants Perkins, était alors à Harvard, de sorte que Max se retrouva à siéger en bout de table lors des repas. L'instinct yankee le poussa à mettre un voile sur son chagrin et à s'acquitter autant que possible des rôles dévolus au père. Il avait le sentiment de devoir se tenir devant sa famille tel un monument de courage face à l'adversité. Il s'occupa avec fermeté, mais affection aussi, de ses jeunes frères et sœurs qui le respectèrent. Un matin, après les prières, sa mère fondit en larmes ; Max lui donna de petites tapes sur l'épaule jusqu'à ce qu'elle cesse de pleurer. Une génération plus tard, il dirait à l'une de ses propres filles : « Tout ce qu'un homme fait doit être agréable à son père. »

Max eut des amours adolescentes normales. En 1900, il écrivit à Van Wyck Brooks : « Bon sang, j'ai embrassé cet après-midi une jolie fille. Ça m'a pris trois bonnes heures pour obtenir ça, mais elle a fini par consentir. » Durant plusieurs étés, il donna des leçons particulières à des enfants de Southampton, Long Island, et dès l'âge de 16 ans il était moniteur dans un camp de l'Église spiritualiste du New Hampshire.

Un jour qu'il était dans les bois avec un groupe de jeunes randonneurs, il entendit des hurlements terribles. Il renvoya les enfants au camp et essaya de découvrir d'où provenaient ces cris. Arrivé à une grange, il y trouva une femme en train de se débattre avec deux hommes qui la tenaient par les bras. « Qu'est-ce que tu veux ? » lança l'un d'eux. Et Max répondit : « Je viens au secours de cette dame. » Des années plus tard, cette aventure le ferait bien rire. En effet, il était apparu que la femme souffrait de delirium tremens et que les hommes en question essayaient simplement de la ramener à l'intérieur.

L'été suivant fut marqué par un petit événement qui devait affecter Max pour toute sa vie. Un après-midi, il alla se baigner avec Tom McClary, un garçon plus jeune, dans un étang profond de Windsor. Tom nageait mal. À mi-parcours de la traversée, il paniqua et se cramponna au cou de Max. Tous deux coulèrent. Max se débattit, se libéra et regagna le rivage. Puis il chercha Tom du regard. Le garçon flottait à plat ventre sur l'eau. Max repartit vers lui à la nage, le prit par le bras et le remorqua vers le bord de l'étang. Dans son effort pour le ramener sur la terre ferme, il l'étreignit, ce qui eut pour heureux effet de lui faire recracher de l'eau, de sorte que, l'instant d'après, il respirait à nouveau. Tous deux tombèrent d'accord pour ne rien dire d'un incident qui toutefois ne fut jamais oublié. Max, du reste, en reparla avec un ami, mais des années plus tard ; et il dit alors s'être rendu compte, au moment où Tom McClary avait failli se noyer, qu'il souffrait « d'un naturel négligent, irresponsable et timide ». Il reconnut aussi : « À 17 ans, j'ai compris que j'étais un incapable à la suite d'un petit incident même pas digne d'être mentionné, et j'ai pris alors la seule résolution à laquelle j'aie jamais été fidèle, à savoir de ne jamais me dérober devant une responsabilité. » Ce serment fut si solennel que le jugement de Perkins fut dès lors entièrement dominé par l'altruisme et le sens du devoir.

Comme des générations de Perkins avant lui, Max partit pour Harvard. Il y laissa tomber son premier prénom inusité ; c'était une façon de se débarrasser de ses ancêtres et de s'affranchir. Voici ce qu'il écrivit dès sa dernière année d'études : « Selon moi, l'université est l'endroit où se développer, où dépasser ses préjugés, où envisager les choses à sa façon. C'est là qu'un garçon se dresse pour la première fois sur ses propres jambes. Jusque-là, c'étaient les autres qui le formaient ; désormais, il peut se former lui-même. Et rompre avec les vieilles idées. »

Lors de son arrivée à Harvard, seules les relations sociales l'attiraient vraiment. Dans *Varied Outlooks*, l'essai qu'il a consacré à ses années d'université, il écrit : « J'admirais la "compétition sociale", les rencontres. J'avais envie d'être bien habillé, d'avoir beaucoup d'amis, d'aller boire et fumer au café, d'être assis au premier rang à l'opéra. » Il avait d'épais cheveux blonds et, sous certains aspects, une beauté délicate ; mais d'autres le considéraient comme plus brillant que séduisant. Sur les photos de promotion, le critique littéraire Malcolm Cowley lui trouve une vraie ressemblance avec le lieutenant d'artillerie Bonaparte, un des héros de l'enfance de Perkins ; il y voit « la même grande bouche sensuelle, le même nez romain sous un grand front, les mêmes grandes oreilles collées au crâne ».

En novembre de sa première année, après une rencontre sportive contre Yale, il fut arrêté pour s'être trouvé en compagnie d'un condisciple qui avait bu et provoqué du désordre. Il finit derrière les barreaux. Mais en décembre, grâce à ses bonnes notes, il fut le premier élève de sa classe à obtenir les félicitations. L'amateur de compétition sociale devait toujours se souvenir avec fierté de cette marque d'honneur.

Perkins, à Cambridge, n'était jamais content. Contrairement aux riches étudiants de la côte Est, il étudiait à Harvard sans grands moyens. Il travaillait l'été et se sentait minable. Fier des Evarts comme des Perkins, il aimait à dire que « les uns étaient très riches et les autres pauvres, mais il était impossible de dire lesquels étaient quoi ». Lors de ses études supérieures, il eut l'impression que la dignité de sa famille était usée jusqu'à la corde. Cela influençait à peine le regard que les autres portaient sur lui, mais Max, en bon natif de la Nouvelle-Angleterre, avait horreur de se plier à ce qu'il n'avait pas voulu. Il devait expliquer un jour à sa troisième fille qui s'en souvint plus tard : « Quand un homme t'a rendu service, il possède un peu de toi. » Elle raconta : « Un de ses meilleurs amis qui vivait à Long Island dans une maison luxueuse le suppliait toujours de venir chez lui le week-end. Mon père aurait aimé, mais il déclinait, car il n'avait pas les moyens de donner un pourboire au majordome. »

En revanche, vêtu de sa chemise aux manchettes usées, il se rendait à pied presque chaque semaine chez un de ses oncles, le révérend Prescott Evarts, pasteur de l'église du Christ à Cambridge. Prescott avait un fils, Richard, qui n'a pas oublié ces visites : « Max avait toujours l'air d'apprécier les réunions de famille. On jouait aux dames, on dînait, on se disputait, souvent sur les questions sociales, ou sur l'importance de l'hérédité par rapport à l'environnement. Mais tout le monde savait que ces soirées du dimanche étaient sa façon de faire des économies. »

À la fin de ses études, Perkins écrivit : « Les hommes mesurent la réussite sociale en fonction du club auquel ils appartiennent. » Son oncle Prescott, lui aussi ancien de Harvard, se fendit d'un chèque quand il apprit que Max était invité à adhérer au Fox Club, mais qu'il n'en avait pas les moyens. Max hésita avant d'accepter, puis céda en faisant observer qu'à Harvard, « il était tout bonnement impossible de nier l'importance des clubs ».

Il appartenait aussi au *Harvard Advocate*, la revue littéraire du campus qui le comptait parmi ses rédacteurs. Ses contributions étaient le plus souvent une satire des manières et des occupations de la gent estudiantine. On peut lire sous sa plume dans un article, intitulé « Les filles et la courtoisie » : « Les autorités affirment que le respect des hommes envers les femmes est l'échelle qui permet d'évaluer le degré de civilisation… En tout cas, je suis au moins sûr d'une chose : non seulement il n'y a pas deux filles qui soient les mêmes, mais même une seule fille n'est pas la même deux fois de suite, sauf pure coïncidence. »

Trois des amis de Max à Harvard écrivaient régulièrement dans l'*Advocate :* le poète John Hall Wheelock, Edward Sheldon – l'auteur de *Salvation Nell*, une pièce qui fit un tabac à Broadway alors même que l'auteur était encore étudiant – et Van Wyck Brooks.

Brooks disait avoir suivi Perkins de Plainfield à Harvard parce qu'il le considérait comme « un écrivain-né ». « J'ai le sentiment de l'avoir toujours su, et parce que je pensais que Harvard était l'université des écrivains. » À l'arrivée de Brooks, Max y étudiait déjà depuis un an et il aida son ami d'enfance à rencontrer les bonnes personnes. Tous deux passèrent beaucoup de temps au Stylus, le club de lecture préféré de Perkins à Cambridge. Ils partageaient une maison en bois jaune paille située au 41, Winthrop Street. Brooks nota que Max était dominé à ce moment-là par son puritanisme à la Cromwell. Pendant quelque temps, il réveilla Van Wyck à 6 heures du matin pour lui lire du Herbert Spencer ou d'autres philosophes. Il lui arrivait certes de porter une veste de sport de style « Norfolk » – comme le professeur William James[1] –, mais en général, il revêtait plutôt le costume d'enterrement noir ou gris.

Max opta pour les études d'économie. Et il le fit, selon Brooks, parce qu'il « n'aimait *pas* tout savoir sur la fréquentation des chemins de fer et les statistiques des assurances incendie ». Ce choix extrapolait un des aphorismes du grand-père Evarts : « Je suis fier de mes succès, non pas dans ce que j'aime faire, mais dans ce que je n'aime pas faire. » Ce type de maxime yankee, qui fait de la difficulté vertu, poussa Max à prendre au Stylus l'escalier qui menait au grenier, une pièce minuscule, meublée d'une table et d'un lit de camp, où il passait souvent la nuit. Perkins reconnut des années plus tard : « J'ai gâché mes études en étudiant l'économie politique, matière que je détestais, sur la base d'une théorie

1. Le philosophe William James, qui enseignait alors à Harvard, est souvent considéré comme le premier psychologue américain.

selon laquelle il s'agissait d'une bonne discipline, et que c'était dans l'ordre des choses, en dépit de ce qu'aurait pu m'apporter la littérature, matière que j'aimais. » Max n'a jamais lu tout ce qu'il aurait voulu lire. Tout au long de sa carrière, par exemple, il fut gêné d'avoir des lacunes dans l'œuvre de Shakespeare.

En dehors du Stylus, il trouvait l'essentiel de son inspiration littéraire dans le cercle de « Copey ». Qu'ils aient ou non compté parmi ses étudiants, presque tous ceux qui ont fréquenté Harvard du temps du professeur Charles Townsend Copeland se souviennent de lui – il y a enseigné pendant quarante ans. Cet homme de petite taille aux lunettes cerclées de fer était originaire de Calais, dans le Maine. Son crâne en forme de bulbe était couvert l'été d'un chapeau melon et l'hiver, d'un canotier. Avant d'entrer au département de littérature anglaise de Harvard, il avait été acteur, puis renvoyé de la fac de droit, et membre pendant sept ans du comité de rédaction du *Post* à Boston. Ni intellectuel ni universitaire, il avait le don d'enseigner avec un enthousiasme quasi mystique. Pour Copey, dire les sonnets était plus important que les analyser ; ce professeur grincheux et iconoclaste, capable de faire un show devant n'importe quel public, avait pris Harvard à la hussarde. Les étudiants se pressaient pour l'entendre réciter les chefs-d'œuvre de la littérature anglaise et participer à ses groupes de discussion libre. Il est vrai que Copey n'usurpait pas sa réputation : il aurait insufflé de la vie même au plus poussiéreux des classiques.

Copeland était le professeur de Perkins dans le cours d'anglais de première année, et la façon qu'avait ce jeune enseignant d'aborder la littérature électrisa Max. Voyant que Copey avait en charge le cours d'expression écrite – un cours appelé « English 12 » prévu pour trente étudiants –, Perkins s'y inscrivit aussitôt. Walter Lippmann rendrait hommage à Copeland en ces termes : « Copey n'était pas du genre à enseigner à une classe surchargée. C'était quelqu'un de très spécial qui nouait une relation unique avec tous ceux qui l'intéressaient. » Et Lippmann de préciser sa pensée : « Sa méthode d'enseignement, telle qu'elle m'est restée en mémoire, me semblait relever davantage du combat de lutte que de la leçon ordinaire. Ce qui se passait, c'est qu'il vous convoquait chez lui, à Hollis, avec votre dissertation. Il vous invitait à lire ce que vous aviez écrit. Vous ne tardiez pas à avoir l'impression que de grands doigts s'agitaient autour de vous dans l'obscurité pour essayer d'atteindre votre squelette et vos muscles à travers des couches de graisse et de chair. Vous aviez beau essayer de vous débattre, il finissait toujours par vous dépouiller jusqu'à trouver votre vrai "moi". Après quoi il s'attaquait aux restes de cette destruction pour leur faire dire ce qu'ils avaient à dire d'authentique. »

Pratiquement à la minute où il se lia d'amitié avec le professeur Copeland, Max s'appliqua dans ses études. L'influence que Copey exerçait sur lui allait grandissant. L'enseignant a certainement développé les instincts éditoriaux de Max qui obtint une mention au terme de sa quatrième année. Mais il y a plus important : Copeland lui avait transmis son goût de l'écriture. Max lui écrirait des années plus tard : « En ce qui me concerne, j'ai plus appris de vous que de tout Harvard réuni. »

Max était dans sa dernière année d'études quand Copeland reçut une requête émanant d'une certaine demoiselle Mary Church. Elle enseignait à des filles en fin de secondaire, à Boston, Beacon Street. Et elle cherchait un étudiant de dernière année capable de donner à ses ouailles un cours d'expression écrite. Copey en parla à Perkins. Une des douze jeunes filles en question, Marjorie Morton Prince, ne devait plus oublier cet homme de 22 ans, à peine plus âgé que ses élèves : « Dès qu'il arrivait, nous étions hypnotisées. Il devait nous trouver complètement idiotes. Il nous parlait d'expression écrite comme s'il n'y avait pas sur terre de sujet plus important. Et nous, on travaillait toutes comme des esclaves pour lui. Au bout de quelques semaines, il commença à venir en classe avec des lunettes noires ; elles lui permettaient de ne pas avoir à nous regarder tant il était gêné de nous voir toutes le contempler d'un œil rêveur. »

Max sortit diplômé de Harvard en juin 1907, avec une mention honorable pour ses études d'économie. Il fut le seul de son cercle d'amis à ne pas célébrer ce nouveau départ par un *grand tour* à travers l'Europe : il commença à travailler tout de suite. Il n'envisagea pas une minute le barreau (alors que ses trois frères devinrent avocats) et préféra prendre un emploi dans les services sociaux des quartiers pauvres de Boston. Le Civic Service House cherchait des professeurs pour des cours du soir à des migrants russes et polonais. Il y avait aussi des visites à effectuer aux familles dans la journée, mais Max avait du temps pour lire et apprendre à taper à la machine. À la fin de l'été, après de courtes vacances à Windsor, il gagna New York avec l'idée de se faire employer dans un journal. « Aucun doute que l'ex-journaliste qu'était Copey eût fait travailler l'imagination de Max » – ainsi parle son ami Van Wyck Brooks.

En ce temps-là, trouver un bon poste dans un journal dépendait de vos relations. Perkins connaissait le fils du rédacteur en chef du *New York Times*, mais ce contact se révéla être un handicap plus qu'un atout. Max y fut certes recruté, mais c'était le responsable des pages locales, et non le rédacteur en chef, qui gérait les affectations. Et le responsable en question aimait choisir lui-même ses reporters. Max fut engagé pour couvrir les *emergency works* – autrement dit pour poireauter à la rédaction de 18 heures à 3 heures du matin en attendant qu'on lui signale un suicide, un incendie ou autre catastrophe nocturne. Trois mois durant, il passa ses soirées au bureau, à regarder son responsable et à se demander si ce type était au courant que le journal le rémunérait quinze dollars par semaine.

Ensuite, il déménagea aux affaires policières – la rubrique allait des meurtres à Chinatown aux défauts de paiement locatif dans le Lower East Side. Et il entra au comité de rédaction en temps utile. Ses papiers couvrirent la collision du *Republic* et du *Florida* au large de Nantucket, ainsi que le discours de clôture de la campagne électorale prononcé par William Jennings Bryan[1] au Madison Square Garden.

Max se portait volontaire pour toute mission à risque. Il se retrouva un beau jour ligoté sur une chaise électrique dans le pénitencier de Sing Sing. Une autre fois, il accompagna le champion de course automobile George Robertson dans une tentative pour battre un record, alors que le bolide – la Locomobile Old 16 – fonçait à cent kilomètres à l'heure. Mais les reportages de Perkins ne paraissaient jamais en une ; en fait, ils allaient rarement au-delà de la rubrique « Faits divers ».

Il appréciait son indépendance et ne cesserait de plaisanter sur cette période de « vie à la dure » dans son appartement sans eau chaude. « J'étais obligé d'aller au Club de Harvard pour prendre

1. Candidat malheureux à la présidentielle de 1908.

un bain chaud », disait-il. Quelques années plus tard, prenant la parole dans un cours de Copey, il expliqua qu'il vient un moment où l'on « intègre les habitudes mentales du journalisme, et que c'est douloureux. Il est évident que la rapidité et la négligence inhérentes à l'écriture journalistique se révéleront fatales à toute future tentative d'écriture plus ambitieuse ; je pense que l'intérêt accordé par les reporters aux événements consiste à leur accorder peu d'importance. Ils enregistrent, c'est tout. Ils ne vont pas voir derrière la surface des choses ». Max continuait de s'intéresser à une profession dont les membres, disait-il, « manipulent la plus puissante de toutes les marchandises : les mots ». Mais il était fatigué des horaires erratiques et des bouclages incessants.

Pendant ses années au *Times*, il rendit visite à Louise Saunders, une fille avec laquelle il avait suivi un cours de danse à Plainfield des années plus tôt. Louise était issue d'une grande famille de cette ville. Sa mère, écrirait-elle, « était très belle – beaucoup plus belle que les autres mères de notre petite ville de banlieue ». Son père, William Lawrence Saunders, était à la fois homme politique, ingénieur et homme d'affaires. Cet ami de Woodrow Wilson[1] fut élu deux fois maire de Plainfield. Après avoir fait breveter une douzaine d'inventions majeures ayant trait à l'air comprimé, il devint le premier dirigeant de l'entreprise industrielle Ingersoll Rand. Il pressait ses deux filles d'« apprendre la valeur de l'argent » ; il voulait aussi que tout soit « pratique ».

Tous les dimanches de Pâques, les chevaux de course des Saunders restaient à l'écurie et la famille se rendait à l'église à pied. Louise adorait le rituel religieux. Elle apprécia particulièrement un service des années 1890 au cours duquel elle portait un chapeau spécialement joli : des brins de paille vert foncé dans une couronne de feuilles piquée de minuscules boutons de roses rouges. Cette année-là, pour la première fois, elle s'intéressa à l'église : elle remarqua le plafond bleu constellé d'étincelantes étoiles d'argent. Agenouillée sous ce dôme céleste, elle posa les mains sur le banc et songea à son chapeau. Trois rangs devant les Saunders se trouvaient les Perkins. Elle confesserait par la suite que ses yeux alors

1. Woodrow Wilson fera deux mandats à la Maison-Blanche. Prix Nobel de la paix, père de la Société des Nations, c'est sous sa présidence que le droit de vote sera accordé aux femmes.

furent attirés par Max, « car il levait la tête vers ce plafond bleu et ces étoiles, l'air de s'interroger sur la compréhension des choses ».

Les deux sœurs Saunders étaient adolescentes quand leur mère mourut d'un cancer. Mr. Saunders avait beaucoup d'affection pour ses filles, mais il avait surtout la passion des voyages. Il arrivait que ses enfants l'accompagnent à l'étranger pendant plusieurs mois, mais le plus souvent il partait seul et pour une longue durée. Les filles étaient alors élevées par une gouvernante qui répétait constamment à Louise : « Quel dommage que vous ne soyez pas jolie comme votre sœur. »

Pendant toute une période, Louise se replia sur elle-même. Longtemps après, quand Max commença de s'intéresser à elle sérieusement, elle était sortie de sa coquille et avait développé un talent et une passion pour la scène. Désormais, elle était belle. Elle était menue, sa jolie silhouette était svelte. Elle avait de grands yeux en forme d'amande, des cheveux châtain clair, un sourire victorieux et un petit nez droit. Saunders avait aménagé pour elle une écurie en théâtre. Elle était connue à Plainfield pour ses numéros d'actrice et pour plusieurs pièces qu'elle avait écrites.

Max trouvait Louise Saunders délicieusement féminine. Intelligente, spirituelle, elle possédait une personnalité versatile en opposition avec la constance de son caractère à lui. Pleine de vitalité, elle pouvait avoir des sautes d'humeur, se montrer vaniteuse ; ses remarques étaient pertinentes et imprévisibles. Elle se fiait à ses intuitions et l'une de ses filles devait la décrire comme possédant un « don mystérieux pour trouver des solutions sans se servir de son raisonnement ».

Louise occupa sérieusement les pensées de Max à l'été 1909. Elle l'avait invité à venir nager et pique-niquer dans sa propriété familiale de Sea Girt, New Jersey. Quand il rentra à New York, Max lui écrivit, car il avait oublié son pyjama chez elle. Louise ne le retrouva pas, mais elle tomba sur un maillot de bain appartenant à quelqu'un d'autre. « Voilà votre pyjama, lui répondit-elle, j'ai peur qu'il n'ait beaucoup rétréci, et ne soit devenu une belle chose bizarre. »

Puis il invita plusieurs fois Louise à Windsor pour le week-end. Un jour qu'ils étaient dans le salon, ils furent épiés par Fanny, la jeune sœur de Max. Ils tenaient tous deux un coussin à épingles dont ils essayaient de retirer les épingles, justement. Fanny se rappellerait cette scène : « Je ne pense pas qu'ils étaient à ce qu'ils faisaient. Ils se regardaient dans les yeux, et semblaient très amoureux. »

Max Perkins avait beaucoup d'idées sur les femmes, certaines positives et d'autres non. Un de ses principes favoris était qu'il fallait être lâche, quand on était un homme, pour ne pas se marier. Il estimait qu'à partir d'un certain âge, rester célibataire, c'était fuir ses responsabilités ; et les femmes commençaient à chercher un mari pour échapper aux commérages et à la honte d'être prises en pitié. Mais Louise, semblait-il, favorisait un équilibre entre les factions qui se faisaient la guerre dans la personnalité de Max. Il trouvait en elle toutes les qualités qu'il jugeait désirables chez une femme. Son côté romantique s'harmonisait avec la beauté de Louise, et à son besoin de protection ; et son côté cérébral le poussait à anticiper avec plaisir une vie consacrée à l'affrontement de deux intelligences. Louise, quant à elle, disait de Max qu'il était son « dieu grec ».

À l'hiver 1909, Max chercha un emploi aux horaires réguliers. Ayant entendu parler d'une place au département publicité de la maison Scribner and Son's, il prit rendez-vous avec le dirigeant de la société. Il avait appris que Barrett Wendell, un de ses professeurs à Harvard, était un vieil ami de Charles Scribner ; il sollicita une lettre de recommandation à laquelle Wendell consentit :

> Mon cher Charles,
>
> Avec plaisir, je remets à Maxwell Perkins ce mot de présentation. Les vieux de la vieille comme moi ne connaissent pas les jeunes aussi bien qu'ils le devraient. Mais j'ai bien connu le père de Perkins ; et toi aussi, sauf erreur de ma part, tu as connu sa mère voilà des années – une fille de Mr. Evarts. J'ai connu aussi et admiré ses quatre grands-parents. Autant te dire qu'à son arrivée à l'université, la partie n'était pas gagnée d'avance pour conquérir mon estime. Il l'a conquise, avec bonheur et amabilité. Il a tout ce qu'il faut. C'est vraiment quelqu'un de fiable.

Après s'être entretenu avec Mr. Scribner au sujet de ce poste de chef de la publicité, Perkins lui écrivit : « Bien sûr, les personnes les mieux placées pour me recommander ne seraient autres que mes supérieurs au sein du *Times*. Sans leur appui, je peux difficilement espérer obtenir l'emploi dont vous m'avez parlé. Cependant, je ne puis me permettre de brûler mes propres vaisseaux et je n'ai encore rien dit à personne sur mon intention de quitter le journalisme. Mais s'il s'avère qu'une recommandation venue de mes rédacteurs en chef est tout ce qui manque pour avoir ce poste, je la demanderai immédiatement. »

Max continua de travailler au *New York Times* le temps que Scribner prenne une décision. Un soir, au début du printemps 1910, on l'envoya couvrir un fait divers sur la Bowery. Un cambrioleur audacieux avait loué un local en face de la Bowery Savings Bank et commencé de creuser un tunnel sous l'avenue. Il avait fait la quasi-totalité du chemin quand son tunnel s'écroula sur lui. Il se retrouva coincé sous la terre. La mission de Perkins consistait à faire chaque demi-heure un point sur les progrès des secours. Le téléphone le plus proche était une ligne privée située dans un bar de l'autre côté de la rue. Pendant que les policiers faisaient leur travail dans une obscurité complète, Perkins allait dans ce bar passer ses coups de fil. Et comme cette situation l'embarrassait, il commandait un verre à chaque fois. De sorte qu'il était pratiquement saoul quand le cambrioleur fut remonté à la surface et arrêté. Il rentra chez lui et tomba d'ivresse autant que d'épuisement. Quelques heures plus tard, son colocataire Barry Benefield le réveilla avec un message : Mr. Scribner souhaitait le voir à 9 heures.

Max se rendit à cet entretien fatigué et avec la gueule de bois, mais Scribner n'en fut pas moins impressionné par le sérieux de son jeune interlocuteur. Perkins lui avait décrit ses motivations dans une lettre : « Je sais que les gens en général, et pour d'excellentes raisons, doutent qu'un journaliste puisse aspirer au confort d'une vie régulière. Ils ne le croient pas capable de s'adapter à l'ennui d'une existence stable. Au cas où vous partageriez ce point de vue, je tiens à vous dire qu'outre mon intérêt naturel pour les livres et tout ce qui les entoure, j'ai grand hâte de changement, car j'aspire aussi à une vie régulière ; et j'ai toutes les raisons qu'un jeune homme peut avoir de souhaiter une telle vie, et de l'aimer quand elle sera advenue. »

Perkins fut recruté immédiatement comme chef du département publicité.

Le 31 décembre 1910 à midi, il épousa Louise Saunders à l'église épiscopale Holy Cross de Plainfield, sous la voûte étoilée. William Saunders offrit comme cadeau de mariage à son gendre une montre en or dont Max ne se séparerait plus. Comme il avait un problème d'audition, et que son ouïe baissait légèrement chaque année, il prit l'habitude de porter sa montre à son oreille gauche, puis de l'éloigner pour mesurer la distance à laquelle il continuait d'en percevoir le tic-tac.

Leur lune de miel emmena les jeunes mariés à Cornish, New Hampshire – juste en face de Windsor, sur l'autre rive de la rivière –, dans un petit cottage appartenant à un cousin Evarts. Le père de Louise avait promis à ses filles de leur faire cadeau d'une maison quand elles se marieraient. Les Perkins acceptèrent cette offre – qui mit Max un peu mal à l'aise –, de sorte qu'à leur retour dans le New Jersey, ils purent franchir le seuil d'une habitation modeste située au 95 Mercer Street, dans le nord de la ville. Peu après leur emménagement, ils récupérèrent tous les plateaux d'argent et les corbeilles à pain reçus en cadeau et en plusieurs exemplaires ; ils s'achetèrent aussi une reproduction en marbre de la Vénus de Milo, qui devint leur objet favori.

Perkins était heureux dans ce nouvel emploi aux horaires normaux. Le poste de chef de publicité chez Scribner exigeait de l'imagination (mais pas trop de témérité cependant), un instinct pour apprécier les produits littéraires, et une capacité à deviner les attentes du public. Oubliant ses études d'économie, Max faisait parfois la promotion des livres qu'il aimait en dépassant le budget qui leur était alloué. En 1914, un des éditeurs de la maison démissionna pour rejoindre une autre société. Charles, impressionné par le travail de Perkins, le fit grimper au quatrième étage. Edward, le frère de Max, s'est rappelé cet épisode : « Il avait l'habitude de dire qu'ils l'avaient bombardé éditeur pour éviter à l'entreprise de faire faillite. »

Le temps pour Max d'être promu éditeur chez Scribner, son couple avec Louise avait donné naissance à trois filles. Bertha, née en 1911, avait reçu le prénom de sa grand-mère maternelle. Deux ans plus tard, Max souhaita que sa deuxième fille se prénomme Ascutney, comme sa montagne bien-aimée du Vermont, mais il recula devant les protestations de Louise et le bébé fut finalement baptisé Elisabeth, comme la mère de Max, avant de devenir

« Zippy » à l'arrivée d'une petite sœur qui prononçait ainsi son prénom. La petite sœur en question fut Louise Elvire – mais on l'appelait « Peggy », entre autres variations.

À l'été 1916, Max se porta volontaire en tant que réserviste dans la cavalerie de l'armée américaine. Il fut envoyé à la frontière mexicaine avec un régiment composé de recrues originaires de Plainfield et alentour. Pendant son absence, la sœur de Louise insista pour que les deux couples échangent leurs maisons ; en effet, elle et son mari n'avaient pas les moyens d'entretenir la demeure trop grande que le père Saunders leur avait donnée. Peu après le retour de Max dans le New Jersey, les Perkins firent donc leurs cartons et déménagèrent leur Vénus en marbre au 112 Rockview Avenue. Et Louise peignit sur la cheminée de leur nouveau domicile un aphorisme composé par son mari : « Plus un homme est, moins il veut posséder. »

Deux ans plus tard, le quatrième enfant des Perkins venait au monde. C'était un petit matin du mois d'août. Max était chez lui, dans l'escalier, quand le cri du bébé lui parvint. Il écrirait par la suite : « Je me suis dit : "C'est le cri d'un garçon. Dieu m'a envoyé un garçon pour compenser ma frustration de n'être pas allé à la guerre." » Quand il apprit la vérité, il expédia à sa mère un télégramme d'un seul mot : « Fille. » Elle fut baptisée Jane.

Max, au milieu de ses cinq femmes, aimait poser en misogyne sans cœur. À ceux qui lui demandaient sempiternellement pourquoi il n'avait pas de fils, il répondait : « Oh ! bien sûr qu'on a eu des fils. Mais on a dû les noyer. » Et quand il apprenait la mort d'un homme marié, il disait : « Elle l'a tué. » C'était de l'humour, alors, plus que l'expression d'une animosité envers les femmes.

Son épouse l'impressionnait. Louise avait une inépuisable énergie ; elle était aussi volontaire et déterminée que son mari. D'après l'historien de la littérature Andrew Turnbull, leur entente amoureuse ressemblait peu ou prou à « l'union d'un professeur écossais et d'une midinette ». Ces deux caractères excentriques menaient une guerre des sexes unique en son genre. Au début, la famille murmurait qu'ils se disputaient « juste pour s'adapter l'un à l'autre », mais il devint bientôt évident que c'était sérieux, au contraire. Le romantisme de leur mariage avait disparu. Max abritait ses émotions derrière le mur de pierre d'un tempérament réservé typiquement yankee. Elle entendait le voir respecter son ambition de faire une carrière d'actrice, et lui jugeait qu'une femme n'avait pas à se produire sur scène. Avant leur mariage, il avait réussi à arracher à Louise la promesse fort simple de renoncer à ses aspirations théâtrales.

Louise devait supporter aussi d'autres injustices. Si les Evarts se montraient hautains avec les Perkins, ils méprisaient carrément Louise Saunders. L'un d'eux dit même un jour : « Pour nous, c'était le type même de l'actrice aux joues poudrées – la vraie chasseuse de scalps, la coureuse. On n'aurait jamais imaginé que Max irait épouser une telle femme. » Elle attirait les hommes. Mais les femmes corsetées de la famille surveillèrent chacun de ses gestes pendant des années, tant elles s'attendaient à la voir mal tourner.

En fait, Louise était plus mondaine que tous les Evarts réunis, et beaucoup moins généreuse. À Windsor, le clan jugeait sa conduite hautaine. Ils lui en voulaient d'avoir un père riche et la possibilité de jeter l'argent par les fenêtres. Tout comme eux, Max avait été éduqué dans l'idée que ce que l'on avait gagné avait plus de valeur que les cadeaux. Louise pouvait se montrer légère, tandis que Max était depuis toujours un monument de prudence. Pourtant, dès que sa mère se permit de critiquer la façon qu'avait Louise de tenir sa maison, il répliqua : « Maman ! Je ne l'ai pas épousée pour avoir une gouvernante, mais pour sa compagnie. »

Louise veillait sur ses filles, même s'il lui arrivait d'être une mère distraite. Elle nourrissait toujours d'autres ambitions que de rester chez elle pour élever quatre gosses. Quand elle n'écrivait pas des pièces pour les enfants, elle se démenait pour produire des spectacles amateurs, ou pour redécorer son intérieur. Dès le début de son mariage, Max écrivit à Van Wyck Brooks : « Louise serait capable de transformer un taudis en palais. »

Aucun amour ne dépassait celui que Max éprouvait pour ses filles, lesquelles étaient très proches de leur père. Tous les soirs, il leur faisait la lecture. Il commençait par de simples poèmes, puis, à mesure qu'elles grandissaient, il passait à des œuvres plus complexes comme les romans du XIXe siècle. Il instilla à ce point les valeurs romantiques à sa fille aînée Bertha que, pendant des années, elle voulut devenir chevalier – encouragée par son père qui lui avait acheté une épée et un bouclier. Quand Zippy déclara qu'elle adorerait voir une maison brûler, il prit la vieille maison de poupées familiale, la bourra de papier et y mit le feu ; et Zippy fut aux anges quand elle vit les flammes jaillir par les fenêtres, et le toit s'effondrer. L'hiver, il se couvrait complètement la figure d'un heaume fait d'un passe-montagne en laine, et dégringolait les pentes enneigées sur une luge avec Peg. Une de ses nièces disait d'Oncle Max qu'il « imposait à ses filles toutes sortes de règles, mais dont aucune n'était obligatoire ».

Chaque fois qu'il était séparé de sa petite famille, et même quand il était tout simplement au bureau, Max se sentait déprimé, et pour garder le contact avec ses proches, il leur écrivait. Il pressait sa dévouée secrétaire, Irma Wyckoff, de venir travailler le 12 février – qui est férié dans plusieurs États d'Amérique –, afin de taper pour lui la carte de Saint-Valentin qu'il avait confectionnée et illustrée avec soin. Quand la famille séjournait à Windsor, il s'efforçait d'écrire tous les soirs à l'une de ses filles au moins. Les lettres étaient quelquefois de magnifiques œuvres d'art, pleines de superbes contes de fées. L'amour s'y exprimait toujours en des termes que les enfants étaient à même de comprendre. Il écrivit une fois à Zippy : « Un papa ne peut pas s'amuser quand il est privé de ses enfants. Ce n'est même pas la peine d'essayer. Partout où il va, il se dit : "Oui, ça, ce serait drôle si mes petites filles étaient là, mais sans elles, quel intérêt ?" Il ne peut pas s'empêcher de penser à elles. Bien sûr, il peut toujours aller admirer des statues ou autres, mais alors ce ne sont pas les statues qu'il voit, ce sont ses filles en train de jouer là-bas, si loin de lui. En revanche, quand elles lui écrivent, alors là, il est heureux. »

L'été, pendant les vacances, il rejoignait les siens à Windsor aussi souvent que possible. Et il revenait du Paradis revivifié, prêt à affronter la tonne de papiers entassés dans le désordre de son bureau.

– 4 –

Développements

Peu après que Maxwell Perkins eut présenté F. Scott Fitzgerald à Van Wyck Brooks, à l'été 1920, Edmund Wilson, un des condisciples de Fitzgerald à Princeton, écrivit pour le *New Republic* une conversation imaginaire entre les deux amis de Perkins, l'ancien et le nouveau – une rencontre entre les deux esprits littéraires les plus réputés de leur temps. Wilson imagina que Fitzgerald, après avoir accepté de voir en Brooks « le plus grand auteur [sur le sujet de la littérature américaine] », lui disait : « Bien sûr, plein de gens écrivaient avant *L'Envers du paradis*… Mais la Plus Jeune Génération n'avait encore jamais pris conscience d'elle-même, et quant au grand public, il n'avait même jamais eu de conscience du tout. Comme dit la pub, je suis l'homme qui a éveillé la conscience de la Plus Jeune Génération. » Et Brooks faisait observer ensuite : « À peine arrivée la première récolte de jeunes auteurs tels que vous, et avec le succès que l'on sait, un groupe de professionnels du livre, d'éditeurs et de journalistes se montraient prêts à les exploiter et à les commercialiser – avec le résultat qu'il y a maintenant plus de demandes pour les "jeunes" auteurs qu'il n'y a de jeunes auteurs pour la satisfaire. »

Le vieux Charles Scribner résista à cette mode. Il n'avait pas envie de convertir son entreprise en une fabrique de romans de gare, ni de diffuser des bouquins à trois sous susceptibles de mettre à mal une réputation d'éditeur responsable vieille de soixante-dix ans. Mais Maxwell Perkins, tout en respectant les choix de la maison, inclinait à prendre des risques. Plus activement qu'aucun de ses collègues, il chercha à découvrir de nouveaux auteurs aux quatre coins du pays. L'affaire prit des allures de croisade personnelle : progressivement, il nettoya le catalogue Scribner de ses livres sempiternellement rebattus et les remplaça par de nouveaux ouvrages auxquels il prêtait l'espoir d'un avenir. Il commença avec Fitzgerald et continua avec tous les nouveaux écrivains recrutés ; lentement, il modifiait le rôle traditionnellement dévolu à l'éditeur. Son intérêt allait à des auteurs qui ne se contentaient pas de « bien écrire » dans un style conventionnel et sur des sujets insipides ; il recherchait des voix nouvelles à même d'exprimer les valeurs du monde né de l'après-guerre. En ce sens, l'éditeur qu'il était faisait bien davantage que refléter les standards de sa génération ; il les influençait consciemment, les faisait évoluer par le truchement de ses jeunes talents.

Fitzgerald évoque dans son journal sa première année d'auteur publié : « Fête et mariage. Récompense de l'année précédente. Mon année la plus heureuse depuis celle de mes 18 ans. » En août 1920, il travaillait à un deuxième roman encore intitulé *The Fly of the Rocket* – « La Mouche sur la fusée ». Le livre racontait la vie d'un certain Anthony Patch entre sa vingt-cinquième et sa trente-troisième année – de 1913 à 1921. Scott décrivit ainsi le personnage à Charles Scribner : « Il est comme tous ceux qui ont les goûts et la vulnérabilité d'un artiste, sans être doté d'une véritable inspiration créative. L'histoire raconte comment lui et sa belle jeune épouse se fracassent sur les brisants de la débauche. Ça a l'air sordide, mais c'est un livre sensationnel en fait, et j'espère qu'il ne décevra pas les critiques qui ont aimé mon premier roman. »

Six mois après la parution de *L'Envers du paradis*, il n'avait toujours pas perçu ses droits d'auteur. Il ne se montrait guère patient vis-à-vis des procédures de règlement qui avaient cours chez Scribner et qui étaient en usage dans le monde de l'entreprise : l'auteur recevait un relevé tous les six mois, et le chèque suivait quatre mois plus tard. Scott n'oubliait pas que Perkins l'avait incité à lui demander de l'argent dès qu'il en aurait besoin, aussi réclama-t-il mille cinq cents dollars, non sans préciser que sa jeune épouse avait besoin d'un nouveau manteau de fourrure. Perkins se dépêcha de lui envoyer cette somme, accompagnée de l'information selon laquelle *L'Envers du paradis* avait presque atteint les trente-cinq mille exemplaires vendus en sept mois. Fitzgerald avait espéré quarante mille et l'argent était déjà dépensé à l'arrivée du chèque. À la fin de l'année, il avait reçu quelque cinq mille dollars sur ses droits. Il ne tarda pas à perdre toute trace de sa dernière requête et, quand il eut besoin d'argent, il formula simplement la chose ainsi : « Et ce nouvel à-valoir, alors ? » Il était à ce point à court de liquidités et de crédit qu'il passerait le reste de ses jours à essayer de se refaire, sans jamais y arriver.

Le 31 décembre 1920, Fitzgerald écrivit à Perkins que sa banque avait décidé de ne plus rien lui prêter sans garantie. Il avait aussi des factures à hauteur de six mille dollars et il en devait six cent cinquante à son agent, Paul Reynolds & Company, pour une avance sur un livre qu'il n'arrivait pas à écrire. « Entre hier et aujourd'hui, écrivit-il à Perkins, j'ai commencé une demi-douzaine d'histoires, et je vais devenir dingue s'il faut que je continue comme ça. » N'y avait-il pas moyen que son éditeur se débrouille pour lui faire un prêt, une avance sur son prochain livre ? Perkins plaida la cause de Fitzgerald avec succès et obtint du directeur financier qu'il débloque mille six cents dollars. Un mois plus tard, Fitzgerald était en mesure d'écrire à son éditeur qu'il « travaillait comme un diable ». Le lancement de *The Fly of the Rocket* fut reporté plusieurs fois. En février, toutefois, la première partie du roman était à la dactylographie et la deuxième en lecture chez Edmund Wilson. L'auteur peaufinait la troisième. Mais le fisc le taxa de mille dollars au titre de l'impôt sur le revenu. Perkins rappela au « fâcheux mendiant », comme Fitzgerald avait signé sa dernière lettre, qu'il lui restait dans les deux mille dollars à toucher sur les ventes de *L'Envers du paradis*.

Fitzgerald acheva son roman à la fin du mois d'avril. Le livre, entre-temps, avait changé de titre et s'appelait désormais *The Beautiful and Damned* – titre qui deviendra en français, selon les traductions, *Les Heureux et les Damnés* ou *Beaux et damnés*. Il le remit à Perkins en mains propres, en déclarant qu'il avait besoin de six cents dollars pour des billets sur un vapeur en partance pour l'Europe. Auteur et éditeur signèrent à nouveau. Fitzgerald, par distraction, partit en oubliant son exemplaire du contrat, et Perkins mit par écrit leur accord verbal : « Si nous ne vous versons pas une avance généreuse, c'est que le montant en est peut-être difficile à chiffrer, mais c'est surtout parce que nous pensons qu'au vu de notre précédente collaboration, il est préférable et plus satisfaisant que vous puissiez retirer de l'argent sur votre compte chez nous, sous réserve d'un dépassement raisonnable. »

Cette politique eut pour effet de mettre les finances de Fitzgerald sous la tutelle de Perkins pendant de longues années.

Les Fitzgerald ne profitèrent pas beaucoup de leur escapade en Europe. Zelda fut malade pendant presque tout le voyage. Scott était parti avec une lettre de présentation signée de Perkins et destinée à John Galsworthy (Perkins, qui avait rédigé nombre de prières d'insérer pour les livres de Galsworthy aux États-Unis, regardait *La Dynastie des Forsyte* comme une « fiction étonnante et vraiment réussie ».) Galsworthy reçut les Fitzgerald, mais se montra pontifiant au sujet de la nouvelle littérature américaine dont il dénigra les représentants, de jeunes faiseurs inexpérimentés, selon lui. Ces remarques plutôt vives n'arrivèrent pas aux oreilles de Perkins qui remercia Galsworthy d'avoir invité les Fitzgerald à dîner : « Je pense que ça a dû lui faire grand bien, car il a besoin d'être guidé. » Fitzgerald vécut comme un privilège le fait d'avoir été reçu par Galsworthy, ce qui ne l'empêcha pas d'écrire à Shane Leslie : « Il m'a plutôt déçu. Le pessimisme sans ironie ou amertume, je ne supporte pas. »

Après plusieurs semaines en France et en Italie – et plusieurs requêtes pour recevoir « de l'or » –, les Fitzgerald reprirent le chemin du Minnesota où le penchant de Scott pour la boisson ne tarda pas à entrer en compétition avec celui de son personnage, Anthony Patch. Installé à White Bear Lake, Fitzgerald s'enfonça dans un long été improductif. Il passa un temps « infernal » à essayer de rassembler son énergie créatrice, et finit par écrire à Perkins : « À force de flemmarder, me voilà dans une affreuse et abominable tristesse. Mon 3e roman, si j'arrive un jour à l'écrire, sera d'une noirceur mortelle, c'est sûr, vu ma tristesse. » Au cours de cette première dépression depuis le début de leur relation, Fitzgerald fit à Perkins un aveu : « Je devrais aller m'asseoir avec une 1/2 douzaine de compagnons bien choisis, et me saouler à mort, mais je suis dingue pareillement de la vie, de l'alcool et de la littérature. Si ce n'était pas pour Zelda, je crois que je disparaîtrais pendant trois ans. Je m'embarquerais comme marin ou un truc du genre & je mènerais la vie dure – j'en ai marre de l'apathie mollassonne et pseudo-intello dans laquelle je patauge avec ma génération. »

La réponse de Perkins déborde d'optimisme à chaque ligne, jusque dans ses commentaires concernant l'influence positive du climat de Saint-Paul sur l'écriture. Pour ce qui est de la vie, de l'alcool et de la littérature, Perkins écrivit : « Toute personne qui pratique cette dernière se lasse de la première à un moment ou à un autre, et c'est bien là qu'elle a des chances de s'enticher fortement du deuxième. » À la fin de l'été, Fitzgerald s'était remis à écrire.

En octobre 1921, les Fitzgerald attendaient l'arrivée de leur premier enfant et la sortie des *Heureux et les Damnés*. L'enfant – Frances Scott Fitzgerald, dite Scottie – naquit sans problème à la fin du mois. Perkins fit part de ses chaleureuses félicitations et supputa que Zelda devait être ravie d'avoir un enfant. « Mais si vous êtes comme moi, écrivit-il à Scott, vous aurez besoin d'un peu de consolation et vous vivrez de grandes expériences avec une petite fille – j'en ai quatre et je vous promets des satisfactions à venir. »

À la fin du mois, Perkins avait envoyé à Fitzgerald un premier jeu d'épreuves. Scott corrigeait jusqu'aux plus infimes détails – il manquait d'informations techniques sur la vie estudiantine de son héros à Harvard et Max y remédia facilement. Au final, le livre lui parut « affreusement bon ». Chez Scribner, on en avait une excellente opinion aussi. Même les éditeurs qui continuaient d'avoir des réticences sur le style de Fitzgerald devaient au moins reconnaître qu'ils avaient un produit très attractif dans leur catalogue. Perkins écrivit à l'auteur : « Les épreuves mettent les sténographes du troisième étage au désespoir : je veux dire, d'être obligées de travailler. J'en ai même vu une qui les emportait avec elle pour aller déjeuner… car elle ne pouvait s'arrêter de les lire. Et c'est la même chose pour tous ceux qui ont la possibilité d'avoir ces épreuves entre les mains – pas seulement les sténographes. »

Le texte de Fitzgerald laissait un problème éditorial en suspens. Maury Noble, un des amis d'Anthony Patch, apparaissait comme un personnage important. Or il parlait de la Bible en termes iconoclastes, affirmant qu'elle était l'œuvre de vieux sceptiques dont le but principal était de se garantir une immortalité littéraire. Nul doute qu'aucun éditeur de la maison Scribner n'était jamais tombé sur pareil sacrilège dans aucun manuscrit. Perkins lui-même n'était pas le moins offensé par le contenu du passage. La rhétorique ivrognesque de Maury Noble semblait conforme au personnage, mais Perkins craignait que certains lecteurs n'accusent Fitzgerald de partager ce point de vue, et n'en viennent à soulever de véhémentes protestations. Il dit à l'auteur : « Je pense avoir parfaitement compris ce que vous cherchez à exprimer, mais je ne crois pas que ça puisse passer. Ceux qui parlent avec une passion aussi sincère, vous ne pouvez pas faire autrement que les respecter, même quand ils ont complètement tort. »

Fitzgerald passa à l'offensive. Il répliqua que cette remarque, selon lui, aurait pu s'adresser à Galilée, à Mencken, à Samuel Butler, à Anatole France, à Voltaire, à Shaw – Scott les regardait tous comme ses frères réformateurs. Il ajouta : « En fait, Van Wyck Brooks, dans *The Ordeal*, critique Clemens pour avoir permis que ses déclarations soient édulcorées sur ordre de Howells. » Il demanda à Perkins : « Vous ne croyez pas que l'évolution des esprits est rendue possible par l'affirmation de certaines choses – peut-être surprenantes au début, mais qui avec le temps finissent par devenir banales ? » Si cet épisode particulier était dépourvu de qualité littéraire, poursuivait Scott, « je m'en remettrais à votre jugement sans discuter, mais ce passage s'intègre magnifiquement dans la scène, et c'est exactement ce qu'il fallait pour qu'il soit davantage qu'un joli arrangement pour des idées qui n'arrivent pas à émerger ». Fitzgerald tint bon jusqu'à ce que lui parvienne la réaction de son éditeur.

La réponse de Perkins à Fitzgerald devint le mot d'ordre sur lequel il publierait tous ses auteurs à venir : « Ne vous *en remettez* jamais à mon jugement. Vous ne le ferez en aucun cas, je le sais, et ce serait une honte pour moi si cela se produisait, car un écrivain, en tout état de cause, ne doit s'exprimer que pour lui-même. Je détesterais être pour vous (à supposer que la position de V.W.B.[1] soit la bonne) ce que W.D. Howells[2] fut pour Mark Twain. » Perkins voulait que Fitzgerald comprenne qu'il ne plaçait pas son objection sur le terrain littéraire. Il lui écrivit : « C'est ici qu'entre

1. Van Wyck Brooks, bien sûr.

2. William Dean Howells. Cet écrivain hante la biographie et l'œuvre de son ami Mark Twain, avec lequel il a fait évoluer la littérature américaine.

en ligne de compte la question du public. Les gens n'accepteront pas qu'un personnage se mette à improviser de façon autonome. Ils penseront que c'est F. Scott Fitzgerald qui parle. Tolstoï faisait ça, Shakespeare aussi. Il est évident que ce sont vos idées que vous faites passer à travers Maury ; mais vous ne les feriez pas passer de cette façon si vous deviez les exprimer délibérément comme étant les vôtres. » Son souhait était que Fitzgerald modifie son texte « de sorte à ne pas heurter les gens mêmes qui en approuvent le contenu ».

Fitzgerald se rendit compte qu'il avait été un peu léger. Reprenant les dialogues de Maury, il remplaça *deity* (« divinité ») par *God Almighty* (« Dieu tout-puissant ») et supprima le mot *bawdy* (« paillard ») ; « *Oh, Christ* » (« Nom de Dieu ») fut changé en « *Oh, my God* » (« Mon Dieu »).

Alors que la couverture du livre était à l'impression et que le prote fondait le plomb des caractères, Fitzgerald trouva une autre fin pour son roman : un paragraphe à ajouter qui, dit-il, « laisserait dans la bouche du lecteur le "goût" du livre tout entier, ce qui n'était pas le cas jusqu'ici ». Le climax des *Heureux et les Damnés* intervenait quand les deux héros, Anthony et Gloria Patch, obtenaient gain de cause dans leur long combat pour toucher un important héritage. Mais l'alcool les avait détruits. Pour célébrer l'acquisition de leur fortune, ils partaient pour une croisière en Europe. À bord du navire, Anthony déclarait qu'il y était arrivé, qu'il avait réussi. Et Scott proposait désormais la fin suivante :

> Nul doute que l'exquise et merveilleuse ironie qui avait enregistré la fin de nombreuses générations de moineaux releva la plus subtile des inflexions verbales, celle qui avait présidé à un navire tel que l'*Imperator*. Et il était évident que les yeux qui voient tout avaient dû être présents en un certain endroit du Paradis quelque chose comme un an plus tôt – quand la Beauté, qui renaissait tous les cent ans, revint de la terre pour apparaître dans une sorte de salon extérieur traversé par des rafales de vent blanc et, à l'occasion, par une étoile pressée, à bout de souffle. Les étoiles l'accueillirent intimement à leur arrivée et les vents lui souhaitèrent la bienvenue par une douce bourrasque. Elle soupira et entama une conversation d'une voix portée par le vent blanc.
>
> « De retour encore, murmurait la voix.

– Oui.

– Au bout de quinze ans.

– Oui. »

La voix hésitait.

« Comme tu étais loin, dit la voix. Endormie... Tu as l'air de n'avoir pas de cœur. Et la petite fille alors ? Son glorieux regard s'en est allé... »

Mais la beauté était depuis longtemps tombée dans l'oubli.

Zelda Fitzgerald détesta cette coda lyrique, et elle la critiqua avec une telle énergie que l'auteur, par câble, réclama à Perkins une opinion objective : ZELDA PENSE QUE LIVRE DEVRAIT S'ACHEVER PAR DERNIÈRE TIRADE D'ANTHONY SUR LE BATEAU – ELLE TROUVE QUE LA NOUVELLE FIN EST UNE LEÇON DE MORALE – DITES-MOI VOTRE AVIS – LE LIVRE DOIT-IL FINIR SUR LES DERNIERS MOTS AUXQUELS JE SUIS PARVENU OU PRÉFÉREZ-VOUS LA FIN ACTUELLE – J'HÉSITE – COUVERTURE EXCELLENTE.

Perkins, loin de se dérober, câbla aussitôt : JE SUIS D'ACCORD AVEC ZELDA, puis écrivit : « Je pense qu'elle a entièrement raison. La remarque finale d'Anthony est la note juste sur laquelle il faut finir. »

Cependant, *Les Heureux et les Damnés* – dialogues percutants, rebondissements, enchaînements de conséquences – n'obéissait toujours pas aux conventions du roman. Aussi, Max se demanda-t-il pendant quelque temps si une fin pointant vers une morale ne serait pas une bonne chose. Il dit à Scott que le « grand public peu averti » aurait besoin d'un peu d'aide pour comprendre la dimension satirique de l'œuvre. Il continuait : « Par exemple, j'ai entendu dire en discutant du livre avec un lecteur que le personnage d'Anthony s'en sortait indemne, qu'il touchait ses millions et ne se posait pas de question. Ce lecteur était complètement passé à côté de l'extraordinaire et réelle ironie des derniers paragraphes. » Fallait-il donc envisager une fin plus explicite ? Les bénéfices à tirer d'une telle décision compenseraient-ils les pertes artistiques ? Max ne le pensait pas. Il écarta le nouveau paragraphe et retravailla la couverture du livre afin de s'assurer que l'ironie de l'auteur était comprise.

Dans l'idée de Perkins, le public était maintenant habitué au style de Fitzgerald, mais il ne percevait pas sa vraie valeur littéraire, et cela venait principalement de la légèreté de ses personnages. Fortement impressionné par la profondeur de ce deuxième roman, il écrivit à Scott : « Il y a surtout dans ce pays une classe de la société qui n'a pas de racines, celle dans laquelle dérivent Gloria et Anthony – une classe nombreuse, une classe qui a un impact important sur le reste de la société. Nul doute que ça vaut le coup de la décrire dans un roman. Je sais que vous n'avez pas entrepris de le faire délibérément, mais je crois que *Les Heureux et les Damnés* a produit de fait ce résultat ; et que ça donne au final une description brillante de la société américaine. »

Les Heureux et les Damnés – dédié à Shane Leslie, à George Jean Nathan et à Maxwell Perkins dont l'auteur avait « apprécié l'important soutien littéraire et les encouragements » – parut en mars 1922. Six semaines plus tard, Perkins fit savoir à Fitzgerald que la maison Scribner estimait n'avoir pas eu les réassorts escomptés, alors qu'elle avait procédé à la mi-avril à un troisième tirage de dix mille exemplaires. (Cette même semaine, Scribner imprima *L'Envers du paradis* pour la treizième fois.) Max poursuivait en écrivant qu'il avait dû renoncer à ses espoirs de faire un immense succès, qu'il regrettait que les courriers de Fitzgerald commencent déjà à parler de déception. « Bien sûr, j'aurais voulu en vendre cent mille exemplaires, voire plus, continuait Perkins, et j'espérais que l'extraordinaire exaltation de votre style conduirait au fil des paragraphes à ce résultat en dépit du fait qu'il s'agissait d'une tragédie, de quelque chose de désagréable en soi dont les principaux éléments n'étaient pas en eux-mêmes du genre que l'on recommande au très large public qui lit purement et simplement pour se distraire et c'est tout. Mais ce livre, du moins, bénéficie d'assez bonnes ventes. Les libraires vont l'écouler sans problème. Il a fait sensation chez les gens de goût et par conséquent tout va bien, sauf d'un point de vue strictement commercial. Je sais qu'il s'agit d'un point de vue qui compte beaucoup pour vous comme pour nous ; mais en ce qui nous concerne, nous avons décidé de vous appuyer. La course sera longue, mais sommes plus que jamais convaincus que vous allez la gagner. »

Perkins réfléchissait déjà à la prochaine étape dans la carrière de Fitzgerald. Il pensait à un recueil de nouvelles. Il aimait qu'un roman soit suivi de nouvelles. Ça stimulait les ventes, selon lui. Fitzgerald sélectionna une douzaine de textes parus dans différentes revues et proposa un titre : *Tales of the Jazz Age* – *Les Enfants du jazz*, dans la future version française. Suivit chez Scribner une réunion des commerciaux à l'issue de laquelle Max revint vers Scott : « Le titre a soulevé une volée de fortes critiques... Le jazz sous toutes ses formes les insupporte, et ils pensent que ce mot, quelle que soit la signification qu'on lui donne, suffira à pénaliser le livre. »

Scott en parla à sa femme, à deux libraires et à plusieurs de ses amis : tous aimaient ce titre. Il ne céderait pas. « Le livre sera acheté par *mon public*, écrivit-il à Max, à savoir les innombrables garçonnes et lycéens qui me voient comme une espèce d'oracle. » Il voulait bien consentir à sacrifier les mots « *Jazz Age* », à condition que Perkins se déclare personnellement opposé à cette expression, et qu'il ait à proposer un titre encore plus frappant pour occuper la moitié de la couverture. Perkins ne formula pas ses propres objections et l'affaire fut close.

Mais il passa plusieurs mois à essayer d'influencer Fitzgerald sur une question beaucoup plus importante. Il pensait qu'avec *Les Heureux et les Damnés*, Fitzgerald avait donné sa pleine expression au personnage de la « garçonne » (ce même été, il avait mis en garde Zippy, sa propre petite fille alors âgée de 9 ans : « Ne deviens jamais comme ça. Elles sont trop bêtes. »). Avec leurs chemisiers à manches courtes et leurs cheveux courts, les héroïnes de Scott étaient séduisantes, mais comme Max le lui avait fait observer un jour qu'ils discutaient du lancement du roman : « On va devoir [...] en finir une fois pour toutes avec ce thème de la garçonne. » Mais Scott hésitait à laisser tomber ce qui lui réussissait le mieux. Comment oublier tout ce que lui avaient apporté ses *Jazz babies* ? Cependant, la suggestion de Max lui permit de franchir un nouveau cap dans sa pratique de la nouvelle : ses personnages commencèrent à gagner en maturité. Au cours des années suivantes, la plupart de ses textes concerneraient moins la quête de l'amour que sa disparition. L'argent, précédemment un objet de crainte, devint un instrument de pouvoir. Et les fantasmes cédèrent la place aux rêves inaccomplis.

En mai 1922, Max demanda à Scott s'il avait une autre idée de roman en tête. Il pensait que Fitzgerald aurait déjà quelque chose de bien développé, mais ce n'était pas le cas. Cependant, l'auteur était en bonne voie : « Je crois que ça se passera dans le Middle West et à New York en 1885, répondit Scott. Avec moins de beautés exceptionnelles que d'habitude & l'action sera concentrée sur une courte période. Il y aura un élément catholique. Je n'ai pas encore vraiment décidé si je suis prêt à m'y mettre ou pas. » Perkins espérait que cette idée de roman prendrait de l'ampleur dans l'esprit de Scott, et qu'elle s'imposerait à lui ; mais Fitzgerald, pendant des mois, passa d'un projet à l'autre, et finit par vouloir terminer une pièce de théâtre à laquelle il s'était attaqué au début de l'année.

Gabriel's Trombone était une comédie romantique mettant en scène Jerry Frost, un facteur qui rêvait de devenir président des États-Unis. Scott présenta cette pièce comme « la meilleure comédie américaine jamais écrite et, indubitablement, la meilleure chose que j'aie jamais écrite ». À la Noël 1922, Max avait le texte de l'œuvre sous les yeux.

Publier des pièces n'était pas exactement son métier, mais il jugea que ce texte composé dans un esprit « théâtre de l'absurde » ressemblait à un avion sans boussole qui échouait à donner au public l'envie de monter à bord, et il se fendit d'une critique de 1 000 mots. Il signalait les défauts de l'œuvre et suggérait des modifications à même d'empêcher cette chute volontaire dans une absurdité burlesque. Toutes les scènes de l'acte II, écrivait-il, devaient répondre à trois objectifs : « enrichir le rêve fantastique, rendre plus satirique Jerry et sa famille en tant que personnages représentatifs d'une vaste catégorie d'Américains, et rendre plus satirique aussi le gouvernement, l'armée, bref, toutes les institutions présentes ». Perkins insista : « Allez-y carrément dans la satire [...], mais sans jamais perdre de vue votre objectif principal. Votre délirant deuxième acte devrait être traversé d'un bout à l'autre par une espèce de "logique délirante". »

La période d'écriture de *Gabriel's Trombone* avait vu Scott et Zelda déménager pour Long Island où ils avaient loué une magnifique maison dans le village nouvellement créé de Great Neck. Scott s'était remis à boire. Par la suite, dans son journal, 1923 serait qualifiée d'« année facile, mais dangereuse et destructrice ». Plusieurs nouvelles publiées, une option pour un film et diverses avances lui rapportèrent trente mille dollars, cinq mille de plus que ce qu'il avait gagné l'année précédente. Mais après des mois à vivre n'importe comment, Fitzgerald avoua à Perkins qu'il s'était mis lui-même dans une « situation catastrophique ». Il avait fini sa pièce dont le titre était maintenant *The Vegetable*, *Un légume* dans la future traduction française. Il l'avait menée au bout de ce qu'elle pouvait donner et avait trouvé un producteur, mais au prix d'un coût considérable pour sa carrière principale. Il l'avait récrite quatre fois de la première à la dernière ligne – sans faire plus de changements que ceux suggérés par Max. Puis il avait passé des mois à suivre le jour les répétitions de la pièce et à faire des corrections la nuit. « Je suis au bout du rouleau », écrivit-il à Perkins à la fin de l'année 1923. Et il était dans le rouge de plusieurs milliers de dollars chez Scribner, même compte tenu de ses droits sur *Les Heureux et les Damnés*. Il demanda avec angoisse si la somme ne pourrait être considérée comme des droits sur sa pièce, une œuvre à laquelle toute la troupe prédisait un grand succès. Épouvanté, il alerta Perkins : « Si je ne dépose pas 650 $ à la banque mercredi matin, je serai obligé de vendre les meubles. Bon Dieu, je n'ose même pas me présenter devant eux, ne serait-ce que pour essayer de régler le problème. » Max fit virer la somme sans parler de la proposition de Scott de la considérer comme des droits sur la pièce.

1923 fut l'une des plus brillantes années à Broadway. Le célèbre acteur John Barrymore y jouait *Hamlet* tandis que sa propre sœur Ethel apparaissait dans *Roméo et Juliette* quelques rues plus loin. La saison vit aussi la création de *La Machine à calculer* d'Elmer Rice et de *Six personnages en quête d'auteur* de Luigi Pirandello. La plupart des critiques considéraient *Loyautés* de Galsworthy comme la meilleure pièce de l'année. L'œuvre de Fitzgerald, *Un légume*, ne fut jamais jouée à New York, seulement à Atlantic City où nombre des spectateurs présents au lever du rideau n'étaient plus là pour le voir retomber.

Perkins écrivit à Charles Scribner : « Savez-vous que la pièce de Scott a fait un four ? Au deuxième acte, le public avait l'air complètement perdu. Scott s'est montré très sport. Il m'a appelé dès son retour pour me parler de son échec de la façon la plus claire. Il m'a dit : “J'ai dit à Zelda, voilà où on en est après tous ces livres, on n'a plus rien. Plus un sou en poche. Il va falloir repartir à zéro.” »

*

* *

Le grand éditeur est quelqu'un qui cherche constamment de nouveaux auteurs, nourrit leur talent et obtient des succès critiques et financiers. Cette quête se justifie par l'enthousiasme qu'il éprouve à l'idée de développer de nouveaux styles d'écriture, même quand l'affaire exige des mois, voire des années d'un travail acharné qui se solde souvent par une déception. William C. Brownell apprit un jour que Roger Burlingame, l'un des jeunes collègues de Max, était découragé par la somme de travail. Il lui expliqua que dans quatre-vingt-dix pour cent des cas, la tâche des éditeurs pouvait tout aussi bien être accomplie par des secrétaires. Et il précisa : « Mais une fois par mois, ou tous les six mois, vient un moment où c'est toi et toi seul qui peux gérer le problème ; il faut alors mobiliser tout ce que tu sais, tout ce que tu as appris et tout ce à quoi tu as réfléchi dans ta vie. »

À l'été 1925, Scott Fitzgerald attira l'attention de Perkins sur son voisin et ami de Long Island, Ringgold Wilmer Lardner, un chroniqueur sportif et satiriste très connu. Ringgold et Fitzgerald étaient différents à bien des égards. Lardner avait 38 ans. C'était un homme brun, de grande taille, au regard triste, qui écrivait avec régularité sans se prendre le moins du monde pour un génie. Fitzgerald était petit, blond, plein d'audace ; il travaillait au gré de son humeur et écrivait pour la postérité. Mais un lien puissant les unissait : tous deux aimaient faire la fête, et pouvaient boire jusqu'à ce que le soleil se lève sur Long Island Sound.

Lardner avait publié plusieurs recueils de récits à la première personne chez différents éditeurs, mais sans jamais éveiller l'intérêt de la critique[1]. L'un de ces recueils, *You Know Me Al*, rassemblait des nouvelles épistolaires, des lettres rédigées par un joueur de base-ball novice et quasi illettré. Il avait créé d'autres personnages, des compositeurs de chansons dans le style Tin Pan Alley[2],

---

1. Ring Lardner est accessible au lecteur français. Citons entre autres *Dix nouvelles* (Robert Laffont), *Champion et autres nouvelles* (10/18) et *Y'en a qui les aiment froides* (Rivages).

2. Musique populaire new-yorkaise de la fin du XIXe siècle dont on a pu dire qu'elle a influencé le futur rock'n'roll.

des choristes filles et des sténodactylos à la verve argotique, ce qui l'avait placé en tant qu'auteur au rang des classes les moins huppées de la population. Perkins, après avoir lu un texte de Lardner intitulé *The Golden Honeymoon* – « Une lune de miel en or » –, songea à réunir en recueil plusieurs de ses nouvelles. Il lui adressa un courrier en juillet : « Je vous écris donc pour vous dire que nous serions prêts à envisager cette possibilité avec beaucoup d'intérêt. Je ne m'y serais pas risqué si Scott ne l'avait évoquée ; en effet, votre position est telle dans le monde littéraire que vous devez être assiégé par les éditeurs, et qu'en pareille situation, on regarde plutôt les manifestations d'intérêt comme une source de tracas. »

La rencontre entre Perkins et Lardner eut lieu cet été-là à Great Neck. Fitzgerald les rejoignit pour le dîner chez René Durand, un restaurant et bar clandestin. Ring fit allusion à plusieurs nouvelles dont il pensait qu'elles pouvaient intéresser l'éditeur, et Scott débita des banalités sur tous ses amis – les « *good eggs* », comme il les appelait. Une fois la soirée bien arrosée, Ring rentra chez lui. Scott insista alors pour faire faire à Max un tour en voiture à travers Long Island. Ils parvinrent à gagner la voiture sans trop de problèmes, mais ils ne purent aller beaucoup plus loin. La mésaventure serait relatée un jour dans le *New Yorker,* avec une erreur au passage sur la profession de Perkins : « Il n'y avait pas de raison en l'occurrence pour que [Fitzgerald] ne tourne pas à droite, comme aurait fait n'importe quel conducteur, et comme le publicitaire *(sic)* devait s'y attendre, mais après un cocktail ou deux, il trouva plus drôle de tourner à gauche et de quitter la route. » Scott et Max dégringolèrent une pente qui les conduisit dans le noir jusqu'à un bassin à nénuphars. Perkins, qui se rendit à Windsor pour le week-end, raconta l'incident à Louise : « Scott Fitzgerald me répétait que j'étais un *good egg* moi aussi, un bon gars. Et que Ring aussi était un bon gars. Et lui aussi, Scott, était un bon gars. Et soudain, spontanément, comme si c'était le genre de choses qu'un bon gars fait à un autre bon gars, il m'a emmené tout droit dans ce fichu étang. » L'histoire fit rire Perkins pendant des années, la dimension du plan d'eau augmentant à chaque nouvelle version.

Avec l'aide de Fitzgerald, Max rassembla les nouvelles dont Lardner lui avait parlé lors de cette soirée estivale. La tâche n'était pas facile : Ring avait si peu d'estime pour ses textes qu'il n'en gardait même pas un double. Quand sa nouvelle était écrite, il l'oubliait. Pour la plupart d'entre elles, Max fut obligé de compter sur la mémoire lacunaire de Gardner. Qui donc les avait publiées ? Et même quand Gardner s'en souvenait, il restait encore à aller les chercher dans les fonds des bibliothèques et les archives des magazines. Perkins finit par toutes les rassembler en décembre. Le recueil, intitulé *How to Write Short Stories* – « Comment écrire une nouvelle » –, lui inspirait alors un tel enthousiasme qu'il l'inscrivit sur les sorties du printemps en passant outre l'avis défavorable émis par ses collègues plus anciens. L'opération était complètement hors norme puisque l'auteur ne s'était même pas déplacé pour venir donner officiellement son accord.

Ring Lardner Jr. disait que son père n'aurait jamais écrit d'autre nouvelle après *The Golden Honeymoon* si Scott Fitzgerald et Max Perkins ne l'y avaient incité. Et il ajoutait : « Avec la parution de *How to Write Short Stories*, il a eu pour la première fois le sentiment de faire partie du milieu littéraire, d'être autre chose qu'un journaliste. Cet appui n'a rien changé à sa façon d'écrire ; mais il écrivait désormais *autre chose.* » Ring s'excusa auprès de Max pour les mois que ce dernier avait dû passer à « collecter tous ces trucs », et accompagna sa lettre d'une invitation à lui rendre de nouveau visite à Great Neck. « C'est maintenant sans danger, précisa-t-il, puisque le bassin de René Durand est gelé. »

Pendant que Perkins travaillait à l'édition de ses nouvelles, Gardner partit pour Nassau. Après avoir relu les textes quatre ou cinq fois, Perkins s'aperçut que le titre posait un problème ; *How to Write Short Stories* contenait une promesse non tenue par le livre. Max suggéra à Ring de faire précéder chaque texte d'un bref chapeau explicatif, une petite préface satirique dans laquelle l'auteur feindrait de les présenter comme autant de façons de résoudre l'exercice. L'idée plut à Lardner qui expédia ses avant-propos à Perkins en l'espace de quelques jours. Perkins, surpris d'une réaction aussi rapide, lui écrivit : « Et moi qui vous imaginais en train de jouer au golf ou au mah-jong, d'après ce que Scott m'avait laissé entendre ! »

Plusieurs de ces introductions illustrent le regard dérisoire que Gardner a toujours porté sur ses propres écrits. Il savait que ses nouvelles étaient amusantes, mais il ne les prenait pas au sérieux.

Edmund Wilson raconte dans son journal une soirée chez Fitzgerald à cette époque : « Lardner et moi avons commencé à parler du scandale pétrolier, et Fitz s'est endormi sur sa chaise. [...] Quand on parlait de son travail, Lardner disait qu'il avait un problème : il ne savait pas écrire. Je lui ai demandé ce qu'il voulait dire. Il m'a répondu : "Je suis incapable d'écrire une phrase comme : *Nous étions chez les Fitzgerald, et le feu crépitait dans la cheminée.*" »

Lardner s'était acquitté avec énergie de sa mission sur les préfaces, même s'il s'y était résolu comme on se lance dans un exercice d'autodénigrement. Il présente ainsi la nouvelle *The Facts* : « Une illustration de la vie dans les montagnes du Kentucky. Une Anglaise quitte son mari, un policier d'Omaha, mais néglige de demander le divorce. Plus tard, elle rencontre l'amour en la personne d'un inspecteur des décharges publiques originaire de Bordeaux, et s'établit avec lui "sans la bénédiction du clergé". Cette nouvelle a été écrite sur l'impériale d'un bus dans la 5e Avenue, et plusieurs feuilles se sont envolées, d'où le peu de situations intéressantes qu'elle se trouve présenter.

À la fin de l'ouvrage, l'inspiration semblait s'essouffler quelque peu : l'introduction se résumait à une ligne de texte. Ainsi pour *Champion* : « Un exemple d'histoire mystérieuse, le mystère étant de savoir comment elle a bien pu être publiée. »

Le livre fut un succès à tout point de vue. Il se vendit très bien et engrangea d'excellentes critiques qui presque toutes insistaient sur les introductions pleines d'esprit et réservaient au vieux briscard de la plume le traitement dû à un jeune talent fraîchement découvert. Quant aux nouvelles, elles plurent même au sévère Charles Scribner.

Grâce à Roger Burlingame et à John Biggs Jr., un ami de Fitzgerald, Perkins fit la connaissance de John Phillips Marquand, un jeune écrivain résolu originaire de Wilmington, Delaware. Marquand était sorti diplômé de Harvard en 1915 où il avait été un condisciple de Burlingame. Il avait écrit dans le *Boston Transcript* et le *New York Times,* puis rejoint les Forces expéditionnaires américaines avant d'entrer dans l'agence publicitaire J. Walter Thompson. Après plusieurs mois passés à rédiger des réclames, il avait décidé de profiter de ses économies – quatre cents dollars – pour s'essayer sérieusement à la fiction longue. Il déménagea à

Newburyport, Massachusetts, où il acheva un roman dans le style romantique qu'il avait commencé sur son temps libre. Quand le livre fut terminé, et qu'il se retrouva sans le sou, il repartit pour New York dans l'espoir d'y trouver un éditeur ou du travail.

Il n'existait qu'un seul exemplaire de *The Unspeakable Gentleman* – « Un affreux gentleman » – et il fut victime de circonstances presque aussi mélodramatiques que celles qui frappent son héros du XIXe siècle. Le manuscrit, qui se trouvait dans une mallette, tomba du porte-bagages d'un taxi à Manhattan. La disparition fut découverte plusieurs rues plus loin. Marquand considérait cette œuvre – l'histoire d'un pittoresque fêtard qui élevait son fils en lui donnant le plus mauvais exemple – comme très importante : « Sinon le plus grand livre jamais écrit en anglais, disait-il, du moins le deuxième. » Il publia un avis de recherche dans les journaux et le manuscrit reparut miraculeusement au bout d'une dizaine de jours. Il en feuilleta immédiatement les pages comme pour s'assurer qu'il n'était pas abîmé, et se rendit compte que son livre n'était pas le deuxième plus grand livre jamais écrit, ni le troisième. « En fait, écrivit-il, je ne crois pas qu'il soit même le quatrième sur la liste. » Il décida finalement que c'était un mauvais roman en costume. Il dit cependant : « Ce fut tout de même amusant de l'écrire, et si ça se trouve, ce sera amusant de le lire. » Carl Brandt, son agent, en déposa un exemplaire à la rédaction du *Ladies' Home Journal*[1], et en remit un autre à Roger Burlingame.

Tout comme les autres éditeurs de chez Scribner, Burlingame connaissait le moyen de faire entrer dans la maison un jeune romancier non encore publié : confier le manuscrit à Perkins. Max aima le livre tout de suite et se fit son avocat. Le style en était souvent tarabiscoté, d'un maniérisme victorien par trop appuyé, mais l'action le transporta : elle était pleine de duels, d'attaques nocturnes, d'intrigues compliquées et de fuites à cheval ou par la mer, et se déroulait à l'ère napoléonienne. Max et Marquand se rencontrèrent au printemps 1922. Lors d'une conversation privée, Perkins le décrirait ultérieurement comme « un jeune homme impatient, complexé, au ricanement anxieux ». Il avait des réserves

1. Ce magazine féminin, dont les abonnés se comptaient par milliers, publiait des fictions.

sur le dénouement de cette histoire bourrée de rebondissements, mais il pensait que Scribner pouvait le publier, car le personnage central de l'histoire – l'affreux gentleman – était au final un gagneur. Perkins dit à Carl Brandt que le livre contenait « la promesse d'un futur écrivain ».

Avant même la parution de *The Unspeakable Gentleman*, des signes amenèrent Perkins à penser que la promesse en question pourrait ne pas tarder à se réaliser. Marquand, qui avait vendu quatre nouvelles au *Saturday Evening Post* et au *Ladies' Home Journal*, obtint autant d'argent et de visibilité que des auteurs plus connus que lui. Scribner, sur les conseils de Perkins, se dépêcha de les faire paraître en recueil sous le titre *Four of a Kind*.

Aucun des deux premiers livres de Marquand ne se vendit assez bien pour générer des bénéfices, mais son nom ne tarda pas à devenir connu du large public, lecteur de magazines. Burlingame se chargeait de faire le lien entre lui et Scribner, mais lorsque Marquand rencontrait un problème littéraire, ou avait besoin d'un conseil sérieux, c'est à Perkins qu'il s'adressait ; il faisait alors le déplacement depuis Boston où il avait choisi de s'établir.

Comme presque tous les jeunes auteurs de la maison, il découvrit que Perkins, même à ce stade de sa carrière, avait développé des qualités particulières : « Le plus formidable, avec Max, c'est qu'aucun de nos problèmes ou difficultés ne lui semblait de peu d'importance. Sans être écrivain lui-même, il parlait mieux qu'aucun éditeur la langue des écrivains. » Mais en dépit de l'intérêt que Perkins lui portait, Marquand était angoissé. Son roman suivant, encore une œuvre à l'intrigue compliquée, intitulée *The Black Cargo*, ne fit pas mieux que ses deux livres précédents. Max n'en continua pas moins de considérer Marquand comme un auteur potentiel de best-sellers. Il lui écrivit pour le consoler : « C'est un fait que les meilleurs écrivains ne sont pas toujours ceux qui réussissent du premier coup. » Mais Marquand, qui demeurait inquiet, en vint à penser que sa relation avec Scribner n'était guère plus qu'un mariage de raison. Lors d'un de ses passages à New York, il rendit visite à Earl Balch, le copropriétaire d'une petite maison d'édition, Minton, Balch. Balch lui dit qu'il cherchait des livres sur les fondateurs de l'Amérique. L'auteur évoqua alors un personnage excentrique du nom de Timothy Dexter, qui avait vécu à Newburyport voilà une centaine d'années, et fait plusieurs fois fortune – en épousant une veuve dotée de moyens, en achetant intelligemment de la monnaie émise sous la Révolution américaine et en vendant des bibles d'occasion. Dexter s'était fait lui-même chevalier sous le nom de Lord Dexter, et était devenu le premier noble américain. Marquand pensait qu'une courte vie de Dexter serait « amusante » à écrire et il s'y mit dès son retour à Newburyport. Parlant de ses mauvais chiffres de ventes, il alla jusqu'à dire à Balch qu'il ne croyait pas que Scribner s'intéresserait à une « aventure aussi précaire et douteuse ».

Mais dès qu'ils eurent vent de cette biographie, les éditeurs de Scribner comprirent que le sujet correspondait parfaitement à l'écriture de Marquand. L'un d'eux alla même plus loin en affirmant qu'ils accordaient « la plus grande attention au développement de l'auteur. [...] Par conséquent, nous ne nous contentons pas, comme nombre d'éditeurs, de nous prononcer sur un seul livre au vu de son potentiel commercial, en négligeant les autres ou en les laissant paraître ailleurs ». Seulement, Balch avait bel et bien dit que l'auteur voulait publier ce livre chez Minton, Balch et c'était un fait que Scribner ne pouvait ignorer. Ils autorisèrent Marquand à écrire cette biographie et Burlingame l'assura que « quoi qu'il arrive, cela n'aura pas de conséquence sur notre propre volonté de publier vos livres à l'avenir, ni sur nos relations, je vous le garantis ».

L'ouvrage de Marquand sortit donc chez Minton, Balch, après quoi Perkins fit tout son possible pour que l'auteur rentre au bercail. Et pour prouver que la maison Scribner était intéressée par d'autres biographies de sa plume, Max lui envoya les noms de quelques-uns de ses Yankees préférés – dont Ethan Allen, un révolutionnaire et héros de l'indépendance du Vermont –, avec de la documentation. Marquand apprécia le geste, mais réagit en faisant observer que le genre n'était guère lucratif : « En tout état de cause, il me semble que le domaine biographique dans son ensemble est largement dépassé par les romans de gare, écrivit-il à Perkins. Il n'y a plus là les fonds qu'il y avait naguère, ni de quoi satisfaire un jeune homme talentueux. »

À présent qu'il avait trahi ses vœux éditoriaux, il céda plus facilement à une nouvelle infidélité. Quand fut achevé son troisième roman, *Warning Hill*, l'à-valoir proposé par Scribner lui parut misérable, comparé aux mille dollars que lui offrait Little,

Brown. Cette fois, il s'en alla pour de bon. Et il se lança dans sa célèbre série des Mr. Moto, dont *The Late George Apley* (*Feu George Apley*, dans sa traduction française) qui remporterait le prix Pulitzer[1]. Au cours des années 1940 et 1950, il produisit plus de best-sellers qu'aucun autre écrivain.

En 1923, parvint au *Scribner's Magazine* un article sur les chevaux de rodéo, et ce texte attira l'attention de Max Perkins qui en admira le style populaire. L'auteur de l'article était Will James, un cow-boy aux jambes arquées, au visage osseux et aquilin. James, orphelin à l'âge de 4 ans, avait été confié enfant à un vieux trappeur. « Le vieux trappeur m'a un peu appris à lire et à écrire, racontait-il, et j'ai complété en lisant des magazines que je trouvais dans les élevages. » Max pressa la maison Scribner de publier cet article et demanda d'autres textes à James. Ce dernier se mit à écrire des livres. Il en produisit vingt en vingt ans, dont la plupart remportèrent un vif succès ; l'un d'eux, *Smoky*, obtint en 1927 la médaille Newbery du meilleur livre pour la jeunesse écrit par un Américain. Il signa aussi *Lone Cowboy* qui raconte l'histoire de sa vie[2].

C'est à l'occasion d'une visite de James à New York que Max se prit de passion pour son chapeau de cow-boy. James en fit parvenir un à Max et ce couvre-chef lui alla à merveille. Max le remercia dans une lettre : « Il se trouve que je l'avais sur la tête quand je suis entré chez un peintre. Il m'a supplié de le laisser faire mon portrait ainsi, chose qui ne s'était jamais produite quand je n'avais pas ce chapeau. » Dès lors, on verra rarement Perkins sans chapeau, dehors comme à l'intérieur. Il finit par troquer le chapeau de cow-boy pour un feutre gris de taille sept qu'il portait tellement enfoncé sur la tête qu'il lui écartait les oreilles.

Cette habitude de porter un chapeau devint une des excentricités les plus célèbres de Perkins, et le sujet de maintes spéculations. « Pourquoi ? » se demandaient les gens. Il semble que la réponse soit fort simple : Max trouvait ça pratique et élégant. Le visiteur surprise qui entrait dans son bureau avait l'impression de

---

1. Le lecteur français trouvera la série des « Moto » aux éditions Rivages et Omnibus.

2. *Smocky* est paru en français aux éditions Actes Sud ; *L'Enfance d'un cow-boy solitaire* est disponible chez l'éditeur québecois Boréal.

tomber juste au moment où Perkins allait sortir, ce qui l'empêchait de lui tenir la jambe et de l'embarquer dans de vaines discussions. Le chapeau avait aussi pour effet de lui écarter les oreilles, ce qui améliorait son audition. À en croire une suggestion de Miss Wyckoff, Perkins portait un chapeau de peur que les clients de la librairie ne le prennent pour un vendeur quand il y descendait se promener l'après-midi. Perkins fournit lui-même une explication à ce propos dans les colonnes du journal de Plainfield. Le chapeau mou, dit-il avec emphase, était « le chapeau de l'indépendance et de l'individualité, le chapeau américain ».

Perkins était nettement plus attaché à son chapeau qu'au reste de sa tenue vestimentaire. À première vue, il pouvait passer pour le New-Yorkais élégant, mais quand on y regardait de plus près, il était plutôt mal fagoté. Ses filles lui faisaient souvent remarquer que les coudes de sa veste étaient tellement usés que l'on voyait sa chemise blanche à travers. Louise, pour qu'il se rachète un costume, essaya de lui faire honte en lui disant qu'il avait toujours l'air de s'habiller avec des fripes. Max n'en fut pas perturbé. Il céda seulement après qu'elle eut insisté plus fermement. Elle fut alors autorisée à prendre un de ses costumes dans la penderie et à le porter chez le tailleur pour qu'on lui refasse exactement le même.

Ce penchant yankee pour la sobriété fit de Perkins l'éditeur idéal pour le président Calvin Coolidge[1]. Perkins, qui publia un recueil de ses discours, travailla des mois durant à dégraisser les textes de « Cal le Taciturne », comme on le surnommait, faisant passer l'ouvrage de 160 000 à 98 000 mots.

Au début des années 1920, Perkins publia deux premiers romans qui non seulement se vendirent bien, mais reçurent de très bonnes critiques : *Drums* de James Boyd et *Through the Wheat* de Thomas Boyd – deux Boyd sans lien de parenté. Désormais, il n'avait plus besoin d'élever la voix pour être entendu lors des réunions mensuelles de la direction. Les meilleurs manuscrits arrivant chez Scribner finissaient presque tous sur son bureau. Même les auteurs qui avaient travaillé avec d'autres éditeurs étaient attirés par une réputation qui ne cessait de grandir.

1. Le trentième président des États-Unis.

Arthur Train était un élégant avocat spécialisé dans les affaires criminelles. Il avait autour des yeux des cernes épais, et se coiffait avec une raie au milieu. Il écrivait depuis 1905 des histoires criminelles fondées sur des faits réels, et des fictions d'évasion dans un style maniéré. Il adressait ses manuscrits à Robert Bridges qui était chez Scribner depuis 1880. Peu après son arrivée au département éditorial, Max fit la connaissance de Train. Il s'avéra que les deux hommes avaient appartenu à la même équipe de journalistes – « une bande géniale » – chargés de couvrir les activités du procureur de New York, Max pour le *Times* et Train pour le procureur. En 1914, quand Bridges prit la direction du *Scribner's Magazine*, Train se rapprocha de Perkins. Le jeune éditeur caressait l'espoir de trouver un moyen de rendre un peu plus vivant le style de Train qui avait l'habitude de surcharger les peintures d'atmosphère au détriment des personnages et de l'action. Ils en vinrent à discuter des avocats originaux dont ils avaient l'un et l'autre croisé la route en Nouvelle-Angleterre. Train s'inspira de cet échange pour créer un personnage fictif du nom d'Ephraim Tutt, le Yankee excentrique pur et dur monté à New York où il se servait des pièges de la loi pour faire triompher la justice. Train l'a reconnu ouvertement lors d'une interview : « Je sentais que mon style changeait. J'y prêtais beaucoup plus d'attention. L'écriture m'absorbait très fort quand j'écrivais sur Ephraim Tutt... Je crois que ce sont peut-être les premières histoires qui m'aient fait éprouver des émotions. »

À l'automne 1919, Arthur Train proposa à Perkins plusieurs textes racontant les aventures d'Ephraim Tutt (du cabinet Tutt & Tutt). Max écrivit à l'auteur : « Je les ai lus [...] avec grand plaisir, en riant aux éclats. Il est sûr qu'il n'existe pas d'autre livre ni d'autre style d'écriture [...] susceptible de dépeindre ainsi l'univers judiciaire, les cours criminelles, les bureaux du procureur et les avocats qui tournent autour. » Cette première fournée, qui totalisait 44 000 mots, parut en feuilleton dans le *Saturday Evening Post* sur plusieurs mois. Perkins suggéra de publier sous forme de volumes ces histoires qui brossaient un portrait frappant du sympathique Mr. Tutt. Et il ne put s'empêcher de proposer à Train d'autres intrigues.

Il écrivit en octobre 1919 : « J'ai deux grandes idées générales qui pourraient donner quelque chose : d'abord une affaire du genre que Tutt s'interdirait de prendre – de riches clients veulent le retenir et, vu les émoluments, il se retrouve impliqué quand même, dans une certaine mesure, mais la question du bien et du mal le poursuit et il finit par laisser tomber… L'autre affaire ferait ressortir la sympathie et les sentiments de Mr. Tutt. Elle reposerait sur un de ces incidents peu ordinaires susceptibles de toucher un jeune homme, ou une jeune fille, venu de la campagne à la ville, et qui se retrouve impliqué dans un crime, ou dans un semi-crime, par ignorance et par innocence. Je ne crois pas que vous ayez mentionné les origines de Tutt, et c'est peut-être de ce côté qu'il faudrait chercher la matière d'une réminiscence – il est vrai que le sujet a été suffisamment traité – par laquelle la sympathie d'un homme s'éveille, car il se souvient de sa propre arrivée dans la grande ville. Dans un tel cas, Mr. Tutt ne libérerait-il pas la victime des technicités légales du fait de sa conviction que la faute n'est pas venue de sa nature propre, mais de l'ignorance ? »

Encouragé par Perkins, Train inventa pour Tutt une histoire complète. Elle prenait en compte les origines du personnage, une visite de Windsor et une enfance heureuse au cours de laquelle le héros allait à la pêche avec son ami Calvin Coolidge, le futur président. Perkins lisait toutes les histoires sans perdre de vue l'idée d'une anthologie. Quand parut le deuxième recueil des aventures de Tutt, les critiques notèrent des différences avec les histoires précédentes et les accueillirent favorablement. Ils appréciaient aussi que le personnage ait pris de l'ampleur. Vingt-cinq aventures de Tutt parurent dans le *Post* au cours des trois années suivantes, et elles devinrent la rubrique la plus populaire de ce journal. Ephraim Tutt devait demeurer pour vingt ans un nom familier, ainsi qu'un héros sur les campus des facs de droit dont les enseignants intégraient souvent les affaires à leurs programmes d'études. Beaucoup de lecteurs le découvrirent dans les éditions Scribner où l'on continuait de le publier sous forme de recueils en faisant savoir qu'il s'inspirait d'un personnage réel dont on a pu dire qu'il n'était autre que l'ex-sénateur Evarts. La supposition était plausible pour Perkins. Mr. Tutt avait une grande parenté avec des membres de sa famille devenus procureurs dans de petites villes de la Nouvelle-Angleterre.

Perkins appréciait les aventures de Tutt, mais ce qui lui procurait plus de satisfaction encore, c'étaient les autres fictions de Train. Cet homme méthodique et curieux semblait l'auteur idéal pour mettre en forme les intrigues complexes concoctées par Max. Dans l'une d'elles, deux archéologues déterraient le manuscrit d'un « Cinquième Évangile » imaginaire dans lequel un personnage avait retranscrit les propos de Jésus après L'avoir interviewé sur Ses vues politiques et économiques. Le parchemin était présenté comme contenant des enseignements tellement révolutionnaires, en tout cas tellement contraires aux théories économiques et sociales en vigueur, que ses inventeurs décidaient de le détruire plutôt que de précipiter la civilisation dans le chaos.

Cette idée fascina Train et il y consacra deux années de sa vie. Quand *The Lost Gospel* – « L'Évangile perdu » – parut dans le *Post*, il provoqua un tel émoi que la maison Scribner le republia sous forme d'un mince volume bleu. Un journaliste qualifia l'œuvre de « nouvelle la plus surprenante de tous les temps ». Scott Fitzgerald la jugea particulièrement « ingénieuse » et admit qu'il n'aurait « jamais été capable de gérer une intrigue aussi complexe courant sur des milliers d'années ».

D'autres auteurs avaient envie que Max leur fournisse des thèmes, à eux aussi. Il avait beau n'être encore chez Scribner qu'un jeune éditeur, il était en train de devenir le centre de gravité de la maison, il y prenait du pouvoir sans bien savoir pourquoi. Il avait écrit récemment à sa fille Bertha : « J'essaie d'expliquer à un écrivain et à sa femme comment celui-ci devrait écrire. C'est drôle, non, alors que je ne sais pas écrire moi-même ? Je lui ai même fourni une histoire de mon invention – et il en était ravi. Ce n'est pas si facile de discuter tous les soirs de questions dont tu ne connais rien. »

À la Noël 1923, Perkins emmena sa famille à Windsor, ainsi que plusieurs manuscrits. À son retour, il aborda avec Charles Scribner un sujet qui le préoccupait depuis quelque temps. Il lui fit observer que la masse de travail incombant aux éditeurs avait considérablement augmenté au cours des dernières années. La lecture des manuscrits à elle seule représentait une moyenne annuelle deux fois plus grande qu'avant la guerre. Ce qui le détournait de sa tâche principale – recruter et développer de nouveaux talents.

Plusieurs jeunes éditeurs, au sein de la maison, regardaient Perkins comme leur chef. Lorsque Byron Dexter entra chez Scribner, Beatrice Kenyon, une poétesse qui travaillait au magazine, lui dit : « Nous avons ici un génie – Maxwell Perkins. » Il y avait aussi Roger Burlingame. Sans compter le collègue le plus proche de Max, John Hall Wheelock : les deux hommes se connaissaient pour avoir collaboré au *Harvard Advocate*. En 1913, lors d'une rencontre fortuite au cours d'un déjeuner dans un restaurant bon marché de la 23e Rue, Max avait signalé au grand poète efflanqué à la moustache broussailleuse qu'un emploi venait de se créer au sein de la librairie. Wheelock avait été pris. Par la suite, il devait rejoindre le quatrième étage. Et Max expliquait donc à Mr. Scribner que la maison avait besoin de davantage d'éditeurs encore, afin de mieux répartir la charge de travail. « J'aurais plus de valeur si j'étais plus libre », dit-il avec humour. Et Scribner lui donna satisfaction.

À la fin de sa carrière chez Scribner, John Hall Wheelock écrivit que travailler dans une maison d'édition était « peut-être le boulot le plus ennuyeux, le plus dur, le plus excitant, le plus exaspérant et le plus gratifiant du monde ». Il est vrai que la littérature connaissait un regain de vitalité et d'enthousiasme en ce début des années 1920. Le romancier Robert Nathan a pu dire un jour : « Il y avait toute une floraison d'auteurs en herbe ; et être éditeur, j'imagine, voulait dire être plein d'espoir et d'excitation, avec le sentiment de n'avoir pas assez d'heures dans sa journée, et l'impression parfois que tous ceux que vous rencontriez avaient en eux un bon bouquin. »

– 5 –

Une nouvelle maison

En avril 1924, Scott Fitzgerald avait laissé tomber une douzaine de fois son troisième roman. Maxwell Perkins estimait qu'il devait se retrousser les manches et en finir. En même temps, il était diplomate. Il lui dit que Scribner travaillait aux sorties de l'automne, et qu'il avait envie de voir un roman de Scott figurer sur cette liste. L'auteur devait se replonger dans son livre, une œuvre à laquelle il s'était délibérément attaqué dans le but d'enrichir son talent plus que son compte en banque. *Among the Ash Heaps and Millionaires* : ainsi s'intitulait l'ouvrage[1]. Scott répondit qu'il avait bon espoir d'y mettre un point final en juin. Cependant, il expliqua à Max : « Vous savez comment ça se passe bien souvent. Et même si ça me prend dix fois plus de temps, je ne peux pas estimer que c'est fini tant que ça ne correspond pas à ce dont je suis capable, voire, comme ça arrive, à mieux que ce dont je suis capable. » Fitzgerald était satisfait de tout ce qu'il avait écrit pendant l'été, mais le livre avait été si souvent interrompu qu'il était en dents-de-scie. Il lissa les inégalités de style et coupa des passages entiers – jusqu'à une partie de 18 000 mots qu'il recycla dans une nouvelle, *Absolution*.

---

1. « Parmi les tas de cendres et les millionnaires ». L'expression *« ash heap »* a une forte valeur symbolique dans l'œuvre de Fitzgerald ; l'industrie et l'Amérique transforment le monde en un « tas de cendres », voire en une « vallée de cendres » quasi biblique où les valeurs humaines s'effacent devant le profit.

Des connotations religieuses venaient assombrir cette histoire d'un pauvre gars du Midwest perdu dans ses premiers émois sexuels et ses rêves romantiques, et qui trouve une source de réconfort dans un alter ego imaginaire. Perkins la lut dans l'*American Mercury*[1] et écrivit à l'auteur : « Elle présente une maîtrise plus régulière et plus accomplie. Plus mûre, devrait-on dire. Quoi qu'il en soit, elle m'a permis de mieux apprécier ce que vous pouvez faire. » Scott fut heureux d'apprendre que Max aimait son texte, car il plantait le décor de son prochain roman. En fait, il avait envisagé un temps d'en faire le prologue du futur livre ; à présent, il s'intégrait au schéma qu'il prévoyait de suivre.

Comme le jeune Rudolph Miller dans *Absolution*, Scott Fitzgerald s'était penché sur ses propres racines catholiques. Pendant le temps de Pâques, il discuta avec Perkins avant de lui écrire cet aveu hésitant : « C'est seulement ces quatre derniers mois que je me suis rendu compte des… bon, des dégâts que j'ai faits en trois ans, depuis que j'ai fini *Les Heureux et les Damnés*. » Il admettait avoir eu un piètre rendement depuis deux ans : une pièce de théâtre, une demi-douzaine de nouvelles et trois ou quatre articles – 100 mots par jour en moyenne. « Si j'avais employé ce temps à lire, écrivit-il à Perkins, à voyager ou à faire n'importe quoi d'autre – même à rester en bonne santé –, ce serait différent, mais je n'ai employé ce temps à rien – ni à l'étude, ni à la contemplation, seulement à boire et à fiche la pagaille. Si j'avais écrit *Les H & les D* à une moyenne de 100 mots par jour, le livre m'aurait pris quatre ans. Alors vous imaginez l'effet que cet abîme a eu sur mon moral. Je vais devoir vous demander d'être patient pour ce livre, de me faire confiance : enfin, ou au moins, et pour la première fois depuis des années, je fais de mon mieux. »

Fitzgerald avait conscience de multiplier les mauvaises habitudes :

1 : la paresse ;

2 : le fait d'en référer pour tout à Zelda – très mauvaise habitude, car mieux vaut ne rien dire à personne tant que ce n'est pas fini ;

1. Le magazine *The American Mercury* était connu pour sa vision du monde critique et sophistiquée.

3 : l'angoisse de la page blanche – le doute, etc., etc., etc. – dont il essayait maintenant de se débarrasser. Cramponné à une nouvelle image de lui-même, il écrivit à Max : « J'ai l'impression d'avoir maintenant en moi un pouvoir énorme, plus que je n'en ai jamais eu en un sens, mais ça marche vraiment par intermittence et avec plein de tracas dus au fait que j'ai *trop parlé* au lieu de vivre en moi-même afin de développer ma nécessaire indépendance. Et puis je ne connais personne d'autre qui ait épuisé autant d'expérience personnelle à 27 ans. » Perkins non plus.

Scott formait un vœu : « Si je gagne le droit de retrouver un minimum d'aisance, sûr que je ne la gaspillerai plus comme je l'ai fait... Pour ce qui est de mon prochain roman, je me jette directement dans un travail purement créatif – fini les fantasmes vulgaires comme dans mes nouvelles, mais l'invention soutenue d'un monde sincère et radieux. Alors j'avance doucement, prudemment & par moments aux prises avec une immense détresse. Ce livre sera un accomplissement artistique conscient & il devra reposer là-dessus, ce qui n'était pas le cas des 1ers livres. »

Réponse de Perkins : « Je comprends exactement ce que vous devez faire, et je sais que tous ces sujets superficiels, l'exploitation, tout ça, n'ont pas la plus petite importance vis-à-vis de ce qui compte vraiment, à savoir que vous écriviez vraiment le meilleur livre, et de la façon dont vous entendez le faire, autrement dit selon les exigences des situations. » Et au sujet de la maison Scribner, dit aussi Perkins, « continuez d'aller de votre pas, et finissez le livre quand vous jugerez qu'il est fini, alors vous aurez accompli un exploit tout à fait considérable, y compris au niveau des délais, à mon sens. »

Perkins dit à Fitzgerald qu'il n'aimait pas le titre : *Among the Ash Heaps and Millionaires*, mais que s'il n'en avait pas d'autre, Scribner pouvait composer une couverture et la garder prête, de sorte à gagner plusieurs semaines pour le cas où le livre serait prêt à l'automne. Il continuait : « J'aime bien l'idée que vous avez voulu exprimer. Le problème réside dans les mots "*Ash heaps*" qui, selon moi, ne semblent pas former une expression suffisamment définie et solide pour traduire cette dimension de l'idée. » Perkins n'avait qu'une très vague notion du livre et de son protagoniste, mais un titre que Fitzgerald avait laissé échapper plusieurs mois auparavant refusait de le lâcher. Il dit à Scott : « Je continue de penser que *The Great Gatsby*[1] est un titre évocateur et efficace. »

Comme la propre existence de Fitzgerald, l'action de son roman se déplaça au tournant du siècle vers « cette île mince et turbulente qui s'allonge à l'est de New York ». Mais transformer en fiction la vie de ses chic voisins ne fut pas une mince affaire, et il s'en sortit d'une façon qui était bien dans sa manière : « J'allais saisir l'atmosphère de Long Island telle que je l'avais respirée moi-même, écrivit-il des années plus tard dans son essai *My Lost City*, et la matérialiser sous des cieux étrangers. » Les Fitzgerald s'embarquèrent alors pour la France.

Perkins y envoya un exemplaire de *Guerre et Paix* à l'intention de Scott avec une recommandation : qu'il ne se sente pas obligé de le lire. Max distribuait le roman de Tolstoï comme les évangélistes distribuent leurs bibles. Presque tous ses amis et auteurs y ont eu droit. Il en avait toujours un exemplaire sous la main, au bureau comme à la maison ; et il le relisait constamment du début à la fin. Il écrivit un jour à Galsworthy : « Chaque fois que je l'ai lu, je lui ai trouvé une dimension plus vaste, et il me semblait que ses détails avaient encore plus de sens. Je me suis toujours efforcé de le faire lire ; mais les gens, la plupart du temps, sont freinés dès le début par le nombre de personnages aux noms impossibles à retenir. »

Cet été-là, Fitzgerald fut tellement pris par ses lectures et par ses pages que c'est à peine s'il remarqua que sa femme avait une aventure avec un aviateur français, Édouard Jozan. Peu après que cette liaison fut découverte, les Fitzgerald firent la paix et Scott adressa à son éditeur un bilan en seize points de sa saison d'écriture. Dans l'article six, il demandait énergiquement à Max de surtout bien lui réserver le dessin de couverture qu'il lui avait montré quelques mois auparavant. Cette illustration représentait des yeux immenses – dont on imaginait que c'étaient ceux de l'héroïne, Daisy Fay Buchanan – enveloppant la ville de New York. Elle avait inspiré à Fitzgerald une image pour son livre : l'enseigne d'un oculiste, le docteur T.J. Eckelburg, une énorme paire d'yeux qui surveillaient d'en haut la progression du livre.

1. *Gatsby le Magnifique*, donc.

Les autres points importants de la lettre de Fitzgerald étaient les suivants :

> 1 : Le roman sera achevé la semaine prochaine. Ce qui ne veut pas dire qu'il arrivera en Amérique avant le 1er octobre puisque avec Zelda, nous allons procéder à une relecture attentive après quelques semaines de repos complet.
>
> 2 : Je crois que mon roman doit être plus ou moins le meilleur roman américain jamais écrit. Il y a ici et là de rudes passages qui ne font pas plus de 50 000 mots environ & j'espère que vous ne refuserez pas de les franchir.
>
> 3 : Ce fut un bel été. Je n'étais pas heureux, mais mon travail n'en a pas souffert. J'ai enfin grandi.

Pour conclure, après avoir noirci plusieurs pages de titres et de noms d'auteurs auxquels il s'intéressait cette année-là, Scott écrivit à Max : « Vous me manquez diablement. »

En tant que leader dans un groupe de jeunes écrivains, Fitzgerald continua de recommander à Perkins des talents prometteurs. Max appréciait que Scott se préoccupe des auteurs non publiés, mais ses protégés n'avaient pas été nombreux à connaître le succès ces dernières années. Au début d'octobre 1924, Scott communiqua un nouveau nom à Perkins. C'était celui d'un jeune Américain qui vivait en France et écrivait pour la *transatlantic review*[1]. Scott lui prédisait un « brillant avenir ». Et il expliquait : « Ezra Pound a fait paraître ses nouvelles à Paris chez un éditeur genre Egotist Press. Je ne les ai pas ici, mais c'est remarquable et je vais le rencontrer. Il a la musique juste. » Fitzgerald orthographia son nom avec une faute : Ernest Hemmingway – erreur qu'il mettrait des années à corriger. Perkins fut reconnaissant à Scott de ce tuyau, et il fit venir de Paris des exemplaires de ses livres.

Les livres d'Hemingway allaient mettre plusieurs mois avant d'arriver, mais un autre paquet venu de France parvint à Max sous trois semaines : le troisième roman de Fitzgerald, *Gatsby le Magnifique*. Le manuscrit s'accompagnait d'une lettre : « Je pense avoir au moins fait quelque chose qui soit vraiment de moi, mais quant

1. La *transatlantic review* (sans majuscules) était un influent mensuel littéraire publié par l'écrivain anglais Ford Madox Ford.

à savoir si ce "vraiment de moi" est bon, ça reste à voir. » Le livre dépassait à peine les 50 000 mots. Et Whitney Darrow, le directeur commercial chez Scribner, n'était pas excellent psychologue quand il s'agissait de fixer le prix d'un livre, et de déterminer quelle classe de la population allait constituer le public cible maintenant que les gens peu cultivés faisaient la queue devant les cinémas. Fitzgerald voulait un livre affichant le prix standard de deux dollars en publication grand format. Il ne voulait pas de quatrième de couverture avec le panégyrique de l'auteur à la clé. « J'en ai assez d'être l'auteur de *L'Envers du paradis*, dit-il à Max, je veux repartir à zéro. »

Perkins reçut presque en même temps une autre lettre annonçant la décision de l'auteur de garder un titre qu'il avait retenu à la dernière minute : *Trimalchio at West Egg*. – « Trimalcion à West Egg ». Il en avait plusieurs autres auxquels il réfléchissait de toute façon. En outre, le manuscrit ne le satisfaisait pas entièrement, surtout le milieu du livre ; mais il avait le sentiment d'avoir été trop longtemps seul avec lui. « Bien sûr, écrivait-il à Max, je ne m'accorderai pas une nuit de sommeil tant que je n'aurai pas reçu de vos nouvelles, mais dites-moi l'absolue vérité, *votre première impression du livre*, & dites-moi tout ce que vous y avez trouvé d'embêtant. »

Perkins se jeta sur le roman et le lut d'une traite. Puis il câbla aussitôt ce qu'il en pensait : TROUVE CE ROMAN MAGNIFIQUE. Mais il en pensait beaucoup plus encore et il écrivit le lendemain à Fitzgerald : « Je crois que ce roman est une merveille. Je l'emmène à la maison pour le relire, après quoi je vous dirai mon sentiment de façon complète ; mais sa vitalité atteint un niveau extraordinaire, et il est *glamour*, et il met l'accent sur des idées d'une qualité inhabituelle. Il s'en dégage par moments une sorte d'atmosphère mystique que vous aviez déjà instillée dans certains passages du *Paradis*, et que vous n'aviez pas réutilisée depuis. C'est un mélange génial, intégré à une unité de présentation, des extraordinaires incohérences de la vie contemporaine. En termes purement littéraires, c'est surprenant. »

Chez Scribner, personne n'aima ce titre : *Trimalchio at West Egg*, à part Max qui fit savoir à Scott : « L'étrange incongruité des mots donne la tonalité du livre. Mais ceux qui soulèvent des objections ont une vision des choses plus pratique que la mienne. » D'après lui, les acheteurs ignoreraient que le *West Egg* du titre faisait référence au décor de l'action, une communauté du genre de Great Neck ; ils ne verraient pas non plus dans ce *Trimalchio* un clin d'œil à Trimalcion, l'homme riche et prétentieux du *Satyricon* de Pétrone, un personnage célèbre pour l'extravagance de ses banquets colossaux. « Réfléchissez aussi rapidement que possible à un changement de titre », écrivait Max ; et il l'incitait fortement à « juger de la valeur d'un titre en le considérant à part ».

Le livre racontait une idylle tragique. James Gatz était un bourgeois du Midwest qui, fortune faite dans de sombres affaires, avait changé son nom en Jay Gatsby avant de déménager à Long Island pour se rapprocher de la femme qu'il désirait de longue date – Daisy Fay, désormais mariée à Tom Buchanan. Perkins passa de nouveau plusieurs jours en compagnie du manuscrit, puis écrivit à Fitzgerald : « Je pense que vous avez toutes les raisons d'être fier de ce livre. C'est un livre extraordinaire qui inspire toutes sortes de pensées et de sentiments. » Il se répandait en louanges, tout en ayant plusieurs critiques à formuler, qui toutes venaient du personnage de Gatsby lui-même : il ne lui donnait pas entière satisfaction.

Perkins fit l'observation suivante : « Au milieu d'une brochette de personnages merveilleusement découpés et vivants – je reconnaîtrais Tom Buchanan si je le croisais dans la rue, et je m'empresserais de changer de trottoir –, Gatsby a quelque chose de flou. Les yeux du lecteur ne peuvent se focaliser sur lui tant ses contours sont incertains. Bien sûr, tout ce qui entoure Gatsby relève plus ou moins du mystère, *i.e.* de quelque chose de vague, et il pourrait s'agir en l'occurrence d'une intention artistique, mais je pense que c'est une erreur. » Et il suggéra de corriger ce défaut ainsi : « Ne pourrait-*il* pas être décrit physiquement avec autant de précision que les autres ? Ne pourriez-vous ajouter une ou deux caractéristiques, comme l'utilisation de cette expression, "*old sport*[1]" – pas des éléments verbaux, mais physiques, peut-être. Je crois que pour

1. La traduction en français de ce célébrissime tic verbal – « *old sport* » – de Gatsby a donné lieu à des polémiques ; dans la dernière traduction française en date (POL), la traductrice a choisi : « très cher ».

une raison ou une autre, le lecteur – c'est le cas de Mr. Scribner et de Louise – voit Gatsby comme plus vieux qu'il n'est en réalité, même si le narrateur le présente comme un peu plus âgé que lui seulement. Ceci serait évité s'il était décrit dès sa première apparition aussi nettement que Daisy et Tom, par exemple – et je ne crois pas que votre intention en serait altérée pour autant. »

Perkins savait que la carrière de Gatsby devait continuer de s'entourer de mystère, mais il ne voulait pas que Fitzgerald triche vis-à-vis du lecteur. Il écrivit à Scott : « Presque tous les lecteurs, numériquement parlant, seront interloqués par sa richesse, et ils seront en droit d'attendre une explication. Bien entendu, il serait complètement absurde d'en fournir une claire et précise. » Max continuait sa lettre ainsi : « Vous pourriez insérer ici et là des phrases, voire des événements, toutes sortes de petites touches à même de suggérer qu'il était mystérieusement et activement impliqué dans quelque chose. Vous le faites demander au téléphone, mais ne pourrait-on le voir une ou deux fois, lors d'une de ses soirées, consulter quelqu'un de mystérieusement important, appartenant au milieu de la politique, du jeu, du sport, ou n'importe quoi d'autre. Je sais, je pense tout haut, mais ça vous aidera peut-être à voir où je veux en venir. Un manque absolu d'explication courant sur un domaine aussi important de l'histoire m'apparaît à moi comme un défaut – et s'il ne faut pas expliquer, peut-être faut-il du moins suggérer une explication. J'aimerais que vous soyez là, ainsi je pourrais vous en parler de vive voix et je sais qu'alors j'arriverais au moins à me faire comprendre. Ce qu'a fait Gatsby devrait ne jamais être communiqué, même quand ça pourrait l'être. Qu'il soit l'instrument innocent entre les mains de quelqu'un, ou dans quelle mesure il l'est, ne doit pas être expliqué. Mais si quelque activité était simplement esquissée, ça ajouterait à cette dimension du roman. »

Éditeur et auteur relevèrent que cette absence d'explication ralentissait l'histoire aux chapitres six et sept : dans les scènes où se révèle l'amour de Gatsby pour Daisy, où se produit la rencontre des personnages principaux et où tous se rendent en voiture à l'hôtel Plaza. Leur conflit à New York est le pivot du roman, l'élément à partir duquel vacillent les vies de tous les personnages. Le dialogue crucial au cours duquel Tom Buchanan met Gatsby au pied du mur manquait d'efficacité dans la mesure où Buchanan affrontait un adversaire aux contours indistincts. « Je ne sais quel remède vous suggérer, écrivit Max à l'auteur. Mais je ne doute pas que vous en trouverez un et si je vous écris, c'est juste pour vous dire que je pense qu'il faut quelque chose pour imprimer du rythme et ainsi de suite. »

La dernière critique de Perkins concernait la façon dont Fitzgerald communiquait les éléments appartenant au passé de Gatsby : ils étaient regroupés. Max écrivit : « En révélant délibérément la biographie de Gatsby au moment où lui-même la délivre au narrateur, vous vous écartez jusqu'à un certain point de la méthode narrative ; presque tout est dit, et bien dit, dans l'ordre – dans la succession d'événements au fil du temps. » Max admettait que Scott était obligé de fournir des éléments du passé de Gatsby, mais il lui suggéra une manière subtile de le faire : « J'ai pensé que vous pourriez peut-être trouver des façons de révéler petit à petit, dans le cours de la narration, la vérité sur quelques-unes de ses affirmations, comme "Oxford" par exemple, ainsi que sur sa carrière militaire. C'est juste un point que je soumets à votre réflexion dans l'intervalle, avant de faire partir les épreuves. »

Après avoir rempli sa besogne critique, Perkins se hâta d'apaiser l'auteur : « La qualité générale du livre est si brillante que j'ai honte de vous faire ces observations. » Et : « La masse de significations que vous introduisez dans vos phrases, la puissance d'évocation et l'intensité dont vous chargez vos paragraphes sont des plus extraordinaires. Le manuscrit est plein de phrases brûlantes qui donnent vie à la scène. À ceux qui apprécient un bref voyage en train, je comparerais le nombre et l'éclat des images suggérées par votre écriture si frappante aux scènes réelles dévoilées en ce genre d'occasions. On a le sentiment de lire un livre plus court qu'il n'est en réalité, mais il emporte l'esprit dans une série d'expériences dont on incline à penser qu'elles exigeraient un ouvrage trois fois plus long… La présentation de Tom, sa maison, Daisy et Jordan, et la façon dont ces personnages se déploient n'ont jamais eu d'égal pour moi jusqu'à ce jour. La description de la vallée de cendres, près d'une campagne adorable, la conversation et l'action qui se déroulent dans l'appartement de Myrtle, la liste merveilleuse de ceux qui viennent chez Gatsby – ce sont ces choses-là qui font la célébrité d'un homme. À toutes ces choses, à l'ensemble de ce pathétique épisode, vous avez su donner lieu et place dans le temps, car avec l'aide de T.J. Eckleberg (*sic*[1]) et de temps en temps avec un coup d'œil vers le ciel, ou vers la mer, ou vers la ville, vous avez su transmettre quelque chose comme un sentiment d'éternité. »

Perkins ne put s'empêcher de rappeler à Fitzgerald ce que celui-ci lui avait dit un jour, à savoir qu'il n'était pas « naturellement écrivain ». Et Max de s'exclamer à présent : « Mon Dieu ! Bien sûr que vous connaissez le métier, mais il vous a fallu autre chose que du savoir-faire pour écrire ça. »

Scott répondit de Rome : « Avec vos câbles et vos lettres, je me sens comme un roi. » Il dit aussi que la bonne opinion de Max sur son livre comptait plus que celle de n'importe qui d'autre ; et quant aux critiques de son éditeur, il les jugeait fondées.

Il attaqua ses corrections en commençant par la toute première page, celle du titre. Il envisageait désormais d'intituler son roman *Trimalchio*. Ou alors *Gatsby*, tout simplement. Mais au bout de plusieurs semaines, il revint au titre que Perkins avait aimé tout de suite : *The Great Gatsby*[2].

Scott accompagna ces nouvelles d'une requête : Perkins pouvait-il alimenter son compte de plusieurs centaines de dollars supplémentaires, ce qui porterait à cinq mille son à-valoir sur ce livre ? Perkins accepta. Cependant, il s'avoua interloqué par une autre requête de Fitzgerald : l'auteur demandait en droits d'auteur un pourcentage inférieur à ce qu'il avait touché antérieurement. Explication de Scott : c'était sa façon de rembourser à Scribner des intérêts sur toutes les sommes qui lui avaient été avancées pendant deux ans. Max lui fit une contre-proposition et ils négocièrent à la hausse jusqu'à trouver un compromis – 15 % sur le prix de vente du livre (deux dollars) pour les quarante mille premiers exemplaires, et 20 % ensuite. Tout à coup, l'argent semblait être passé

1. Il s'agit là encore, bien sûr, de l'oculiste Eckelburg et de sa célèbre enseigne.

2. Qui deviendra *Gatsby le Magnifique* en français. Il existe cependant une traduction de Jean-François Merle (Pocket, 2013) intitulée simplement *Gatsby*.

au second plan chez Fitzgerald. Avec Zelda, ils déménagèrent à Rome dans un petit hôtel désuet, mais confortable où ils prévoyaient de rester jusqu'à ce que Scott ait terminé la révision de son texte.

Il écrivit à Max : « Avec l'aide que vous m'avez apportée, je vais rendre "Gatsby" parfait. » Mais il ne toucha pas à la scène cruciale de l'hôtel Plaza. Il expliqua ses craintes à Max : le résultat « ne serait jamais satisfaisant – je ne me suis que trop tourmenté pour ça et je n'arrive vraiment pas à placer la réaction de Daisy. Mais je peux améliorer beaucoup le livre. Ce qui manque, ce n'est pas l'énergie créative – mais quelque chose m'empêche automatiquement d'y réfléchir à nouveau ». Il avait tant de fois transporté ses personnages de Long Island jusqu'à New York, et ce jusqu'au climax de l'intrigue, qu'il n'y avait, disait-il, « plus aucune chance d'y remettre un tant soit peu de cette fraîcheur que procure la liberté de conception ». Le reste, poursuivait-il, « est facile et tout est si clair devant moi que je distingue même les excentricités mentales qui l'ont détruit avant ». Le commentaire éditorial de Perkins lui avait permis de s'apercevoir qu'il s'était mal lu. Il reconnut : « Moi-même je ne savais pas à quoi ressemblait Gatsby ou ce qu'il avait fait & vous l'avez senti. Si je l'avais su & si je vous l'avais caché, vous auriez été trop impressionné par ce savoir pour protester. Mais je sais maintenant... Et comme punition pour ne pas l'avoir su plus tôt, en d'autres termes pour y remédier, je vais en dire plus. »

Le fait que Perkins imagine Gatsby comme un homme plus âgé semblait presque avoir une signification mystique pour Fitzgerald ; en effet, le modèle dont Scott s'était servi plus ou moins délibérément, un certain Edward M. Fuller, était plus âgé. Fuller était un des voisins de Fitzgerald à Great Neck, et l'associé en affaires de Fuller, William F. McGee, avait été inculpé, après quatre procès, pour avoir détourné les ordres de placement de leurs clients. Un mois après avoir reçu de Perkins la liste de suggestions, Fitzgerald lui écrivit : « Quoi qu'il en soit, j'ai fouillé avec soin les dossiers (l'esprit d'un homme) de l'affaire Fuller-McGee & j'ai demandé à Zelda de le dessiner jusqu'à ce qu'elle en ait mal aux doigts, et maintenant je connais mieux Gatsby que mon propre enfant. Mon premier instinct après votre lettre était de laisser tomber & de donner à Tom Buchanan la place prépondérante dans le livre (j'ai l'impression que c'est le meilleur personnage que j'aie jamais créé – je pense que lui, "Salt" & Hurstwood dans *Sister Carrie*[1] sont les trois plus beaux personnages de la fiction américaine des vingt dernières années, peut-être ou peut-être pas), mais Gatsby reste dans mon cœur. Un temps, je l'avais perdu & je sais maintenant que je l'ai retrouvé. »

F. Scott Fitzgerald est généralement regardé comme ayant été à lui-même son meilleur éditeur, comme un auteur assez patient et objectif pour être capable de se relire inlassablement, en supprimant les défauts de sa prose et en la perfectionnant. Dans la plupart des brouillons de *Gatsby*, l'écriture est impeccable, mais c'est seulement dans la version finale et révisée du manuscrit qu'elle atteint tout son éclat.

Il procéda à quelques coupes – il supprima des scènes de moindre importance pour le récit principal, l'amour de Gatsby pour Daisy –, mais son travail consista surtout à faire des ajouts. Outre qu'il récrivit d'un bout à l'autre le chapitre six sur épreuves, il enrichit le livre de quelque chose comme vingt nouveaux passages qui, mis ensemble, représentent quinze pour cent de la nouvelle version. Ce développement est évident dans le travail effectué sur la première description détaillée de Gatsby. Dans la première version, Fitzgerald, s'exprimant par la bouche du narrateur Nick Carraway, décrivait le visage de Gatsby en une seule phrase : « C'était incontestablement un des hommes les plus séduisants que j'avais jamais vus – on ne pouvait oublier l'attrait de ses yeux bleu sombre d'où jaillissaient des éclats brillants. » C'était, à peine reformulée, une description dont Fitzgerald s'était déjà servi dans sa nouvelle *Absolution*. Révisant son roman, il reprit sa description de Gatsby en passant de la simple observation à la peinture de caractère :

> Il sourit avec compréhension – beaucoup mieux qu'avec compréhension. C'était un de ces rares sourires, à même de rassurer, que l'on croise, avec de la chance, quatre ou cinq fois dans sa vie. Un instant, il affrontait – ou semblait affronter – la totalité du monde extérieur pour ensuite se concentrer sur vous

1. *Sister Carrie :* ce roman de Theodore Dreiser est disponible sous ce titre en traduction française aux éditions Joëlle Losfeld.

avec un parti pris irrésistible en votre faveur. Il ne vous comprenait qu'autant que vous désiriez être compris, il croyait en vous dans la mesure où vous vouliez croire en vous-même, il vous persuadait que vous lui faisiez exactement l'impression que vouliez produire, dans le meilleur des cas. À ce moment précis, le sourire s'évanouit – et je n'eus plus devant moi qu'un jeune et élégant mauvais sujet, âgé de 31 ou 32 ans, dont le langage recherché frisait l'absurdité.

Fitzgerald introduisit dans son texte d'autres commentaires encore sur le sourire de Gatsby, jusqu'à en faire l'élément premier de son apparence, et la marque de sa personnalité.

L'auteur réagissait de façon créative à presque toutes les suggestions de Perkins. Comme l'éditeur l'avait pressé de le faire, il découpa le bloc d'informations sur le passé de Gatsby afin d'en distiller le contenu au fil des chapitres. Il s'appuya sur une remarque de Perkins pour faire de la prétendue carrière universitaire du héros à Oxford un élément récurrent de sa conversation ; ainsi, chaque fois que Gatsby affirmait quelque chose, un pas de plus était franchi vers la vérité de ce mystérieux personnage. De même, stimulé par une observation de Perkins, Fitzgerald composa un petit bijou à partir d'une certaine habitude de Gatsby. Dans le manuscrit original, Gatsby s'adressait aux gens en usant d'expressions comme « *old man* » (« mon vieux »), « *old fellow* » (« vieux »), et autres formules affectées. Par la suite, Fitzgerald se saisit d'une locution que Perkins avait adorée et la répéta une douzaine de fois jusqu'à en faire un leitmotiv. Elle finit par devenir un tic si insistant qu'elle provoque une réaction chez Tom Buchanan dans la scène du Plaza : « Vous aimez particulièrement cette expression, pas vrai ? [...] "Vieux frère". Où l'avez-vous trouvée[1] ? »

Perkins avait jugé important d'éclaircir les origines de la fortune acquise par Gatsby, et Fitzgerald tira de cet élément un parti magnifique. Trois discussions sur ce thème vinrent enrichir le chapitre cinq, et plus loin dans le livre, après la mort de Gatsby, un appel téléphonique fut ajouté, celui du nommé Slagle, son associé ; l'appel concerne des affaires conclues avec des obligations toxiques.

1. « Vieux frère », « très cher », etc. Voir note 1 p. 91.

Pour donner davantage d'intensité à cette scène un peu faible qu'est la confrontation au Plaza, l'auteur renforça l'accusation de Tom Buchanan au sujet de la fortune de Gatsby. Buchanan dit en avoir appris de belles en enquêtant sur les affaires de Gatsby :

> « J'ai découvert ce qu'il y avait derrière vos "drugstores". »
> Il se tourna vers nous et ajouta vivement :
> « Lui et ce Wolfsheim ont acheté plus de cent drugstores ici et à Chicago, pour vendre en sous-main de l'alcool frelaté. C'est un de ses trucs. La première fois que je l'ai vu, je l'ai pris pour un trafiquant d'alcool. Je ne me trompais pas tellement. »

Avant Perkins, aucun éditeur de la maison Scribner n'avait travaillé avec un auteur de façon aussi proche et aussi active. Il y eut d'ailleurs des anciens pour juger la méthode contestable. Ils appréciaient Max et connaissaient sa sensibilité, mais ils n'arrivaient pas toujours à le suivre. Dans les détails et en général, Max n'était pas comme eux. Ils fronçaient les sourcils, par exemple, quand ils voyaient qu'il s'était fait fabriquer un bureau spécial, une table haute, large, en forme de lutrin, permettant de travailler debout – Perkins avait développé une théorie : puisqu'il ne pouvait sortir faire de l'exercice, au moins qu'il ne soit pas obligé de rester assis toute la journée. Les gens qui passaient la tête par la porte de son bureau le trouvaient à cette table bizarre, absorbé dans un manuscrit, une jambe repliée sur le genou de l'autre, comme un flamant rose.

Ses collègues éditeurs eurent besoin de temps pour apprécier ce qu'il faisait à cette table, et à leur juste valeur les écrivains qu'il attirait dans la maison. Fitzgerald, surtout, leur semblait mal élevé et impulsif ; plusieurs d'entre eux parmi les plus vénérables lui reprochaient de faire souffler un vent de tempête dans leur bastion de conservatisme et de bon goût. Cependant, un épisode est resté dans les annales de la maison, celui qui vit Brownell sortir un jour de son bureau pour lancer à ses collègues : « Voulez-vous que je vous lise quelque chose de beau ? » À haute voix, avec délectation, il déclama alors deux pages de *Gatsby*.

Fitzgerald lui-même n'eut jamais de doute sur ce que représentait le soutien de Max. Pour la première fois depuis l'échec d'*Un légume*, il écrivit à son éditeur qu'il se voyait comme « un formidable écrivain ». Il ajoutait : « [...] & ce sont vos formidables lettres qui m'ont aidé à croire en moi-même. » Il devait faire observer des années plus tard : « J'avais déjà récrit *Gatsby* trois fois avant que Max ne me dise quelque chose [c'est-à-dire avant que Fitzgerald ne lui soumette son manuscrit pour avis]. Après, je me suis assis et j'ai écrit quelque chose dont je puisse être fier. » Cet aveu s'adressait à une amie de Perkins, peut-être l'amie la plus importante que Perkins eût en dehors du travail : Elizabeth Lemmon.

On les présenta au printemps 1922. Elle avait huit ans de moins que Max et ne ressemblait pas aux autres femmes qu'il avait connues. C'était l'incarnation même de l'image qu'il s'était faite de la femme romantique du XIXe siècle. Elle appartenait à une grande famille enracinée de longue date en Virginie et à Baltimore. Elle était la cadette de huit filles, sans être snob ni gâtée. Sa distinction était vivifiée par un rire venu du cœur. Elle menait une existence confortable, tantôt fréquentant la bonne société de Baltimore, tantôt la propriété familiale de Welbourne à Middleburg, Virginie. Elle aimait lire depuis toujours. Ayant connu à l'école une camarade du nom de Wallis Warfield, elle se souvenait : « Wally avait toujours le "béguin" pour les filles plus grandes, et elle nous suivait comme une ombre. C'était avant qu'elle ne décide d'épouser un roi[1]. » Elizabeth fit ses débuts à Baltimore où elle s'acquit la réputation de « deuxième meilleure danseuse de la ville ». Elle étudia le chant – elle envisageait une carrière à l'opéra, mais sa mère ne l'autorisa à apprendre à chanter qu'à condition de ne jamais se produire en public. Elle fit ses études dans la très chic Foxcroft School de Middleburg ; l'année de sa rencontre avec Max, elle entraînait l'équipe de base-ball d'Upperville, Virginie.

Miss Lemmon vint passer six semaines dans le nord. Elle prévoyait de rendre visite à des parents et amis à Plainfield, New Jersey, et d'aller au concert à New York. C'est pendant ce voyage, en avril 1922, qu'elle rencontra Max et Louise Perkins. Avant de

1. Wallis Warfield Simpson devint en effet l'épouse du prince Édouard, duc de Windsor, futur Édouard VIII.

rentrer dans le Sud, elle vint à la maison, un soir, leur dire au revoir.

Max Perkins avait toujours eu un faible pour les blondes qu'il jugeait particulièrement féminines. Et quand Elizabeth Lemmon pénétra avec assurance dans l'entrée des Perkins, sa chevelure mise en valeur par une robe grise, Max en demeura fasciné. La conversation fut chaleureuse. Il fut beaucoup question des auteurs avec lesquels Max travaillait. Elle lisait sans être une littéraire. Elle s'intéressait sans se montrer pressante. Louise eut le sentiment que Max venait de retomber amoureux, mais pas d'une façon qui la menaçait. L'ardeur de Max évoquait celle de ces héros des mythologies anciennes, ou de la poésie romantique : c'était l'esprit, non la chair, qui l'attirait, il plaçait Elizabeth sur un piédestal.

Miss Lemmon laissa derrière elle un paquet de cigarettes de couleur crème. Le paquet était presque vide. C'étaient des Pera, un mélange qu'elle appréciait. Max tomba sur le paquet et s'assit aussitôt pour rédiger une lettre en écorchant le nom de la jeune femme :

> Miss Lemon, en trouvant les cigarettes que vous avez oubliées, j'ai d'abord pensé les garder en souvenir. Mais je suis loin d'avoir besoin d'un souvenir. Je me suis rappelé ce que vous disiez, à savoir que vous aviez l'intention d'arrêter de fumer, car on ne fabrique plus cette marque de cigarettes & j'ai pensé à vous protéger contre ce sentiment terrible et déchirant qui vous vient quand vous ne fumez plus, parfois, fût-ce dans le bref espace de temps entre deux cigarettes. Si vous avez arrêté, & si vous ressentez ce que j'ai ressenti, ce bref sursis vous amènera à penser à moi avec une gratitude extraordinaire. – C'est peut-être trop espérer ; mais sans aller aussi loin, ces cigarettes m'ont offert l'occasion de dire quelque chose de trop trivial pour être prononcé sans raison. Voilà, j'ai eu un tout petit peu peur que vous ne me jugiez vraiment trop lâche pour me vexer que vous « ne puissiez souffrir ma vue ». Je suppose que non.
>
> *L'an prochain*, s'il vous plaît, rappelez-vous ce courrier et remerciez-moi. Pour le moment, c'est moi qui vous remercie pour tout le plaisir que vous m'avez donné – &, j'imagine, à tout le monde autour de moi – en venant ici *cette* année.

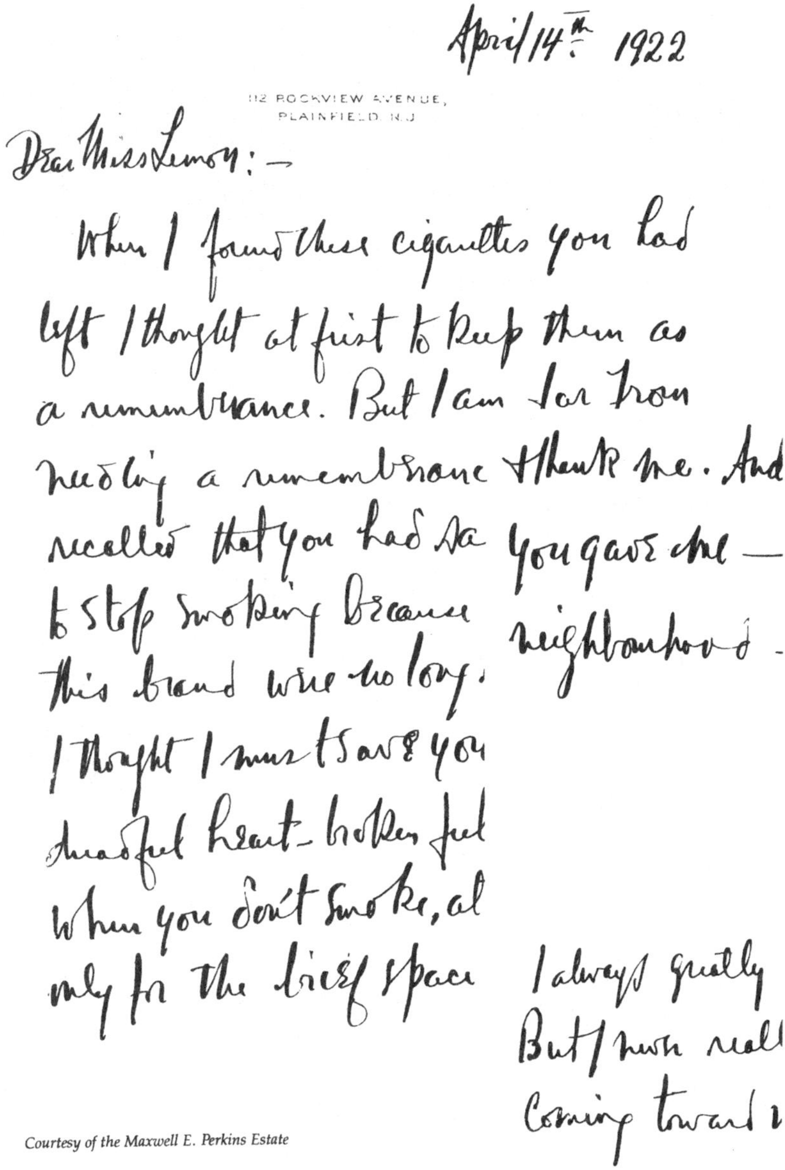

April 14th 1922

112 ROCKVIEW AVENUE,
PLAINFIELD, N.J.

Dear Miss Lemmon:—

When I found these cigarettes you had left I thought at first to keep them as a remembrance. But I am far from needing a remembrance thank me. And recalled that you had sa you gave me — to stop smoking because neighborhood - this brand were no long. I thought I must save you dreadful heart-broken feel when you don't smoke, al only for the brief space I always greatly But I never reall Coming toward

Courtesy of the Maxwell E. Perkins Estate

cigarettes would last. If you have
stopped, & feel as I have felt, this
brief reprieve will make you think of me
with extraordinary gratitude. — Maybe
that's too much to hope; but short of
that [illegible] has given me a

I now thank you for all the pleasure — to say
& I suppose, everyone else in the — & just
— by being here THIS year — Think
of [illegible]
Sincerely Yours — of me:—
Maxwell E. Perkins

liked the phrase "dea incessu patuit", — [illegible]

Ayant apposé au bas de la lettre sa grande signature cérémonieuse et anguleuse, il ajouta un post-scriptum : il avait toujours aimé la phrase de Virgile *dea incessu patuit* (« elle se révéla être une déesse », telle Vénus devant Énée). Il écrivit ensuite : « Mais je n'en avais jamais vraiment compris la signification avant de vous voir l'autre soir venir à moi dans notre vestibule. »

Elizabeth Lemmon déclara cinquante ans plus tard : « En toute honnêteté, vous ne pouvez pas dire que Max Perkins soit tombé amoureux de moi. Après tout, nous étions des enfants de l'ère victorienne – nous nous sommes rencontrés à une époque où un sourire échangé dans une pièce signifiait beaucoup plus que ce qui se passe aujourd'hui entre deux ados sur la banquette arrière d'une voiture. À mon avis, Andrew Turnbull s'est davantage approché de la vérité quand il a parlé d'une "authentique amitié" à propos de Max et moi. » L'appréciation de Miss Lemmon, tout comme celle du biographe Turnbull, est exacte jusqu'à un certain point, tout en étant incomplète. Perkins éprouvait un sentiment profond – un grand amour. Avec modestie, Elizabeth refusa de l'admettre, mais il l'adorait. Elle devint pour lui une oasis de réconfort et de compréhension, alors que son mariage allait de plus en plus mal.

Les aspirations ataviques de Perkins s'opposaient à nouveau, et elles le conduisirent à une liaison unique – l'histoire d'amour d'un éditeur yankee. Perkins se laissa attirer par Elizabeth Lemmon, tout en se sentant obligé de rendre difficile toute relation avec elle. Il n'était jamais aussi apaisé que lorsqu'il était auprès d'elle, mais il fit tout son possible pour la rendre inatteignable. Pour une bonne part, il s'efforça de limiter leurs contacts aux échanges de lettres.

Ils s'écrivirent durant vingt-cinq ans. C'est la correspondance privée la plus longue que Max ait entretenue. En ces temps où se mêlaient bonheur et tragédie – cette dernière étant due ordinairement à la solitude, au sentiment de frustration –, il répandait sur le papier ses pensées amoureuses, et ne cessait jamais de dire à Elizabeth sa gratitude. Elle était non seulement pour lui une source d'inspiration, mais aussi une créature divine. Il leur arrivait de passer une année sans s'écrire, comme ils pouvaient s'écrire trois fois par mois, mais le fil ne fut jamais rompu. Elizabeth a gardé ces lettres : c'est le seul journal que Perkins ait laissé. Quant à ses réponses à elles, nous ne les avons pas, à l'exception de quelques pages. « Grâce à Dieu ! s'exclamerait-elle des dizaines d'années plus tard. Rien de ce que j'avais à dire ne méritait d'être sauvé. »

Tout ce que Max attendait d'elle, c'était qu'elle lui réponde de temps en temps. Il voulait s'assurer qu'elle était toujours là et toujours la même. Quand sa vie familiale lui semblait vide, ou que le travail le surmenait, il écrivait à Elizabeth : c'était son exutoire, le plaisir le moins compliqué et le plus parfait de son existence. Pendant le quart de siècle que se poursuivit leur amitié, il lui rendit visite à Middleburg deux fois seulement.

En 1922, durant les semaines où ils firent connaissance, Miss Lemmon invita les Perkins à venir à Welbourne passer un week-end sans chichis. Sa lettre parlait mint julep[1], polo, courses de chevaux amateurs. C'est Louise qui répondit : « Max est quasi transporté par votre invitation, surtout que vous dites qu'il pourra garder tout le temps ses tennis aux pieds. » Elle pensait que son mari se demandait s'il n'allait pas « renoncer à son emploi chez Scribner pour pouvoir accepter l'invitation ». Hélas ! continuait Louise, les employés fidèles travaillaient même le samedi, et Max était désolé, c'était impossible.

Louise se rendit toute seule chez Elizabeth. Il faisait encore froid à Plainfield ce 20 mai, et sans se rendre compte que ce serait la même chose à Welbourne, elle mit dans ses bagages des vêtements d'été. Elle n'avait jamais rien vu d'aussi beau pour faire du cheval que les vertes collines vallonnées de la Virginie du Nord. Quant au domaine des Lemmon, il était sublime. Le long chemin qui serpentait en direction de Welbourne traversait une pelouse à l'abandon, plantée de grands arbres, avant de s'arrêter à la même porte d'entrée qui avait accueilli jadis des invités tels que Jeb Stuart, le héros de la guerre de Sécession. La maison ressemblait à Mount Vernon[2] en moins grand : des lignes simples, de grands piliers en façade. Le corps principal de la demeure se flanquait de deux ailes d'un étage. Welbourne avait été bâti en 1821 et les portraits de famille accrochés dans ses salons dataient d'avant la Révolution. À l'arrière, le porche s'ouvrait en grand sur des terrains

1. Cocktail sudiste : bourbon, menthe, sucre.

2. La résidence en Virginie du premier président américain, George Washington.

envahis de végétation. Un boulet de canon yankee avait traversé une des fenêtres de la serre, et même si le carreau en avait été remplacé en 1865, on continuait d'user pour cette ouverture de l'expression « nouvelle fenêtre ».

Louise Perkins eut presque tout le temps froid dans ses habits légers, mais elle se sentit bien en compagnie de Miss Lemmon et de sa famille, dans leur superbe maison. Quand la mère d'Elizabeth lui demanda comment allait Mr. Perkins, elle répondit qu'il était « très amoureux d'Elizabeth ». Louise s'attacha beaucoup à elle. Elizabeth commençait à s'intéresser à l'occultisme, et elle lui recommanda un diseur de bonne aventure établi dans le Nord.

De retour à Plainfield, Louise accabla Max de récits de Welbourne. Il regrettait plus que jamais de n'avoir pas été du voyage, mais en un sens, il en était heureux aussi. À en croire les descriptions qu'en faisait sa femme, l'endroit était un véritable royaume de conte de fées, et mieux valait-il peut-être le visiter en rêve.

Fin mai 1924, Louise s'embarqua avec des amis pour une croisière aux Caraïbes. Là encore, Max fut retenu par son travail. Il avait un nouvel auteur : Douglas Southall Freeman. Ce dernier, sorti docteur en histoire de l'université Johns-Hopkins, travaillait au *News Leader*, un journal de Richmond. Il se passionnait pour l'histoire de la Confédération et avait publié la correspondance entre Robert E. Lee et Jefferson Davis[1]. En 1914, Scribner lui avait commandé une courte biographie de Lee. Freeman avait travaillé à ce livre sous la direction d'Edward L. Burlingame. Mais dix ans après, le livre n'existait toujours pas. Entre-temps, Burlingame était mort. Perkins, qui s'intéressait de longue date à la guerre de Sécession, fut chargé d'assister l'auteur. En 1924, Freeman écrivit à son nouvel éditeur : « Tout le problème, avec mon Lee, c'est que j'attends d'avoir accès aux derniers papiers de Lee en dépôt au Confederate Memorial Institute. Je ne trouvais pas très juste, ni même en un sens souhaitable, de publier un livre sur Lee sans avoir pu étudier ce matériel. Ça semblait complètement idiot d'imprimer en ayant à portée de main une collection des derniers documents. »

1. Le soldat Robert E. Lee fut officier pendant la guerre d'Indépendance ; Jefferson Davis, soldat lui aussi, fut le seul et unique président des États confédérés.

Les contrats furent immédiatement préparés, mais Freeman ne pensait pas être en mesure de répondre avant un moment aux exigences qui y étaient formulées. Il trouvait ahurissant de devoir réduire le livre à 100 000 mots, comme le voulait Scribner. Burlingame avait passé dix ans à attendre le manuscrit sans cesser de traiter patiemment avec Freeman. Ce dernier écrivit à Perkins : « J'espère que vous avez les épaules assez larges. » Max se montra plus que patient. Il avait un plan, lequel reporterait de dix nouvelles années la sortie du livre, mais lui garantirait des siècles de postérité. Il proposa à Freeman de se lancer dans une biographie définitive de Robert E. Lee, sans se soucier du temps à y consacrer ni du nombre de pages.

En mai 1924, Max fit le voyage de Virginie pour discuter du projet avec l'auteur. Chemin faisant, il caressa l'envie de rendre visite à Elizabeth Lemmon. À Richmond, il se renseigna sur un moyen de rejoindre Middleburg qui n'était qu'à quelques heures. Mais il ne parvint pas à trouver le courage de revoir Elizabeth et resta plutôt concentré sur son travail. Lui et son auteur écumèrent Richmond, une ville qui devait servir de décor à presque tout ce qu'écrirait Freeman. Dix ans encore seraient nécessaires avant que ce dernier ne présente à Max le manuscrit achevé de son monumental ouvrage.

Une lettre que Max reçut d'Elizabeth à son retour à New York lui fit regretter de ne pas l'avoir vue lors du séjour en Virginie. Elle faisait allusion à une nouvelle coupe de cheveux qui lui donnait une autre apparence ; cette « métamorphose », disait-elle aussi, devait beaucoup à l'intérêt profond qu'elle vouait à l'astrologie. Max fut perturbé à la simple idée qu'Elizabeth puisse ne plus être la même. D'où sa réponse : « Je ne saurais imaginer une remplaçante capable d'être tout simplement "aussi bien". À la nouvelle Elizabeth, ne manquera-t-il pas ce divin repos qui entre tant de qualités la distinguait de toutes les autres femmes – les impatientes, les agitées, les pénibles. Et si ce devait être le cas, je préférerais presque ne pas la voir, car cela risquerait d'altérer l'image de *L'Elizabeth* appelée à survivre au moins dans ma mémoire. »

Il expliquait : « Vous me faites regretter encore plus de n'avoir pas pris le risque de cette escapade hors de Richmond. Mais je redoutais de débarquer dans une de ces régions de Virginie où un bloc de granit de Nouvelle-Angleterre ne serait rien d'autre qu'un obstacle. » Quelques jours plus tôt, Louise avait parlé de lui en usant de cette expression, un « bloc de granit de Nouvelle-Angleterre », parce qu'il n'avait pas versé une larme pour Lillian Gish dans *The White Sister*[1].

Cet été-là, Max se rendit plusieurs fois à Great Neck, Long Island, soi-disant pour discuter travail avec Ring Lardner. Ils descendirent nombre de cocktails – des highballs – qui restèrent sans grand effet, aux dires de Perkins, à cause de la chaleur.

Lardner projetait d'aller en Europe voir les Fitzgerald, mais il ne semblait pas assez en forme pour supporter le voyage. Il toussait énormément, ne mangeait pratiquement plus et, quand il mangeait, c'était en fumant une cigarette après l'autre. Il expliqua à Perkins qu'il allait arrêter l'alcool et le tabac pour pouvoir avancer sur un projet de bande dessinée entreprise avec le dessinateur Dick Dorgan, et pour partir à l'étranger.

Avec son accord, Max se remit à éplucher les journaux et magazines dans lesquels Ring avait été publié, et trouva de quoi composer un recueil. Le livre devait sortir en 1925 et Max était ravi de cette parution, même s'il aurait voulu que Ring s'attaque à quelque chose d'ambitieux. « Ring, disait-il, si c'était seulement une question d'argent, nous vous aiderions volontiers à vous lancer dans un roman. Mais j'estime que les cinq mille dollars ou à peu près que nous serions heureux de vous verser ne serviraient à rien. » Lardner répondit que ça n'avait rien à voir avec l'argent. Il n'avait pas assez de métier, voilà tout.

À la Noël 1924, Ring était parti pour l'Europe, puis il était rentré, et son recueil – *What of It ?* – était à la frappe. Le livre s'ouvrait sur un nouveau récit intitulé *The Other Side* ; il y était question de ses amis et de ses récentes aventures en Europe, « de l'autre côté de la vieille mare », et l'on y trouvait cette phrase : « Mr. Fitzgerald est un nouvelliste et Mrs. Fitzgerald est une nouveauté. »

Ring n'avait jamais été aussi heureux de ses résultats littéraires – jusqu'ici, il se montrait plutôt cynique à cet égard –, et il était persuadé que s'il avait gagné en importance, c'était grâce à sa relation avec Perkins. Les ventes de *Champion* avaient dépassé les

1. L'actrice Lillian Gish, alors âgée de 28 ans, avait joué dans ce film muet de Henry King sorti sur les écrans en 1923, et dont le titre français serait *Dans les laves du Vésuve*.

seize mille exemplaires ; et comme Max l'avait prédit, la réédition de ses anciens textes sous des couvertures repensées redonnait vie à tous les livres de Lardner présents sur le marché. Ce nouveau recueil s'attira partout d'excellentes critiques, dont une de la plume de Mencken.

Dans ses souvenirs familiaux[1], Ring Lardner Jr. écrit : « Il fallut le succès inattendu de *Champion* pour que les journalistes le saluent comme un maître de la forme, et d'incessantes pressions de Perkins pour qu'il se remette à un travail sur lequel sa réputation avait fini par reposer. » En décembre 1924, Ring écrivit à Perkins : « Je crois que je vais pouvoir arrêter les bandes dessinées dans les journaux. Ça devrait me laisser plein de temps et mon intention est d'écrire au moins dix nouvelles par an. » Trois mois plus tard, Perkins en avait une entre les mains : *Haircut*[2]. Un coiffeur, dans une petite ville, racontait comment un farceur était abattu par un demeuré. C'était plus noir que presque tout ce qu'il avait produit jusque-là. Max lui écrivit : « Pas moyen de me la sortir de l'esprit. En fait, elle laisse une impression qui se renforce avec le temps. Aucun auteur vivant n'aurait fait mieux, c'est sûr. » Lardner répondit par une lettre d'un seul mot, solennellement tapée à la machine : « Merci. »

Après la parution du nouveau recueil de Lardner, Scott Fitzgerald écrivit à Max pour exprimer ses inquiétudes : Ring ne risquait-il pas de s'embourber dans l'écriture de nouvelles et rien d'autre ? « Mon Dieu ! j'aimerais tellement qu'il écrive un roman plus ou moins personnel, disait-il. Vous ne pourriez pas essayer de le convaincre ? » La suggestion tombait à point nommé. Perkins venait juste de trouver une grande idée à soumettre à Lardner. Tout commença lorsque Max décida qu'il devrait exister « une espèce de parodie des dictionnaires biographiques », une satire des « plus étonnantes foutaises écrites d'une plume solennelle ». Perkins songeait à solliciter des esprits célèbres tels que Lardner, Robert Benchley, Donald Ogden Stewart, George Ade et Scott Fitzgerald. Chacun écrirait « des biographies fictives qui s'atta-

1. *The Lardners. My Family Remembered*, Harper & Row (première édition en 1976).

2. « Coupe de cheveux », dans *Dix nouvelles*, paru en 1964 aux éditions Robert Laffont.

queraient à toutes sortes de gens. Pour bien illustrer le tout, le livre serait fabriqué et relié de façon à imiter ce genre de volumes ». Perkins en parla autour de lui en même temps qu'il insistait auprès de Ring pour qu'il s'attaque à un texte long. En l'espace d'une semaine, il eut sur son bureau le premier chapitre de l'« Autobiographie » de Ring Lardner.

En réponse il le supplia : « Pour l'amour du ciel, continuez sur votre lancée jusqu'à avoir 25 000 mots au moins, et même davantage, ce qui serait encore mieux. » Lardner lui répondit qu'il était impossible d'allonger le texte à ce point sans risquer d'imposer « un terrible effort à l'auteur aussi bien qu'au lecteur ». Mais Perkins insista. Il affirma que l'« Autobiographie » complète ferait l'objet d'une édition séparée, enrichie d'illustrations si nécessaire, et qu'elle devait sortir rapidement, « car c'était le bon moment ». Le livre grossit de 15 000 mots en quelques semaines, et Lardner l'intitula *The Story of a Wonder Man* (« L'Histoire d'un homme formidable »).

La vie réelle de Lardner pouvait seulement fournir l'esquisse de son autobiographie parodique. Il se remémora des événements tels que celui-ci : « C'est lors d'une partouze à la Maison-Blanche que je fis la connaissance de Jane Austen. Cette charmante petite Anglaise avait débarqué dans nos contrées pour répondre à une proposition alléchante de la Metro-Goldwyn-Mayer. Un cadre de chez eux avait lu son roman *Orgueil et Préjugés*, et décidé qu'on pouvait en tirer sept bobines de film. » Perkins choisit les épisodes dont il pensait qu'ils devraient figurer dans le livre, et donna un titre à tous les chapitres. « Je ne me fais pas d'illusions sur mes talents d'humoriste », dit-il à Ring. Ce qui ne l'empêcha pas d'inventer les fameux titres. Son esprit fourmillait d'idées à soumettre à Lardner : « Pourquoi n'écrivez-vous pas sur le garçon qui croyait aux "annonces" [...] et apprenait des trucs intellos qu'il essayait avec les filles ? » « Un de ces jours, vous devriez essayer le cadre obsédé par les "bureaux bien rangés". » « Le rhume des foins, vous n'y avez jamais réfléchi ? Le pauvre patient doit faire semblant de trouver ça drôle. Si l'idée vous intéresse, je me plierai à l'examen dans l'intérêt de la science. » Il insistait toujours pour que Ring se mette à un roman, ou du moins à une nouvelle assez longue pour mener à un livre, mais Ring continuait d'être pris par d'autres projets, dont une collaboration à une comédie musicale avec l'acteur, compositeur et scénariste George M. Cohan.

Cet été-là, les Perkins avaient loué un cottage dans les environs de New Canaan, Connecticut, et Max écrivit à Fitzgerald : « Vous détesteriez, mais moi j'aime. » Avec Louise, ils envisagèrent bientôt de s'y établir définitivement. Max avait vécu toute sa vie à Plainfield, et il estimait qu'un homme, une fois qu'il avait planté ses racines quelque part, ne devait pas les déterrer. Mais il estimait aussi que Plainfield était devenu « un trou maudit, plat, humide et ennuyeux ». Pour ce qui était du Connecticut, il écrivit au romancier Thomas Boyd : « Les gens par ici sont bien, en tout cas pour un descendant de la Nouvelle-Angleterre. En fait, si nous arrivions à nous débarrasser de cette maison de Plainfield, nous achèterions ici dans la minute qui suit, et si les disputes entre Louise et moi finissent comme d'habitude, on achètera de toute façon. Mais j'espère que non. Je sais que ce serait risqué. »

Louise avait fourni à Max une liste de motifs justifiant l'achat d'une nouvelle maison. En premier lieu, elle haïssait celle dont ils étaient propriétaires à Plainfield. Elle l'associait en effet à la mort de sa mère. Et puis elle était coûteuse à entretenir. À toutes ces raisons de déménager, écrivait Max, s'ajoutait « le charme de New Canaan, un village de Nouvelle-Angleterre situé au terminus d'une seule ligne de chemin de fer, avec la campagne sauvage dans trois directions alentour, *i.e.* sauvage pour un habitant de la côte Est. L'endroit idéal pour élever des enfants comme il faut, des filles en l'occurrence. »

Louise avait déjà repéré la maison qui lui faisait envie et ils l'achetèrent dans la même saison. Son aspect extérieur surtout impressionnait Max : quatre colonnes de bois cannelées – « une pour chacune de nos filles, écrivit-il à Elizabeth Lemmon, afin qu'elles puissent s'y appuyer au passage des jeunes gens en calèche ».

Le 16 janvier 1925, Louise fit ce que Max définit comme une nouvelle « vaillante tentative pour devenir la mère d'un petit homme ». Mais « ce fut un échec, ainsi qu'il l'écrivit à Elizabeth Lemmon. Ils m'ont tout dit sur la force et la splendeur du bébé : une fille. Ils m'ont dit que si elle avait été un garçon, c'eût été un garçon superbe – un futur pilier de rugby dans l'équipe de Harvard, voire un chef militaire envoyé en Allemagne. Mais en la circonstance, à quoi servira cette force » ? Un jour, à la gare, un habitant de New Canaan demanda à Max comment il avait l'intention de baptiser sa cinquième fille. « Blasphème », répondit-il. Mais avec Louise, ils firent un choix plus raisonnable et l'enfant prit le nom de Nancy Galt Perkins. Le jour où le bébé s'était « matérialisé », Max avait expédié à sa mère le télégramme habituel : « Une de plus. »

Les Perkins menaient à New Canaan une vie sociale plus riche qu'à Plainfield. Plusieurs petites célébrités littéraires habitaient dans les environs, et Max se prit tout de suite de sympathie pour les Colum, des intimes de James Joyce, eux-mêmes auteurs et critiques à part entière. Mary Colum – que tous ses amis appelaient Molly – était une imposante femme rousse. Elle n'était pas jolie du tout, mais Max la trouvait « merveilleuse, vive comme un chat ». Quant à Padraic, son mari, Max écrivit à Elizabeth qu'il produisait « des nuages de cordialité et de confort irlandais ; c'est un homme adorable, drôle et gentil, jeune et pourtant animé d'une sorte de sagesse tolérante et d'une expérience qui fait qu'on lui donnerait plutôt 60 ans ». Le poète William Rose Benét vivait aussi à proximité avec sa femme, la poétesse Elinor Wylie, que Max était très impatient de rencontrer. À elle non plus il ne trouva pas une grande beauté – « elle est petite et ordinaire, du genre rondelet et trapu, avec un visage anguleux et gauche, dirais-je, même si Louise m'a regardé avec dédain en entendant ce jugement », écrivit-il à Elizabeth. Cependant, Elinor avait un caractère séduisant : « Le genre de personne courageuse et sensible, complètement authentique... Elle garde la tête haute plutôt que de donner des coups de menton, d'un air de dire (mais sans orgueil ni agressivité) : "Me voici, c'est moi." »

Molly Colum écrit dans *Life and the Dream*, son livre de souvenirs : « Nous passions souvent de bonnes soirées littéraires, même si le voisinage ne l'était pas du tout. » Les Perkins, les Benét et les Colum se retrouvaient fréquemment pour des dîners auxquels se joignaient parfois les Van Wyck Brooks qui habitaient à Westport, ainsi que Hendrik Willem Van Loon, un « Hollandais énorme à qui toute chose ou presque inspirait un ricanement maladif ». Loon était l'auteur d'une très populaire *Story of Mankind – Histoire de l'humanité*[1].

Perkins ne mit guère de temps à regarder Elinor Wylie comme la plus brillante personnalité de New Canaan. « Le vrai fondement de l'amitié consiste à partager deux ou trois préjugés », se plaisait-il à dire. À chacune de leurs discussions, il s'attachait un peu plus à elle ; en effet, elle n'aimait pas ce qu'il n'aimait pas, dont cette littérature tapageuse et superficielle désormais populaire. Ils n'avaient pas une bonne opinion de *Green Hat*[2], le best-seller de Michael Arlen qui faisait fureur cette année-là. D'autre part, Max était conscient d'avoir affaire à une personne vulnérable : quand elle réfléchissait, elle ressemblait à une enfant abandonnée. Il était désolé pour elle en même temps qu'il l'admirait. Il médita sur le sujet dans une lettre à Elizabeth Lemmon : « Il y a du tragique en elle, comme si son destin était d'apporter du chagrin à ceux qui l'aiment, alors qu'elle voudrait le contraire. Une mal-aimée. »

Comme si cette obligation avait été mentionnée dans leur titre de propriété, les Perkins se hâtèrent de s'inscrire au New Canaan Country Club et Max devint un habitué du New York, New Haven & Hartford Automobile Club. Molly Colum l'accusait régulièrement d'être un homme « conventionnel et distingué », à quoi il répondait que « dans une ville telle que celle-ci, fréquenter tout ce qui est fréquentable est considéré comme une marque de patriotisme ». Il reconnaissait toutefois que sa vie dans le Connecticut était devenue un peu trop dissipée. Pour mieux profiter de ses filles adolescentes, il se mit à décliner les invitations à dîner. Il insistait sur ce point : « Mes enfants, je les vois au maximum deux heures par jour, et je n'ai aucune envie de renoncer à ce peu de compagnie. » Ce qui n'empêchait pas Louise de se rendre à ces soirées sans lui et avec grand plaisir. Resté seul avec ses filles, Max leur faisait la lecture – de *Guerre et Paix*, le plus souvent. Lors des passages importants mettant en scène des batailles, il se servait d'allumettes pour représenter à son jeune et fervent public la façon dont Russes et Français alignaient leurs troupes. Il estimait que ses filles devaient connaître cette histoire.

1. Parue en français chez Payot dans les années 1930.
2. Il existe une édition 10/18 de ce *Chapeau vert*.

À l'une d'elles, Peggy, il écrivit un jour que l'on y rencontrait « le meilleur homme sur lequel on ait jamais écrit, à part Hamlet. Je parle du prince Andrei. Je voudrais que chacune d'entre vous, si vous *devez* vous marier, prenne pour époux un prince Andrei – quand bien même il est un peu trop dédaigneux et impatient ».

Max, cette année-là, correspondit régulièrement avec Elizabeth. Il lui écrivait de tous les clubs dont il était membre – à savoir désormais le Harvard Club, la Century Association et le Coffee House de New York –, pour lui parler de sa famille, de sa ville et de son travail. Au printemps 1925, il lui fit aussi parvenir plusieurs livres dont le dernier Lardner, *What of It ?*. L'envoi comprenait également le dernier roman de Scott Fitzgerald. Max expliqua à Elizabeth que *Gatsby le Magnifique* était ce que l'auteur avait écrit de meilleur, « un mélange de satire et de roman d'amour que personne d'autre ne pourrait produire. Ça vient du fait qu'il sait observer les choses d'un œil critique sans que cesse de planer sur elles le charme de ses illusions de jeunesse. Ce qui donne à l'histoire une qualité d'un genre mélancolique ».

Perkins, après avoir relu les épreuves corrigées par Fitzgerald, lui avait écrit : « Je trouve le livre formidable, Gatsby est plus intéressant désormais, plus efficace, plus vrai, tout en demeurant original. » Toutes les critiques formulées depuis des mois par les autres éditeurs étaient réglées. « Gatsby devrait beaucoup apporter à son créateur », écrivit Max à Scott.

Alors que la date de sortie approchait, Fitzgerald perdit confiance. Il hésitait maintenant sur le titre. Début mars, il télégraphia à Max pour lui demander s'il était trop tard pour le remplacer par un autre : *Gold Hatted Gatsby* – « Gatsby couvert d'or ». Max répondit par la même voie qu'un tel changement provoquerait non seulement un report dommageable, mais une confusion énorme. L'auteur essaya de s'habituer à *Gatsby le Magnifique* tout en continuant de penser au fond de lui qu'un tel titre passerait à jamais pour le défaut de son livre.

Perkins programma une parution pour le 10 avril, mais le 19 mars, Fitzgerald ne put s'empêcher de lui envoyer de Capri un autre télégramme exigeant : À FOND POUR NOUVEAU TITRE : « SOUS LE ROUGE, BLANC, BLEU ». ÇA RETARDERAIT BEAUCOUP ? Perkins câbla que ça retarderait de plusieurs semaines. Il ajouta : SONGEZ QUE L'IRONIE EST BIEN PLUS EFFICACE AVEC UN TITRE

MOINS ACCROCHEUR. TOUT LE MONDE AIME TITRE ACTUEL ET INSISTE POUR LE GARDER. Trois jours après, Fitzgerald consentait et câblait : VOUS AVEZ RAISON. Mais sa nervosité avait encore grimpé d'un cran.

Le jour de la parution, Fitzgerald était tellement envahi de « peurs et de pressentiments » qu'il écrivit à Max pour s'en prendre encore à ce titre qui allait immanquablement décevoir le public, la presse et lui-même : « Les femmes risquent de ne pas aimer le livre, parce qu'il ne met pas en scène un important personnage féminin ; et les critiques parce qu'il parle des riches. » Mais il y avait plus : « Il risque de ne pas éponger ma dette envers vous – bon, il faudrait vendre au moins vingt mille exemplaires pour ça ! En fait, j'ai perdu confiance... Même moi, je n'aime pas le livre. »

Perkins dut attendre une semaine entière avant de pouvoir communiquer à Fitzgerald une tendance sur les ventes de son livre, et il eut alors beaucoup de peine en voyant que les craintes de l'auteur étaient confirmées : VENTES INCERTAINES, PRESSE EXCELLENTE, disait son télégramme. Le message était plus optimiste que la situation elle-même sur un point comme sur l'autre. Plus tard ce même jour, il fournit des précisions à Fitzgerald : au « commercial », ils étaient sceptiques. Une des raisons tenait peut-être au nombre de pages : 218 seulement. C'était un vieil argument dont Perkins considérait que le marché du livre l'avait dépassé. « Essayer de leur expliquer que la façon d'écrire choisie par vous, et qui est amenée à se développer, permet d'en dire beaucoup par suggestion, et que le livre, par conséquent, contient autant de choses que s'il était beaucoup plus long et écrit selon une autre méthode, est bien sûr complètement inutile. » En fait, plusieurs libraires importants avaient diminué leurs commandes de façon drastique dès qu'ils avaient reçu ce livre court.

Sachant que Scott devait traverser des moments difficiles, Perkins lui promit de le tenir informé par câble de tout développement significatif, en particulier des bonnes recensions qui viendraient à paraître. « Moi-même, lui dit-il, j'aime tellement le livre, et j'y trouve tellement de choses, que sa notoriété et son succès signifieraient davantage pour moi que n'importe quoi d'autre actuellement en vue – je veux dire quel que soit le domaine, pas seulement dans la littérature. Mais à en croire les commentaires de nombre de ceux qui sont déjà sous son charme, il me semble qu'il intéresse beaucoup plus de lecteurs que vous ne le pensez. » Et : « Je vais surveiller [ses progrès] avec une impatience que personne, à part l'auteur, ne pourrait même imaginer. »

Une semaine auparavant, Fitzgerald avait rêvé de dépasser les soixante-quinze mille exemplaires. Il espérait maintenant faire un chiffre qui lui permettrait de combler ses six mille dollars de débit chez Scribner. Puisque les ventes s'annonçaient aussi faibles, dit-il, il allait se donner un livre encore à écrire, avant de décider s'il continuait ou non une carrière d'auteur sérieux. « Si tout ce que ça doit me rapporter, ce sont des périodes de dèche, dit-il à Max, j'écrirai plutôt des nouvelles. Ou alors j'arrête, je rentre chez moi et je pars pour Hollywood apprendre à faire du cinéma. Je ne peux pas diminuer notre niveau de vie ni vivre dans l'insécurité financière. De toute façon, quel intérêt y a-t-il à essayer d'être un artiste si vous ne pouvez pas donner le meilleur de vous-même ? J'ai eu ma chance en 1920, la possibilité de partir d'un bon pied, et je l'ai laissée filer, alors il va falloir en payer le prix. Peut-être que je me remettrai à écrire à 40 ans sans avoir à endurer tout le temps ces soucis et ces interruptions. »

Deux semaines après la sortie du livre, Perkins avait encore des raisons de se montrer optimiste : DÉVELOPPEMENTS FAVORABLES EXCELLENTS PAPIERS ATTENDRE ENCORE, câbla-t-il avant d'expliquer dans une lettre : « La plupart des chroniqueurs ont certes l'air de tâtonner, comme s'ils n'y comprenaient pas vraiment grand-chose, mais ils le couvrent aussi de louanges ; mieux, ils montrent tous une espèce d'excitation, comme s'ils étaient contaminés par la vitalité du livre. » Il fallait attendre l'opinion de ceux qui étaient pleinement entrés dans le livre, et jusqu'ici personne encore ne l'avait fait. Perkins gardait confiance : « Quand la meute des critiques et des mauvaises langues auront cessé de cancaner et de faire du bruit, Gatsby le Magnifique apparaîtra comme un livre tout à fait extraordinaire. »

Pour effacer son ardoise, Scott proposa de faire publier une nouvelle édition à l'automne. Le recueil, dans un accès d'optimisme, avait paru initialement sous le titre *Dear Money* ; il s'appellerait désormais *All the Sad Young Men*, ce qui était plus raisonnable. D'ailleurs, Max trouvait ce nouveau titre excellent, et il était heureux que Fitzgerald ne fasse plus allusion à un départ pour Hollywood. Max savait d'ailleurs pertinemment que Scott avait horreur de laisser perdurer des dettes, et il ne voulait pas que l'auteur se tourmente pour ça. Il ne pensait pas que ce fût un problème pour Scribner et dit à Scott : « Si nous voulions regarder le problème froidement, il suffirait d'y voir un bon investissement. »

Perkins lui-même dut encaisser pas mal de coups à cause de *Gatsby*. Si le commercial et la publicité avaient beaucoup misé sur le livre, c'est sur les conseils de Perkins, et ils donnèrent de la voix quand ils virent que le retour sur investissement n'était pas au rendez-vous. Plusieurs critiques que Max connaissait personnellement descendirent l'ouvrage, et lui dirent carrément qu'il avait commis une folie en publiant un roman basé sur une intrigue aussi peu intéressante. Ruth Hale affirma dans le *Brooklyn Eagle* qu'elle n'avait trouvé « aucune trace de magie, de vie, d'ironie, d'amour ou de mysticisme dans *Gatsby le Magnifique* ». Quelques semaines plus tard, lors d'une réception, elle dit à Perkins : « Ce nouveau livre de votre *enfant terrible* est vraiment *terrible*. »

« J'ai été tellement attaqué [pour *Gatsby le Magnifique*] que j'en ai des bleus partout, écrivit-il à Elizabeth Lemmon, mais ils n'y comprennent rien. Ils ne voient pas que Fitzgerald est un satiriste. Le fait de situer une histoire d'amour au milieu du vice – c'est l'intérêt du livre – les empêche de voir qu'il fustige le vice. » Perkins s'aperçut alors que Fitzgerald était en avance sur son public. « Sa virtuosité a fait de lui un "romancier populaire" alors qu'il est au-dessus de la multitude. » Pour Max, les gens ne s'étaient pas donné la peine de lire en profondeur *L'Envers du paradis*. « C'était un sac plein de bijoux, écrivit-il à Elizabeth, dont les uns étaient de piètres contrefaçons et les autres, de jolis cailloux. Et au milieu de tout ça, il y avait de vrais joyaux d'une valeur inestimable. » *Gatsby le Magnifique* ressemblait davantage à un diamant d'une taille exquise, et d'un tel éclat que personne en Amérique n'avait jamais rien vu de tel.

Le 25 avril 1925, Max écrivit à Scott : « Il n'est peut-être pas parfait ! Une chose est de dresser un cheval doué mais endormi pour l'emmener à la perfection, tout autre chose est de dompter un pur-sang sauvage jeune et doué. »

Vers la fin du printemps – après qu'eurent été déçus tous les espoirs de voir *Gatsby* faire un succès –, de bons papiers commencèrent à tomber. Les romancières Willa Cather, Edith Wharton, et le futur prix Nobel de littérature T.S. Eliot, envoyèrent tous à Fitzgerald des lettres personnelles vantant les qualités de son livre.

Fitzgerald lui-même prenait conscience du chemin parcouru et il ne manquerait jamais d'exprimer sa reconnaissance envers ceux qui l'avaient aidé. En juillet 1925, il écrivit à son éditeur : « Max, ça m'amuse de voir arriver des louanges portant sur la "structure" du livre – car elle vient de vous, pas de moi. Et ne croyez pas que je n'ai pas de gratitude pour tous vos conseils avisés et utiles à ce sujet. »

Dans le sillage des mauvaises nouvelles concernant les ventes de *Gatsby*, Perkins eut vent d'une rumeur selon laquelle la maison Scribner, mécontente, projetait de vendre les livres de Scott à un autre éditeur, Boni & Liveright. Max écrivit de New Canaan une longue lettre hésitante qu'il envoya à Paris, dans laquelle il demandait des détails.

RUMEUR LIVERIGHT ABSURDE, répondit Scott par câble. En fait, il avait eu un contact avec un éditeur de chez Boni & Liveright, qui s'informait de son prochain livre dans l'éventualité où il n'aurait pas été satisfait de Scribner. Fitzgerald avait répondu sans hésiter que Max Perkins comptait parmi ses plus proches amis et que ses relations avec Scribner étaient depuis toujours si cordiales, si agréables, qu'il ne songeait même pas à envisager un changement d'éditeur. La rumeur, semblait-il, était une extrapolation fondée sur un malentendu ; et Fitzgerald eut un coup de déprime à l'idée que Perkins ait pu accorder assez de crédit à ce bruit pour décider d'y faire allusion. Il lui écrivit : « Maintenant, Max, je vous ai dit très souvent que vous étiez mon éditeur, et définitivement, pour autant que ce mot mérite d'être employé dans ce monde changeant. Si vous le souhaitez, je resigne avec vous pour trois livres de plus. L'idée de vous quitter ne m'a jamais traversé l'esprit, pas même *un instant*. »

Il présenta quatre raisons expliquant pourquoi il ne pouvait changer d'éditeur. Elles allaient de considérations liées à l'entreprise à des questions de fidélité personnelle. L'une d'elles disait qu'il jugeait très important d'avoir le soutien d'une maison d'un livre à l'autre – à condition de garder les mêmes engagements. Une autre mentionnait « le curieux avantage qu'un écrivain assez radical pouvait trouver à paraître dans ce qui était au final une maison ultraconservatrice ». En troisième lieu, Fitzgerald eût jugé plutôt indélicat d'aller signer ailleurs alors qu'il était en rouge de plusieurs milliers de dollars chez Scribner ; c'était, disait-il, « tout ensemble une réalité et une question d'honneur ». Mais la raison principale de sa loyauté grossissait en lui depuis leur première correspondance, dit-il. Et il lui écrivit : « Même si, étant jeune, je n'ai pas toujours aimé certaines de vos idées éditoriales (lesquelles venaient d'un contexte pré-cinématographique, pré-grande littérature, remontant à vingt ou quarante ans en arrière), cette différence a été plus que comblée par votre personnalité et par celle de Mr. Scribner, par l'immense droiture, la courtoisie, la générosité et l'ouverture d'esprit que j'ai toujours trouvées chez vous, ainsi que par la considération particulière, si je puis dire, que vous avez tous manifestée envers moi et envers mon travail. »

Maxwell Perkins donnait à tous ses auteurs le sentiment qu'il se préoccupait de leur travail autant qu'ils s'en préoccupaient eux-mêmes. Même Scott Fitzgerald, la pierre d'angle du renouveau et du succès chez Scribner, avait besoin de se sentir épaulé. Max n'a jamais demandé à Fitzgerald (ni à aucun autre auteur) de signer un engagement à vie « pour la simple raison qu'il peut être dans votre intérêt de changer un jour d'éditeur, et que tout en vivant la chose comme une tragédie, je n'aurais pas la bassesse de me mettre en travers de motivations personnelles ». Et le fait est que des dizaines d'engagements furent pris sur la base d'un accord oral – qui ne fut jamais violé.

Avec ces jeunes gens prometteurs et exigeants déjà publiés par ses soins, Perkins faisait le pari de la nouveauté. En 1944, Malcolm Cowley commenta ainsi l'effet de cette politique sur la maison d'édition qui employait Perkins : « Scribner, quand il y est entré, était un éditeur fantastique où régnait une atmosphère digne d'un salon de la reine Victoria. » Mais Perkins avait bouleversé cela et la maison, « dans un grand bond en avant, quitta l'âge de l'innocence pour se jeter dans la génération perdue ».

– 6 –

Les compagnons

En décembre 1924, un pli contenant un recueil de textes courts parus en France sous le titre *in our time*[1] arriva à la douane de New York. L'auteur en était « cet Hemingway » auquel Fitzgerald avait fait allusion quelques mois auparavant. Perkins ne prit pas connaissance du livre avant fin février 1925. Plusieurs de ces écrits évoquaient la vie de Nick Adams, un jeune homme du Michigan qui avait fait la guerre de 14. Max parla à Scott d'une « série de brefs épisodes où s'accumulaient des visions d'horreur, le tout écrit avec sobriété, puissance et vitalité. Une expression remarquable, tendue, complète de *notre époque*, telle que la voit Hemingway ».

L'écriture d'Hemingway avait une musique particulière, et Perkins n'avait jamais rien entendu de tel : un martèlement de mots dont l'écho résonnait longtemps, des staccatos de phrases. « J'étais très impressionné par la puissance d'évocation des scènes et des faits qu'il dépeint, et par la réalité des relations entre eux », écrivit-il à Hemingway. Il ajouta cependant : « Je doute que nous puissions trouver un moyen de publier ce livre, et ceci pour des raisons matérielles : il est tellement court que les libraires n'y verraient aucune possibilité de profits substantiels, si nous le sortions à un prix correspondant à l'usage. C'est dommage, car il est évident que votre méthode vous permet d'exprimer ce que vous avez à dire

1. Sans majuscules pour l'instant, la locution étant extraite d'une prière anglaise : « *Give us peace* in our time, *O Lord.* »

dans un format limité. » Il semblait à Perkins qu'Hemingway aurait dû écrire quelque chose qui ne donne pas prise à ce type d'objections. « Quoi que vous écriviez, l'assura-t-il, nous le lirons avec un très grand intérêt. »

Cinq jours plus tard, il fit suivre sa lettre à Hemingway d'un autre courrier. John Peale Bishop – un ami de Fitzgerald du temps de Princeton, qui travaillait avec Edmund Wilson sur un recueil poétique intitulé *The Undertaker's Garland* – lui avait dit qu'Hemingway avait commencé un nouveau livre. « J'espère que c'est le cas, disait Perkins, et que nous pourrons le lire. Aucun doute que nous le lisions rapidement et avec un intérêt favorable, si vous nous en offriez la possibilité. »

Sept semaines passèrent : Hemingway ne répondait pas. C'était la première fois que Max était confronté à l'habitude qu'avait le personnage de disparaître dans quelque région lointaine. En l'occurrence, il faisait du ski à Schruns, en Autriche. Il prit connaissance de la lettre de Perkins en rentrant à Paris, et s'enthousiasma d'un pareil intérêt. Mais il était engagé depuis quelques jours auprès d'un autre éditeur rencontré dans les Alpes ; il répondit à Max qu'il ne voyait pas comment il pouvait sérieusement discuter avec lui avant d'avoir eu sous les yeux le contrat que Boni & Liveright lui proposait pour *In Our Time*[1]. Et pour que Perkins comprenne bien que la maison Scribner l'intéressait, il lui donna des indications sur ce qu'il écrivait actuellement. Il considérait la nouvelle comme un « genre atrocement factice et épuisé », et son intention était d'écrire un jour une étude exhaustive sur les courses de *toros* en Espagne. Fier d'afficher des idées de livre aussi peu conventionnelles, il s'efforça de consoler Perkins en suggérant qu'il n'était pas une affaire pour un éditeur, de toute façon.

« Quel guignon – en tout cas pour moi », répondit Perkins. Il regrettait de n'avoir pas réussi à localiser Hemingway plus tôt. Il le pria de se rappeler que Scribner, du moins, était l'un des premiers éditeurs à avoir essayé de le publier aux États-Unis. Et sur sa lancée, il écrivit à Scott Fitzgerald : « Vraiment dommage pour Hemingway. »

1. Avec majuscules désormais.

Les Fitzgerald, ce printemps-là, louèrent à Paris un cinquième étage sans ascenseur ; en mai 1925, Scott et Hemingway se rencontraient. Hemingway trouva Fitzgerald « mi-beau, mi-joli ». Scott buvait sec à ce moment-là et lors de leur première rencontre au Dingo Bar, sa peau était si tendue sur son visage qu'il était comme sur le point de s'évanouir. Hemingway remarqua que la figure de Fitzgerald se transformait sous l'effet de l'alcool, et qu'après quatre verres elle ressemblait à une tête de mort. Quant à Scott, il trouva qu'Hemingway était « un charmant camarade » qui appréciait énormément les lettres de Max. Il écrivit du reste à Perkins : « Si Liveright ne lui plaît pas, il viendra chez vous et il a de l'avenir. Il a 27 ans. »

À l'été, Scott et Ernest se voyaient de plus en plus souvent, quelquefois au 27, rue de Fleurus, chez Gertrude Stein dont les murs du salon se couvraient de tableaux du jeune Picasso, de Cézanne et autres artistes modernes sponsorisés par elle avant qu'ils ne deviennent célèbres. Perkins n'avait jamais rencontré Miss Stein, mais il admirait son roman, *The Making of Americans*[1]. Toutefois, comme il l'écrivit à Fitzgerald, il doutait qu'un grand nombre de lecteurs aient la patience de supporter ses répétitions bizarres et sa méthode impressionniste, « aussi efficace soit-elle ».

Hemingway et Fitzgerald entreprirent de faire ensemble des voyages rendus à chaque fois extrêmement compliqués par le manque de maturité de Scott sur le plan pratique. Un voyage en voiture en Côte-d'Or, en particulier, amusa tellement Hemingway qu'il en parla à Perkins dans une lettre. Le voyage partait de Lyon, mais Fitzgerald commença par rater son train à Paris. Puis il y eut beaucoup de vin et beaucoup de chasses au dahu dans le Mâconnais. La conclusion d'Hemingway : « Ne jamais partir avec quelqu'un dont vous n'êtes pas amoureux. » À quoi Max répondit : « Mes seuls déplacements, c'est pour aller à Boston, à Philadelphie ou à Washington, et je n'ai alors d'autres compagnons que les voyageurs du compartiment fumeurs. »

Ernest montra d'abord à Fitzgerald beaucoup d'affection et de respect ; *Gatsby le Magnifique* était selon lui un livre « de tout premier

---

1. *Américains d'Amérique*, Stock, 1933.

plan ». Mais il s'impatienta tout de suite de l'immaturité de Scott, et développa envers lui une attitude paternaliste, quand bien même il était son cadet de trois ans. En 1960, évoquant ses souvenirs d'écrivain débutant et les premières années de leur amitié dans *Paris est une fête*[1], il changea de ton et le paternalisme fit place à la condescendance. Il raconte qu'il a fini de lire le roman de Fitzgerald, et son impression est alors la suivante : « Quoi que Scott fasse, et quelle que soit sa façon de le faire, il va me falloir le traiter comme un malade, l'aider dans la mesure du possible et essayer d'être son ami. Il avait déjà beaucoup de bons, de très bons amis, plus que personne à ma connaissance, mais je me tiens désormais pour l'un d'eux, moi aussi, sans savoir encore si je pourrai lui être de quelque secours. S'il pouvait écrire un livre aussi bon que *Gatsby le Magnifique*, j'étais sûr qu'il pourrait en écrire un autre qui fût encore meilleur. »

Hemingway et Fitzgerald, cet été 1925, vécurent leur vie chacun de son côté. Ernest et sa femme Hadley partirent pour Pampelune et les corridas. Scott et Zelda se rendirent dans le sud de la France. Perkins avait affaire aux sempiternelles requêtes financières de Fitzgerald ; il l'assurait au nom de Scribner que « si [cette somme] vous permet de vous lancer à fond dans un nouveau roman, alors nous sommes absolument ravis de vous l'envoyer ». Max attendait de Scott qu'il lui donne une idée de ce qu'il était en train d'écrire, tout en sachant que « faire cela peut parfois mettre l'auteur mal à l'aise ».

Fitzgerald s'attaqua à son nouveau livre à la fin de l'été. Il en écrirait cinq débuts et dix-sept versions avant de parvenir à en faire cette œuvre sauvage et personnelle que sera *Tendre est la nuit*. Il l'écrivit en développant de nombreuses sous-intrigues et Perkins, qui suivait les progrès de son auteur, avait parfois le sentiment de voir apparaître trois romans complètement différents.

Le premier message de Scott adressé à Perkins à ce sujet fut écrit au mois d'août à Antibes : « *Our Type*[2] traite de plusieurs sujets. L'un d'eux est un tueur intellectuel sur le modèle de Leopold-Loeb[3].

1. Gallimard, 1964.

2. « Notre genre ». Fitzgerald travaillait sur plusieurs titres possibles.

3. Les étudiants Nathan Leopold et Richard Loeb furent condamnés à Chicago pour avoir enlevé et tué un garçon de 14 ans sans autre mobile apparent que l'envie de réussir le crime parfait.

Il y est question aussi de Zelda & moi & de l'hystérie de mai et juin derniers à Paris. (Confidentiel.) » Il y avait un autre élément, le meurtre commis par Dorothy Ellingson plusieurs mois après l'affaire Leopold-Loeb ; cette Dorothy, une adolescente de San Francisco, avait tué sa mère après que celle-ci lui eut reproché son manque de sérieux.

Comme d'habitude, Fitzgerald se préparait à peupler son roman de personnages appartenant à cette brillante société qu'il admirait tellement. Puisant dans le stock de souvenirs ramenés de ses années passées en Europe, il en détacha une figure, un modèle qui, ainsi qu'il l'observa lui-même, « en était venu à diriger mes relations avec les autres quand celles-ci étaient bonnes : comment réagir, que dire ? Comment faire plaisir aux gens, au moins momentanément » ? Cet homme était Gerald Murphy, un être mince, élégant, au visage racé. Lui et Sara, sa jolie femme, avaient à Antibes une villa où ils s'amusaient d'une façon que Scott et Zelda trouvaient captivante. Les Fitzgerald avaient participé à « beaucoup de *fêtes*[1] » chez les Murphy.

Dans un premier jet du roman, Fitzgerald évoque un jeune passionné du nom de Francis Melarkey, qui voyage en Europe en compagnie d'une mère dominatrice. Melarkey fait la connaissance des Rorebacks, les pasteurs d'un troupeau d'expatriés échoués sur la Côte d'Azur. Accueilli chez eux, il s'éprend de Dina, la femme de Seth Rorebacks. Fitzgerald ne savait pas encore comment amener Melarkey à assassiner sa mère, mais il avait le triangle amoureux bien présent à l'esprit. Plusieurs mois plus tard, il écrivit à Perkins de Paris : « En un sens, mon intrigue n'est pas très différente de celle imaginée par Dreiser dans *Une tragédie américaine*[2]. Ça m'embêtait au début, mais plus maintenant, car nous avons des esprits différents. » Le roman, à ce moment-là, s'intitulait *The World's Fair* – « L'Exposition universelle ».

Perkins resta pratiquement sans nouvelles de Scott jusqu'à la fin de l'année, sauf pour les demandes d'argent. « Serai-je jamais à jour ? » demandait Fitzgerald, inquiet de voir se creuser sa dette

1. En français dans le texte.
2. Dans la collection Motifs (aux éditions du Rocher), pour l'édition française.

chez Scribner. Il savait que les ventes avaient baissé depuis *Paradis*, et craignait de ne plus trouver d'acheteurs pour ses livres. *All the Sad Young Men* atteindrait-il seulement les cinq mille exemplaires vendus ? Perkins, lui, pensait que les neuf nouvelles réunies dans ce recueil feraient grand effet sous une couverture plus commerciale et plus artistique. Songeant notamment à *The Rich Boy*[1] et à *Winter Dreams*[2], il trouvait à ces textes « plus d'ampleur qu'à ceux des recueils précédents. En fait, il est remarquable que vous ayez pu rendre si divertissants pour le grand public des écrits d'une signification aussi profonde ». Plus tard, il écrivit à Scott : « Ceux qui ont cru en vous sont maintenant en droit d'affirmer : "Je vous l'avais bien dit !" »

À la fin de l'année, Scott retomba dans une de ses « dépressions diaboliques ». Perkins essaya de lui remonter le moral et il y parvint, car si Scott était effondré, ce n'était pas à cause d'un sentiment d'échec en tant qu'auteur. « Mon [nouveau] livre est formidable, écrivit-il à Perkins. Je pense honnêtement qu'à sa parution, je deviendrai le meilleur romancier américain (ce qui ne veut pas dire grand-chose), mais je suis encore loin d'en voir la fin. » Il était terrifié à l'idée de vieillir : « Je voudrais avoir à nouveau 22 ans et rien que ces malheurs et ces drames dont je profitais fébrilement. Vous vous rappelez, je disais que je voulais mourir à 30 ans – eh bien ! j'en ai 29 et cette perspective est toujours la bienvenue. Mon travail est la seule chose qui me rende heureux – même si c'est un peu serré – et ces 2 faiblesses me coûtent très cher mentalement et physiquement. »

Perkins inclinait à voir un lien étrange entre la mélancolie et l'exil de Fitzgerald d'une part, et d'autre part ses efforts désespérés pour rester jeune. Scott, qui les assumait en voyageant sans cesse, devait forcément se sentir découragé de voir qu'ils étaient ruinés par la boisson. L'éditeur se permit un conseil et un seul : Fitzgerald ferait mieux de s'intégrer pour un temps à une communauté typiquement américaine. « Moins pour votre avenir en tant que citoyen qu'en tant qu'écrivain, écrivit-il à Scott. La vie vous apparaîtrait sous un autre jour. »

1. *Le Garçon riche.*
2. *Rêves d'hiver.*

Quelques mois plus tard, Fitzgerald annonça son retour aux États-Unis, sauf si tous les autres Américains étaient expulsés de France. « Mon Dieu, qu'est-ce que j'en ai appris, pendant ces deux ans et demi en Europe, écrivit-il à Max. J'ai l'impression d'y avoir passé dix ans & et je me sens comme un vieux, mais je n'aurais pas voulu manquer cette expérience, même dans ses aspects les plus désagréables & douloureux. [...] J'ai envie de vous voir, Max. » Ernest Hemingway avait pris la place de Perkins en tant que meilleur ami de Scott ; et lui seul était désormais capable de lui remonter le moral. Fitzgerald ajouta : « Lui et moi, on est comme deux larrons. »

Max voulait établir une relation avec Hemingway de toute façon. Le *Scribner's Magazine* venait juste de recevoir un premier texte de lui, *Fifty Grand – Cinquante mille dollars* –, et Perkins lui trouvait un style « vivifiant comme un bon coup de vent froid ». Mais le magazine refusa cette nouvelle dans son intégralité et demanda à Hemingway de la raccourcir. Perkins, qui regrettait cette décision, écrivit à Scott : « J'aurais voulu qu'on ne refuse pas ce tout premier écrit de sa plume. [En effet, Hemingway] est de ceux qui veulent écrire plutôt que publier, et il risque de se révolter à l'idée qu'on puisse lui demander de se conformer à une norme artificielle sur la longueur de son texte. » Hemingway ne fit pas de coupes et la nouvelle parut dans une revue tout aussi prestigieuse, l'*Atlantic Monthly*. Max craignit alors d'avoir perdu tout espoir de voir Hemingway signer un jour chez Scribner. Fitzgerald, qui partageait ce point de vue, écrivit à Max à Noël 1925 : « Si seulement Liveright cessait de croire en Ernest. »

Et c'est ce qui devait se produire miraculeusement : Horace Liveright perdit confiance. Il câbla à Hemingway : TORRENTS DE PRINTEMPS REFUSÉ ATTENDS PATIEMMENT MS COMPLET DE SOLEIL SE LÈVE AUSSI. Aussitôt la nouvelle connue, Fitzgerald écrivit à Perkins : « Puisqu'il est libre, je suis presque sûr de pouvoir vous avoir sa satire & après, si vous avez les coudées franches, vous n'aurez plus qu'à lui faire un contrat pour le roman *tout ensemble*[1]. »

Torrents de printemps était en effet une satire de Sherwood

1. En français dans le texte.

Anderson[1] et de ses imitateurs à la plume stylisée et sentimentale. Fitzgerald l'aimait, tout en pensant qu'il ne ferait pas un succès ; selon lui, Liveright l'avait rejeté, parce que leur dernier Anderson, *Dark Laughter*, en était à sa neuvième réimpression, et que *Torrents* « le parodiait presque méchamment ». En l'occurrence, pensait Scott, Hemingway enverrait à Perkins son autre livre à condition que Scribner publie d'abord la satire. Il précisa que depuis le télégramme de Liveright, Hemingway ne parlait plus que de Scribner, tout en hésitant néanmoins, à cause de la réputation réactionnaire attachée à la maison, et jamais démentie.

Les bruits circulent vite dans le milieu de l'édition. En l'espace de quelques jours, les manuscrits d'Hemingway reçurent des marques d'intérêt de la part de William Aspinwall Bradley, de chez Alfred A. Knopf, et de Louis Bromfield qui représentait la maison Alfred Harcourt. Fitzgerald pressa Max de réagir rapidement. Mais Hemingway ne songeait pas à doubler Perkins, un homme à qui il avait donné sa parole des mois auparavant.

Hemingway dit à Scott qu'en envoyant son manuscrit d'abord à Perkins, il tournait le dos à « un truc sûr » en se disant qu'il allait devoir attendre et qu'il prenait un risque. Mais ce risque, il était prêt à le courir, étant donné l'opinion qu'il avait de Perkins au vu de ses lettres et de ce que Scott lui avait raconté. « Confiance en Scribner, aussi, et envie de m'aligner à tes côtés », lui écrivit-il. Au moment même où Harcourt fit une offre d'à-valoir, Fitzgerald informa Perkins que ce dernier pouvait avoir le roman d'Hemingway. Il suffisait de lui écrire rapidement, et sans émettre aucune réserve, que Scribner était prêt à publier et le roman et la satire « non promise ». Perkins avait hâte de suivre exactement la route fixée par Fitzgerald, mais il était obligé de coller à la politique de la maison en matière de goût. Il câbla à Scott : PRENDS LE ROMAN À 15 % AVEC À-VALOIR SI SOUHAITÉ ET SATIRE AUSSI SAUF OBJECTION AUTRE QUE FINANCIÈRE TEXTES D'HEMINGWAY MAGNIFIQUES.

Max ne pouvait faire mieux. « [Il y a] à craindre que la satire puisse être refusée, expliqua-t-il à Scott dans une lettre. En fait,

1. Le lecteur français trouvera les principaux livres de Sherwood Anderson en Livre de Poche.

on ne peut encore rien dire, évidemment, mais il est évident que ce n'est pas dans la politique de Scribner de publier un certain type de livres. Par exemple, si celui-ci était rabelaisien à un degré extrême, il pourrait se voir écarté. »

Max craignait que les réserves exprimées dans son câble ne se révèlent fatales, et il se préparait déjà à apprendre qu'il avait perdu Hemingway. Il admit dans ses échanges avec Scott que Harcourt était un éditeur admirable, mais non sans insister sur le fait qu'Hemingway serait bien mieux chez Scribner : « En effet, nous sommes d'une franchise absolue avec nos auteurs, et nous les soutenons loyalement, en dépit des pertes, pour longtemps, quand nous croyons en eux et en leurs capacités. C'est probablement d'un éditeur de ce genre dont Hemingway a besoin, car je ne pense pas qu'il puisse plaire tout de suite à un large public. Il a besoin d'être publié par quelqu'un qui croie en lui et qui soit prêt à perdre de l'argent pendant la période au cours de laquelle il gagne ses parts de marché. Même s'il est sûrement capable de s'acquérir cette reconnaissance par ses propres moyens, sans être soutenu outre mesure. »

Après plusieurs années de vaches maigres et de travail en free-lance, Hemingway vit dans cette proposition une chance à saisir. Il décida de se rendre à New York et de s'arranger tout de suite, en s'épargnant les propositions, les contre-propositions et à chaque fois un délai entre les deux. Il pouvait déposer personnellement *Torrents de printemps* et son roman chez un autre éditeur, et se justifier ensuite auprès d'Horace Liveright si ce dernier choisissait la bagarre. « À l'entendre, on croirait que Liveright est entré chez lui par effraction pour lui voler des millions, écrivit Scott à Perkins – mais c'est parce qu'il n'y connaît rien en édition, à part les magazines débiles, parce qu'il est jeune et qu'il se sent désarmé. Vous ne pourrez pas vous empêcher de l'aimer – c'est un des meilleurs gars que je connaisse. » Et Fitzgerald concluait en insistant pour qu'un contrat soit signé pour *Le soleil se lève aussi*.

Hemingway débarqua à New York le 9 février 1926. Après une séparation à l'amiable avec Horace Liveright, et une nuit d'indécision et d'insomnie, il alla voir Perkins qui lui proposa un à-valoir de mille cinq cents dollars sur les droits du premier refus pour

Torrents de printemps et pour le roman non encore lu. Hemingway déclara le marché conclu.

Perkins était extrêmement reconnaissant à Fitzgerald de l'aide qu'il lui avait apportée pour attirer un auteur chez lui. Il écrivit à Scott : « Là où le gars est le plus intéressant, c'est sur ses histoires de taureaux et de boxeurs. » Scott, non moins ravi que Scribner ait recruté Hemingway, répondit à Max : « J'ai passé une journée avec lui à son retour à Paris, & il vous trouve génial. »

Hemingway reprit la direction de l'Autriche où il travailla jusqu'à fin mars aux épreuves de *Torrents* et au brouillon du *Soleil se lève aussi*. Un mois après, Ernest expédia à Max son roman accompagné de ce qu'il appelait une « longue lettre baveuse ». Il disait que le manuscrit exigeait encore du travail, mais comme Perkins, pensait-il, devait avoir hâte de voir le cochon, il s'était procuré une enveloppe. Il s'imaginait que l'éditeur serait tellement occupé à « lire le cochon » que le contenu de la lettre ne l'intéresserait guère, mais Max était attentif à toutes les nouvelles fournies par Hemingway, surtout en ce qui concernait Scott Fitzgerald, maintenant que la relation entre les deux écrivains s'était apaisée. Scott s'était détendu et il avait renoncé à cette attitude impatiente qu'il avait faite sienne quand il cherchait à se faire un nouvel ami ; Ernest, tout en continuant de respecter le travail de Fitzgerald, avait cessé de le regarder comme le vétéran incontesté de la jeune génération. En fait, Ernest se sentait maintenant très paternel. Touché par les continuels soucis d'argent des Fitzgerald, il avait décidé de les soulager. Les maigres rentrées venues de ses activités littéraires en Europe s'étaient trouvées complétées ces dernières années par ce que rapportaient les fonds placés par son épouse Hadley. À quoi s'ajoutait maintenant la jolie somme que Scribner lui avait consentie. Étant plus riche, il envisagea de se montrer grand seigneur et annonça à Max qu'il céderait ses droits d'auteur à Fitzgerald. Il écrivit même à Fitzgerald qu'il venait d'appeler son avocat : il voulait faire de Scott son héritier. Si Fitzgerald y a vu un geste facétieux, voire déplacé, il ne reste aucune trace de sa réaction.

Après qu'Hemingway eut signé chez Scribner, Max Perkins se mit à jouer le rôle de modérateur dans la relation littéraire entre Ernest et Scott. Jusqu'à la mort de Fitzgerald en 1940, le bureau de Max allait servir de chambre de compensation pour les sentiments échangés entre les deux hommes, notamment quand ils souhaitaient communiquer sans prendre le risque d'un affrontement.

Lorsque le roman d'Hemingway arriva sur le bureau de Max, Scott était à Juan-les-Pins, sur la Riviera, avec « toutes les promesses d'un merveilleux été ». Ernest, lui, était à Paris. Au bout de trois semaines de pluie ininterrompue, le manque d'exercice le rendit insomniaque. Une lettre de Perkins tomba à point nommé pour lui rendre son tonus : « *Le soleil se lève aussi* m'apparaît comme une œuvre extraordinaire. Personne n'aurait imaginé un livre contenant davantage de vie. Toutes les scènes, en particulier la traversée des Pyrennees *(sic)* pour aller en Espagne, mais aussi quand ils pêchent dans cette rivière froide, quand les taureaux sont emmenés par les bœufs, leurs combats dans l'arène, sont d'une telle qualité qu'on a le sentiment de les avoir vécues pour de bon. »

En tant que livre d'art, Perkins le jugeait « plus que surprenant dans la mesure où il déploie un tel éventail d'expériences et d'émotions, le tout présenté dans un style qui trahit le plus grand talent – aux procédés magnifiquement cachés – dans le but de former un motif complet. Je ne saurais trop dire mon admiration ».

Dans le milieu new-yorkais de l'édition, un bruit se mit à circuler selon lequel l'enthousiasme de Max n'était pas partagé par ses collègues. Charles A. Madison, éditeur chez Henry Holt & Company, déclara que Max allait avoir des problèmes « pour convaincre [le vieux Charles] Scribner de publier un livre contenant des gros mots et des dialogues pleins d'obscénités ». Une chose était d'employer le mot *« bitch »* – « putain » – pour parler de sa chienne (même si le vieil homme qui gérait le stock de Scribner était déjà tombé avec horreur sur cette expression dans *Gatsby le Magnifique*), tout autre chose était d'appliquer ce terme à une femme – en l'occurrence l'héroïne, Lady Brett Ashley. Inquiet, Max emporta chez lui le manuscrit du *Soleil se lève aussi* et en parla avec Louise. Il lui expliqua qu'Hemingway pouvait se montrer choquant, non seulement dans le choix de certaines expressions, mais dans le sujet même de son livre. Louise, d'instinct, prit l'affaire à cœur et dit à son mari en serrant les poings : « Il faut tenir bon, Max, il faut te battre pour ça. »

Quelques jours plus tard, chez Scribner, le comité de lecture se réunit pour discuter des nouveaux manuscrits. Charles Scribner avait 72 ans à ce moment-là, mais il était encore fort en gueule. Imprimer des obscénités était pour lui chose impensable. Il jugeait très important d'empêcher que des « livres cochons » ne viennent souiller sa marque. Et le livre d'Hemingway l'avait choqué. Cependant, il avait recouvré ses esprits et, avant la réunion, sollicité l'opinion de Robert Grant, un ami de Boston à la fois juge et écrivain à succès, septuagénaire lui aussi. Le juge s'était déclaré parfaitement horrifié par le langage dégoûtant d'Hemingway, mais l'essentiel du roman, il l'admirait. Son verdict était tombé : « Tu *dois* le publier, Charles. Mais j'espère que ce jeune gars passera sa vie à avoir des remords. »

John Hall Wheelock se souvenait de ce comité de lecture. Il y était allé en se disant que l'avis du juge ne compterait pas et que « Charles Scribner n'était pas à la veille de laisser l'obscénité entrer dans ses livres – autant inviter des amis à prendre son salon pour des toilettes ».

Le débat sur *Le soleil se lève aussi* éclata et Max Perkins défendit l'idée que le sujet dépassait le cadre de ce seul livre. Par la suite, il écrivit au jeune Charles Scribner, qui n'avait pas participé à la réunion, pour lui dire qu'il s'agissait d'une « question cruciale vis-à-vis des auteurs les plus jeunes – que nous pourrions avoir à souffrir d'être qualifiés d'"ultraconservateurs" (même injustement et avec mauvaise intention) et que telle serait notre réputation si ce livre venait à être refusé ».

Charles Scribner écouta patiemment la plaidoirie résolue de Perkins, laquelle ne manquait pas de lui rappeler la façon dont il avait défendu Fitzgerald en 1919. Il secouait la tête de gauche à droite. Byron Dexter, un jeune éditeur bien informé de tout ce qui se disait dans les bureaux, devait faire par la suite une confidence à Malcolm Cowley : « Perkins, c'étaient les idées nouvelles et, dans la maison, les jeunes le soutenaient à fond. Je me rappelle la crise… Le vieux Charles Scribner dirigeait sa maison d'une main de fer – c'était la seule façon. Nous savions que Perkins allait devoir monter au front pour Hemingway ; un soir, il se murmurait que Charles Scribner avait refusé le bouquin et que Perkins allait présenter sa démission. »

Ce ne fut pas le cas. À l'issue du vote, Perkins retourna dans son bureau et écrivit au jeune Scribner : « Accepté – avec des doutes. » Il reconnaissait que son avis sur la réputation de la maison « avait largement pesé sur notre choix... À la fin, je me suis juste dit que ces inquiétudes et cette angoisse jouaient plutôt en faveur de l'acceptation ».

Torrents de printemps parut en mai 1926. Max écrivit à Fitzgerald qu'il avait reçu « des compliments, mais pas trop de compréhension ». Max lui-même trouva au livre autant d'humour que d'esprit, de sorte qu'il n'était pas « dévastateur ». Cela dit, Max ajouta qu'il s'intéressait surtout au *Soleil se lève aussi* dont il attendait avec impatience de pouvoir le publier. Il écrivit : « Il montre davantage de "génie" que je n'en ai trouvé dans *Torrents de printemps*, qui n'est pas aussi bon. »

Par la forme et par le sujet, *Le soleil se lève aussi* différait de tout ce que Maxwell Perkins avait publié – et même lu –, ce qui l'empêchait d'offrir ses conseils, chose inhabituelle chez lui. Scott Fitzgerald lui écrivit de France pour lui suggérer de demander à l'auteur aussi peu de modifications que possible, car Hemingway était déjà « découragé par l'accueil que les éditeurs et les revues littéraires avaient réservé à son travail ».

Dans *Paris est une fête*, Hemingway raconte qu'il n'a pas voulu faire lire *Le soleil se lève aussi* à Fitzgerald avant que le manuscrit révisé n'ait été envoyé chez Scribner. En fait, Fitzgerald l'a lu ce printemps-là, et il a envoyé à l'auteur une analyse de l'œuvre. Le roman, disait-il, était « sacrément bon », après qu'on avait franchi les quinze premières pages. Les pages en question servaient pour l'essentiel à présenter Lady Brett Ashley et Robert Cohn. Pour Fitzgerald, elles étaient écrites dans un style trop relâché. Il s'en dégageait, dit-il, une « tendance à envelopper ou (c'est souvent le cas) à embaumer avec des phrases verbeuses une anecdote qui vous faisait tranquillement de l'œil ».

Par la suite, Hemingway suggéra à Max de couper carrément ces quinze premières pages. La proposition jeta Perkins dans l'embarras. Il était d'accord avec Hemingway : les informations révélées dans cette introduction étant reprises par la suite dans le corps du texte, elles n'étaient pas nécessaires, vues sous cet angle.

Cependant, dit-il, elles étaient « bien formulées ici [...] et pouvaient être utiles à un lecteur auquel votre style passerait pour nouveau et, à bien des égards, étrange ». Perkins renvoya la décision à l'auteur avec cette observation : « Vous écrivez comme vous l'entendez, et je ne m'essaierai pas à la critique. Je ne me fie pas assez à mon jugement. »

Mais il y avait aussi des points sur lesquels Max se montrait moins hésitant. Selon lui, les problèmes posés par *Le soleil se lève aussi* relevaient moins des passages proprement dits que de certaines phrases et expressions prises isolément – des grossièretés, des descriptions inacceptables susceptibles d'entraîner une interdiction ou des poursuites en diffamation. Pour ce qui était de la langue, écrivit-il à l'auteur, la « majorité des gens sont plus perturbés par le *mot* que par la chose. Je dirais même que les plus obtus sur la *chose* sont encore plus sensibles à certains mots. Je pense qu'il en est qui doivent être évités, ainsi le lecteur ne se laissera pas distraire des qualités du livre au profit de discussions portant sur des questions non pertinentes et superflues ». Max avait relevé dans *Le soleil se lève aussi* une douzaine d'extraits susceptibles de froisser la sensibilité de la majorité des lecteurs. « Imaginez ! dit-il, si la vraie signification d'un livre aussi original venait à être étouffée par les braillements d'un tas d'aboyeurs lubriques, stupides et bas de plafond. » Et Perkins de poursuivre : « Vous avez peut-être vécu trop longtemps à l'étranger, loin de nos mentalités, pour vous rendre compte qu'une réaction aussi écœurante est possible. Ceux qui soufflent ces vents nauséabonds attaquent les livres désormais, non seulement sur des chefs d'érotisme, qui n'est pas le sujet ici, mais d'"indécence", autrement dit en visant les mots eux-mêmes. » « Je ne doute en aucune manière de votre intégrité », dit-il aussi. Mais il insista pour qu'Hemingway diminue la quantité de propos obscènes, autant qu'il était possible de le faire de façon justifiée.

Hemingway répondit qu'il imaginait qu'ils étaient du même bord en ce qui concernait l'usage de la langue. Il n'avait jamais employé un mot sans avoir vérifié qu'aucun autre ne pouvait le remplacer. Il passa le mois suivant à corriger les dernières épreuves en biffant tous les mots qui pouvaient l'être. À la fin du mois d'août 1926, il avait réglé la totalité des problèmes soulevés par

Perkins : Henry James, dans une allusion « historique » à l'impuissance dont il souffrait, fut cité seulement sous le prénom « Henry ». D'autres références directes furent supprimées ou modifiées, qui mettaient en cause des écrivains aussi vivants que Joseph Hergesheimer[1] ou Hilaire Belloc[2]. Les mots grossiers présents dans les lettres furent remplacés par des traits d'union. Et quant aux *toros* dans l'arène, ils furent privés de leurs « encombrants appendices ». Lady Brett continua d'être qualifiée de *« bitch »* – « putain » – sur l'insistance d'Hemingway qui affirmait ne jamais utiliser ce mot à des fins ornementales, mais seulement quand c'était nécessaire. Si *Le soleil se lève aussi* était un ouvrage grossier, dit-il aussi, eh bien ! Max et lui allaient être obligés de faire avec, et avec l'espoir que le prochain serait plus « sacré ». Il réfléchissait déjà aux innombrables histoires qu'il avait envie de raconter sur la guerre, l'amour et cette bonne vieille *« lucha por la vida »*.

Une autre discussion à caractère éditorial porta sur l'épigraphe du livre. Hemingway voulait qu'elle indique un thème déjà important à ses yeux, la quête d'identité de ses contemporains lors des bouleversements et déracinements de l'après-guerre. Dans *Paris est une fête*, il raconte comment il a trouvé la bonne épigraphe. Gertrude Stein, écrit-il, « avait un problème d'allumage avec sa vieille Ford Model T, et le jeune employé du garage, qui avait servi dans l'armée à la fin de la guerre, n'était pas partisan de la réparer, ou du moins n'avait-il pas envie, peut-être, de faire passer le véhicule de Miss Stein avant les autres. Quoi qu'il en soit, il avait manqué de *sérieux* et été sévèrement corrigé par son *patron* après que Miss Stein eut déposé une réclamation. Le patron avait dit au jeune homme : "Vous êtes tous une *génération perdue*[3]." » Plus tard, elle ferait cette observation à Hemingway : « C'est ce que vous êtes, tous. Vous les jeunes qui avez fait la guerre. Vous êtes une génération perdue. »

Hemingway voyait bien que cette phrase s'appliquait aux

1. Il n'existe à notre connaissance qu'un seul livre de cet auteur traduit en français : *La Famille Penny*, paru en 1947 aux éditions Charlot.

2. Aucune traduction, en revanche, de cet auteur spécialisé dans les grandes figures de l'histoire de France.

3. Les mots en italiques sont en français dans le texte d'Ernest Hemingway.

personnages du *Soleil se lève aussi*. Il écrivit à Perkins qu'avec l'épigraphe, il entendait mettre en regard la remarque de Miss Stein et un passage de l'Ecclésiaste commençant par ces mots : « Vanité des vanités, dit l'Ecclésiaste. [...] Une génération passe, une autre vient ; mais la terre toujours subsiste. Le soleil se lève aussi, et le soleil se couche, et il soupire après le lieu où il se lève. »

Perkins jugeait cette épigraphe bien choisie. L'Ecclésiaste était son livre favori de l'Ancien Testament – celui dont il avait pu dire à sa fille, Peg, qu'il « contenait toute la sagesse du Vieux Monde » – et il trouvait cette citation parfaitement appropriée. Il donna son accord sans hésiter.

Même après la parution du *Soleil se lève aussi*, à l'automne 1926, Hemingway continua de ruminer son épigraphe. Il demanda à Perkins s'il ne serait pas possible de couper les mots « Vanité des vanités, dit l'Ecclésiaste ». Il avait le sentiment qu'en biffant cette partie de la citation, il faisait ressortir le « vrai sujet » du livre, à savoir que « la terre toujours subsiste ». Là encore, Perkins approuva. La relation entre la terre et le peuple qui l'habite était le thème le plus fort du *Soleil se lève aussi*, écrivit-il à Hemingway. « La plupart des chroniqueurs ne l'ont pas relevé, mais je doute bien souvent que cette émotion [...] soit ressentie [...] par les gens cultivés. Je crois qu'elle est ressentie par les gens plus simples. »

Bertha, la fille de Max, se souvenait du soulagement avec lequel ses parents prenaient connaissance des critiques dans les pages littéraires des journaux du week-end ; elle se souvenait en particulier de l'article de Conrad Aiken dans le *Herald Tribune* : « S'il existe aujourd'hui de meilleurs dialogues, je ne saurais où aller les chercher. S'y expriment le rythme et la langue, les pauses et les temps, les sous-entendus et les abréviations du parler vivant. »

Roger Burlingame, le collègue de Max, se rappela des années après que *Le soleil se lève aussi* avait « convaincu les éditeurs comme Maxwell Perkins qu'une autre génération, toute "perdue" qu'elle était, avait trouvé une compréhension de l'art d'écrire qui avait fait défaut à leurs aînés ». Faisant allusion au fait que les ventes du roman étaient passées de huit mille à plus de douze mille exemplaires, Max écrivit ces mots à Ernest : « Le soleil s'est levé [...] et il se lève encore. »

Au printemps suivant, Donald Friede, un des associés de Boni & Liveright, rendit visite à Hemingway à Paris et essaya de le faire revenir en lui faisant miroiter de généreux à-valoir. Ernest lui répondit tranquillement qu'il ne voulait même pas en discuter puisqu'il était pleinement satisfait de Scribner. Il savait qu'ils avaient annoncé la sortie du *Soleil se lève aussi* bien *avant* qu'il ne soit disponible à la vente, alors que beaucoup d'éditeurs se seraient contentés de le faire paraître. Et Hemingway pensait que c'était cette opération publicitaire qui avait dopé les ventes et permis d'écouler les vingt mille exemplaires. Cependant, il n'avait pas conscience de l'étendue des efforts déployés par Perkins personnellement pour appuyer le livre.

Les sacs de courrier arrivant chez Scribner se remplirent chaque semaine de lettres furibardes qui allaient directement chez Perkins. *Le soleil se lève aussi* fut interdit à Boston et il y eut un peu partout des lecteurs écœurés pour exiger, sinon des excuses, du moins qu'on leur explique comment la maison Scribner avait pu céder aux goûts les plus bas des lecteurs. Perkins était devenu expert en l'art de répondre à ces courriers exaltés qui vilipendaient la respectable maison Scribner ; il continuait de recevoir des lettres attaquant F. Scott Fitzgerald, cet être « grossier, vulgaire, ce parvenu prétentieux ». À un lecteur d'Hemingway, Perkins répondit : « Bien sûr que si un livre est édité, ce n'est pas parce qu'il correspond aux goûts personnels de l'éditeur. Celui-ci est tenu par les règles de la profession, lesquelles lui imposent de faire paraître une œuvre qui, selon le jugement du milieu littéraire, possède des qualités artistiques particulières, et critique de façon pertinente la civilisation de son temps. » Il poursuivait ainsi : « En général, on adopte deux types de positions vis-à-vis des livres tels que celui-ci [*Le soleil se lève aussi*] : soit on estime que le mal ne devrait jamais être présent dans la littérature comme il l'est dans la vie réelle ; soit on dit que décrire le mal tel qu'il est dans la vraie vie a une valeur dans la mesure où il est affreux, répugnant, et donc détesté une fois connu. Et que si le mal est ignoré et dissimulé, alors il prendra pour séduire l'apparence du glamour. »

La question n'est pas tranchée de savoir laquelle de ces deux options est la bonne.

Tandis que Perkins se débattait avec les critiques d'Hemingway, celui-ci affrontait ses propres difficultés, lesquelles n'étaient pas littéraires, mais matrimoniales. Lui et sa femme, dont il avait un fils, étaient en train de divorcer. Il écrirait plus tard que cette situation était née là où toujours naissent les ennuis, à savoir « dans le sein de l'innocence ». Dans *Paris est une fête*, il décrit ses misères ainsi : « Une jeune célibataire devient temporairement la meilleure amie d'une autre jeune femme, elle mariée ; elle part vivre avec eux ; puis, sans même s'en rendre compte, en toute innocence, inexorablement, elle entreprend d'épouser le mari. » L'amie était une jeune femme chic de l'Arkansas, une éditrice spécialisée dans la mode qui travaillait à Paris pour le magazine *Vogue*. Elle s'appelait Pauline Pfeiffer. En juillet 1926, Ernest annonça à sa femme que Pauline et lui s'aimaient. La dédicace du *Soleil se lève aussi* et la cession de ses droits d'auteur à Hadley marquèrent les deux dernières étapes de leur mariage. Hadley ne rencontra Perkins qu'une seule fois, peu après cet épisode, et elle s'en souvenait : « J'ai eu le sentiment agréable qu'il était quelque peu sidéré qu'Ernest m'ait quittée pour une autre partenaire (certes belle). » Et elle ajoutait : « Je me suis aperçue que j'étais devenue pour Hem une assistante, et il sentait qu'il avait besoin d'autre chose à même de le stimuler. Parfois on devient si proches qu'il faut se séparer. »

*
* *

Il est des mariages qui tiennent du fait de la distance. « Louise et Max formaient une union bizarre, disait Jean, la sœur de Louise. Les opposés s'attirent, mais *eux*, ils ne se retrouvaient sur rien. Oh ! Ils s'aimaient. Mais voyez à quel point Max travaillait dur toute la journée à New York, alors qu'il était impatient de rentrer à la maison pour voir ses filles. Et Louise – elle n'a jamais voulu rester à la maison ; une fois qu'elle a eu une famille, elle a tout fait pour lui échapper. »

Au milieu des années 1920, Louise ne cessa de développer ses activités. Elle écrivait des pièces et des spectacles qui furent produits localement, et montait sur scène elle-même. Max n'approuvait toujours pas – le fait qu'elle soit comédienne en particulier, mais probablement le théâtre en général. Il décida qu'elle devait écrire des nouvelles et des romans. En 1925, pour l'encourager, il choisit une de ses pièces pour enfants, *The Knave of Hearts* – « Le

Valet de cœur » – et la publia chez Scribner dans un volume grand format généreusement illustré par Maxfield Parrish, un ami des Perkins établi en face de Windsor, sur l'autre rive du Connecticut. Les collectionneurs friands de l'œuvre de Parrish considèrent *The Knave of Hearts* comme une de ses œuvres les plus prisées.

En 1926, cédant finalement aux encouragements de son mari, Louise cessa d'écrire des pièces et s'essaya à la prose – avec deux nouvelles intitulées *Formula* et *Other Joys* – « La Formule » et « D'autres joies ». L'une fut achetée par Harpers et l'autre par Scribner – sans l'influence de Max. Trouvant remarquable que Louise ait réussi à se faire publier aussi vite, il la poussa à écrire une troisième nouvelle. Toutes leurs filles se rappelaient avoir entendu leur père dire qu'elle devait s'astreindre à écrire. « Mère pouvait devenir une nouvelle Katherine Mansfield. » Pour Louise, cette perspective n'était certes pas de nature à lui ouvrir la voie d'une carrière sur les planches, mais elle voulait plaire à son époux.

L'énergie venait à Louise par à-coups – plusieurs années pouvaient s'écouler entre deux nouvelles –, mais ses efforts la faisaient progresser régulièrement et acquérir du métier. Ses livres, publiés sous son nom de jeune fille, présentaient des intrigues moins grossières et des personnages plus fins. Même ses premiers essais contenaient des notations perspicaces où affleuraient les profondes passions intérieures dont elle était habitée. Aucune de ses premières nouvelles n'était spécialement autobiographique, mais toutes mettaient en scène des femmes tourmentées – des vieilles filles, le plus souvent, ou des veuves, établies dans des quartiers riches (qu'elle décrivait avec précision), mais qui étouffaient dans leur existence retirée.

La nouvelle occupation de Louise se révéla être un luxe dispendieux. Max expliqua à Fitzgerald : « Chaque fois qu'elle se lance dans une nouvelle, elle a l'impression qu'elle va gagner de l'argent, et ça la pousse à de légères extravagances – le temps que la nouvelle soit terminée, elle a déjà dépensé quatre ou cinq fois ce que son travail pourrait éventuellement lui rapporter. »

Au terme de leur première année à New Canaan, Louise et Max étaient convaincus d'avoir fait le bon choix, ne fût-ce que pour les gens intéressants qu'ils y fréquentaient. Ils continuèrent de voir les Colum autant qu'auparavant. Un soir de cette année 1926, Molly se présenta chez eux avec quatre pages d'un livre qu'elle était en train d'écrire sur les principes de la critique littéraire. Le texte s'intitulait *Wide Eyes and Wings*[1]. Max dit à Scott Fitzgerald qu'il exprimait la conviction de Molly : « La critique devait être émotionnelle, et la littérature ne devait pas être évaluée à partir de critères intellectuels. » Et Max d'ajouter : « J'avais déjà beaucoup d'admiration pour son esprit, pourtant elle m'a surpris : il y avait là, à coup sûr, quatre *idées* neuves présentées avec une absolue clarté – moi qui ai si souvent réputé (je ne suis pas le seul) les femmes incapables de saisir les abstractions, mais je serais ravi de tourner féministe avec ma flopée de filles. » À la lecture de cette introduction, Perkins se proposa de publier le livre.

Il restait proche de son plus vieil ami, Van Wyck Brooks. Au début de 1926, leur relation fut mise à l'épreuve lorsque Brooks tomba dans le puits d'une dépression. Il s'était enfoncé très profond dans un livre sur la vie d'Emerson qui était maintenant bloqué. En fait – mais seuls ses intimes le savaient –, cette mélancolie était due non pas au livre sur Emerson, mais à son livre précédent, le célèbre ouvrage de critique littéraire qu'il avait consacré à Henry James. D'après John Hall Wheelock, « Van Wyck était perturbé par le nombre de choses impardonnables qu'il avait écrites sur James en sachant que l'homme ne pouvait se défendre ». Brooks lui-même s'exprimerait plus tard en ces termes : « J'étais dévoré par [...] le sentiment que mon travail avait pris une mauvaise direction et que je m'étais trompé dans tout ce que j'avais dit ou pensé [...]. Des cauchemars surtout me hantaient, dans lesquels Henry James tournait vers moi de grands yeux brillants et menaçants. J'étais à demi conscient, lors de ce contact avec lui, d'être moi-même divisé et je sentais, avec toute la mauvaise conscience d'un criminel, que je l'avais considéré avec "le petit œil dur du dénigrement" dont parle Platon. Bref, parvenu au milieu de ma vie, j'étais complètement miné. [...] Je ne dormais plus. J'ai passé une année pratiquement sans m'asseoir, à vivre dans un crépuscule psychique plutonien. Toutes mes affections et mes centres d'intérêt étaient en veilleuse. »

Perkins faisait tous les dimanches une longue promenade avec

1. « Les Yeux ouverts, ailes déployées ».

Van Wyck, parfois sous la pluie et dans le brouillard. C'était pour lui une épreuve, un moment sans joie, car la dépression de Brooks s'aggravait. Max pensait que le moyen de le guérir était de le pousser à finir son livre sur Emerson. Mais Brooks répondait que ce travail était irrémédiablement un échec. Max lut ce qu'il avait déjà écrit et lui suggéra un plan entièrement nouveau à même de donner à l'œuvre la structure qui lui faisait défaut. Brooks refusa de s'y plier. Il insista au contraire pour chercher autre chose à faire – un emploi à temps partiel qui lui laisserait du temps pour écrire. Perkins, convaincu que ce genre de solution n'avait d'autre résultat que de « coincer un homme par le fond », dit à Brooks : « Quelle honte, à ton âge, alors que tu as déjà une réputation bien établie ! Fais-moi dix articles sur dix auteurs mineurs américains, je les vendrai cinq dollars pièce et ça donnera un livre qui se vendra mieux que tout ce que tu as écrit. » Van Wyck répondit qu'il ne pouvait pas écrire sur commande. Max songea qu'il aurait intérêt à apprendre.

Les deux hommes ne poussèrent pas plus avant. Max continua d'aller tous les dimanches tourner en rond avec Van Wyck qui s'enfonça encore plus dans sa *crise de la quarantaine*[1] et se détacha de toute relation humaine ou presque. Il avouerait plus tard : « Mon univers était devenu une maison aux rideaux tirés avec un homme assis au beau milieu, un homme qui n'entendait même pas quand la vie venait l'inviter en frappant joyeusement à sa porte. »

Perkins comprit finalement que ce qui hantait Van Wyck Brooks, c'était autre chose que le comportement de Henry James. La situation se compliquait de sentiments de culpabilité éprouvés par Brooks vis-à-vis de Molly Colum. Seuls ceux qui appartenaient au petit cercle des intimes savaient de quoi il retournait. Max en révéla le secret à Elizabeth Lemmon. Van Wyck, lui écrivit-il, était « timide et sensible, et il se liait toujours d'amitié avec les femmes. Son épouse Eleanor, une femme belle, forte, honnête, n'était pas à la hauteur intellectuellement. Molly Colum, en revanche, l'était. Ils étaient souvent ensemble ». John Hall Wheelock compléterait un jour ce jugement par ses propres observations : « Les Brooks formaient un couple très conventionnel et

1. En français dans le texte.

très respectable, alors que Van Wyck, à la fac, était une bête de sexe [...] et Molly était fort audacieuse. »

Lorsque Molly Colum comprit que Brooks était en dépression, elle essaya de lui venir en aide en essayant de l'entraîner dans une liaison « pour son bien à lui », comme disait Wheelock. Et il ajoutait : « Elle avait envie d'une liaison dans le style européen. Elle pensait pouvoir l'affranchir du conflit entre ses devoirs envers la respectabilité et ses responsabilités en tant qu'artiste. Molly s'est exclamée une fois : "Il a beaucoup de talent, mais il le gâche par sens du devoir. Il a tout pour lui, sauf le courage d'être un homme. Il faudrait qu'il s'acharne à se libérer." »

Max jugeait Brooks « complètement incapable de se montrer vraiment déloyal, et pareil pour Molly ». Les dossiers médicaux de Brooks révèlent que ses relations physiques avec Molly Colum n'ont pas dépassé le stade d'un baiser à peine érotique. « Mais il parlait d'Eleanor en termes qui le firent par la suite se sentir coupable, écrivit Max à Elizabeth Lemmon, et il avait le sentiment d'avoir commis l'irréparable. Ensuite, il en a parlé à Eleanor. Elle a ce que Louise appelle un caractère possessif, et de toute façon, elle enviait la supériorité mentale de Molly. Quoi qu'elle ait dit ou fait, ça n'a fait qu'accroître chez Van Wyck un sentiment de culpabilité qui s'est installé en lui jusqu'à devenir une obsession. Et c'est ça qui est aujourd'hui à l'origine de ses problèmes. » Résultat, Brooks était en train de passer, disait-il, « une saison en enfer », comme Rimbaud.

Brooks cessa de voir Perkins, et sa dépression s'aggrava jusqu'à se transformer en une sorte de démence. Max en fut désorienté, mais il continua de suivre l'évolution du problème d'aussi près que possible. À la fin des années 1920, John Hall Wheelock, le seul à qui Brooks acceptait encore de parler, dit à Max que leur ami était tombé « terriblement malade ». On était très loin désormais de l'angoisse professionnelle qui l'avait empêché de travailler voilà quelques années. La mère de Brooks apprit à Perkins que son fils passait la journée à marcher de long en large en marmonnant : « Max, je ne le reverrai plus. » Ils ne se fréquentèrent plus pendant des mois, puis Perkins reçut un mot d'Eleanor qui lui demandait de refaire un saut et de recommencer à le voir. Max en fut heureux. Il redoutait seulement que « des paroles puissent être prononcées, susceptibles de provoquer des histoires ».

Il y avait un autre problème, informulé celui-là. Max vivait ce que vivent beaucoup d'éditeurs. Il arrivait que des écrivains deviennent des amis et que des amis deviennent écrivains – ce méli-mélo incestueux pouvait donner de beaux livres, mais aussi, quelquefois, d'horribles complications. Désormais, l'amitié qui attachait Max à Brooks mettait en péril certains aspects de sa relation professionnelle avec Molly Colum. Max expliqua toute l'affaire à Elizabeth Lemmon : « Voilà des années, Molly s'est adressée à moi en tant qu'éditeur pour me proposer un livre de critique littéraire sur lequel elle travaillait. Nous ne lui avons jamais fait signer de contrat. L'affaire était tellement personnelle qu'un document légal semblait inapproprié. Jonathan Cape, un éditeur anglais, prend un associé américain et ouvre une maison aux États-Unis – et la première chose qu'ils font, c'est d'essayer de faire signer à Molly un contrat pour ce livre. Elle leur a répondu qu'elle ne pouvait pas signer avant de m'en avoir parlé. On s'est bien amusés. On aurait dit qu'un mélo burlesque avait fait irruption dans une affaire commerciale. Ils ont tenté de faire annuler un déjeuner prévu entre elle et moi, puis ils lui ont fait apporter un chèque par courrier au milieu du déjeuner en question. J'ai dit à Molly que nous pouvions faire beaucoup mieux qu'eux et elle l'a admis. Sauf qu'un problème est survenu, un obstacle que je ne pouvais pas prévoir. D'une façon ou d'une autre, elle a appris que j'allais retourner chez les Brooks. Et il n'était pas question que je sois en même temps son éditeur, et ami avec les Brooks ! »

Max interrogea Elizabeth : « Après ça, comment un homme peut-il espérer comprendre une femme ? Et inversement. Vous arrivez à suivre un tel raisonnement ? À la fin, elle n'a pas signé chez nous ; alors que je m'étais engagé en la poussant à écrire son livre. La vérité, [...] c'est que la vie me devient chaque jour plus incompréhensible. J'espère qu'il n'en va pas de même pour vous. »

C'était généralement l'été, quand il était seul loin des siens, que Max se sentait le plus las de toutes choses. Mais ses émotions obéissaient aussi à un autre cycle. Il avait observé au fil des années que son esprit perdait en vigueur pendant le premier et le dernier quartier lunaire. En 1926, sachant qu'Elizabeth Lemmon croyait profondément en l'astrologie, il lui dit avoir remarqué que son humeur tournait à la mélancolie à intervalles réguliers, indépendamment de faits extérieurs, et que ces intervalles suivaient les changements de lune.

Dans le but de satisfaire sa propre curiosité, Elizabeth dressa le thème astral de Max, et le résultat se révéla si juste qu'il emporta la conviction de plusieurs sceptiques de son entourage. Ce thème présentait des conjonctions de planètes qui signifiaient « génie », et pas moins de quatre planètes dans la maison des secrets. La présence de Saturne dans la neuvième maison l'empêchait de voyager. Elizabeth avait demandé un jour à Evangeline Adams, l'astrologue la plus connue de l'époque, quels pouvaient être les signes les plus puissants pour un éditeur. Le signe de la Vierge, lui fut-il répondu, qui représente la critique, et celui de la Balance qui représente l'amour de la beauté. Né le 20 septembre 1884 à 7 heures du matin, Max était vierge ascendant balance.

Au début de juin 1926, les étoiles parurent disposées en un heureux alignement, car Max, arrivant à Windsor, apprit de la bouche de Louise qu'Elizabeth leur rendrait visite deux semaines plus tard. Il écrivit à Elizabeth : « Je n'arrive pas vraiment à le croire, mais je me plais à faire comme si c'était vrai. » Elizabeth n'était pas plus une voyageuse que lui, mais elle n'en prit pas moins le train pour le Vermont. Elle passa chez les Perkins quelques jours merveilleux. Elle apprécia tout particulièrement les moments de tranquillité partagés avec Max, quand ils flânaient entre les pins dans les vallons du Paradis. « La colline aux Pâturages et le mont Max ont changé maintenant que vous y êtes venue, lui écrivit-il après coup. Mais ceci est contrebalancé par les nombreux autres endroits où, songé-je avec rage, je n'ai pas trouvé le moyen de vous entraîner, quelque prix que la chose eût coûté à ma réputation d'homme mûr. »

Plus tard, cet été-là, Molly Colum se rendit à Windsor et s'étonna beaucoup d'y trouver nombre de Yankees pittoresques. « En tant que critique littéraire, dit-elle à Max, j'ai du mal à supporter l'idée de voir tout ce superbe matériel gâché. » Et Max d'écrire à Elizabeth : « J'ai toujours pensé la même chose – tout en sachant que c'est écœurant, de la part d'un homme, de regarder de cette façon son peuple et son pays. »

À la fin de la saison, Louise monta une de ses pièces au Paradis, dans une clairière à l'écart. C'était juste pour la famille – ça faisait du monde, cela dit. Max, dans une lettre à Elizabeth, qualifia le spectacle d'« incroyablement beau – un festival en termes de comédie, de mise en scène et de costumes, le tout entièrement conçu par Louise. À la fin, le public criait "L'auteur ! L'auteur !" et tous les enfants étaient bouleversés, car ils croyaient entendre "Atroce ! Atroce[1] !" ».

Max applaudissait à toutes les aventures artistiques de sa femme, mais il estimait qu'elle gâchait son talent quand elle restait un certain temps sans écrire, et il le lui faisait savoir. Il procédait avec elle comme avec ses auteurs : il n'exigeait rien, il attendait seulement qu'ils s'accomplissent eux-mêmes. Louise ne contesta jamais les vues de Max selon lesquelles l'écrivain était supérieur au comédien, mais elle se trouva prise dans un dilemme qui durerait toute sa vie. Soit elle se lançait dans une carrière d'actrice et désobéissait à son époux, soit elle se décevait elle-même en renonçant à son principal talent. Elle choisit la deuxième option, ce qui lui fit perdre en partie le respect qu'il avait pour elle, et même sa propre estime de soi. En renonçant à affronter Max sur ce terrain, elle échoua à lui montrer sa force ; or cette force était la qualité qu'il admirait le plus en elle. Chacun en voulut à l'autre et ce ressentiment pesa sur toute la durée de leur mariage.

Max, quand ils étaient séparés, n'écrivait plus à Louise aussi souvent. Naguère, il lui donnait du « Mon adorée », lui répétait : « Je t'aime tant » et signait « Ton adoré ». Quand ils étaient ensemble, c'est à peine s'ils arrivaient à vivre encore en harmonie. Zippy, leur fille, fit une fois de leur mariage une description dramatique : elle frappa ses poings l'un contre l'autre.

Max Perkins a passé l'essentiel de son existence à offrir à tout le monde sauf à sa femme la chaleur d'une épaule et une écoute empathique. « En amitié, expliqua-t-il à Zippy, le plus important, c'est l'écoute. » Sa propre tristesse, il s'en ouvrait seulement à Elizabeth Lemmon. Il lui écrivait à la main, en général d'un de ses clubs à New York, et en essayant de rédiger pour elle une lettre parfaite et élégante. Autant ses lettres à Louise étaient pleines d'assurance, et pressantes, autant celles qu'il destinait à Elizabeth étaient marquées par une forte envie de la faire rire – il lui racon-

1. La salle criait « *author !* » et les enfants croyaient entendre « *awful !* ».

tait que la directrice artistique de chez Scribner lui avait dit : « Une bonne cuite, ça vous ferait du bien ! » –, et il s'y montrait vulnérable. Il s'excusait si son papier à lettres était à peine jauni, puis il se lançait dans une lettre pétillante, ou satirique, ou bien encore toute simple et chargée de mélancolie. Il s'ouvrait à elle – autant qu'il fût capable d'oser le faire.

« Il y a la moitié d'une longue lettre pour vous à New Canaan. Je l'ai relue au point où elle en est, et je la trouve trop portée sur l'ego, même pour une lettre où l'égoïsme est davantage admis que dans toute autre forme d'écriture ; il est d'ailleurs curieux, et à porter au crédit de l'humanité, qu'à la lumière de ce fait, les lettres soient aussi universellement impopulaires. »

Elizabeth se délectait de chacune de ses lettres. Elle se montrait toujours compréhensive et ne posait jamais de questions. « Ne soyez pas curieuse », lui écrivit-il une fois. Et il ajouta : « Mais vous ne l'êtes pas. »

Miss Lemmon devait déclarer des années plus tard : « Ce n'était pas vrai du tout. J'étais aussi curieuse que n'importe qui. Je brûlais d'en apprendre davantage sur lui. Mais je ne posais pas de questions. Je savais qu'il ne m'aurait plus jamais rien dit si je faisais ça. »

Ainsi Max demeura-t-il convaincu qu'Elizabeth Lemmon était l'unique personne à qui il pût s'ouvrir de ses incertitudes. « Voudriez-vous m'envoyer un mot pour me dire si tout va bien pour vous ou pas ? lui écrivit-il en octobre 1926. Je m'étais préparé à perdre tous mes amis vers cette période ; à avoir tout le monde contre moi. Mais le vent a un peu tourné favorablement, ce qui me donne le courage de vous demander cela. » Il avait absolument besoin de savoir si sa déesse était bien dans les cieux.

Max Perkins, qui endurait lui-même le genre de solitude dont souffrent souvent les auteurs, s'administrait de fortes doses d'un remède yankee très prisé de ses ancêtres : le travail. Ceci pour le plus grand bénéfice de Scribner. En effet, la liste des auteurs que Max attira dans la maison en 1926 est remarquable. Tous voyaient Perkins tel que Fitzgerald l'avait récemment décrit au romancier Thomas Boyd : un homme « merveilleux ; le cerveau de la société Scribner depuis que le vieux est passé dans une autre génération ».

Ces dernières années, le vieux Charles Scribner en était venu à nourrir un fort respect pour le jugement de Perkins, mais sans toujours bien l'accepter. En 1925, Max lut le manuscrit de Bruce Barton, *The Man Nobody Knows*[1], une interprétation du Nouveau Testament située dans Madison Avenue. Roger Burlingame se souvenait que Perkins y voyait un potentiel commercial. Max, qui voulait l'accepter, plaidait ainsi sa cause : « Il présente le Christ comme un super vendeur, un fonceur, un homme d'affaires-né. Sûr que ça devrait se vendre. » Mais Scribner avait un long passé d'éditeur sérieux, religieusement correct. Choqué, il insista pour que le manuscrit soit refusé. Le livre finit chez Bobbs-Merrill et rencontra un succès fou dès l'ouverture de la deuxième saison littéraire 1926. Voyant que *The Man Nobody Knows* était en tête des ventes, le patriarche convoqua Perkins dans son bureau et lui dit :

« Et ce livre, alors ? Pourquoi ne l'avons-nous pas pris ?

– On en a discuté, monsieur Scribner. Je vous en ai parlé voilà un an. Et nous avons décidé de le refuser.

– Vous m'en avez parlé ? Vous voulez dire que le manuscrit est arrivé chez nous ? »

Perkins s'étonna de cette défaillance de mémoire.

« Et comment, monsieur Scribner ! Vous ne vous rappelez pas ? Je vous ai dit qu'il présentait le Christ comme un vendeur. J'ai ajouté que ça se vendrait bien. »

Le patron de la maison Scribner considéra Max un long moment, sans changer d'expression. Puis il cligna légèrement des yeux, se pencha en avant, remua les doigts et dit : « Ce que vous ne m'avez pas dit, monsieur Perkins, c'est qu'il ferait quatre cent mille exemplaires. »

1. Ce livre de B. Barton, à notre connaissance, n'existe pas en traduction française.

– 7 –

Un homme de caractère

Après le succès du *Soleil se lève aussi*, Ernest Hemingway se détourna de l'écriture plusieurs mois durant. Ce n'était pas sans méfiance qu'il s'arrachait à un mariage pour tomber dans un autre ; aussi laissa-t-il les deux femmes de sa vie – sa femme, Hadley, et Pauline Pfeiffer – pour aller skier tout seul en Autriche. Cette tempête émotionnelle l'avait mis à plat.

En février 1927, Perkins lui écrivit à Gstaad pour le convaincre de se remettre au travail. Max souhaitait qu'Hemingway compose un recueil de plusieurs de ses nouvelles. « Votre livre, lui dit-il, comptera parmi nos nouveautés les plus importantes. »

Cette mission permit à Hemingway de se libérer l'esprit de ses problèmes. Il devait dire à Max, un peu plus tard, que sa tête « allait bien de nouveau ». Il écrivait des nouvelles « vraiment bonnes » et choisissait celles qu'il souhaitait voir figurer dans le recueil, un livre qu'il songeait à intituler *Men Without Women*[1] – « Hommes sans femmes ». Perkins tenta de le prendre de vitesse en trouvant lui-même quatorze textes à rassembler ; il s'attacha à cette façon de fabriquer un livre avec plus de sérieux que pour aucun de ses autres auteurs. Sa méthode générale consistait à placer les textes les plus forts au début, au milieu et à la fin de l'ouvrage, puis à répartir les autres selon les variations de leurs

1. Texte qui paraîtra en traduction française sous le titre *Cinquante mille dollars* (Gallimard, 1928).

qualités propres. Il décida que le volume s'ouvrirait avec une novella : *The Undefeated* (*L'Invincible*) et finirait avec la nouvelle la plus courte, *Now I Lay Me* (*Maintenant je me couche*).

Malgré ce bon départ, Hemingway n'eut pas la tête à son travail pendant presque toute l'année 1927. Il passa plusieurs mois en voyage avant et après ses noces avec Pauline en avril. En septembre, il annonça à Perkins qu'il avait commencé un autre roman, sans en dire davantage, car les livres, pensait-il, plus on en parle et moins ils avancent.

De retour à Paris, Hemingway se soumit à un régime qui prévoyait six heures d'écriture par jour, pour un résultat de 30 000 mots en un mois. Sur quoi il annonça sa décision de rentrer aux États-Unis, après quatre ans à l'étranger. Il se rendait compte qu'il avait méchamment « bousillé » sa vie ces dernières années, et il était reconnaissant à Perkins de l'avoir aidé à se maintenir à flot, sur le plan professionnel tout au moins. « Toute ma vie et ma tête et tout le reste ont traversé un épisode infernal », disait-il. Mais les choses revenaient progressivement à la normale. Il laissa entendre combien il avait envie d'écrire un seul bon roman, et peu importait le temps que ça prendrait, rien que pour Max et lui. Il envisageait déjà de s'établir à Key West, Floride, et d'y prendre une décision importante à ce sujet : s'il n'arrivait pas à poursuivre le roman auquel il travaillait depuis quelque temps – il avait déjà bouclé vingt-deux chapitres de ce « Tom Jones moderne » –, il le mettrait de côté au profit d'un autre manuscrit qui l'occupait depuis deux semaines. La genèse de ce deuxième roman pouvait se repérer dans deux de ses nouvelles : *A Very Short Story – Une histoire très courte* – qui évoquait l'amour d'Ernest pour son infirmière, à Milan, durant la guerre, et *In Another Country – Dans un autre pays* –, où il est question d'un officier dont la femme vient de succomber à une pneumonie dans ce même hôpital. Empruntant à chacune leurs éléments les plus dramatiques, Hemingway avait commencé cette « histoire d'amour et de guerre et de bonne vieille *lucha por la vida* » dont il avait parlé brièvement à Perkins après la parution du *Soleil se lève aussi*. À son arrivée en Floride, il décida de poursuivre sur cette lancée.

Impatient de voir Ernest mener ce roman à son terme, Max étudia la possibilité de le faire paraître par épisodes dans la revue *Scribner's*. Il réfléchit au montant de l'à-valoir susceptible de stimuler Hemingway, de l'encourager. Il eut aussi l'idée d'un autre moyen, dont Roger Burlingame se souviendrait des années plus tard : « Il y avait de jeunes excités dans la maison qui avaient l'air de penser que le *Scribner's Magazine* était "dans l'ornière". » Perkins comptait parmi eux. Il souhaitait améliorer la qualité littéraire de cette revue. Hemingway avait la possibilité de gagner plus avec la plupart des autres revues parmi les plus commerciales, mais pour Max, le *Scribner's* avait envie de publier une œuvre majeure de sa plume, et était prêt à aligner les dix mille dollars qu'il consentait déjà à John Galsworthy et à Edith Wharton pour la parution de leurs œuvres en feuilleton. Hemingway répondit que c'était exactement ce qu'il voulait : une somme substantielle. Mais il craignait que la revue n'ait pas assez changé, ces derniers temps, pour pouvoir accueillir son roman avec profit. Il expliqua à Max qu'il risquait d'être démoli, parce que le texte était « trop ceci ou trop cela », puis, après publication, couvert de louanges par tous les autres qui insisteraient en disant qu'ils auraient dû le publier, *eux*. Cependant, il était d'accord pour donner au *Scribner's* la primeur du bouquin.

Au milieu de l'été 1928, Pauline donna naissance à leur premier enfant, un garçon prénommé Patrick. Ernest, qui était heureux d'avoir un deuxième fils, avoua cependant à Max qu'il aurait préféré une fille pour faire comme son éditeur. Dès que la mère et l'enfant furent assez robustes pour pouvoir voyager, tous se rendirent dans la famille de Pauline à Piggott, Arkansas. Ernest s'en alla dans le Wyoming pêcher la truite et travailler à la fin de son roman. Quand il eut relu le manuscrit achevé, il célébra cette victoire en descendant un *gallon* de vin – près de quatre litres. Après quoi il resta deux jours sans pouvoir mettre un pied devant l'autre. Quand sa gueule de bois fut passée, il s'aperçut qu'il ne s'était jamais senti aussi fort, au physique comme au mental.

Alors qu'il se trouvait dans l'ouest, Hemingway apprit d'un éditeur de chez Scribner que Perkins était en train de se tuer au travail. Ernest savait qu'il avait contribué plus que personne à alourdir la charge de Max, alors il entreprit de l'aider. Max, pour lui, représentait la maison Scribner et tout son avenir littéraire, aussi le supplia-t-il dans une lettre de prendre soin de lui, « au moins pour l'amour de Dieu, si ce n'est pas pour une autre raison ». Hemingway, qui projetait de rentrer à Key West à l'automne, invita Max à se joindre à une équipe de camarades pêcheurs qu'il était en train de constituer, incluant John Dos Passos, un peintre du nom de Henry Strater, et un autre artiste, Waldo Peirce, ancien condisciple de Max à Harvard. Réponse de Perkins : « Je donnerais n'importe quoi pour faire ce genre de choses, mais je ne l'ai jamais fait, et j'imagine que je ne le ferai jamais maintenant que j'ai cinq enfants, etc. J'ai dans l'idée de me mettre à voyager à 60 ans. Et les chances d'y arriver doivent être à peu près de mille contre un. »

Alors qu'Hemingway s'apprêtait à mettre le point final à son roman, Perkins s'aperçut qu'un stimulant quasi invisible opérait secrètement dans le travail d'Ernest. Quand l'écriture marchait vraiment bien, il se montrait suffisant. Scott Fitzgerald était devenu un rival contre lequel Hemingway ne tarderait pas à se dresser. Ce dernier, qui admirait le talent de Scott et appréciait sa compagnie, vit qu'il essayait péniblement de sortir de ses difficultés financières avec un livre dont il n'avait que trop parlé. Hemingway inclinait à tirer profit de la vulnérabilité des autres. Jusqu'à la fin de sa carrière, ses lettres à Max révéleraient une compétition toujours plus rude avec Fitzgerald ; il ne cesserait d'opposer à la débauche de Fitzgerald sa propre constance au travail, sa propre frugalité.

Ce qui dérangeait Hemingway, ce n'était pas seulement les besoins d'argent de Fitzgerald, mais aussi les compromis auxquels il cédait en tant qu'écrivain. Il pensait notamment aux textes fort peu orthodoxes que Scott publiait dans le *Saturday Evening Post*. À Paris, à La Closerie des Lilas, Scott avait expliqué à Ernest qu'il écrivait ce qu'il estimait être de bons textes, et qu'il les arrangeait ensuite pour pouvoir les proposer aux revues : il savait exactement ce qu'il fallait leur faire subir pour qu'ils deviennent vendables. Ernest fut choqué par ces manigances. Pour lui, c'était de la prostitution. Scott était d'accord, du reste, mais il s'estimait « obligé de faire de l'argent avec les revues, s'il voulait pouvoir écrire des livres honnêtes ». Hemingway répliqua qu'il n'y croyait pas. Selon lui, personne ne pouvait écrire n'importe quoi. On pouvait seulement écrire « le mieux possible, de sorte à ne pas ruiner son talent ». Et ce n'était pas tout ; les frasques de Scott cessèrent de l'amuser. Après qu'Ernest eut quitté Paris, cette inquiétude qu'il nourrissait sur la propension de son ami à ruiner son talent tourna à l'impatience. Comme il l'avait toujours reconnu, il n'avait jamais eu à l'époque d'ami plus loyal que Scott quand il était sobre ; mais il craignait aussi que les idées de Scott sur l'écriture ne finissent par s'enraciner, et par souiller la pureté de ses idéaux.

Au début de 1928, Ernest confia à Max qu'il s'inquiétait pour Fitzgerald. Selon lui, Scott aurait dû avoir sorti son livre depuis deux ans déjà. Maintenant, il fallait qu'il le finisse, ou alors qu'il le laisse tomber et qu'il en attaque un autre ! Il estimait que Fitzgerald y pataugeait depuis trop longtemps. En fait, il n'y croyait plus ; il avait peur d'y renoncer, voilà tout. Du coup, il écrivait des nouvelles – « de la bouillie », disait Hemingway – et s'inventait des excuses pour ne pas « s'y mettre et en finir une bonne fois ». Hemingway pensait que tout écrivain devait un jour ou l'autre renoncer à un livre pour en commencer un autre, quand bien même cela signifiait résister au baratin des critiques, ces gens qu'il valait mieux ne pas lire si l'on ne voulait pas être détruit.

Perkins adhérait à certains aspects de cette théorie, mais il regardait la situation de Fitzgerald avec davantage de compassion. Pour lui, Scott hypothéquait toutes ses ressources professionnelles dans le seul but d'achever son roman et de préserver le niveau de vie dispendieux exigé par Zelda. Plus tôt, cette même année, Max s'était confié dans une lettre à Ernest : « Il est vrai que Zelda, tout en étant bonne pour lui, est incroyablement déraisonnable à certains égards. » Il écrivait à présent : « Zelda est si douée, si intelligente, et c'est quelqu'un de tellement fort, non ? Je m'étonne qu'elle n'affronte pas la situation mieux que ça, et qu'elle ne soit pas un peu plus sérieuse avec l'argent. La plupart de leurs ennuis, des ennuis qui risqueront de tuer Scott, viennent de ses excès à elle. Tous ses amis seraient ruinés depuis belle lurette s'ils avaient dépensé autant que Scott et Zelda. »

Hemingway n'aimait pas Zelda, et cela depuis leur première rencontre à Paris, quand il avait croisé son « regard de faucon » et détecté chez elle un esprit rapace. Pour lui, quatre-vingt-dix pour cent des problèmes de Scott venaient d'elle. Presque tous les « trucs complètement dingues » que son ami avait faits lui avaient été « inspirés par Zelda, directement ou indirectement ». Ernest se posait souvent une question : Scott serait-il le meilleur écrivain que l'Amérique avait eu, et n'aurait sans doute jamais, s'il n'était pas marié à quelqu'un qui le poussait à tout « gâcher » ?

Perkins, pour sa part, croyait voir se dresser d'autres obstacles dans la carrière de Scott. Par exemple, celui-ci s'était donné une mission impossible avec ce roman. Il s'efforçait d'y faire tenir ensemble le côté sérieux d'un matricide et le clinquant du grand monde. Peut-être avait-il perçu cette impossibilité. Si c'était le cas, il refusait de l'admettre. « Si seulement je trouvais le moyen de le lui faire comprendre, écrivit Max à Ernest, je lui conseillerais de laisser tomber et de se lancer dans autre chose. » Mais Scott continua de bosser dur. Il avait écrit ses premiers jets à la troisième personne. Maintenant, il était passé à la première. Mais contrairement au Nick Carraway de *Gatsby*, le narrateur du *Melarkey Case*, comme le livre s'intitulait désormais, n'était pas identifié. Apparemment, l'emploi de la première personne ne donnait pas de résultat, et Scott ne tarda pas à y renoncer définitivement.

Il y avait un autre problème encore. Scott essayait toujours de dissimuler sa peur de vieillir derrière un masque de gaieté. Alice B. Toklas, qui avait partagé la vie de Gertrude Stein, et qui rédigea ses souvenirs presque quarante ans plus tard, se rappelait avoir entendu Scott dire à Gertrude en septembre 1926 : « Vous savez que j'ai 30 ans aujourd'hui et que c'est une tragédie. Que va-t-il advenir de moi ? Que vais-je faire ? »

Un changement d'air : telle parut être la bonne solution, temporairement. Quelques semaines plus tard, Zelda écrivit à Max : « Nous avons hâte de rentrer et d'avoir l'air d'avoir complètement changé après trois ans dans les centres de la culture – même s'il y a eu des moments où l'indignation nous pourrissait la vie, et d'autres où nous étions ébahis par la beauté et le confort de la Riviera. Je crois que le fait de vivre ici nous a fait du bien d'une façon obscure que je ne saurais définir. De toute façon, ça a amélioré nos manières, et maintenant nous allons rentrer avec des noms français sur toutes nos boîtes de médicaments. »

Le retour d'Europe eut lieu aux vacances de Noël. Fitzgerald rencontra Max avant de repartir pour Hollywood où il devait travailler trois semaines pour la First National Pictures. C'était le premier de plusieurs voyages que Fitzgerald ferait en Californie. Pour lui, l'industrie du cinéma représentait un univers glamour au bout d'un arc-en-ciel. Il rêvait depuis toujours d'y trouver fortune. « J'espère que c'est bien pour trois semaines et pas plus, lui écrivit Max. L'ennui, c'est que si ces gens vous jugent valable, j'ai peur qu'ils ne vous fassent miroiter des sommes quasi irrésistibles. Mais je sais que vous pouvez résister à une bonne affaire. Vous savez ce que vous avez à faire. »

Perkins espérait ne pas se tromper. Pour essayer de détourner Scott des salaires mirobolants qui scintillaient devant ses yeux, il lui écrivit : « On ne cesse de me demander deux choses à votre sujet : où vous êtes, et quel est le titre de votre prochain roman. » Ces derniers mois, Perkins réfléchissait à un titre : *The World's Fair* – « L'Exposition universelle ». D'après ce que Scott lui avait révélé du roman, l'idée lui semblait vraiment bonne et Max dit qu'il souhaitait l'annoncer. Ce serait, dit-il, « une façon d'en déposer la propriété. Et je crois que ça permettrait d'éveiller la curiosité et l'intérêt pour le livre aussi. »

Perkins aurait vraiment voulu que le retour de Fitzgerald aux États-Unis soit définitif. Il pensait que Scott serait fasciné par le Delaware, un État où la société industrielle DuPont de Nemours exerçait un pouvoir féodal. Il décida de lui chercher une maison là-bas. Début avril 1927, sur la recommandation de Max, les Fitzgerald déménagèrent à Ellerslie, une demeure dans le style grec antique située près de Wilmington. Le loyer était modeste, ce qui était une bonne chose. Quant au côté grandiose de l'édifice, il leur plut – un peu trop, peut-être. Edmund Wilson, notamment, estima que l'endroit encourageait le goût de Scott pour la « grande vie ». Dans *The Shores of Light*, son essai sur les années 1920 et 1930, il relève « l'invincible obsession qui poussait Scott à vouloir vivre comme un millionnaire ». Il parle aussi du « blocage psychologique » qui l'empêchait de travailler à son roman et « l'amenait plus encore que d'habitude à interrompre son œuvre pour écrire des nouvelles destinées aux revues commerciales ». Pour quelque raison, Fitzgerald finit par laisser tomber son livre. Et il se mit à faire la fête, tantôt au club de polo du Delaware, tantôt seul à Ellerslie ; plusieurs de ces soirées se soldèrent par des troubles à l'ordre public qui le conduisirent derrière les barreaux.

Max ne savait que penser du penchant de Scott pour le grand luxe – ses voyages, ses belles maisons, ses vêtements élégants et ses frasques avec les riches décadents d'Europe et d'Amérique. D'un côté – le côté Evarts –, la chose le laissait indifférent, mais de l'autre – du côté Perkins –, cette sensualité l'intéressait, de façon indirecte, mais intense. Max le Yankee ne se serait enfoncé pour rien au monde dans les voluptés dont Scott était si friand, mais il aimait tellement Fitzgerald que loin de le désapprouver, il l'admirait au contraire pour une liberté dont lui-même se délectait de loin, sans quitter la position confortable de l'observateur innocent. Il jouait un peu le rôle de l'oncle sévère, mais indulgent avec son neveu gâté, magnifique, irrésistible – et Fitzgerald aimait le surprendre en retour avec de petits cadeaux : une canne pour remplacer celle que Max regrettait tellement d'avoir perdue, ou une édition spéciale reliée cuir de *Gatsby* confectionnée exprès à son intention.

Pour Fitzgerald, Perkins jouait un autre rôle aussi. Scott avait perdu très jeune le respect pour ses parents auxquels il reprochait de n'avoir rien fait de leur vie, à part dilapider leur héritage. Dans un récit autobiographique intitulé *Author's House*, il reviendrait sur sa première expérience d'amour de soi – « la conviction que je ne mourrai jamais, contrairement aux autres, et que je n'étais pas le fils de mes parents, mais un fils de roi, le fils d'un roi qui régnait sur le monde entier ». Récemment, il avait écrit à Max : « Mon père est un abruti et ma mère une névrosée, à moitié dingue à force de s'inventer des maladies nerveuses. À tous les deux, ils n'ont pas et n'ont jamais eu le cerveau de Calvin Coolidge. » Perkins s'était préparé à agir *in loco parentis* – en lieu et place des parents – et il continua de renvoyer Scott à son roman, une œuvre dont l'intrigue commençait à se surcharger quelque peu. En juin 1927, Scott trouva un titre saisissant, différent des autres : *The Boy Who Killed His Mother* – « Le garçon qui avait tué sa mère ». Après quoi, il s'enferma pendant des mois dans le silence et l'isolement, pour essayer de démêler les racines de son livre.

*

* *

Au printemps 1927, le père de Louise, un homme de 71 ans à la retraite, qui voyageait et poursuivait des recherches ornithologiques, fut victime d'une attaque à Londres. Max et Louise s'embarquèrent en juin sur le *SS Olympic* qui faisait route vers l'Angleterre. Une fois là-bas, Louise veillerait sur le malade pendant que Max irait travailler au bureau londonien de Scribner. C'était la première fois qu'ils quittaient le sol américain. Le navire apparut à Max comme une prison grand luxe. Les repas y étaient interminables et quand on n'était pas à table, il n'y avait rien à faire. « L'océan ne procure même pas un sentiment d'immensité, écrivit-il à Elizabeth Lemmon, car vous en voyez le bout à égale distance dans toutes les directions. L'océan est un disque. » Pourtant, quelques jours plus tard, il prit conscience de la majesté de cet univers quand la mer devint grosse. Dans le bruit des vagues qui se fracassaient derrière le hublot, il écrivit à sa fille Zippy : « Dans ma prochaine vie, je crois que j'éviterai de prendre la mer. »

Perkins s'était toujours imaginé Londres comme « un lieu monotone peuplé de gens raides et glacés ». D'où sa surprise quand il découvrit qu'il s'était trompé. (« Voyez ce que les livres ont fait de moi ! » écrirait-il à Elizabeth.)

Quand il n'était pas à ses affaires, il s'occupait avec Louise du convalescent. Et Londres fut tout ce que les Perkins virent de l'Europe, sauf une soirée et une journée qu'ils passèrent dans le Sussex, chez John Galsworthy dont ils visitèrent l'hôtel particulier. Max et John discutèrent presque tout le temps littérature. Perkins aurait souhaité que John l'aide à élargir le lectorat de Scott Fitzgerald en Angleterre, mais Galsworthy ne se montrait guère sensible à cette cause. Max s'aperçut en fait que son interlocuteur n'appréciait pas du tout le roman contemporain. Il reconnut que *Gatsby le Magnifique* était certes « très en avance », mais les seuls livres qu'il avait l'air d'admirer vraiment étaient ceux qui étaient « écrits dans le vieux style [...] et n'exprimaient pas les sentiments de l'époque », ainsi qu'il l'écrirait plus tard. Galsworthy confia à Perkins : « Ces écrivains qui deviennent tout de suite des écrivains finissent invariablement par décevoir. Il vaut beaucoup mieux qu'un homme commence par faire autre chose, afin de voir le monde à partir d'un point fixe. »

Quant à Mrs. Galsworthy, elle aurait difficilement être plus grossière. Elle déclara en versant dans la tasse de Louise le thé infusé par elle-même : « Évidemment, vous préférez le thé en sachet. » Quand elle alluma le feu dans la cheminée, elle baissa le nez et lâcha cette remarque : « Évidemment, vous vous chauffez au gaz. » Si Louise ne releva pas ces offenses, c'est qu'elle était davantage contrariée par la conduite de Max. L'après-midi, Mrs. Galsworthy le félicita pour ses manières raffinées :

« Vous devriez être anglais, monsieur Perkins.

– Eh bien ! ce n'est pas le cas », répondit Max d'un ton laconique, en prenant une mine pétrifiée qui abîma la conversation dans le silence.

Louise devait confier un jour à Ned Thomas, son neveu : « C'était comme ça. Max et son maudit esprit de contradiction à la Evarts. Il a ruiné tout le déjeuner. » Mais Glasworthy raconterait à l'un de ses amis que Perkins comptait parmi les Américains les plus intéressants qu'il eût jamais rencontrés.

Max et Louise visitèrent la Chambre des communes et il se trouva que ce jour-là, le chancelier de l'Échiquier, Winston Churchill, était en train de s'y exprimer. Les membres du Parlement discutaient finances d'un ton monotone, mais Max n'en trouva pas moins Churchill « pétillant de vie ». Il écrivit à ses filles : « Winston Churchill, que j'espère bien convaincre un jour de m'écrire une *Histoire de l'Empire britannique*, a prononcé un discours, et tout ce qu'il disait déclenchait des acclamations de tous les partis qui criaient "*Hear ! Hear*[1] *!*". »

Max adressa à Elizabeth Lemmon un long compte-rendu de son voyage, et n'interrompit ses descriptions qu'une seule fois, exceptionnellement, pour faire une tendre remarque : « On rencontre assez souvent à Londres des filles qui vous ressemblent plus que beaucoup d'autres. Elles ont des cheveux qui me rappellent un peu les vôtres, même si je n'en ai jamais vu de plus adorables. »

Max avait beau être impressionné par ce séjour d'une semaine et demie à Londres – « Je ne me suis jamais nulle part senti chez moi comme dans cette ville », écrivit-il à Elizabeth –, il ne céda pas aux sirènes du plaisir. Louise y aurait volontiers passé tout l'été, mais Mr. Saunders allait mieux, et ils se dépêchèrent de gagner Southampton d'où ils rentrèrent au pays.

1. « *Hear him* », ou « *Hear* » : « Écoutez-le ! » Expression dont les parlementaires britanniques usent depuis le XVIIe siècle pour marquer leur approbation aux propos de l'orateur.

Dès leur retour, Louise et les filles partirent pour Windsor où Max ne leur rendit visite que de temps en temps. Il passa l'été dans la 49e Rue Est, chez son beau-père, à s'occuper des animaux de compagnie, un singe et un perroquet. De sorte qu'il n'était pas loin de chez Scribner.

Il écrivit plusieurs fois à Elizabeth cette année-là, et souvent lui envoya des livres. Il lui expliqua aussi que l'astrologie d'Elizabeth lui avait récemment valu des ennuis domestiques. En effet, Louise avait elle-même consulté une astrogue recommandée par Elizabeth ; la voyante avait dressé le thème de Max et il était apparu que le malheureux était dans une « situation désespérée, apparemment privé d'amour ».

« Oh ! Ça ne peut pas être vrai, avait dit Louise. Je le vois tous les soirs.

– Vous ne savez pas ce qu'il fait de ses après-midi, avait insisté l'astrologue. »

Pour elle, Max était bel et bien sous pression et « angoissé » ; et Louise ignorait absolument ce qui arrivait à son mari.

Max interrogea Elizabeth : « Comment expliquez-vous cela ? » Elle lui répondit négligemment qu'il avait eu une liaison au printemps, c'était évident. Max reprit sa plume : « Vous devez savoir – même si je sais que vous ne m'estimez guère – que je suis de toute façon incapable de faire une telle chose. Il n'y a tout simplement pas la moindre vérité dans ce que raconte cette dame. » Elizabeth répondit qu'elle voulait bien le croire, en dépit de ce que disaient les astres.

Au cours de l'hiver, Max lui écrivit trois longues lettres qu'il froissa en boule et ne posta jamais. « Je ne sais pas exactement pourquoi, essayait-il d'expliquer, mais j'ai l'impression que vous avez déplacé vos centres d'intérêt vers d'autres planètes. » Il est vrai qu'il arrivait à peine à y croire, quand il trouvait une lettre d'Elizabeth au milieu de son courrier professionnel. « J'écarte les autres et c'est elle que je lis », lui écrivit-il en septembre, même s'il avait le sentiment qu'elle « les avait oubliés depuis longtemps, occupée qu'elle était par sa vie débridée, ou par sa vie paisible à la campagne ».

La personne avec qui Max a correspondu le plus fréquemment cette année-là n'est autre que son ancien professeur d'anglais, Charles T. Copeland. Depuis 1920, lui et d'autres éditeurs pressaient Copeland d'écrire ses souvenirs. Mais « Copey », par paresse autant que par orgueil, s'était toujours gardé de « mémoriser » ; pour lui, raconter sa vie équivalait à reconnaître qu'on était au rancart. Il avait des années d'enseignement derrière lui, et il n'était pas prêt à revivre son passé. Il accepta toutefois de composer ce qu'il appela le « livre d'une vie ». Ce qui donna un volume de 1 700 pages, une anthologie de ses textes préférés, des œuvres qu'il avait lues à ses étudiants au cours de ses vingt années d'enseignement : *The Copeland Reader* – « Copeland lecteur ».

« Ainsi débuta ce qui devint une relation auteur/éditeur parmi les plus extraordinaires dans toute l'histoire de la profession », écrivit J. Donald Adams, rédacteur au *New York Times Book Review* et auteur de *Copey of Harvard* – « Copey de Harvard ». Il poursuivit : « Perkins était si impatient de publier l'œuvre d'un homme qu'il admirait tellement, qu'il aurait accepté n'importe quelle exigence. » Max était loin de se douter qu'en matière de coopération éditoriale Copeland lui coûterait jusqu'à sa dernière « livre de chair », pour le dire en termes shakespeariens. Les dossiers concernant *The Copeland Reader* (plus un volume supplémentaire, *Copeland's Translations*, présentant une sélection de ses traductions préférées) occupent plus de place qu'aucun autre dans les archives de la maison Scribner. « Les discussions sur les textes, sur les choix à opérer, sur la publicité et autres opérations marketing faisaient l'objet de sa part de lettres incessantes, expliqua Adams. Il demandait avec insistance quand le livre serait réimprimé, en quel format [...]. Il avait beau se montrer mécontent, et exiger sans cesse des réponses "par retour", il lui était toujours répondu avec diligence et politesse. »

Par exemple, une carte postale attira l'attention de Perkins sur le fait que la table des matières devait être « largement espacée ». Et Perkins se pliait à presque toutes les requêtes de Copeland avec une obéissance quasi aveugle ; Copey fut choyé par Max comme personne ne le fut – et certainement aucun autre anthologiste. À la demande de Perkins, Scribner réunit tous les textes dont il avait besoin pour son livre. Et contrairement à l'usage, la maison supporta le coût de toutes les demandes d'autorisation pour la reproduction des écrits – autorisations qui ne s'obtenaient qu'au prix de correspondances et de négociations.

« Mais dans cette affaire, le plus singulier fut encore l'attitude de Copeland vis-à-vis des à-valoir et des droits d'auteur », fit observer Adams. Copey voulait absolument les considérer comme des prêts, ce qui, au sens strict, était le cas. Résultat, « Copeland est probablement le seul auteur de toute l'histoire de l'édition à n'avoir accepté une avance sur ses droits qu'à la condition qu'il soit stipulé qu'on lui en facturerait les intérêts ».

À d'autres égards, Copey ressemblait à tous les autres auteurs de Perkins. *The Copeland Reader* se vendit au fil des années à des dizaines de milliers d'exemplaires. Pourtant, à sa sortie, l'auteur se plaignit d'un manque de publicité. Et il mena la vie dure à Max après que l'éditeur eut reconnu qu'il avait raison. Avec le temps, Max finit par se dire que le lancement d'un livre était comme essayer de déplacer une voiture à l'arrêt : « Une fois qu'il a réussi à la faire bouger, plus il pousse, plus elle va vite et plus ça devient facile. Mais s'il n'y réussit pas, il tombe d'épuisement et la voiture reste où elle est. »

Max était plus débordé que jamais, mais il savait que Louise et lui ne pourraient décliner indéfiniment les invitations insistantes des Fitzgerald à venir passer le week-end chez eux dans le Delaware. Il confia à Elizabeth qu'il redoutait ce moment synonyme de « cocktails, de filles maquillées, de tabagisme et de discutailleries » – toutes choses qu'il avait en horreur, même si elles auraient dû être appréciées d'un éditeur new-yorkais sophistiqué. Quoi qu'il en soit, les Perkins se rendirent chez Scott et Zelda en octobre 1927.

La demeure d'Ellerslie, écrivit Max à Hemingway, « qui est solide, haute et jaune, possède beaucoup de qualités que je n'ai pratiquement jamais vues ailleurs ». Elle était très ancienne (pour une maison américaine) et entourée d'arbres. Elle possédait des colonnes en façade et derrière, des vérandas au premier étage et une pelouse qui descendait tout droit vers la rivière Delaware. Le dimanche, Max se leva plus tôt que les autres et prit son petit déjeuner en solitaire. Une brise d'automne remuait les rideaux et le soleil pénétrait à l'intérieur. « Ce fut comme se rappeler un agréable moment très ancien, écrivit-il à Elizabeth Lemmon. Tout cela appartient à un passé paisible qui me fait me sentir tranquille et heureux. »

Mais le maître de maison, lui, ne se sentait pas apaisé dans cette sérénité traditionnelle. Fitzgerald était à bout de nerfs. Il buvait énormément et parlait de façon agitée ; ses mains tremblaient. Max redoutait de le voir s'effondrer à tout instant et lui prescrivait une vie saine – moins d'alcool, un mois de rudes exercices et une cure de ces cigarettes appelées Sanos, qui déshabituaient de la nicotine. Il fut ravi de voir que Zelda, de son côté, était en forme et avait bon moral. « Cette fille a du tempérament, écrivit-il à Elizabeth. Elle est faite pour une meilleure vie que celle qu'elle mène. »

Plus tard, ce même mois, Fitzgerald rendit visite à Max à New York, pour lui annoncer qu'il n'avait plus que 5 000 mots à écrire de son roman. Mais Max eut le sentiment qu'il était trop tendu et qu'il n'arriverait pas à les mettre sur le papier. Au bout d'une heure de travail dans le salon tapissé de livres de chez Scribner, il fut pris d'une crise nerveuse ; il fallait absolument qu'il sorte faire un tour et il insista pour que Max vienne prendre un verre avec lui. Max n'était pas sûr de l'effet que ce verre aurait sur l'état de Scott, mais il accepta par prudence, en disant : « D'accord, mais rien qu'un seul, alors. » À quoi Fitzgerald répliqua brutalement : « Vous me parlez comme si vous aviez à faire à Ring Lardner. » L'instant d'après, ils marchaient ensemble et Fitzgerald parut se calmer aussitôt. Le lendemain, Max écrivit à Lardner : « On a eu une grande discussion au sujet de l'alcool. Je suis sûr de toute façon qu'il finira son livre… Après, il prendra vraiment du repos, il fera de l'exercice, et il retrouvera la forme. »

Pendant un an ou deux, les revenus de Fitzgerald s'enrichirent de droits dérivés – une pièce inspirée de *Gatsby* marchait bien à New York, et Hollywood avait acheté les droits du livre. Il recommença d'écrire pour le *Saturday Evening Post* où chaque nouvelle lui rapportait un gros chèque de trois mille cinq cents dollars. Il écrivit aussi cette année-là pour le *Post*. Bref, il négligeait le roman pour lequel Perkins continuait de lui envoyer des avances. Le premier jour de 1928, il fit le point sur sa situation et écrivit à Perkins : « Encore un peu de patience, je vous prie. Mes remerciements éternels pour les sous. » Il se sentait mal à l'aise, d'être à ce point dans le rouge, mais il rassura Max : cet argent allait se transformer en « sage investissement plutôt qu'en dépense à risque », car il avait décroché de l'alcool depuis la mi-octobre, et ne fumait que des Sanos.

Max lui répondit : « Je pense que nous devons tous être fiers de la façon que vous avez eue de vous mettre à l'eau claire. C'est incroyablement dur pour un homme qui n'a pas des horaires de bureau et doit gérer son temps lui-même – c'est déjà assez dur pour n'importe qui. » Les inquiétudes de Max quant à la carrière de Fitzgerald concernaient le temps écoulé depuis l'échec commercial de *Gatsby :* trois années. Il y avait peu de lecteurs pour se rappeler encore les qualités du livre, et encore moins pour attendre le suivant avec impatience. Puis Perkins eut avec un autre de ses auteurs, le poète et romancier Conrad Aiken, une discussion qui lui remonta considérablement le moral. Le jugement d'Aiken sur *Gatsby* était aussi favorable qu'il l'avait été à la parution du roman. Aiken pensait même que l'ouvrage avait encore gagné en importance au plan critique, car désormais, tout le monde savait « de quoi il s'agissait, et ce que signifiait "Gatsby" ».

Un autre événement encouragea Max : l'arrivée d'un nouvel écrivain prometteur, un Canadien du nom de Morley Callaghan. Ce dernier avait fait la connaissance d'Hemingway alors qu'ils travaillaient tous les deux pour le *Star* de Toronto ; lui aussi s'était rendu ensuite à Paris où il avait frayé avec d'autres expatriés américains, dont Fitzgerald. Max avait lu plusieurs textes de Callaghan dans de petites revues européennes, et l'avait perçu au premier abord comme un auteur au réalisme « rude », rien de plus. Puis ils s'étaient rencontrés, et Max s'était mis à le considérer comme « suprêmement intelligent et réactif ». Callaghan partit pour New York où il écrivit un roman intitulé *Strange Fugitive*[1] – l'histoire d'un homme, contremaître dans une scierie, qui se lasse de son mariage et se met au trafic d'alcool. Max, ayant sous les yeux le manuscrit non achevé, estima qu'il ferait un bon livre. Le roman fut terminé en quelques mois et parut chez Scribner dans l'année. Mais celui de Fitzgerald, pendant ce temps, n'avançait toujours pas.

En février, un télégramme arriva du Delaware : ROMAN PAS FINI BON DIEU COMME JE VOUDRAIS QU'IL LE SOIT.

---

1. Ce roman, à notre connaissance, n'a pas été publié en traduction française.

Les Fitzgerald avaient beau habiter une vaste maison, ils se sentaient à l'étroit. Scott reconnut en fait qu'il avait essayé de profiter de la vie de château, sans parvenir à rien d'autre qu'à se « protéger de l'extérieur pour se retrouver à sec à l'intérieur. Je n'ai rien pour me sentir aimé, rassuré sur le fait que je suis un grand homme et non pas un homme sans génie. Je savais en même temps que ça n'avait pas de sens ». De sorte qu'il reprit le chemin de l'Europe. Durant tout le printemps, Scott ne s'adressa à Perkins que pour lui réclamer de l'argent. En juin, il lui écrivit qu'il s'était installé avec sa famille à Paris, rue de Vaugirard, près du jardin du Luxembourg. Il « ne buvait que de l'eau et travaillait à son roman, à fond, au roman et à rien d'autre. Retour en août avec lui ou sur lui ».

En juillet, quatre étés après *Gatsby*, il se sentit rasséréné quand James Joyce vint dîner chez lui. Scott prit des nouvelles sur l'avancement de son œuvre – il s'agissait de *Finnegans Wake*, un *work in progress* qui occupait l'auteur depuis six ans déjà. « Oui, répondit Joyce. Je pense avoir fini mon roman dans trois ou quatre ans, tout au plus. » Suite à cet échange, Fitzgerald écrivit à Perkins : « Il travaille onze heures par jour et moi huit, par intermittence. »

Fitzgerald ne fut pas de retour au pays avant octobre. Max l'attendait à la passerelle du bateau, et quand il le vit, il le trouva ivre : il avait commandé pour plus de deux cents dollars de vin pendant la traversée. Mais il ne lâchait pas la mallette contenant « le manuscrit du roman [...] complet, mais pas fini ». Tout était écrit, dit-il, il restait seulement des passages à retravailler.

Fitzgerald rentra à Ellerslie et, dans les mois qui suivirent, fut en mesure d'envoyer des pages à son éditeur. Le livre n'était toujours pas achevé, mais il avait besoin de s'en séparer : « J'ai passé trop de temps avec lui. » Il projetait d'envoyer à Max la version finale chapitre par chapitre, deux par mois, afin que son éditeur puisse la lire pendant qu'il continuait d'écrire. Les premiers chapitres furent expédiés en novembre avec ce mot : « C'est bien, il me semble, de vous envoyer à nouveau quelque chose. » Il s'agissait seulement du premier quart du livre – 18 000 mots –, mais trois ans s'étaient écoulés depuis la dernière version. Fitzgerald voulait maintenant s'attaquer à une nouvelle, pour avoir de quoi rafistoler ses chapitres trois et quatre. Il espérait pouvoir les envoyer à Max début décembre. Il lui demanda de garder pour lui ses critiques tant qu'il ne serait pas en possession du livre complet, « car je veux *avoir le sentiment* que chaque partie est achevée, et cesser enfin de me tourmenter pour lui, même s'il est possible que je fasse énormément de corrections à la dernière minute. Tout ce que je veux savoir, c'est si vous l'aimez dans l'ensemble. [...] Mon Dieu que c'est bon de voir tous ces chapitres couchés dans une enveloppe ! » Perkins répondit : « Je suis on ne peut plus heureux de ce programme. Ne changez pas d'avis. »

Une semaine plus tard vinrent les commentaires sur les pages qu'il avait reçues : « Je viens de finir ces deux chapitres. Sur le premier, nous sommes pleinement d'accord. Il est excellent. Le deuxième contient des passages parmi les meilleurs que vous ayez écrits – quelques scènes exquises et des impressions exprimées brièvement et magnifiquement. [...] Si seulement il était possible de sortir ce livre au printemps, ne serait-ce que parce qu'il est si prometteur qu'il excite mon impatience de le lire entièrement. »

Tandis qu'il attendait une nouvelle livraison de Fitzgerald, il reçut le polar de Willard Huntington Wright, un de ses auteurs à succès, écrivain que des centaines de milliers de lecteurs connaissaient sous le nom de S.S. Van Dine. Autrefois critique d'art redouté, et éditeur de presse, Wright avait mis son style élégant et sa sensibilité au service de sa créature, un détective du nom de Philo Vance. Trouver un éditeur pour ses histoires policières lui avait pris des mois. Puis Perkins, ayant lu plusieurs de ses synopsis, et ayant admiré la complexité qui était la leur, lui avait proposé un contrat. Max avait déjà publié *The Benson Murder Case*, puis *The Canary Murder Case*. À présent, c'étaient les vacances de Noël 1928 et il avait entre les mains *The Greene Murder Case*[1]. Il y resta plongé jusqu'à 3 heures du matin. Il trouvait le livre excellent. En très peu d'années, S.S. Van Dine était devenu l'auteur de romans policiers le plus célèbre depuis Edgar Poe, et ce succès devait beaucoup à l'aide que Perkins lui avait apportée pour la caractérisation de son personnage, Philo Vance. Perkins prêtait à cet auteur

1. Chacun des ouvrages s'intitulera respectivement, *La Mystérieuse Affaire Benson* (Gallimard, 1928), *L'Assassinat du canari* (Gallimard, 1930) et *La Série sanglante* (Gallimard, 1931).

la même intelligence passionnée, et la même sincérité qu'à un Fitzgerald, à un Hemingway ou à n'importe lequel de ses auteurs plus clairement littéraires[1].

*

* *

En quinze années d'édition, Max Perkins s'était imposé comme le meilleur employé de la maison Scribner, et il était payé en conséquence. Son salaire avait doublé au cours des dix dernières années – il atteignait les dix mille dollars par mois. Sans parler des sommes importantes que lui rapportait son intéressement aux bénéfices de la société. Nul doute que Max était heureux aussi que Charles et Arthur Scribner l'aient progressivement délivré du vieux responsable éditorial, le pesant William Crary Brownell.

À 77 ans, il continuait de venir au bureau presque chaque jour, mais sa productivité était en baisse. Alors que Perkins, lui, était à son meilleur. Brownell avait donc pris sa retraite, après quarante ans de maison. Max et les employés de son âge se partageaient désormais presque tout l'éditorial. Un des nouveaux éditeurs parmi les plus actifs était Wallace Meyer. Il avait dirigé une agence de publicité au début des années 1920, avant de partir « voir le monde », puis de revenir aux États-Unis pour s'y installer définitivement. En 1928, Perkins lui avait fait les yeux doux pour l'attirer chez Scribner.

Cet été-là, alors que Perkins était en vacances à Windsor, Brownell mourut. Max écrivit à Mr. Scribner : « Je suis vraiment bouleversé d'apprendre la mort de Brownell. Il comptait parmi les meilleurs que j'aie connus. » Vu leur différence d'âge, ils n'avaient pas les mêmes goûts littéraires, mais Perkins estimait que l'esprit XIXe siècle de son aîné n'avait en rien altéré son talent de conseiller littéraire. « Un jeune qui aurait travaillé quelques années à ses côtés, disait Perkins, et échoué à devenir un éditeur même correct, n'aurait tout bonnement pas les aptitudes pour ce travail. » Un des principes de Brownell était le suivant : on en apprenait presque

1. Les romans de Willard Huntington Wright, *alias* S.S. Van Dine, sont disponibles en traduction chez Gallimard et 10/18.

autant sur les qualités d'un auteur en discutant avec lui qu'en lisant son manuscrit, car « l'eau ne peut pas monter plus haut que sa source ». Autre maxime à laquelle adhérait Perkins : la pire des raisons avancées pour publier quelque chose, c'est que ça ressemble à autre chose, car une imitation, même inconsciente, est « toujours inférieure ». Il pouvait arriver qu'un manuscrit de second ordre comprenne quelque élément rare qui rendait un refus difficile. Mais Brownell, alors, mettait fin au débat par ces mots : « Nous ne pouvons pas tout publier. Laissons un autre éditeur échouer avec ce livre-là. »

Brownell s'attirait toujours le respect des auteurs dont il refusait le manuscrit. Chaque fois qu'un livre prometteur était écarté, c'est lui qui rédigeait les courriers les plus compatissants. Perkins admirait comme des œuvres d'art ces lettres de refus pleines de sensibilité. L'une d'elles se révéla si chaleureuse que l'auteur réexpédia son manuscrit et le courrier annoté en marge de ces mots : « Alors pourquoi diable ne le publiez-vous pas ? »

Pour Perkins, Brownell donnait de la dignité au métier de responsable éditorial. À sa mort, Perkins proposa d'interrompre ses vacances et de reprendre le travail en milieu de semaine. Il écrivit à Charles Scribner une lettre peu sincère pour expliquer sa décision : « Je ne saurais comment m'occuper ; même si je sais que Wheelock et Meyer sont parfaitement capables de faire le travail, et que nous disposons à présent des compétences dont tout éditeur est en droit de rêver. Et je pense que notre catalogue en montrera les effets. »

Perkins, à 43 ans, était devenu un grand professionnel de l'édition. Au début de son mariage avec Louise, il lui avait confié son désir d'être « un petit nain sur l'épaule d'un grand général à qui il expliquerait ce qu'il doit faire et ne pas faire, sans que personne s'aperçoive de rien ». Il ne procéda pas de la même façon avec tous ses « généraux ». Il lui arrivait d'y aller fort. « Il faut vous débarrasser de vous-même quand vous écrivez », disait-il souvent aux auteurs qui venaient lui réclamer de l'aide. Mais d'autres fois, il ne parlait pratiquement pas et sa réaction frôlait le mutisme. Quand un écrivain débarquait pour lui raconter ses misères, la réaction typique de Max était de rester silencieux. Un collègue de chez Scribner se souviendrait d'un déjeuner au cours duquel un auteur avait étalé ses problèmes sur la table ; il parlait, et Max mangeait lentement, sans prononcer un mot. Vers la fin de ce repas qui avait duré des heures, l'écrivain se leva de table, prit les mains de son éditeur, et bredouilla ces mots : « Merci pour toute votre aide, monsieur Perkins. » Puis il se dépêcha de filer.

Quant à Roger Burlingame, il se rappelait une circonstance au cours de laquelle un auteur était dans le bureau de Max, en train de se répandre sur ses malheurs. Perkins s'approcha de la fenêtre comme s'il était accablé par le fardeau de la compassion, et regarda la 5e Avenue. Après un moment d'observation, il se balança lentement. Il semblait sur le point de dire quelque chose et l'écrivain crut qu'il allait commenter sa détresse. Perkins dit alors sans se retourner : « Vous savez, il y a une chose que je n'arrive pas à comprendre, c'est pourquoi tous ces gens marchent aussi lentement. Les seuls à se dépêcher, ce sont les gamins en patins à roulettes qui n'ont rien à faire. Pourquoi ne chaussons-nous pas des patins à roulettes ? Tout le monde, je veux dire. » L'écrivain, plus tard, se montra reconnaissant envers Perkins, de l'avoir complètement distrait de ses soucis.

À l'approche de l'âge mûr, le penchant excentrique de Perkins ne fit que croître et embellir. Il continuait de croire en la phrénologie – l'étude du caractère dans ses rapports avec les protubérances crâniennes. Un os nasal proéminent, pour lui, trahissait l'individualité. Il ne pensait pas qu'un homme affligé d'un petit nez ou d'un crâne aplati à l'arrière puisse être digne d'intérêt. Il pensait qu'avoir un trou de mémoire était un signe de débilité mentale. « N'admettez jamais que vous ne vous souvenez pas, disait-il, allez plutôt puiser dans votre subconscient. »

Sous ses airs charmants, c'était un vrai maniaque. Les enfants qui tétaient leur biberon lui soulevaient le cœur. Une fois, à l'issue d'un dîner en l'honneur d'une beauté célèbre, il critiqua celle-ci, car elle avait encore « sur son dos nu les marques de ses vêtements de ville ». Selon lui, une « vraie dame » ne buvait pas de bière, et elle ne touchait jamais à la sauce Worcestershire. Il faisait la leçon à ses filles : « Dans notre famille, on ne dit pas "culotte", on dit "sous-vêtement". » Quand il rapportait des livres à la maison, il en jetait la jaquette avant de les ranger dans sa bibliothèque. Et s'il trouvait un livre ouvert, ou retourné, il avait aussitôt le réflexe de le refermer. Il tiquait lorsqu'il voyait quelqu'un se mouiller le doigt pour tourner les pages.

Il aimait griffonner des dessins, et ne cessait de croquer Napoléon, toujours de profil. Il se plaisait aussi à imaginer des solutions « pratiques » pour les problèmes quotidiens. Il estimait par exemple que le miel aurait dû être vendu dans un emballage transparent dont on se serait servi comme d'un tube de dentifrice. Il alla jusqu'à conseiller à un ami publicitaire de faire la promotion de ce produit en le présentant comme un « tube de soleil liquide ». Il pensait enfin que le papier pour machines à écrire aurait dû être fourni en rouleau, comme le papier toilette.

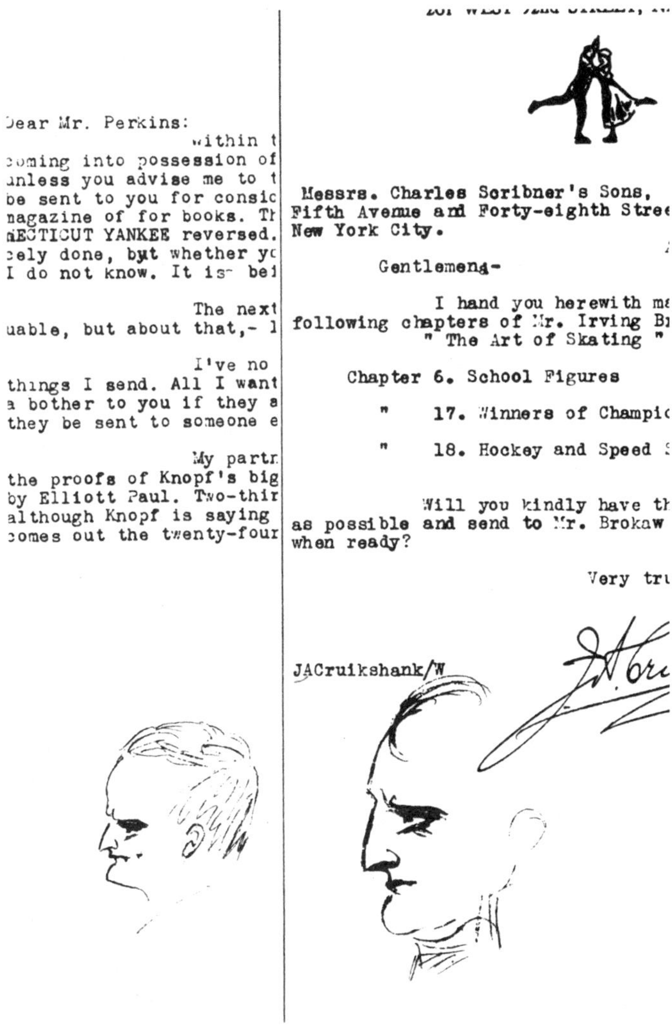
Dear Mr. Perkins:
within t
coming into possession of
unless you advise me to t
be sent to you for consic
magazine of for books. Th
NECTICUT YANKEE reversed.
cely done, but whether yc
I do not know. It is bei

The next
uable, but about that,- l

I've no
things I send. All I want
a bother to you if they s
they be sent to someone e

My partn
the proofs of Knopf's big
by Elliott Paul. Two-thir
although Knopf is saying
comes out the twenty-four

Messrs. Charles Scribner's Sons,
Fifth Avenue and Forty-eighth Stree
New York City.

Gentlemen:-

I hand you herewith ma
following chapters of Mr. Irving Br
" The Art of Skating "

Chapter 6. School Figures
" 17. Winners of Champic
" 18. Hockey and Speed S

Will you kindly have th
as possible and send to Mr. Brokaw
when ready?

Very tru

JACruikshank/W

Il n'avait pourtant aucun don pour la chose mécanique. S'il faut en croire une de ses filles, « il ne savait même pas se servir d'un tournevis ». Un jour, plusieurs employés du quatrième étage de l'immeuble Scribner se précipitèrent dans son bureau, guidés par une odeur de fumée. Max ne s'était rendu compte de rien ; il était concentré sur son travail pendant qu'un incendie se déclarait dans sa corbeille à papier. George Schieffelin, un des petits-fils du vieux Charles Scribner, disait être « sûr que Max ne savait absolument pas comment le feu avait pris, et encore moins comment l'éteindre ».

Les filles de Max s'accordaient pour dire que leur père, au volant, était tout sauf dangereux. « Il roulait vite, racontait Peggy, jusqu'à ce qu'il pense à quelque chose qui l'intéressait. Alors il ralentissait et avançait comme un escargot. Il était furieux quand on le doublait. Il refusait de mettre ses feux de croisement. Il disait que c'était une folie. Une fois, on s'est retrouvés derrière un homme et une femme qui marchaient côte à côte au bord de la route. Il a ralenti et roulé au pas derrière eux en essayant de nous expliquer, sous l'angle artistique, la différence entre un homme et une femme dans leur façon de marcher. On le suppliait de les dépasser, car ces pauvres gens se demandaient ce qui se passait, mais il ne voulait rien entendre. Ça le passionnait trop, d'arriver à formuler cette différence. »

Perkins, l'aspirant inventeur, pensait que le plus grand inventeur du monde ne pourrait jamais supporter d'être comparé à un grand poète. Le premier « a rendu la vie plus facile, et plus agréable tant que le plaisir est quelque chose qui vient de l'extérieur, écrivit-il à Louise. Il a amélioré – s'il s'agit d'une amélioration – notre environnement. Mais le poète, lui, il nous a changés, nous. Le grand poète a considérablement augmenté notre envergure spirituelle ; toujours nous voyons, nous entendons, nous ressentons plus clairement, plus profondément après que nous lui avons donné sa chance ; et même s'il ne nous a pas atteints directement, nous sommes changés par l'influence qu'il a exercée sur les autres, sur nous à travers eux ; il en ressort qu'une nation tout entière est transformée par le poète, au fil des temps, telle la nation anglaise par Shakespeare. Oui, le monde entier l'a été, par Homère comme par Dante ».

Dans son autobiographie, Van Wyck Brooks écrirait, au sujet de Maxwell Perkins : « Mon plus vieil ami, mon ami pour la vie, avait coutume de dire que tout homme a en lui un roman. L'idée n'était pas vraiment de lui – c'était un lieu commun, en fait –, mais comme il était homme de caractère, il se l'était appropriée ; et j'ai toujours senti qu'il aurait pu écrire lui-même un roman de premier ordre s'il s'était penché sur sa propre vie. En un sens, c'était un romancier-né. Sauf qu'au lieu de développer ce don pour lui-même, il avait dédié sa puissance d'intuition à l'épanouissement des autres. »

Encore et toujours la guerre de Sécession – Perkins *vs* Evarts, les Cavaliers contre les Têtes rondes. « Une part de lui aimait les écrivains, continuait Brooks, et l'autre les aidait. Cette ambivalence explique pourquoi Max n'est jamais devenu auteur lui-même, pourquoi il est devenu le rocher sur lequel s'appuyaient les autres. »

– 8 –

Un honnête petit coup de main

À l'automne 1928, une Française pleine de vivacité du nom de Madeleine Boyd, épouse du critique Ernest Boyd et agent de nombreux auteurs européens, se présenta chez Perkins les bras chargés de manuscrits. Elle lui parla d'un roman extraordinaire, un livre très long écrit par un géant de Caroline du Nord appelé Thomas Wolfe. Puis elle passa à d'autres livres. Et quand Perkins essaya de la remettre sur le sujet Wolfe et le fameux ouvrage intitulé *O Lost*, elle se montra hésitante. Il insista : « Vous devriez me l'apporter, Madeleine. » Elle finit par consentir, après avoir obtenu la promesse que Perkins le lirait du début à la fin. Ils se mirent d'accord : quelqu'un irait chercher le manuscrit le jour même à 17 heures. Mrs. Boyd eut alors cette plaisanterie : « Envoyez un camion. » À 17 heures précises, une voiture s'arrêta devant chez elle. Elle remit le colis au chauffeur qui demanda s'il s'agissait bien d'un seul livre.

« Oui, répondit-elle.

– Nom de Dieu ! » dit-il.

Quand *O Lost* arriva chez Scribner, Perkins était surchargé de travail et il n'eut aucune peine à délaisser ce manuscrit de centaines et de centaines de pages pour se pencher plutôt sur les douzaines de livres plus petits et les premiers jets qui chaque semaine s'amassaient sur son bureau. Mais l'envoi s'accompagnait d'une lettre émouvante destinée au lecteur de la maison. L'auteur y présentait certains aspects de son œuvre. Il disait notamment ceci :

« À mon estimation, ce livre doit faire entre 250 000 et 380 000 mots. Un livre de cette longueur écrit par un inconnu, aucun doute qu'il soit hâtif et expérimental, et montre combien l'auteur est ignorant des mécaniques de l'édition. C'est vrai. C'est mon premier livre…

« Mais je crois qu'il serait injuste de considérer que ce livre est trop long sous prétexte qu'il est très long. […] Il est possible qu'[il] manque d'intrigue, mais il a du moins un plan. Le plan est rigoureux et tissé bien serré. […] Je n'ai pas l'impression qu'il est surchargé. Il doit être pris passage par passage, et non phrase par phrase. D'une manière générale, je ne pense pas qu'un livre verbeux, prolixe et redondant soit une bonne chose.

« Je n'ai jamais qualifié ce livre de roman. Pour moi, ce livre ressemble à celui que tout homme a en lui. C'est un livre fait avec ma vie, et il présente ma vision de la vie à 20 ans.

« Si je vous écris cette lettre, ce n'est pas pour essayer de vous amadouer […], mais pour vous implorer, si vous décidez de consacrer à sa lecture les nombreuses heures nécessaires, de prendre un peu de temps en plus pour me donner votre avis. S'il n'est pas publiable, n'est-il pas possible de l'arranger ? […] J'ai besoin d'un honnête petit coup de main. Voudrez-vous bien me le donner, si vous avez été assez intéressé pour aller jusqu'au bout ? »

Max fut d'emblée enchanté par le début de cette histoire où le père du héros, W.O. Gant, enfant, assiste à un défilé des troupes confédérées en guenilles. Suivent cent pages décrivant la vie de W.O., longtemps avant la naissance de son fils Eugene, le vrai protagoniste du récit. Max devait plus tard en parler ainsi : « C'était tout ce que Wolfe avait entendu, ça n'avait pas vraiment de rapport avec le reste et c'était moins bon que le premier épisode, et en fait que le reste du livre. » Accaparé par d'autres travaux, il confia le manuscrit à Wallace Meyer en se disant : « Encore un roman prometteur qui ne donnera probablement rien. »

Dix jours plus tard, Meyer vint lui montrer une autre scène extraordinaire de cet énorme manuscrit ; ce geste suffit à convaincre Max de reprendre le livre lui-même, et de s'y replonger. Bientôt, avec Meyer, ils s'en repassaient les pages, tandis que John Hall Wheelock et les autres membres du staff s'en arrachaient des chapitres entiers. Et quand il parvint enfin à honorer la promesse faite à Madeleine Boyd, il n'avait plus le moindre doute sur la valeur de ce roman. Cependant, il s'était heurté à plusieurs passages susceptibles de faire obstacle à sa publication. Il savait par exemple que beaucoup chez Scribner risquaient de peu apprécier une œuvre à ce point intense, et de la regarder comme « indigeste ». D'autre part, elle exigeait d'être considérablement « réorganisée ». Sans parler des nombreuses coupes à effectuer. Max se rendit compte qu'il ne pouvait impliquer la maison Scribner dans ce projet avant de savoir à quoi l'auteur ressemblait, et s'il était seulement possible d'envisager des révisions avec lui. Il se rappelait les combats qu'il avait dû mener pour publier Fitzgerald ; l'espace d'un instant, il regretta même de n'être pas aux commandes de sa propre maison d'édition.

Fin octobre, Mrs. Boyd retrouva la trace de Thomas Wolfe et fit parvenir à Perkins une adresse à Munich. C'était là-bas, pensait-elle, que l'on pouvait le joindre. L'éditeur écrivit à l'auteur qu'il « ignorait s'il allait être possible d'élaborer un plan de travail permettant de donner [au manuscrit] une forme publiable par nous. Mais si l'on met de côté les aspects pratiques de l'affaire, je sais qu'il s'agit de quelque chose de remarquable, et qu'aucun éditeur ne saurait le lire sans être transporté et empli d'admiration par de nombreux passages et chapitres. [...] Nous souhaiterions savoir si vous serez à New York dans un avenir assez proche, afin que nous puissions vous rencontrer et parler du manuscrit. »

La lettre passa par l'Allemagne avant d'arriver en Autriche, et quand elle parvint à Wolfe, ce dernier savait que les éditeurs de plusieurs maisons avaient déjà refusé son autofiction. Elle avait inspiré à quelques-uns d'entre eux des commentaires favorables, mais aucun n'avait exprimé la moindre intention de la publier. Le 17 novembre 1928, Wolfe écrivait à Perkins depuis Vienne : « Je ne saurais dire le bien que m'a fait votre lettre. Vos louanges m'ont empli d'espoir, et ont plus de valeur à mes yeux que leur poids en diamant. » Il pensait rentrer aux États-Unis peu avant la Noël ; il n'avait pas rouvert son manuscrit depuis des mois et croyait pouvoir revenir « avec un jugement plus frais et plus critique ». Il poursuivait ainsi : « Je n'ai aucunement le droit d'attendre des autres qu'ils fassent ce que j'ai à faire moi-même, mais si je sais accabler les autres de surabondantes critiques, je suis pratiquement incapable de faire ma propre critique. [...] J'aspire à être critiqué et conseillé directement par une personne plus âgée et plus critique », continuait Wolfe sans trop savoir si la signature, au bas du courrier qu'il avait reçu de l'éditeur, disait « Perkins » ou « Peters ». Et : « Je me demande si Scribner pourra trouver quelqu'un d'assez intéressé pour accepter de discuter avec moi de cette chose monstrueuse, chapitre par chapitre. » Wolfe était surpris d'avoir réussi à se faire un contact chez Charles Scribner's Sons, une maison « qu'il avait toujours vaguement perçue comme solide et conservatrice ». Il finissait en exprimant deux espérances : d'abord, que Perkins parvienne à déchiffrer les éclairs orageux qui composaient son livre, ce qui représentait plus de travail que beaucoup de gens n'en peuvent accepter ; et deuxièmement, « que vous ne m'ayez pas oublié avant mon retour ».

Si Perkins eut un peu de mal avec le premier vœu, le second ne lui posait aucun problème. Mrs. Boyd lui avait appris récemment que Wolfe s'était fait tabasser pendant l'*Oktoberfest*, à Munich, un mois plus tôt. Ce fait, associé aux éléments relevés par Perkins dans l'œuvre autobiographique de Wolfe, lui donnait une idée du chantier qui l'attendait ; et il passa plusieurs semaines à se tourmenter pour les deux « Moby Dick » qu'il allait devoir dompter : l'homme et le livre – l'homme plus encore que le livre.

Le mercredi 2 janvier, de retour au bureau après les vacances de Noël, Perkins était très anxieux à l'idée de rencontrer le créateur du manuscrit qui recouvrait sa table. On l'avait prévenu : Wolfe présentait une complexion peu ordinaire. Il n'en fut pas moins surpris de se retrouver face à un individu massif, aux cheveux noirs, dont la taille avoisinait les deux mètres. Appuyé au chambranle, il occupait entièrement l'encadrement de la porte. Max se souviendrait des années après : « Quand j'ai levé les yeux, j'ai pensé à Shelley, même s'il avait un physique tout différent. Il était beau, mais il avait ces cheveux hirsutes et ce visage lumineux, et sa tête était toute petite, disproportionnée. »

Wolfe pénétra dans le bureau d'un pas lourd et toisa l'éditeur, l'air de penser qu'il ne l'avait pas du tout imaginé ainsi. Il écrirait un jour à Margaret Roberts, le professeur qui l'avait le plus influencé pendant sa scolarité à Asheville, que l'homme qui l'avait convoqué n'avait absolument rien de « perkinsien ». « Le nom sonne Midwest, mais c'est un homme de Harvard, sans doute issu d'une famille de la Nouvelle-Angleterre, la petite quarantaine, mais faisant plus jeune, très élégant et très aimable dans sa façon de s'habiller et ses manières. Il a vu que j'étais nerveux et tout excité, alors il s'est adressé à moi calmement, il m'a proposé de me défaire de mon manteau et de m'asseoir. Et il a commencé par des questions sur le livre et les gens. »

Perkins engagea la discussion en parlant d'une scène, au début du manuscrit, entre le père du héros – le tailleur de pierre W O. Gant – et la mère maquerelle du bordel local, laquelle était en train de commander une pierre tombale pour une de ses filles. Wolfe, dans son impatience, laissa échapper cette phrase :

« Je sais que vous ne pouvez pas imprimer ça ! Je vais tout de suite supprimer ce passage, monsieur Perkins.

– Le supprimer ? s'exclama l'éditeur. Mais c'est un des meilleurs textes que j'aie jamais lus ! »

Max aborda différentes parties du livre en s'inspirant d'une liasse de notes qu'il avait prises, et en proposant des révisions et des arrangements de scènes. Wolfe égrenait les paragraphes entiers qu'il entendait couper sur-le-champ. Chaque fois, semble-t-il, Perkins l'interrompait en disant : « Non – il ne faut pas changer un mot à ce passage –, c'est tout simplement une scène magnifique. » Wolfe en avait les larmes aux yeux. « J'étais tellement ému, tellement touché à l'idée que quelqu'un avait fini par réfléchir suffisamment à mon livre pour se donner un tel mal, que j'en aurais pleuré. »

En raison d'une tendance à procrastiner quand la tâche était rude, plus que par ruse – comme Wolfe pouvait peut-être le suspecter –, Perkins avait gardé pour la fin le problème le plus difficile. À *O Lost* manquait une vraie forme, et il ne voyait pas d'autre façon de la lui donner qu'en procédant à des coupes sélectives. Pour être précis, Perkins pensait la chose suivante : même si le premier chapitre sur le père du héros encore enfant était formidable, le livre aurait dû commencer alors que ce même père était adulte, et vivait à Altamont, une ville inventée, substitut de celle où Wolfe avait vu le jour ; ainsi l'histoire se trouverait incluse dans l'expérience et la mémoire d'Eugene, le jeune garçon.

Au cours de cette première séance de travail, Wolfe ne se montra pas prêt à accepter une intervention aussi radicale touchant les cent premières pages de son texte. Toutefois, il n'était pas horrifié par la suggestion. En réalité, il n'avait encore jamais connu un tel bonheur. Il en parlerait plus tard en ces termes :

« C'était la première fois, autant qu'il m'en souvienne, que quelqu'un m'annonçait concrètement que quelque chose que j'avais écrit valait plus de quinze cents. »

Perkins et Wolfe se revirent au bout de quelques jours. Tom avait apporté des notes sur le moyen dont il convenait de procéder, selon lui, pour structurer le roman. Il acceptait de fournir à Max, chaque semaine, cent pages du manuscrit corrigé. Il lui demanda aussi s'il pouvait annoncer la bonne nouvelle à une amie, une décoratrice de théâtre du nom d'Aline Bernstein – c'est elle qui avait remis le manuscrit à Madeleine Boyd. Max sourit et répondit par l'affirmative. En effet, la décision était pratiquement prise. En quittant le bureau de Max, Wolfe rencontra John Hall Wheelock, le poète éditeur, qui lui dit en lui prenant le bras : « J'espère que vous avez un bon endroit pour travailler, car vous allez avoir du pain sur la planche. »

Le 8 janvier 1929, Perkins écrivit à Wolfe que Charles Scribner's Sons acceptait officiellement de publier *O Lost*. Ivre de gloire, Tom vint signer son contrat et toucher son à-valoir. Il reviendrait un jour sur ces heures euphoriques dans *The Story of a Novel* – « L'Histoire d'un roman » : « J'ai quitté les bureaux de l'éditeur ce jour-là pour pénétrer dans la foule immense d'hommes et de femmes qui passaient sans cesse le long de la 5e Avenue et de la 48e Rue, et ce fut pour me retrouver bientôt à la 110e Rue ; et aujourd'hui je n'ai toujours pas compris comment j'étais arrivé là. » Il marcha pendant des jours avec le contrat fourré dans la poche intérieure de sa veste, et avec le chèque qui s'y trouvait épinglé : quatre cent cinquante dollars (après déduction des 10 % destinés à son agent). Il écrivit à Mrs. Roberts : « Je n'ai pas de raison, au sens strict, de me balader dans New York avec ces documents dans ma poche, mais au milieu de cette foule de gens occupés, il m'arrive de les sortir, de les regarder tendrement et de les baiser avec passion. »

À son ex-professeur, il écrivit le 12 janvier 1929 : « Le temps est venu de vivre raisonnablement. Fini de chercher le bonheur dans la débauche. J'ai pris des résolutions. » Il avait un emploi d'enseignant à temps partiel à l'université de New York, mais les révisions à effectuer sur son livre passaient avant la correction des copies. Il envisageait déjà de quitter ce travail pour se lancer dans une carrière d'auteur professionnel. Scribner ne lui inspirait rien moins que de la dévotion et il écrivit à Perkins : « J'espère que ça marque le début d'une longue collaboration que vous n'aurez pas à regretter. » Wolfe s'enferma dans son appartement sur cour du deuxième étage, dans la 15e Rue Ouest, et s'attela à résoudre les problèmes soulevés avec Perkins.

O Lost était le portrait d'un écrivain jeune, vivant dans les montagnes autour d'Asheville, Caroline du Nord. Le livre n'était pas encore en librairie que les ragots se répandaient déjà dans le milieu de l'édition pour affirmer qu'il atteignait des proportions titanesques. Ceux qui avaient vu le manuscrit juraient qu'il s'élevait à plusieurs dizaines de centimètres du sol. En fait, il faisait 1 114 pages de papier pelure, se composait de 330 000 mots[1] et faisait treize centimètres de haut. Wolfe lui-même se rendait compte qu'un livre de cette taille serait probablement illisible et à coup sûr difficile à manier. Aussi esquissa-t-il dans un de ses journaux de bord une méthode pour le réduire : « D'abord, couper à chaque page tous les mots qui ne sont pas essentiels à la compréhension. Si j'arrive à supprimer ne serait-ce que dix mots par page, on arrivera à 10 000 en tout, voire plus. » À la mi-janvier, il s'attelait à ce travail.

« Quand ils ont accepté mon livre, écrivit-il à son ami George W. McCoy, du *Citizen* d'Asheville, les éditeurs m'ont dit d'y aller carrément à coups de hachette et de tailler quelque chose comme 100 000 mots. » Perkins lui fournit des indications générales pour que l'histoire reste concentrée sur le héros, puis le laissa se débrouiller pour les coupes. L'auteur consacra de longues heures à cette tâche et reparut quelques semaines plus tard, ravi de cette nouvelle version d'*O Lost*. Perkins n'avait rien perdu de son enthousiasme sur les qualités poétiques du texte, mais il n'était toujours pas satisfait : le livre n'avait diminué que de huit pages. Wolfe avait procédé à beaucoup de coupes suggérées par Perkins, mais les transitions qu'il avait ajoutées pour relier les différents passages avaient augmenté l'ouvrage de plusieurs milliers de mots.

Wolfe expliqua à Madeleine Boyd qu'effectuer des coupes dans son manuscrit était « un boulot mortellement déroutant ». Il

1. Près de deux millions de signes, dans le vocabulaire d'aujourd'hui.

savait qu'il était souhaitable, d'un point de vue pratique, de réduire la longueur du tapuscrit, mais il n'arrêtait pas de considérer sa pile de pages. « Parfois, écrivit-il à Madeleine, j'ai envie de trancher à l'aveugle, à grands coups de ciseaux, sauf que je sais que le résultat serait un désastre. » Mrs. Boyd conseilla à Wolfe de bien écouter Max Perkins. « C'est une de ces personnes puissantes qui agissent en douceur à l'arrière-plan, la seule et unique raison [...] pour laquelle Scott Fitzgerald a rencontré un tel succès. » Une fois par semaine, parfois deux, Wolfe apportait chez Scribner, sans prendre rendez-vous, une section de cent pages. Et quand il ne venait pas, Perkins lui écrivait ou l'appelait pour savoir ce qui se passait.

Au printemps, Tom et Perkins travaillèrent tous les jours à leurs révisions. « On en retranche de gros morceaux, écrivit Tom à sa sœur, Mabel Wolfe Wheaton, et mon cœur saigne de voir partir tout ça, mais soit on ampute, soit la bête est perdue. On déteste lui et moi en enlever autant, mais on aura au final un livre plus court, plus facile à lire. Alors même si de bonnes choses sont jetées, on y gagne en unité. Ce Perkins est un brave homme et peut-être le meilleur éditeur d'Amérique. J'ai toute confiance en lui et, en général, je me range à son jugement. »

À ce moment-là, les rumeurs sur la publication d'*O Lost* se révélaient tout aussi exagérées que celles concernant la taille du manuscrit ; Perkins revoyait à la baisse l'ampleur des efforts à fournir. Il finit par définir ce travail comme « une affaire de réorganisation ». En fait, bien souvent, il s'agissait de déplacer des épisodes entiers de la narration. Mais la vérité, c'est que les coupes devaient représenter la partie la plus spectaculaire du travail effectué sur ce roman. 90 000 mots furent supprimés – de quoi remplir un gros livre.

Une règle voulait que Perkins suggère les suppressions. Puis les deux hommes discutaient le bout de gras. Après quoi, les coupes étaient effectuées. Aucun passage du livre ne fut retiré sans l'accord des deux hommes ; et aucune page ne fut détruite. Wolfe récupéra tout ce qui avait appartenu à son texte ; et Perkins pensait que ce matériel pourrait être presque entièrement recyclé dans des œuvres futures.

Pour créer de la cohésion entre les histoires et les vies qui s'entrecroisaient dans ces centaines de pages, Max recommandait que toute la saga « se déplie à travers les souvenirs et les impressions d'Eugene enfant ». La première coupe, la plus longue, était cet épisode d'introduction de 1 377 lignes dactylographiées. Tom finit par se ranger à l'avis de Perkins dont la critique était la suivante : quand il avait essayé de revenir en arrière et d'entrer dans la vie du père avant son arrivée à Asheville, les événements ne provenaient pas directement de la propre expérience vécue par Wolfe, de sorte que « la réalité et le caractère poignant en étaient amoindris ». Ainsi l'histoire de Gant avant son arrivée à Altamont tenait en trois pages seulement et son souvenir de la guerre de Sécession, en 29 mots : « Comment ce garçon se plantait au bord de la route, près de la ferme maternelle, et voyait passer les rebelles couverts de poussière, lors de leur marche sur Gettysburg. » Des années durant, Max eut ce poids sur la conscience : avoir convaincu Wolfe de couper la première scène montrant les deux jeunes garçons au bord de la route alors que la bataille était imminente. Mais grâce à cette coupe, le lecteur était directement transporté dans l'histoire.

Cependant, le travail se fit plus difficile à l'approche de la fin. Vint un moment où Perkins ne cherchait plus à faire sauter des pages entières, mais bien souvent juste une seule phrase. Il s'appuyait sur sa conviction que les rapports entre Eugene et sa famille étaient au centre du roman ; en conséquence, tout ce qui éloignait le lecteur de ce thème devait être banni. Par exemple, il voulut couper un épisode satirique sur les riches propriétaires terriens qui créaient des domaines aux alentours d'Asheville. Ainsi qu'une parodie de la poésie de T.S. Eliot, parce que le ton employé jurait avec le motif sur lequel reposait le reste du livre. D'autres coupes furent effectuées sous prétexte de grossièretés ou d'inconvenances, et totalisèrent quelque 524 lignes du manuscrit.

À vingt reprises, Wolfe s'adressait directement au lecteur. Or si le livre se fixait pour objet de décrire la maturation d'une conscience au moment où Eugene passait de l'enfance à l'âge adulte, Max ne voyait pas de raison pour que l'auteur, des années plus tard, se mette à commenter la scène à l'usage de ses contemporains. Ces adresses au lecteur furent également supprimées.

Perkins avait autant de mal à suggérer ces coupes que Tom à les effectuer. Il n'en souleva pas moins le problème posé par plusieurs personnages dont il jugeait que Wolfe leur accordait trop d'attention. Presque vingt ans plus tard, il racontait à James Jones, un autre de ses auteurs : « Je me rappelle le moment où je me suis aperçu avec horreur [...] que tous ces gens étaient pratiquement réels, que le livre était littéralement autobiographique. » Chaque fois que Max expédiait un personnage sur le billot, Tom plaidait la cause du malheureux : « Mais monsieur Perkins, vous ne comprenez donc pas. J'estime que ces gens sont de "grands" personnages, il faut qu'on parle d'eux. » Max était d'accord. Mais c'eût été négligence de sa part, pensait-il, de ne pas se battre pour ces suppressions dans la mesure où il était convaincu qu'une grosse équipe de personnages ralentissait l'histoire au lieu de la faire avancer. Exemple parmi tant d'autres, quatre pages consacrées au frère de la mère de Wolfe se trouvèrent réduites à une simple phrase : « Henry, l'aîné, avait désormais 30 ans. »

Le travail de Perkins et Wolfe sur *O Lost* progressa beaucoup en avril. Ils continuaient de se voir quand une section était prête ; tous deux estimaient désormais que le manuscrit serait bientôt suffisamment court pour pouvoir tenir en un volume. Max proposait de nouvelles révisions et Wolfe retournait dans son appartement effectuer d'autres corrections sur la partie retravaillée, ou en attaquer une autre. La dernière suggestion de Perkins s'accompagna d'un aveu : il n'était pas d'accord avec le titre. Ni lui ni aucun de ses collègues n'aimaient *O Lost*. Tom en trouva beaucoup d'autres. Il finit par présenter une liste. Max et John Hall Wheelock furent séduits par une phrase de trois mots tirée de *Lycidas* de Milton : « *Look Homeward, Angel*[1] ». Et Wolfe, secrètement, pensait lui aussi que c'était le meilleur titre.

À l'été 1929, Madeleine Boyd estimait – comme elle le penserait des années durant – que « sans l'autre génie – Max –, le monde n'aurait jamais entendu parler de Tom Wolfe ». Fin juillet, elle lut le roman révisé et câbla à Perkins : LIVRE DE WOLFE TRÈS BON MERCI À VOUS. Voyant que Max avait fourni avec Wolfe un travail éditorial particulièrement audacieux, elle trouva le courage de lui poser dans une lettre la question qui lui brûlait les lèvres depuis longtemps : « Pourquoi donc n'écrivez-vous pas ? J'ai le sentiment que vous écririez tellement mieux que la plupart de ceux qui écrivent. »

1. Le livre traduit en français sera publié à L'Âge d'Homme sous le titre *L'Ange exilé : une histoire de la vie ensevelie.*

Perkins lui offrit sa réponse quand ils se croisèrent à nouveau, et elle ne l'oublierait pas : « Max s'est contenté de me regarder un bon moment, puis il m'a dit : “Parce que je suis éditeur.” »

Perkins, après l'université, avait passé toute sa vie dans la compagnie des mots. Si le journalisme, son premier choix professionnel, trahissait une envie de devenir écrivain, sa carrière d'éditeur ne montre aucun signe pouvant laisser croire qu'il fût un romancier frustré. Toutes ses envies d'écriture refoulées, il les évacuait en offrant ses idées à des auteurs qui avaient le temps et le tempérament pour se consacrer à un projet unique. Et pour ce qui était de s'exprimer, il le faisait dans ses lettres. Durant sa carrière, il en dicta des dizaines de milliers, à raison souvent de deux douzaines par jour. « C'était comme si la personne à laquelle il écrivait était dans la pièce, faisait remarquer sa secrétaire, Irma Wyckoff. Mr. Perkins dictait même sa propre ponctuation » – laquelle montrait une propension à user du point virgule et à faire suivre d'un tiret la virgule et le point. Miss Wyckoff de poursuivre : « C'est ce qui faisait que ses lettres ressemblaient à des conversations. Nombre de ses auteurs disaient qu'il parlait littérature mieux qu'aucun écrivain. Et c'était particulièrement vrai dans ses lettres. »

Van Wyck Brooks, qui les analysait d'un point de vue plus académique, fit observer que « le style épistolaire de Max était typiquement XVIIIe siècle – conséquence d'un goût que nous avions en partage pour l'univers de Swift, d'Addison, de Defoe, de Pope et notamment pour le cercle du Dr Johnson. » Brooks, parlant de la « sensibilité littéraire » de son ami, était impressionné par ce que Max avait retenu de Swift : « Ce n'était pas sa liaison avec Vanessa, dont tout le monde parlait, mais plutôt quelque chose qu'aurait observé un romancier, à savoir que Swift aimait à s'asseoir à la terrasse des tavernes pour tendre l'oreille aux discussions des charretiers et des cochers. Exactement comme Joseph Crane[1] qui disait fréquenter des heures durant les bars du Bowery, fasciné qu'il était par le rythme et le tempo des discussions. Et ceci va jusqu'à expliquer, selon moi, la compréhension intuitive que Max avait des écrivains de son temps et de son pays. »

1. Poète et journaliste américain.

Rares étaient ceux qui étaient capables de comprendre le point de vue d'un écrivain, disait Perkins ; en effet, « le vrai artiste insiste toujours pour que son livre soit tel qu'il le veut » ; lequel livre ne devait jamais être censuré par aucun éditeur ou intervenant extérieur. Cette compréhension lui permettait de tracer les contours d'un roman mieux que l'auteur lui-même, ou de suggérer à celui-ci de respecter certains aspects formels dont dépendait un futur succès. Mais il affirmait aussi que le plus important demeurait « la loyauté, la bravoure et l'honneur » ; et il estimait qu'être « né en sachant cela » signifiait que l'on avait au moins fait une partie du chemin menant au « grand écrivain, et pas seulement au sens technique du terme ». Perkins n'est peut-être jamais devenu un écrivain « créatif », mais il n'était pas loin d'être un éditeur créatif.

Pour Brooks, un des aspects les plus intéressants de Max était « cette guerre perpétuelle qu'il menait avec lui-même et qui finissait par faire de lui "une proie pour le chagrin" ». Il montrait un « refus désespéré d'être soi-même » ; il estimait réellement qu'un homme ne devait pas « céder devant son désir ou son être propre ».

Max et Tom passèrent cet été-là cinq ou six semaines ensemble. La ville fascinait Wolfe et quand il n'était pas à son travail, il n'aimait rien tant qu'en explorer à pied les quartiers, en compagnie de son éditeur. Lorsqu'ils étaient ensemble, l'écrivain paraissait se pénétrer des visions, des bruits et des odeurs de la cité tout entière. En l'une de ces occasions, Perkins comprit que Thomas Wolfe, tout comme Swift ou Stephen Crane, était un observateur passionné. « Il fréquentait les bars, il y buvait et il avait pour amis une centaine de serveurs, racontait Max. Mais ce n'était pas une affaire de boisson. Il aimait la façon vivante, expressive, qu'avaient les gens de converser naturellement dans un bar, quand leurs langues se déliaient un tant soit peu, et qu'ils parlaient la langue même de la vie. »

Au cours de ses promenades avec Max, Tom avait coutume d'évoquer ses projets. Il savait inconsciemment ce qu'il avait à dire, sans trop savoir comment le dire. Il pouvait aussi se taire et c'est Perkins qui était alors tenu de faire les frais de la conversation. Puis Wolfe inventait des sujets de livre, de simples histoires qui ne donneraient rien ; ou bien il se mettait à penser tout haut jusqu'à ce qu'une idée éveille l'attention de Max. Des années plus tard, Max raconta une de leurs promenades à William B. Wilson, un grand admirateur de l'œuvre de Wolfe : « J'ai dit à Tom que j'avais depuis toujours en tête une grande histoire, celle d'un garçon qui n'a jamais connu son père, lequel étant parti quand le garçon était bébé, voire avant, pour faire le soldat, disons le mercenaire – et comment cet enfant entreprend de retrouver son père, ce qui l'entraîne dans une série d'aventures – un roman du genre picaresque. Quand il finit par le retrouver, le père est dans une situation bizarre. J'en ai parlé comme ça, en pensant bien sûr qu'une pareille histoire ne pouvait être destinée qu'à un de ces auteurs de contes de fées que nous publions tous. »

Sauf que Tom se mit à ruminer cette idée et à la prendre au sérieux. Puis il dit : « Je pense que je pourrais en faire quelque chose, Max. » Perkins était stupéfait. Le sujet était superficiel, tout juste une aventure très éloignée des possibilités de Tom. Il s'inquiéta même de voir que Wolfe pût y accorder de l'intérêt. Puis il comprit que, pour l'écrivain, il y avait une vérité là-dessous ; en fait, Tom accordait à « la recherche du père un sens profond, il fallait qu'il écrive là-dessus ». Wolfe avait perdu son père en 1922, alors qu'il passait sa maîtrise de lettres à Harvard. Il fut si traumatisé par ce deuil qu'il noircit des centaines de pages pour en fixer les détails avant de pouvoir le décrire dans son propre style. L'affaire fut au centre de son travail pendant quatre ans.

Pendant que Wolfe relisait les épreuves de *L'Ange exilé*, trois passages encore exigèrent un peu de chirurgie. Mais il ne cessait d'ajouter du texte à son livre ; en effet, chaque épisode coupé du manuscrit original lui sautait maintenant aux yeux comme une blessure ouverte qu'il fallait suturer. Ce n'était pas une façon délibérée de s'opposer aux conseils de son éditeur. « Je ne suis tout simplement pas capable de choisir intelligemment dans ce qui reste », expliqua-t-il à John Hall Wheelock. Et il écrivit aux éditeurs, en manière d'excuse pour tous les soucis qu'il leur donnait : « Parfois, quand j'essaie de mettre ce livre en forme, j'ai l'impression d'enfiler un corset à un éléphant. Le prochain ne sera pas plus gros qu'un chameau, au pire. » Il fallut attendre le 29 août 1929 pour que tout le monde en ait fini avec le travail sur épreuves.

Quand tout fut achevé, un nouveau problème surgit dans la vie de Wolfe. Cet été-là, il s'était ouvert pour la première fois de la liaison qu'il entretenait avec une femme mariée : Aline Bernstein, la célèbre costumière du Neighborhood Playhouse – dont Wolfe, toutefois, ne mentionna pas le nom. Durant les années à venir, Max serait obligé de lire les centaines de pages que Wolfe devait consacrer à la description d'Aline, après l'avoir transformée en un personnage de fiction du nom d'Esther Jack.

Elle avait 42 ans et Tom Wolfe en avait 24, en 1925, quand ils se rencontrèrent à bord du *SS Olympic*. C'était une femme juive de petite taille, mais pleine d'énergie, dotée d'un visage vermeil, gai et enveloppé de fraîcheur. La première impression de Tom fut d'avoir à faire à une « jolie femme » d'âge moyen. Elle vivotait dans un mariage sans passion. Pendant leur liaison, elle apporta son soutien à Wolfe de toutes les manières possibles, alors qu'il se bagarrait pour faire produire une pièce, et elle fut une source d'inspiration quand il se lança dans son premier roman. À présent, il « l'admirait énormément, mais il ne l'aimait plus au sens moderne du mot ». Aline, pour sa part, vouait à Tom un amour désespéré.

Tom avait besoin d'un conseil et il ouvrit franchement son cœur à Perkins sur presque quatre années de tendres et violentes relations avec une femme qui aurait pu être sa mère. Pour Max, la question se situait au-delà de son champ de compétence en tant qu'éditeur, et il l'éluda à différentes reprises. Il dit finalement qu'il ne voyait pas « comment cette relation pouvait se poursuivre, et qu'elle ne manquerait pas de cesser de toute façon puisque cette femme était aussi vieille que ça ». Max ne souhaitait pas s'engager davantage sur le sujet.

Peu après, Wolfe lui fit parvenir sa dédicace pour *L'Ange exilé.* Elle disait : « Pour A.B. » Suivaient six lignes extraites d'un poème d'adieu de la plume de John Donne. Sa dédicace personnelle adressée à Aline Bernstein dans ce premier tirage du livre se réfère au passé des amants, non à leur avenir : « Ce livre a été écrit grâce à elle et il lui est dédié. Un jour, alors que ma vie était misérable, et que je croyais si peu en moi-même, je l'ai rencontrée. Elle m'a offert son amitié, un soulagement matériel et moral, et un amour que je n'avais encore jamais connu. J'espère donc que les lecteurs du présent livre le trouveront, en partie au moins, digne d'elle. » De nouveau, Madeleine Boyd remercia Max pour tout ce qu'il avait fait en faveur de Tom et de son premier roman. Tom, dit-elle, aurait voulu le lui dédier, à lui Max – « mais son amie Aline Bernstein, qui nous avait donné le manuscrit, a revendiqué la préséance. J'ai dit à Tom que ça ne vous dérangerait pas d'attendre le livre suivant. Je vous dis cela juste pour que vous sachiez combien il vous est reconnaissant ; il sait ce qu'il doit à votre gentillesse, à votre patience et à votre compréhension ».

Wolfe accepta une dernière suggestion de Perkins concernant l'avant-propos : supprimer les allusions au soutien que l'éditeur lui avait apporté pour la mise en forme de son livre. Sur quoi il rentra à Asheville avec l'intention de préparer ses concitoyens à la sortie de *L'Ange exilé.* Max reçut une carte postale : « Je fais ici un séjour formidable. La ville est pleine de gentillesse et de bonne volonté et d'envie d'enraciner et de lancer le livre. Ma famille sait de quoi il s'agit, et je crois qu'ils en sont ravis, avec un peu d'appréhension aussi. »

John Hall Wheelock dirait à propos de *L'Ange exilé :* « Max savait que ce qu'il avait fait était ni plus ni moins ce qui était exigé par le devoir de sa charge. » Pendant tout ce travail d'édition, Wolfe s'était toujours montré admiratif et satisfait des compétences littéraires dont Perkins faisait preuve, et il avait accepté les corrections de bonne grâce. Wolfe croyait en son propre talent, mais Perkins lui inspirait une confiance absolue. Il écrivit cette année-là à Madeleine Boyd : « J'ai le plus grand respect pour lui, et je l'apprécie énormément. Ma foi est peut-être trop simple, mais je pense qu'il peut faire presque tout ce qui permettra d'avoir un bon livre. » Max n'était pas à l'aise quand il voyait le jeune auteur se montrer de plus en plus dépendant de son éditeur, mais il avait compris qu'un des principaux problèmes de Wolfe, dans son effort pour devenir écrivain, était à chercher du côté de sa famille : ils risquaient de penser qu'il « faisait quelque chose de bizarre – quelque chose qui, selon eux, n'était pas vraiment un travail ». En tant qu'artiste, Wolfe était fait comme un cyclope, un monstre doté d'un seul œil. Il faisait preuve d'une gratitude et d'une dévotion excessives à l'égard de son protecteur, uniquement parce qu'il l'avait pris en amitié ; d'un autre côté, il était aveugle aux dangers susceptibles de naître de leur collaboration. À John Terry, un ami de Wolfe et son condisciple à la fac de Chapel Hill,

Max écrivit un jour cette phrase bien dans sa manière pleine de sous-entendus : « Il avait alors davantage de respect pour l'éditeur qu'il n'en aurait plus tard. »

*
* *

Le 6 décembre 1928, Perkins reçut un télégramme de Grace, la mère d'Hemingway : ESSAIE DE LOCALISER ERNEST HEMINGWAY À NEW YORK POUR L'AVERTIR SON PÈRE MORT AUJOURD'HUI LUI DEMANDER ENTRER EN RELATION AVEC MAISON IMMÉDIATEMENT. En l'espace d'une heure, Perkins reçut un autre câble, d'Ernest en personne cette fois : il se trouvait à bord du Havana Special, le train qui ralliait les villes de la côte Est, en partance pour la Floride après un bref séjour à New York. De Trenton, il avait demandé à Perkins de lui faire parvenir à la gare de North Philadelphia les cent dollars dont il avait besoin pour regagner ses foyers. Quelques jours plus tard, Hemingway écrivit à Perkins d'Oak Park pour lui apprendre que son père s'était tiré une balle. Il laissait une femme, six enfants et « sacrément peu d'argent ». Ce père était le parent dont Ernest se souciait vraiment. À partir de ce jour, la relation d'Hemingway avec Perkins s'approfondit. Max devint l'aîné solide et fiable présent dans sa turbulente existence, quelqu'un à qui il pouvait s'adresser, sur qui se reposer.

À la fin de l'année, Hemingway avait réglé les affaires de son père. Il retourna à Key West avec une de ses jeunes sœurs et se mit aux révisions de son roman sur la Guerre mondiale, à raison de six à dix heures par jour. Durant la deuxième semaine de janvier, la plupart des chapitres avaient reçu les corrections finales de l'auteur, et Sunny, la sœur d'Ernest, les avait tapées à la machine. Ernest projetait de prendre de courtes vacances dans le Gulf Stream. Il invita Perkins à le rejoindre. Pour que Perkins ne puisse se dérober, il insista en disant que la seule façon d'entrer en possession du manuscrit était de venir le chercher lui-même. Max songea immédiatement que ce serait une excellente idée si Fitzgerald était du voyage ; mais Scott resta chez lui pour travailler à son roman.

Max rencontra Hemingway en Floride le 1er février et passa les huit jours suivants à Key West, un endroit qu'il trouva merveilleux à bien des égards. Les deux hommes partaient tous les matins à 8 heures et rentraient bien souvent quand le clair de lune baignait le village maritime bordé de cocotiers. Il fit soleil tous les jours, et Max et Ernest pêchaient dans le Gulf Stream. À propos des hauts-fonds où se réfractaient presque toutes les couleurs de l'arc-en-ciel, Max demanda : « Pourquoi n'écrivez-vous pas là-dessus ? » Juste au-dessus de leurs têtes, un oiseau battait stupidement des ailes. « Un jour peut-être, répondit Ernest, mais pas maintenant. Prenez ce pélican. Je ne sais pas encore quelle place il occupe dans cet ensemble. » Max devina qu'Hemingway ne tarderait pas à le savoir ; en effet, ainsi qu'il pouvait l'observer, le cerveau d'Ernest était toujours en mouvement, il ne cessait d'absorber et de créer.

Hemingway avait décidé que Max attraperait un tarpon, un des spécimens les plus prisés de la région. Mais Max, vu les rudes combats qu'il devait mener pour tirer de l'eau des barracudas, doutait de pouvoir un jour en pêcher un. Au dernier jour de Perkins à Key West, Hemingway eut un tarpon au bout de sa ligne. Il fourra de force la canne entre les mains de Max et ils passèrent cinquante minutes à essayer de venir à bout du poisson tout en gardant leur équilibre sur le bateau. Un orage éclata soudain et ils furent arrosés tout le temps de l'opération, ce qui ajoutait à leur excitation et augmentait les chances de leur proie. Mais Perkins et Hemingway parvinrent à le sortir de l'eau.

Max n'oubliait pas ce qu'il était venu faire en Floride. Il lut le roman d'Hemingway, *A Farewell to Arms*[1], entre deux sorties en mer, et le trouva extraordinaire. Il parla d'une éventuelle parution en feuilleton dans le magazine *Scribner's*, mais il pensait que la rédaction refuserait ce texte, car il était « souillé » par des gros mots. De Key West, il câbla à Arthur Scribner : LIVRE EXCELLENT MAIS DES DIFFICULTÉS PAR ENDROITS. De retour à New York, il essaya de s'expliquer dans une lettre à Charles Scribner : « Étant donné le sujet et l'auteur, le livre ne présente pas de difficultés inattendues. Hemingway a ce principe, dans sa vie comme dans ses écrits, de ne jamais se dérober devant les faits, et c'est en ce sens et en ce sens seulement que le livre pose un problème. Il n'est pas du tout érotique, même si l'amour est présenté comme possé-

1. *L'Adieu aux armes*.

dant une dimension très largement physique. » Max se sentait tenu de se censurer dans la mesure où il dictait cette lettre à Miss Wyckoff. Mais il jugeait l'éditeur « suffisamment familier du style d'Hemingway pour pouvoir interpréter lui-même » ce que Max était en train de lui écrire.

Le face-à-face entre Maxwell Perkins et le vieux Charles Scribner au sujet des mots inimprimables figurant dans le manuscrit d'Hemingway est devenu légendaire. Le récit qu'en a fait Malcolm Cowley est généralement regardé comme le plus fiable, car il repose sur celui de Perkins lui-même. Cowley a raconté : « Max expliqua au vieux Charles Scribner que le manuscrit devait comporter trois mots impossibles à imprimer. "Lesquels ?" demanda Mr. Scribner. Perkins, dont le juron le plus grossier allait rarement au-delà de "Mon Dieu !" et encore dans les moments de grande détresse, répondit qu'il lui était tout simplement impossible de les prononcer. "Alors, écrivez-les", reprit Scribner. Perkins en inscrivit deux sur un bloc, et lui tendit le papier. "Quel est le troisième mot ?" voulut savoir Mr. Scribner en lui rendant le billet. Perkins, finalement, l'écrivit aussi. Mr. Scribner jeta un coup d'œil au papier, puis dit en secouant la tête : "Max, que penserait de vous Mr. Hemingway s'il apprenait que vous ne pouvez même pas écrire ce mot-là ?" »

Au fil des années, l'incident fit l'objet de multiples récits apocryphes. Dans l'un d'eux, Max n'a pas écrit les trois mots sur un bloc, mais sur son agenda, dans la rubrique « À faire aujourd'hui », mais Irma Wyckoff a contesté cette version : « Mr. Perkins est sorti déjeuner, dit-elle, et il a fait demi-tour en route pour remonter dans son bureau et cacher cette liste. »

Perkins fut surpris de constater que la seule opposition suscitée par le manuscrit au sein de l'éditorial porta sur ces mots précisément. Robert Bridges, qui faisait partie de l'équipe du *Scribner's*, jugeait le livre très bien fait, y compris dans sa façon de dépeindre explicitement une histoire d'amour entre un soldat blessé et une infirmière. Alfred Dashiell, dit « Firtz », le successeur présomptif de Bridges, se montra au moins aussi enthousiaste : il pensait qu'il n'y avait aucun mot à supprimer.

Dès que ce fut possible, Perkins informa Hemingway que le magazine offrait seize mille dollars, plus que ce que *Scribner's* avait jamais payé pour un feuilleton. Max aborda le problème des

« fameux mots » de façon fort directe : « J'exagère toujours les difficultés, en partie parce que c'est une forme de politique fondée sur la théorie selon laquelle il vaut mieux commencer par s'attaquer au pire. » Il n'en était pas moins vrai que le magazine était lu dans beaucoup d'écoles et devant des classes mixtes ; or *Scribner's* estimait que les oreilles de toutes ces jeunes filles étaient trop chastes pour souffrir la grossièreté des soldats d'Hemingway.

Ernest répondit qu'il ne voyait pas comment les sections du manuscrit pouvaient être coupées. En effet, il était écrit si serré que chaque passage dépendait de tous les autres. Il expliqua aussi que l'émasculation pratiquée sur un homme, un animal ou un livre, pour être une opération mineure, avait de grandes conséquences.

Avec *L'Adieu aux armes*, Perkins avait l'intention d'élargir le public d'Hemingway. Il lui écrivit que s'il voulait le voir paraître en feuilleton, c'était principalement « pour vous rendre accessible à beaucoup plus de gens, et pour vous aider à acquérir une reconnaissance plus complète ». Il rappela à l'auteur que *Le soleil se lève aussi* avait soulevé de très fortes hostilités : « Il a été écarté à cause de ses qualités et de l'adhésion qu'elles suscitaient. L'hostilité était très largement du type de celle que doit rencontrer toute nouveauté artistique, simplement parce qu'elle dérange. Ce qui montre la vie sous un aspect différent ; les gens se sentent plus à l'aise quand elle est plus conventionnelle et plus lisse, quand ce qui est désagréable demeure caché. L'hostilité est venue aussi en partie de ceux qui en fait n'ont rien compris au livre parce que sa méthode expressive était nouvelle [...] ; c'est le même problème pour un peintre au style entièrement nouveau. Les gens ne comprennent tout simplement pas, puisqu'ils ne comprennent que ce à quoi ils sont habitués. »

Perkins essayait d'amener Hemingway à admettre ceci : « Si nous arrivons à sortir ce feuilleton sans provoquer de trop sérieuses objections, alors vous aurez fortement consolidé votre position, et vous vous situerez par la suite fort loin d'un genre de critique très néfaste, car il empêche beaucoup de gens de juger l'objet lui-même selon ses qualités. »

Ce problème sur les mots n'était pas une simple querelle pour Hemingway, mais une bataille pour le retour à « un plein usage de la langue ». Il estimait que les pas susceptibles d'être accomplis dans cette direction pouvaient avoir une valeur plus durable que tout ce qu'il écrirait par la suite. Il dit à Max qu'il avait toujours existé une littérature de premier rang, et que la littérature américaine venait derrière. Il avait l'intention d'être l'écrivain qui renverserait cet ordre des choses. Mais l'argument de Perkins l'impressionna et, une fois de plus, il accepta de blanchir ses pages en en effaçant les grossièretés.

Lors d'une de ses visites à l'éditeur, Owen Wister, l'auteur de *The Virginian : A Horseman of the Plains*[1] – *Le Cavalier de Virginie* dans sa traduction française –, eut à cœur d'aborder avec Perkins cette question de l'usage que faisait Hemingway de la vulgarité. Selon lui, elle n'était absolument pas nécessaire, et ne servait qu'à exciter les préjugés. Or Perkins savait qu'Hemingway n'employait pas ces mots pour faire valoir ses droits littéraires, mais pour préserver l'intégrité de son style. Il lui expliqua dans une lettre que Wister n'avait pas l'air de comprendre « que toute circonlocution, etc. serait nulle et non avenue étant donné votre façon d'écrire. C'est ce que j'ai tenté de lui expliquer, mais il n'a jamais accroché à votre style, alors il n'y avait rien à faire. Mais j'ai insisté sur le fait que vous n'avez presque jamais recours à la comparaison. C'est une façon différente de travailler. J'ai toujours su que ce n'était pas juste que vous vouliez vous servir de ces mots – c'est qu'en les évitant, vous vous seriez véritablement détourné de votre style, de votre méthode et ainsi de suite ».

En mars 1928, Hemingway se préparait à repartir pour l'Europe. Avant d'embarquer, il écrivit à Max un billet hâtif dans lequel il lui demandait de ne pas communiquer à Scott Fitzgerald son adresse en France, au cas où celui-ci veuille se rendre chez lui. La dernière fois que Fitzgerald avait séjourné à Paris, il avait occupé un appartement des Hemingway et leur avait attiré sans cesse des ennuis avec le propriétaire. Alors quand Ernest avait appris que les Fitzgerald allaient de nouveau se retrouver là-bas en même temps qu'eux, il en avait été horrifié. Il voulait bien voir Scott, mais seulement dans des lieux publics, afin de pouvoir s'en

1. Owen Wister, dont l'œuvre s'inspire du Far West, est encore largement méconnu du public français.

séparer à tout moment ; il ne souhaitait en aucun cas le rencontrer à portée de tir de son propre domicile.

L'épreuve la plus dure, dans la vie de Fitzgerald, c'était ce roman qu'il n'arrivait pas à finir, et dont Perkins avait lu le premier quart seulement, d'ailleurs exaltant. D'Ellerslie, Scott écrivit à Max début mars : « Je me barre comme un voleur en emportant mes chapitres. Il y a une semaine de travail pour les mettre d'aplomb et je vais y arriver même dans la confusion de la grippe & du départ. » Il projetait de travailler à bord et de poster le manuscrit depuis Gênes. Il remerciait mille fois l'éditeur pour sa patience. Et il implorait : « Faites-moi confiance encore quelques mois, Max. C'est une période accablante pour moi aussi, mais je n'oublierai jamais votre gentillesse, et le fait que vous ne m'avez jamais fait de reproche. »

Perkins s'inquiétait davantage pour son auteur que pour le manuscrit. Redoutant que Scott « perde ses nerfs », il écrivit à Hemingway que si Fitzgerald tenait bon, « il s'en sortira[it] très bien. Et en dépit de sa foi en la jeunesse, il vieillira mieux s'il arrive à rester à l'écart des ennuis ».

Quand vint l'été, Perkins se demanda si Fitzgerald ne devait pas renoncer à ce livre. Mais une capitulation ne risquait-elle pas de peser de façon irréversible sur le reste de sa carrière ? Il consulta Hemingway : « Pensez-vous qu'il devrait bazarder ce roman et en commencer un autre ? » De « très mauvaises nouvelles » remontèrent d'amis communs. Puis Fitzgerald lui-même envoya un message laconique dans lequel il faisait allusion à son roman pour déclarer qu'il n'aimait pas en parler. Perkins lui écrivit alors pour lui demander s'il pouvait faire quoi que ce soit pour l'aider en Amérique. Il ajoutait : « Je ne veux pas que vous vous sentiez obligé de m'écrire, sauf s'il y a une bonne raison, vous avez assez de pain sur la planche. »

Mais Fitzgerald trouva une bonne raison d'écrire à Max : son roman progressait de nouveau. Cette année, il avait écrit une nouvelle, un des nombreux récits destinés au *Saturday Evening Post*. Le texte s'intitulait *The Rough Crossing* – « Une rude traversée », et mettait en scène un auteur dramatique à succès partant pour l'Europe avec sa femme afin de fuir la foule de Broadway. Sur le navire, le dramaturge se laisse attirer par une jolie brunette à la peau d'ivoire – la « jolie fille du voyage ». Cette toquade met son mariage à mal au moment même où la croisière affronte un ouragan sur l'Atlantique. La « rude traversée » réorienta le roman de Fitzgerald qui échafauda un nouveau triangle amoureux auquel participaient cette fois un jeune et brillant metteur en scène de films et sa femme – Lew et Nicole Kelly ; sur le navire, Lew et Nicole font la connaissance d'une jeune femme du nom de Rosemary, laquelle voudrait faire du cinéma.

Fitzgerald écrivit à Max une lettre pleine d'espoir : « Je travaille jour et nuit sur le roman pris sous un angle nouveau qui je crois devrait résoudre les précédentes difficultés. » Mais cette version « Kelly » ne fonctionnait pas non plus. Elle ne resta pourtant pas sans conséquence, car nombre de ses éléments demeurèrent présents dans l'imagination de Fitzgerald et continuèrent d'y incuber. Fitzgerald revint à la version « Melarkey » pour une dernière tentative, puis la laissa reposer.

Max rencontrait des difficultés avec Scott, mais obtenait de bons résultats avec ses amis, en particulier avec Ring Lardner dont il avait contribué de haute lutte à mettre en valeur la réputation, même si sa carrière dans le journalisme semblait l'empêcher d'accéder au rang d'écrivain sérieux. Max était en train de réunir les textes d'*And Other Stories*, le premier recueil de Lardner en deux ans, quand il fut approché par la Literary Guild[1]. Ils voulaient que Perkins publie une anthologie des récits de Lardner, un volume regroupant *How to Write Short Stories*, *The Love Nest* et des textes inédits déjà dactylographiés. Ils proposaient une avance de treize mille cinq cents dollars que Scribner s'offrait de partager pour moitié avec l'auteur, mais il y avait plus important encore : Perkins expliqua à Ring que la proposition était hautement avantageuse, car « elle allait mettre un très bon livre de votre plume entre les mains de quelque soixante-dix mille lecteurs, sans parler de tous ceux à qui nous l'enverrons par le réseau habituel. Ainsi votre public sera considérablement élargi. Cela conduira aussi, pensons-nous, à vous réévaluer en tant qu'auteur de nouvelles, etc. auprès de tous les journaux concernés, et c'est ce qui serait encore le plus avantageux ». Perkins décida même Scribner à investir en

1. La Literary Guild of America, de création récente, était un club du livre qui sélectionnait des ouvrages et les expédiait à ses abonnés sous son propre label, à un prix très compétitif.

publicité les six mille sept cent cinquante dollars de la Literary Guild. Il écrivit à Ring : « Nous n'avons jamais pensé que vous aviez eu les ventes que vos livres méritaient, et nous allons essayer d'y arriver cette fois, et de bâtir pour l'avenir. »

Perkins laissa tomber *And Other Stories* et se mit à réfléchir à un titre pour la grande anthologie – « quelque chose qui embrasserait l'ensemble et soulignerait la personnalité particulièrement nationale de l'auteur, ou peut-être des gens sur lesquels il écrit, sans oublier leur condition ». Il soumit à la Literary Guild une liste de titres qu'il avait trouvés, sans cacher sa préférence pour *Round Up*. « C'est une locution américaine, expliqua-t-il, et ça sous-entend l'idée de rassemblement – et même si elle peut avoir l'air de sonner "ouest" au premier abord, on s'en sert aujourd'hui pour évoquer presque tous les regroupements possibles – même ceux des escrocs. »

À la fin de l'hiver, alors qu'aucun titre n'était encore sorti du lot, Lardner devait aller dans les Caraïbes. Mais il ne partit pas aussi vite que Max l'avait cru. Afin de respecter l'échéance fixée, Perkins prit l'initiative d'un arrangement avec la Literary Guild : le livre s'intitulerait *Round Up* en omettant de consulter l'auteur. Et quand la nouvelle parvint finalement à Lardner, il télégraphia à Perkins qu'il préférait son propre titre : *Ensemble*. Perkins en fut mortifié. Les pages de titre, les couvertures et les jaquettes étaient déjà imprimées. Il s'excusa : « Je suis désolé qu'il en soit ainsi. Nous n'avons pas voulu prendre un titre qui n'avait pas votre pleine approbation, et j'ai été stupide au sujet de votre voyage à Nassau. » Le problème, c'est que la Literary Guild avait accueilli avec enthousiasme le titre de Max, et que Scribner était en train d'imprimer vingt mille exemplaires de plus sous sa propre marque. *Round Up*, au final, trouva quelque cent mille lecteurs.

Perkins, une fois de plus, demanda à Ring s'il ne pourrait pas écrire un roman ou une novella – dans les 40 000 mots. Ils en parlaient depuis des années. Il insista : « Ce serait le bon moment, avec le support fourni par la diffusion de *Round Up*. » Au grand regret de Perkins, Lardner se passionnait toujours pour le théâtre, et il était si occupé à écrire des pièces et du vaudeville au kilomètre qu'il n'avait même pas pris le temps de réfléchir à un court roman. « Mais dans le show-biz, l'argent met du temps à tomber, écrivit-il à l'éditeur, et je vais peut-être devoir bientôt vous demander une avance. »

Un autre auteur, lui aussi ami de Fitzgerald, traversait des temps particulièrement difficiles, ce qui ne l'avait pas empêché de publier, alors même qu'il se dirigeait tout droit vers une rupture. C'était Edmund Wilson. Épuisé par les trahisons et le désenchantement, il essayait de se décider à divorcer et à partir avec une autre femme. Pour ne rien arranger, il venait d'envoyer à Max Perkins le manuscrit d'un roman, *I Thought of Daisy* – paru en français sous le titre *J'ai pensé à Daisy*[1] –, et était tombé dans cette déprime dont souffrent souvent les auteurs qui viennent de terminer un livre. « C'est le genre de chose qui doit finir pour de bon, sinon ça ne pourra jamais finir, écrivit-il à Perkins. Ce que je veux dire, c'est que j'ai créé de bout en bout des personnages et des rebondissements et des intrigues secondaires pour servir un ensemble d'idées sur la vie et la littérature, mais si les idées sont vraiment plaquées, et si elles ne sont pas assez intéressantes pour compenser aux yeux du lecteur le manque d'action et d'émotion, toutes choses qu'il a l'habitude de trouver dans un roman, alors l'affaire se résumera à un échec. »

Wilson et Perkins correspondaient depuis que l'éditeur, des années auparavant, avait exprimé son intérêt pour *The Undertaker's Garland*. Wilson était quelqu'un d'indécis et Perkins n'avait jamais pu l'aider à trancher sur le genre littéraire auquel il devait se consacrer. *J'ai pensé à Daisy* était sa première longue œuvre de fiction. Leon Edel, qui publiait ses articles, noterait ceci : « Il était surpris de découvrir que c'était très différent des autres genres littéraires. » Alors qu'il procédait à la révision du manuscrit, Wilson entreprit de travailler à une série de longs articles critiques qui seraient regroupés un jour sous le titre *Axel's Castle*. Il écrivit à Perkins qu'ils étaient « plus faciles à écrire et qu'en un sens, ils le soulageaient de *Daisy*. » Ce roman se vendit à quelques milliers d'exemplaires seulement, mais il obtint d'excellentes critiques et gagna l'estime du milieu littéraire. Des années plus tard,

1. Publié chez Julliard en 1969, mais que le lecteur peut aujourd'hui trouver aux éditions 10/18.

Zippy, la fille de Max, demanderait à son père pourquoi le roman de Wilson n'avait pas réussi à séduire un plus large public. « Wilson, répondit-il, est un des intellectuels les plus intelligents d'Amérique, mais quand il écrit de la fiction, il donne le sentiment de faire la leçon. Chaque fois qu'il écrit quelque chose de pas spécialement élevé, on a quand même l'impression que ça vient de là-haut. » Il eut aussi, une autre fois, ce mot révélateur : « Edmund Wilson donnerait n'importe quoi pour avoir la moitié de la réputation qu'a Scott Fitzgerald comme romancier. »

Max, cet été-là, s'arrangea pour passer à Windsor un mois de vacances magnifiques, pratiquement sans pluie. Il s'étonna à plusieurs reprises de voir combien ses deux aînées grandissaient rapidement. Bertha avait été une fillette pleine de sérieux, chaussée de lunettes à monture de corne, et dont Max vantait l'habileté à « dire qu'une chose est juste même quand elle va contre son désir ». Zippy, celle qui arrivait toujours à charmer son père et à lui extorquer des privilèges, était en train de devenir une beauté à couper le souffle. Les deux filles sortaient maintenant danser à Windsor, à Cornish, à Woodstock, et ne rentraient pas avant 2 heures du matin. Max jugeait offensant de devoir les attendre.

Par le passé, Perkins avait souvent quitté Windsor pour faire un saut à New York et observer l'impact de tel ou tel livre fraîchement paru, sur lequel il avait travaillé. En cette année 1929, il s'y rendit seulement pour la sortie de plusieurs ouvrages. *L'Ange exilé* et *L'Adieu aux armes* parurent en septembre ; et tous deux suscitèrent des réactions extrêmement favorables de la part des lecteurs et de la critique.

Hemingway demanda à Perkins de réimprimer ; c'était leur « coup de maître ». Vu l'impact que le livre produisait, il comptait atteindre les cent mille exemplaires. En l'espace de quelques semaines, *L'Adieu aux armes* ferait trois fois plus. Ernest savait déjà comment dépenser ses droits d'auteur. Il allait investir les revenus des soixante-dix mille premiers exemplaires dans un fonds destiné à sa famille ; avec le reste, il s'achèterait un bateau.

Quant aux rêves d'enfance d'Eugene Gant, ils étaient en train de devenir réalité pour Thomas Wolfe, leur créateur. Wolfe était loué désormais comme un nouvel auteur de premier rang ; il figurait dans ce qu'il considéra comme « les meilleurs papiers jamais parus depuis des années sur un premier roman ». La seule réaction négative digne d'intérêt se produisit dans la ville natale de l'auteur, Asheville, Caroline du Nord. Quand les habitants de cette agglomération comprirent qu'on les avait transformés en citoyens d'une ville fictive appelée Altamont, et que tous leurs échecs se trouvaient étalés au grand jour aux quatre coins du pays, ce fut la levée de boucliers. L'un d'eux menaça même Wolfe : il allait traîner ce « gros geignard » en place publique d'Asheville. Mais en Caroline du Nord comme ailleurs, le livre se vendait ; et Scribner eut tôt fait d'écouler ses quinze mille exemplaires.

Heureuse période pour Perkins. Les cieux lui souriaient. Comme octobre approchait, New York savoura son été indien – il n'y avait dans l'air aucun signe annonçant l'hiver ; ni aucun signe, en cet automne doré, du krach imminent, et des années éprouvantes qui pourtant se profilaient à l'horizon.

Deuxième partie

– 9 –

Crises de confiance

Le jeudi 24 octobre 1929, la bourse s'effondra. « Les effets que ça aura, personne ne peut le dire, écrivit Max à F. Scott Fitzgerald à la fin du mois. Ça peut avoir un très mauvais effet sur tout le commerce de détail, y compris celui du livre. »

Quand les actions de Wall Street commencèrent à piquer du nez, Fitzgerald se trouvait en France et il écrivait son roman. À en croire les nouvelles, tout allait mal pour lui : ses relations, sa carrière, son mariage. D'après une histoire parvenue aux oreilles de Perkins, il avait mal arbitré le temps lors d'un match de boxe entre Morley Callaghan et Hemingway, et il en était résulté pour ce dernier de sérieux coups à la mâchoire. Scott aussi était touché par l'incident, mais plutôt dans sa fierté. Et son estime de soi devait chuter encore quand il comprit qu'Hemingway n'avait aucune envie de lui dire où il habitait. Les deux hommes continuaient de correspondre par lettre, mais ces échanges n'étaient pas toujours amicaux. Dans un courrier, Ernest traite Scott de « fou furieux » avant de l'exhorter : « Nom de Dieu ! écris-le, ce bouquin ! » Il mit en garde Perkins : ne jamais faire confiance à Scott, un homme absolument incapable de garder un secret quand il était à jeun, et « à peu près aussi responsable qu'un dingue » quand il avait bu.

Les relations de Scott avec ses autres amis se tendaient aussi. Les Murphy, par exemple, en avaient assez d'être pris pour modèles de son roman. Gerald dirait ceci : « Il continuait de nous interroger, par exemple quels étaient vraiment nos revenus, comment je m'y étais pris pour entrer à Skull and Bones[1], si Sara et moi avions vécu ensemble avant d'être mariés. Je n'arrivais tout simplement pas à prendre au sérieux l'idée qu'il allait écrire sur nous – je ne voyais vraiment pas ce qui pouvait sortir de questions comme celles-là. Mais ce qui est sûr, c'est que je n'ai pas oublié sa façon de m'étudier avec une espèce d'attention muette et dédaigneuse, comme s'il essayait de comprendre ce qui me faisait avancer. Ses questions avaient le don d'énerver Sara. En général, elle lui servait une réponse ridicule, juste pour qu'il la boucle, mais tout ça finissait par devenir insupportable. Un soir, au beau milieu d'un dîner, elle en a vraiment eu par-dessus la tête. Elle lui a dit : "Scott, tu crois que tu vas comprendre les gens en leur posant des questions, mais non. Les gens, tu ne sais absolument rien d'eux." Scott est devenu vert, littéralement. Il s'est levé, il a pointé le doigt sur elle et il a dit que personne ne lui avait jamais parlé *comme ça ;* sur quoi Sara lui a demandé s'il voulait qu'elle le répète, et elle l'a fait. »

Les histoires les plus déroutantes au sujet de Fitzgerald étaient celles qui tournaient autour de son mariage. Madeleine Boyd, qui avait récemment rencontré le couple à Paris, apprit à Perkins que Zelda n'était plus elle-même, et qu'ils n'arrêtaient pas de se bagarrer. Zelda, qui passait jusque-là pour être seulement une écervelée, devenait vraiment étrange. Le plus aberrant, c'était sa conduite vis-à-vis du ballet : elle s'était mise à l'étudier avec un zèle frénétique. Elle s'entraînait tellement qu'elle était à bout de force. Elle avait beaucoup maigri ; sa figure était émaciée, cireuse ; et elle était si nerveuse qu'il n'y avait plus moyen de savoir s'il lui venait des rires ou des larmes quand elle se mettait à hurler. Comme Hemingway le mentionne dans *Paris est une fête*, elle en voulait à son mari de se vouer à l'écriture ; quant à Scott, il se sentait délaissé à présent qu'elle ne faisait plus que danser. Pour Fitzgerald, qui n'avait cessé de perdre confiance au fil du temps, c'était le rejet final. Plus tard, dans une lettre qu'il écrivit à Zelda et qui ne fut jamais envoyée, il devait revenir sur leur dernière année ensemble : « Tu étais déjà partie – j'arrive à peine à me souvenir de toi cet été-là. Tu n'étais qu'une personne parmi toutes

---

1. Une association d'anciens de Yale.

celles qui ne m'aimaient pas ou me traitaient avec indifférence. Je n'aimais pas penser à toi. [...] Tu étais en train de devenir dingue et d'appeler ça du génie – et moi j'allais détruire tout ce que je produirais. Je pense que tous ceux qui avaient assez de recul pour voir au-delà de notre apparente désinvolture devinaient ton égoïsme mégalomaniaque et mon alcoolisme dément. À la fin, rien n'avait plus d'importance. Là où j'ai été le plus près de te quitter, c'est quand tu m'as traité de tapette rue Palatine, mais maintenant tu peux bien dire tout ce que tu veux, tu ne m'inspires plus qu'une vague pitié. [...] Il faut croire que *Les Heureux et les Damnés* est un livre mûrement écrit, car tout était vrai. Nous nous sommes détruits – je n'ai jamais cru honnêtement que nous nous détruirions. »

Les Fitzgerald, cette année-là, firent des économies drastiques en vivant dans des hôtels meilleur marché, mais le comportement de Scott vis-à-vis de l'argent ne changea pas. La nouvelle décennie n'avait pas deux semaines d'âge qu'il demandait déjà à Perkins une avance de cinq mille dollars pour payer ses factures de Noël. Ses nouvelles lui avaient rapporté vingt-sept mille dollars l'année précédente, mais ses livres 31,77 dollars seulement. Presque cinq ans s'étaient écoulés depuis la sortie de *Gatsby le Magnifique* et les avances consenties à Scott pour son prochain livre atteignaient désormais les huit mille dollars. Lorsque Perkins, en empruntant des voies subtiles, lui demandait s'il aurait bientôt fini son roman, Scott répondait : « D'abord, si je ne parle pas de mon roman, ce n'est pas parce qu'il n'est pas fini ou parce que je ne m'en occupe pas –, c'est juste que je suis fatigué de fixer des dates en attendant de pouvoir le mettre à la Poste. » Sa fierté professionnelle était à peu près la seule chose que Fitzgerald arrivait encore à maîtriser. Il écrivit à Perkins : « J'ai écrit avec ardeur & beaucoup & la casserole met plus de temps à se remplir maintenant, mais le roman, mon roman, est d'une autre composition que si je m'étais dépêché de le finir il y a un an et demi. »

Au printemps, Max lui écrivit : « La seule chose qui m'ait jamais inquiété à votre sujet, c'est votre santé. Je sais que vous avez tout le reste, mais je me suis souvent fait du souci pour ça, peut-être parce que j'ai moi-même du mal avec le fait de veiller tard et tout ce qui s'ensuit. »

Au début du printemps 1930, la maladie se mit en travers de leur route. Zelda craqua à force de se surmener et de céder à sa manie frénétique du ballet. Pendant vingt et un jours, Fitzgerald se trouva incapable d'écrire même une lettre. Et il ne parla à Perkins de ses ennuis qu'après avoir passé plusieurs semaines à lui réclamer de l'argent : « Zelda est désespérément malade dans un sanatorium ici en Suisse, elle a fait une dépression nerveuse. » Impossible pour lui de se remettre au travail.

Alors que Zelda était toujours « malade à crever », lui-même se sentait de plus en plus « harcelé et angoissé ». Le psychiatre qui consacrait presque la totalité de son temps à Zelda coûtait beaucoup d'argent. Max conclut des lettres de Scott que Zelda était aux portes de la folie, sinon déjà folle. Quand vint l'été, on lui diagnostiqua une schizophrénie. Et comme l'alcoolisme était une des visions qui hantaient les délires de Zelda, les médecins insistèrent pour que Scott cesse de boire pendant un an ; et elle, définitivement. L'instabilité de Scott et son alcoolisme avaient-ils contribué à la dépression de sa femme ? En fait, ce n'est pas ce que disait Zelda. Perkins avait toutefois son opinion sur le sujet : « Je sais que Scott a quelque part des reproches à se faire pour ce qui arrive à Zelda, écrivit-il à Thomas Wolfe, mais il est courageux pour affronter les ennuis comme il le fait, en faisant toujours face – sans s'aveugler. » Et Scott, dans son journal, devait résumer son année ainsi : « Le krach ! Pour Zelda & pour l'Amérique ! »

Même au désespoir, Fitzgerald continuait d'envoyer chaque mois à Perkins – « mon ami et soutien le plus loyal et résolu » – des nouvelles de la vie littéraire. Puisqu'il ne pouvait plus dire que son livre avançait, il chargeait ses lettres de suggestions à caractère éditorial. Il fit parvenir à Max les noms de plusieurs auteurs – tous représentants d'« une génération vraiment nouvelle » – en mentionnant les textes sur lesquels il était tombé dans un numéro de la revue *American Caravan*. Le plus remarquable, disait-il, était Erskine Caldwell, en dépit « des habituelles influences venues d'Hemingway et même de [Morley] Callaghan ». Perkins écrivit alors à Caldwell.

Ce dernier avait 26 ans et était originaire de Géorgie. Après être brièvement passé par l'université, il s'était employé à la récolte du coton, à la critique littéraire, au football professionnel et au sciage de bois, avant de devenir apprenti écrivain. Il vivait à Mount Vernon, Maine, quand Perkins s'offrit de lire ses manuscrits. Personne n'avait encore jamais demandé une chose pareille à Caldwell. Il s'en souviendrait plus tard en ces termes : « La lettre a déclenché pour trois mois une orgie d'écriture d'une intensité inégalée jusque-là, et qui ne devait plus être atteinte par la suite. »

Caldwell envoya d'abord à Max une nouvelle par jour, pendant une semaine. Chacune fut promptement refusée par retour. Mais l'auteur ne s'avouait pas vaincu aussi facilement. Il passa la surmultipliée et fut en mesure d'envoyer à Max, chaque semaine, deux nouvelles rédigées avec soin. Il était maintenant bien décidé à faire tomber les résistances du *Scribner's Magazine*. Mais c'était Perkins, à ses yeux, qui représentait l'élément le plus puissant de la maison, et c'est par lui qu'il souhaitait passer. Dès qu'une nouvelle était refusée – en général parce qu'elle était trop « anecdotique » –, il la réexpédiait à l'un des « petits magazines » – *This Quarter, Pagany, Hound & Horn* ou *Clay*, pour n'en citer que quelques-uns – où elle était acceptée. Au bout d'un mois, Caldwell eut le sentiment que les refus de Perkins se faisaient un peu moins fermes. Et en effet, au printemps, Max décida de prendre un de ses récits, sans savoir encore lequel. D'après le cahier où Caldwell traçait la destinée de toutes ses nouvelles, Perkins disposait alors de cinq textes.

« J'ai tout de suite eu peur qu'il n'en vienne à changer d'avis, écrit Caldwell dans ses mémoires, *Call it Experience*[1] – que ne s'écroule la structure économique déjà chancelante du pays – que n'importe quoi se produise avant qu'il n'ait fait paraître pour de bon une de mes nouvelles dans la revue. » Ayant reçu cet encouragement de Perkins, il se mit à l'ouvrage le soir même et fit en sorte de pouvoir fournir à l'éditeur davantage de textes sur lesquels se pencher. Trente-six heures plus tard, il avait sur son bureau trois récits supplémentaires. Il décida de les apporter lui-même à New York, avec d'autres prélevés sur la pile qui s'amoncelait sur sa table. Après tout, on n'était jamais « à l'abri d'un accident de chemin de fer capable de provoquer des retards dans la distribution du courrier ».

1. *Mais l'art est difficile*, paru aux éditions Gallimard.

Dans le bus de nuit qui l'emmena de Portland, Maine, à New York, Caldwell ne put dormir tant ses appréhensions étaient grandes. « Je n'avais jamais vu Max Perkins, écrivit-il, [...] et au lever du jour, je me mis à le visualiser comme une personne redoutable, mauvaise, qui allait me reprocher de débouler chez lui, et prendre mon travail en grippe. » De 8 à 10 heures, Caldwell fit les cent pas sur le trottoir en face de chez Scribner, et tâcha de trouver une excuse valable pour expliquer qu'il se présentait comme ça, sans rendez-vous. Rien de convaincant ne lui traversa l'esprit ; comprenant alors que le peu de courage qu'il lui restait était en train de fondre à toute vitesse, il se hâta de traverser la rue et de pénétrer dans l'immeuble, la main serrée sur son enveloppe de manuscrits. Le temps que l'ascenseur l'emmène à l'éditorial, il avait perdu tous ses moyens. Il ne put faire davantage que laisser l'enveloppe à la réceptionniste, avec un mot à l'intention de Perkins, indiquant qu'il était descendu pour deux jours au Manger Hotel.

Caldwell y resta enfermé tout l'après-midi, sortant seulement pour aller s'acheter un sandwich et des journaux. Il resta éveillé jusqu'à plus de minuit, essayant de recouvrer l'assurance nécessaire pour appeler Scribner si Perkins ne lui faisait pas signe avant son départ. Le téléphone sonna en milieu de matinée. D'abord, la sonnerie le fit sursauter ; puis il fut si heureux de l'entendre qu'il la laissa retentir deux fois avant de décrocher. « J'ai eu vos nouveaux manuscrits hier, ceux que vous avez laissés au bureau, dit Perkins après que l'un et l'autre se furent présentés. Vous auriez dû demander à me voir. » Le reste de la conversation est racontée par Caldwell :

PERKINS : Quoi qu'il en soit, j'ai lu toutes les nouvelles à ma disposition maintenant, y compris celles que vous avez déposées hier, et je ne crois pas avoir besoin d'en lire davantage.

CALDWELL : (Silence)

PERKINS : Je crois vous avoir écrit il y a quelque temps pour vous dire que nous voulions publier une de vos nouvelles dans le *Scribner's Magazine.*

CALDWELL : J'ai bien reçu la lettre. Vous n'avez pas changé d'avis, n'est-ce pas ? Je veux dire, sur le fait de prendre une de mes nouvelles.

PERKINS : Changer d'avis ? Non. Pas du tout. Le fait est qu'ici, au bureau, tout le monde est d'accord. Je pense même que nous avons décidé maintenant de prendre deux nouvelles, au lieu d'une seule, et de les faire paraître ensemble dans le même numéro. Ce que nous voudrions, c'est pouvoir les programmer pour le numéro de juin. Celle qui s'appelle *The Mating of Marjorie* et une autre : *A Very Late Spring*. Toutes les deux sont de bonnes histoires du nord de la Nouvelle-Angleterre. Elles dégagent une bonne émotion. C'est quelque chose que j'aime trouver dans la fiction. Tellement d'écrivains maîtrisent la forme et la technique, sans mettre assez d'émotion dans leur livre. Je pense que c'est important.

CALDWELL : Je suis vraiment ravi que vous les aimiez – les deux.

PERKINS : Maintenant, à propos de ces deux nouvelles. Comme je le disais, nous souhaitons les acheter toutes les deux. Vous demandez combien pour les deux ensemble ? Tôt ou tard, il faut parler argent. Pas moyen d'y échapper, si ?

CALDWELL : Écoutez, je ne sais pas exactement. Je veux dire, pour l'argent. Je n'y ai pas trop réfléchi.

PERKINS : Deux cinquante, ça irait ? Pour les deux…

CALDWELL : Deux cinquante ? Je ne sais pas. J'aurais cru pouvoir toucher quand même un peu plus que ça.

PERKINS : Vraiment ? Eh bien, que diriez-vous alors de trois cinquante. C'est en gros ce que nous pouvons donner, pour les deux textes. De nos jours, la diffusion des magazines n'augmente pas comme elle augmentait avant, et nous devons avoir un œil sur nos dépenses. Je ne crois pas que nous allions de sitôt vers des jours meilleurs, ça va même aller de mal en pis, si ça se trouve. L'économie se porte mal en ce moment. C'est pour ça, nous sommes obligés de surveiller nos dépenses de près, par les temps qui courent.

CALDWELL : Je crois que ça ira. Je pensais que j'aurais pu toucher un peu plus que trois dollars et demi, cela dit, pour les deux nouvelles.

PERKINS : Trois dollars et cinquante cents ? Oh, non ! J'ai dû mal m'exprimer, Caldwell. Je ne parlais pas de trois dollars et demi. Non, je voulais dire trois cent cinquante dollars.

CALDWELL : D'accord ! Ce n'est pas du tout la même chose. Trois cent cinquante dollars, c'est parfait.

Caldwell, à aucun moment, n'avait exprimé d'autres ambitions. La première d'entre elles était de voir paraître cent de ses nouvelles.

Le 19 avril 1930, Charles Scribner mourut à l'âge de 76 ans. Peu d'auteurs maison qui prospéraient à l'arrivée de Perkins continuaient d'y être publiés. John Fox Jr., Richard Harding Davis et Henry James étaient enterrés depuis plus de dix ans ; John Galsworthy et Edith Wharton écrivaient toujours, mais leurs romans les plus récents sentaient le XIXe siècle. Toutefois, la présence du vieux Charles Scribner continua de marquer cette affaire familiale. Son fils Charles en fit vivre le nom et son frère Arthur était aux commandes de l'entreprise. Maxwell E. Perkins, à présent cadre supérieur, était en route pour en prendre la direction éditoriale. Comme le fit observer Wallace Meyer, « après la mort de Scribner, Max n'avait plus besoin de défendre ses choix ».

Cette année-là, l'auteur qui marcha le mieux fut Hemingway – il s'acquit un prestige dont le vieux Charles Scribner n'aurait même pas osé rêver. En dépit de la Grande Dépression économique, *L'Adieu aux armes* se révéla un solide best-seller qui finit par occuper la première place dans la liste des meilleures ventes. Max écrivit à Hemingway que la crise risquait d'« affecter davantage le commerce des livres en général – et c'était le cas – qu'un livre aussi remarquable que *L'Adieu* ».

En tant que célébrité nouvelle, Hemingway se retrouva au centre des potins littéraires. Les anecdotes les plus surprenantes vinrent de la bouche de Robert McAlmon, un écrivain qu'Ernest avait recommandé à Perkins. Lors d'un dîner, Max fut stupéfait d'entendre McAlmon calomnier l'homme qui les avait présentés. McAlmon commença par faire des remarques désagréables sur le style d'Hemingway. Ensuite, il reprit à son compte un racontar d'après lequel Fitzgerald et Hemingway étaient homosexuels.

Par l'intermédiaire de Fitzgerald, Hemingway eut vent d'un autre bruit, à savoir qu'il était mécontent de ses éditeurs et qu'il cherchait ailleurs. Ernest écrivit à Max qu'il ne voyait pas du tout comment il pouvait faire taire ces mensonges, mais qu'il n'avait absolument aucune intention de quitter Scribner. Si la chance continuait de lui sourire, il espérait bien voir la maison publier un jour ses œuvres complètes. Il proposa même d'écrire des lettres affirmant sa loyauté envers Perkins.

Max conservait précieusement ce courrier d'Hemingway. Il lui avoua que l'affaire l'avait déstabilisé. « Un soir que j'étais nerveux, expliqua-t-il, alors que des rumeurs insistantes ne cessaient de tomber, j'ai rédigé une lettre manuscrite pour vous demander de bien vouloir en écrire une aussi et dire que ces histoires étaient sans fondement. Mais j'ai déchiré ma lettre, finalement, car j'ai pensé que c'était un détail, et que nous allions devoir prendre des mesures nous-mêmes. » Après avoir aidé l'auteur à rédiger sa déclaration d'impôts – une cérémonie annuelle qui ne posait aucun problème à l'ex-étudiant en économie – et lui avoir conseillé d'investir dans un fonds spécial qui protégerait sa famille, Max poussa Scribner à augmenter le pourcentage d'Hemingway sur les ventes de *L'Adieu aux armes* ; la décision coûtait plusieurs centaines de dollars à la maison, mais « nous pensons que la qualité de l'édition, pour vous, est en elle-même d'un très grand prix ». Perkins alla jusqu'à proposer à Hemingway de réfléchir à un accord aux termes duquel Scribner s'engageait formellement à lui verser chaque année une somme minimum.

Ernest accepta toutes les offres de Perkins, sauf la dernière – il était sûr que ça ne marcherait pas avec un contrat comme celui-là, de type salarial. Pour sceller l'accord avec Scribner, il demanda à Perkins d'obtenir de Boni & Liveright les droits d'*In Our Time* – ils avaient promis de vendre ce livre à Scribner quand Hemingway les avait quittés. Mais lorsque Max les approcha, Horace Liveright se mit en colère. L'auteur était un héros de la littérature nationale et Horace n'allait sûrement pas laisser le livre lui filer comme ça entre les doigts. Il écrivit à Perkins : « Nous considérons le nom de Mr. Hemingway comme une valeur ajoutée dans notre catalogue, et en tant qu'éditeurs de son premier ouvrage, l'affaire est aussi une question de sentiments. » Max insista des mois durant – en offrant un règlement cash –, et Scribner finit par arracher ce livre à Horace Liveright[1]. Scribner décida de le rééditer et Perkins, sur le conseil d'Hemingway, demanda à Edmund Wilson d'en

1. En 1938, *In Our Time* paraîtrait en traduction française chez l'éditeur Le Bruit du Temps sous le titre *De nos jours*.

écrire l'introduction ; Ernest estimait en effet que Wilson était « celui qui avait le mieux compris » ce qu'il écrivait.

Le marché du livre connut une baisse cet automne-là, et peu des nouveautés de la saison purent tenir jusqu'à la fin décembre. Grâce à quatre ou cinq livres de Perkins – dont *The Bishop Murder Case*[1] de S.S. Van Dine et *L'Adieu aux armes* d'Hemingway (les ventes atteignirent les soixante-dix mille exemplaires dans les derniers jours des années 1920) –, la maison Scribner n'avait jamais fait une année aussi belle. Mais Perkins préférait ne pas croire que cela augurait de l'avenir. Il voyait que partout, les perspectives étaient sombres. Pour se remonter le moral, il passa la semaine entre Noël et Nouvel An à rêver d'une excursion dans le Gulf Stream.

De retour de Paris, Hemingway s'arrêta à New York à la fin de janvier 1930. Il rendit visite à Perkins qui le trouva en bonne forme. Ernest jura qu'il le verrait en Floride au mois de mars. En février, les affaires furent si mauvaises que Perkins jugea impossible de quitter New York. Il écrivit pourtant à Ernest : « J'ai appris que la seule chose à faire, en pareil cas, c'est justement de partir. » Il arriva à Key West le 17 mars et y fit connaissance avec « The Mob », une vague fraternité réunissant les amis d'Ernest. Hemingway et sa bande se transportèrent aux îles Marquises où Perkins pêcha un thazard de cinquante-huit livres, une livre de plus que le record mondial pour ce poisson. Tandis qu'il remontait sa prise, les autres s'amusèrent de la tête qu'il faisait : le sobriquet qu'ils lui avaient donné – « *Deadpan* », le « Pince-sans-rire » – avait vraiment l'air d'être inscrit sur sa figure. Tout le temps que dura l'expédition, Perkins fut impressionné par la faculté d'observation d'Ernest, plus encore que par sa force physique. Il dirait des années après, en se rappelant ce souvenir : « Il faut toute l'intuition d'un artiste pour apprendre rapidement la géographie des fonds océaniques et la façon de pêcher, mais Hemingway apprenait en un an ce qui peut souvent prendre dix années, voire une vie entière. On aurait dit qu'il se projetait instinctivement dans le poisson – il savait ce que ressentait un tarpon ou un thazard, ce qu'il pensait, et donc ce qu'il allait faire. »

1. *Le Fou des échecs* paraîtra chez Gallimard en 1932.

Nos loups de mer dérivèrent jusqu'à un autre groupe d'îles minuscules, les Dry Tortugas, à soixante-dix miles de Key West. Ils y passèrent plus de deux semaines, alors qu'ils avaient prévu d'y rester quatre jours. Seule une décision divine pouvait amener Perkins à s'éloigner longtemps du bureau, et un vent du nord agitait si furieusement la mer qu'il leur fut impossible de rentrer. Ernest et son équipe dormirent dans une cabane et se nourrirent d'alcool, de conserves, d'oignons des Bermudes qu'Hemingway stockait à bord avant chaque traversée, et de ce qu'ils arrivaient à attraper. Tout ce qu'ils pouvaient faire, c'était pêcher à la ligne depuis la jetée, ou s'aventurer sur un skiff pour essayer de ratisser les hauts-fonds pendant les accalmies. La pêche fut oubliée pendant deux jours seulement, quand ils tirèrent des oiseaux apportés par le vent du nord. Pour imiter ses camarades naufragés, Perkins se laissa pousser la barbe. La sienne était plus courte et mieux taillée que celle des autres. Après que la tempête se fut calmée, et qu'ils eurent regagné le port sains et saufs, Max jeta un coup d'œil au miroir, puis écrivit à Elizabeth Lemmon : « Si vous me voyiez avec une barbe grisonnante, tel un pirate, vous imagineriez que je n'ai pas pu commettre autre chose qu'un crime. Il paraît que j'ai l'air d'un capitaine de cavalerie rebelle. Je n'ai pas pu me voir pendant deux semaines, et quand j'ai pu le faire, c'était l'horreur. J'avais complètement changé, ça m'a fait un choc ! » Il remercia Hemingway de lui avoir fait passer un des meilleurs moments de sa vie.

Peu après la visite de Max, Hemingway se rendit dans un ranch du Montana avec l'intention de travailler à son prochain livre, cette grosse étude sur les courses de *toros* à laquelle il avait fait allusion au début de leur correspondance. Il ne tarda pas à écrire à Max qu'il ne recevait pas de courrier, ne lisait pas les journaux depuis des semaines, et n'avait pas été en aussi bonne forme depuis des années. À part son penchant pour la bière fraîche, qui l'occupait plusieurs heures par jour et menaçait de lui faire prendre du ventre, il menait une vie spartiate. Il travaillait six jours par semaine et avait produit 40 000 mots en un mois. Il lui restait six caisses de bières, dit-il à Max, de quoi écrire encore six chapitres. Lorsque Perkins lui envoya les épreuves préparées par Scribner pour l'édition d'*In Our Time*, accompagnées de suggestions pour des changements et des textes ajoutés, Ernest mit tout ça de côté en disant qu'il travaillait trop bien : pas question de s'interrompre pour « aller fouetter des chevaux morts ».

*

* *

La carrière de Thomas Wolfe avait commencé dans de bonnes conditions avant le krach, mais il se sentait menacé par la catastrophe nationale – il en indiquerait plus tard la raison principale dans *You Can't Go Home Again*[1] par la voix de son héros autobiographique : « En plus de la crise générale, il subissait une crise personnelle. En effet, à ce moment-là, il était parvenu lui aussi à une fin et à un début. La fin de l'amour, sinon la fin de sa capacité à aimer ; et un début de reconnaissance, sinon de célébrité. »

Wolfe voulait rompre avec toutes les contraintes qui le rattachaient à son passé, mais il tremblait en même temps d'y penser. Il était devenu un paria à Ashville et il s'impatientait d'en finir avec Aline Bernstein. Perkins lui conseilla de solliciter auprès d'une fondation une bourse qui lui permettrait de quitter son boulot à la fac, de vivre de ses propres moyens et de partir un an à l'étranger. Mrs. Bernstein comprit ce qu'impliquait une pareille indépendance, mais interpréta de travers les intentions de Perkins. Elle s'imagina qu'il s'efforçait de pousser Wolfe à se séparer d'elle.

Perkins écrivit à la fondation Guggenheim pour recommander Wolfe qui obtint une bourse. Puis Max se débrouilla pour qu'il touche aussi une avance de quatre mille cinq cents dollars sur son prochain livre, sous forme de mensualités. Avec ses droits d'auteur sur *L'Ange exilé*, Wolfe disposait désormais de quelque dix mille dollars ; il pouvait se passer de l'aide d'Aline Bernstein. Dévastée, elle employa tous les moyens à sa disposition pour lui faire comprendre combien elle l'aimait, et Wolfe passa des mois à hésiter sur ses propres sentiments. Mais son amour pour elle continuait de faiblir.

À la veille de Noël 1929, il s'assit à un bureau du Harvard Club de New York et rédigea à l'intention de Max une lettre affec-

1. *L'Ange banni*, aux éditions L'Âge d'Homme.

tueuse : « Il y a un an, mon travail me donnait peu d'espoir, et je ne vous connaissais pas. Ce qui s'est passé depuis mai semble être perçu par beaucoup comme un modeste succès, mais pour moi, c'est une chose étrange et merveilleuse. C'est un miracle. » Puis : « Je ne puis continuer de penser à l'époque où j'écrivais [*L'Ange exilé*], mais plutôt à celle où vous m'en avez parlé pour la première fois, et où vous avez travaillé sur le livre. Mon esprit a toujours vu les gens plus nettement que les événements ou les choses – le nom "Scribner", bien sûr, me réchauffe le cœur, mais pour moi, "Scribner", c'est vous essentiellement : vous avez fait pour moi ce que je ne croyais plus qu'on pouvait faire pour quelqu'un – vous avez créé de l'espoir et de la liberté.

« Il arrive que les jeunes croient en l'existence de figures héroïques plus fortes et plus intelligentes qu'eux-mêmes, auprès de qui ils peuvent chercher une réponse pour affronter toutes les contrariétés et tous les chagrins. [...] Vous êtes pour moi une de ces figures : vous êtes un des rochers auxquels ma vie est ancrée. »

« Je suis heureux de ce que vous ressentez – sauf que je n'ai pas vraiment le sentiment de le mériter, répondit Perkins. J'espère cependant qu'il ne saurait être question de la moindre obligation entre nous, et pour le dire dans les formes, laissez-moi vous faire observer que si vous me deviez quelque chose, ce serait effacé par ce que je vous dois moi-même. Tout l'épisode, depuis la réception du ms jusqu'à ce jour, a été pour moi une expérience des plus heureuses, intéressantes et exaltantes. »

Wolfe, qui venait de passer des mois à se disputer avec Aline Bernstein, était exténué. Une partie de son désarroi plongeait peut-être ses racines dans un fort antisémitisme provincial hérité de sa mère, une petite bonne femme près de ses sous, passionnée par l'immobilier. Un jour de la fin mars, tard le soir, il griffonna à la page 337 de son journal : « Passé aujourd'hui à la bibliothèque publique – les juifs entraient et sortaient. » Plus loin, il confia : « Je me retrouve plongé dans le même abîme de stérilité et d'épuisement qu'il y a deux ans. Je n'arrive pas à créer, à me concentrer, et je suis plein de fièvre, d'amertume, de rage incessante contre le monde : et je commence à éprouver la même chose envers Aline. Il faut en finir ! En finir ! En finir ! » Il nota en conclusion que son seul espoir de survie, c'était de quitter Mrs. Bernstein pour de bon. Et, pour commencer, de « mettre un océan » entre eux.

Le 10 mai 1930, il s'embarquait pour l'Europe. En mer, à bord du *SS Volendam*, il jeta un filin vers le continent en écrivant à Perkins : « Je me sens comme un homme qui se retrouve devant une grande épreuve, qui a confiance en ses forces pour pouvoir l'affronter, et cependant l'aborde avec le cœur battant et avec des doutes. J'ai hâte de me mettre à mon livre ; je sais que ce sera bien si je trouve la force de le coucher sur le papier tel que je l'ai pensé. »

Le « *lone wolfe* » – le « loup solitaire » –, comme Perkins commença de l'appeler, se promena à travers la France. Max, devinant que le défi du deuxième livre faisait peur à Tom, s'efforça de l'encourager en attendant que l'auteur soit de nouveau prêt à écrire. « Si l'écrivain-né existe, vous en êtes un, lui écrivit-il pour le rassurer. Et je n'ai pas d'inquiétudes à me faire pour savoir si ce prochain livre sera aussi bon que *L'Ange*. Si vous arrivez simplement à vous y mettre, et vous pouvez y arriver, le livre *sera bon*. » Wolfe avait à peine reçu cette lettre qu'il travaillait déjà six à dix heures par jour.

Max encouragea Scott Fitzgerald à appeler Wolfe à son hôtel quand ils seraient tous les deux à Paris. Tom s'autorisa à interrompre son nouveau régime pour une journée seulement, et alla déjeuner au bois de Boulogne dans le somptueux appartement de Scott – non seulement déjeuner, mais consommer des quantités immodérées de vin, de cognac et de whisky. Puis ils visitèrent le bar du Ritz. Scott parla à Wolfe de la dépression de Zelda et du livre qu'il essayait de finir. Au début, Wolfe le trouva amical et généreux, même s'ils se querellèrent au sujet de l'Amérique. Plus tard, Wolfe raconta leur entrevue à Max : « Je lui ai dit que nous avions tous le mal du pays, et que nous appartenions autant, voire plus, à notre terre et à notre pays que n'importe quel peuple de ma connaissance – il a répondu que non, pas du tout, que nous n'étions pas un pays, qu'il n'avait aucun sentiment pour le pays d'où il venait. » Tom quitta le Ritz en laissant Scott répondre aux questions d'une bande de gamins avinés, frais émoulus de Princeton, qui débitaient des mesquineries sur le passé de Wolfe. Mais il n'était pas contrarié. « Je l'aime bien, écrivit-il à Perkins. Je crois qu'il a beaucoup de talent et j'espère qu'il aura bientôt fini son livre. »

Fitzgerald, lui, fut davantage impressionné par Wolfe. De retour en Suisse, où sa femme n'était pas en état de lui parler, il lut

L'Ange exilé d'une traite, en vingt heures. Il câbla à Wolfe qu'il était « énormément ému et plein de gratitude ». Et il écrivit à Perkins : « Vous avez trouvé quelqu'un avec lui – il a des possibilités incalculables. »

Wolfe raconta à Perkins qu'il ne savait pas combien de temps allait durer son vagabondage à travers l'Europe ; il pensait y rester jusqu'à avoir achevé la première partie de son livre, et il le rapporterait lui-même en Amérique. Il appréhendait d'annoncer à Perkins que ce serait un très gros livre. « Le bouquin que je veux faire, vous ne pouvez pas l'écrire en deux cents pages », dit-il. Son projet était un grand ouvrage en quatre parties appelé *The October Fair*. L'histoire traitait de deux pulsions regardées par l'auteur comme les plus profondes de l'homme : « l'errance et le retour à la terre ». Autrement dit : « La terre éternelle, une maison, un endroit où le cœur peut aller, et un amour terrestre mortel, l'amour d'une femme qui me semble appartenir à la terre et qui est une force qui pousse les hommes à l'errance, qui les lance dans une quête, les rend solitaires, et les amène tous les deux à se haïr et à aimer leur solitude. »

« J'espère que je vais pouvoir écrire un bon livre, pour vous et pour moi et pour toute cette sacrée famille, écrivit-il aussi à Perkins. S'il vous plaît, ayez espoir, soutenez-moi et écrivez-moi quand vous pouvez. »

Wolfe partit pour la Suisse dans l'idée de travailler à l'architecture du livre. Il essayait sans cesse d'obtenir de Perkins des commentaires et des encouragements. Il lui envoya durant tout l'été un flot de billets griffonnés, des douzaines et des douzaines de pages au total, pratiquement un livre complet présentant en détail ses idées sur la tonalité et l'état d'esprit recherchés, sur la structure et la personnalité de l'œuvre.

Ses pérégrinations helvétiques le conduisirent finalement à Montreux où il prit dans un hôtel tranquille une chambre avec vue sur un beau jardin fleuri et sur le lac Léman. Un soir qu'il était à la terrasse du casino, il aperçut Fitzgerald qui venait prendre un verre. Il entraîna Tom dans une visite de Montreux *by night*. Et il le pressa toute la soirée de rendre visite à ses amis Dorothy Parker et Gerald Murphy. Comme Tom accueillait la suggestion sans enthousiasme, Scott lui reprocha d'éviter les rencontres par peur des autres ; et c'est la seule chose dite par Scott ce soir-là avec laquelle Tom fût bien d'accord. Derrière ses airs d'autorité, Wolfe cachait en fait une nature timide ; autant son écriture était délicate, autant il était maladroit. Il l'avoua à Perkins : « Quand je suis avec quelqu'un comme Scott, je me sens morose, maussade – et quelquefois violent dans ma façon de m'exprimer et de me conduire. J'ai senti après que je l'avais rebuté. »

Maintenant, Wolfe était désolé pour Fitzgerald. Il se demandait combien de temps Scott allait pouvoir tenir, loin du Ritz, privé de sa cour de jeunes Princetoniens idolâtres. À Henry Volkening, un ami qui avait enseigné avec lui à l'université de New York, Tom écrivit que Fitzgerald était « stérile et impuissant et désormais alcoolique, incapable de finir son livre, et je pense qu'il avait envie de nuire à mon propre travail ». Wolfe lui-même ne se considérait pas alors comme un homme d'excellente compagnie. « Ce serait très facile pour moi de me mettre à boire en ce moment, écrivit-il à Perkins, mais je n'en ai *pas* l'intention. Je suis là pour faire un boulot, et dans les trois mois qui viennent, je saurai si je suis un branleur ou un homme. Je ne vais pas essayer de vous cacher le fait qu'il m'arrive de traverser des moments difficiles. »

Il trouva cet été-là son inspiration dans deux livres. Le premier était *Guerre et Paix*, le roman que Perkins avait si souvent présenté comme le modèle littéraire par excellence. Tom lui écrivit à ce sujet : « Si nous devons vénérer quelque chose, alors que ce soit quelque chose comme ça. » Il observa notamment combien l'Histoire au sens large s'y entrecroisait avec les histoires personnelles, en particulier dans les épisodes que Tolstoï avait empruntés à sa vie. « C'est ainsi qu'un grand écrivain emploie sa propre matière, c'est en ce sens que tout bon livre est autobiographique, et je n'ai pas honte de suivre cette voie moi aussi dans mon livre. » Un livre au cœur duquel – « tel un noyau qui se révélera seulement beaucoup plus tard » – Wolfe inscrirait l'idée soulevée par Perkins, comme en passant, lors d'une promenade à Central Park l'année précédente : celle « d'un homme en quête de son père ».

Wolfe avait aussi redécouvert l'Ancien Testament. Il l'appréciait pour son contenu littéraire plus que spirituel. Il passa trois jours à lire et à relire le chapitre préféré de Perkins : l'Ecclésiaste. Puis il lui écrivit que ce texte « relevait de la poésie la plus puissante jamais écrite – et quand on lit les épisodes narratifs de l'Ancien Testament, des récits comme la vie du roi David, Ruth et

Booz, Esther et Assuérus, etc., on a l'impression que les romanciers modernes ont un piètre style ». Pour la première partie de *The October Fair*, intitulée « The Immortal Earth » – « Terre immortelle » –, Wolfe avait choisi pour épigraphe un vers de l'Ecclésiaste : « Une génération s'en va, et une génération vient ; et la terre subsiste toujours. » Il regrettait que ce même vers vienne tout de suite avant le passage choisi par Hemingway sur le lever du soleil. Les gens, pensait-il, ne manqueraient pas de l'accuser de plagiat ; mais c'étaient par des routes différentes que les deux auteurs étaient arrivés au même point.

Wolfe projetait de célébrer ce retour d'inspiration en prenant un train pour Lausanne, afin de voir s'il n'y avait pas là-bas de jolies femmes. « Je suis plein de vigueur, écrivit-il à Perkins, l'air, les montagnes, le calme, une nourriture très saine et sans le moindre goût, tout cela m'a empli d'une vitalité que je craignais d'avoir perdue. Si seulement vous étiez là, nous pourrions faire une promenade ensemble. »

Perkins, dans sa réponse, ne rebondit pas sur le thème du désir sexuel ; mais à la description que faisait Wolfe de son *work in progress*, il réagit en évoquant un problème qui pour Wolfe se révélait plus grave : l'éléphantiasis littéraire. Non sans une certaine anxiété, il lui écrivit ceci : « Il ressemble à un vrai Léviathan, d'après ce que vous en dites, ce livre qui gît encore dans les profondeurs de votre conscience, et je crois que vous êtes l'homme capable d'en faire un Léviathan pour de bon. Autant que je puisse en juger – par une sorte d'instinct –, tout ce que vous dites sur votre projet et sur vos intentions me semble juste et vrai. » Cependant, il l'encourageait à se montrer sévère avec lui-même : « Votre talent m'apparaît comme un grand talent, et c'est quelque chose qui exige d'être discipliné et maîtrisé. La longueur en elle-même, ce n'est pas aussi important que pour un premier livre – même s'il y a une limite. Je crois que vous avez acquis la capacité de vous contraindre, de garder toujours cette idée présente à l'esprit. »

Et soudain, pour Wolfe, tout se mit à aller de travers. Scott Fitzgerald, à Paris, avait dit à une femme où se trouvait Tom et cette femme avait télégraphié l'information à Aline Bernstein aux États-Unis. Aline commença à abreuver Tom de courriers et de câbles où il n'était question que de mort et de détresse ; elle le menaçait de s'embarquer pour l'Europe et de venir le retrouver.

Puis l'éditeur anglais de Wolfe, après lui avoir fait suivre les excellentes critiques de *L'Ange exilé*, déclencha une catastrophe en lui faisant parvenir aussi les mauvaises recensions. Elles contenaient des commentaires que Wolfe ne serait pas près d'oublier. Frank Swinnerton, de l'*Evening,* trouvait « intolérables ces passages emplis d'apostrophes délirantes » et de « surexcitation verbeuse ». Dans l'*Observer*, Gerald Gould alla encore plus loin : « Je ne vois pas pourquoi quelqu'un qui veut écrire ainsi ne devrait pas s'abstenir de le faire ; je ne vois pas pourquoi il nous faudrait lire ça. » Wolfe jugea ces commentaires « grossiers, faux et caricaturaux ». Le livre continuait de se vendre, mais l'auteur considérait maintenant que l'édition anglaise était un désastre.

« Aucune vie en ce monde ne vaut d'être vécue, aucun air ne vaut d'être respiré, il n'y a que de l'angoisse, et j'étouffe de nausée et de peine jusqu'à avoir en moi le meilleur de ce tumulte et de ce chagrin », écrivit-il à John Wheelock. Comme endurci par cette deuxième vague de critiques, par ces jugements défavorables, il déclara que tout ce qu'il attendait de ce livre désormais, c'était de l'argent – « assez pour pouvoir tenir jusqu'à avoir tout remis en ordre ».

Wolfe, dans sa fureur, voyait maintenant *L'Ange exilé* comme un livre qui lui avait attiré la haine de sa ville natale, la malveillance des « arnaqueurs littéraires new-yorkais », et les ricanements mal intentionnés des Européens. « J'espérais qu'il marquerait le début de quelque chose en dépit de ses imperfections, écrivit-il encore à Wheelock ; en fait, c'était la fin de quelque chose. La vie ne vaut pas les coups que je prends depuis deux ans de la part du public et dans ma vie privée. Mais s'il existe une autre vie – et je suis sûr que c'est le cas –, alors je l'aurai. » À moins de 30 ans, Thomas Clayton Wolfe annonça à Scribner : « J'ai arrêté d'écrire et je n'écrirai plus jamais. »

Après cette déclaration à l'intention de la maison Scribner, il s'attaqua à une lettre personnelle destinée à Maxwell Perkins : « Nous créons le personnage de notre père, et nous créons le personnage de notre ennemi. » Cette lettre ne fut jamais achevée. Sans le lui demander directement, il en appelait au soutien de Perkins dans son combat contre ses mystérieux adversaires ; il attendait du moins que Perkins affirme clairement sa position. « Envoyez-moi votre amitié ou dites-moi une fois pour toutes que vous ne croyez plus en moi », écrivit-il ; et ce message rejoignit dans leur secret des centaines d'autres pages qui ne seraient révélées qu'après sa mort.

Wolfe décida de s'enfermer pour quelque temps dans la solitude. Même si la chose était contraire à ses plus profonds désirs, il pensait qu'il devait mettre un terme à sa relation avec sa maison d'édition. De Genève, il envoya à Perkins un message formel dans lequel il demandait communication de ses comptes. Il ajoutait : « Je n'écrirai plus de livre, et puisque je suis obligé de m'atteler à d'autres projets, je souhaiterais savoir de combien d'argent je dispose. Laissez-moi vous remercier, vous et la maison Scribner, pour la bonté que vous avez manifestée à mon égard, et j'espère reprendre un jour, et poursuivre, une amitié qui a beaucoup représenté pour moi. »

Perkins lui répondit le 28 août 1930 : « Si je pensais vraiment que vous puissiez vous en tenir à votre décision, votre lettre m'aurait fait un choc terrible. Mais si quelqu'un a jamais eu pour destin d'écrire, c'est bien vous. » Néanmoins, il fit préparer les comptes de Wolfe et les lui expédia. Dans une tentative pour mettre les mauvaises critiques en perspective, il ajouta : « Pour l'amour du ciel, écrivez-moi ! » Il n'était pas prêt à accepter cette décision de ne plus écrire ; il n'arrivait pas à le croire. Mais le temps passa et Wolfe ne changea pas de sentiment ; Perkins commença à redouter que son auteur ait réellement pensé ce qu'il disait. À dix jours de la saison d'automne, il alla à Windsor tâcher d'apaiser les inquiétudes nées du silence de Wolfe.

Mais il rentra du Vermont tout aussi anxieux. Il demeurait sans nouvelles de Wolfe. Il lui écrivit à nouveau : « Je ne comprends pas bien pourquoi vous en êtes venu à cette décision, et vous allez sûrement y renoncer ; – mais il est certain qu'aucun homme n'a jamais marqué durablement les meilleurs juges avec un seul livre, ni aussi jeune. Vous ne devriez pas être affecté par des critiques défavorables – même sans tenir compte des innombrables critiques pleines d'enthousiasme et d'excitation dont vous avez été submergé. »

Wolfe resta muré dans le silence, mais Perkins ne se le tint pas pour dit ; il espérait qu'une de ses lettres finirait par le toucher. « Vous savez, lui écrivit-il, on dit qu'il faut toujours payer le prix de ce que l'on a, de ce que l'on reçoit, et je vois que vous payez votre prix par des crises de désespoir, comme d'autres grands écrivains ont dû généralement payer le prix de leur talent. » Il ajoutait : « Si vous ne m'envoyez pas bientôt de bonnes nouvelles, je me verrai obligé de monter moi-même une opération d'espionnage. » Après s'être tourmenté pendant quatre semaines encore, il reçut enfin un radiogramme de Fribourg : REMIS AU TRAVAIL, MES EXCUSES POUR LETTRE, VOUS ÉCRIS.

Le silence se prolongea deux semaines de plus. Dans l'attente du courrier rassurant qui lui était promis, et ne voyant rien venir, Perkins reprit sa plume, toujours aussi inquiet : « Pour l'amour du ciel, envoyez-moi un mot. » Il aurait certes voulu que Tom rentre aux États-Unis, mais il se serait bien contenté d'une carte postale. Il lui envoya un autre câble qui n'éveilla aucune réaction de la part de Wolfe.

Le 14 octobre 1930, deux mois après avoir pris la décision de ne plus écrire, Thomas Wolfe expédia à Perkins un télégramme de Londres : TROUVÉ ICI PETIT APPARTEMENT, SEUL DANS MAISON, VIEILLE FEMME S'OCCUPE DE MOI, VOIS QUE PERSONNE NE PENSE QU'AUTRE LIVRE SORTIRA JAMAIS, ME SUIS ENTHOUSIASMÉ TROP VITE, LETTRE SUIT, FIDÈLEMENT.

– 10 –

Mentor

Après deux gros mois de travail sur son nouveau livre, Thomas Wolfe quitta Londres épuisé et vint à Paris boucler l'année 1930. Il récupéra des forces en se gavant de nourriture et de boisson, mais il n'avait pas traversé la Manche pour voir du monde. Il resta seul pendant plusieurs jours, essayant de rattraper son retard en matière de sommeil et de correspondance. Dans le brouillon d'une lettre à Perkins, jamais postée (la version abrégée d'un courrier qu'il lui enverrait plus tard), il méditait sur la tournure prise par son travail. Il pensait que « personne n'avait jamais écrit un livre sur l'Amérique », et caressait l'idée d'en écrire un qui contiendrait tout ce que les Américains ressentaient sans jamais le dire. « Ça peut sembler prétentieux et suffisant de ma part, disait-il, de croire que je puisse y arriver, mais pour l'amour du ciel, laissez-moi essayer. »

Voilà une année qu'il avait à l'esprit le sujet de roman soufflé par Perkins. Et si Max allait s'imaginer qu'il y avait renoncé ? Tom s'expliquait ainsi : « Je disposais de tout cet immense matériel, et ce que vous avez dit a commencé à lui donner une forme. » Il se rappelait aussi le mythe d'Antée, le lutteur géant qui demeurait invincible tant qu'il restait en contact avec le sol. Dans une longue lettre rédigée la nuit de son retour à Londres, et celle-ci dûment envoyée à Perkins, il annonçait que son livre avait changé de titre. Ce dernier était à la fois « bon et beau » : *The October Fair* ou *Time and the River : A Vision*.

Il fit part à Perkins de la progression de son livre et lui expliqua en quoi l'idée lancée par l'éditeur lorsqu'ils étaient à Central Park avait fait boule de neige dans l'esprit de l'auteur ; l'œuvre englobait non seulement la vallée d'Asheville, mais aussi les hauteurs de l'Olympe. « Grâce à Dieu, j'ai commencé à créer comme je voulais le faire, écrivait-il, c'est plus *autobiographique* que tout ce à quoi j'ai jamais pensé, [...] et en même temps, c'est entièrement *fictionnel*. » Et : « L'idée qui surplombe le livre du début à la fin est que tout homme est en quête de son père. »

Le roman était déjà d'une longueur immense, comme prévu, car l'esprit de Wolfe ne manquait jamais de visualiser les implications cosmiques auxquelles se rattachaient les événements quotidiens. « Ma conviction est qu'un indigène a en lui la pleine conscience de son peuple et de sa nation : il sait tout à ce sujet, il connaît chaque soupir et chaque bruit remonté de la mémoire de son pays, écrivit-il à Perkins. Je *sais* maintenant avec certitude que *c'est* ce que signifie être américain ou être autre chose. » Il poursuivait : « Ce n'est pas un gouvernement, ni la guerre révolutionnaire, ni la doctrine de Monroe[1], ce sont les dix millions de secondes et d'instants de votre vie – les formes que vous voyez, les sons que vous entendez, la nourriture que vous mangez, la couleur et la texture de la terre sur laquelle vous vivez –, je vous dis que c'est ça, et ça, c'est le mal du pays, et bon Dieu je suis aujourd'hui l'autorité sur le sujet, le champion du monde. »

Une de ses lettres de ce mois de décembre était truffée de noms qui à eux seuls racontaient l'histoire de l'Amérique – des États américains, des tribus indiennes d'Amérique, des millionnaires américains, des vagabonds américains, des fleuves américains. Wolfe sentait qu'il en avait trop dit à Perkins, ou trop peu. Mais Max n'avait pas d'inquiétudes à se faire : « Ça n'a rien d'anarchique, lui disait Wolfe, c'est un projet parfaitement unifié, mais énorme. Je veux rentrer au pays quand je saurai que je le tiens, comme on dit si bien, par les couilles. » En attendant, il demandait à Perkins de lui dire s'il y avait là une bonne idée, mais de n'en souffler mot à personne : « Si j'ai écrit des âneries, autant que ça reste entre nous. »

Ayant souhaité à Perkins un joyeux Noël, il ajoutait : « Le mien ne sera pas aussi heureux que l'an dernier, mais bon Dieu, je

1. La doctrine du président Monroe condamnait toute intervention des Européens dans la politique américaine, et vice versa.

crois que je profite de l'adversité, je ne serai pas battu parce que je ne me laisserai pas battre – l'heure est venue de voir ce que j'ai dans le ventre. » Les lettres de Wolfe ne respiraient pas le bonheur, mais Perkins n'en était pas moins ravi de les recevoir. Même si une bonne part de leur contenu lui échappait, il dit à Tom : « Chaque fois que vous me parlez du livre, je me sens aussi transporté que lorsque j'ai commencé *L'Ange*. J'ai envie de vous crier de rentrer avec le ms. »

Début janvier 1931, Wolfe « vivait tout simplement avec le livre ». Il était résolu à y travailler à l'étranger jusqu'à ce qu'il ne puisse plus écrire, c'est-à-dire pendant six semaines encore, d'après ses calculs. Puis il rentrerait aux États-Unis. « À mon retour, je veux vous voir et reprendre nos conversations, écrivit-il à Max, mais je ne verrai personne d'autre ; je vous le dis ; sinon, je suis fait – pas de soirées, par de sorties, pas de gens du milieu littéraire –, rien que de l'obscurité et du travail. Je ne veux plus jamais courir ces sacrés salons où l'on cause. Je suis un pauvre idiot, un gars simple – *mais je ne vous lâcherai pas !* » Dans son appartement du 15 Ebury Street, Wolfe pensait souvent à Perkins. Quand la solitude se faisait trop forte, il se souvenait de leurs habitudes de naguère chez Louis et Armand : ils y descendaient quelques verres de gin bien tassé avant d'attaquer voracement un gros steak. Après, ils se baladaient dans New York, ou prenaient le ferry de Staten Island. Tom écrivit : « Pour moi, c'est ça le bonheur : vous êtes un petit peu plus vieux que moi, et un peu plus sobre, mais je crois que vous passiez un bon moment vous aussi. »

Tom avait de plus en plus besoin d'impliquer Maxwell Perkins dans sa vie et dans son travail. Les deux hommes ne pouvaient plus se séparer, et ils ne le souhaitaient pas. Wolfe devenait chaque jour davantage le fils que Perkins n'avait pas eu.

Des mois durant, Wolfe fut la proie d'hallucinations, puis il frôla la maladie physique et mentale. « J'entends des sons bizarres et il y a des bruits qui sortent de ma bouche, et de l'Amérique aussi, écrivait-il à Perkins. J'entends les millions de grains de sable dans le secret du temps. » Il finit par admettre qu'il avait besoin d'aide et il en appela à Max. Il voulut d'abord que l'éditeur lui trouve un endroit tranquille, pas loin de Manhattan, où il pourrait vivre et travailler dans un isolement quasi total, ceci pour trois mois minimum. Durant cette période, il devrait pouvoir discuter avec Perkins chaque fois que ce dernier en aurait le temps. Enfin, il demanda à Perkins de l'aider à se soulager d'une des grandes angoisses de sa vic. « Je ne vous demande pas de me guérir de ma maladie, car vous ne pouvez pas le faire. Je veux me guérir moi-même, mais je vous demande très sincèrement de m'aider à faire certaines choses susceptibles de rendre le traitement plus facile et moins douloureux. »

Pour la première fois, Tom s'ouvrit en détail à Perkins, au sujet de ses tourments concernant Aline Bernstein, et il le fit d'une façon presque clinique : « Quand j'avais 24 ans, j'ai rencontré une femme de presque quarante et je suis tombé amoureux d'elle. Je ne peux pas vous raconter ici la longue histoire compliquée de mes relations avec cette femme – elles ont couru sur une période de cinq ans [...]. Au début, j'étais un jeune gars qui s'était trouvé une maîtresse élégante et dans le coup ; et j'en étais ravi ; puis, sans savoir comment, quand ni pourquoi, je me suis trouvé désespérément amoureux d'elle, et j'ai pensé qu'elle commençait à posséder et à dominer chaque instant de ma vie. Je voulais m'emparer d'elle, la posséder et la dévorer ; tout de suite je suis devenu jaloux ; j'ai commencé à me sentir affreusement malade à l'intérieur, après quoi tout ce qui était amour physique et désir a complètement disparu – et pourtant, j'aimais toujours cette femme. Je ne supportais pas qu'elle aime quelqu'un d'autre, qu'elle ait des relations physiques avec quelqu'un d'autre, et ma folie, et ma jalousie, me mangeaient comme un poison – il ne restait plus qu'horrible sécheresse et stérilité. »

Wolfe disait qu'il n'avait pas voulu ce voyage en Europe, et qu'il ne l'avait fait que pour céder à des amis qui prétendaient penser à son bien à elle. Il lui avait écrit depuis le bateau qui l'emportait, et n'avait plus communiqué avec elle depuis. Pendant les cinq premiers mois de leur séparation, elle lui avait fait parvenir une série de messages du style :

TRÈS CHER AMOUR

AIDE-MOI TOM

POURQUOI AVOIR QUITTÉ TES AMIS LA SOUFFRANCE QUE J'ENDURE TROP GRANDE IMPOSSIBLE DE CONTINUER VIVRE SI LOIN DE TOI

CŒUR LOURD PAS UN MOT DE TOI AMOUR ALINE

Les lettres d'Aline torturaient Wolfe, d'autant que l'amoureuse les signait parfois de son sang. Puis il reçut un nouveau télégramme : IMPOSSIBLE VIVRE PAS UN MOT DE TA PART ES-TU PRÊT À ACCEPTER CONSÉQUENCES DÉSESPÉRÉES. Plusieurs jours durant, il crut devenir fou. Mais il n'écrivit pas, ni ne câbla. « Tous les jours, j'allais chercher mon courrier dans le pire des états nerveux, en redoutant d'y trouver le télégramme apportant quelque atroce nouvelle », écrivit-il à Perkins, puis : « J'aspirais à ne recevoir AUCUNE nouvelle, et j'espérais en recevoir – mais rien n'arrivait et c'était presque pire que jamais. » Il s'imaginait qu'elle s'était donné la mort et que ses chers amis à elle ne lui disaient rien, à lui Tom, parce qu'ils lui en voulaient et qu'ils étaient accablés de chagrin. Il éplucha les nécrologies des journaux américains jusqu'au jour où il tomba sur son nom – dans la page « théâtre », non dans la nécrologie. Il lut qu'Aline Bernstein avait un grand succès artistique. Plus tard, il rencontra un homme qui lui demanda s'il la connaissait ; cet homme ajouta qu'il l'avait vue récemment dans une soirée à New York, et qu'elle avait l'air rayonnante.

Cependant, elle recommença à se plaindre dans les dernières semaines de 1930. Elle avait gardé le silence durant les deux mois qui avaient suivi son triomphe théâtral. À présent que le succès était retombé, le chagrin était de retour, et c'est Wolfe, encore et toujours, qui en était la cause. Elle écrivit, découragée : « Tends les mains vers moi dans ces heures où j'en ai besoin. Impossible d'affronter la nouvelle année. J'ai été à tes côtés pendant les années difficiles, pourquoi m'as-tu détruite ? Je t'aime et te suis fidèle jusqu'à la mort, ma peine est trop lourde à supporter. » Elle lança huit ou dix appels de détresse. Wolfe lui télégraphiait par retour. Il lui demanda si elle trouvait bien de lui envoyer de pareils messages alors qu'il était seul à l'étranger, à essayer d'écrire.

Wolfe confia à Perkins : « Vous devez vous demander pourquoi je vous parle de tout ça. Ma réponse est que si je ne peux pas vous en parler, il n'y a personne au monde à qui je puisse le faire. » Il essaya d'en finir avec sa souffrance en la décrivant en détail : la douleur qui creuse le ventre dès le réveil, l'impression de nausée et d'horreur traînée toute la journée, le malaise physique qui déclenche le soir des vomissements. Tom venait de passer trois mois au même endroit et il avait écrit plus de 10 000 mots. « Je suis brave, écrivit-il à Perkins de Londres, et je suis content de moi, content de ce que j'ai fait ici. Et j'espère que vous serez content de moi vous aussi, car je vous honore et vous respecte, et je crois que vous pouvez m'aider à me sauver moi-même. » Mais Tom voulait sauver plus que lui-même. Ce qui était en jeu, c'était aussi sa « croyance totale et absolue en l'amour et en la supériorité humaine ». Il disait : « Peu importe quelle violation de la foi, de la vérité ou de l'honnêteté cette femme a pu commettre, j'ai l'intention de sortir de tout ça avec un sentiment d'amour et de foi en elle [...], car demeure en elle énormément de beauté et de charme. » Puis, toujours à Perkins : « Je *dois* ne pas mourir. Mais j'ai besoin d'aide – toute l'aide qu'un homme est en droit d'espérer de la part d'un ami. Je m'adresse à vous, car je perçois en vous santé, bon sens et force d'âme. [...] Si vous comprenez mes problèmes, dites-le tout simplement, et dites que vous allez essayer de m'aider. » Max avait remarqué un jour que les lettres de Wolfe arrivant d'Europe avaient une tonalité « malheureuse ». Wolfe espérait lui en avoir fourni l'explication.

« Je ferai tout ce que vous me demanderez, répondit Perkins, et mes réticences ne viendront que de mes doutes sur la question de savoir si je fais bien ou pas. Mais je devrais être heureux d'apprendre que vous éprouvez le besoin de vous adresser à moi. » Il s'impatientait déjà du retour de Wolfe, il espérait le voir à New York dès l'été. En effet, comme il l'admit lui-même, il se sentait en général « affreusement seul. Il y a beaucoup de monde, mais personne que j'aie réellement envie de voir. Je compte sur *un peu* de votre compagnie, d'une façon ou d'une autre »... Et Perkins de poursuivre, en se penchant lui-même sur le cœur du problème dont souffrait Wolfe : « J'ai compris que les choses allaient mal en un certain sens, mais pas qu'elles allaient aussi mal. Dieu sait comment ça se passerait si j'étais dans la même situation, mais vous, vous pouvez peut-être trouver quelque part la force de vous en sortir. [...] Si seulement j'avais vécu quelque chose comme ça moi aussi, je pourrais au moins vous guider. » Il était convaincu que Tom avait bien fait de partir. « Pour moi, je peux seulement *lui* en vouloir, confia Perkins au sujet d'Aline Bernstein. D'accord elle est belle, mais il y a chez les femmes un égoïsme qui dépasse celui que l'on trouve chez les hommes, et elles me rendent furieux.

Mais je sais que j'ai des préjugés envers elles. Une femme a-t-elle jamais reconnu qu'elle avait tort en quoi que ce soit ? Je sais que vous vivez un enfer. Je ne suis pas doué moi-même pour affronter la souffrance, alors il m'est difficile d'encourager les autres à la supporter. Mais je ne doute pas une seconde que vous ayez fait le bon choix et que vous deviez vous y tenir au nom de tout, si vous le pouvez. »

La seule consolation que Perkins pouvait offrir à Wolfe, c'était de prêter l'oreille à ses malheurs ; il ne pouvait faire davantage que lui conseiller banalement de se cramponner à son travail. Au-delà, il n'y avait pas grand-chose, à part lui écrire : « Mon grand espoir est de vous voir arriver bientôt avec un ms d'un mètre de haut. » Fin février 1931, Wolfe télégraphia à Perkins : EMBARQUE JEUDI SUR L'EUROPA PAS BESOIN D'AIDE POUR LE MOMENT PEUX ME DÉBROUILLER SIX MOIS DE TRAVAIL SOLITAIRE DEVANT MOI MEILLEURES PENSÉES.

Aline Bernstein flirtait avec le suicide. Ayant appris par les journaux que Wolfe rentrait avec le *SS Europa*, elle avala une surdose de somnifères et finit à l'hôpital. « Il semble que vous aimer soit pure folie, lui écrivit-elle. Une grande bataille fait rage en moi. Mon amour ne cessera jamais, mais je sais désormais que vous ne voudrez plus de moi, ni être auprès de moi. » Elle battait provisoirement en retraite, mais ce n'était pas une capitulation. Elle avait une faveur à demander à Wolfe. Elle voulait lire son prochain livre avant qu'il ne soit publié. Mrs. Bernstein, qui avait compris la méthode de Tom, savait qu'il allait écrire sur les années de leur rencontre. Elle souhaitait avoir au moins un droit de regard sur ce qui allait paraître. Et si Wolfe se montrait réticent, il n'avait qu'à demander à son Mr. Perkins de jouer les médiateurs.

Wolfe s'installa à la hâte à Brooklyn, 40 Verandah Place, et prépara des pages pour Perkins. Il câbla à Aline : IL FAUT QUE J'EN FINISSE MAINTENANT OU ALORS TOUT SERA PERDU ; AIDE-MOI EN ÉTANT EN BONNE SANTÉ ET HEUREUSE ET UNE AMIE CHÈRE. AMOUR.

Perkins ne rencontra Wolfe que rarement après son retour, et ils parlèrent davantage vie personnelle que travail d'écriture. Wolfe était au désespoir. Mrs. Bernstein faisait tout ce qui était en son pouvoir pour le persuader de revenir auprès d'elle. « Nous vivons dans un monde de folie, lui écrivit-elle, voilà que mon amour pour toi est un péché aux yeux de quatre-vingt-dix-neuf pour cent des gens. Mais ramasser de l'argent est moins un péché. » Après une visite à Tom, elle jeta un billet de cent dollars pardessus le pont de Brooklyn en songeant : « Puisqu'ils n'arrivent pas à comprendre que je t'aime, voilà de quoi apaiser les Dieux que ton peuple vénère. » Perkins n'avait jamais traversé le genre d'ennuis qu'affrontait Wolfe, et s'il n'avait pas le sentiment de lui faire tellement de bien, il l'écoutait patiemment. Il fit allusion à ce sujet avec Elizabeth Lemmon seulement, et de façon oblique : « Je ne supporte plus d'entendre parler d'ennuis. Tout le monde a l'air d'avoir des ennuis. Rien ni personne ne semble plus doué de raison et de santé. »

*

* *

Les semaines qui suivirent le retour de Wolfe au pays virent mourir le père de Scott Fitzgerald. Tout comme Wolfe, Scott avait passé une année difficile à essayer de finir son livre, une œuvre qu'il qualifiait d'« encyclopédie », et de rembourser sa « dette nationale », les dix mille dollars qu'il devait à Scribner. Quand la nouvelle du décès lui parvint, il se trouvait à Gstaad où il tentait de se remettre d'une période « instable », après avoir fait un travail d'écriture bien payé pour le *Post*. Il était rentré en hâte avant de repartir pour Baltimore. Perkins le croisa un quart d'heure à New York et en fut terriblement déprimé. « Il a énormément changé, écrivit-il à Hemingway. Il a vieilli, mais surtout il a perdu, au moins pour un temps, ce style qui faisait tout son caractère. Mais c'est peut-être un mal pour un bien, car on sent au fond que l'on a affaire à quelqu'un de vrai maintenant. » Quant à Zelda, elle était toujours dans « une forme terriblement mauvaise ».

Deux semaines plus tard, Perkins et Fitzgerald déjeunèrent ensemble. Scott repartait pour l'Europe. Il avait vu sa famille, et celle de Zelda. Max devina que l'angoisse liée à ces deux visites avait beaucoup affecté Scott. Mais Scott, cette fois, avait renoué avec sa personnalité et Max fut content de ce moment passé ensemble. Il écrivit à John Peale Bishop : « J'ai eu le sentiment qu'il avait assez de résilience pour supporter à peu près tout, et qu'il finirait par s'en sortir. »

En mai 1931, Fitzgerald écrivit à Perkins de Lausanne : « *Les Enfants du jazz* sont finis. Si Mark Sullivan[1] avance, dites-lui peut-être que je réclame une mention pour l'idée & que ça va de la répression des émeutes du 1er mai 1919[2] au krach de 29 – presque exactement une décade. »

Perkins savait que c'était Fitzgerald qui avait forgé cette phrase, et il jugea que les remarques de Scott méritaient davantage de considération qu'une brève référence dans un livre d'histoire. Selon lui, Scott devait au moins se fendre d'un article sur le sujet. Ce serait une façon de rafraîchir la mémoire du public, voire de lui fournir une élégie qui lui rappellerait la propre influence de Fitzgerald. En même temps, ce texte marquerait pour lui un point à partir duquel il pourrait attaquer une nouvelle étape de sa carrière. Perkins communiqua l'idée à Fritz Dashiell, au magazine *Scribner*, et Fritz écrivit lui-même à Fitzgerald : « Personne n'est mieux qualifié [que vous] pour sonner le glas de cette époque. » Scott ne pouvait s'engager à remplir cette mission, mais il n'arriverait pas non plus à la chasser de son esprit.

Il ne récrivit plus à Max, et cela jusqu'en août. Zelda, à ce moment-là, allait un peu mieux. Après plus d'une année de psychothérapie dans un sanatorium de Genève, entrecoupée de séparations d'avec Scott, elle voyait se calmer ses crises d'asthme et d'eczéma, ses bouffées délirantes et son hystérie. Son mal était décrit comme une « réaction à des sentiments d'infériorité principalement dirigés contre son mari ». Pendant plusieurs semaines, Scott et Zelda vécurent en paix et se montrèrent impatients de rentrer au pays. Elle se sentait suffisamment bien pour pouvoir s'éloigner de son médecin suisse. Scott fit savoir à Max que Zelda était en train d'écrire « un truc incroyable ». Quant à cet article que Max avait suggéré à Scott – « Échos de l'âge du jazz » –, il le reçut quatre semaines avant l'arrivée de l'*Aquitania*.

---

1. L'auteur, que *Our Times*, le cinquième volume de son histoire sociale chez Scribner, transportait désormais dans une période qui allait du tournant du siècle à la fin de la Guerre mondiale.

2. Il s'agit des émeutes ouvrières qui éclatèrent à Cleveland à l'occasion du 1er mai 1919.

Le texte de Fitzgerald souleva de nombreuses discussions, dues non seulement aux souvenirs heureux qui s'y trouvaient mentionnés, mais aussi à la franchise de l'auteur. Ceux dont la jeunesse s'était déroulée durant cette époque la voyaient d'un œil optimiste et romantique, faisait observer Fitzgerald, « car nous ne connaîtrons jamais plus un environnement aussi intense ».

Depuis quelques mois, Perkins était moins satisfait par les textes d'Erskine Caldwell. Il avait l'impression que ses courtes nouvelles étaient des copiés-collés d'Hemingway. Mais il n'avait pas véritablement rompu avec l'auteur. Puisque Perkins avait décidé d'accepter ses textes, Caldwell continua d'écrire des nouvelles qui toutes arrivaient au *Scribner's* par l'intermédiaire de l'éditeur. Les rédacteurs ne les jugeaient pas dignes de leur lectorat, et ils les refusaient tant qu'elles n'avaient pas paru dans les petites revues. Après avoir essuyé pendant plusieurs mois les refus du *Scribner's*, Caldwell emplit trois valises de ses récits, poèmes et saynètes non publiés. Il s'enferma dans une cabane pour tout relire. Le lendemain, il brûla chacune de ses pages, ainsi que sa collection de lettres de refus dont beaucoup étaient de la main de Perkins.

Quelques semaines après cet autodafé, Caldwell reçut de Max Perkins un courrier d'un tout autre genre. L'éditeur avait une idée pour diffuser ses nouvelles dans le grand public. Il lui suggérait d'en réunir suffisamment, en choisissant les meilleures, en vue d'un recueil de trois cents pages – une moitié ayant pour décor la Nouvelle-Angleterre et l'autre, le Sud. Le livre pourrait paraître au début de l'année. Caldwell retrouva des récits non utilisés, il en écrivit d'autres, et quand ces derniers furent tapés, il se rendit à New York. Il se sentait le courage d'affronter Perkins. Il reprit l'ascenseur brinquebalant jusqu'au quatrième, mais cette fois, il ne battit pas en retraite. Il entra dans le bureau de Perkins et lui tendit les nouvelles qui devaient composer le recueil *American Earth*. Caldwell se rappelait cette rencontre : « Coiffé d'un chapeau à bords relevés qui était trop petit d'une demi-taille au moins, il s'est assis à son bureau et il a passé un quart d'heure à tourner les pages du manuscrit. Pas un mot n'a été prononcé pendant ce temps. À la fin, il s'est levé avec un petit sourire et s'est mis à marcher d'un pas raide dans ses souliers camel, en jetant un coup d'œil de temps en temps sur la circulation en bas, et en parlant de plusieurs incidents dont il se souvenait, et qui remontaient à sa jeunesse dans le Vermont. » Après avoir consacré une bonne heure à ces réminiscences, parfois avec sérieux et souvent avec humour, Perkins finit par en venir au manuscrit. Et tout ce qu'il en dit alors, c'est qu'il allait le publier.

American Earth parut en avril 1931. Les recensions furent mitigées ; la plupart des chroniqueurs new-yorkais continuaient d'envisager le style abrupt de Caldwell comme s'il sentait mauvais. Et le livre ne se vendit même pas à mille exemplaires. Dans une troisième tentative pour faire décoller la carrière de Caldwell, à une période où les éditeurs ne pouvaient guère prendre trop de risques, Perkins demanda à l'auteur s'il serait intéressé d'écrire un roman. Or, s'il n'en avait rien dit à Max, Caldwell avait terminé le premier jet d'une histoire sur les habitants des régions reculées de la Géorgie. C'était *Tobacco Road*[1]. À l'été, le livre était révisé. Il le soumit à Perkins.

Scribner publia *La Route au tabac* en février 1932 et les ventes remboursèrent tout juste le minuscule à-valoir touché par l'auteur. Les articles étaient toujours aussi peu enthousiastes. Pourtant, Caldwell se plongea directement dans l'écriture d'un autre livre, *Autumn Hill*, qui mettait en scène une famille du Maine établie dans une ferme au bord d'une route secondaire. Il remit ce texte à Perkins qui lui écrivit un mois plus tard : « Nous nous sommes prononcés contre *Autumn Hill*, j'en suis personnellement déçu, comme il se doit. » Perkins ne versait pas des larmes de crocodile ; en effet, la suite de sa lettre disait ceci : « Je croyais [en ce livre], dirai-je, et surtout en vous ; et je peux témoigner qu'il a fait l'objet de toute l'attention possible. Six personnes l'ont lu – dont celles qui, nécessairement, s'intéressent davantage à l'aspect commercial, et ne l'auraient pas lu en temps normal. Les ventes d'*American Earth* et de *Tobacco Road* ont joué contre lui. Le fait est que la crise nous impose de lire les manuscrits avec une attention pour l'aspect matériel qui n'était pas de mise auparavant, et il est très dur de résister aux arguments matériels et chiffrés. Je ne saurais vous dire combien je suis désolé. »

1. *La Route au tabac*, Gallimard.

Perkins sentait qu'il ne lui appartenait pas d'émettre des suggestions à propos des livres refusés, mais c'était devenu chez lui une pratique habituelle. Dans un post-scriptum, il mentionne – non sans ambivalence – un ou deux éléments de l'intrigue dont il souhaitait que Caldwell les modifie avant de soumettre son manuscrit à un autre éditeur – et tout cela parce que « je veux vous voir obtenir le succès que vous méritez ».

Caldwell avait pour agent Maxim Lieber. Ils allèrent ensemble voir Perkins dans son bureau et eurent avec lui une discussion longue et amicale. Perkins espérait que Caldwell ne chercherait pas une autre maison, et qu'il proposerait ce même manuscrit remanié à Scribner, même si la clause d'exclusivité figurant sur son contrat était désormais caduque. L'auteur était libre d'être publié où bon lui semblait, mais il avait envie de faire lire son nouveau manuscrit à Perkins. Lieber ne lui laissa pas le temps de faire la moindre promesse ; il se dépêcha d'entraîner Caldwell hors du bureau. Lui, Lieber, aimait ce livre, Caldwell l'aimait et Perkins l'aimait aussi. Autrement dit, il était sûr de trouver un éditeur. Si Scribner n'en voulait pas, quelqu'un d'autre le prendrait. Caldwell se rangea à cette opinion.

Caldwell raconterait plus tard : « Connaissant désormais Max Perkins de longue date, j'étais embêté par ce qu'impliquait cette décision : je ne pourrais plus m'adresser à lui pour avoir de l'aide ou un conseil. » Le lendemain, il se rendit chez son agent. Passant dans la 5e Avenue, il s'arrêta au coin de la 48e Rue et leva les yeux vers les fenêtres du quatrième étage. « Au bout d'un moment, se souviendrait-il, mes yeux se sont embués, et quand enfin je me suis éloigné, c'est en me demandant comment j'allais m'y prendre pour annoncer à Max Lieber que j'avais changé d'avis, que je ne voulais plus qu'il me cherche un autre éditeur. » Mais quand il arriva dans le bureau de son agent, Lieber lui annonça qu'ils avaient rendez-vous avec Harold Guinzburg et Marshall Best de chez Viking Press. Caldwell aurait voulu s'asseoir et lui expliquer que ses sentiments n'étaient plus les mêmes, mais Lieber s'emballait déjà pour les nouvelles perspectives qui s'offraient à eux. Une heure plus tard, Guinzburg et Best évoquaient les avantages d'un accord avec Viking – tout cela autour d'un déjeuner somptueux au cours duquel Caldwell avait été invité à commander ce qui lui faisait envie, sans se soucier du prix. Caldwell ne put s'empêcher de comparer secrètement cette généreuse invitation avec le seul et unique repas auquel Maxwell Perkins l'avait jamais convié. Ils avaient alors déjeuné au comptoir et Max avait commandé lui-même deux toasts grillés au beurre de cacahuète et à la confiture, avec un verre de jus d'orange. Concernant la méthode de Perkins, Caldwell n'eut qu'un seul commentaire : « Dans le Vermont, la figure maigre et affamée d'un homme est tenue en effroyable respect. »

Caldwell n'a jamais pu démêler si c'était le souvenir du toast grillé qui avait pesé sur sa décision, mais il se laissa convaincre de signer chez Viking Press pour ses trois prochains livres. Tout comme Scribner, ils refusèrent *Autumn Hill*, mais Caldwell commença un roman dont l'action se déroulait dans le Sud : *God's Little Acre*[1]. Le contrat prévoyait que le manuscrit serait proposé chez Viking en première lecture. Le temps qu'il soit publié, *La Route au tabac* fut adapté pour le théâtre, et battit un record de longévité, puisqu'il resta plus de sept ans à l'affiche à Broadway. La carrière de Caldwell était lancée ; mais il ne devait plus publier chez Scribner.

Tant qu'ils restaient concentrés sur leur travail, pensait Perkins, ses auteurs arriveraient tous à poursuivre leur carrière et à surmonter la crise financière. Dans une lettre à Hemingway, il affichait un individualisme forcené et tout personnel : « Cette situation décourageante finira peut-être par améliorer les choses pour ceux qui lui auront survécu. »

Là-bas, dans le Montana, Hemingway avançait bien dans son livre sur les courses de *toros* – lequel devait le mener jusqu'en novembre 1930. Le soir du 1er novembre, il roulait en voiture avec John Dos Passos qu'il reconduisait chez lui, à Billings, après avoir tous deux passé dix jours à chasser. Un véhicule arriva en sens inverse, Hemingway fit une embardée et se retrouva dans le fossé. La voiture était sur le toit. Dos Passos en sortit indemne. Mais Hemingway avait le bras droit cassé. Il serait obligé de le tenir en écharpe et près du corps. Par plaisanterie, il proposa à Perkins que la maison Scribner l'assure contre ses accidents et maladies à venir,

1. Qui deviendra bien sûr *Le Petit Arpent du bon Dieu* chez Gallimard.

vu ce qu'ils allaient coûter. Ce serait peut-être plus rentable que de publier ses bouquins ! Depuis qu'il avait signé chez Scribner, il avait la maladie du charbon, il s'était déchiré le globe oculaire droit, il souffrait de rétention rénale, il avait un index de coupé, il s'était entaillé le front, ouvert la joue et planté une branche dans la jambe. Et ce bras cassé maintenant ! En revanche, faisait-il observer, il n'eut aucun problème de constipation durant cette même période.

Ernest mit à profit cette inactivité pour orienter Perkins vers plusieurs excellents auteurs avec lesquels Scribner avait, selon lui, intérêt à signer. Ford Madox Ford, ex-collaborateur de Joseph Conrad, avait rencontré Hemingway à Paris quelques années auparavant. À l'époque, Ford publiait la *transatlantic review*. À ce moment-là, il était mécontent de son éditeur, et il avait souhaité qu'Hemingway le fasse savoir à Perkins. Hemingway appartenait à la génération suivante. « Naturellement, lui dit Ford Madox Ford, je ne vous demande pas de garantir ma part de marché ou ce genre de choses, mais vous pourriez peut-être lui en toucher un mot. » En dépit de son talent et de son influence, il avait publié vingt livres sans remporter un seul succès commercial. Hemingway fit suivre à Perkins la lettre de Ford, en l'accompagnant d'une analyse portant sur le travail de l'auteur, une œuvre cyclique dans laquelle une série de bons livres serait inévitablement suivie d'une « pissée de mégalomanie » et de succès. Il estimait que Ford allait écrire un bon texte. Et il pensait qu'un bon éditeur l'aiderait à « rester stable ».

Perkins ne savait trop que faire avec Ford Madox Ford. Il appréciait cet homme à l'allure de gros ours pour l'avoir croisé quelques années plus tôt. Il aimait surtout *No More Parades*[1], son livre de guerre. « Mais d'abord, écrivit-il à Ernest, j'oserais dire que c'est un homme qui cherche à faire un grand pas en avant, en plus c'est toujours difficile de s'occuper d'un auteur plus vieux, chevronné, devenu exigeant, qui a souvent changé et qui changera encore sans doute. » Pour Perkins, le grand intérêt du métier d'éditeur, c'était de « s'occuper d'un auteur dès le début, ou raisonnablement tôt, et puis ensuite de publier non pas tel ou tel livre, mais l'auteur

1. En traduction française, *Finies les parades*, Librairie de la Revue française/Alexis Redier Éditeur.

lui-même tout entier ». Dès lors, les pertes sur certains ouvrages étaient compensées par le succès sur d'autres.

Malgré ses doutes, Perkins invita Ford et put prendre connaissance du dernier projet de l'auteur en trois volumes, *A History of Our Own Times* – « Une histoire de notre époque » – qui commencerait en 1880. Selon Perkins, il était possible de s'entendre au bénéfice des deux parties, mais Ford ne cessa de négliger ce projet historique pour se consacrer à autre chose. En définitive, la maison Scribner devait recevoir un chapitre seulement des souvenirs de Ford, *Return to Yesterday* ; elle fit paraître ce texte dans sa revue.

C'est avec beaucoup plus d'enthousiasme qu'Hemingway, plus tard cette même année, fit à Perkins une nouvelle suggestion. Le poète Archibald MacLeish, qu'il avait aussi croisé à Paris, était déçu par son éditeur, Houghton Mifflin. En général, il recommandait les auteurs par charité, mais ce soutien à MacLeish se fondait sur un profond respect de l'homme en tant qu'écrivain. Il voyait en MacLeish le meilleur poète que Perkins pût voir figurer à son catalogue. En effet, il avait « progressé régulièrement » pendant que d'autres faisaient du surplace, voire régressaient. Perkins s'était montré « sacrément bon » avec Hemingway, et recommander MacLeish était ce qu'il pouvait faire de mieux pour lui renvoyer l'ascenseur. Il ajouta que si Max ne signait pas avec lui, ce serait une tragédie. Perkins échangea quelques lettres avec MacLeish. Hemingway et Fitzgerald revinrent à la charge. Puis MacLeish déclara qu'il allait laisser à Scribner le droit d'opposer un premier refus à son prochain manuscrit, mais que ça ne se produirait pas avant un ou deux ans de toute façon. Max écrivit à Ernest : « J'aime énormément sa poésie. »

Des mois plus tard, Perkins eut sous les yeux l'œuvre tant attendue de MacLeish, *Conquistador*. Ce très long poème narratif évoquait l'expédition mexicaine de Cortez et soulignait l'amour des hommes pour l'aventure. Perkins le trouva formidable. En revanche, il doutait que Scribner arrive à le publier si Houghton Mifflin était dans la course. La maison fit une offre satisfaisante, mais MacLeish eut de la peine à l'accepter, étant donné la relation qui le liait à son vieil éditeur, Robert Linscott. Perkins décida de ne pas manifester outre mesure son intérêt pour ce livre et de ne pas mettre le poète dans une position embarrassante. Puisque MacLeish était attaché à son éditeur, il défendit à Hemingway d'intervenir au nom de Scribner. « Je regrette énormément de voir ce poème partir ailleurs, lui dit-il, car c'est le genre de chose qui fait que vous êtes heureux d'être dans l'édition. » (Des années plus tard, Perkins adopterait la même position vis-à-vis de Robert Frost qui avait été publié par Holt. Max et Jack Wheelock déjeunèrent deux ou trois fois avec le poète du New Hampshire. Wheelock se souviendrait qu'au moment de signer, « Frost a reculé, de crainte de se montrer mesquin envers Holt. Et Max a estimé qu'il ne pouvait pas faire de forcing ».) Hemingway était à Piggott, Arkansas, quand lui parvint la nouvelle au sujet de MacLeish. C'est le poète lui-même qui le tint informé. Il avait l'impression de s'être mal comporté. Ernest songea que la chance ne lui souriait guère quand il s'agissait d'amener des auteurs à Perkins, mais il pouvait être fier de ce qu'il avait écrit dans son livre sur les courses de *toros*, *Death in the Afternoon* – qui deviendrait *Mort dans l'après-midi*[1] en français –, et l'éditeur n'avait décidément pas besoin d'un « autre Hemingstein ». Il retourna passer l'hiver en Floride, et attendit que soient ressoudés les os du bras dont il se servait pour écrire.

Les élections de 1930 au Congrès devaient satisfaire Perkins à tous égards – surtout en ce qui concernait la prohibition. Leur résultat favorisa les *« wets »*, autrement dit les adversaires de la prohibition. On allait peut-être révoquer le Volstead Act qui interdisait de produire et de vendre de l'alcool aux restaurants et aux bars. Perkins était à la tête d'une association d'anciens de Harvard opposée à l'amendement sur la prohibition. Cependant, écrivit-il à Ernest, les affaires « ne cessaient d'aller de mal en pis ». Il notait que « jamais un aussi grand nombre de gens n'avaient été aussi désespérés, au point de croire, de dire en tout cas, que le capitalisme allait disparaître. Mais le vieux Staline pense que cette fois, nous allons nous en sortir – et dans l'avenir aussi. Et j'espère qu'à ce moment-là, mes filles auront épousé des mécaniciens et des ingénieurs ».

Après un silence de plus d'une année, Max reçut une lettre d'Elizabeth Lemmon. Leur relation n'était pas affectée par le

1. Ce roman d'Hemingway sera publié chez Gallimard en 1938.

passage du temps. Elizabeth n'avait pu lui écrire, trop occupée qu'elle était par ses obligations mondaines à Baltimore – elle avait beaucoup de soupirants. Quant à Max, il était pris par son travail. Mais ils continuaient de penser l'un à l'autre. Max expliquerait dans une lettre : « Je vous ai écrit plusieurs fois. En juillet dernier, j'ai gardé une semaine dans ma poche une lettre toute timbrée ; puis je l'ai déchirée. » Le lendemain de la missive de Miss Lemmon, Perkins lui postait un courrier riche en informations dans lequel il donnait essentiellement des nouvelles familiales. Il expliquait qu'il n'avait pas été contrarié du tout d'apprendre que sa fille aînée, Bertha, excellente élève du Smith College, avait raté ses examens. En effet, il lui trouvait des circonstances atténuantes. Ayant deux jours pour réviser, elle ne s'y était pas mise une seule minute. Elle avait préféré lire *L'Ange exilé* et n'avait rien pu faire d'autre avant de l'avoir terminé. Elle disait que tout le monde le lisait au Smith College. Max jugeait cela remarquable, car cet ouvrage était « de loin bien plus que le livre d'un homme ».

Début mars, Archibald Cox mourut. C'était le beau-frère de Max, un homme dont il était proche. Archibald laissait sept enfants dont l'aîné, Archibald Jr., était à Harvard et envisageait une carrière dans la justice ; il devait incarner aux yeux de la génération à venir certaines vertus yankees : un goût inné pour la décence, une morale claire et naturelle, une sorte d'humilité dans l'exploitation de ses talents – toutes qualités que possédait Max, d'après ceux qui le connaissaient.

Plus tard, ce même mois de mars, Perkins se rendit dans le Sud afin de participer à ce qui était désormais son excursion annuelle dans le Gulf Stream. Il trouva Ernest en bonne forme, à part son bras cassé. Hemingway pilotait d'une seule main son bateau dont la proue clapotait sur les vagues. Il arrivait à pêcher grâce à un gréement sophistiqué que Max regarda comme un bon augure, la preuve qu'Ernest allait faire merveille, comme d'habitude. Max cabota avec Hemingway et sa bande. Leur voyage dura assez longtemps pour épuiser leurs conserves d'oignons des Bermudes ; mais Max demanda la permission de s'embarquer pour Key West sur un autre voilier, afin de pouvoir rentrer à New York avant d'être piégé encore une fois par la tempête.

De retour au port, Hemingway se remit tout de suite au travail. Son bras était guéri et il était de nouveau résolu à écrire mieux que quiconque sur cette terre. En fait, rivaliser avec les « écriveurs vivants » lui était devenu trop facile. Il fit savoir à Max qu'il préférait surpasser les maîtres de jadis. Eux et eux seuls étaient des adversaires valables, bien qu'il dût admettre que William Faulkner était « sacrément bon quand il était bon, même si ce qu'il faisait n'était pas toujours nécessaire ». Perkins était d'accord. Faulkner écrivait depuis des années des nouvelles qu'il essayait de placer dans la revue *Scribner's,* sans grand succès, mais avec ce qu'il appelait un « infatigable optimisme ». Faulkner l'avait reconnu devant l'équipe éditoriale : « Je suis bien certain de ne pas avoir de goût pour les nouvelles ; je sais que je ne saurai jamais faire ça. » Il était perçu comme un « dingue » par Perkins qui venait de lire son *Sanctuary*[1], un roman à sensation qu'il jugeait comme « un livre affreux écrit par un auteur de grand talent ». Aucun des ouvrages de Faulkner ne trouvait d'acheteur et Perkins se disait que c'était peut-être le bon moment pour l'accueillir dans son catalogue ; mais il ne le fit pas. John Hall Wheelock avait sa petite idée là-dessus : « Max n'est pas allé au bout avec Faulkner, parce qu'il craignait d'éveiller la jalousie d'Hemingway. » Ce dernier avait récemment exprimé sa foi en Thomas Wolfe qui, prédisait-il, écrirait plein d'« énormes bouquins » pour Perkins. Et il continuait de penser que Fitzgerald possédait un solide talent. Pourtant, disait Wheelock, « aux yeux d'Hemingway, il n'y avait plus de place dans la vie de Max pour une autre force aussi menaçante que William Faulkner. Hemingway avait un puissant ego et Max le savait ».

En mai, Ernest partit pour l'Espagne où une toute nouvelle république avait fait tomber la monarchie carliste. Toutefois, il se tint à l'écart de la scène politique pour pouvoir travailler aux derniers chapitres de *Mort dans l'après-midi*.

Ce même mois, Douglas Southall Freeman invita les Perkins à Richmond. La visite se promettait d'être plus mondaine que la fois précédente, car le travail de Freeman avançait bien – cette fameuse biographie de Robert E. Lee. L'auteur avait adopté une stratégie que Perkins avait élaborée spécialement à son intention, alors même qu'elle relevait du simple bon sens pour n'importe quel auteur écrivant dans cette catégorie : « Vous ne faites pas une

1. Il sera publié en 1933 par Gallimard, sous le titre *Sanctuaire*.

étude sur Robert E. Lee, ni une interprétation personnelle du personnage, mais une biographie exhaustive, la première et peut-être définitive : il est très important qu'elle contienne toutes les informations pertinentes, et que beaucoup d'entre elles soient nouvelles. Ce fait indiscutable doit donner au livre son caractère. – Il vous interdit de céder à toute envie de liberté, à toute interprétation imaginaire, comme Strachey[1], par exemple, s'y autorise. Et il doit vous orienter dans le choix de votre matériel, car il faut tout traiter, pas seulement sélectionner ce qui apparaît comme valable d'un point de vue purement esthétique. »

Perkins mettait souvent le doigt sur des thèmes dont il pensait qu'ils méritaient d'être développés, sur des aspects de la vie de Lee qui, racontés autrement, empêcheraient le livre de tomber dans le recueil d'archives. Perkins, qui ne voulait pas d'un livre monument privé de vie, avertit Freeman : « Tous les événements personnels, toutes les anecdotes qui le montrent dans le feu de l'action, ou le font apparaître différent des autres, ou tendent à expliquer comment il est devenu à ce point admirable et maître de lui-même, soulageraient le lecteur de la tonalité dominante propre à ce genre de narration. »

Suivirent encore deux années d'un travail d'écriture des plus méthodiques et, le 19 février 1933, Freeman câbla à Perkins : JE SUIS ASSEZ VANITEUX POUR CROIRE QUE VOUS VOUS RÉJOUIREZ AVEC MOI QUAND JE VOUS DIRAI QUE J'AI TERMINÉ HIER LE TEXTE DU LEE. IL NE RESTE PLUS QUE LES RÉVISIONS DE STYLE. Le premier des quatre volumes composant cette biographie fut publié après vingt ans passés sur le projet. Il se distingua de façon extraordinaire en déclenchant les louanges de la critique, en emportant le prix Pulitzer de la biographie et en devenant un best-seller. Le travail de publication proprement dit avait pris deux années. En décembre 1934, Freeman exprima sa gratitude à Perkins : « Ce livre ne serait jamais arrivé à son terme sans les encouragements que vous m'avez prodigués. Plus d'une fois, quand le rythme de l'écriture retombait, un mot de vous m'aiguillonnait. »

1. Le Britannique Lytton Strachey était l'auteur de plusieurs ouvrages d'interprétation littéraire.

Freeman réfléchissait déjà à des sujets pour occuper les dix années qu'il lui restait à vivre. Perkins le jugea capable d'écrire une brillante biographie de Washington. « C'est le cas ici aussi, vous pourriez écrire une vie qui soit essentiellement militaire, et quoi que l'on puisse dire de votre Lee, vos récits de campagnes et de batailles, je crois, n'ont pas d'équivalent chez les autres auteurs traitant de la chose militaire. C'est l'idée qui m'est venue à l'esprit quand j'ai lu votre ms, et maintenant nous savons que les autorités le pensent aussi. La clarté et l'intensité avec lesquelles ces campagnes sont décrites rendent la lecture plus fascinante et plus instructive. Bien sûr, dans le cas de Washington, la stratégie militaire serait beaucoup moins compliquée, mais je ne crois pas que les campagnes révolutionnaires soient même aussi bien connues que celles de la guerre civile, et je pense que vous les traiteriez de superbe façon, et que toutes les recherches que vous avez faites pour le Lee, et avant, vous seraient d'un grand avantage. »

Tout de suite après lui avoir fait ces recommandations, Perkins orienta Freeman vers Wallace Meyer, lequel avait joué un rôle majeur dans l'édition du *Lee*. Freeman entreprit d'écrire *Lee's Lieutenants* – « Les Lieutenants de Lee » – avant de se lancer dans sa vie de Washington en sept volumes ; il ne vécut cependant pas assez longtemps pour achever la partie finale de cet ouvrage[1].

*

* *

Géographiquement parlant, Max et Thomas Wolfe n'étaient séparés à ce moment-là que par l'East River. Pourtant, c'est principalement par lettre qu'ils communiquaient, en se voyant seulement quand l'agenda de Wolfe le lui permettait. En août 1931, Perkins sentit le besoin de voir son auteur, ne serait-ce que pour discuter d'une date de publication du prochain roman. Perkins lui écrivit à Brooklyn : « Il faudrait que vous fassiez tout votre possible pour avoir un manuscrit achevé fin septembre. Je voulais vous en parler la dernière fois que nous nous sommes vus. J'espère

1. À notre connaissance, ni le *Lee* ni le *Washington* de Douglas Freeman ne sont disponibles en traduction française.

que vous passerez bientôt, et me direz ce que vous pensez pouvoir faire. »

La réponse de Wolfe : « Je sais que vous ne blaguez pas et que vous parlez bien du mois de septembre prochain, non d'un septembre dans quatre, cinq ou quinze ans. Eh bien ! il n'y a pas la moindre chance ou possibilité que je dispose en septembre du manuscrit achevé de rien qui ressemble à un livre, et pour ce qui est de savoir s'il y a quelque chose que je souhaite montrer à qui que ce soit en septembre, ou s'il est possible que j'aie quelque chose à présenter dans les cent cinquante années à venir, c'est une question qui m'inspire en ce moment un doute extrême et douloureux. »

Tom, à l'entendre, regrettait de ruiner ainsi les espoirs que Perkins avait placés en lui, et ceci presque autant qu'il redoutait de ne jamais y arriver. Mais Wolfe disait aussi qu'il se moquait bien « de la promesse faite par un sacré bon Dieu de marin pris de boisson, puisque j'ai déçu le monde des écrivains qui pataugent à fond de cale dans leurs foutaises, ou les producteurs d'ordures littéraires, les chiens renifleurs de pestilence et autres singes démoniaques ». La seule chose dont il se souciait désormais, c'était de savoir s'il lui restait assez de foi et de force pour justifier le fait de continuer d'écrire. Il confia à Perkins dans une lettre : « [...] Personne ne peut rien tirer de moi qui vaille quelque chose, qu'ils reprennent leur piètre et nauséabonde notoriété à la petite semaine, et qu'ils la donnent à d'autres imbéciles, moi je suis bien content de retourner dans les ténèbres où j'ai passé presque trente ans de ma vie sans trop de difficulté, ma foi. » Il n'avait pas le désir de se cramponner à ce manuscrit « puant comme un vieux reste de poisson pourri » ; mais, écrivit-il à Perkins, si quelqu'un cherchait à savoir quand sortirait son prochain livre, il lui répondrait sans s'excuser : « Quand il sera fini et que j'aurai trouvé quelqu'un qui ait envie de le publier. »

Le moyen d'expression le plus facile, pour Wolfe, c'était le mot écrit. (En fait, il bégayait quand il était nerveux.) C'est ainsi qu'il pouvait exprimer à Perkins exactement ce qu'il avait à l'esprit, en se livrant de façon plus intime que s'il lui parlait en tête à tête. Au final, ce que Wolfe cherchait à lui dire, c'est qu'il doutait de son livre, mais qu'il n'était pas désespéré. « Je sentais que si ma vie et ma force continuaient, si ma vitalité animait chacune de mes pages, si j'arrivais à la suivre jusqu'à la fin, alors ce serait un livre formidable », écrivit-il. Et : « Mais je doutais alors d'avoir une vie assez longue, il me semblait qu'il allait me falloir dix bouquins, que ce serait le roman le plus long jamais écrit. Alors ce n'était pas la pénurie, mais l'abondance – c'était si abondant que j'en avais les mains paralysées et le cerveau exténué – et en plus, alors que j'avance, je veux écrire sur tout et dire tout ce qui peut être dit sur tous les détails. Le vaste fret de mes années de faim, mes prodigieuses lectures, mon inépuisable stock de souvenirs, mes centaines de carnets noircis de notes, tout cela revient et me submerge – j'ai parfois l'impression que je vais tout prendre et tout engloutir, et être englouti à mon tour. J'avais un livre immense, et je voulais le dire tout de suite : il ne peut pas être écrit. »

Wolfe composait son récit comme une mosaïque, carreau par carreau. Il espérait que chaque pièce serait une histoire complète, et en même temps, il dressait un plan général. La dernière section était devenue un gros livre en soi, et il l'avait présente à l'esprit jusqu'au détail le plus infime. Il écrivit à Perkins : « Ça fait partie de toute ma conception des livres, qu'une petite rivière se jette dans une grande. »

Wolfe aurait voulu les faire publier tous, mais il disait comprendre qu'il n'était lié à Scribner par aucune sorte de contrat. On ne lui en proposa pas pour cet ouvrage, et il n'avait touché aucune somme qui ne lui fût due. Le seul lien dont il eût conscience, c'était cette relation amicale et loyale qui l'attachait à la maison de Max Perkins. Il avait envie de rester à la fois l'auteur et l'ami de Max, tout en estimant que c'était un honneur qu'il devait mériter. Il continuait de se sentir à ce point redevable envers lui, pour sa contribution à *L'Ange exilé*, qu'il refusa de ne plus rien accepter de sa part jusqu'à ce que tout soit remboursé. C'est pourquoi, disait-il, la meilleure façon de laisser quelque chose entre eux, c'était d'avoir « la voie libre » – pas de dette, pas d'embrouille. « Si j'arrive jamais à produire quelque chose dont je pense que ça mérite d'être publié, ou que ça pourrait intéresser votre maison, écrivit-il à Perkins, je vous l'apporterai, et vous pourrez le lire, l'accepter ou le refuser avec la même liberté que si c'était mon premier livre. Je n'attends rien de plus de quiconque. »

Wolfe voyait ce qui était arrivé à tant d'auteurs de ce qu'ils appelaient déjà les « années vingt ». Il ne voulait rien avoir à faire avec ces « vilaines petites existences de faux bohèmes ivres d'alcool et de jalousie ». Il voyait comment l'institution littéraire les envoyait dinguer, après les avoir infectés et corrompus, au profit d'une autre légion de « nouveaux auteurs », comme ils disaient, parmi lesquels Tom avait repéré son propre nom. Il n'avait pas envie, disait-il, que l'on mise sur lui comme sur n'importe quel candidat aux prix littéraires. « Le seul étalon contre lequel je puisse me battre maintenant est en moi : si je n'arrive pas à l'atteindre, j'arrête. » Il écrivit ainsi à Perkins : « Je suis en dehors du jeu – et c'est un jeu, un trafic. Ce que je fais maintenant, il faut que ce soit pour moi-même. Je me fiche de savoir qui "fait la course" devant moi – ce jeu-là ne vaut rien du tout : tout ce qui m'importe, c'est de savoir si je vous ai déçu, et alors ça peut devenir aussi mon propre enterrement. »

Tom Wolfe raconterait qu'enfant il qualifiait de « gentleman de grande classe » quelqu'un qu'il admirait. « C'est ce que vous m'inspirez », écrivit-il à Perkins. Puis : « Je ne pense pas en être un moi-même – un gentleman de votre classe, par la naissance, par la douceur, par une gentillesse naturelle et délicate. Mais si j'ai compris un petit quelque chose à ce que vous m'avez dit, je crois que, pour vous, ce qu'il y a de plus beau et de plus vivant dans la vie, c'est l'art, et la plus belle vie qui vaille d'être vécue, c'est celle d'un artiste. Je pense la même chose que vous : je ne sais pas si j'ai en moi ce qu'il faut pour vivre cette vie-là, mais si c'est le cas, alors je pense que je dois avoir quelque chose qui mérite votre amitié. »

– 11 –

Lamentations

Le dernier nom sur la liste des amis désespérés de Maxwell Perkins, c'était celui de Ring Lardner. Début 1931, il se trouva cloué au lit, suite manifestement à un excès de travail, de tabac et de boisson. « Il faut croire que je paie pour mon passé, écrivit-il à Max dans une courte lettre émaillée de ses plaisanteries habituelles, et je ne dépasse pas la moyenne de quatre nouvelles par an. Aucune de celles que j'ai écrites récemment ne possède rien dont je puisse me vanter, et j'ai bien peur qu'il n'y ait rien là-dedans d'assez bon pour être imprimé cet automne. » Dans l'opinion de Perkins, Lardner s'était laissé fasciner par le miroir aux alouettes du théâtre, et ceci aux dépens de ses propres écrits. Mais pour rien au monde il ne lui en aurait fait le reproche. Il lui dit seulement son espoir de le voir se mettre un an en congé de Broadway et de la grande vie pour se reposer et écrire un roman. « Le printemps n'est pas si loin, lui écrivit-il, et je pense que ça aide toujours à passer à la vitesse supérieure. »

Le printemps vint et s'en alla ; Lardner perdait des forces. À l'automne, Perkins comprit que l'écrivain était victime d'une rechute de cette tuberculose qui l'avait mis à terre l'année précédente. Ring gagna un peu d'argent en fournissant des papiers quotidiens à différents journaux, mais ce n'était pas suffisant. Ses droits d'auteur avaient diminué – *Round Up* avait certes atteint les cent mille exemplaires, mais les ventes à présent retombaient – et ses revenus, dans l'ensemble, étaient en chute libre. Ellis, sa femme, avait exposé la situation à Perkins qui conclut : « Voilà cinq mois que Ring est incapable de travailler, et les Lardner sont vraiment fauchés. » C'était elle désormais qui tenait les cordons de la bourse, et elle demanda à Perkins les 208,93 dollars à revenir à Ring sur ses droits en décembre. Perkins fit en sorte que le chèque parte immédiatement, mais il savait que cette somme ne résoudrait rien et ne ferait qu'aplanir les difficultés. Apparemment, le seul traitement possible, c'était le repos. Max savait combien il était dur de se reposer quand on avait de tels soucis d'argent. Découragée par l'état de santé de Ring et par les mauvaises nouvelles venues ces dernières années des Fitzgerald, Ellis interrogea Perkins : « Vous croyez qu'il existe seulement quelqu'un, dans ce monde, qui soit bien physiquement, mentalement et financièrement ? »

Six années avaient passé depuis la parution de *Gatsby le Magnifique*. Et Fitzgerald n'avait pas pris sa plume depuis vingt-quatre mois. Il est clair que cette absence de progrès trouvait principalement sa cause dans la maladie de sa femme. À l'automne 1931, ils avaient acheté une voiture, une Stutz, et élu domicile à Montgomery, Alabama, dans une maison trop grande où ils pensaient recoller les morceaux de leurs vies. Scott écrivit à Perkins que personne à Montgomery ne parlait de la crise économique ; elle semblait être passée à côté de la ville, comme le boom avant elle. Mais au bout d'un moment, Fitzgerald jugea que l'existence y était d'une lenteur mortelle. Et quand il songeait que sa notoriété allait diminuant chaque jour un peu plus, la nuit, il ne pouvait plus fermer l'œil.

En novembre, il fit ses bagages et partit pour Hollywood sur un coup de tête. Il resta absent huit semaines. Il travaillait sur un traitement de film pour la Metro-Goldwyn-Mayer. En son absence, Zelda s'absorba dans l'écriture d'une fiction. Quand il revint auprès de sa femme et de leur enfant en Alabama, Scott avait six mille dollars devant lui, et assez de matière pour nourrir plusieurs années d'écriture. Il écrivit à Perkins : « Enfin, pour la première fois en deux ans et ½, je vais pouvoir consacrer cinq mois de suite à mon roman. » Muni de ce nouveau programme, il prévoyait d'utiliser ce qu'il y avait de bon dans les pages déjà écrites, et d'y ajouter 41 000 mots. « Ne dites rien à Ernest ni à personne, demanda-t-il à son éditeur, laissons-les penser ce qu'ils veulent

– vous êtes le seul à avoir jamais eu sérieusement confiance en moi de toute façon. »

Pendant des mois, Fitzgerald rédigea des fiches chronologiques, des listes, des esquisses et des études de personnages pour alimenter un livre dont le titre était désormais *The Drunkard's Holiday* – « Un ivrogne en vacances ». Il voulait définir chaque détail à l'avance, afin de ne pas se retrouver coincé quand il commencerait à écrire. « Voici ce que devra être le roman », écrivit-il en haut de son « plan général » de référence :

« Montrer un homme qui soit d'un naturel idéaliste, un prêtre corrompu acquis pour diverses raisons aux idées de la haute Burgoise [(*sic*) pour "bourgeoisie"], qui dans son ascension vers le beau monde perd son idéalisme, son talent, et sombre dans la boisson et la débauche. Le background décrit une classe aisée à son niveau vraiment le plus brillant & le plus glamour, comme les Murphy. »

Le héros, Dick, est un psychiatre qui tombe amoureux d'une patiente, Nicole, dont l'histoire emprunte aux dossiers médicaux de Zelda. Le récit, le moment venu, traiterait de notions d'économie politique que Fitzgerald avait en tête, et aborderait des aspects spirituels et psychologiques. Le jeune médecin épuiserait toute sa vitalité jusqu'à s'effondrer émotionnellement, jusqu'à devenir un « *homme exténué*[1] » ; ainsi se réfléchiraient dans le livre les tourments intérieurs dont Fitzgerald estimait qu'ils l'avaient mené, ces dix dernières années, au bout de ses forces.

Peu après le déménagement à Montgomery, alors qu'il commençait à s'engager dans cette nouvelle version de son livre, l'asthme de Zelda fit sa réapparition, ainsi que ses éloquentes poussées d'eczéma. En l'espace de quelques jours, son comportement régressa et redevint ce qu'il était en Suisse. En février 1932, Scott la transporta à la clinique psychiatrique Henry Phipps, au sein de l'hôpital universitaire Johns Hopkins de Baltimore. Elle vit son état s'améliorer dès que Scott fut reparti pour l'Alabama – au point qu'elle parvint à franchir une étape importante. Depuis que sa carrière de danseuse avait pris fin, l'écriture de fictions était devenue pour elle une réelle thérapie ; elle avait le sentiment de s'accomplir chaque fois qu'elle achevait une nouvelle. Max ne

1. En français sous la plume de l'auteur.

l'ignorait pas. Pourtant, il fut surpris de recevoir en mars une lettre dans laquelle Zelda lui annonçait : « Je vous ai envoyé mon premier roman sous pli séparé, pour employer ce qui est, je crois, la phraséologie du métier. » C'était un long récit intitulé *Save Me the Waltz*[1]. Zelda l'avait écrit en six semaines, lors de son séjour à Phipps. « Scott ne l'a pas lu, étant pris par son propre livre, écrivit-elle à Perkins, ce qui fait que je suis dans le brouillard complet quant à savoir s'il vaut quelque chose, et bien sûr j'ai terriblement envie que vous l'aimiez. [...] Si la chose est trop brute pour entrer dans vos objectifs, puis-je vous demander des suggestions ? Au nom de votre amitié, ce qui est beaucoup demander, j'imagine. »

Perkins était déconcerté. Dès le départ, le manuscrit trahissait un certain dérangement mental et donnait l'impression que l'auteur peinait à séparer fiction et réalité. La prose était surchargée d'images très fortes, souvent sans lien les unes avec les autres. L'intrigue semblait refléter, dans un style qui les déformait exagérément, comme au palais des glaces, les premiers écrits de Scott se rapportant à leur vie commune. *Accordez-moi cette valse* racontait l'histoire d'Alabama Beggs, la fille d'un juge de Montgomery qui épousait un artiste élégant, prometteur, rencontré pendant la guerre ; alors qu'il enregistrait des succès précoces, elle se sentait malheureuse, insatisfaite, et se lançait dans une carrière de danseuse. Zelda avait appelé l'artiste Amory Blaine, comme le protagoniste de *L'Envers du paradis*.

Dans la semaine, Zelda envoya un télégramme à Perkins : CECI SUR CONSEILS DE SCOTT VOULEZ-VOUS RENVOYER MANUSCRIT CLINIQUE PHIPPS JOHNS HOPKINS AVEC TOUS MES REMERCIEMENTS REGRETS ET RESPECT. Fitzgerald avait eu vent du manuscrit et il voulait le lire avant Perkins. Perkins s'exécuta et répondit : LU ENVIRON 60 PAGES GRAND INTÉRÊT TRÈS VIVANT ET ÉMOUVANT ESPÈRE QUE VOUS NOUS LE RENVERREZ.

Perkins écrivit à Hemingway à ce sujet : « Il semble qu'il y ait plein de bonnes choses là-dedans, mais tout se passe comme s'il datait de l'époque des *Heureux et les Damnés*. Et bien sûr, ça n'a pas dû se passer du tout comme ça, alors, avec Amory Blaine. Ça

1. *Accordez-moi cette valse* sera publié bien des années plus tard, en 1972, aux éditions Robert Laffont.

devait être très dur pour Scott. [...] Je pense que ce roman sera très bon quand elle l'aura fini. »

Scott interrompit son propre roman pour discuter de ce manuscrit avec Zelda. Puis il écrivit à Max que toute la partie centrale du livre devait être « radicalement récrite ». Bien sûr, il faudrait changer le nom de l'artiste. Mais les objections de Scott, en vérité, visaient autre chose que les qualités du manuscrit proprement dites. En fait, il en voulait énormément à Zelda. Il ne lui reprochait pas seulement d'avoir envoyé le manuscrit à Perkins sans le lui avoir fait lire, comme si elle avait voulu agir dans son dos ; il s'était aussi rendu compte qu'elle avait utilisé quantité d'incidents puisés dans leur vie commune – cette riche matière dont il n'avait pu se servir ces dernières années, étant trop occupé à écrire des nouvelles sans intérêt pour payer ses soins médicaux, à elle.

C'est tout juste si elle ne se jeta pas aux pieds de Scott pour essayer de le calmer. Elle lui écrivit dans une lettre haletante : « Scott, je t'aime plus que tout sur la terre et si je t'ai blessé, j'en suis malheureuse. » Elle avait conscience de ce qu'elle avait fait : « Je craignais bien [...] que nous ayons soulevé les mêmes choses. » Mais elle s'en expliquait : « C'est intentionnellement que je ne l'ai pas fait (que je ne t'ai pas envoyé mon livre avant de le poster à Max) – je savais que tu travaillais à ton propre livre et honnêtement, je me suis dit que je n'avais pas le droit de t'interrompre pour essayer d'obtenir de toi un avis circonstancié. [...] Alors, mon Chéri, mon Amour, s'il te plaît, comprends que ce n'était pas par volonté de ne pas m'adresser à toi d'abord – mais c'est le temps et le fait que tout était déréglé qui m'ont poussée à me montrer si grandiloquente avec Max. »

Fitzgerald avait quitté l'Alabama le 30 mars pour se rendre à Baltimore au chevet de sa femme. En mai, il donna des nouvelles à Max : « Le roman de Zelda est bon maintenant. Amélioré en tout point. C'est nouveau. Elle a fait de grandes coupes dans l'atmosphère notre-voyage-à-Paris-et-sa-vie-nocturne. Vous allez aimer. [...] Je suis encore trop dedans pour pouvoir le juger, mais si ça se trouve, il est encore meilleur que je le pense. » Au milieu du mois, il posta le manuscrit à Perkins pour une deuxième lecture, en lui faisant observer que l'œuvre avait les défauts et les qualités de n'importe quel premier roman. « C'est davantage l'expression d'une personnalité forte, comme *L'Ange exilé*, que l'œuvre d'un artiste accompli comme Hemingway. Il devrait intéresser des milliers de gens à la danse. Il traite de quelque chose et il est d'une nouveauté absolue, et il devrait se vendre. »

Au début, quand il redoutait qu'un excès de compliments n'encourage l'embryon d'égocentrisme maniaque que les médecins avaient détecté chez elle, il avait écrit à Perkins : « Si le succès lui vient, il faut qu'elle l'associe avec l'idée d'un travail bien fait, ceci dans son intérêt, & au fait qu'une partie du travail a été accomplie quand elle était exténuée et sans inspiration, une autre alors que le simple effort pour se rappeler l'inspiration et l'élan originels exigeait des ruses psychologiques. Elle n'a plus 20 ans et elle n'est pas forte, et il ne faut pas qu'elle essaie de suivre un motif qui est le mien et qui bien sûr lui a clairement explosé l'esprit. »

Il estimait à présent qu'elle méritait toutes les louanges que Max aurait à cœur de lui faire. Elle avait tout donné dans ce livre. Après avoir refusé l'idée de le retravailler, elle l'avait entièrement révisé « en modifiant ce qui était une “confession vraie” assez criarde, pleine d'autojustifications, indigne d'elle dans le cadre d'une œuvre honnête ».

Perkins fourra le manuscrit dans sa mallette éraflée et l'emporta en week-end. Le lundi, il lui télégraphiait : PASSÉ UN FORMIDABLE DIMANCHE À LIRE VOTRE ROMAN PENSE QU'IL EST TRÈS INHABITUEL ET PAR MOMENTS COMPLÈTEMENT ÉMOUVANT SURTOUT LES PASSAGES SUR LA DANSE ENCHANTÉ DE LE PUBLIER. Plus tard, ce même jour, il écrivit à l'auteur : « C'est vivant du début à la fin. » Max espérait que Zelda accepterait de réfléchir à quelques prudentes suggestions, des questions de style pour l'essentiel. Comme dans les nouvelles qu'elle avait écrites précédemment, elle avait souvent tendance à s'égarer pour filer la métaphore. Il lui écrivit : « Beaucoup d'entre elles sont brillantes, mais je me demande si [...] elles ne gagneraient pas en efficacité à être moins nombreuses. Parfois, elles me semblent trop audacieuses et trop captivantes du fait qu'elles ont pour effet de concentrer l'attention sur elles, sur elles-mêmes, au lieu d'éclairer les éléments qu'elles devraient avoir pour but de révéler. »

Zelda était emballée. « Dresser l'inventaire de tous les enthousiasmes et satisfactions nés du fait que vous aimez mon livre, ce serait pour vous une vieille histoire, écrivit-elle à Perkins. Ça paraît tellement extraordinaire, que vous soyez effectivement sur le point de le publier, que je devrais vous mettre en garde en vous disant que ça risque d'être une affaire très médiocre, et qu'il sera bientôt aussi démodé qu'un prospectus pour les courts de tennis. Mon Dieu, l'encre va s'effacer, vous allez peut-être vous rendre compte que ça n'a aucun sens. J'étais un auteur : comment le croire. » Elle était d'accord pour modifier les « passages qui posaient des problèmes », mais avec *Accordez-moi cette valse*, Perkins, assez curieusement, regardait presque au-delà de l'édition. Le manuscrit tout entier était émaillé de trouvailles linguistiques parmi les plus fleuries qu'il ait vues. Ses comparaisons arrivaient naturellement, sinon raisonnablement, à raison parfois d'une douzaine par page. Décrivant les cargaisons d'Américains qui écumaient la France à la fin des années 1920, elle écrivait par exemple : « Ils disposaient des gâteaux de Vérone sur les pelouses de Versailles comme des rideaux de dentelle, des poulets et des noisettes à Fontainebleau, là où les bois se coiffaient de perruques poudrées. Les disques des parapluies se répandaient sur les terrasses des banlieues avec les rondeurs exubérantes et tendres d'une valse de Chopin. Ils s'asseyaient à quelque distance sous les ormes lugubres d'où dégouttait la pluie, ces ormes qui semblaient des cartes de l'Europe, ces ormes dont la cime s'effilochait comme lambeaux de laine chartreuse, ces ormes épais, serrés les uns contre les autres comme des grains de raisin amers. Ils commandaient aux éléments avec un appétit continental, et écoutaient les centaures se plaindre du prix des sabots. »

Pratiquement aucun personnage, aucune émotion ni scène n'échappait à cette grandiloquence. Mais c'était le propre de son écriture, son originalité, sa façon à elle de rendre le propos vivant. En gros, Perkins se montra bienveillant en négligeant ce problème et en décidant que le livre paraîtrait tel qu'il était, qu'il vivrait ou mourrait de lui-même.

Sous l'œil de son mari, Zelda corrigea abondamment ses épreuves. Le livre fut raccourci : furent principalement supprimés les récits de leurs scènes de ménage. Au cours des mois qui suivirent, les épreuves firent de multiples allers et retours entre Perkins, l'auteur et les linotypistes. Au point que plus personne, à la fin, n'avait envie de recevoir encore un jeu à relire. Max songea un moment à prévenir les Fitzgerald qu'ils risquaient d'avoir à payer pour corrections excessives, mais il savait qu'ils tenaient à leur propre conception du livre, quel que soit le coût. En fin de compte, les innombrables fautes d'orthographe, les passages obscurs et la plupart des expressions tarabiscotées trouvèrent le chemin de l'imprimerie. Zelda fut stupéfaite quand elle vit l'épaisseur du volume une fois relié. Elle écrivit à Max : « J'espère seulement qu'il vous satisfera comme il me satisfait moi-même. »

Le mariage des Fitzgerald battait de l'aile. Au printemps 1932, alors que Zelda était pleine d'espérances pour son livre, Scott était déprimé. Il s'était arraché à son passé sans se relier à aucun avenir. « Je ne sais pas vraiment ce que je vais faire, écrivit-il à Perkins dans une lettre *de profundis*. Cinq années viennent de s'éloigner de moi et je n'arrive pas à décider qui je suis, si je suis seulement quelqu'un. » Leur recherche incessante d'une nouvelle maison procurait peut-être à Scott le sentiment de mener toujours la grande vie. En tout cas, ils s'établirent à La Paix, une impassible demeure victorienne située sur des terres appartenant à une famille Turnbull. Zelda écrivit à Perkins : « Nous avons ici un logement calme et ombragé qui ressemble à une cabane de jeu jamais peinte, abandonnée par la famille après que les enfants ont grandi. » Max espérait que cet environnement tranquille obligerait les Fitzgerald à mener une vie paisible. « Si seulement Zelda pouvait commencer à gagner de l'argent, et c'est possible, il faudrait qu'ils se débrouillent pour que Scott puisse écrire », écrivit-il à Hemingway.

Cette année-là, alors que Scott était toujours déprimé, une très inhabituelle inversion des rôles se produisit entre éditeur et auteur. C'est la première et la dernière fois que la chose est présente dans leur correspondance. Fitzgerald avait senti que Perkins n'était plus lui-même ; il le trouvait presque au bout du rouleau, surmené. « Pour l'amour du ciel, prenez des vacances cet hiver, lui écrivit Scott. Personne ne va faire couler la maison en votre absence ni oser lui faire faire un bond en avant. Donnez-leur une occasion de voir à quel point ils dépendent de vous & au retour vous n'aurez plus qu'à couper une ou deux têtes. »

La nouvelle n'était pas sortie de la famille, mais Max était extrêmement préoccupé par la mystérieuse maladie qui avait frappé sa fille Bertha. Elle avait eu un accident de voiture dont elle était sortie physiquement indemne, mais qui l'avait laissée sans connaissance pendant dix-huit heures. L'absence de diagnostic poussait Max au désespoir. D'autant que Bertha faisait des convulsions. Il s'en ouvrit à Scott qui à maintes reprises avait exprimé le désir d'en parler. Il prétendait avoir « tellement bien intégré l'attitude des scientifiques et des profanes sur ces sujets-là » qu'il saurait « lui venir en aide mieux que n'importe qui ». Zelda ne montrait pas moins de sollicitude que son mari ; dans les asiles où elle était passée, elle avait toujours été attirée par les patients les plus atteints. « J'ai encore un peu de purgatoire à faire avant d'en avoir fini avec ça, écrivit Max à Zelda en juin. Mais d'ici un mois, il faut que je sois sorti du bois le plus épais qu'il m'ait jamais été donné de traverser. »

Thomas Wolfe aussi savait que Max avait changé. Il estimait que son éditeur « aurait donné sa vie pour garder ou augmenter la vertu – pour sauver ce qui était sauvable, élever ce qui était élevable, soigner ce qui était soignable, préserver le bien. Mais de ce qui n'était pas sauvable, de la vie qui ne pouvait se développer, des maladies incurables, il ne se souciait pas ». Si sa fille ne pouvait être guérie, croyait Wolfe, Perkins ne s'inquièterait guère ; mais les circonstances étant ce qu'elles étaient, il nota tout de même que Max avait les yeux de plus en plus hagards et cernés, et qu'il se surchargeait de travail au bureau pour fuir les misères qui accablaient son foyer. D'ailleurs, Wolfe avait lui-même très largement de quoi lui fournir matière à s'occuper l'esprit.

Wolfe avait gardé beaucoup de choses pour lui ces derniers mois. Il avait quitté Verandah Place et cet appartement où il avait produit un volume de travail énorme. Il attaqua une nouvelle séquence d'écriture au 111 Columbia Heights, toujours à Brooklyn. Il utilisait partout les mêmes outils : des crayons, du papier, le plancher – même le réfrigérateur. Max raconta un jour à un étudiant combien ces quatre éléments participaient de façon essentielle à son travail de composition : « Mr. Wolfe écrit au crayon, d'une très grande écriture. Il a dit une fois qu'il pourrait rédiger la meilleure des réclames pour les fabricants de frigidaires depuis qu'il s'était avisé que cet appareil était à la bonne hauteur pour écrire debout, et disposait d'un plateau assez grand pour qu'on puisse y étaler le manuscrit. Il écrit la plupart du temps comme ça, tout en se promenant souvent dans la pièce quand il ne trouve pas le mot juste. »

Après avoir accompli sa tâche quotidienne, Wolfe ramassait les feuillets qui jonchaient le sol et les envoyait à la frappe. Il était rare qu'il les fasse lire à une autre personne que la dactylo. Perkins dit à Hemingway cet hiver-là que le peu qu'il avait lu du dernier livre de Wolfe était « aussi bon que possible ». Malheureusement, Tom souffrait de fréquentes crises de doute, qui le perturbaient tellement qu'il n'arrivait plus à écrire. « Il continue de s'en faire pour tout, et c'est le cas en ce moment, écrivit Max à Ernest début 1932, et il va falloir que je passe une soirée avec lui, histoire de l'amener à penser qu'il est redevenu bon. Qu'il est bon et que tout va bien. »

Le 26 janvier 1932, au terme d'une pénible rencontre entre les deux hommes, Tom suivit Max jusqu'à Grand Central Station. Il n'était toujours pas arrivé au bout de ses jérémiades quand ils montèrent ensemble dans le train pour le Connecticut. Wolfe avait encore besoin d'être rassuré sur ses aptitudes, aussi Max lui avait-il proposé de venir dormir à la maison. Mais au moment où le train s'ébranlait le long du quai, Wolfe fut la proie d'un de ses changements d'humeur coutumiers. Il fallait qu'il rentre à Brooklyn, il voulait être seul et écrire. Il se précipita vers une porte. Le train s'éloignait du quai. Wolfe sauta en marche. Le mécano actionna le frein d'urgence. Perkins se précipita à son tour pour voler au secours de Tom qui gisait sur la voie, le coude gauche en sang. Ils se rendirent au poste de secours de Grand Central. Tom passa une radio et fut recousu. « Grâce à Dieu, c'est le bras gauche qui a pris, pas le droit, écrivit-il à sa sœur Mabel, puisque ma seule possibilité de vivre maintenant dépend plus ou moins de ma main droite. »

Ce même mois, Perkins dut encore s'occuper des problèmes de Wolfe, et ce fut cette fois pour jouer les conciliateurs. Wolfe était tombé sur un communiqué publié par les éditeurs allemands de *L'Ange exilé*, selon lequel Madeleine Boyd avait dissimulé à Wolfe un paiement de droits d'auteur. Tom était furieux et c'est compréhensible. Il exigea de rencontrer son agent chez Scribner, en présence de Perkins. Avant la réunion, prévue l'après-midi, auteur et éditeur déjeunèrent ensemble et Tom tint à parler stratégie. Il insista pour que Max participe à l'affrontement et se montre

« implacable ». Cependant, les choses ne se passèrent pas du tout ainsi, comme Max devait le raconter des années après dans une lettre à John Terry, un ami de Tom : « En arrivant au bureau, nous avons trouvé Mrs. Boyd assise dans la petite bibliothèque, en train de tourner des pages. Je suis entré tout de suite, mais pas Tom, pour quelque raison. Aussitôt, elle a fondu en larmes. On était au plus fort de la crise économique et elle faisait tout ce qu'elle pouvait pour joindre les deux bouts. Je n'ai pas pu m'empêcher d'avoir pitié d'elle et c'est hélas à ce moment-là que Tom est entré, quand j'étais en train de donner à Mrs. Boyd de petites tapes à l'épaule et de lui dire : "Ne pleurez pas, Madeleine, les temps sont durs pour tout le monde." Je me suis aperçu tout à coup que Tom était là. Il nous dominait de toute sa taille. Il m'a jeté un regard de profond mépris. Mrs. Boyd a alors tenté d'expliquer que si elle avait omis de le payer, c'était à cause d'une confusion qui s'était produite à la banque, quelque chose de trop compliqué, nous ne pouvions pas comprendre, ni Tom ni moi. (Depuis, elle m'a reraconté cette histoire avec humour et avec le recul nécessaire, et j'incline à penser qu'elle disait vrai.) Mais quoi qu'il en soit, Tom ne voulait plus avoir affaire à elle. Elle reconnaissait sa faute, sinon le fait d'avoir agi malhonnêtement. De sorte qu'elle était d'accord avec lui quand il lui a dit : "Mais vous ne voyez donc pas, Madeleine, que c'est forcément fini." » Tom, ce jour-là, fit à Madeleine des reproches si mordants que Max fut obligé de le retenir.

Durant toute la période précédente, Perkins s'était efforcé de l'aider à reprendre confiance en lui, au point que les besoins de Tom, au plan personnel comme au plan éditorial, l'empêchaient de s'occuper de ses propres soucis familiaux. Cette saison-là, Wolfe écrivit à Aline Bernstein qui le poursuivait toujours : « J'ai repris confiance en moi, [...] cette confiance que j'avais complètement perdue – et de ma vie je n'ai jamais travaillé aussi dur. Je n'ai vraiment pas été loin de tout perdre, mais il se peut que je m'en sorte. » Il prévoyait qu'au bout de trois mois d'efforts et de concentration, il serait en mesure de remettre à Scribner un livre de 200 000 à 300 000 mots à faire paraître à l'automne. « Mais si je ne le termine pas cette année, lui écrivit-il pour tâcher de la maintenir à distance, je suis à jamais fini – je ne pourrai plus retravailler. »

Dans ses moments les moins optimistes, Perkins nourrissait les mêmes craintes. Il maintint le projet d'une parution à l'automne et dit à Wolfe, dans l'espoir de le motiver, que s'il avait assez de cran pour se cramponner à son travail et lui apporter la marchandise, alors il prendrait six mois de repos sabbatique et l'emmènerait faire une traversée du pays dans une Ford. Tom retourna à son frigidaire avec une détermination toute neuve. Désormais, il était impatient d'achever son livre, pour Perkins autant que pour lui. C'est à ce moment-là qu'il écrivit à Aline : « Il est [...] terriblement fatigué et il a passé une mauvaise année – sa fille fait des syncopes et des convulsions et personne n'arrive à trouver ce qu'elle a. Max est un grand monsieur, le meilleur que j'aie connu, l'individu le plus complet qui ait jamais vécu. »

Dans l'angoisse, et alors que les meilleurs médecins se penchaient sur les traitements susceptibles de guérir Bertha, Perkins écrivit à Hemingway au sujet de son livre sur la corrida : « J'aimerais avoir déjà le manuscrit. [...] J'en attends beaucoup, et notamment de quoi contrebalancer ce qui arrive de tous côtés. » Le livre allait exiger un mois encore de dur labeur.

Hemingway reconnut qu'il ne s'était « jamais senti aussi bien que ces derniers temps ». Il rentra d'Espagne à l'automne 1931. Il ne lui restait plus qu'à écrire un « super dernier chapitre » et à traduire le *Reglamento* du gouvernement ibérique concernant les courses de *toros*. Et ainsi ce « sacré bon bouquin » trouverait sa conclusion. Ernest et Pauline s'installèrent à Kansas City où ils attendirent l'arrivée de leur deuxième enfant. À la mi-novembre naquit Gregory, le troisième fils d'Hemingway. Max lui envoya par câble des félicitations succintes : VOUS ENVIE. Hemingway répondit qu'il lui donnerait son secret pour produire des garçons, si Max lui donnait son truc pour engendrer des filles.

Le 1er février 1932, Max avait entre les mains le manuscrit de *Mort dans l'après-midi*. Ernest était resté longtemps « le nez sur la meule à écriture », et il avait vraiment hâte de connaître la réaction de Perkins. « C'est idiot de vous écrire que c'est un grand livre – mais sa lecture m'a fait beaucoup de bien, lui fit savoir Max. Je suis allé me coucher heureux malgré mes innombrables ennuis (pas si graves que ça, j'imagine). Le livre s'accumule en vous de façon merveilleuse, et devient pour le lecteur – qui au départ regarde la corrida comme un sujet futile – d'une importance extrême. » Trois jours plus tard, alors qu'il envisageait de le faire paraître en bonnes feuilles dans *Scribner's*, il observa que le livre donnait « l'impression non pas d'avoir été planté, mais d'avoir poussé tout seul – et c'est ce qui caractérise un grand livre ». Sur le plan éditorial, Perkins prévoyait un problème de format. Il voulait un livre d'une forme et d'une taille assez grandes pour que les illustrations soient bien mises en valeur, mais sans atteindre un prix de vente trop élevé. L'autre question était le choix des bonnes feuilles à faire paraître dans la revue. « C'est un méchant boulot, de tailler des extraits dans un livre pareil, écrivit-il à l'auteur. Mais d'un point de vue commercial, comme nous disons ici, ça aidera. »

Hemingway pensait qu'ils pouvaient toujours régler ces questions en mer et il invita Perkins aux Tortugas, lui intimant d'« aller au diable avec ses foutus contrats » s'il ne venait pas pêcher avec lui. Mais cette année-là, l'ultimatum d'Hemingway demeura sans effet. Perkins plaida le manque d'argent et le manque de temps, mais c'est surtout que le cœur n'y était pas. « J'ai plus d'embêtements sur le dos que la vie ne devrait jamais pouvoir m'en rapporter », expliqua-t-il. Bertha consultait à Boston où ils avaient, dit-il, « de plus grands et de meilleurs neurologues ». L'état de la jeune fille restait une énigme. Et la maladie faisait désormais des dégâts chez Louise, qui s'était effondrée en voulant soigner sa fille, et avait dû être hospitalisée à son tour pour plusieurs semaines. « J'ai du mal à me débarrasser d'une obsession selon laquelle les Dieux ont décidé de s'acharner sur ma personne, écrivit-il à Ernest. J'ai un faible pour les obsessions, comme vous l'avez compris. [...] Mais il vaut mieux que les embêtements arrivent groupés, quand on peut le supporter. » Il se drapa dans son travail en s'efforçant de ne pas penser à Key West et à son séjour manqué.

Quand Hemingway fut rentré des Tortugas, Perkins lui annonça qu'il avait réduit le nombre d'illustrations de 200 à 64. Il revint aussi sur la fameuse question des « gros mots ». Ernest consentit à s'incliner devant la plupart des lois en biffant les mots en question, ce qui fit dire à Max que la loi « était bien ce que Shakespeare disait qu'elle était – une stupidité ». Hemingway était contrarié de voir que son livre ne serait pas le somptueux album de photos qu'il avait imaginé, mais John Dos Passos lui remonta le moral par ses commentaires sur *Mort dans l'après-midi*.

Il n'avait jamais rien lu d'aussi bon sur l'Espagne, lui dit-il. Et il suggéra de couper plusieurs pages de discours philosophiques qu'Hemingway accepta. Perkins, pour sa part, ne proposa aucune coupe ; l'eût-il fait, l'ouvrage aurait été encore meilleur, car débarrassé des prétentions littéraires de l'auteur.

Avec *Mort dans l'après-midi*, les mots *cojones* et *macho* entrèrent dans le vocabulaire d'Hemingway : le culte de l'hypermasculinité avait trouvé son grand prêtre. Ernest était vraiment devenu égocentrique, et son style avait perdu de sa maîtrise. Aux yeux de Perkins, les poses d'Hemingway disaient beaucoup de choses, mais il voulait croire que derrière elles battait le cœur d'un vrai brave. L'existence virile d'Hemingway lui inspirait de l'admiration, ainsi que sa prose. Zippy Perkins se rappellerait avoir entendu son père expliquer : « Hemingway aime écrire pour ceux d'entre nous qui n'auront jamais à affronter le danger en face. » La relation entre les deux hommes faisait songer à celle d'un oncle adorant son neveu amateur de plaisirs, mais elle évoquait aussi un lien familial d'une autre nature : Perkins voyait Hemingway comme le jeune frère casse-cou se précipitant sans cesse au-devant des ennuis, quoique toujours conseillé et dûment averti par son aîné. Il y avait chez Hemingway un côté rugueux qui rappelait à Max son enfance heureuse, ainsi qu'une virilité appuyée que lui-même, en tant que *gentleman*, ne pouvait pas se permettre d'exprimer dans sa propre vie, ce dont il était jaloux. Avec Hemingway comme avec Fitzgerald, Perkins expérimentait par procuration un style différent du sien. Il s'identifiait au *machisme* d'Hemingway sans pouvoir l'exercer lui-même.

Tout au plaisir de corriger ses épreuves, Hemingway prit une chambre ensoleillée à l'hôtel Ambos Mundos de La Havane. Une fois encore, il pressa Perkins de lui rendre visite. Max pourrait ainsi repartir avec les épreuves et le jeu complet de photographies avec leurs légendes, après qu'ils auraient passé en revue l'ensemble des problèmes. Max répondit qu'il ne demandait pas mieux, mais que ce ne serait pas possible, à son avis, avant juillet. « Je suis pieds et poings liés, plus que je ne l'ai jamais été, écrivit-il à Hemingway, mais avec aussi de meilleures perspectives en matière de parution. »

La veille, Hemingway avait quitté l'Ambos Mundos pour aller pêcher le marlin, et il s'était baigné alors qu'il était en sueur. Sur quoi une pluie froide était tombée soudain. Quand il quitta Cuba, il avait contracté une pneumonie bronchique, ce qu'il ignorait encore. Il traversa le détroit de Floride avec quarante de fièvre. Une fois chez lui, il se mit au lit avec ses épreuves, lesquelles lui retournèrent les sangs. L'usage voulait que chaque placard soit imprimé en haut du nom de l'auteur suivi du premier mot du titre de l'ouvrage. Chaque page commençait donc par un numéro de feuillet suivi de la mention « Hemingway Mort ». Ernest demanda à Perkins s'il trouvait ça drôle, d'imprimer ce genre de choses, car pour sa part il ne voyait pas où était l'humour. Il jura que Perkins devait savoir qu'il était superstitieux et que ce serait pour lui « un sacré boulot de merde » que d'avoir à lire et à relire cette phrase-là.

Elle avait échappé à Perkins. « Si je m'en étais aperçu, assura-t-il à Hemingway, j'aurais su ce qu'il convenait de faire, car vous n'avez pas besoin de me dire ce qu'est un mauvais présage. J'en vois plus que quiconque sur cette terre, et un jour que ça allait mal, et que j'étais seul en voiture, un chat noir a traversé devant moi et je me suis arrêté tout de suite au coin de la rue. Mais quand j'ai des membres de ma famille dans la voiture, et que ce genre de choses arrive, je leur demande d'arrêter de dire des bêtises. »

Pendant des mois, Perkins crut que sa vie était maudite. Plusieurs auteurs et collègues lui firent observer qu'il avait passé l'année à travailler pratiquement comme un somnambule, tellement il s'inquiétait pour la santé de sa fille. Même avec Elizabeth Lemmon, il se montrait abattu. En juin, il lui reparla de ces lettres qu'il lui écrivait sans jamais pouvoir les finir. « Vu la tournure que les choses ont prise cette année, mes lettres auraient été sombres et j'en aurais eu honte – c'est que je suis incapable d'affronter une série de coups du sort sans réagir sombrement et lâchement. Alors à chaque fois, je renonçais à finir ma lettre. »

La maladie de Bertha le déprimait tellement qu'il n'arrivait plus à parler gaiement de rien. Il écrivit aussi à Elizabeth : « À d'autres moments, quand il y avait des problèmes, on avait toujours la possibilité de se tourner vers *quelque chose* qui marchait bien. Mais dans la période récente, partout où je regardais, tout menaçait ruine. » Si seulement sa fille pouvait aller mieux, pensait-il, cela compenserait tous ses autres malheurs. Toutefois, après être restée handicapée plus d'un an, elle montrait quelques signes d'amélioration. « Sa maladie m'emplissait d'une terreur glacée, écrivit-il à Elizabeth. Louise aussi était dans un état épouvantable, elle n'allait pas bien du tout. Et vu comment marchaient les affaires, etc., ce fut une année terriblement mauvaise. »

Cet été-là, Arthur Scribner mourut d'une crise cardiaque, après deux années à la tête de la maison. Son neveu Charles lui succéda et Maxwell Perkins fut nommé directeur éditorial et vice-président de la société. Des responsabilités de gestionnaire vinrent s'ajouter à l'ordinaire de ses soucis éditoriaux – qu'Hemingway se mette en danger, que Fitzgerald n'arrive jamais à écrire son livre, que Thomas Wolfe exige toujours plus de dépense en énergie et en émotion, que Lardner, à force de redouter la misère, voie s'aggraver sa tuberculose et ses insomnies. « Et alors ? demanda-t-il à Elizabeth Lemmon. Qu'est-ce que la vie, sinon se prendre des raclées ? » Il disait dans une autre lettre : « Vous savez que faire le décompte des bénédictions ne fait aucun bien aux gens de Nouvelle-Angleterre. Ça aggrave. L'homme de Nouvelle-Angleterre pense que ses bénédictions sont la preuve qu'il est là pour passer un sale quart d'heure, car la justice exige que les comptes soient en équilibre. Un jour, après la mort de mon père, ma mère m'a dit : "Je savais qu'il allait arriver quelque chose." Et quand j'ai voulu savoir pourquoi elle disait ça, elle m'a répondu : "Tout allait trop bien." – J'avais beau n'avoir que 17 ans, j'ai parfaitement compris. »

Max voulait croire que le monde pouvait devenir meilleur pour ses cinq enfants, s'il arrivait à échapper à l'effondrement total. Il s'interrogeait pourtant : « Mais va-t-il se rétablir à temps pour mes filles ? De quoi vivront-elles – elles vivront de ce qu'ont vécu les "vieux de la vieille". »

Louise rendit visite à Elizabeth à Welbourne où elle se reposa quelques jours. Elle demanda à Elizabeth de bien vouloir « s'occuper de Max », cet été-là, quand il viendrait à Johns Hopkins où il avait des rendez-vous réguliers avec son otologiste. Comme il ne connaissait personne à Baltimore, il allait marcher tout seul dans Druid Hill Park.

Max Perkins souffrait d'otosclérose : des excroissances osseuses autour de la platine de l'oreille moyenne. Des sons retentissaient dans son oreille gauche, pareils à des cris d'oiseau. De nos jours, cet os minuscule peut être remplacé par un osselet synthétique, mais tous les trois mois, Perkins devait aller se faire dilater la trompe d'Eustache : on y introduisait un fil afin de diminuer les vibrations à l'intérieur de l'oreille. En juillet 1932, il se présenta à son rendez-vous avec le docteur James Bordley. Il n'envisagea même pas de demander à Elizabeth de venir le voir après l'intervention tellement il faisait chaud, mais elle apparut néanmoins le samedi au Belvedere Hotel. Elle l'emmena en voiture à Gettysburg. « Ce fut la journée la plus chaude de toute ma vie, se souviendrait-elle quarante ans plus tard, mais ça ne l'a pas empêché de monter dans tous les monuments et d'étudier chaque mur de pierre du champ de bataille. Je l'attendais dans la voiture. Quand enfin nous sommes rentrés en ville, nous avions la langue qui pendait. Max mourait d'envie de boire un verre, mais ce n'était pas facile à trouver et il dit qu'il n'avait jamais vu "une ville aussi sèche". » Il écrivit plus tard à Elizabeth : « J'ai passé deux jours parmi les meilleurs de ma vie [...] et je vous en suis à jamais reconnaissant. Je crois qu'un mois de vacances ne m'aurait pas fait plus de bien. Vous vous débrouillez toujours pour que tout semble juste et heureux. [...] Mille mercis, Elizabeth, de vous montrer aussi bonne avec moi. Je ne l'oublierai jamais. »

Le lendemain, Perkins téléphona à Scott qui vint le chercher en voiture à Baltimore et le ramena ensuite à La Paix. Max trouva l'endroit « vraiment beau dans le genre mélancolique », et cela lui donna envie de se promener et d'admirer les arbres. Mais Scott jugea qu'ils feraient mieux de se préparer tranquillement un petit gin rickey. Ils traînèrent des fauteuils jusqu'à une petite terrasse où ils attendirent que la brise se mette à siffler dans les épais feuillages. Zelda les rejoignit d'un pas nonchalant. Elle avait l'air bien – moins jolie qu'avant, mais plus calme qu'il ne l'avait jamais vue, songea Max. Il trouva aussi qu'elle parlait en restant davantage « dans la réalité ». Cependant, l'un et l'autre lui donnaient des inquiétudes. Sous la blanche lumière du soleil estival, le visage de Scott semblait émacié, tendu, osseux. Zelda montra des croquis qu'elle avait faits, des personnages grotesques. Après le déjeuner, Max retourna en ville avec Zelda qui devait repasser par la clinique Phipps. Puis il prit un avion pour New York.

« Ce pauvre Scott », se désola Hemingway. Perkins lui avait écrit ce qu'il avait vu à La Paix : des êtres traumatisés. Ernest continuait de penser que tout était la faute de Zelda. Pour lui,

Fitzgerald aurait dû la fourguer quand elle était « complètement folle, mais encore vendable », voilà cinq ou six ans, avant qu'elle ne soit diagnostiquée « dingue ». Il pensait d'autre part que ce n'était pas en faisant de Zelda un auteur qu'on allait les ramener tous les deux à la vie. Il eut soin d'avertir Perkins : qu'il n'aille pas s'aviser de publier une de ses femmes – « Sûr nom de Dieu que je vous tuerais. » C'est à cause de Zelda, dit-il encore, que F. Scott Fitzgerald était devenu « le grand talent tragique de notre foutue génération ».

« Si seulement on arrivait à remettre Scott sur pied pour six mois de vie saine, on pourrait peut-être transformer cette tragédie en autre chose, écrivit Max à Ernest. Et il n'y a rien qui puisse empêcher Zelda de se révéler un auteur de livres populaires. Elle a quelques très mauvais tics d'écriture, mais elle est en train de se débarrasser des pires. » En fait, il espérait que Zelda pourrait devenir un atout majeur pour Scott, la carte dont il avait désespérément besoin. Il confia à Hemingway que Scribner avait avancé tellement d'argent à Scott pour son prochain roman que les sommes ne pourraient sans doute jamais être remboursées, même en cas de gros succès. En l'occurrence, ils s'étaient arrangés pour que la moitié des droits de Zelda remboursent la dette de Scott à hauteur de cinq mille dollars.

Max, après cette visite, était plus inquiet que jamais au sujet de Fitzgerald. Il écrivit à Elizabeth Lemmon : « Si un homme est fatigué et que c'est pour une bonne raison – et Scott en a une avec Zelda –, il acceptera sans doute de rendre les armes. Plus personne ne croit en lui. Même pas Ernest. Si seulement ça pouvait s'arranger, et s'il pouvait leur *en remontrer* ! »

Accordez-moi cette valse parut en octobre 1932. Les ventes ne décollèrent pas et il se trouva à peine une poignée de journalistes pour dire du bien du livre, du moins pour le critiquer de façon constructive. Au fond, le responsable de cet échec n'était autre que Perkins. Ses ennuis l'avaient empêché de fournir à Zelda le vigoureux soutien exigé par le livre. « Non seulement ses éditeurs n'ont pas jugé utile de contenir un style aux extravagances presque ridicules, mais ils n'ont même pas fourni à l'ouvrage les services pourtant élémentaires d'un correcteur digne de ce nom », écrivit le *New York Times*.

Le *Saturday Evening Post* serait pour une année encore le principal bienfaiteur des Fitzgerald ; il publia cet été-là trois nouvelles de Scott. Et en août, celui-ci en envoya une quatrième. Ces récits n'étaient guère utiles à sa réputation d'auteur, mais après avoir laissé son travail en souffrance pendant des mois, il disposait maintenant d'assez d'argent pour pouvoir s'y remettre. « Le roman a désormais son intrigue et son plan, écrivit-il dans son journal, fini ces sempiternelles interruptions. » Ce qui fut confirmé par Zelda dans une lettre à Perkins : « Le roman de Scott est près de son *achèvement*. Il a travaillé à toute vitesse et les gens qui l'ont lu disent que c'est formidable. » Elle n'avait pas d'opinion personnelle, car, pour empêcher l'un de piquer les idées de l'autre, écrivait-elle, « nous attendons que le truc de l'autre soit protégé par les droits d'auteur, puisque j'essaie plus ou moins d'absorber sa technique et que nos expériences pourraient se superposer ».

En janvier 1933, Scott se rendit à New York pour une bringue de trois jours. « J'étais sur le point de vous appeler quand je me suis complètement effondré, ensuite je suis resté 24 heures à râler au fond de mon lit », écrivit-il à Perkins après coup. Et : « Aucun doute que le gars se fait trop vieux pour ce genre de blagues. [...] Je ne vous écris pas pour vous faire une *Confession* à la Rousseau, mais afin que vous sachiez pourquoi je suis venu en ville sans vous faire signe, autrement dit en violant un usage maintenu depuis des années. » De retour à La Paix, il fit serment de se mettre à l'eau claire du 1er février au 1er avril. Il insista pour que Perkins n'en dise rien à Hemingway, « car il s'est persuadé de longue date que je suis un incurable alcoolique, vu que nous nous sommes presque toujours croisés dans des fêtes. Je suis son alcoolique comme Ring est le mien et je ne voudrais pas le priver de ses illusions, alors qu'il faut bel et bien être en état de sobriété même pour écrire les nouvelles du *Post* ». Max, par délicatesse, dit à Fitz : « Mais si ! Vous m'aviez appelé. »

Comme Fitzgerald consacrait plus de temps à son roman, ses revenus cette année-là diminuèrent de moitié, par rapport à ce qu'ils étaient au début de la crise économique – il touchait moins de seize mille dollars désormais. Ils eurent beau quitter La Paix pour s'installer en ville dans un logement plus petit et moins cher, Scott se retrouva contraint d'économiser. Il demanda à Perkins si Zelda avait encore des droits à percevoir sur son livre. « Elle a honte de demander, écrivit-il, mais elle s'en servirait pour s'acheter des vêtements d'hiver. »

Elle pouvait difficilement compter sur ses droits d'auteur pour se refaire une garde-robe. *Accordez-moi cette valse* se vendit à mille trois cents exemplaires, ce qui représentait pour elle un revenu de 408,30 dollars. Cette somme fut amputée du coût des corrections excessives, comme le voulait la règle, de sorte que Perkins lui envoya un chèque de 120,73 dollars. « Vous n'allez pas trouver ce résultat bien encourageant, écrivit-il à Zelda, et c'est la raison pour laquelle je n'ai pas eu envie de vous demander si vous aviez l'intention d'écrire encore, mais je pense que la dernière partie du livre, en particulier, est très belle ; et si nous n'avions pas été enfoncés dans cette crise, nous aurions obtenu de meilleurs résultats. » Les seuls livres de chez Scribner qui se distinguèrent cette année-là étaient signés par des auteurs confirmés – Galsworthy pour *One More River*[1], James Truslow Adams[2] pour *March of Democracy* – ou déjà célèbres comme Clarence Darrow[3] qui avait fait paraître son autobiographie, *The Story of My Life.*

En ce qui concerne les ventes d'*Accordez-moi cette valse*, Perkins écrivit à Fitzgerald qu'elles étaient « bien supérieures à la moyenne d'un premier roman en cette mauvaise année, mais vous êtes habitué à de tels montants que ceux-ci vous paraîtront extrêmement mauvais ». Fitzgerald prit la nouvelle avec compréhension, surtout après avoir appris que *Nineteen Nineteen*[4], le dernier John Dos Passos, n'avait pas dépassé les neuf mille exemplaires. Scott ne voyait pas comment son livre allait pouvoir couvrir ses dettes chez Scribner. Finalement, avec sa trilogie *USA*, Dos Passos avait mieux résisté dans le monde des lettres américaines que Fitzgerald avec ses nouvelles dans le *Post*. Max écrivit à Fitzgerald qu'il ne trouvait pas les livres de Dos Passos passionnants. « Toute sa théorie, c'est que les livres devraient être des documents sociologiques, ou quelque chose comme ça. Je sais que je n'ai jamais pu

1. *Sur l'autre rive* est paru chez Calmann-Lévy en 1948.
2. James T. Adams est considéré comme le premier auteur à avoir employé l'expression « rêve américain ».
3. Cet avocat et homme politique célèbre était issu d'une famille progressiste.
4. *L'An premier du siècle (1919)* paraîtra chez Gallimard en 1952.

ouvrir un des siens sans me dire que j'étais parti pour trois ou quatre heures d'une torture que viendrait seulement soulager mon admiration pour son talent. Ils sont fascinants, mais ils vous font souffrir le martyre, et personne n'a envie de ça. [...] Si seulement ce monde voulait bien se poser sur quelque chose qui ressemble à une fondation stable, afin que l'homme puisse s'occuper de ses affaires, écrivit encore Max à Fitzgerald, je crois que vous ne tarderiez pas à commencer de fournir un travail régulier et cohérent. Peu importe la base tant que c'est une base – un point relativement fixe à partir duquel l'homme puisse considérer les choses. »

Huit ans avaient passé depuis *Gatsby le Magnifique*. Et pourtant, Max écrivit à Scott : « Quand débarque un quelconque de ces nouveaux écrivains qui sont si brillants, je réalise chaque fois que vous avez plus de talent et d'aptitudes qu'aucun d'entre eux ; mais voilà longtemps que les circonstances vous empêchent d'avoir conscience de ce fait. » Cet été-là, Max imagina un moyen de délivrer Fitzgerald de ses lourdes dettes à l'égard de Scribner : il allait le faire paraître en feuilleton dans la revue.

Fin septembre 1933, Fitzgerald promit de remettre fin octobre un premier jet du livre complet. « Je me présenterai en personne, chargé du manuscrit et coiffé d'un casque à pointe, écrivit-il à Perkins. *S'il vous plaît, ne prévoyez pas d'orchestre parce que je me fiche de la musique.* » Il se présenta à l'heure dite et c'est un Perkins stupéfait qui prit réception de la première partie du futur *Tender Is the Night* – qui paraîtra en français sous sa traduction littérale, *Tendre est la nuit*. Il eut aussitôt ce mot : « Merveilleusement bon et nouveau. » Et il fixa son prochain rendez-vous avec le Dr Bordley afin de pouvoir passer le week-end suivant chez Fitzgerald, et d'y finir le livre.

Scott garda Perkins à la maison pendant deux jours entiers. Max essaya bien de lire le manuscrit d'une seule traite, mais il le trouva inabouti et chaotique. Chaque fois qu'il se plongeait dans un chapitre, Scott lui apportait un autre Tom Collins[1], comme pour lui faciliter la lecture. Puis Scott prit une liasse de feuillets et entreprit de les lire à Max à voix haute. Il allait falloir remettre

1. Un cousin du gin fizz – gin, jus de citron, sucre, eau gazeuse, cerise confite.

l'ouvrage sur le métier, mais Perkins en avait assez entendu : il savait que le roman marcherait. De retour au bureau, il mit par écrit les termes de leur accord, à savoir que le magazine *Scribner's* « acceptait de publier en feuilleton le nouveau roman en quatre livraisons dont la première paraîtrait dans le numéro de janvier, lequel sortait le 20 décembre, pour la somme de dix mille dollars – dont six viennent en déduction de votre dette à notre égard, les quatre restants vous étant réglés, préférablement à raison de mille dollars par mois, à chaque nouvel épisode ».

Scott mentionna dans son journal l'événement le plus heureux de l'année : « Max accepte le premier jet du livre. »

*
* *

Ring Lardner était désormais en mesure de travailler au moins quelques heures par jour, mais l'insomnie l'épuisait et ses revenus échouaient à combler ses dépenses. En août 1932, Perkins lui fit parvenir le règlement de droits d'auteur qu'il aurait dû toucher normalement en décembre. Il s'agissait d'une petite somme : 222,73 dollars, mais Ring dit que ça lui « sauvait la vie ; enfin, que ça sauvait son assurance-vie ». Preuve était faite qu'il valait la peine de la garder car, quelques mois plus tard, il se servit d'elle pour garantir un emprunt.

Afin d'aider Lardner à gratter quelques dollars de plus, Perkins lui proposa plusieurs combines pour être publié rapidement et facilement. Ring avait écrit une nouvelle série de récits sur le base-ball, des textes sous forme de lettres qui reprenaient l'idée de son livre *You Know Me Al* – et il avait désormais une chronique radio au *New Yorker*. Max lui proposa d'en faire un recueil. Cet hiver-là, le médecin de Lardner lui ordonna d'aller dans le désert : sa santé l'exigeait. Lardner dut emprunter pour ce voyage l'argent qu'il n'avait pas encore gagné. « Un jour, sûrement, je m'aviserai qu'il y a une crise économique », écrivit-il à Perkins. Max lui envoya des avances en versements de cent dollars en lui faisant observer que Scribner était prêt à lui payer ses droits d'auteur quasiment dès la vente des livres, même si une grande partie de leurs affaires s'effectuaient maintenant sur une base de consignation.

Lardner partit pour La Quinta, Californie, en confiant son dernier texte, *Poodle*, aux bons soins d'un « malheureux agent littéraire ». C'était la première fois qu'une nouvelle de Lardner n'était pas acceptée par une des deux premières publications auxquelles elle était présentée. Quelques mois plus tard, il rentrait à East Hampton dans un état critique. Il ne pouvait recevoir de visites. Max refusa d'aller l'importuner.

Le 25 septembre 1933, Ring Lardner mourut à l'âge de 48 ans, après sept années de tuberculose, d'insomnie, d'épuisement et d'alcoolisme. Le sentiment exprimé par Mark Twain dans sa lettre sur les Deux Testaments – « Quand un homme a supporté la vie trop longtemps, la venue de la mort le libère » – semblait d'un à-propos tragique.

À Hemingway qui, dans sa jeunesse, avait admiré Lardner, Perkins écrivit : « Ring n'était pas un grand écrivain au sens strict. Il s'était toujours considéré lui-même comme un journaliste, de toute façon. Les gens du milieu littéraire lui inspiraient une espèce de dédain provincial. S'il avait écrit bien davantage, il serait peut-être devenu un grand écrivain, mais ce qui l'empêchait d'écrire davantage était ce qui l'empêchait d'être un grand écrivain. Cependant, c'était un grand bonhomme, doté d'un immense talent latent. »

Ultime contribution à ce talent, Perkins souhaitait publier un volume réunissant des écrits de Lardner, une sélection de textes représentatifs choisis par quelqu'un de qualifié. Il demanda à Fitzgerald de lui suggérer des noms en dissimulant à peine son espoir de voir Scott s'en charger lui-même. Scott répondit qu'il lui était tout simplement impossible d'accepter une telle mission alors qu'il voyait approcher la fin de son propre livre. Il mentionna le nom de Gilbert Seldes qui était à la fois journaliste et critique littéraire.

Seldes s'attela au projet dans les deux semaines. Il était très impatient d'avoir entre les mains les premiers écrits de Lardner et les papiers épars donnés à des journaux. Après six semaines passées dans le Midwest à fouiller les archives de presse, Seldes vit qu'il tenait son livre. Il lui donna pour titre *First and Last* – « Le Premier et le dernier ». Il s'était fixé pour principe de sélectionner à chaque fois « du bon Lardner ». Si le recueil ne comprenait pas le tout premier écrit de Lardner, il y avait le dernier. Et le livre suffirait à régaler ses lecteurs, car, fit observer Seldes, Lardner « avait été longtemps malade et n'avait pas laissé de manuscrit. Sa renommée n'en avait pas besoin ».

En février 1933, Max alla voir Bertha à Boston et découvrit à son grand soulagement qu'elle réagissait bien au traitement psychiatrique. Au même moment, les médecins de Louise lui prescrivirent un régime fortement protéiné qui, miraculeusement, lui rendit la santé et mit fin aux soucis qui tourmentaient Max depuis un an. Il ne tarda pas à se remettre au travail avec une vigueur toute retrouvée.

– 12 –

Les hommes et les femmes

À Struthers Burt, son auteur et ami, Max Perkins demanda un jour malicieusement : « Vraiment, toutes choses considérées, ne croyez-vous que les femmes sont responsables des trois quarts des problèmes dans le monde ? » Et Burt devait déclarer plus tard : « Loin d'être misogyne, Max admirait les femmes pour leurs potentialités, mais il méprisait l'usage que la plupart d'entre elles faisaient de la confiance accordée à leur talent. En tant que sexe, pensait-il, elles étaient de piètres intendantes puisqu'elles préféraient l'esclavage à la liberté ; alors qu'elles étaient capables d'affronter à égalité la franchise et l'intelligence, elles préféraient user de ces armes plus faciles que sont l'intrigue, la fuite et le sexe. Ce n'était pas qu'il haïssait les femmes ; il avait trop d'amour et d'admiration pour ce qu'elles auraient pu être. » Nombre d'apprenties auteures écrivirent à Perkins pour lui demander s'il était vrai qu'il méprisait les femmes. Ce genre de questions retombaient sur Irma Wyckoff afin qu'elle y réponde en son nom à lui. Ce qu'elle fit une fois en ces termes : « C'est vrai, je n'aime pas les femmes – mais je les aime aussi. » Et Perkins, ayant lu cette phrase, lui dit : « Ça sonne encore plus moi que moi. »

Pendant les années 1930, beaucoup de femmes apportèrent à Perkins leur livre et leurs idées. Il garda toujours ses distances. « J'ai vu la séduction ruiner plus d'hommes que n'importe quoi d'autre », dit-il un jour à Peggy. Les jolies filles étaient celles qui lui faisaient le plus perdre ses moyens. Il se confia sur ce point à James Boyd, un de ses auteurs : « J'ai toujours peur, quand je me trouve en face d'une séduisante jeune personne. » De le voir aussi anxieux ne les décourageait pas. En général, les écrivaines le trouvaient magnétique. Elles sentaient qu'il était réceptif au genre d'histoires qu'elles souhaitaient raconter ; et le fait d'avoir affaire à un homme attirant, mais dépourvu d'agressivité sexuelle les mettait à l'aise. La plupart écrivaient pour lui plaire, comme si elles voulaient exprimer une affection « sans danger ».

Marcia Davenport, la fille de la diva Alma Gluck, appartenait au comité de rédaction du *New Yorker*. En 1930, à 27 ans, elle envisagea d'écrire une biographie de Mozart. Comme elle tenait beaucoup à avoir l'avis d'un éditeur, elle s'ouvrit de ce projet à Eugene Saxton de chez Harper & Brothers. Si Max Perkins avait un rival, c'était bien cet Eugene, lequel répondit à la jeune femme qu'il voulait bien regarder le manuscrit, si elle venait à l'écrire, mais sans pouvoir garantir une parution chez Harper & Brothers.

Mrs. Davenport perdit courage. Puis un de ses amis, le poète Phelps Putnam, affirma qu'il aimait l'idée. Marcia Davenport y reviendrait dans ses mémoires, *Too Strong for Fantasy*[1] : « Scribner avait publié l'année précédente le premier recueil de poèmes de Putnam, et Put était devenu un des auteurs qui vénéraient Maxwell Perkins. Il a demandé à Max de m'accorder un rendez-vous et je me suis retrouvée le lendemain même dans le célèbre bureau poussiéreux et tout encombré, assise près de la table en chêne miteuse, surchargée de piles de volumes menaçant de glisser, avec tout en haut le cendrier et son motif de rodéo ; et derrière, cet homme réservé, laconique, au visage sensible et aux yeux extraordinaires. Max n'a pas dit grand-chose. C'était sa qualité principale de ne jamais dire grand-chose, tout en étant capable, par sa formidable empathie envers les auteurs et envers les livres, de leur faire exprimer ce qu'ils avaient en eux, ce qu'ils voulaient dire et écrire. » Maxwell Perkins était sans doute l'éditeur new-yorkais le moins susceptible de s'intéresser à Wolfgang Amadeus Mozart. Il assista pourtant au récital de Mrs. Davenport, en la regardant plus qu'en l'écoutant. Après qu'elle eut expliqué les raisons qui la

1. À notre connaissance, les souvenirs de Marcia Davenport ne sont pas parus en traduction française ; en revanche, plusieurs de ses textes existent chez différents éditeurs.

poussaient à vouloir écrire ce livre, il lui dit : « Allez-y, écrivez-le. Nous le publierons. » Il lui suggéra aussi d'écrire quelques pages, afin qu'il puisse se faire une idée tout de suite. De ces pages, il devait dire plus tard à la critique Alice Dixon Bond : « [...] nous avons vu [...] qu'elle avait du talent, qu'elle était selon toute apparence inconquérable, et qu'elle irait au bout de ce qu'elle avait entrepris. » Marcia Davenport commenterait ce « nous » dans son autobiographie ; à ses yeux, c'est « le "nous" le plus éditorial jamais prononcé ».

Après un an et demi de travail, elle remit son manuscrit en mains propres à Perkins et put observer pour la première fois cette habitude étrange qu'il avait d'aller directement à la dernière page. « Je suis sûre qu'il ne savait pas alors ce que ce geste signifiait pour moi, raconte Mrs. Davenport dans ses souvenirs. Mais c'est un fait, quand je me sens prête à écrire un livre, je commence par écrire la fin. » C'était le résultat d'un conseil que lui avait donné sa mère quand elle apprenait le piano étant enfant : « Finis sur un grand boom ! » Plusieurs jours après, Perkins convoqua l'auteur. Marcia passa presque deux heures à tourner autour du pâté de maisons et à chercher le courage de franchir l'entrée de l'immeuble. Elle était certaine que Perkins allait lui dire d'un air compatissant que ce livre n'était pas publiable. Et il fallut de longues minutes à Max pour la convaincre de son grand enthousiasme. Elle lui écrivit ensuite : « Bien sûr, le livre sera peut-être un échec, il peut ne pas se vendre – mais votre attitude sympathique, c'est ce que j'espérais trouver (sans oser y croire). »

Mozart fut un succès artistique et commercial ; et Mrs. Davenport n'attendit guère avant de s'attaquer à un autre livre, un roman cette fois-ci.

En 1928, Max Perkins avait rencontré Nancy Hale, la belle et brillante petite-fille d'Edward Everett Hale, l'auteur de *The Man Without a Country* – « L'Homme sans pays[1] ». Elle n'avait que 20 ans. Elle écrivait dans *Vogue* et un ami, au magazine, lui proposa de faire la connaissance de Max Perkins. Ils se virent pour la

1. Ce roman d'E.E. Hale n'est pas traduit en français, mais certains livres de Nancy Hale le seront, tel *Femmes perdues et retrouvées* (Éditions Le Rouge et le Noir).

seconde fois en mai 1931. Max lut le premier quart d'un roman auquel elle travaillait. Le livre, intitulé *The Young Die Good*, fut achevé à la fin de l'été cette année-là. Perkins suggéra des changements mineurs et l'ouvrage parut chez Scribner au printemps suivant. Il eut une courte vie. Quelques années plus tard, Nancy Hale fut lauréate du prix O. Henry pour une de ses nouvelles.

Un deuxième roman ne fit pas plus d'étincelles que le premier. « J'avais deviné qu'elle écrirait avant qu'elle n'ait écrit, indiqua Perkins à Elizabeth Lemmon qui la connaissait. – Comme vous autres, les gens de Virginie pensent qu'un poulain peut courir même s'il ne tient pas encore debout. C'est pourquoi je l'ai regardée, et je l'ai fait publier alors qu'elle ne savait pas vendre. Maintenant, elle a un nom dans un magazine, mais chez nous elle ne vend pas. Alors il faut me pardonner. Je n'ai pas changé d'avis. »

Vint un troisième roman. Le temps pour l'éditeur d'y réfléchir à deux fois, il sentit qu'il allait être pardonné. Et il écrivit alors à Elizabeth, désespéré : « Voilà qu'elle attend un bébé. » Dans ses lettres, il essaya de convaincre Nancy Hale – devenue Mrs. Charles Wertenbaker – de ne pas se tourmenter pour son travail : « Écrire un roman est très dur parce que ça prend un vaste espace de temps, et si vous vous découragez, ce n'est pas mauvais signe, au contraire c'est bon signe. Si vous pensez que vous n'y arrivez pas, alors c'est que vous pensez comme un vrai romancier. Je n'en ai connu aucun qui ne se sente parfois à bout de courage, il en est même qui se désespèrent, et j'ai toujours considéré ça comme un symptôme favorable. »

Il comprit qu'il allait devoir patienter plusieurs mois avant qu'elle ne finisse son livre, mais il attendit de bon gré.

Parmi les écrivains que Max Perkins respectait le plus, il y avait Caroline Gordon, épouse d'Allen Tate, l'un de ces « agrariens » qui préconisaient le retour à l'héritage artistique du Vieux Sud. L'éditeur Minton, Balch & Company, avant d'être absorbé par G.P. Putnam's, avait déjà publié des œuvres de Tate, des biographies de Stonewall Jackson[1] et de Jefferson Davis, mais aussi

1. Stonewall Jackson était un héros de la guerre de Sécession.

son premier grand livre de poésie, *Mr. Pope and Other Poems*[1]. En 1932, Tate passa chez Scribner qui fit paraître ses poèmes et ses essais. Il disait : « Dès lors, Max et moi sommes devenus bons amis, et il voulait me publier, même si mes livres ne rapportaient pas d'argent. »

En 1931, Scribner publia *Penhally*[2], le premier roman de Caroline Gordon. L'histoire embrasse trois générations de planteurs du Kentucky. Perkins jugeait que c'était une belle œuvre « sans une seule fausse note du début à la fin ». Le roman n'exigea pas un grand travail éditorial. Comme Gordon le dirait elle-même : « Max Perkins ne prodiguait guère de conseils aux écrivains valables. »

Pour Perkins, c'était un crève-cœur de sortir des livres de la qualité de *Penhally* en des temps où les libraires n'attiraient presque plus personne. Les bénéfices de Scribner étaient en chute libre. Ils s'élevèrent à 40 661 dollars en 1932, contre 289 309 en 1929, la grande année de la maison. Perkins fut contraint d'annoncer à Caroline Gordon et à tous ses auteurs que leur éditeur se montrerait désormais moins généreux en matière d'à-valoir. Durant la crise économique, on l'entendit souvent se livrer à de dramatiques soliloques sur le désastre qui frappait la nation. Et Malcolm Cowley citerait le cas de cette écrivaine qui insistait beaucoup pour avoir une avance ; Max lui répondit en employant un ton si plaintif qu'en l'écoutant, elle se voyait déjà en train de faire la queue avec lui à la Soupe populaire. Après quoi il l'emmena prendre un verre au Ritz ; et comme ils passaient devant le groom en uniforme, elle posa la main sur le bras de Max en disant : « Monsieur Perkins, vous êtes sûr que vous pouvez vous le permettre ? »

Alice Longworth était l'aînée des six enfants de Theodore Roosevelt. Elle avait vécu depuis l'âge de 6 ans dans l'entourage des hommes politiques, et elle était célèbre pour les réactions spontanées et peu conventionnelles que lui inspiraient les mondanités

1. L'œuvre poétique d'Allen Tate, à notre connaissance, n'est pas disponible en traduction française ; en revanche, son roman *Les Ancêtres* est paru chez Gallimard.

2. *Penhally*, à notre connaissance, n'a pas trouvé d'éditeur français.

de Washington. Après que son père eut conquis la Maison-Blanche en 1901, Miss Roosevelt devint la coqueluche des Américains qui aimaient sa vivacité d'esprit et sa façon d'improviser des canulars. Quand le bruit se répandit que sa couleur préférée était une certaine nuance de gris bleuté, le « bleu Alice » fut soudain l'expression à la mode. En 1905, la fille du président, connue pour son petit nez espiègle et son large sourire, accompagna le secrétaire à la Guerre William Howard Taft lors d'une inspection en Orient où elle fut reçue avec les honneurs d'une reine. Le républicain Nicholas Longworth, membre du Congrès et élu de l'Ohio, était du voyage. Alice avait quinze ans de moins que lui, mais la presse américaine évoqua entre eux une « liaison torride ». L'année suivante, le président accepta que le mariage se déroule dans l'aile est de la Maison-Blanche. En tant que fille du président et, à partir de 1915, épouse du porte-parole de la Chambre des représentants, Mrs. Longworth devint une des figures majeures de la vie publique à Washington. Son salon en désordre d'Embassy Row, au bout de Massachusetts Avenue, était au centre de tous les bruits et rumeurs du pays. Sur un de ses sofas reposait un coussin brodé marqué de sa devise : « Si vous n'avez du bien à dire de personne, venez vous asseoir avec moi. »

En 1931, après la mort de son mari, Alice Longworth se trouva criblée de dettes. Le *Ladies' Home Journal* s'offrit de la rémunérer pour un livre de souvenirs à paraître dans le magazine sous forme d'épisodes, si elle parvenait à s'atteler à cette tâche. « La proposition m'est apparue d'abord comme une vraie catastrophe, se rappellerait-elle. De ma vie, je n'avais jamais rien écrit de plus long qu'une carte postale. » Scribner entendit parler de ce projet et se porta candidat pour publier le livre sur simple description, en grande partie à cause du lien qui existait entre Scribner et Theodore Roosevelt : dans les années 1880, l'éditeur avait fait paraître les écrits du futur président sur l'ouest sauvage et sur ses safaris africains.

Mrs. Longworth et Perkins se rencontrèrent pour la première fois à New York au vieil hôtel Carlton. Elle se souviendrait plus tard : « J'ai tout de suite senti que c'était un homme intimidé par les femmes. Et tout le temps que nous avons travaillé ensemble, j'ai remarqué que le grand Maxwell Perkins ne me regardait jamais dans les yeux. Au contraire, il parlait avec le côté de la bouche, comme ça… » Elle l'imitait en faisant une grimace, puis continuait : « Comme si ça lui faisait mal de regarder une femme en face. »

Perkins trouva que Mrs. Longworth était dotée d'une conversation stimulante, mais que l'expression écrite n'était pas son fort. « J'étais vraiment désolée pour Max, raconterait-elle aussi. Il essayait de faire sortir des choses et je ne voulais pas le contrarier, mais c'était juste que, pour moi, écrire ce livre, c'était comme faire d'horribles incursions dans des domaines révélateurs. » Perkins voyait cette femme comme une mine d'or potentielle pour Scribner, à condition qu'elle arrive à se livrer. Lors de leur premier entretien, il lui fit assez de suggestions pour l'inciter à s'y mettre. Il insista : « Essayez d'écrire comme vous parlez. »

En l'espace de quelques jours, Alice Longworth était à ce point engagée dans la rédaction de ses mémoires qu'elle les tapait directement à la machine. Elle se proclama travailleuse acharnée et produisit bientôt des centaines de pages. Elle avait trouvé un titre : *Crowded Hours* – « Des heures bien remplies » – qui ressemblait beaucoup à ceux du *Ladies' Home Journal*. Sa prose, une fois couchée sur le papier, passait de la tentative littéraire maladroite au bavardage sans intérêt – souvent dans le même paragraphe. Elle n'arrivait pas du tout à faire la différence, dans ses observations, entre ce qui était pertinent et ce qui ne l'était pas. Après avoir lu les premiers épisodes de ce *Journal*, Perkins écrivit à Elizabeth Lemmon : « J'étais vraiment glacé de panique. »

Il revit Mrs. Longworth plusieurs fois avec l'espoir de l'amener à se montrer plus détendue, plus franche. Elle raconterait plus tard : « Il me répétait et me répétait sans cesse : "Ne pourriez-vous pas dire quelque chose de plus intéressant que Mr. Taft[1] était là ?" » Perkins relisait chaque phrase. Il fit des suggestions pour pratiquement chaque scène du premier chapitre. Il lui conseillait de ralentir le rythme et de fuir les banalités. « Faites de chaque personne un personnage et de chaque action un événement », disait-il. De temps en temps, Mrs. Longworth tombait sur un épisode intéressant dont elle se rappelait peu de choses. Perkins lui conseilla de ne pas s'excuser d'avoir aussi peu de mémoire :

1. William Howard Taft, vingt-septième président des États-Unis.

« Ne nous racontez pas ce que vous ne savez pas ; dites-nous ce que vous savez. » Il lui demandait aussi de décrire les gens et les sentiments qu'ils lui inspiraient, à elle personnellement. Quand elle se mettait au travail, elle avait l'impression que Perkins l'observait par-dessus son épaule, et lui posait des questions.

Cinq ou six mois plus tard, Mrs. Longworth avait fait des progrès. « Toutes ces "Maximes" ont enfin sombré », disait-elle. Ce qui avait commencé comme une collection de souvenirs épars et sans vie finissait par prendre forme, et même par acquérir un certain piquant. Elle écrivait à propos de Coolidge[1] : « Si seulement il n'avait pas toujours l'air d'être dans la mouise. » Après plusieurs pages consacrées à Harding[2] et aux scandales dont il était entouré, elle disait : « Harding n'était pas un sale type. C'était juste un flemmard. »

Fin octobre, Perkins fut en mesure d'écrire honnêtement à Elizabeth Lemmon : « [...] le livre d'Alice Longworth – ou elle-même – nous a fait prendre des vessies pour des lanternes. [...] Mais c'est un bon livre. Il aurait pu être magnifique. Mais il a fallu tout construire à partir de moins que rien. » *Crowded Hours* devait rester plusieurs semaines en tête des ventes de non-fiction. Une fois ce succès assuré, Max reconnut qu'il avait trouvé intéressant de travailler avec cet auteur, même si l'affaire s'était révélée « une tâche extrêmement ardue ».

Marjorie Kinnan Rawlings était une jolie femme aux joues rondes, dotée d'un regard bleu et pénétrant que dominaient de noirs sourcils. Elle et Charles, son époux, vivaient à Rochester, New York, où ils s'adonnaient activement au journalisme. Elle parlait de son expérience en tant que *« sob sister*[3] » au service du groupe Hearst comme d'« une rude école, même si je n'aurais voulu rater ça pour rien au monde. [...] Vous apprenez plein de choses quand vous devez raconter ce que disent les gens et leurs

1. Le trentième président des États-Unis.

2. Warren G. Harding, vingt-neuvième président des États-Unis, est connu pour un mandat unique (et du reste inachevé) émaillé de scandales impliquant ses proches.

3. L'expression désignait ces femmes reporters de terrain dont les papiers décrivaient les expériences humaines avec réalisme.

réactions lors des grandes crises qui ont marqué leur vie. Ça vous apprend l'objectivité ». Mais c'était « décousu », disait-elle aussi. Et : « J'étais toujours en train de courir et j'ai horreur de courir. » Son mariage n'était guère plus satisfaisant que sa carrière. En 1928, elle et son mari abandonnèrent le journalisme et tentèrent de sauver leur couple en adoptant un mode de vie plus simple. Ils achetèrent trente hectares d'orangeraies à Cross Creek, près de Hawthorn, Floride, en pleine brousse en fait, et partirent s'occuper de leurs quatre mille arbres fruitiers.

Marjorie évoquerait cette période dans *Cross Creek*[1] : « À mon arrivée à Creek, quand j'ai compris que cette vieille orangeraie et cette ferme étaient désormais mon chez-moi, j'ai eu un peu peur, comme quelqu'un qui découvre l'amour humain et s'aperçoit qu'aller rejoindre un endroit, ou quelqu'un, c'est s'engager à partager des chagrins autant que des joies. »

Les premières années, elle s'adonna de concert aux travaux de la ferme et à l'écriture de fiction. En 1931, elle envoya à la revue *Scribner's* plusieurs courts récits sur les forêts de Floride. Elle avait décidé que si ses textes étaient refusés, elle quitterait l'écriture pour de bon. Perkins les lut et les recommanda au *Scribner's* qui les fit paraître sous le titre « Crackers Chidlings ». Au cours des mois suivants, ils publièrent d'autres textes et Max, dès lors, l'encouragea à écrire un « grand œuvre ».

Cet automne-là, Mrs. Rawlings s'enfonça profondément dans la brousse et y vécut plusieurs semaines en compagnie d'une vieille femme dont le fils distillait de l'alcool. Elle rentra avec d'enthousiasmantes histoires sur la vie précaire aux confins de la civilisation. Elle écrivit aussitôt à Perkins : « J'ai d'abondantes notes personnelles, de celles que l'imagination la plus prolifique ne saurait remplacer. » Elle avait encore l'esprit traversé par des milliers d'images. En les triant, elle comprit que le jeune distillateur jouerait nécessairement dans son livre le rôle de fil conducteur. Elle écrivit plus tard : « Ces gens vivent sans foi ni loi en raison d'une anomalie. Ils mènent une existence complètement naturelle et très dure, sans déranger personne. La civilisation ne se soucie pas d'eux, sauf quand il s'agit de leur acheter leur excellent alcool de

1. *Le Pays enchanté* sera publié aux éditions Albin Michel en 1951.

maïs ou de venir pendant les vacances chasser sur leur territoire avec un sans-gêne alarmant. Mais presque tout ce qu'ils font est illégal. Tout ce qu'ils font est nécessaire s'ils veulent que la vie puisse continuer ainsi. Les anciennes clairières ont toutes été mises en fermage et elles ne risquent plus de "donner" de bonnes récoltes. Le bois de construction, c'est fini. La chasse aux animaux à fourrure est rare. Ils distillent parce que distiller est le seul commerce qu'ils sachent pratiquer et qui puisse se pratiquer dans ce pays qu'ils n'ont aucune envie de quitter. »

L'année suivante, Marjorie Rawlings donna à l'éditeur le manuscrit d'une histoire vraie intitulée *South Moon Under*[1]. Le titre renvoyait à une expression remontant à l'époque où les gens « sentaient » la lune sous la terre. « Marjorie avait le cœur aussi grand que la Grande Brousse sur laquelle elle écrivait, raconta Marcia Davenport dans *Too Strong for Fantasy*. Elle était profondément américaine au sens des racines, du pays, de la terre, ce qui n'est pas mon cas. Elle beuglait de rire et elle adorait ça. Elle avait aussi une tendresse passionnée pour les animaux, elle était d'une hospitalité sans limites, elle cuisinait merveilleusement, elle adorait boire et manger. » Max, qui se sentait à son aise avec Marjorie, a toujours apprécié ses lettres écrites à la main, bourrées d'informations et d'opinions bien arrêtées.

Tout comme Hemingway, Mrs. Rawlings saupoudrait son style d'expressions scabreuses. Elle dit à Perkins que son mari, qui avait lu le manuscrit de *Whisky du clair de lune*, suggérait d'en supprimer tous les gros mots, de sorte qu'il puisse fonctionner non seulement comme un roman traditionnel, mais aussi comme de la littérature pour enfant. Perkins n'était pas de cet avis : « Aucun doute qu'Hemingway ait sacrifié des milliers de ventes en employant ce que nous en étions venus à qualifier de "gros mots", et je ne crois pas que c'était nécessaire. En vérité, on reproche à ces mots d'avoir sur le lecteur un pouvoir d'évocation qu'ils n'ont pas sur ceux qui les emploient ; donc ils ne seraient pas justes artistiquement. Ils devraient avoir exactement la même signification et la même conséquence que lorsqu'ils sont prononcés. En fait, ils

1. *Le Whisky du clair de lune* sera quant à lui publié en 1950, chez Albin Michel.

ont un sens tout différent quand ils frappent des yeux et des oreilles qui n'y sont pas habitués. »

Début 1933, *Le Whisky du clair de lune* s'échappait des mains de son auteur sans avoir été expurgé de ses petites grossièretés. Max proposa le roman au club Le Livre du mois qui l'accepta pour son programme de printemps. L'auteur écrivit à Perkins : « Je pense que vous vous êtes occupé de moi de la plus belle des façons, vraiment. En ce qui me concerne, je me suis lavé les mains du *Whisky du clair de lune*. Le livre ne me convient pas du tout, mais j'ai fait de mon mieux sur le moment, avec le sentiment que ce ne serait plus à moi de le supporter, mais à vous. » Et quand Perkins lui écrivit de nouveau pour la presser de se mettre à un autre roman, elle répondit : « Je me sentais coupable, je me disais que la maison Scribner allait perdre jusqu'au dernier cent tout l'argent qu'elle avait investi dans mon premier livre, qu'après ça vous ne voudriez plus me voir, et surtout pas reparler d'un autre livre de ma plume. »

Ceux qui prédisaient un succès à Mrs. Rawlings ne s'étaient guère trompés. Mais ironie des choses, la bonne fortune de *Whisky du clair de lune* eut pour effet de pénaliser ses ventes. Le club avait reporté sa sortie et le livre ne put paraître avant ce fameux jour de 1933 où le président Roosevelt obligea les banques à fermer pour les vacances. Le club en vendit dix mille exemplaires alors que Max était persuadé qu'il aurait pu, lui, en vendre cent mille.

Dans les semaines qui suivirent, Perkins et Rawlings échangèrent des lettres pleines d'idées de futurs livres. En fait, l'auteur avait un autre roman en tête, l'histoire d'un Anglais qui visitait l'arrière-pays de Floride. Perkins n'aimait pas trop. Il gardait à l'esprit le garçon du nom de Lant dans *Le Whisky du clair de lune ;* il écrivit à l'auteur : « Je voulais simplement vous suggérer d'écrire un livre sur un enfant dans la brousse, quelque chose de destiné à ce que nous appelons maintenant les plus jeunes lecteurs. Rappelez-vous ce que disait votre mari, que les meilleurs passages du *Whisky du clair de lune* étaient faits pour les enfants. C'était vrai. Si vous écrivez sur la vie d'un enfant, garçon ou fille, ça donnera une belle publication. »

Ce projet plaisait à Mrs. Rawlings, mais elle avait commencé son roman anglais et ne voulait pas l'interrompre. Et puis elle craignait de ne pas réussir à faire mieux que *Le Whisky du clair de lune.* « Il faut que vous écriviez ce que vous avez envie d'écrire, lui fit savoir Perkins, mais si vous pouviez mettre le roman de côté – il continuera de se développer dans votre conscience – assez longtemps pour faire celui-là, je pense que ce serait la meilleure méthode à suivre. » Il s'offrait de lire tout extrait du nouveau livre, tel quel. Et il précisait : « Il ne faut pas tenir compte de mes réticences yankees et finir par imaginer que c'est un autre livre qui m'intéresse. »

La vérité, c'est qu'un autre livre l'intéressait davantage, en effet : le roman pour enfants. Cependant, il admettait que l'œuvre pouvait elle aussi incuber dans la conscience de l'auteur, exactement comme le roman sur l'Anglais. Les années suivantes, ses lettres continrent périodiquement des allusions à cette œuvre dont le sujet devenait de plus en plus clair pour lui. Souvent même, il insistait pour qu'elle s'y attelle. « Un livre sur un garçon et sur la vie dans la brousse, c'est ce que nous voulons. [...] Ces formidables voyages sur le fleuve, la chasse, les chiens, les armes, la compagnie de ces gens simples occupés à ces mêmes choses que l'on trouvait dans *Le Whisky du clair de lune*, voilà à quoi nous pensons. » Cette lettre-là, Mrs. Rawlings la lut et la relut. Elle réfléchit en particulier à un passage dans lequel Perkins disait que ce roman non encore commencé lui évoquait déjà des œuvres telles que *Les Aventures de Huckleberry Finn* de Mark Twain, *Kim* de Rudyard Kipling, les mémoires de Davy Crockett, *L'Île au trésor* ou encore *The Hoosier School Boy*[1] d'Edward Eggleston. « Tous ces livres, disait Perkins, sont essentiellement destinés *aux enfants*. Tous sont lus par des hommes, et pour quelques-uns, c'est leur livre préféré. La vérité, c'est que le meilleur de l'homme, c'est l'enfant. » Rawlings posa directement la question à son éditeur : « Vous rendez-vous compte que vous êtes assis bien tranquillement dans votre bureau, en train de me demander d'écrire un *classique* ? »

Le meilleur de l'année s'était écoulé quand Perkins reçut le manuscrit du roman anglais : *Golden Apples*[2], ce livre qu'elle n'avait pu se résoudre à abandonner. Perkins ne fut pas impres-

1. Ce dernier livre n'est pas traduit en français.
2. *Les Pommes d'or*, Albin Michel, 1948.

sionné par le résultat, mais il comprit que l'auteur avait eu besoin de le terminer avant de pouvoir passer sérieusement à autre chose. C'est ainsi qu'il l'édita et le publia tranquillement. Marjorie Rawlings hésitait toujours à s'emparer du destin heureux, du succès colossal que Max lui offrait sur un plateau.

Ernest Hemingway conseilla à Perkins de ne pas se laisser captiver outre mesure par ses écrivaines, au point de ne plus pouvoir faire la différence entre leurs livres et les siens à lui, Ernest. Il dit que *Mort dans l'après-midi* aussi se vendrait beaucoup si on lui faisait une pub d'enfer ; mais si Perkins commençait à « avoir les jetons », alors le livre ferait un flop, vu la dureté des temps.

Le commerce du livre se portait encore plus mal qu'Hemingway ne l'imaginait. Nombre de librairies étaient au bord de fermer, y compris les trois plus grandes de New York. Aucune ne s'aviserait de commander fût-ce un seul exemplaire d'un livre dont elle n'avait pas l'assurance qu'il trouverait son acheteur.

Mort dans l'après-midi parut en septembre 1932 et les ventes décollèrent bien. Les articles étaient bons du point de vue de l'éditeur, mais Max savait que l'on y trouvait des commentaires qui allaient fortement déplaire à Ernest. Le critique Edward Weeks, qui avait apprécié le livre, écrivit pourtant dans l'*Atlantic Bookshelf :* « Je n'aime pas les circonlocutions délibérées de son style. Sa licence sexuelle m'ennuie autant qu'elle m'amuse, et je trouve déplaisant qu'il ait parfois besoin de poser en "dur de la littérature". » Le chroniqueur du *Times Literary Supplement* écrivit pour sa part : « Le style de sa prose est énervant, son insistance à passer pour un "gars hyperviril" est brutale et exaspérante. » Rares étaient les critiques qui se montraient aussi clairvoyants. Beaucoup repoussèrent le livre d'une main négligente, comme on écarte une chose de peu d'importance. Perkins expliqua à Ernest que les journaux, par souci d'économie, faisaient couvrir l'actualité littéraire par leurs salariés plutôt que de s'adresser à des chroniqueurs spécialisés.

Hemingway voyagea du Wyoming à Key West, puis rejoignit Pauline et ses trois fils dans l'Arkansas. *Mort dans l'après-midi* était alors bloqué à quinze mille exemplaires. Deux mois plus tard, en octobre, les ventes commençaient de faiblir – un mois plus tôt qu'en temps normal. Pour Perkins, l'avenir immédiat dépendait de ce qui se passerait après Thanksgiving. Les élections présidentielles approchaient et la victoire de Franklin D. Roosevelt semblait inévitable. « Vous savez que d'après moi, si Roosevelt est élu, nous aurons une femme pour président, écrivit Max à V.F. Calverton, un éditeur de gauche qui dirigeait le *Modern Monthly* et avait publié plusieurs ouvrages chez Scribner. J'ai rencontré Mrs. Roosevelt et je pense que notre gentil Franklin se fait mener à coups de cravache et d'éperon. » Perkins vota contre Hoover[1].

À la mi-décembre 1932, Hemingway invita Perkins dans l'Arkansas. Il avait le projet d'y louer un bateau aménagé pour une semaine de chasse au canard. Tout ce que Max avait à fourrer dans son sac, c'étaient des vêtements chauds. Ernest se doutait que les écrivaines de Max et son troupeau de filles domestiques ne manqueraient pas de pousser des cris d'orfraie, mais il estimait que l'éditeur avait besoin de prendre l'air. Il lui promit de lui faire découvrir la chasse telle que l'avaient pratiquée leurs arrière-grands-parents ; et si Perkins ne passait pas le meilleur moment de sa vie, alors il s'engageait à le ramener lui-même à New York en le poussant dans une brouette.

Max retrouva Ernest à Memphis en pleine vague de froid, puis il partit avec lui pour un voyage de cinq heures, moitié par le train, moitié en voiture. La première soirée qu'ils passèrent sur leur bateau aménagé, Max se déshabilla, enfila un caleçon Long John et s'écroula sur son lit. Ernest le réveilla à l'aube. Il faisait encore nuit noire. Ils remontèrent la rivière gelée et trouvèrent un abri d'affût. La matinée fut sans soleil et ils la passèrent comme ils devaient passer les cinq suivantes : accroupis dans la neige, à charger leurs armes, à tirer et à voir les oiseaux tomber. L'après-midi, ils chassaient dans les forêts argentées par le givre. Ils s'embarquèrent aussi plusieurs fois sur d'autres bateaux pour acheter du whisky de maïs et discuter avec des hommes qui avaient vécu toute leur vie sur ce fleuve. Un jour, au crépuscule, un vacarme terrible retentit à l'approche d'une courbe. Un vapeur à l'ancienne du Mississippi fonçait dans leur direction, avec ses grandes roues

1. Une des élections les plus importantes de l'histoire des États-Unis. Herbert Hoover, le président républicain sortant, y paya sa gestion du krach de 1929 et fut balayé par une vague démocrate qui porta Roosevelt à la Maison-Blanche.

sur les côtés et ses deux cheminées parallèles crachant leur fumée de bois. « Pour Hemingway, c'était chose courante, mais pour un Yankee du Vermont, c'était comme basculer quatre-vingts ou quatre-vingt-dix ans en arrière et se retrouver dans le monde de Mark Twain », devait raconter Max, plus tard, dans une lettre à Ann Chidester, une de ses écrivaines.

Ils tuèrent à eux deux quelques dizaines de canards. C'était moins qu'escompté par Hemingway. De toute façon, ce qui intéressait Max, c'était la compagnie d'Ernest, pas tellement la chasse proprement dite. Ils discutèrent beaucoup de l'ouvrage qui attendait Hemingway désormais. Max lui dit son impatience de le voir écrire un livre sur Key West et sur la pêche, une œuvre « pleine d'histoires sur les gens et sur le climat et sur les choses telles qu'elles sont là-bas et tout ça ». Le soir, après le dîner, les deux hommes se réchauffaient en descendant leurs highballs ; et Max écoutait Hemingway prendre pour cible les autres auteurs de la maison.

Hemingway se proclamait « tout simplement dingue » de Thomas Wolfe. Il avait envie de rencontrer cet homme qu'il qualifiait de « génie universel ». En même temps, il redoutait que leurs natures agressives ne tardent pas à les séparer. Max et Ernest parlèrent aussi des Fitzgerald. Ernest, qui avait ouvert le roman de Zelda, le trouvait « complètement et absolument illisible ». Quant à Scott, Ernest pensait qu'il avait sombré dans cette malheureuse « passion irlandaise de l'échec, dans la trahison de soi-même ». Autant qu'il puisse en juger, Hemingway ne voyait que deux choses susceptibles de faire à nouveau de Fitzgerald un écrivain : il faudrait que Zelda meure – « Ça permettrait à Scott de n'avoir plus tout ça en tête » – ou que l'estomac de Scott rende les armes, de sorte qu'il n'aurait plus jamais le droit de boire. Le propos était dur ; mais cela n'empêcha pas Max de considérer comme les meilleurs moments de son séjour ces soirées au coin du feu en compagnie d'Hemingway.

Dès que Max commença à profiter du bon temps, il devint impatient de rentrer. Ernest expliqua un jour à Charles Scribner que le « puritanisme atroce » de Perkins le poussait à renoncer aux choses dès qu'elles lui procuraient du plaisir.

Des semaines après que Perkins eut quitté l'Arkansas, Hemingway annonça sa venue à New York. Thomas Wolfe était alors à Brooklyn Heights et Max arrangea un rendez-vous entre les deux plus grands romanciers de la maison. Il savait fort bien qu'il n'aurait pu avoir deux auteurs plus éloignés l'un de l'autre par le style, mais il pensait que Wolfe était susceptible de tirer parti d'une discussion informelle avec Ernest. Plus tard, il dit à John Terry, un ami de Wolfe : « J'ai combiné ça avec l'espoir que Hem arriverait à influencer Tom pour qu'il corrige ses défauts de style, même si c'étaient les défauts de ses qualités, comme cette tendance qu'il avait à la répétition et à l'excès dans l'expression. » Max les emmena déjeuner au Cherio's, sur la 53ᵉ Rue. Ils prirent la grande table ronde. Max s'assit entre les deux et ne dit pas grand-chose. En gros, il laissa Hemingway disserter sur la littérature. Wolfe écoutait, captivé. Un des conseils sur lesquels Hemingway revenait toujours, c'était d'« arrêter d'écrire quand ça marche bien – comme ça, tu peux te reposer tranquillement et redémarrer dans la foulée ». À John Terry, Perkins dirait aussi : « Il [Hemingway] *peut* se montrer brusque, mais il est capable aussi de s'exprimer plus aimablement que n'importe qui de ma connaissance. Il avait envie d'aider Tom et tout s'est bien passé, sauf que Tom, à mon avis, n'était pas touché le moins du monde. »

Hemingway continua de dire son admiration pour Wolfe, surtout dans le but de montrer son respect envers Perkins, mais les écrivains « trop littéraires » l'insupportaient. Quand il était question de tel auteur qui n'arrivait pas à écrire tant qu'il n'avait pas trouvé le bon endroit pour créer, Hemingway affirmait avec insistance qu'il n'existait qu'un seul endroit où l'homme pût écrire – dans sa tête. Il voyait Tom comme une sorte de lutteur-né mais indiscipliné ; il le définissait comme le « Primo Carnera des écrivains[1] ». Pour Hemingway, Wolfe possédait cette qualité endémique chez tous les génies : c'était un grand enfant. Mais ces gens-là, écrivit-il à Perkins, étaient « diablement irresponsables ». Hemingway pensait aussi que Wolfe avait un immense talent et un esprit subtil, mais il savait que Perkins devait déployer beaucoup d'énergie pour arriver à faire quelque chose des pensées de

1. Primo Carnera : ce boxeur, catcheur et acteur italien fut champion du monde en 1933 dans la catégorie poids lourds.

cet auteur-là. Il conseilla à Perkins de ne jamais perdre la confiance de Tom, ou l'auteur était perdu.

Dans sa livraison de juin 1933, le *New Republic* publia un papier tardif sur *Mort dans l'après-midi*. Le signataire de l'article était Max Eastman, un vieil ami d'Hemingway qui avait lui-même sorti plusieurs livres chez Scribner, dont *Enjoyment of Poetry*[1]. Sa recension était très critique. Elle s'intitulait « Un taureau dans l'après-midi ». Eastman ironisait sur l'« exubérance juvénile et romantique » d'Hemingway et sur sa tendance à « sentimentaliser des faits tout simples ». Il ajoutait : « Hemingway est un homme de grande taille, il lui manque juste la confiance sereine de l'homme qui sait qu'il est grand. » Et : « Nous autres, ex-bébés éveillés et délicats, élevés pour devenir des artistes, presque tous nous souffrons quand un léger doute se glisse en nous. Mais il semble que les bonnes fées penchées sur le berceau d'Hemingway lui aient insufflé l'obligation d'exposer sans cesse au grand jour les preuves d'une virilité rouge sang. Ça saute aux yeux non seulement quand il roule ses grosses mécaniques ou porte tel vêtement, mais aussi dans le rythme de sa prose, et dans les émotions qu'il laisse monter à la surface des choses. » Eastman en rajoutait une couche en raillant cet Hemingway qui avait « affronté une inconcevable quantité de *toros* » et contribué à l'émergence d'un style littéraire « pareil à une poitrine couverte de faux poils ».

Fou de rage, Hemingway interpréta le papier comme une mise en cause de sa puissance sexuelle. Il expédia au *New Republic* une lettre véhémente dans laquelle il accusait Mr. Max Eastman d'avoir « élaboré de nostalgiques spéculations sur [s]on impuissance sexuelle ». Il fulminait davantage encore quand il écrivit à Perkins que si Eastman se trouvait un éditeur solvable disposé à publier dans un volume cet « écrit diffamatoire », ça lui coûterait plein de fric et Eastman irait en prison. Les représailles légales et les dommages et intérêts étaient secondaires, cela dit. Il jura à son éditeur que s'il tombait un de ces jours sur Max Eastman, il saurait redresser ses propres torts à sa façon à lui.

1. À notre connaissance, cet essai sur la métaphore en littérature n'a été traduit en français par aucun éditeur.

Il n'était toujours pas calmé quand il reconnut devant Perkins qu'il était tenté d'en finir avec ces sacrés bouquins pour la bonne raison que c'était donner de la confiture à ces « pourceaux » de la critique. « Tout ce trafic » était à vomir à chaque étape. Et il insistait : tout ce qu'il avait écrit sur les courses de *toros* espagnoles était vrai et résultait d'une observation minutieuse. Il enrageait à l'idée qu'un Eastman puisse être payé pour affirmer qu'Hemingway racontait des âneries sentimentales alors que ce critique n'y connaissait rien, et n'avait même jamais vu un *toro* de sa vie. Ce que ces gens-là ne supportaient pas, dit-il encore à Perkins, c'est qu'Ernest Hemingway soit un homme, qu'il soit capable de les « dérouiller à mort » tous autant qu'ils étaient, et surtout, chose encore plus perturbante pour eux, qu'il sache écrire.

Perkins rassura Hemingway : le papier d'Eastman ne lui causerait aucun tort. « La réalité, dit-il, est dans la qualité de ce que vous avez écrit et personne ne peut rien contre elle, si ce n'est provisoirement. » Hemingway se préparait à reprendre le chemin de l'Espagne où, avec le torero Sidney Franklin, il produisait un film inspiré de *Mort dans l'après-midi*, quand Max Eastman présenta des excuses dans un courrier qu'Ernest qualifia de « lettre à la baise-moi le cul ». Le journaliste regrettait ce malentendu entre eux et niait que son papier contienne la moindre attaque personnelle. Hemingway n'en fut pas amadoué pour autant.

La compétition entre l'auteur et la critique a-t-elle inspiré à Hemingway le titre de son recueil de nouvelles : *Winner Take Nothing*[1] ? Il en envoya le manuscrit à Perkins accompagné d'une courte parabole dont la morale était qu'il ne faut jamais perdre confiance en son vieux papa. Peut-être que le poisson tuait Hemingway au bout d'une heure de pêche, mais au bout de deux heures, c'était toujours Hemingway qui tuait le poisson. TITRE SELON MOI EXCELLENT, répondit Perkins par câble. ET VOUS ÊTES INVULNÉRABLE FACE À EASTMAN ET AUTRES.

Une autre de ces « autres » fit son apparition cet été-là. L'*Atlantic Monthly* publia en série des extraits d'un livre de Gertrude Stein, ses mémoires en fait, travestis en *Autobiographie d'Alice B. Toklas*. Stein y donnait deux ou trois coups de griffe à ses

1. *Le Vainqueur ne gagne rien*, Gallimard.

anciens amis. Tout comme Max Eastman, elle visait chez Hemingway l'homme aussi bien que le style. Elle affirmait que c'était elle, pour ainsi dire, et Sherwood Anderson, qui avaient inventé Hemingway ; et « ils étaient tous les deux assez fiers et quelque peu honteux de ce qu'avaient produit leurs esprits ». Ensuite, elle mettait en cause la force et l'endurance d'Ernest. Ce dernier vitupéra contre cette trahison publique et plaignit cette « pauvre vieille Gertrude » d'avoir perdu tout discernement. Il dit à Perkins qu'il s'était toujours montré loyal envers Miss Stein jusqu'à ce qu'elle le fiche pratiquement à la porte de chez elle. Après quoi elle atteignit la ménopause, tourna « gaga », se mit à traîner avec « des tapettes de quatrième catégorie » et dès lors tout son bon goût avait « fait pschitt ». Cette altération supposée des facultés gertrudiennes permit à Ernest de digérer plus facilement certains « incidents d'une beauté apocryphe » inventés par elle à son sujet. Désormais, dit-il, il était désolé pour elle et voilà tout, car elle avait écrit « un bouquin sacrément pitoyable ». Il lui faudrait se résoudre à écrire un jour de bons mémoires, lui qui n'était jaloux de personne, et dont la mémoire était un piège d'acier.

Perkins, qui lui aussi avait lu les récits de Gertrude Stein, trouva dommage qu'elle eût sorti un tel livre. Maintenant, dit-il, il lui « sautait à la figure ». L'ouvrage présentait la grande prêtresse comme un « personnage mesquin, [...] et un personnage mesquin ne peut pas monter bien haut, écrivit-il à Ernest. Elle avait une magnifique réputation, et voilà qu'elle la fait exploser. De plus, je sens une malveillance indigne dans ce qu'elle dit à votre sujet. Une malveillance hautement féminine, la pire de toutes. Tout ce numéro m'est apparu comme une bien triste affaire ».

Hemingway jouait l'indifférence, mais cette « pauvre vieille Gertrude » et les insultes de Max Eastman lui avaient assombri l'humeur, en plus d'avoir éveillé son courroux. Lui et les siens se préparaient à quitter Key West. Les épreuves du *Vainqueur ne gagne rien* n'étaient pas arrivées – ce qui était arrivé, c'étaient plusieurs suggestions de Max. Hemingway était furibard. Apparemment, dit-il, les temps étaient venus où il aurait apprécié un tant soit peu de loyauté, mais si Perkins pensait que Scribner regrettait ses quelques milliers de dollars d'à-valoir, il se ferait un plaisir de les rembourser et de considérer désormais leur arrangement comme nul et non avenu. Il dit à Max que ce serait irréfléchi, toutefois, étant donné que contrairement à ce que prétendait Max Eastman, Hemingway n'était pas « fini ». Il avait un roman aux trois quarts écrit, un livre meilleur que ce qu'était « à cent lieues » de pouvoir produire aucun des « malheureux corniauds » publiés par Perkins.

Perkins regretta que les épreuves n'aient pas été envoyées à temps à l'auteur, mais s'offusqua des autres points soulevés par Hemingway. Deux semaines plus tard, Hemingway s'excusait pour sa lettre grincheuse. En guise de premier pas, il se déclara d'accord pour ne pas expliciter les anglo-saxonismes qui émaillaient *Le Vainqueur ne gagne rien*, même s'il n'avait toujours pas enterré la hache de guerre contre la « distinction littéraire ».

Après un an à ne plus trop savoir où donner de la tête, et après s'être mis sans succès à un roman sur le Gulf Stream, Hemingway voyagea pendant plusieurs mois. Il retourna à Cuba et en Espagne, deux pays qui traversaient une tourmente politique, puis gagna Paris où il reçut de Perkins des informations portant sur les ventes du *Vainqueur*. Les nouvelles s'étaient vendues à pas moins de neuf mille exemplaires et Scribner recevait par télégramme des demandes de réassort, chose qui ne s'était pas produite depuis deux ans. Mais Perkins ajoutait d'autre part que les articles de presse le « rendaient absolument furieux ».

Ernest Hemingway était devenu la cible des chroniqueurs. Le recueil avait beau offrir des nouvelles aussi belles et habiles qu'*After the Storm – Après la tempête –*, *A Clean Well-Lighted Place – Un endroit propre et bien éclairé –* ou *A Way You'll Never Be – Ça ne risque pas de vous arriver –*, nombre de critiques reprochaient à ses récits factuels de relever de l'imagination ; d'autres voyaient dans ses récits d'imagination de simples reportages. En novembre 1933, Hemingway décida d'oublier ces commentaires exaspérants. Le voyage dont il rêvait depuis des années – et dont Perkins, qui le jugeait dangereux, lui avait conseillé de le chasser de son esprit – commençait à prendre forme. Hemingway partit pour l'Afrique et ses vertes collines.

Il rejoignit le Tanganyika en 1934. Lui qui avait vécu des années en Europe, dans le Gulf Stream et dans les coins les plus reculés d'Amérique, lui qui estimait avoir vu du pays, avait soudain l'impression de n'avoir encore jamais mis les pieds dans un lieu aussi spectaculaire – c'est ce qu'il écrivit à Perkins dès son arrivée. L'Afrique offrait de telles merveilles qu'il se demandait s'il n'allait pas y rester.

Lors d'une expédition de chasse, il fut victime d'une dysenterie amibienne. Refusant d'être privé du gros gibier pour si peu, il essaya de continuer tant bien que mal pendant deux semaines, chassant un jour sur deux. Mais il perdit plusieurs pintes de sang et dut être transporté en civière jusqu'à un avion de brousse qui l'emmena à Nairobi. Ce voyage mouvementé couvrait mille kilomètres, mais les sommets enneigés du Kilimandjaro dominaient le lointain ; la montagne semblait assez grande pour supporter le ciel et offrait un spectacle inoubliable. Quelques jours plus tard, Hemingway rattrapa son safari au cratère du Ngorongoro où il chassa le rhinocéros, l'antilope des sables et le koudou. Hemingway arpenta l'Afrique pendant plusieurs semaines encore ; il était dans un émerveillement total. Il cherchait déjà une façon de mettre l'expérience par écrit.

Après le déjeuner de janvier 1933, quand Hemingway eut laissé Perkins et Wolfe finir le repas ensemble, Max demanda à Tom s'il voulait bien l'accompagner à Baltimore où il avait rendez-vous avec son otologiste. Wolfe accepta et, sur le chemin du retour, parla à Max du livre qu'il avait écrit. Perkins comprit alors que Wolfe avait chez lui un plein sac de feuillets manuscrits, des quantités de textes résiduels. « Pour l'amour du ciel, lui dit-il, apportez-nous ça et laissez-nous le publier ! » Suivit l'habituelle série de procrastinations, mais Wolfe finit par débarquer au bureau avec 60 000 mots de sa meilleure plume. C'était du texte très « dithyrambique », avec peu de dialogues et peu d'épisodes proprement narratifs, mais l'ensemble formait indubitablement une unité.

Puis Perkins eut une autre idée, encore plus surprenante. Lui revenaient en mémoire d'autres fragments appartenant à la collection de manuscrits de Wolfe ; il vit qu'ils formaient un tout et qu'ils pouvaient venir compléter l'œuvre gigantesque à laquelle Wolfe travaillait. Mentalement, il composa l'ensemble. Puis il appela Wolfe : « Tout ce que vous avez à faire, c'est de joindre les mains : vous avez votre roman. »

Ils en discutèrent pendant des heures. Tom continuait de s'échapper du thème principal pour s'embarquer dans de nouvelles digressions, mais Perkins lui fit promettre de composer ce livre en suivant la ligne définie par lui. Wolfe lui remit ses pages en temps et en heure et Perkins n'attendit pas le week-end pour réagir. « J'ai toujours aimé lire ce que vous écrivez, et y travailler, lui dit-il avant même de s'attaquer aux pages. Ce n'est pas quelque chose qui arrive souvent aux éditeurs. »

Perkins était tout à fait contre une sortie de ce livre à l'automne. Il savait que la publication exigerait une quantité de travail immense et qu'elle occuperait la moitié de son été, mais le côté Evarts de son caractère était fier d'avoir cette tâche à accomplir.

Sauf qu'on n'en était qu'au début. À la mi-avril 1933, Wolfe déposa sur la table de Perkins un manuscrit de 300 000 mots comportant de longs passages dont Max avait déjà pris connaissance. L'éditeur disposait déjà de 150 000 mots. Il accueillit ces nouvelles pages à bras ouverts. Il était convaincu d'avoir désormais une version achevée de l'ouvrage. Et il fut ravi de s'apercevoir que le livre comportait une demi-douzaine de chapitres dont la qualité dépassait de loin *L'Ange exilé*. Alors que le manuscrit continuait de se développer sans se rapprocher jamais de la fin, il écrivit à Elizabeth Lemmon : « Je suis en train de comploter quelque chose pour qu'il me donne son livre et accepte de partir avec moi pour un voyage de quatre semaines à travers le pays. » Mais ce périple n'eut jamais lieu.

Max savait qu'il allait devoir mettre les mains dans chacune de ces pages. Tom avait besoin d'argent et Max essaya d'abord de le convaincre que certains passages de l'œuvre se prêtaient à une parution dans la revue sous forme de novellas. Mais Wolfe hésitait. Envoyer un texte à l'imprimerie, c'était accepter une forme d'achèvement. Avec l'aide de John Hall Wheelock, Max amena Wolfe à comprendre que la seule façon d'être considéré comme un auteur consistait à accepter que ses écrits paraissent. En février 1933, alors qu'il ne restait plus à Wolfe, « en tout et pour tout que sept cents dollars », il avait détaché du manuscrit brut un passage intitulé « No Door » et ce texte bien tourné parut dans la livraison de juillet du *Scribner's*.

Perkins avait un autre puissant argument. Il lui expliqua qu'il ne pourrait faire du bon travail sur ce livre sans disposer à l'avance de ses chapitres essentiels. Par exemple, Wolfe avait une section très importante intitulée « The Hills beyond Pentland ». Max le supplia : « Pourquoi ne pas me la donner [...] et me permettre de la lire, de me familiariser avec ? Car lorsque nous commencerons à préparer la copie destinée à l'imprimeur, vous voudrez certainement que j'en possède une pleine compréhension. Et c'est un gros livre, pas facile à aborder. Je voudrais que vous me donniez cette section, que vous m'autorisiez à la lire sans rien en dire. » Wolfe commença de céder à la pression. Il lui restait encore beaucoup à écrire, mais quelques jours plus tard, il transporta « The Hills beyond Pentland » au bureau de Max.

De Londres, l'éditeur anglais de Wolfe, A.S. Frere-Reeves, de chez William Heinemann, Ltd., harcelait régulièrement Perkins pour obtenir un autre livre de leur auteur. Il rappela à Max : « *L'Ange exilé* a si bien marché, mais le temps file et le public a la mémoire terriblement courte. » Il revint à la charge au bout de six mois : « J'ai vraiment très hâte de continuer à faire valoir ici les intérêts de Thomas Wolfe. » Il suggérait l'idée d'un volume comprenant les écrits de Wolfe, ceux notamment qui avaient paru dans *Scribner's*. Quinze mois après l'été 1932, la revue en avait publié cinq, soit un total de 100 000 mots. (L'une de ces nouvelles, *A Portrait of Bascom Hawke*, avait été primée par *Scribner's*, ex æquo avec un autre auteur, lors d'un concours doté de deux mille cinq cents dollars.) Perkins pensait qu'un autre texte, *The Web of Earth*, était « d'une complexité et d'une forme parfaites », et tant pis si une critique très répandue voulait que Wolfe fût incapable de structurer ses récits. « Il n'y a pas un mot à changer dans ce texte », dit-il à l'auteur.

Perkins regrettait de n'avoir pas réussi à publier plus tôt un recueil de nouvelles, mais Tom s'y était opposé, ainsi d'ailleurs que le département commercial de Scribner. Pour diverses raisons, Perkins ne pensait pas que la chose fût désormais possible. Il n'y avait plus rien à faire, si ce n'est attendre que l'auteur ait achevé son livre. Il expliqua à Frere-Reeves : « Le problème, avec Tom, ce n'est pas qu'il ne travaille pas, au contraire, il bosse comme un chien. C'est que ça lui pousse des mains, et qu'il n'a pas l'air de savoir contrôler tout ça. »

À Elizabeth Lemmon, il exprima les deux choses qui lui donnaient le courage de se bagarrer avec Tom : Fitzgerald allait finir son livre et celui d'Alice Longworth marchait bien. Il ouvrit son

Le père de Max Perkins, Edward C. Perkins, avocat à Plainfield, New Jersey, était issu d'une longue lignée de Bostoniens cultivés. Sa mère, Elizabeth Evarts Perkins, venait d'un milieu austère – de prêtres et d'hommes d'État que Max décrivait comme dotés d'un « sens rigoureux du devoir ».

Max à 8 ans (en haut à droite), avec ses frères et sa sœur : Edward (à gauche), Charles (à droite), Molly (au centre).

*'ax (assis à droite en costume
:air) avec les rédacteurs de
Advocate d'Harvard. Il ne fut
ıs le seul de la bande à s'être
stingué dans le milieu des arts
des lettres. Van Wyck Brooks (à
ıuche avec les moustaches), son
eilleur ami, devint un critique et
'sayiste de premier plan. Un autre
eil ami, Edward Sheldon (debout
ı centre en costume clair), a écrit
ırant ses études une pièce qui
:vait connaître le succès à
roadway.
ivec l'aimable autorisation de la
ibliothèque Houghton, université
: Harvard.)*

*Louise et leurs trois filles aînées.
De gauche à droite : Peggy, Zippy
et Bertha. Max aurait voulu des
garçons ; il eut cinq filles.*

Louise Saunders à 18 ans, quatre ans avant son mariage avec Max. Ils s'étaient rencontrés à Plainfield lors d'un cours de danse. À une amie, elle confia que Max était son « dieu grec ».

Max, devant la maison de Plainfield, s'apprête à partir pour une « bonne marche » avec Jane, sa quatrième fille. Il avait coutume de la porter sur ses épaules et elle, de laisser pendre sa jambe librement.

(Ci-dessus)
1916 : Max (au centre) dans la cavalerie américaine, à la frontière mexicaine, avec d'autres recrues de Plainfield. Trois mois durant, son escadron essaya de capturer Pancho Villa – sans jamais y parvenir. Max, cet été-là, relisait L'Iliade *; les étendues du Sud-Ouest américain lui rappelaient la plaine de Troie.*

« Dea incessu patuit » *(« Elle se révéla être une déesse ») : Max cite l'expression de Virgile dans une lettre à Elizabeth Lemmon, peu après leur rencontre. Beauté de Baltimore et des terres de chasse de Virginie, Elizabeth incarnait l'idéal féminin, selon Perkins – bien qu'elle entraînât l'équipe de base-ball d'Upperville, Virginie. Leur liaison platonique dura vingt-cinq ans.*

Max en jeune éditeur, dans les années 1920. Il vient de découvrir Francis Scott Fitzgerald. C'est le début de sa brillantissime carrière chez Scribner.

Des auteurs au travail. Fitzgerald (page de droite, en haut), premier des auteurs légendaires de Perkins, fit connaître Ring Lardner (ci-contre) à Max, et Ernest Hemingway (page de droite, en bas, en Espagne, pendant la guerre civile). Max était chaque jour témoin de leurs difficultés personnelles et professionnelles ; son empathie et son soutien sans faille comptèrent énormément pour chacun d'eux, sans parler du soutien littéraire qu'il leur apporta. (Bettmann Archive ; Collection Granger ; © Robert Capa, Bibliothèque John F. Kennedy.)

Thomas Wolfe avec l'une des trois caisses renfermant le manuscrit du Temps et le Fleuve. *Ce roman fut le plus grand défi de Perkins. L'imposant travail d'édition lui prit deux longues années, souvent violentes, et eut pour résultat un succès considérable, mais par la suite de profondes dissensions entre l'auteur et lui. Wolfe dédie ce livre à Perkins : « Un grand éditeur […], un ami déterminé et inébranlable. »*
(Robert Disraeli Films.)

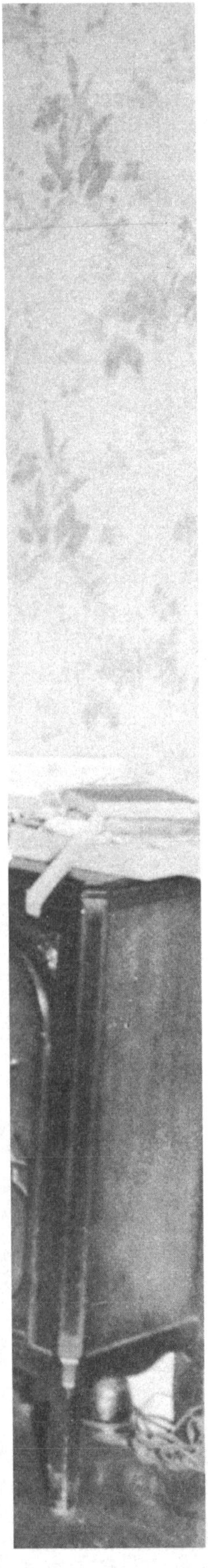

Deux des auteurs à succès de Perkins : Marjorie Kinnan Rawlings, chez elle à Cross Creek, Floride. Son plus grand best-seller, Jody et le faon, *qui a remporté le prix Pulitzer, a été imaginé par Perkins.*
James Jones, inspiré par l'histoire de Wolfe et de Perkins, proposa à ce dernier un roman autobiographique que Max refusa. L'éditeur l'incita plutôt à écrire Tant qu'il y aura des hommes. *Ce fut la dernière œuvre éditée par Perkins.*
(Les deux photos sont publiées avec l'aimable autorisation de Charles Scribner's Sons.)

Max avait une particularité : il portait presque toujours un chapeau, aussi bien à l'intérieur qu'à l'extérieur. Cette caricature illustre le portrait de l'éditeur qu'a écrit Malcolm Cowley pour le New Yorker.
(Illustration d'A. Birnbaum © 1994 The New Yorker Magazine, Inc. Tous droits réservés.)

Une réunion dans le bureau de Max avec deux auteurs peu semblables : S.S. Van Dine (à gauche), à qui l'on doit la série des célèbres enquêtes de Philo Vance, était élégant et cérébral ; Hemingway, à son côté, méprisait les auteurs « littéraires » et portait rarement la cravate. À droite, Charles Scribner III et Perkins. (Robert Disraeli Films.)

Key West, 1935 : Max et Ernest, posant avec leurs trophées. Chaque année, Hemingway proposait à l'éditeur de laisser son bureau, pour vivre l'aventure à bord du bateau de l'écrivain. Non content que l'une de ses rares réussites soit immortalisée, l'auteur prend lui-même une photo (tout à droite).

Max en compagnie de sa femme (à gauche) et d'Aline Bernstein, qui fut l'amante de Thomas Wolfe et l'une de ses premières muses. Les deux femmes en voulaient à Perkins de passer autant de temps avec l'écrivain.
(Carl Mydans, magazine Life *© Time Inc.)*

On retrouve les traits de Perkins sur les visages de ses cinq filles adorées (de gauche à droite) : Peggy, Jane, Bertha, Zippy et Nancy.

Louise, dans les dernières années de sa vie. Contrariée d'avoir renoncé à une carrière dans le théâtre après son mariage avec Max, elle se convertit au catholicisme, ce qui ennuya encore plus l'éditeur que sa passion pour les planches.

L'une des dernières photos de Max Perkins. (Al Ravenna.)

agenda et organisa ses rendez-vous de façon à pouvoir rencontrer Wolfe tous les jours en tête à tête, afin de relire l'ensemble avec lui. Ces derniers temps, il avait dû attendre des pages ; maintenant, c'est bien souvent l'auteur qu'il lui fallait attendre. Il savait que Tom buvait beaucoup quand il broyait du noir. Aline Bernstein continuait de lui courir après et Tom, dans sa propre incapacité à rompre avec cette femme, dérivait vers la boisson. Si Max avait pu souhaiter naguère que son auteur arrive à l'heure aux rendez-vous, il en était à présent réduit à espérer que Wolfe n'oublierait pas de venir… et s'il venait, restait à prier pour qu'il soit suffisamment à jeun et capable de tenir sur son écriture des propos cohérents.

Le 3 octobre 1933, jour de l'anniversaire de Wolfe, celui-ci écrivit d'une plume furieuse dans son calepin : « J'ai 33 ans et je n'ai rien, mais je peux repartir à zéro. » Il décida qu'il n'y aurait pas de place dans cette nouvelle vie pour Mrs. Bernstein. « Aline, le temps est révolu où tu pouvais m'aider, lui écrivit-il dans une lettre jamais postée. Tu n'as rien que je puisse désirer. » Nul besoin pour elle de recevoir cette lettre où il disait les choses sans détour : elle savait que sa place était déjà occupée, dans l'esprit de Wolfe, par l'homme à qui elle n'avait cessé depuis cinq ans d'en vouloir toujours davantage. Tom avait écrit : « Il n'y a aujourd'hui qu'une seule personne au monde pour croire que je puisse arriver à quelque chose. Cette personne, c'est Max Perkins, mais la foi que cet homme a en moi signifie beaucoup plus que n'importe quoi d'autre sur la terre, et le fait de posséder cela écrase de loin l'incrédulité de n'importe qui d'autre. » Wolfe n'accepterait pas d'être possédé plus longtemps par Aline. Plus résolument que jamais, il voulait posséder Max Perkins.

*
* *

Au début de l'été 1933, Bertha Perkins termina sa troisième année au Smith College et informa son père qu'elle invitait à la maison son fiancé, un étudiant en médecine de Harvard du nom de John Frothingham. Max était heureux pour elle, mais cette histoire de fiançailles le contrariait. « Bert était vraiment en train de devenir bonne en philosophie et en histoire ! » écrivit-il à Elizabeth Lemmon. Le matin du mariage, il entra dans la chambre de sa fille et lui dit : « Tu n'es pas obligée de le faire, mon cœur. Il est encore temps. » Quelques heures plus tard, à New Canaan, dans le *living-room* de leur maison, il la laissait partir.

Un nouveau bouleversement ne tarderait pas à se produire dans sa vie. Louise, qu'attiraient les plaisirs de la grande ville, avait persuadé son mari de déménager dans l'ancien domicile de son père à Turtle Bay, au 246 49e Rue Est. Max y consentit principalement pour ses filles, après s'être aperçu que les écoles de New Canaan ne leur apporteraient pas un niveau d'instruction de premier ordre. Après tout, écrivit-il à Elizabeth, « nous voulons offrir à ces filles une éducation – qu'elles apprennent à cuisiner, etc. pour des maris étudiants en médecine, etc. ». Il s'était dit que ce départ pour Manhattan n'aurait pas lieu avant l'hiver, mais Louise attaqua le déménagement au bout de quelques semaines. Leur nouveau domicile n'était qu'à quelques pas de chez Scribner. Fini de prendre à New Canaan le 8 h 02 pour New York (dans lequel il sautait systématiquement à la toute dernière seconde). Pourtant, il ne changea pas son heure d'arrivée au bureau. Il était toujours venu travailler à 9 h 30 ; ça resterait 9 h 30.

Il commençait sa journée en ôtant son manteau, mais pas son chapeau. Assis à son bureau, il épluchait son courrier, dictait des lettres à Miss Wyckoff et prenait des appels. Depuis son fauteuil, il plongeait instinctivement la main droite dans la poche de son manteau où il fourrageait jusqu'à extraire une cigarette de son paquet de Lucky Strike (au fil des années, il changerait pour des Camel et finirait à deux paquets par jour). La matinée s'achevait par des réunions éditoriales informelles, dont la plus importante se déroulait en présence de Charles Scribner. Ce dernier avait le même âge que Max. C'était un homme discret aux cheveux blonds séparés par une raie impeccable. Il se montrait plus agressif à Far Hills, New Jersey, qu'au bureau ; là-bas, il montait à cheval en costume de chasse à courre. Il dirigeait l'entreprise avec une bienveillance empreinte de courtoisie, et formait un duo avec son directeur éditorial. La secrétaire de Scribner, Betty Youngstrom, observerait qu'il existait « entre lui et Mr. Perkins une sorte de télépathie mystique. Ils se comprenaient au-delà des affaires et de l'amitié. Aucun des deux n'avait besoin de dire grand-chose : pourtant ils s'entendaient parfaitement ». À un moment, dans la matinée, l'un se rendait dans le bureau de l'autre et Perkins commençait à parler de quelque livre sur lequel la maison se penchait. « Scribner n'était pas spécialement porté sur la chose littéraire, raconterait John Hall Wheelock, mais il savait flairer ce qui allait se vendre. Assis, les bras autour des genoux, il baissait la tête et il écoutait – avec toujours l'air de s'attendre à un discours ennuyeux. Il approuvait du chef tout ce que disait Max. Et quand le compte-rendu était favorable, il lançait : "Allez-y, faites ce livre." »

Après 12 h 30, en général vers 13 heures, Perkins quittait son bureau et marchait vers le nord jusqu'à la 53e Rue, à quatre pâtés de maisons de distance. Là, il prenait vers l'est et rejoignait son restaurant favori, le Cherio's, qui se situait au 46. À l'intérieur, il saluait le propriétaire des lieux, Romolo Cherio, un petit Italien brun et délicat. Puis il descendait une volée de marches et rejoignait la salle. Tout de suite à gauche se trouvait une table ronde assez grande pour accueillir six personnes. Sur la nappe reposaient invariablement l'étiquette « Réservé » et le moulin à poivre spécial « poivre de Cayenne ». Nul ne s'asseyait à cette table s'il n'était l'invité de Maxwell Perkins. Il était rare que les six chaises soient occupées, mais il y avait toujours quelqu'un avec Max – un agent, un auteur, une de ses filles. Le romancier Struthers Burt, qui appartenait à l'écurie de Perkins, rapporta un jour : « Il n'était pas homme à fournir des explications. Une des choses les plus curieuses qu'il m'ait été donné de lui voir faire – et je l'ai vu en faire beaucoup –, c'était lors d'un de nos déjeuners au Cherio's. Je fus surpris, en arrivant dans la salle en bas, de trouver deux charmantes jeunes femmes à la table interdite. Max passa son chemin sans un mot et gagna directement le bar où nous attendaient les cocktails que nous buvions toujours pour célébrer notre rencontre. "Il y a des gens à ma table", murmura Max du coin de la bouche. Puis il m'invita à le suivre et me présenta aux deux intruses. C'étaient ses filles aînées, deux des cinq demoiselles Perkins. »

Après la prohibition, Perkins prit l'habitude de siroter un martini au déjeuner, quelquefois deux. Son menu ne variait presque jamais. Quand un plat lui plaisait, il le commandait à nouveau le lendemain, jusqu'à ce que les serveurs aient compris et le lui apportent sans qu'il ait besoin de ne rien dire. Le blanc de poulet à la crème eut longtemps ses faveurs, jusqu'à ce qu'on lui fasse goûter la poitrine rôtie de poule de Guinée. Il ne renonçait à ce plat que si Cherio en personne envoyait à sa table une nouvelle entrée. Et si Max ne l'avait pas commencée le temps que les serveurs fassent leur tournée des tables, on la lui enlevait pour lui servir sa poule de Guinée.

En sortant du Cherio's, Max achetait un journal du soir au coin de la rue, jetait un coup d'œil aux gros titres et le glissait sous son bras avant de redescendre Madison Avenue. À 14 h 30, il avait regagné son bureau. Il lisait des manuscrits ou recevait ses rendez-vous jusqu'à un moment situé entre 16 h 30 et 17 heures, heure à laquelle, au temps où il prenait encore son train de banlieue, se déroulait la dernière réunion de la journée, celle qui était aussi la plus longue. C'était l'heure du « thé ». La rencontre se tenait ordinairement au Ritz Bar, établissement situé sur son chemin pour Grand Central Station, ce qui lui permettait d'attraper le 18 h 02 pour New Canaan, toujours quelques secondes avant le démarrage. Certains voyageurs pensaient qu'ils retardaient l'heure du départ pour Perkins, mais ce n'était pas le cas. En revanche, le contrôleur était connu pour faire le tour de la station si Perkins n'était pas sorti de sa réunion à temps, et dès lors il retardait de la demi-minute décisive l'instant de fermer la porte.

Robert Ryan, qui était journaliste avant de devenir un acteur à succès, avait coutume de prendre ce même train. Il se rappelait : « Au bout de plusieurs semaines, ce gars m'a intrigué. Je pense qu'il prenait toujours le même siège, dans un angle. Il ne retirait jamais son chapeau. Ça va vous paraître dingue, mais un soir j'ai fait tout le voyage jusqu'au Connecticut sans le quitter des yeux. C'était fascinant. Pour lui, le reste du monde était dans le flou. Il posait ses fesses sans même jeter un regard autour de lui, et ouvrait sa mallette. Pendant une heure, il ne faisait que lire. J'avais observé qu'il lisait en remuant les lèvres. Il avait toujours l'air un peu perdu. J'imagine qu'il vivait par procuration à travers le livre de tel auteur. Et je faisais un peu la même chose avec cette façon que j'avais de le regarder. Je ne l'ai jamais abordé. Bon Dieu, je n'ai jamais osé lui adresser la parole. Personne, du reste. Tout le monde le remarquait, alors que lui ne nous voyait pas ; mais personne n'avait envie de l'importuner. On avait bien trop peur de mettre en péril la carrière de quelque malheureux écrivain. »

Après plus de vingt ans de mariage, Louise s'aperçut que si la vie new-yorkaise n'enthousiasmait pas Max, du moins offrait-elle assez d'événements culturels pour sa satisfaction à elle. Et elle s'était rapprochée du théâtre. Elle avait toujours ses velléités d'actrice : elle répétait des rôles et se rendait à des auditions. Un producteur vint un jour à la maison lui parler d'un rôle pour une femme de son âge. Il vit qu'elle avait plusieurs grandes filles. Elle lui dit alors : « Oh ! ce sont les enfants de mon mari, ses filles d'un premier mariage. » Elizabeth Lemmon se rappelait qu'un autre producteur, ayant vu Louise dans une pièce de théâtre amateur, avait différé de six mois sa propre production de *Rain*[1] dans l'espoir de pouvoir confier à Louise le rôle de Miss Sadie Thompson. Louise, qui aurait pu décliner en arguant de l'opposition tacite de son mari, préféra dire que c'était à cause de ses filles : « Nancy aime que je lui fasse la lecture le soir. » Par la suite, elle devait se plaindre auprès d'Elizabeth : « Oh ! si le Seigneur m'avait donné ne serait-ce qu'un peu de cran, j'aurais accepté ce rôle. » Cette remarque indique peut-être que c'est son manque de confiance en elle, plus que Max, qui l'a empêchée de faire carrière dans le théâtre. Elizabeth ferait observer bien des années plus tard : « Mon Dieu ! elle aurait pu prendre ce rôle si elle l'avait vraiment voulu. Max n'aurait pas divorcé pour ça. »

Max était résigné, sinon heureux d'habiter New York. Un soir qu'il était à sa place au bout de la table, et qu'il considérait le fond de la salle à manger en fixant du regard la statue achetée au lendemain de leur mariage, il eut ce mot :

« La vieille Vénus a l'air en forme.

– Merci, Max ! » répliqua Louise avec à-propos.

Ils se querellaient souvent. Ils étaient dotés tous les deux d'un caractère bien trempé et indépendant. Plusieurs fois par semaine, elle lui cherchait des noises à propos d'une remarque qu'il avait faite. Et la dispute était lancée. Max finissait par ne plus écouter. Il se laissait tomber dans son fauteuil et attaquait sa lecture de la soirée.

Il arrivait à Louise de passer au bureau dans la journée. Elle le trouva un jour en train de lire à sa table-pupitre, son chapeau sur la tête. « Pourquoi gardes-tu ton chapeau au bureau, Max ? »

1. Pièce de John Colton mettant en scène une prostituée du nom de Sadie Thompson.

demanda-t-elle. Elle savait qu'il ne lui servirait pas la réponse standard réservée aux intrus – à savoir qu'il allait sortir. Il dit d'un air penaud :

« Pour le plaisir.

– Si porter un vieux feutre est tout le plaisir que tu peux trouver ici, répliqua-t-elle, alors je te plains. »

Max continuait d'avoir un immense respect pour le jugement artistique de Louise. Il était rare qu'il fasse lire ses manuscrits à quiconque en dehors du bureau, sauf à Louise en qui il avait toute confiance. Quand Fitzgerald envoya son nouveau roman, Perkins se précipita chez lui pour avoir l'opinion de Louise, en espérant qu'elle partagerait son enthousiasme. « Louise, quelquefois, fait preuve d'un discernement surprenant, écrivit-il à Elizabeth Lemmon, mais sur le monde tel qu'il va, elle ne sait absolument rien. » Elizabeth, qui fréquenta Louise durant toutes les années 1930, était du même avis : « Louise était l'être humain le plus distrait du monde. Elle ne comprenait absolument rien aux questions d'argent. Un jour, elle n'avait pas un sou dans son porte-monnaie – pas un cent –, mais seulement un chèque de mille cinq cents dollars. » Une autre fois, alors qu'elles se trouvaient dans un train bondé, Louise demanda : « Elizabeth, est-ce que tu ne détestes pas les actions ? Mon père m'a laissé des obligations qui pourraient rapporter quatre mille dollars. Et Max est si extravagant qu'il a tout mis dans des actions ! Des actions ! Qu'est-ce que c'est, juste des bouts de papier avec des chemins de fer dessinés dessus ! »

Le père de Louise était mort en 1931 aux îles Canaries. Il avait laissé à Louise et à sa sœur un gros héritage, et pourtant le foyer continuait de vivre sur le salaire de Max. L'argent qu'il n'avait pas gagné ne comptait pas pour lui. C'était pour l'avenir de ses enfants, disait-il. Il répugnait à gérer le domaine des Saunders, pourtant il le faisait en se donnant du mal. Herman Scheying, qui s'occupait du compte Saunders-Perkins, avait son opinion sur la philosophie de Max en matière d'investissements : c'était celle d'un fermier misérable au sortir d'un rude hiver. « Max croyait que s'il ne mettait pas de côté, il n'aurait rien. Il prenait peu de risques. Il était rusé. » Il ne pensait pas qu'acheter pût rapporter quelque chose. (« Je trouve ça immoral, écrivit-il à Elizabeth au sujet de cette pratique. Je pense que vous devriez y perdre. ») Il ne toucha jamais au capital, se dépêcha de vendre les actions en baisse ; et quant aux bénéfices, au lieu de les utiliser, il en réinvestit les deux tiers. Au grand étonnement des financiers de Wall Street qui le connaissaient, Max Perkins réalisa des gains substantiels sur le marché obligataire pendant les pires mois de la Grande Dépression.

L'héritage de Louise valut à Max des nuits sans sommeil. Ce legs représentait plus d'argent qu'il n'était capable d'en dépenser. Mais un épisode au moins semble indiquer que les questions fiscales ne le mettaient pas systématiquement de mauvaise humeur. « Un jour, se souvenait Irma Wyckoff, Mr. et Mrs. Perkins devaient se rendre en ville, à la banque, pour une affaire ayant trait à la propriété Saunders. À son retour au bureau, il m'a regardée d'un air rêveur et m'a dit : “Miss Wyckoff, vous auriez dû voir Louise aujourd'hui. Elle s'épanouissait comme une rose dans la jungle bétonnée de Wall Street.” »

D'autres fleurs que Louise éveillaient l'attention de Max ; il se délectait d'admirer les belles femmes. Les Perkins avaient une bonne très jolie, et il aimait la suivre des yeux tandis qu'elle servait à table ; quand elle s'approchait de lui, il la regardait bien en face – rien que pour pouvoir amuser ses filles en imitant ensuite sa réaction. Et les femmes aussi voyaient souvent en lui un homme séduisant. « *Mademoiselle* », leur gouvernante, lui faisait les yeux doux, ce que les filles trouvaient écœurant. Chez Scribner, il y avait toujours des femmes pour essayer ostensiblement de l'approcher dans l'espoir de se placer. Une secrétaire s'offrit même de travailler pour lui sans rémunération, rien que pour être à ses côtés. Struthers Burt confirma que Max plaisait beaucoup aux femmes, « même si, dans son comportement, il avait l'air de ne se rendre compte de rien, et de ne leur laisser aucun espoir ».

Max se souciait peu des arts non littéraires – il leur trouvait quelque chose de presque efféminé, une délicatesse qui entrait en conflit avec la part Evarts de son éducation. Cependant, il appréciait la sculpture classique. Il disait même que tout jeune garçon devait posséder une reproduction du *Penseur* de Michel-Ange, cette statue qui orne le tombeau des Médicis. (Il veillait à ce qu'il y en ait toujours une chez lui, quand bien même il n'avait que des filles.) Nul doute que sa mauvaise oreille et ses acouphènes l'empêchaient d'apprécier la musique. Il avait rarement l'occasion d'aller au concert, et quand il y était contraint, il donnait instruction à ses filles de ne pas trop applaudir, afin « qu'ils n'aillent pas se remettre à jouer ». Les airs qu'il aimait étaient pour la plupart des vieux morceaux célèbres tels que *Sweet Afton* ou *There Are Eyes of Blue*. Il assista à d'innombrables représentations de *Babes in Toyland*, l'opérette de Victor Herbert. John Hall Wheelock se rappelait combien Max était gêné quand, après s'être laissé entraîner en boîte de nuit, il voyait un chœur d'hommes avancer sur le devant de la scène et commencer à chanter ; il était obligé de se cacher les yeux derrière ses mains jusqu'à ce qu'ils aient reculé de deux pas. Aucun spectacle ne le ravissait autant que de voir une de ses filles s'asseoir à leur piano désaccordé pour chanter en s'accompagnant elle-même :

I ain't no use for the women,
Not ladies nor gals of the town.
They will use a man for his money
And laugh in his face when he's down[1].

Tel était le Max extérieur. Mais pour Elizabeth Lemmon, il entrouvrit son âme. Il lui confia qu'il avait une attirance profonde, insoupçonnée, pour les questions sexuelles. Parlant de l'éducation des enfants, il lui dit : « Les filles n'ont pas les mêmes chances en ce monde, et de très loin. Si nous étions gouvernés par une divinité juste, les hommes devraient une fois dans leur vie être des femmes, et voir comment ça se passe – ou alors avoir été femme un jour, ce pour quoi je prie. »

1. *Je ne vois pas l'utilité des femmes / Qu'elles soient des dames ou des gonzesses de la ville. / Elles vont avec un homme pour son argent / Et quand il n'a plus rien, elles lui rient au nez.*

– 13 –

Les victoires viennent avec le temps

À l'automne 1933, Scott Fitzgerald, qui n'en avait pourtant pas terminé avec son roman, travaillait déjà à sa promotion. Juste avant d'envoyer un premier extrait adapté pour la publication, il écrivit à Max : « Je préférerais éviter de signaler qu'il s'agit de mon premier livre en sept ans, car on pourrait croire que j'ai travaillé dessus pendant tout ce temps. On pourrait trop en attendre, tant en quantité qu'en envergure. [...] Ce roman, mon quatrième, parachève mon récit des années fastes. Il serait sans doute judicieux de mettre l'accent sur le fait qu'il ne traite nullement de la crise de 1929. Mieux vaut passer sous silence qu'il a pour principal objet les Américains installés à l'étranger, trop d'âneries ont déjà été dites à ce sujet. [...] Pas d'exclamation du style "Enfin, le très attendu, etc. !" Cela n'attire que rarement l'attention du public. »

Pour le titre de son roman, *Tender Is the Night – Tendre est la nuit* dans sa future traduction française –, il s'était inspiré du poème « Ode à un rossignol[1] » de John Keats. Perkins révéla à James Gray du *Saint Paul Dispatch*, que l'histoire racontait « la vie flamboyante sur la Côte d'Azur dans les milieux les plus aisés et les plus superficiels vue par une jeune femme simple et inexpérimentée ». Il s'agissait de Rosemary Hoyt, une actrice débutante amoureuse du héros, le séduisant psychiatre Richard Diver. Fitzgerald relatait

1. Le lecteur pourra trouver une version française de ce poème dans plusieurs ouvrages d'anthologie sur l'auteur ainsi que dans *Ode à un rossignol et autres poèmes* (La Délirante, 2010).

d'abord les débuts de la relation du Dr Diver avec son épouse, une ancienne patiente prénommée Nicole, jusqu'au conflit qui aurait raison de leur couple, dans le sud de la France. « Dans l'ensemble, ce livre est vraiment bien, écrivit Perkins à Hemingway. L'intrigue est parfaitement ficelée. [...] C'est le genre d'histoire que Henry James aurait très bien pu imaginer, mais naturellement, le style est celui de Fitzgerald, et non celui de James. » Il insista sur le fait que ce livre était encore plus personnel que les précédents et que « Scott n'aurait jamais pu l'écrire s'il n'avait eu l'occasion de fréquenter des sanatoriums, des psychiatres, etc., à cause de la maladie de Zelda ». Selon lui, il s'agissait d'un travail si complexe qu'il aurait été préférable de l'adapter sans faire la moindre coupe. Mais « il faut bien que les auteurs mangent et que les magazines subsistent ». Perkins avait l'impression que Fitzgerald s'était senti contraint d'achever son roman parce qu'il lui avait demandé de l'adapter. « Une fois l'accord passé, il n'avait plus le choix. »

Scott s'était rapidement mis au travail afin de présenter à temps les passages destinés au magazine, et Max craignait désormais qu'il prenne du retard sur le reste du manuscrit. Il proposa alors que Scott lui envoie des pages au fur et à mesure, afin que la maison d'édition puisse commencer la composition. Cette précaution se révéla judicieuse, car l'écrivain progressait lentement et était plus pointilleux qu'un éditeur ; il vérifiait chacune de ses phrases, non seulement pour atteindre une sorte de perfection littéraire, mais aussi par souci d'exactitude médicale. Lorsque des semaines s'écoulaient avant qu'il soit satisfait de son travail, il écrivait à son éditeur : « En fin de compte, Max, je suis un bûcheur. » Au printemps 1934, il avait récrit l'intégralité de son roman.

Dès qu'il fut en possession de la totalité du manuscrit, Perkins se lança dans sa lecture. Il trouva des longueurs au début du livre, notamment une scène à la gare qui semblait secondaire. Il lui proposa de la couper, car « dès que le lecteur fait la connaissance de Dick Diver, son intérêt pour le livre et sa perception de son importance augmentent de trente à quarante pour cent. »

Fitzgerald attacha, comme d'habitude, une grande valeur au conseil de son éditeur, mais il n'avait aucune envie de supprimer cet incident près du train, alors il insista pour la garder : « Cette approche lente me plaît beaucoup. Elle revêt une importance psychologique, non seulement sur ce roman, mais aussi sur ma carrière en général. Trouvez-vous cela trop égocentrique ? »

Quand le livre partit à l'imprimerie, l'auteur continua d'y apporter des modifications, au point de rendre les épreuves presque illisibles. Scribner dut en faire un second tirage, puis un troisième avant l'impression définitive. « Quel affreux fouillis », se lamenta l'auteur en renvoyant un tirage, mais cela ne l'empêcha pas de s'entêter. En même temps, il demanda à Max d'envoyer des exemplaires promotionnels à certaines personnes, lui suggéra un slogan publicitaire, et se plaignit même de la couverture, qui, avec ses tons rouges et jaunes, rappelait davantage la Riviera italienne que le scintillement bleu et blanc de la Côte d'Azur. « Oh, mon Dieu, je m'en veux de vous ennuyer avec tout ça, regretta-t-il, mais, naturellement, ce livre, c'est toute ma vie à présent, et je ne peux m'empêcher de faire preuve d'un certain perfectionnisme. » Plus tard, il confierait : « J'ai vécu si longtemps avec ce livre que j'ai souvent l'impression que le monde réel n'est qu'une fiction, et que seuls les personnages du roman existent. Si prétentieuse cette remarque puisse paraître (et Dieu sait à quel point il faudrait que je sois plus prétentieux au sujet de mon travail), c'est un fait incontestable, à tel point que leurs joies et leurs peines sont aussi importantes à mes yeux que ce qui se passe dans la réalité. »

Fitzgerald avait naturellement besoin d'argent, mais il avait déjà reçu pour ce livre une grosse avance sur ses droits d'auteur. Perkins lui chercha une nouvelle source de revenus : il demanda un chèque de deux mille dollars à Scribner en guise de prêt à 5 %, remboursable au moment de la vente des droits du roman pour le cinéma.

Le tirage du magazine *Scribner's* avait augmenté à chacune des parutions d'un extrait de *Tendre est la nuit*, ce qui était des plus encourageant. Mais les réactions furent rares. Fitzgerald ne reçut pour seuls messages personnels que ceux d'une poignée d'auteurs et de professionnels du cinéma. « Hélas, écrivit-il à Perkins, il se pourrait que j'aie de nouveau écrit un roman destiné aux hommes de lettres, et qu'il ne permette à personne de se remplir les poches. » Max fondait quant à lui de grands espoirs dans ce livre. « À moins que, pour une raison inconnue, le public passe à côté – ce que j'ai du mal à m'imaginer compte tenu de la fascination qu'il suscite –, il devrait rencontrer bien plus qu'un succès d'estime », lui répondit-il.

Enfin, lorsque l'auteur décida de dédier son roman à Gerald et Sara Murphy, les modèles dont il s'était en partie inspiré pour ses personnages de Dick et Nicole Diver, il écrivit à Perkins : « Mon unique regret est de ne pas vous l'avoir dédié, comme cela aurait dû être le cas, car Dieu sait que vous m'avez soutenu, envers et contre tout, même dans les pires moments. » À la mi-mars, le premier exemplaire de *Tendre est la nuit* quitta l'imprimerie.

Chaque jour, Zelda passait désormais des heures à peindre et à lire le roman de Scott. À son grand désarroi, elle découvrit qu'il contenait des transcriptions presque mot pour mot de ses propres lettres, et que son histoire lui servait de toile de fond. Cela eut sur elle un effet visible : sur son visage, ses rides se creusèrent, et ses lèvres commencèrent à se tordre. Elle avait accepté qu'un marchand d'art du nom de Cary Ross expose ses toiles dans sa galerie de Manhattan, mais elle fut incapable de s'occuper des préparatifs. En proie à une rechute, elle dut refaire un séjour à la clinique Phipps. Au bout d'un mois sans le moindre progrès, Scott la plaça dans une maison de repos luxueuse, la Maison Craig, à deux heures de New York, au bord de l'Hudson.

Fin mars, Scott et sa fille se rendirent à New York pour assister au vernissage de l'exposition de Zelda. Scottie logea chez les Perkins. Zelda, s'étant vu accorder une permission de sortie pour l'après-midi, déjeuna avec Max et Scott. L'éditeur ne la trouva pas du tout en forme. Elle avait les yeux creusés et larmoyants, et sa chevelure, jadis dorée sur sa peau bronzée, lui sembla bien terne. Son exposition n'obtint qu'un modeste succès. Curieusement, cela faisait des années que Max n'avait pas vu Fitzgerald en si bonne forme. Il écrivit à Hemingway : « Je suis convaincu que Scott va se rétablir complètement, si ce n'est davantage, avec ce *Tendre est la nuit*. Il l'a énormément amélioré au fil de ses révisions – le texte était relativement chaotique, quand je l'ai lu –, et en a fait une œuvre remarquable. [...] Chez lui, la situation ne s'est guère arrangée, mais, en ce qui le concerne, c'est un homme neuf, d'après ce que j'ai pu voir. Il a toutes sortes de projets d'écriture, et souhaite même s'attaquer sans tarder à un nouveau roman. »

Cette semaine-là, Louise organisa un dîner en l'honneur de Scott. Alan Campbell et Dorothy Parker, tout juste mariés alors qu'ils vivaient ensemble depuis l'année précédente, étaient présents, ainsi qu'Elizabeth Lemmon. Un drôle de mélange. Scott se saoula et se fit tapageur, et Dorothy Parker, qui était d'une humeur acerbe, s'en prit tour à tour à l'ensemble des convives. Louise s'efforça de trouver matière à rire dans chacune de ses piques. Max, quant à lui, demeura imperturbable toute la soirée. Elizabeth était ravissante, dans sa robe gris pâle de style Empire ornée d'une gigantesque rose de velours. En dehors de cela, il trouva ce dîner sans intérêt. « Max était mal à l'aise en compagnie des Campbell, déclara Elizabeth, car il était persuadé qu'ils vivaient encore dans le péché. » À la fin de la soirée, Cary Cross, qui avait tenté de défier Scott sur la boisson, finit par perdre connaissance, et gémissait, étendu sur le canapé. « Je suis certaine que si nous l'avions rencontré dans d'autres circonstances, il nous aurait plu », fit remarquer Louise avec indulgence. « Oh, Louise ! s'exclama Dorothy Parker. Vous parlez comme si Dieu nous écoutait en permanence. » Le départ de New York s'étant déroulé dans une grande confusion, Fitzgerald oublia de payer sa chambre à l'Algonquin. Max s'en chargea.

Tendre est la nuit fut publié à la mi-avril 1934. Fitzgerald s'inquiétait beaucoup de ses ventes. « *Gatsby le Magnifique* avait contre lui sa longueur et ne suscitait qu'un intérêt purement masculin, écrivit Scott à Perkins. Tandis que celui-ci... c'est un roman très féminin. Je suis persuadé que si on lui donne sa chance, il se vendra aussi bien que n'importe quelle autre fiction profitant des mêmes conditions. » Les critiques étaient nombreuses, et certaines étaient même favorables. Fitzgerald reçut des lettres bienveillantes de la part de James Branch Cabell, Carl Van Vechten, Shane Leslie, John O'Hara, et de divers rédacteurs du *New Yorker*, qui lui firent l'effet d'autant de pétales de fleurs sous ses pas. Morley Callaghan, à qui Perkins avait envoyé un exemplaire du livre, écrivit à son éditeur : « C'est un livre fascinant et absolument implacable. [...] Scott doit être le seul Américain, du moins à ma connaissance, à posséder cette qualité bien française qui consiste à décrire un trait de caractère, puis à faire un constat général avec intelligence sans pour autant s'éloigner de la trame de son récit. » Scott fut ravi par tant d'amabilités, mais il attendait avec impatience l'avis d'Ernest Hemingway, qui n'avait pas encore rendu son verdict.

Après avoir passé sept mois à l'étranger, dont une partie en Afrique, ce dernier était de retour à Key West. Il confia à Perkins qu'il espérait que *Tendre est la nuit* obtiendrait de bonnes critiques, mais, après l'avoir lu, il lui fit part du fond de sa pensée. Il lui trouvait le même brio et, dans l'ensemble, les mêmes défauts que les précédentes œuvres de l'auteur. On y découvrait ces magnifiques cascades de prose, mais, en grattant un peu, il lui semblait que quelque chose n'allait pas, derrière les « décorations de Noël surannées qui correspondent à l'idée que Scott se fait de la littérature ». Il trouvait que les personnages avaient les mêmes sentiments romantiques puérils, voire stupides, que leur auteur, ce qui lui donnait l'impression que Scott ne savait rien de leur nature émotionnelle. Il s'aperçut également que Fitzgerald s'était inspiré de Gerald et Sara Murphy, et reconnut « merveilleusement bien leur accent, leur domicile et leur physique ». Mais il les avait ensuite transformés en archétypes romantiques, sans vraiment comprendre de quoi il retournait. Il avait donné à Sara le rôle d'une psychopathe, puis celui de Zelda, avant que l'on puisse retrouver Sara, et « finalement plus rien ». De même, Dick Diver était censé être victime des mêmes déboires que Scott, ce qui n'aurait jamais pu arriver à Gerald Murphy.

Perkins fut d'accord avec les remarques d'Hemingway au sujet de la lutte que menait Fitzgerald pour se cramponner à ses rêves de jeunesse, mais était convaincu « qu'une bonne partie de ce qu'il a[vait] écrit [était] directement inspirée d'une sorte de romantisme adolescent ». Max revenait justement de Baltimore où il avait vu Scott et discuté avec lui de ce point précis. Il expliqua donc à Hemingway : « À propos de certains concepts fondamentaux, il a le point de vue le plus étrange et le plus incroyable qui soit. Il a toujours été comme cela. En ce qui concerne l'une de ses chimères, je crois lui avoir fait une certaine impression. Il n'a que 35 ou 36 ans, avec un immense don pour l'écriture, et se trouve dans un état de profond désespoir. Mais il serait vain de tenter de lui en parler directement. Pour l'atteindre, il faut employer des moyens détournés, et je ne suis pas assez malin pour cela. »

Tendre est la nuit se vendit très bien à New York pendant un cours laps de temps, mais, ailleurs aux États-Unis, il ne dépassa pas les dix mille exemplaires, loin derrière certains autres romans. Entre 1933 et 1934, par exemple, *Anthony Adverse* de Hervey Allen s'écoula à plus d'un million d'exemplaires. Scott se fit même doubler par un écrivain de Perkins moins connu que lui. Sur les conseils de Max, Stark Young, après une série d'échecs, écrivit *So Red the*

Rose, un roman dont l'action se déroulait dans le sud des États-Unis. Ce livre fut l'un de ceux dont on parla le plus cette année-là.

Fitzgerald eut de nouveau des dettes. Il sortit Zelda de « cette clinique qui pratique des prix exorbitants » et l'inscrivit au Sheppard and Enoch Pratt Hospital, dans les environs de Baltimore. Elle se trouvait dans un état quasi catatonique. Afin de satisfaire aux besoins les plus urgents de l'écrivain, Perkins parvint à soutirer six cents dollars supplémentaires à Scribner en guise d'avance sur son futur recueil de nouvelles. La préparation de ce livre se révéla bien plus ardue que Perkins et Fitzgerald l'avaient imaginé. L'auteur avait écrit un grand nombre de ces histoires tandis qu'il mettait la dernière touche à son roman, et les avaient « dépouillées » de leurs passages les plus forts pour les insérer de manière insipide dans les pages de *Tendre est la nuit*. Le roman avait subi un si grand nombre de révisions que Fitzgerald avait du mal à se souvenir de ce qu'il y avait laissé ou non. Il lui fallait désormais se replonger dans le livre pour voir quelles phrases il avait déjà employées. Quand Perkins lui fit remarquer qu'il ne voyait pas pour quelle raison un auteur ne pouvait pas se répéter de temps à autre, à l'image d'Hemingway, Scott accusa son éditeur d'avoir un « raisonnement spécieux ». « Chacun de nous a ses qualités, et il se trouve que l'une des miennes est d'être très précis dans mon travail, répliqua-t-il. Si lui peut se permettre un écart ici ou là, ce n'est pas mon cas, et, de toute façon, je suis le seul à pouvoir juger de ce qui est approprié ou non en la matière. Max, je vous le répète pour la troisième fois, il n'est en aucun cas question de paresse. Il s'agit simplement d'un instinct de survie. »

Quatre mois plus tard, alors qu'il passait encore ses journées à chercher ces fameuses phrases dans son roman, il écrivit à Perkins : « Certaines personnes lisent et relisent mes livres, et rien ne doit être plus ennuyeux et décevant que de tomber sur un auteur qui emploie les mêmes tournures à l'envi, comme s'il manquait d'imagination. »

Pour rembourser ses dettes, Scott recommença à travailler pour le *Saturday Evening Post*, mais, au bout de quelques semaines, s'effondra et refusa de quitter son lit. Dans son journal, il inscrivit qu'il entrait alors « dans une période difficile ». Durant son rétablissement, il reçut de la part de Thomas Wolfe un message des plus chaleureux au sujet de *Tendre est la nuit*. « Je vous remercie du fond du cœur pour votre lettre, qui est arrivée à un moment plutôt difficile pour moi, et qui m'a donc fait grand plaisir, lui répondit Scott. J'ai été ravi d'apprendre par Max, notre parent commun, que vous étiez sur le point de sortir un nouveau roman. » Comme pour le recueil de nouvelles de Fitzgerald, c'était aller un peu vite en besogne.

Elizabeth Nowell, le nouvel agent de Wolfe, déclara à ce propos : « Dans le domaine de l'édition, il est très difficile de vendre le roman d'un auteur inconnu. Le seul produit plus délicat encore à écouler est le livre d'un auteur qui a connu un certain succès avant de devenir ringard par manque de publications. » Depuis la sortie de *L'Ange exilé*, Max Perkins s'était avant tout préoccupé de la carrière de Wolfe sur le long terme, mais pour que l'auteur puisse rester crédible, il lui fallait absolument sortir un deuxième roman. Durant des mois, s'inspirant des événements qui avaient émaillé son existence, Tom s'était attelé à sa fiction avec une telle frénésie que Perkins craignit qu'il sombre dans l'épuisement. Il redoutait aussi que, si Wolfe continuait d'écrire, il finisse par avoir trop de matière pour un seul livre. Il était déjà quatre fois plus long que le manuscrit brut de *L'Ange exilé* et comptait dix fois plus de pages que la plupart des romans traditionnels. Et il rédigeait 50 000 nouveaux mots chaque mois ! Pour le bien-être de l'auteur, Perkins envisagea de prendre des mesures drastiques.

Fin 1933, Tom était si tendu et culpabilisait tant qu'il se mit à faire des cauchemars et des insomnies. « Il ne peut pas continuer comme ça ! » ne cessait de répéter Max à John Hall Wheelock. Il expliqua d'ailleurs plus tard dans un article du *Carolina Magazine* : « Le temps, son vieil ennemi, l'immensité et la rugosité des sujets traités, les questions incessantes et pas toujours bienveillantes sur l'état d'avancement de son prochain livre, sans compter la pression financière… il avait l'impression d'être écrasé. » Perkins était convaincu que Wolfe allait droit à la dépression nerveuse et craignait qu'il perde la raison. Un jour, dans la salle commune sur laquelle donnaient les bureaux des éditeurs, Max annonça à ses collègues en secouant la tête : « Je crois que je vais devoir lui arracher ce livre des mains. »

Wolfe se souvint avec précision de la tentative de Perkins : « À la mi-décembre de cette année-là, consigna-t-il dans son petit ouvrage documentaire intitulé *The Story of a Novel*, l'éditeur, qui durant ces temps difficiles n'a cessé de veiller discrètement sur moi, m'a fait venir chez lui et m'a informé calmement que mon livre était achevé. » Il se rappela également sa réaction : « Je me contentai de le regarder d'un air sidéré avant de finalement lui rétorquer, du fond de mon propre désespoir, qu'il se méprenait, qu'il n'était pas terminé, que ce ne serait jamais le cas, que je pourrais toujours y faire des ajouts. Il me répondit sur un ton aussi catégorique et irrévocable qu'il était fini, que je le veuille ou non, puis me demanda de regagner ma chambre et de passer la semaine suivante à remettre dans l'ordre les pages du manuscrit qui s'étaient accumulées au cours des deux dernières années. »

Finalement, Tom obtempéra. Six jours durant, il demeura retranché chez lui, cerné par des montagnes de papier. Le soir du 14 décembre, à 23 h 30 environ, il arriva une fois de plus en retard à son rendez-vous avec l'éditeur. Il pénétra dans le bureau de Max et déposa un lourd paquet devant lui. Enveloppé dans du papier kraft et maintenu par deux ficelles, il faisait près de soixante centimètres d'épaisseur. Perkins l'ouvrit et y trouva des pages de texte dactylographié. Plus de trois mille pages de brouillon, la première moitié du roman. Les feuilles, de toutes sortes de papier, n'étaient pas numérotées, car l'auteur n'avait pas rédigé les différents passages dans l'ordre. « Une grande partie du texte est encore incomplète et morcelée, expliquerait Tom dans une lettre à sa mère, mais, au moins, il peut désormais y jeter un coup d'œil et me donner son avis. »

« Vous m'avez souvent répété que si je vous remettais un jour un texte dans son intégralité, du début à la fin, vous pourriez me donner un coup de main et m'aider à me tirer d'affaire, écrivit-il à Perkins le lendemain. Eh bien, c'est le moment ou jamais. Je crois qu'une tâche titanesque nous attend tous deux, mais si vous jugez que cela en vaut la peine et me donnez l'autorisation de poursuivre, je crois que je suis prêt à abattre des montagnes... Vu le travail qui vous attend, je n'aimerais pas être à votre place. »

Malgré les poèmes et les psalmodies que Perkins qualifiait de « dithyrambes » et qui émaillaient le manuscrit, Tom fit remarquer : « Quand j'en aurai terminé – ou plutôt devrais-je dire quand “vous” en aurez terminé, car j'avoue honteusement que j'ai plus que jamais besoin de votre aide –, je suis sûr que vous allez trouver que la narration tient une place trop importante dans le récit. »

Wolfe le pensait sérieusement, et Perkins le savait. Des années plus tard, dans son article pour le *Carolina Magazine*, l'éditeur révélerait la nature précise de sa mission : « Moi, qui prenais Tom pour un génie, qui l'aimais et n'aurais pas supporté de le voir échouer, j'étais presque aussi désespéré que lui devant l'ampleur du travail à accomplir. Mais, en réalité, si je lui ai rendu un service – ce qui est vraiment le cas –, c'est, en croyant en lui, de l'empêcher de perdre confiance. Ce qu'il lui fallait, au cœur de cette longue crise, c'était un sentiment de camaraderie et de la compréhension, ce que je pouvais parfaitement lui fournir. »

Des années plus tard, Max écrirait à John Terry : « Je m'étais juré que j'irais jusqu'au bout, dussé-je en mourir – comme me l'a un jour prédit Van Wyck Brooks quand j'ai quitté le dîner avant la fin pour retrouver Tom au bureau. »

Deux jours avant Noël, Wolfe remit à son éditeur le solde de son texte. Au cours des années précédentes, Max avait déjà eu l'occasion d'en lire quelques passages. Pour la première fois, il put les découvrir dans l'ordre. Wolfe le laissa croire, comme il le reconnaîtrait dans *The Story of a Novel*, que son intuition avait été la bonne : « Il a eu raison de me dire que mon roman était terminé. » Puis : « Il n'était pas encore publiable ou lisible. Il s'agissait plus d'une ossature que d'un livre en tant que tel, mais pour la première fois en quatre ans, ce squelette était complet. J'étais comme quelqu'un sur le point de se noyer qui, avant son dernier souffle, sent de nouveau la terre ferme sous ses pieds. Ce triomphe, le plus important de mon existence, m'a revigoré. »

En lisant le manuscrit intégral, qui comptait un million de mots, Perkins découvrit qu'il était composé de deux cycles distincts, aussi bien d'un point de vue chronologique que thématique. Le premier, comme Wolfe parvint plus tard à l'exprimer, était « un mouvement décrivant la période d'errance et de convoitise d'un jeune homme ». Cette histoire s'inspirait de l'idée que « tous les hommes sont à la recherche de leur père ». Son héros était de nouveau Eugene Gant, qui apprenait à mieux se connaître. Il intitula son livre *Of Time and the River*, *Le Temps et le Fleuve*. L'autre récit, « décrivant une période de plus grande certitude [...] gouvernée par l'unité d'une unique passion », était l'histoire de George « Monkey » Webber, et avait pour titre *The October Fair*. Cette seconde partie était la plus aboutie, mais l'auteur accorda à son éditeur qu'il valait mieux publier l'autre en premier, poursuivant ainsi l'odyssée d'Eugene Gant.

Estimant que le livre pourrait voir le jour à l'été 1934, Perkins et Wolfe se mirent à travailler dans les locaux de Scribner deux heures chaque après-midi, du lundi au samedi. En étudiant le texte, Max s'aperçut qu'il était insuffisant, et ce à deux points de vue. Une moitié était achevée, mais des coupes se révélaient nécessaires. L'autre moitié restait à écrire. Ils se disputaient tous les jours. Perkins maintenait qu'il était du devoir de l'auteur de savoir faire des choix et d'avoir une écriture sélective. Wolfe soutenait quant à lui que la première obligation d'un écrivain était de décrire pour ses lecteurs des modes de vie dans leurs moindres détails. Dès que Perkins eut rassemblé les premières centaines de pages de manuscrit, il s'aperçut qu'il leur faudrait des mois de labeur avant de pouvoir commencer à envoyer du contenu à l'imprimeur. Wolfe et lui prirent alors la décision de travailler aussi six soirs par semaine.

Parfois, Perkins inscrivait de brèves consignes directement sur le plan détaillé du livre : « Insérer la partie du train » ou « Conclure avec Leopold ». Ses autres instructions étaient parfois plus précises :

> Choses à faire immédiatement, lors de la première révision :
>
> 1. Dans la scène d'ouverture, faire vieillir l'homme riche, lui donner un âge plus proche de la cinquantaine.
>
> 2. Supprimer les références aux livres précédents et au succès.
>
> 3. Écrire entièrement la scène de la prison et de l'arrestation, avec tous les dialogues.
>
> 4. Reprendre du texte de *Man on the Wheel* et sur Abraham Jones pour les scènes de l'université et de la première année en ville.
>
> 5. Raconter la liaison amoureuse du début à la fin, et la description de la rencontre avec la femme, etc.
>
> 6. Entrecouper les scènes de jalousie et de folie de dialogues avec la femme.
>
> 7. Utiliser la description des scènes du voyage du retour et de la ville en pleine expansion qui figurent dans *Man on the Wheel*. Ces scènes pourront très bien succéder à celle de la gare. Mettre

en valeur la volonté de rentrer, le mal du pays, le mécontentement, puis développer l'idée que sa ville natale lui est devenue étrangère et qu'il ne peut plus y vivre.

8. Fin possible du livre avec le retour en ville, l'homme à la fenêtre et le passage « certaines choses ne changent jamais ».
9. Écrire intégralement la scène de nuit qui précède celle de la gare, avec les dialogues, notamment la partie qui concerne le mort dans le métro.
10. Supprimer la référence à sa fille.
11. Chaque fois que c'est possible, compléter les scènes avec des dialogues.
12. Étoffer les scènes de souvenirs d'enfance en y ajoutant des descriptions et des dialogues.

Malgré leur discrétion, des rumeurs sur leur travail se mirent à circuler dans New York. Et ils devinrent la cible de plaisanteries dans les réunions littéraires. « Maxwell Perkins, l'éditeur de chez Scribner, a toutes les raisons de se plaindre, écrivit le critique John Chamberlain dans « Books of the Times ». On raconte à son sujet qu'il s'est battu trois jours durant avec Thomas Wolfe pour la suppression d'une phrase. On dit aussi que les manuscrits de ce dernier sont livrés chez Scribner par camions entiers. » La plupart de ces histoires étaient de pures inventions… même si elles n'étaient pas totalement infondées.

Au printemps 1934, Wolfe décida de laisser sa nouvelle dactylo – qui était capable d'interpréter ce qu'il qualifiait de « mon chinois le plus indéchiffrable » – saisir tout le texte encore rédigé à la main afin que Max puisse « avoir la meilleure vision d'ensemble possible » de son travail. C'était devenu une nécessité. Tom avoua à l'un de ses amis écrivains du nom de Robert Raynolds : « Il semblerait que, moi-même, je ne sois plus en mesure de savoir où j'en suis. » Il ajouta au sujet de Perkins : « Dieu sait ce que je ferais sans lui. Il y a peu, je lui ai fait remarquer que le jour où le livre sortirait, il pourrait prétendre qu'il s'agit du seul qu'il ait jamais écrit. Rien qu'avec sa force, sa sérénité et sa détermination, on peut dire qu'il m'a arraché des sables mouvants. »

Les deux hommes travaillèrent tout au long du printemps. « Je fais désormais des coupes franches et réduis sérieusement la quantité de texte, expliqua l'éditeur à Frere-Reeves, son confrère à

Londres. Même si je sais très bien que cela se terminera par une dispute avec Tom. » Chapitre après chapitre – dont Perkins concevait souvent la fin –, ils étudiaient chaque paragraphe, chaque phrase. « J'ai toujours trouvé aussi difficile que détestable de faire des coupes », reconnut le romancier dans *The Story of a Novel*. Perkins apporta l'objectivité et le recul qui manquaient à Wolfe.

L'éditeur commença par la scène qui se trouvait au sommet de la pile de pages et qui reprenait à l'endroit où *L'Ange exilé* se terminait. Eugene Gant, sur le point de se rendre à Harvard, se tenait sur le quai de la gare d'Altamont, faisant ses adieux à ses proches. Le passage faisait plus de 30 000 mots. Perkins demanda à l'auteur de le réduire à 10 000. Dans les colonnes du *Harvard Library Bulletin*, il révéla ce qu'il avait dit à Tom : « Quand on attend l'arrivée d'un train, il y a un certain suspens. Il va se passer quelque chose. Il me semblait qu'il fallait tenir le lecteur en haleine, et, avec 30 000 mots, c'est impossible. » Il indiqua le texte superflu à Wolfe, qui comprit. Ce dernier écrivit d'ailleurs à Raynolds : « Certaines coupes me font souffrir le martyre, mais je suis conscient de leur nécessité. Chaque fois que je devais me débarrasser de quelque chose de bon, c'était un crève-cœur, mais comme vous le savez probablement, ce n'est pas parce que c'est bon que cela a forcément sa place dans un livre. »

Comme avec *L'Ange exilé*, Perkins déclara dans son article pour Harvard : « Il n'y a jamais eu la moindre coupe avec laquelle Tom n'était pas d'accord. Il savait que c'était inévitable. Son premier réflexe fut de s'emporter et de prétendre qu'il n'avait pas le temps d'effectuer des révisions ni de condenser son texte. »

Ce n'était pas simplement le nombre de scènes incluses dans le livre de Wolfe qui rendait celui-ci difficile à condenser. Ses écrits avaient la fâcheuse tendance, comme il le décrirait plus tard, « à reproduire dans leur intégrité le tissu et les émotions de chaque scène afin de donner vie à celle-ci ». Dans une partie du roman, par exemple, quatre personnes discutent entre elles quatre heures durant sans la moindre interruption. « Ils étaient bavards. Ils s'exprimaient souvent tous en même temps, du moins le tentaient-ils », écrivit Wolfe. Après avoir couché leurs idées sur le papier, il avait compté 80 000 mots, soit deux cents pages pour une scène mineure dans un livre déjà énorme. Perkins lui fit prendre conscience que « si bon cela soit-il, ce passage n'a rien à faire là, il faut le supprimer ». Comme toujours, Tom fit valoir ses arguments, mais finit par céder.

En juin, Hemingway invita Perkins à Key West, mais l'éditeur refusa de quitter New York. « Je suis encore occupé par une sorte de lutte à mort avec Mr. Thomas Wolfe, lui expliqua-t-il. Et il est probable qu'elle se poursuive tout l'été. » Max écrivit à un autre de ses auteurs, en Floride, Marjorie Kinnan Rawlings : « Il lui faudrait continuer six semaines à ce rythme pour pouvoir achever ce livre. Si j'osais, je pourrais même dès aujourd'hui en envoyer un tiers à l'imprimeur. Mais Tom risque à tout moment de revenir sur une ancienne modification, et s'il mettait sa menace à exécution, j'ignore quel en serait le résultat. Il nous faudrait reprendre notre lutte depuis le début. C'est devenu l'une de mes obsessions, à présent. L'une de ces choses par lesquelles on sait qu'il faut passer, quitte à en perdre la vie. »

Puis ils se mirent à travailler également les dimanches soir. Parfois, Wolfe tirait une chaise jusqu'au bureau de l'éditeur et y griffonnait fiévreusement l'une des transitions demandées. Face à lui, de l'autre côté de l'imposant manuscrit, Max lisait lentement. Avec son écriture en dents de scie, il faisait ses propres annotations. Chaque fois qu'il déchirait une page, il voyait que Tom suivait sa main du regard. L'auteur grimaçait alors de douleur, comme si on l'écorchait vif. Il arrivait aussi que Perkins jette un coup d'œil à ses notes, s'éclaircisse la voix et annonce :

« Je crois qu'il vaudrait mieux supprimer cette partie. »

Après un long silence attristé, Wolfe lui répondait :

« Je la trouve bien.

– Moi aussi. Mais vous avez déjà exprimé cette idée.

– Ce n'est pas tout à fait pareil. »

C'est au cours d'une de ces soirées estivales que Tom, après s'être battu au sujet d'une coupe d'importance, et dont le regard fixait la peau de serpent à sonnette accrochée entre le chapeau et le manteau de Max, s'exclama : « Ha ha ! Tout le portrait d'un éditeur ! » Après avoir ri aux éclats, Max et Tom décidèrent qu'ils avaient suffisamment travaillé pour la journée. Ils se rendirent au Chatham Walk, une annexe en plein air du bar du Chatham Hotel, et discutèrent encore une heure sous le ciel étoilé.

La tâche de Perkins ne se limitait cependant pas à convaincre Tom de la nécessité de réaliser des coupes. Il lui avait signalé des endroits où il manquait du texte, et l'auteur tentait désormais de compenser la prose précédemment supprimée avec un bavardage oiseux. Max lui demanda par exemple de récrire le passage où le père du héros meurt. Eugene se trouvant à Harvard à ce moment-là, lui expliqua-t-il, il suffisait de décrire ses émotions en apprenant la nouvelle, ainsi que son retour pour l'enterrement. Perkins était convaincu que 5 000 mots suffiraient. Tom accepta.

Le lendemain soir, Wolfe se présenta avec plusieurs milliers de mots au sujet du passé du médecin qui s'était occupé du vieux Gant. « C'est excellent, Tom, le rassura l'éditeur, mais quel est le rapport avec le livre ? C'est l'histoire d'Eugene que vous êtes censé raconter, ce qu'il voit et ce qu'il ressent. On ne peut pas perdre de temps avec tout ce qui n'a qu'un lointain rapport avec l'histoire. » Tom en convint également, mais le lendemain, il apporta un long passage sur Helen, la sœur d'Eugene, sur son état d'esprit quand elle faisait les magasins à Altamont, puis dans son lit, le soir, quand elle entendait siffler un train. « Dieu du ciel ! Comment comptez-vous terminer ce livre en agissant de cette façon, Tom ? lui demanda Max. Vous avez déjà perdu deux jours, et, plutôt que de réduire la taille du texte et de vous concentrer sur l'essentiel, vous l'augmentez et ajoutez des scènes qui n'ont rien à faire là. »

Tom prit un air penaud. Il s'abstint de le contredire et lui promit de se limiter à l'indispensable. Le lendemain soir, il proposa quelques milliers de mots supplémentaires à propos de la maladie de Gant, que Perkins considéra comme parfaitement superflus. Il éclata de rire et confia à l'auteur : « Cela ne me semble vraiment pas indispensable au livre, on ferait bien d'avancer. » Mais il trouva aussi que ces pages étaient d'une excellente qualité et qu'il serait dommage de les jeter au panier. La scène de la maladie mortelle de Gant demeura dans le roman. C'était l'un des meilleurs passages que Wolfe ait jamais écrits. Plus tard dans l'année, celui-ci estima qu'il avait rédigé plus de 500 000 mots supplémentaires, dont une infime partie seulement fut utilisée.

« Il y a deux jours, écrivit Max à Hemingway en juin 1934, j'ai tenté d'expliquer à Tom qu'il valait mieux renoncer à une grande partie du texte qu'il souhaitait ajouter, si bon soit-il, car cela risquait de parasiter un passage très important. On est restés là une heure sans dire un mot, Tom réfléchissant en se dandinant sur sa chaise et en me lançant des regards mauvais. Puis il m'a annoncé : "Très bien. Vous acceptez d'en prendre la responsabilité ?" Je lui ai répondu : "Je suis bien obligé. Et, qui plus est, dans les deux cas de figure, on me le reprochera." »

Max pouvait lui aussi être responsable du surcroît de texte. Il se souvenait de cette merveilleuse scène qu'il regrettait encore cinq ans après d'avoir fait supprimer du début de *L'Ange exilé*, un passage sur le jeune Gant et son frère regardant marcher les troupes des confédérés vers Gettysburg. Il chercha un moyen de l'intégrer de force dans le nouveau roman de Tom, et le trouva, en faisant passer ce moment pour l'un des souvenirs du vieux Gant sur son lit de mort.

Un soir, il reposa son stylo rouge et emmena Wolfe au restaurant Lüchow's. Au bout de quelques heures, Tom souhaita marcher un peu pour éliminer la copieuse nourriture allemande. Il lui demanda de l'accompagner à Brooklyn Heights pour lui montrer l'appartement où il avait rédigé la majeure partie de son manuscrit. Distraitement, il le conduisit à un petit immeuble de grès brun qu'il avait quitté tout juste quelques semaines plus tôt. Sa porte étant verrouillée, il chercha ses clés, puis marmonna qu'il les avait perdues. Il le fit monter par l'escalier de secours et, au dernier étage, le précéda dans un grand meublé tout en enfilade. Il lui indiqua le petit réfrigérateur sur lequel il avait écrit le livre, puis lui offrit un siège, saisit la bouteille de whisky qui trônait sur la table de la salle à manger et le servit. Alors qu'ils avaient bu plusieurs verres, le couple qui vivait là rentra chez lui. Comprenant aussitôt la situation, Max s'enfonça dans son fauteuil.

Tandis que la femme courait appeler la police, Wolfe servit au mari un verre de son propre whisky et, prenant un ton mielleux, fit bientôt étalage de ses charmes. « En vingt ans, cet homme n'avait rien lu d'autre que le tableau des scores des Dodgers, raconterait Perkins, des années plus tard. Mais Tom le traita comme s'il s'agissait du rédacteur en chef de l'*Atlantic Monthly*. Il lui demanda son avis sur la meilleure façon de rédiger des nouvelles et l'implora de l'aider sur son prochain roman. » Quand la police arriva sur les lieux, l'homme racontait sa vie aux deux intrus. Ceux-ci restèrent encore une heure. Quelques jours plus tard, Tom apporta un texte de 35 000 mots qu'il souhaitait incorporer à son roman. C'était le récit de leur nuit à Brooklyn. Mais Perkins refusa.

Courant juillet, ils travaillaient encore, cherchant une conclusion au livre. Max était persuadé qu'ils ne parviendraient jamais à le terminer, tant il avait l'impression que le plus difficile était encore à venir : ces pages sur ce couple que formaient Eugene Gant et Esther Jack, le personnage inspiré par Aline Bernstein.

Cela faisait cinq ans qu'Aline et Max entendaient parler l'un de l'autre, mais ils n'avaient fait connaissance qu'une fois que ce dernier avait commencé à travailler sur *Le Temps et le Fleuve*. Un jour, au Cherio's, un homme les présenta l'un à l'autre. Max était si nerveux que l'échange fut relativement bref. Toutefois, peu de temps après, Mrs. Bernstein le contacta pour prendre rendez-vous avec lui dans son bureau. Lors de leur entrevue, elle lui jura qu'elle ferait tout ce qui était en son pouvoir pour empêcher la publication du livre de Tom si elle en était l'un des personnages. Perkins devant représenter Tom, il ne lui accorda pas la moindre concession, mais demeura cordial, faisant preuve d'une certaine ouverture d'esprit. Au moment de prendre congé, il lui tendit la main, mais elle mit brusquement la sienne derrière son dos, déclarant : « Je vous considère comme un ennemi. »

Perkins n'avait jamais trouvé que la partie concernant Aline Bernstein sonnait juste. Il la trouvait trop familière pour avoir été rédigée de façon objective, et il redoutait la dispute que l'auteur et lui ne manqueraient pas d'avoir à son sujet. Puis il eut l'idée de terminer ce gros livre sur la première rencontre entre Esther Jack et Eugene, lors du retour de ce dernier aux États-Unis, après son séjour en Europe. Sans rien de plus. Si l'on racontait leur histoire dans un autre roman, Max savait bien que le problème subsisterait, mais cela lui permettrait au moins de le repousser. Ils avaient enfin trouvé une fin spectaculaire pour *Le Temps et le Fleuve*.

Jusqu'alors, l'éditeur avait pris un soin particulier à distinguer sa vie professionnelle de sa vie privée. Louise et lui fréquentaient quelques-uns de ses auteurs, mais elle veillait à éviter de mêler plaisir et affaires. Thomas Wolfe était l'unique écrivain à passer librement d'une sphère à l'autre dans l'existence de son mari. Depuis que la famille Perkins s'était installée à New York, Wolfe avait souvent profité de leur hospitalité. Même leurs filles, qui avaient peur de lui, avaient fini par s'apercevoir qu'il était d'une nature extrêmement délicate, quand bien même il pouvait lui arriver de se mettre dans une colère noire. Elles détestaient toutes s'asseoir à côté de lui à table. En fin de compte, ce fut la plus jeune qui se montra la plus courageuse. « Un soir, se rappela Nancy, j'étais assise à la gauche de papa, et Wolfe à sa droite. Celui-ci était désagréable comme jamais, jurant et s'emportant contre mon père comme s'ils étaient seuls dans la pièce. » Ses paroles la blessèrent à un tel point qu'elle fondit en larmes et cria à l'auteur de cesser de parler à son père de cette façon. Max lui sourit gentiment et tenta de la calmer d'une voix douce : « Tout va bien, ma puce. Ne t'inquiète pas. Franchement, il n'y a aucun problème. » Il ne chercha jamais à excuser le comportement de Wolfe, mais tenta à maintes reprises de l'expliquer, notamment à l'intéressé lui-même : « Tom, vous avez en vous dix mille démons et un archange. »

À New York, le climat se fit torride, mais Perkins et Wolfe persévérèrent dans leur effort. Le 7 juillet, Tom alla déjeuner avec Max et Scott Fitzgerald, qui avait quitté temporairement Baltimore pour séjourner en ville. Ce dernier tenta de le réconforter au sujet des coupes dans son manuscrit : « Après coup, on ne regrette jamais d'avoir supprimé un passage de son livre. » Le lendemain, Tom écrivit à Robert Raynolds : « Je me demande si c'est vrai. Quoi qu'il en soit, il faut que je fasse tout mon possible dans le peu de temps qui me reste. Je crains donc devoir m'en remettre aux dieux et à Maxwell Perkins. »

Trois jours plus tard, leurs disputes commencèrent à prendre une telle ampleur que l'éditeur emballa une partie du manuscrit et, sans plus de discussion, l'envoya à l'imprimerie. Affolé, Tom protesta. Une fois calmé, il écrivit à son amie Catherine Brett : « J'imagine que je m'y suis attaché, comme on pourrait se prendre d'affection pour un enfant monstrueux. Lorsqu'il m'a fallu m'en séparer, cela m'a quelque peu terrifié. » Puis : « Cela signifie que l'on va commencer à recevoir des épreuves d'ici quelques semaines, et aussi qu'il me reste un peu plus de deux mois pour terminer tout ce que je compte, espère et désire réaliser. Ensuite, les dés seront jetés. J'ai l'impression que Mr. Perkins a raison de croire que je devrais me soumettre à cette nécessité, et qu'avec un livre aussi long qui m'a demandé tant de temps, il est possible qu'il tourne à l'obsession, que je puisse vouloir travailler dessus à tout jamais afin d'en perfectionner les moindres détails, mais je suis convaincu qu'il est préférable d'achever celui-ci au plus vite et d'en entamer un suivant. »

Depuis un an, Perkins n'avait jamais passé si peu de temps en famille. Cet été-là, sa femme et ses filles se dispersèrent un peu partout. Louise partit en croisière, Bert, qui s'était mariée, s'installa à Boston, Zippy et Peggy prirent la direction du ranch de Struthers Burt dans le Wyoming, et ses cadettes, Jane et Nancy, celle de New Canaan. Zippy et Peggy revinrent de leur séjour dans l'Ouest en affirmant qu'elles ne se marieraient jamais, Max écrivit-il à Elizabeth Lemmon, « parce que des cow-boys seraient incapables de subvenir à leurs besoins, et, à l'est, aucun homme ne leur arrive à la cheville ». Il comprenait parfaitement leur réaction : « Jamais je n'ai été si flatté que le jour où quelqu'un m'a pris pour Will James – et quand je lui ai dit cela, celui-ci m'a adressé un sourire fort attristé. C'est l'une des raisons pour lesquelles il y a tant de guerres : un type qui passe sa vie les pieds sous un bureau n'est que la moitié d'un homme, tout le monde le sait. Le Dr Johnson m'a dit : "Si un général entrait maintenant dans cette pièce, nous aurions tous honte." Et si un bon ouvrier, un mécanicien, se présentait à un conseil d'administration, les membres de la direction auraient tous honte. Et si le vieux Zimmerman, le contremaître de notre imprimerie, un homme comme Adam Bede[1], en tablier rayé, débarquait lors de nos réunions de direction, nous aurions tous honte. C'est vrai, et même si j'ignore quoi, cela signifie certainement quelque chose. »

Le 8 septembre 1934 voyait le jour Edward Perkins Frothingham, le premier petit-fils de Max, le fils de Bertha. Durant des mois, Perkins fit allusion au nouveau-né en employant des pronoms féminins, insistant sur le fait que c'était uniquement par habitude.

D'une manière ou d'une autre, il avait trouvé le temps, au cours de ces derniers mois – généralement lorsque Wolfe était en retard aux rendez-vous –, d'envoyer à Elizabeth Lemmon des nouvelles

1. Personnage éponyme du roman de l'écrivain anglais George Eliot.

de ses progrès avec Tom. Quelques jours avant d'aller rendre visite au Dr Bordley, à Baltimore, il lui écrivit de nouveau pour lui annoncer sa venue et lui faire part de son espoir de la rencontrer une fois sur place. « Quoi qu'il en soit, pour éviter toute déception, je ferai comme si cela ne vous était pas possible. » La veille du départ de Max, Elizabeth songea à rendre ce séjour plus plaisant en demandant à Tom Wolfe d'accompagner son éditeur. Elle n'eut aucun mal à deviner où ils se trouvaient ce soir-là et appela l'écrivain au Chatham Walk pour les inviter à Welbourne. Tom déclina l'offre ; il avait encore beaucoup à faire sur son manuscrit et manquait de temps. Il espérait cependant qu'Elizabeth parviendrait à convaincre Max de séjourner un moment en Virginie plutôt que de rester à Baltimore. « J'ai l'impression qu'il est très fatigué, et je suis certain que des vacances lui feraient le plus grand bien », écrivit-il le lendemain, avant d'ajouter : « Il a travaillé, transpiré et déployé des trésors d'attention et de patience sur cet énorme manuscrit que je lui ai transmis. J'ignore comment lui exprimer ma reconnaissance, mais j'espère seulement que ce livre sera à la hauteur de son dévouement. »

Après avoir subi un traitement pour les oreilles à l'hôpital Johns Hopkins, Perkins alla rendre visite à Scott à Baltimore, puis ils prirent tous deux le train pour Washington. Elizabeth, qui les attendait en voiture à Georgetown, les conduisit à Middleburg. Max la connaissait depuis plus de dix ans, mais c'était sa première visite à Welbourne. À première vue, cela ressemblait trait pour trait à l'idée qu'il s'en était faite. Mais, au bout de quelques minutes, il commença à devenir nerveux. Il n'avait aucune envie d'examiner les lieux de trop près, de crainte que cela puisse gâcher la représentation idéalisée qu'il en avait. (« Les brumes du prestige se dissipent sous le soleil des faits », lui avait-il écrit dix ans auparavant.) Ayant le sentiment d'être un intrus sur un territoire défendu, il proposa d'aller admirer des monuments érigés en l'honneur de la guerre de Sécession. Elle accepta de les conduire à Appomattox. Après avoir fait le tour du site, Max insista pour rentrer à New York. Elizabeth, déjà surprise d'avoir pu le faire rester si longtemps, le conduisit à la gare de Washington. Avant de le faire monter à bord d'un train climatisé, elle l'invita à revenir plus longuement, ainsi que Fitzgerald et Wolfe. « Je souhaitais simplement vous remercier pour la gentillesse que vous avez eue de nous accepter à Welbourne, lui écrivit-il la semaine suivante. J'ai l'impression d'avoir goûté à l'élixir des dieux et d'avoir vu un lieu enchanté. »

Thomas Wolfe fit quant à lui savoir à Miss Lemmon que Max avait « évoqué ce lieu une bonne centaine de fois depuis son retour. Il prétend qu'il s'agit du plus bel endroit qu'il ait jamais vu. J'ai l'impression que vous en avez fait un rebelle, ce que je n'aurais jamais cru possible ». Fitzgerald remercia Perkins de lui avoir fait connaître cette « ambiance aussi originale que stimulante » alors qu'il commençait à « s'encroûter sérieusement ». Cependant, Max voyait d'un mauvais œil que ses auteurs puissent profiter si facilement des splendeurs de Welbourne. Le fond de sa pensée n'était pas uniquement motivé par la jalousie ; il tenta d'expliquer à Elizabeth qu'il s'agissait d'une préoccupation professionnelle, mais il eut toutes les peines du monde à parvenir à ses fins, notamment parce que « depuis toujours, les femmes sont incapables de comprendre les affaires des hommes ». « Vous invitez Tom et Scott à s'amuser, alors que je cherche à les faire travailler, lui reprocha-t-il. C'est beaucoup plus pour eux que pour Scribner que je leur demande cela. Si le temps que je leur ai accordé et tout ce que j'ai négligé par ailleurs étaient reconnus à leur juste valeur, Scribner ne toucherait pas un cent des ventes de Tom. Mais, ne serait-ce que pour lui, il faut qu'il termine son livre. C'est une question de vie ou de mort. [...] Et pour Scott aussi : il est très aisé, avec une bouteille, de le détourner de son travail. [...] Cela me coûte énormément de vous peiner. [...] Mais, Elizabeth, il faut que vous me pardonniez à propos de Scott et de Tom. Je vous assure mieux connaître la situation que n'importe qui d'autre. » Du reste, lui dit-il un jour, si elle s'obstinait à les inviter, elle finirait par incarner un personnage dans leurs romans. « Scott masquera certains de vos traits, mais Tom vous décrira telle que vous êtes. »

Fitzgerald fut déçu que les ventes de *Tendre est la nuit* ne dépassent pas les quinze mille exemplaires. Depuis la publication du roman, il parvenait à vendre des nouvelles de façon régulière, mais le cœur n'y était pas. Chaque fois qu'il perdait le goût du travail, il retournait en Virginie. Il se rendit à Middleburg pour se mêler à la riche bourgeoisie et jouer à fond la carte du romancier gentilhomme. Mais Elizabeth savait que le pichet d'eau que Fitzgerald vidait dans l'après-midi était en fait rempli de gin pur. Il avait apporté les épreuves de son recueil de nouvelles, désormais intitulé *Taps at Reveille*, mais il ne les regarda même pas. Quand elle lui fit remarquer qu'il avait donné deux noms différents au même personnage, il lui jeta les pages au visage et s'emporta : « Vous n'avez qu'à les corriger vous-même ! »

Lors de son séjour suivant à Baltimore, Perkins vit de nouveau Elizabeth et Scott. Ce dernier était encore dans une période de désespoir. « J'ai honte, et je me suis senti bien penaud, par la suite, admettrait-il plus tard. Mais il serait vain de nier que je suis de plus en plus souvent victime de ce genre d'humeur. » Le plus difficile pour Max était son incapacité à lui venir en aide. « Je n'y arrive pas, avoua-t-il à Elizabeth. Sans doute parce que je n'ai personnellement jamais connu ce genre de problème. Je suis incapable de comprendre ce qu'il ressent. Et puis, lui et moi sommes véritablement amis, mais il a le sentiment que je ne suis au courant de rien. »

Des années plus tard, Elizabeth écrirait à Louise ceci : « Lors de la venue de Max à Baltimore, Scott, ayant retrouvé le sens des réalités, a tenté de jouer la comédie. Aujourd'hui encore, j'ignore s'il a été percé à jour ou non, mais ces efforts lui ont permis de garder la tête hors de l'eau, et Max a fait comme s'ils étaient sincères – peut-être était-ce le cas, peut-être Max a-t-il su déceler la vérité au fond de lui comme avec tout le monde. » Plus tard encore, elle s'aperçut que, toujours au sujet de Scott, l'éditeur avait vu juste depuis le début. Il savait à quel point l'écrivain pouvait se révéler agaçant, mais il préférait en faire abstraction. Un soir, à la vue de voitures Pullman modernes, à la gare de Washington, il se jeta, ivre, sur une couchette en hurlant, les bras grands ouverts : « Rejoins-moi, Louise ! » Max détourna le regard. Une autre fois, tandis qu'il prenait le « thé » au Plaza, Scott, de nouveau saoul, donna un coup de coude à Zippy Perkins en déclarant : « Je pourrais te faire monter quand je veux. » Elle se remémorait : « Mon père m'a lancé un regard qui signifiait qu'il fallait plaindre Fitzgerald, mais a néanmoins fait mine de ne pas avoir entendu. » Elizabeth Lemmon évoqua une autre occasion où Perkins était absent : « Scott me présenta à Archibald MacLeish en lui annonçant : "C'est l'ancienne copine de Max Perkins", laissant entendre que j'étais désormais la sienne. Mais, Dieu du ciel, après avoir connu Max Perkins, comment une femme pourrait-elle devenir la maîtresse de Scott ? »

Fitzgerald, qui trouvait « Beth » Lemmon des plus charmantes, se demandait pourquoi elle ne s'était jamais mariée... Perkins était ravi qu'Elizabeth lui plaise. (« Évitez de l'appeler "Beth", lui avait-il recommandé. Ce diminutif ne lui va pas du tout, et j'ai toujours refusé de l'employer. ») Dans le train qui le ramenait chez lui, Max lui écrivit une lettre, qu'il détruisit, car elle ne lui semblait rimer à rien. Il s'en expliquerait plus tard : « Le problème, c'est que chaque fois que je vous vois, je reste ensuite environ quatre jours dans une sorte d'état de sidération proche de celui que votre homme de main Keats a décrit à votre sujet. »

En novembre 1934, le *Post* publia la nouvelle de Fitzgerald intitulée *Her Last Case*. L'action se déroulait à Welbourne. Sans les trois mille dollars qu'il reçut du journal, Scott aurait eu du mal à finir l'année, car la maison d'édition Charles Scribner's Sons avait modifié sa façon de fonctionner. On y dénombrait désormais une demi-douzaine de services différents, et chacun de leurs responsables avait son mot à dire dans la politique de la société. Perkins comprenait mieux que personne la situation financière de l'auteur. Mais, lui écrivit-il, « il est impossible de le faire comprendre, par exemple, à quelqu'un comme le directeur du service des ouvrages éducatifs (qui, entre parenthèses, s'en tire bien mieux que nous en ces temps de crise). Il nous prendrait pour des fous de vous avoir de nouveau laissé vous endetter de cette façon après être presque parvenus à remettre vos finances à flot grâce à notre accord pour *Tendre est la nuit*. Je prie le ciel – et je sais que c'est également votre cas – pour que nous finissions par trouver une solution. Mais, victime d'une série de mauvais coups du sort, vous vous êtes battu avec vaillance, et, comme on dit, "la chance tourne" ».

*
* *

En octobre 1934, Tom Wolfe s'était tant lassé de l'écriture qu'il quitta la ville durant quelques jours afin de se rendre à l'Exposition universelle de Chicago. C'étaient ses premières vacances après un an de travail acharné. Max lança alors la composition de son manuscrit : 450 000 mots en deux cent cinquante épreuves, ce qui allait donner un livre de neuf cents pages. À son retour à New York,

Wolfe apprit qu'en son absence son éditeur avait dû prendre une décision pour le moins arbitraire : il était sur le point de renvoyer les épreuves aux compositeurs sans attendre que l'auteur y ait jeté un dernier coup d'œil. Perkins avait vu Wolfe relire minutieusement la première partie du livre durant des semaines dans la bibliothèque de Scribner sans en corriger la moindre page. Et sans ultimatum, il était capable d'y passer le restant de ses jours. Perkins le prévint qu'il allait renvoyer vingt épreuves par jour, relues par Wheelock, afin que l'on puisse les mettre en page. « Vous ne pouvez pas faire ça, protesta l'auteur. Le livre n'est pas encore terminé. J'en ai encore pour six mois de travail… »

Perkins lui répondit que le roman était prêt. En outre, si on lui accordait six mois supplémentaires, il en demanderait encore six, et encore six. Ce livre finirait par tant l'obséder qu'il ne le publierait jamais. Wolfe consigna le reste de l'argumentation de Perkins dans *The Story of a Novel* : « Je n'étais pas, disait-il, un écrivain du genre de Flaubert. Je n'étais pas perfectionniste. J'avais simplement en moi vingt ou trente livres, voire davantage, et il était important que je puisse les écrire plutôt que de passer ma vie sur un seul. »

Dans son article pour le *Harvard Library Bulletin*, Perkins écrivit : « On dit que Tolstoï refusait de se séparer du manuscrit de *Guerre et Paix*. On l'imagine très bien continuer à le peaufiner indéfiniment. » C'était également le cas pour Wolfe sur *Le Temps et le Fleuve*. « J'ai l'impression d'être particulièrement maudit : je sais presque toujours ce que je devrais faire, écrivit Perkins à Elizabeth Lemmon. Quand on ne le sait pas, ce n'est pas grave, mais quand on le sait et qu'on ne le fait pas, c'est fâcheux. » Par conséquent, il confia : « J'ai pris d'énormes risques avec ce livre, mais c'était nécessaire. Il le fallait, et, compte tenu des circonstances pour le moins particulières, je sais avec une quasi-certitude que personne d'autre n'aurait pu le faire aussi bien que moi. Vous m'entendrez peut-être le regretter un jour, mais je le savais depuis le début. Moralement, je suis prêt, mais d'un point de vue émotionnel, je n'en suis pas si sûr. »

À la fin de l'automne, Wolfe ne put résister plus longtemps aux invitations d'Elizabeth Lemmon. Max ayant énormément parlé de l'un à l'autre, ils finirent par se retrouver à Middleburg. Elle l'adora aussitôt. « C'était quelqu'un de beaucoup plus naturel que Fitzgerald. Avec son complexe d'infériorité, Scott avait tendance à en rajouter. Tom avait une plus grande dignité. C'était quelqu'un de sincère. » Wolfe étant d'un naturel chaleureux et montrant un certain intérêt pour tous ceux qu'il rencontrait, elle fermait les yeux sur ses vitupérations occasionnelles. Un jour, tandis qu'elle lui faisait visiter Middleburg, une femme avec qui ils s'étaient mis à discuter littérature laissa échapper de manière totalement inconsidérée qu'elle ne se souvenait jamais du nom de l'auteur des livres qu'elle lisait. Elizabeth se remémora ce moment : « Tom bouda jusqu'à ce que nous partions. Puis, à notre départ, il explosa : "P... p... pourquoi m... m... m'a-t-elle adressé la parole si c'était pour m'insulter ?" brailla-t-il. »

Après avoir quitté Welbourne, il lui écrivit : « Votre Amérique n'est pas la mienne, et c'est pour cette raison que je l'aime tant. Il règne en Virginie une forte impression de tristesse et d'éternité. Un sentiment de mort grandiose... J'en suis réduit à chercher mon Amérique ici, à Brooklyn et à Manhattan. Dans le brouillard et l'atmosphère suffocante de la ville, dans les stations de métro et les gares, dans les trains et le quartier des abattoirs de Chicago. Je suis ravi que vous m'ayez permis de voir cet endroit merveilleux, de visiter les environs et d'avoir un aperçu du genre d'existence que vous y menez. »

En ce mois d'octobre, sans crier gare, Aline Bernstein reprit contact avec Perkins. Avec le temps, et après avoir accepté la réalité de la situation, elle avait passablement perdu de son hostilité envers lui, mais cet épisode l'avait usée. Elle savait que la date de publication du *Temps et le Fleuve* approchait et que le personnage d'Esther Jack n'apparaissait désormais plus que dans la scène finale du roman. Elle annonça à l'éditeur que, des années auparavant, lorsque Tom était allé à l'étranger grâce à sa bourse Guggenheim, il lui avait offert le manuscrit de *L'Ange exilé*. Dernièrement, poursuivit-elle, elle avait été hospitalisée et donc ne pouvait pas travailler. Elle allait prendre du repos en Californie et était impatiente de quitter sa maison d'Armonk, dans l'État de New York, mais avant son départ, elle souhaitait se débarrasser de ce manuscrit et ne plus rien avoir affaire avec son auteur. « Si vous le voulez, je vous le donne volontiers, lui écrivit-elle. À condition que vous ne le lui rendiez jamais, quoi qu'il advienne. Si vous n'en voulez pas, je le détruirai avant mon départ, afin d'éviter qu'il tombe entre d'autres mains que les vôtres ou les miennes. »

Perkins lui proposa de le garder en lieu sûr chez Scribner, mais ajouta néanmoins : « Connaissant les circonstances dans lesquelles il vous a été remis, je ne pourrai m'empêcher de continuer à considérer qu'il vous appartient. »

Aline le remercia pour sa générosité, non seulement envers elle, mais aussi envers Tom. Plus tard, elle lui répondit : « Ma plaie est aujourd'hui encore tout aussi douloureuse que le jour où Tom a jugé nécessaire de se détourner de moi. Mais j'ai toujours considéré que c'était le plus grand écrivain actuel, et je trouve merveilleux que vous ayez pu le soutenir pendant tout ce temps. » Elle accepta la proposition de Max, mais insista pour que le manuscrit lui revienne, « car vous avez fait pour lui tout ce que j'espérais pouvoir faire ».

En réalité, il regrettait de ne pas avoir pu faire davantage pour le nouveau roman de Wolfe, mais il savait qu'un éditeur aussi devait savoir abandonner un livre. Il expliqua à Elizabeth Nowell : « Il y a beaucoup trop d'adjectifs dans ce texte, un grand nombre de répétitions et énormément de lourdeurs. Tom ne s'est pas encore débarrassé de ces défauts. » Pourtant, il maintint que ce roman allait faire grande impression et devenir un succès. Il était également persuadé que les critiques sur ces points particuliers pousseraient l'auteur à se discipliner.

Cette année-là, Ernest savait bien que Perkins avait reporté une grande partie de son attention sur Thomas Wolfe. En octobre 1934, il confia à son éditeur qu'il trouvait les nouvelles de Wolfe de plus en plus « prétentieuses », et le sous-titre de son roman, « A Legend of Man's Hunger » – « Une légende sur les désirs de l'homme » –, simplement mauvais. Il était convaincu que les « génies de classe mondiale » de Perkins tentaient toujours de retarder la sortie de leur livre, parce qu'ils craignaient que l'on trouve leurs œuvres « bidons » et qu'on ne les considère pas comme des « chefs-d'œuvre internationaux ». Il lui rappela qu'il valait mieux écrire ses livres un par un et laisser les critiques émettre leurs avis contradictoires, car les auteurs savaient faire le tri.

Hemingway reconnut qu'il devenait un peu « snob », car il venait d'achever le projet qu'il avait entamé deux ans auparavant et n'avait besoin de personne pour l'aider à y faire des coupes ou à le peaufiner. Avec une certaine suffisance, il comprit qu'il valait mieux cesser de critiquer ses « contemporains décérébrés », mais il avoua à Max qu'il n'y avait rien de tel que de savoir que l'on était en mesure de travailler « à l'ancienne », au risque de passer pour quelqu'un d'« insupportable aux yeux de [son] éditeur ».

Hemingway mit un point final à son « travail de fous » sur l'Afrique dans la matinée du 13 novembre. Il donna d'abord à son manuscrit de 70 000 mots – qui débutait comme une simple nouvelle et s'étoffait au fur et à mesure – le titre de *The Highlands of Africa*. Il insista sur un point : il ne s'agissait pas d'un roman en bonne et due forme, et dans l'esprit, il ressemblait davantage à sa nouvelle *La Grande Rivière au cœur double*. Il avait un début, une fin et une « sacrée dose d'action » entre les deux. Il confia qu'avant ce texte-là, il n'avait jamais lu de livre qui lui avait fait voir et ressentir l'Afrique telle qu'elle était. Il affirma l'avoir écrit avec énormément de sincérité, sans la moindre manipulation, et soutint qu'il était alors le seul « enfoiré » à pouvoir se le permettre.

Ayant l'impression d'avoir perdu une grande partie de ses partisans après *L'Adieu aux armes*, il voulait récupérer son lectorat en lui proposant de la véritable littérature sans pour autant se prendre pour un artiste pompeux, préférant laisser les « petits prétentieux » de Perkins éclater comme des ballons trop gonflés. Il trouvait qu'un texte de 70 000 mots était trop long pour une nouvelle, mais il souhaitait le publier avec d'autres textes, afin que les lecteurs en aient « pour leur argent ». Il proposa d'y joindre ses articles les plus récents parus dans les colonnes d'*Esquire*. Perkins refusa. Qu'il considère ce livre comme un roman ou non, lui fit-il remarquer, il se suffisait à lui-même et pouvait être considéré comme une œuvre indépendante. Ajouter du contenu à l'histoire détournerait, selon Perkins, l'attention des critiques. « J'espère que vous le ferez publier sans rien de plus », lui demanda-t-il.

Les livres d'Hemingway, Fitzgerald et Wolfe étant pratiquement achevés, Perkins put descendre à Key West pour y lire le manuscrit d'Ernest. « Cela me plairait énormément, lui assura-t-il. J'aimerais passer un après-midi sur le quai à regarder nager ces tortues paresseuses. »

La veille de son départ, durant la deuxième semaine de janvier, il ne lui restait plus qu'à clarifier avec Wolfe deux points de son roman. Le premier était un avant-propos que l'auteur avait rédigé. Max le poussa à abandonner cette idée. « Les lecteurs sont censés entrer dans un roman comme s'il s'agissait de la réalité, et la présence d'une préface a tendance à dissiper cette illusion et à les inciter à considérer qu'il s'agit avant tout d'un objet littéraire. » L'autre point sur lequel il leur fallait trouver un terrain d'entente était la page de dédicace. Wolfe en avait une idée bien précise depuis qu'il avait entamé la rédaction du manuscrit et, depuis plusieurs semaines, John Hall Wheelock l'aidait à la peaufiner. Max n'avait aucune information à son sujet, mais bien quelques soupçons. Il décida d'exprimer le fond de sa pensée : « En tant qu'éditeur, rien ne me ferait plus plaisir et ne me rendrait plus fier, lui écrivit-il, qu'un écrivain pour lequel j'ai la plus grande admiration accepte de me dédier son livre, mais uniquement s'il le fait avec sincérité. [...] Mais puisque vous avez la conviction que j'ai déformé votre livre, ou, du moins, que je l'ai empêché d'atteindre la perfection, je ne voudrais pas vous faire changer d'avis. Il vous est par conséquent impossible de me le dédier de bonne foi, et mieux vaudrait que vous vous en absteniez. Je suis conscient de notre amitié réciproque et du fait que nous avons ensemble connu des moments difficiles, mais, à mes yeux, cela n'a aucun rapport. Il s'agit d'une tout autre affaire. J'aurais préféré vous le dire plus tôt, mais je craignais que vous puissiez mal interpréter mes paroles. À vrai dire, quel qu'en soit le résultat, pour le pire ou pour le meilleur, c'est avec un immense plaisir que j'ai travaillé sur votre texte, même si ce fut parfois douloureux, car ce fut sans aucun doute l'épisode le plus intéressant de ma carrière éditoriale. Il faut que nous prouvions, en présentant ce livre, que nous y croyons, et que j'y crois. Mais mes décisions ayant réduit votre foi en lui, il vous est inutile d'agir en contradiction avec ce fait. »

Cette fois, Louise accompagna Max à Key West, et, au cours de leur semaine dans les Keys, l'éditeur pêcha un énorme espadon. Sur une carte postale qu'il envoya à Fitzgerald, il écrivit : « Dans son livre, Hem évoque ses propres chasses en Afrique, mais lui est différent de tous ceux qui traitent du même sujet. Le dernier tiers est magique. Louise se révèle être une excellente pêcheuse. J'ai la peau noire. Je rentre lundi. »

À son retour de vacances, il découvrit qu'il était parvenu à convaincre Wolfe de renoncer à son long préambule, mais qu'il avait échoué à l'empêcher de lui dédier son roman. *Le Temps et le Fleuve* était à l'imprimerie dans son intégralité, y compris la longue dédicace. « Je me suis disputé avec lui, avoua plus tard Wheelock, pour la réduire à un niveau de bienséance suffisant pour éviter de mettre Max dans l'embarras. » En voici le contenu :

> À Maxwell Evarts Perkins, un grand éditeur et un homme courageux et sincère qui a soutenu l'auteur de ce livre lors de moments d'amer désespoir et de doute, l'empêchant de céder à l'abattement. Je lui dédie ce roman dont le titre serait *Le Temps et le Fleuve* dans l'espoir qu'il soit à la hauteur du dévouement, de la fidélité et de la patience dont a fait preuve cet ami déterminé et inébranlable sans qui ce livre n'aurait jamais pu voir le jour.

En réaction, Perkins écrivit à Wolfe : « Quel que soit le bien-fondé de cette dédicace, rien n'aurait pu me rendre plus heureux. Je ne m'étendrai pas sur le sentiment que cela me procure : étant yankee, je suis incapable d'exprimer ce que je ressens au fond de moi, mais je souhaiterais néanmoins vous faire savoir que j'ai trouvé vos paroles des plus nobles et généreuses. Je ne pouvais vraiment pas en faire moins pour quelqu'un capable de dire cela de moi. »

Le Temps et le Fleuve est né de l'union symbiotique de deux forces artistiques : la passion de Wolfe et le discernement de Perkins. Les deux hommes ont souvent été en désaccord, mais, ensemble, ils ont réalisé la plus grande œuvre de leur carrière.

Le 8 février 1935, Max écrivit à Tom : « Je vous assure qu'en vérité je suis très satisfait de cet épisode. Je rêverais que nous puissions de nouveau nous livrer une telle guerre. » Sur une page déchirée de son journal, Wolfe a inscrit : « Jamais, avant de vous connaître, je n'avais eu d'ami. »

To

Maxwell Evarts Perkins

a dauntless, loyal, and

~~a great editor~~, ~~a and~~

unshaken friend,

a ~~brave and honest man~~ who

stuck to the writer of this

book ~~through~~ times of bitter

hopelessness and doubt, and would

not let him give in to his

own despair, a work to be known

as *Of Time and the River* is

dedicated, with the hope that

all of it may be in some

TROISIÈME PARTIE

– 14 –

De retour à la maison

Au début du mois de février 1935, de retour de Key West, Maxwell Perkins pressa Charles Scribner et Fritz Dashiell du magazine *Scribner's* à publier en feuilleton le nouveau livre d'Hemingway, désormais intitulé *Les Vertes Collines d'Afrique*. Il s'agissait d'une expédition narrative aussi bien au cœur de la littérature contemporaine que des plaines du Serengeti. Comme pour *Mort dans l'après-midi*, Hemingway, qui s'exprimait à la première personne, en était le guide. À proximité de trous d'eau commodément situés tout au long du safari, il profitait de longues pauses pour discuter d'écrivains et d'écriture. Il se penchait par exemple sur le cas de Wolfe : « Les auteurs se forgent dans l'injustice. Si on infligeait [à Thomas Wolfe] le choc nécessaire pour qu'il accepte de réduire son trop-plein de mots et si on lui donnait le sens des proportions, si on l'envoyait en Sibérie ou dans les îles de Dry Tortugas, je me demande si cela ferait de lui un écrivain. Peut-être. Peut-être pas. »

Perkins informa Hemingway de l'enthousiasme du *Scribner's* pour son livre, mais aussi du fait qu'il leur faudrait étudier le manuscrit d'un peu plus près avant de pouvoir accepter la proposition de cinq mille dollars que Max avait mentionnée pendant qu'ils pêchaient dans les Keys. C'était une question de quantité de texte, et non de qualité. Une semaine plus tard, il lui télégraphia : AU SUJET DU PRIX. ACCEPTENT DE PAYER 4 500 $. COMMENCERA À PARAÎTRE DANS NUMÉRO DE MAI. PUBLICATION DU LIVRE EN OCTOBRE...

Dans sa lettre qui suivit, il ajouta peu d'informations, à l'exception de sa contrariété au sujet du prix. Il savait qu'Hemingway pouvait en obtenir le double de la part de n'importe quel magazine un peu plus important. « Il n'est aucunement question de la valeur intrinsèque des *Vertes Collines*, tenta-t-il de lui expliquer, mais de ce que l'on peut payer sans mettre à mal les finances du magazine, qui ne sont pas au plus haut. »

Quand Hemingway reçut cette offre, il fut « drôlement vexé ». Il se souciait plus de la réception des *Vertes Collines d'Afrique* que de n'importe quelle autre de ses œuvres ; dans celle-ci, il laissait libre cours à son agressivité, non seulement envers les autres écrivains, mais aussi les critiques qui avaient tenté de le descendre ces dernières années. Au risque de ruiner sa carrière, il n'y allait pas par quatre chemins, et, avec une certaine impétuosité, il interpréta la rancœur de Perkins au sujet de l'argent comme une invitation à refuser l'offre, libérant ainsi *Scribner's* de l'obligation d'acheter son œuvre. D'après ce qu'il avait entendu dire, expliqua-t-il à son éditeur, le magazine n'avait jamais été rentable. Mais Hemingway non plus. Il soutenait ne jamais avoir coûté le moindre cent à un éditeur, à l'exception d'Horace Liveright, en cessant de travailler avec lui. Perkins évita une crise en convainquant *Scribner's* de lui payer les cinq mille dollars attendus.

Ce printemps-là, Ernest se rendit pour la première fois dans les îles Bimini, un paradis pour les pêcheurs à trois cents kilomètres au nord-est de Key West. Perkins réserva ses commentaires sur *Les Vertes Collines d'Afrique* pour le jour où il en recevrait les épreuves, espérant qu'Hemingway se serait calmé après avoir passé quelques mois aux Bimini.

À cette même période, Fitzgerald prit quatre semaines de repos dans un hôtel de Hendersonville, en Caroline du Nord. Malgré quinze années d'écriture, il n'avait jamais eu aussi peu confiance en lui. Il était sur la paille et s'apercevait qu'il gérait aussi mal ses ressources physiques que fiscales. « Je ne crois pas qu'il soit particulièrement malade, expliqua Perkins à Hemingway. Il est simplement épuisé par le travail et l'alcool. » De retour chez lui, à Baltimore, Fitzgerald écrivit à son éditeur : « Je me suis mis au régime sec durant un mois, sans même une bière ou un verre de vin, et je vais bien. »

La nouvelle fit plaisir à l'éditeur, mais il était convaincu que son protégé ne tarderait pas à souffrir d'un état de manque : un abattement, puis une lutte. Il allait lui falloir le soutien de tous ses amis, mais Scott semblait bien en peine d'en trouver pour le moment. Cette année-là, presque en même temps, sa relation s'était détériorée avec trois des écrivains de Perkins.

Quelques mois auparavant, il avait ouvertement reconnu une sorte d'infériorité littéraire vis-à-vis d'Hemingway. Il lui avait fait savoir qu'il éprouvait un respect sans limites pour sa carrière artistique, et qu'« à l'exception de quelques disparus et certains mourants, vous êtes le seul auteur de fiction américain que j'admire autant ». Mais leurs liens s'étaient distendus, moins à cause de la jalousie de Fitzgerald que de l'arrogance d'Hemingway. Quand Perkins suggéra à ce dernier d'écrire à Fitzgerald pour le préparer à « la crise qu'il ne va pas tarder à devoir surmonter » en renonçant à l'alcool, Hemingway prétendit qu'il ne voyait pas ce qu'il pourrait lui dire sans lui faire de peine.

Toutefois, plusieurs mois plus tard, il demanda à son éditeur de dire à Scott que, étrangement, il trouvait *Tendre est la nuit* meilleur à chacune de ses lectures. Fitzgerald fut rassuré par ces paroles aimables. Le livre avait fait un bide, mais son auteur y croyait encore beaucoup. « Je ne cesse d'être conforté dans l'idée qu'il n'est pas destiné à mourir aussi facilement que l'ont prédit les oiseaux de mauvais augure », confia-t-il à Max. En outre, son amitié avec Hemingway était « l'une des meilleures choses qui [lui] soient arrivées », mais il était « persuadé que ces choses ont une fin, sans doute à cause de nos excès, et qu'il y a peu de chances que nous continuions à nous voir autant ».

Après avoir lu *Le Temps et le Fleuve*, que Perkins lui avait fait parvenir, Fitzgerald préféra également éviter Thomas Wolfe un moment. Émerveillé par la somptueuse dédicace de l'auteur, il écrivit à Max : « Je suis certain que Tom n'exagère en rien la dette dont il se sent redevable à votre égard – et c'est également le cas de nous tous, qui avons eu le privilège d'être vos auteurs. » Fitzgerald était convaincu que le roman de Tom allait poursuivre sa chute, mais il demanda à Max de ne pas lui en dire un mot, car, « compte tenu de sa réaction aux critiques, je sais qu'il me considérerait à jamais comme un ennemi et que nous pourrions nous infliger mutuellement des souffrances inutiles ».

Le Temps et le Fleuve permit à Fitzgerald de s'apercevoir que « l'alcool n'allait pas avec l'organisation, si excellente soit-elle, d'un long roman, ni avec les meilleurs choix de révision qui soient ». Il comprit que si l'on pouvait rédiger une nouvelle en vidant une bouteille, « pour un roman, il faut la clarté d'esprit qui permet de conserver une vision d'ensemble de l'histoire et de sacrifier certains événements mineurs, comme Ernest l'avait justement fait lors de la conception de *L'Adieu aux armes*. Si on a l'esprit ralenti au point de ne plus avoir une idée globale de son livre, la mémoire s'engourdit ». Toujours au régime sec et plein de regrets, Fitzgerald annonça à Perkins : « Je donnerais n'importe quoi pour pouvoir récrire la troisième partie de *Tendre est la nuit* autrement que sous excitants. Si j'avais eu la chance de m'y atteler en étant sobre, je suis convaincu que cela aurait fait une énorme différence. »

La longue amitié qui avait uni Edmund Wilson et Fitzgerald n'était plus. Ils avaient pris des chemins différents. En raison de leurs réputations respectives d'érudit et de bon à rien, une certaine hostilité était même apparue entre eux, atteignant un point critique lors d'une dispute à ce même sujet. « C'est Bunny[1] qui a cherché les ennuis, et non Scott, expliqua Perkins à Hemingway, des années plus tard. J'ai trouvé qu'il s'était conduit de manière fort puérile. » Plus que jamais, l'éditeur trouvait qu'Edmund était un « type formidable et un homme intègre » qui avait fait un travail remarquable sur son dernier livre pour Scribner. Mais, au cours des années suivantes, la haine de Wilson envers Fitzgerald empiéta sur sa relation avec Perkins. À plusieurs reprises, il demanda à ce dernier une avance sur les bénéfices de ses prochains livres. Un jour, il réclama la modique somme de soixante-quinze dollars. Une autre fois, il demanda le soutien de Scribner pour obtenir un prêt bancaire. « Vous n'avez rien fait pour moi alors que vous distribuiez de l'argent sans compter à Scott Fitzgerald… qu'il dépensait lui-même sans compter, se plaignit-il plus tard auprès de l'éditeur. Naturellement, vous attendiez de lui qu'il vous écrive un roman qui vous aurait rapporté bien plus que mes livres. Mais, quand bien même, le décalage m'a semblé quelque peu excessif. » Wilson réfuta toute malice : « Vous étiez mon unique contact, et j'ai toujours eu l'impression que l'on s'entendait bien. » Il attribua cela à « l'apathie générale et à la morbidité dans lesquelles Scribner semble avoir sombré. Vous n'avez pas donné le moindre signe de

1. Le surnom de Wilson.

vie depuis la mort du Scribner – sauf quand un auteur vous mettait dans tous vos états, même s'il était généralement aussi peu fiable que Scott ou Tom Wolfe, pour qui vous avez dilapidé votre argent et perdu votre temps, tel un roi de France qui se serait entiché d'une nouvelle favorite ». Par la suite, il reconnut : « Jamais je n'ai fait partie de ses auteurs préférés », expliquant ainsi pourquoi il avait quitté Scribner pour une autre maison d'édition au milieu des années 1930. À cette époque, il se passionna pour le marxisme, s'éloignant ainsi un peu plus de la superficialité sociale et historique de Fitzgerald. Il allait s'écouler des années avant que ce dernier et celui qu'il considérait comme sa « conscience intellectuelle » puissent de nouveau se parler comme des amis.

À plusieurs reprises, Scott avait eu l'occasion de côtoyer Elizabeth Lemmon lors de petites fêtes, à Baltimore. (Max l'enviait. Cela faisait des mois qu'il ne l'avait pas vue. « Je sais que je suis condamné à ne vous voir que rarement, lui écrivit-il. Et, si je le sais à l'avance, je le supporte assez bien, même s'il doit s'écouler des années entre deux rencontres. ») Lors de ces brèves entrevues, Max avait l'impression qu'elle faisait énormément de bien à Fitzgerald. « Scott a moins de 40 ans, lui fit-il remarquer, et, s'il en a réellement terminé avec l'alcool, il est capable de grandes choses, contrairement à ce qu'il croit. Je sais que vous ne l'avez pas influencé de manière consciente ou directe, mais vous avez été une révélation pour lui. » Si Fitzgerald pouvait renoncer pour de bon à la boisson, Perkins était persuadé que ce serait en grande partie grâce à elle.

Sobre depuis plus longtemps qu'il ne l'avait jamais été, Scott trouvait son existence « des plus ternes », tandis que, selon lui, il aurait dû s'agir de ses années les plus productives. « Cet été, il va falloir que je trouve quelque chose qui me ramènera à la vie, déclara-t-il dans une lettre adressée à Perkins, même si j'ignore encore de quoi il pourrait s'agir. » Faute de meilleure proposition, Max l'incita à poursuivre son travail sur un nouveau roman dont l'action se déroulait au Moyen Âge, en Europe – bien loin de West Egg. Le romancier lui répondit qu'il allait intituler ce livre de 90 000 mots *Philippe, Count of Darkness*. Son héros était un Franc en armure du genre dur à cuir – « Ce sera l'histoire d'Ernest », inscrivit-il dans l'un de ses carnets. Puis il dessina les contours des parties qu'il serait susceptible de vendre séparément aux magazines. Il promit à Perkins la totalité du texte pour la fin du printemps 1936. « J'aimerais bien avoir emmagasiné les mêmes quantités de manuscrits que Wolfe et Hemingway, avoua-t-il à l'éditeur, mais je crains d'avoir utilisé tout ce qui me restait... »

En mai 1935, Fitzgerald rendit visite à son éditeur à New York. La santé de Zelda avait connu une éclaircie malheureusement passagère, et cela se ressentit sur son humeur : il était grincheux, mettant Max dans l'embarras en critiquant certaines publications de la maison. Il exprima aussi son insatisfaction au sujet de Tom Wolfe, dont il avait récemment lu la nouvelle, *His Father's House*, dans le dernier numéro de *Modern Monthly*. Selon lui, elle illustrait parfaitement les défauts et qualités de son auteur et lui fit regretter qu'il soit si difficile de discuter de son art avec lui. « Comment peut-il mettre côte à côte une phrase aussi laide qu'"En abondance, les gazouillements mielleux étaient accompagnés de vrombissements vibrionnant et de pépiements stridents" et une aussi belle que "des trémolos et des trilles d'une douceur onctueuse et d'une clarté gracieuse" ? Je l'ignore. Lui qui semble avoir un pouvoir de suggestion et une délicatesse incommensurables n'a pas le droit de gaver ses lecteurs de caviar. »

L'abattement inhabituel dont Fitzgerald faisait preuve avec Perkins était dû en partie à sa mauvaise santé. Quelques jours auparavant, la maladie fantôme à laquelle il avait si souvent reproché ses maux s'était matérialisée sous la forme d'une tache sur l'un de ses poumons. Dans la région de Wolfe, on prétendait que l'atmosphère avait des vertus thérapeutiques pour ceux qui souffraient de tuberculose. Aussi Scott réserva-t-il une chambre au Grove Park Inn, à Asheville. Ce séjour en Caroline du Nord, soutint-il, allait peut-être lui permettre de commuer une condamnation à mort que son médecin avait jugée inéluctable si l'écrivain envisageait de reprendre ses anciennes habitudes. Durant quelques mois, il fit suivre son courrier au « tombeau de Gant, Asheville ».

« J'étais passablement consterné et sans doute jaloux, alors oubliez tout ce que j'ai pu dire ce soir-là, écrivit-il à Perkins dès son retour à Baltimore. Vous savez à quel point je suis convaincu qu'il y a la place aux États-Unis pour plus d'un bon écrivain, et vous admettrez que cela ne me ressemblait pas. »

Perkins était d'accord avec Fitzgerald au sujet de Wolfe, mais personne – pas même l'éditeur – n'y pouvait quoi que ce soit.

« Même si on avait toute latitude, il nous faudrait apporter des corrections au sein même des phrases, ce qui pourrait se révéler très dangereux. » Max était convaincu que les critiques feraient impression sur Wolfe, et que son style finirait par mûrir avec le temps. Pour le moment, il déclarait : « Il ne pense pas du tout être meilleur que les autres. À ses yeux, les autres n'existent tout simplement pas. Quand il lui arrive de lire un autre auteur, cela l'enthousiasme un moment, mais il n'y accorde pas grande importance, car il estime que son propre travail est capital. »

La parution du *Temps et le Fleuve* fut l'événement littéraire le plus attendu du printemps 1935. Cela faisait des mois que l'on parlait de ce livre, alors qu'il ne fut disponible en librairie que le 8 mars. Max fit parvenir les premiers tirages à la plupart de ses amis et auteurs, quand bien même il était convaincu que certains d'entre eux n'auraient jamais le courage d'aller au bout des 912 pages. Incapable d'oublier les centaines d'heures que Perkins avait passées sur ce livre « lors de soirées mouvementées au milieu de l'été », sombrant lentement alors qu'il tentait « de se raccrocher à la nageoire d'une baleine en plein plongeon », Van Wyck Brooks devina le travail de son ami à chacune des pages. Ernest Hemingway déclara que le livre était « de la merde à plus de soixante pour cent ».

Afin d'éviter le même genre d'hystérie et de confusion que celles qui avaient accompagné la sortie de son premier livre, Wolfe voulait fuir – au moins temporairement – les États-Unis. Il raconta plus tard, dans les pages de *L'Ange banni*, par la bouche de son personnage George Webber, ce qu'il pensait de cet exil : « À la sortie de son premier livre, il aurait préféré mourir plutôt que de quitter New York : il avait souhaité rester dans les parages afin de ne rien manquer. Refusant de quitter le bureau de son éditeur, il avait patienté, lu toutes les critiques et attendu vainement chaque jour que quelque chose se produise. [...] Désormais, comme il appréhendait les dates de parution, il prit donc la décision de partir. Aussi loin que possible. Même s'il doutait que la situation se reproduise à l'identique, il s'attendait néanmoins au pire et préférait ne pas être là lorsqu'il se produirait. »

Wolfe réserva une cabine sur l'*Île-de-France*, et entassa tous ses biens dans des caisses. Son itinéraire était aussi flou que sa date de retour. Le soir du 1er mars – la veille de son départ –, un taxi s'arrêta au 246 de la 49e Rue Est. Un homme en surgit et se mit à tambouriner contre la porte des Perkins. Max ne fut guère surpris de tomber sur Wolfe ; il fut étonné en revanche qu'il ait apporté une caisse de bois. Celle-ci contenait chacune des pages de son manuscrit, y compris le paquet de feuilles sur lequel ils avaient travaillé au cours des cinq dernières années. Tom, Max et le chauffeur l'extirpèrent du véhicule et la portèrent à l'intérieur. Puis Tom demanda le nom du conducteur. « Lucky », lui répondit l'intéressé. « Lucky ! » s'exclama l'auteur en lui serrant vigoureusement la main. Cela semblait de bon augure[1]. Ils venaient tous les trois de fournir un gros effort. Ils restèrent là un moment à se sourire, puis ils se saluèrent. « Lucky » s'éloigna, et l'énorme caisse encombra le couloir des Perkins des jours durant.

Wolfe était déjà en mer lorsqu'une lettre à son attention arriva chez Scribner. C'était Aline Bernstein qui lui écrivait. Perkins lui répondit qu'il devrait la mettre de côté, car Tom lui avait interdit de lui faire suivre la moindre correspondance ; il était parti dans l'idée de prendre deux mois de véritables vacances, sans se soucier de son courrier personnel, ni même des critiques. En l'occurrence, c'était Tom qui avait envoyé à Aline une lettre de vingt pages de Sandy Hook avant que l'*Île-de-France* prenne le large, lui annonçant qu'il avait chargé Perkins de lui remettre un exemplaire de son livre. Puis il lui racontait « quelle personne merveilleuse » était son éditeur. Aline s'était rendu compte qu'en provoquant l'hostilité de Perkins, elle risquait d'anéantir tout espoir de pouvoir recontacter l'auteur. Paradoxalement, il était son dernier recours. Depuis Hollywood, où elle travaillait pour RKO Pictures, elle lui écrivit donc une lettre amicale. Elle n'allait pas suffisamment bien pour lire l'ouvrage de Tom, écrivit-elle – « Toutes ces années de souffrance et de chagrin pour Tom ont fini par m'épuiser » –, mais elle souhaitait soutenir ses proches, qui, ces dernières années, avaient tenté de l'aider à surmonter sa peine de cœur. Elle lui demanda de lui envoyer le livre de Tom en Californie. « Je ne pourrai pas le lire tout de suite, expliqua-t-elle, car je suis trop bouleversée par tout ce qui concerne Tom, le simple fait d'apercevoir son nom dans le journal me faisant atrocement souffrir. Je ne

1. En anglais, *lucky* signifie « chanceux ».

comprends pas vraiment pourquoi il m'a trahie, mais j'ai atteint un stade où tout me semble être un mystère. Pardonnez-moi de vous écrire ainsi, mais… je crois que vous et moi avons été plus proches de Tom que n'importe qui d'autre. J'ai encore le sentiment de vivre à ses côtés, comme si nous étions encore ensemble, et, désormais, je ne souhaite plus vivre sans son amitié. »

Conformément à la demande de Mrs. Bernstein, Max lui retourna les lettres qu'elle avait envoyées à Scribner, et lui fit parvenir son exemplaire du livre de Tom.

Ce fut à cause de sa famille qu'elle lui écrivit de nouveau. Elle avait entendu parler de la fin du *Temps et le Fleuve*, où Eugene Gant, rentrant chez lui après un séjour en Europe, fait la connaissance d'une femme juive plus âgée que lui. Elle s'était aperçue que Wolfe était sur le point d'évoquer leur relation et craignait qu'il révèle leur liaison dans le livre suivant. Elle écrivit donc à Perkins : « Les meilleurs moments de mon existence sont désormais derrière moi. Toutefois, il y a un certain temps de cela, il m'a lu certains passages à propos de ma sœur et de mes enfants qu'il vaudrait mieux ne jamais publier… Ils m'ont tous épaulée quand il m'a anéantie corps et âme. Je refuse de les voir diffamés, qu'importe les moyens à mettre en œuvre pour empêcher qu'une telle chose puisse se produire. Cela vous concerne également, en votre qualité d'éditeur.

« Tom m'ayant souvent répété que vous détestiez les femmes, vous allez sans doute trouver que je me comporte typiquement comme l'une d'elles. Eh bien, c'est le cas. Je considère comme une malédiction le fait d'être une femme. Et celui d'être à la fois femme et artiste comme une double malédiction. Mais je n'y peux rien, je suis comme cela. Quand Tom et moi étions amants, je lui ai confié que c'était la première fois que j'étais heureuse d'être une femme, de pouvoir le combler. Je suis encore fière de notre relation, dans toute son horreur et sa beauté. »

Wolfe avait juré à Aline de lui montrer *The October Fair* avant de le faire corriger par Perkins. Cette promesse datait de l'époque où il comptait en faire son deuxième livre. « Il a fait si peu honneur à sa parole que je ne peux plus me permettre de le croire, avoua-t-elle à l'éditeur. Je fais donc appel à vous. » Elle l'implora de comprendre qu'« il ne peut pas, il ne doit pas, je ne lui permettrai pas de me trahir une nouvelle fois ».

Ce à quoi Max répondit : « À vous lire, j'ai l'impression que vous êtes convaincue que Tom m'a donné des raisons de vous prendre pour un "monstre". C'est entièrement faux, mais je commence à le soupçonner de vous avoir laissé croire que j'en étais un moi-même. Vous êtes suffisamment psychologue pour savoir que les hommes censés haïr les femmes sont ceux qui les aiment le plus et qui se sont vus contraints d'ériger un "mécanisme de défense". Je trouve les femmes extrêmement agaçantes, mais c'est parce que les hommes les voient avec leur propre regard. Quoi qu'il en soit, le passage de votre lettre où vous vous adressez à moi en tant qu'éditeur est incompréhensible : *October Fair* ne sera pas publié avant un an au moins, et je ne peux rien en dire avant le retour de Tom. »

Si Perkins respecta son vœu de silence envers Aline Bernstein, il le rompit envers Wolfe à qui il envoya un télégramme à Paris : COMME PRÉVU, CRITIQUES DITHYRAMBIQUES, PEU DE NÉGATIVES, BEAUCOUP DE LOUANGES. Lorsque Tom finit par recevoir le message, il partit flâner le long des boulevards parisiens. Il n'aurait presque aucun souvenir des six jours qui suivirent. Mais il ne s'agissait que d'un avant-goût alléchant de la gloire dont il rêvait. Il lui répondit : « Vous êtes mon meilleur ami. Il est plus facile d'affronter les faits qu'une détestable incertitude. Continuez à me dire la vérité. » Le second télégramme de Perkins lui fit encore plus de bien que le premier : CRITIQUES ENTHOUSIASTES. TOUT LE MONDE DIT LIVRE FANTASTIQUE. COMPARÉ AUX PLUS GRANDS ÉCRIVAINS. AMUSEZ-VOUS, GARDEZ LE CŒUR LÉGER.

Le même jour, Perkins insista dans une lettre : « Tout le monde, même en dehors de la maison d'édition et du milieu littéraire, a été stupéfait par l'accueil réservé au *Temps et le Fleuve*. » Une partie des critiques le comparaient aux plus grands auteurs, de Dostoïevski à Sinclair Lewis. « Franchement, sauf si vous ne vous attendiez à aucune remarque négative, parce que, naturellement, il y en a aussi quelques-unes qui évoquent les problèmes dont nous avons déjà parlé, je ne vois aucune raison pour que vous ne profitiez pas pleinement de vos vacances. Si quelqu'un peut se reposer sur ses lauriers un moment, c'est bien vous. »

Au printemps 1935, l'économie continua de se dégrader, y compris le secteur du livre. Mais Scribner en était à sa cinquième impression du livre de Wolfe, les ventes s'élevant à trente mille exemplaires. En quelques semaines, le stock s'écoula en quasi-totalité, *Le Temps et le Fleuve* atteignant le top 3 des meilleures ventes. À la fin de l'année, on en imprima dix mille exemplaires de plus.

Les *Times*, *Tribune* et *Saturday Review* offrirent leurs couvertures à Wolfe, et sa photo était affichée un peu partout. Ceux qui sortaient prendre le thé le dimanche après-midi, comme c'était le cas de Louise, découvrirent que, même dans les lieux les moins littéraires qui soient, le livre suscitait un grand enthousiasme. À 77 ans, la propre mère de Perkins, qui considérait les livres comme des « friandises pour l'intellect », le lisait, même si sa réaction fut plutôt singulière. Elle le dévora durant cinq ou six jours, exprimant autant d'émotions qu'une sculpture d'Indien sur bois, jusqu'à ce que quelqu'un lui demande ce qu'elle en pensait. Comme si elle avait attendu des semaines qu'on lui pose la question, elle referma l'ouvrage, le déposa sur ses genoux, leva les yeux vers son interlocuteur et déclara : « C'est la première fois de ma vie que je lis autant de grossièretés. » À l'une de ses petites-filles, elle demanda : « Molly, va me chercher un roman de Jane Austin à l'étage, pour que je puisse me purifier l'esprit ! »

Pendant des semaines, Wolfe ne donna aucune nouvelle. Il avait débarqué en Europe exténué, et dans un état de nervosité tel qu'il lui avait été impossible de rédiger ne serait-ce qu'une lettre. Mais c'était grâce à son livre, pourtant responsable de son abattement, s'il parvenait désormais à remonter la pente. « Max, Max, écrivit-il à son éditeur. Sans doute êtes-vous convaincu que je déteste toute forme de critique, mais, à vrai dire, je suis bien plus exigeant, moi qui suis censé manquer cruellement d'esprit d'analyse, que la majorité des critiques. » Une bonne partie de la première lettre qu'il envoya aux États-Unis était consacrée à la réaction que lui avait suscitée *Le Temps et le Fleuve*. Partout où il allait, il emportait un exemplaire du livre sous son bras, mais il avait extrêmement de mal à le lire et devait se contenter d'une page ou deux à la fois. Quand bien même, il découvrait « à chaque ligne la faiblesse du résultat par rapport à [son] intention de départ ». Le plus agaçant, c'étaient les innombrables erreurs de formulation et de relecture, ainsi que les incohérences textuelles. Il en acceptait entièrement la responsabilité. Dans les deux mois qui suivirent la publication du livre, les employés de Scribner avaient recensé environ deux cents erreurs, dont la mystérieuse réapparition de Mr. Wang. Il s'agit de l'étudiant chinois au visage poupin à qui Eugene Gant emprunte cinquante dollars lorsqu'il se précipite en pleine nuit au chevet de son père mourant. Eugene parvient à lui renvoyer l'argent par la poste. Wolfe écrivit : « Le garçon ne le revit jamais. » Toutefois, soixante-cinq pages plus tard, Eugene frappe à sa porte et lui demande s'il peut passer la nuit sur son canapé.

« J'ai échoué dans cette dernière tâche, reconnut-il. Le livre a été écrit et dactylographié si vite avant qu'on vous le remette au jour le jour que je n'ai même pas vu les erreurs de formulation commises par la dactylo en tentant de déchiffrer mon écriture. Il y en a par milliers. » Il en répertoria quelques-unes :

« *Battersea Lodge*, à la place de *Battersea Bridge* ;

« *la nature de mon cerveau* pour *le diamètre de mon cerveau* ;

« *les êtres africains* pour *les rois africains* ;

« *secouant la barbe* pour *secouant la tête*... »

« Max, Max, je ne puis continuer, poursuivit-il après avoir énuméré une infime partie des corrections nécessaires. Nous aurions mieux fait de patienter six mois de plus : ce livre, comme César, fut arraché prématurément aux entrailles de sa mère, et, comme le roi Richard, mis au monde "à peine à demi terminé". »

Une semaine durant, Wolfe travailla sur une lettre en quatre parties destinée à Perkins. Après avoir fait part de ses commentaires à propos du livre, il passa en revue les critiques parues dans la presse, interprétant chacun des reproches comme une attaque personnelle. En réponse à la réflexion que Mark Van Doren lui avait faite l'année précédente, à savoir que « le public était en droit de demander à Mr. Wolfe s'il était en mesure d'éviter de s'immiscer dans son prochain roman », il rappela à Perkins : « Vous-même m'avez raconté que vous aviez amené l'une de vos filles à Grand Central Station pour lui montrer vingt personnes que l'on aurait crues tout droit sorties des pages d'un roman de Dickens, des figures toutes très réalistes, mais qui auraient mérité de figurer dans une fiction. » Burton Rascoe ayant soutenu que l'auteur n'avait aucun sens de l'humour, Tom réalisa un relevé des scènes qu'il jugeait amusantes. En réaction à Clifton Fadiman, qui se demandait « si c'est lui qui maîtrise la langue ou le contraire », il fulmina sur plusieurs paragraphes.

Il acheva la première partie de sa lettre sur une note d'espoir : « Pourvu que ce succès soit réel et qu'à mon retour mon statut se soit grandement amélioré. Si tout cela est vrai – s'il est exact que nous sommes parvenus à franchir la maudite barrière du deuxième livre –, je suis certain de pouvoir revenir travailler avec la sérénité, la concentration et la force que j'ai été incapable de trouver au cours de ces cinq années folles. »

Ce printemps-là, Louise Perkins décida de visiter l'Europe avec ses filles Zippy et Peggy. Lorsque Wolfe eut vent de ce projet, il lui demanda de convaincre Max de prendre lui aussi un peu de vacances. « Ces dernières années, j'ai remarqué chez lui un acharnement au travail de plus en plus inquiétant, alors qu'il aurait parfois pu déléguer certaines tâches ou s'en acquitter de façon moins éreintante. » Il prenait pour une sorte de coquetterie, même chez quelqu'un d'aussi modeste que Max, le fait d'avoir l'impression que rien ne pourrait fonctionner en son absence. Tom était convaincu que Max était au « sommet de ses facultés », et que ce n'était pas près de s'arrêter. « Ce serait un drame, confia-t-il à Louise, s'il émoussait ou affaiblissait ses facultés en refusant de profiter de l'occasion qui lui est offerte de récupérer et de se revigorer. »

Il était visiblement hors de question pour Perkins d'abandonner son bureau, ne serait-ce qu'un jour. Le même mois, il envoya une lettre à Elizabeth Lemmon : « Je suis bon pour passer un été horrible, tout seul ici ; en un sens, j'attends ce moment avec impatience. Je n'aurai pas grand-chose à faire, mais, en tout cas, je me contenterai de ce dont j'ai envie. À moins que je me fasse des illusions à ce sujet. » Quoi qu'il en soit, il pourrait enfin se passer de se rendre à des soirées, Louise et lui étant beaucoup sortis depuis leur arrivée à New York.

Avant de partir, Louise se lança dans un grand nettoyage de printemps. Pour dépenser un trop-plein d'énergie, elle vida ses étagères. Elle bourra des tonneaux de plusieurs centaines de livres, puis donna cinq dollars à un détaillant pour qu'il les emporte. Quelques semaines plus tard, David Randall, le responsable des ouvrages rares de la maison Scribner, arpentait la 2e Avenue – s'intéressant aux vitrines des boutiques de livres d'occasion –, lorsque l'une d'elles le fit bondir. Y étaient exposés des dizaines de livres dédicacés à Maxwell Perkins par Galsworthy et d'autres auteurs tout aussi éminents. Quand Max apprit la nouvelle, il demanda à Randall d'aller les racheter, le prévenant que cela lui coûterait dans les cinq cents dollars. « Nous nous sommes mis d'accord sur vingt-cinq dollars, raconterait Randall, des années plus tard. J'ai prétendu que ce n'était pas Mrs. Perkins qui lui avait remis ces livres, mais sa bonne dérangée. Je l'ai menacé de le traîner devant les tribunaux s'il montait les prix. » Max, se remémora-t-il, « poussa son petit rire habituel, secouant la tête comme si seule sa femme était capable de ce genre de chose ».

Perkins passa comme prévu un été horrible. « Vous n'imaginez pas à quel point on peut se sentir seul, ici, la nuit, se plaignit-il à Elizabeth Lemmon, le 28 juin 1935. Le jour, je n'y pense plus, et je refuse toutes les invitations à dîner, mais le soir venant, je le regrette. Dans le cas contraire, je le regretterais tout autant, et cela m'empêcherait de travailler. C'est aussi triste ici qu'à Baltimore quand vous n'y êtes pas. C'est même pire, parce que, là-bas, j'avais toujours l'espoir qu'un miracle vous ferait revenir. » Un soir, l'esprit rebelle, il déclara à la bonne censée veiller sur lui qu'il ne souhaitait pour dîner que du pain et du fromage à tartiner. Elle le dévisagea, puis leva les yeux au ciel comme s'il avait perdu la raison, alors il lui formula curieusement la même demande dès le lendemain. Chaque soir, perplexe, elle l'observait prendre son maigre repas. Obstinément, Max commanda le même plat de résistance des soirs durant. « Dorénavant, ce sera du pain tous les soirs », confirma-t-il à Elizabeth. En réalité, il lui arrivait de filer en douce au restaurant du Barclay Hotel, où il dînait seul, mais de bons plats.

Cet été-là, sa solitude fut rompue par la visite d'un vieil ami. Van Wyck Brooks passa à l'improviste et semblait aller mieux que jamais. Jusqu'à récemment, il avait souffert d'une longue dépression. Perkins était convaincu qu'il n'aurait jamais pu s'en remettre sans sa femme Eleanor, qui s'était patiemment occupée de sa famille et avait tenu la maison jusqu'à ce qu'il soit rétabli. « C'est le plus bel acte de dévouement dont j'ai entendu parler, confia-t-il à Elizabeth Lemmon, et je ne crois pas qu'un homme en aurait fait autant qu'elle, à sa place. »

Au cours des cinq années précédentes, Brooks avait également eu un coup de chance dans sa vie professionnelle. Pendant des années, *The Life of Emerson* était un obstacle à sa carrière. Grâce aux encouragements patients de Perkins, il était parvenu à mettre un point final à sa biographie en 1931. Mais cela ne l'avait nullement libéré de sa souffrance psychologique ; il soutenait être un mauvais écrivain dont aucun écrit ne méritait d'être publié. Perkins et Jack Wheelock lurent tous deux son manuscrit et le rassurèrent à maintes reprises, lui déclarant qu'ils étaient impatients de le publier chez Scribner. Quand l'auteur leur expliqua ses engagements envers E.P. Dutton and Company, Max le persuada de lui laisser remettre le manuscrit en mains propres à John Macrae, l'éditeur de chez Dutton. Au même moment, il contacta Carl Van Doren de la Literary Guild pour qu'il persuade l'organisme de sélectionner le livre. Dutton et la Guild acceptèrent *The Life of Emerson*, mais Brooks refusa. Au printemps 1931, Max demanda à Wheelock, qu'il considérait comme le meilleur ami de Van Wyck, de se rendre au Four Winds, un petit sanatorium privé de Katonah, dans l'État de New York, et de tenter de le raisonner.

« Les gars sont partis cueillir des baies », annonça le gardien à l'arrivée de Wheelock. S'enfonçant alors dans les bois, celui-ci découvrit Van Wyck un seau vide à la main. Il ne disait pas un mot et semblait complètement hagard. Il le regardait comme s'il ne le voyait pas, mais connaissait parfaitement la raison de sa venue. Ils déambulèrent en silence au milieu des ronces jusqu'à ce que Wheelock finisse par l'implorer :

« Vous refusez toujours que la Guild le publie ?

– Oui », grommela Brooks.

Même après que Wheelock lui eut vanté les nombreuses qualités du livre, Brooks ne changea pas d'avis.

« Il est mauvais, mauvais, mauvais ! » s'exclama l'auteur. Et Wheelock prit congé.

Les mois suivants, Perkins alla voir Brooks en personne et insista pour qu'il accepte ces propositions. L'auteur finit par se raviser, et demanda à Max que ce soit Scribner qui le publie, « uniquement s'il est possible de régler cette histoire sans faire de peine à Mr. Macrae, qui s'est montré des plus convenables avec moi ». Perkins ne trouva aucun moyen de parvenir à ses fins. En 1932, Dutton fit paraître le livre qui obtint un énorme succès critique et permit à son auteur de s'extirper de ses problèmes financiers. Quand Van Wyck comprit qu'il pouvait gagner sa vie comme écrivain, il se remit sur pied et écrivit régulièrement durant les trente années qui suivirent.

Lorsqu'il rendit visite à Max, au cours de l'été 1935, il était au beau milieu de la rédaction de son chef-d'œuvre, *L'Âge d'or de la Nouvelle-Angleterre*. Deux ans plus tard, ce livre – dédié à Maxwell Evarts Perkins – lui permit de remporter le prix Pulitzer.

Malgré l'énorme succès du *Temps et le Fleuve*, Tom Wolfe continua à souffrir des mêmes maux qu'à la sortie de son premier livre. Incapable de supporter plus longtemps cette détresse, il désira soudain se rendre en Allemagne. Comme pour George Webber dans *L'Ange banni*, il s'agissait du pays, « après les États-Unis, qu'il préférait, où il se sentait le plus chez lui, et dont la population était celle avec laquelle il avait des affinités et une compréhension naturelles, immédiates et instinctives. [...] À présent, après des années de travail et de harassement, l'Allemagne lui donnait une impression de paix, de liberté et de bonheur et lui procurait une certaine nostalgie ».

L'amour de Wolfe pour l'Allemagne était réciproque. *L'Ange exilé* y avait été traduit et publié en 1933, et, sans qu'il en ait conscience, les Allemands attendaient son retour avec impatience.

« J'ai entendu dire que Lord Byron, à 24 ans, était devenu célèbre du jour au lendemain, écrivit-il à son éditeur le 23 mai 1935. Eh bien, je suis arrivé à Berlin un soir, à 34 ans, je me suis levé le lendemain matin, je me suis rendu chez American Express, et, depuis deux semaines au moins, je suis célèbre à Berlin. » L'attendaient des lettres, des messages téléphoniques et des télégrammes de toutes sortes d'individus : des journalistes allemands, des éditeurs et divers diplomates. Durant deux semaines, il rencontra une foule d'admirateurs, fut invité à des soirées et donna des interviews.

Mais il avoua à Max qu'il avait des « choses troublantes » à lui raconter sur l'Allemagne. Dans des villages paisibles, il avait entendu les bruits de bottes et le vrombissement des camions de l'armée se heurter aux chants, aux danses et aux éclats de rire. Cette dissonance l'effrayait, mais la ferveur nationaliste lui fit penser à l'Amérique. Elle lui redonna foi en son pays et en lui, ainsi qu'un profond sentiment de fierté. Il confia aussi à Max : « Je me suis de nouveau senti débordant d'énergie et de vie, et s'il est exact que j'ai eu un tant soit peu de chance et de succès aux États-Unis, je sais que je peux rentrer, désormais, et me surpasser. Je serai sans aucun doute à même d'étonner les critiques et les lecteurs qui pensaient me connaître. Et il se pourrait même que j'aie en magasin une ou deux surprises pour vous. »

Il supplia Max de ne pas trop avancer dans sa lecture du recueil que Scribner souhaitait publier et pour lequel l'éditeur lui avait demandé un titre. « Je suis capable de les améliorer considérablement, lui garantit-il. Il vous suffit d'attendre que j'apporte ces corrections, et nous aurons un livre excellent, qui ne ressemble à aucun autre. » Mais, Wolfe s'étant laissé distraire par le passé, il préféra, pour son roman suivant avec ses personnages fétiches, s'installer dans les Pentlands, en Écosse. Il lui raconta que les idées tourbillonnaient dans son esprit comme par grand vent. « J'ai l'impression que si j'ai la chance de faire quelque chose de bien avant mes 40 ans, ce sera ce livre. » Il prit la décision de se replier plus que jamais sur lui-même. En se plongeant dans son travail, il souhaitait aussi intensifier sa relation avec Max. « Je vais aller puiser au fond de moi comme jamais, lui promit-il avec insistance. Il va falloir que vous m'aidiez à tout point de vue. »

En plein travail, Wolfe reçut une missive d'un certain Henry Weinberger, avocat. Il représentait les intérêts de Madeleine Boyd, qui revendiquait l'intégralité des commissions d'agent sur les droits d'auteur du *Temps et le Fleuve*, ainsi que sur les livres à venir de Wolfe. Cette plainte frappa l'auteur de plein fouet. « C'est le genre de chose qui "ne peut pas se produire", qu'elle "n'oserait jamais faire", parce qu'elle sait que c'est malhonnête, expliqua-t-il à Max, se rappelant la scène qui s'était déroulée dans le bureau de son éditeur deux ans auparavant. Eh bien, elle a osé, comme je l'avais prédit, parce que nous avons fait preuve d'imprudence, de naïveté, de sensiblerie, de faiblesse... appelez cela comme vous voudrez. » Il était persuadé qu'ils auraient dû faire « signer à la voleuse l'aveu de son méfait quand elle était en larmes, sanglotant de peur à la découverte des éventuelles conséquences de son acte ».

L'action judiciaire étant en suspens jusqu'au retour de Wolfe, Perkins lui fit suivre une invitation pour être l'hôte de la conférence des écrivains qui se déroulait chaque année en juillet, dans le Colorado. L'organisation proposait de lui verser deux cent cinquante dollars pour dix jours de tables rondes et de séminaires avec des étudiants auteurs. Espérant que cela l'inciterait à rentrer pour achever son recueil de nouvelles, Max lui demanda de lui télégraphier sa réponse et la date probable de son retour. Trois jours plus tard, Wolfe lui annonça : ACCEPTE OFFRE DU COLORADO, RETOUR DÉBUT JUIN, PAS ENCORE DE TITRE... ATTENDEZ-MOI.

Max ne pouvait plus repousser l'échéance. Six mois s'étaient écoulés depuis sa correspondance avec Aline Bernstein – au sujet des écrits de Wolfe sur elle et sa famille –, et voilà que ses crises d'hystérie reprenaient. Elle rendit visite à Perkins à l'improviste pour réclamer justice. On entendit ses cris dans tout l'étage. Le lendemain, elle avait quelque peu retrouvé la raison, mais était toujours aussi à fleur de peau. « Je regrette de ne pas avoir pu vous montrer mon côté le plus intéressant, celui que mes amis adorent, lui écrivit-elle. Il m'est très difficile de faire preuve de fermeté, et il m'a fallu fournir de gros efforts pour exprimer ce que j'avais sur le cœur. » Elle n'agissait pas par vengeance, lui expliqua-t-elle aussi. « J'aime encore Tom et ne lui souhaite aucun mal. Si je vous demande tout cela, c'est uniquement par amour pour mes proches, et je crois sincèrement que mes sentiments pour Tom et ceux qu'il avait pour moi à l'époque ne sont pas destinés à être rendus publics. Je ne crois pas non plus qu'il ait le droit de se servir de ce que je lui ai offert, puisqu'il a choisi de rompre les liens qui nous unissaient. » Puis elle poursuivit : « J'ignore tout de la façon dont le monde de l'édition fonctionne. [...] Je ne sais pas si c'est vous qui prenez les décisions pour votre société. Si ce n'est pas le cas, si c'est le rôle d'un comité ou d'un individu en particulier qui partage cette responsabilité avec vous, je souhaiterais pouvoir plaider ma cause, même si j'ai peu d'espoir que quelqu'un, en ce bas monde, puisse prendre une décision contraire à ses propres intérêts.

« Le moment est venu de choisir entre le bien et le mal. Je connais la complexité du devoir et de l'amitié, toutes ces œillères qui nous aveuglent, la fragilité des relations des hommes. Que ce soit vous ou un autre qui publiiez ce livre, c'est à vous de prendre vos responsabilités, de décider s'il faut ou non anéantir un être humain et toute une famille. »

Aline était convaincue que Perkins avait interféré dans son existence, qu'il avait demandé à Wolfe de rompre avec elle. Quelques jours plus tard, elle lui fit parvenir un nouveau courrier : « J'espère que jamais plus vous ne tenterez de forcer le destin. »

Perkins s'efforça d'insuffler un peu de bon sens dans cette affaire. Il était hors de question de laisser Mrs. Bernstein s'imaginer qu'il s'était mêlé de sa vie privée. Il lui répondit : « Je n'ai pas pour habitude de m'ingérer dans les affaires des autres. Quand on a un minimum d'expérience, on sait qu'il vaut mieux éviter de s'immiscer dans ce genre de situation. Je souhaiterais vraiment pouvoir vous aider, dans la mesure de mes moyens compte tenu des diverses obligations auxquelles il me faut satisfaire, quand bien même cela devrait-il se faire à mes dépens. »

Mrs. Bernstein suivit son conseil et tenta de lancer un appel à l'auteur dans une missive qu'elle confia à Perkins. Apparemment, Wolfe était censé rentrer aux États-Unis pour le 4 juillet. Durant la semaine que l'auteur passa à bord du bateau qui le ramenait chez lui, Max s'inquiéta de ses récents échanges avec Mrs. Bernstein. Dans un passage, elle avait mentionné un pistolet, mais il ignorait si elle comptait s'en servir contre lui, Tom ou le retourner contre elle. « Je préférerais qu'elle l'utilise contre moi, confia-t-il à Elizabeth Lemmon. J'en ai plus qu'assez de me disputer avec des personnes irrationnelles. » Il s'apprêta à prévenir Wolfe qu'il risquait d'avoir des ennuis, mais se ravisa, estimant qu'il serait plus facile pour lui de se mêler de ses propres affaires et d'aller à Windsor.

Thomas Wolfe débarqua comme prévu le 4 juillet, sous une chaleur torride. En attendant, les protestations de Mrs. Bernstein étaient devenues totalement incohérentes et risquaient de gâcher l'avenir de Wolfe. L'éditeur resta donc à New York pour accueillir son auteur sur le quai et lui annoncer la nouvelle en douceur. Découvrant ses bagages sur la jetée, il patienta et se trouvait encore là bien après que tous les passagers eurent débarqué. Quand Tom finit par descendre du paquebot, Perkins était assis, la tête baissée. Il réfléchissait au problème que leur posait Aline Bernstein quand il entendit une voix grave avec un accent du Sud : « Vous avez l'air drôlement triste, Max. Que se passe-t-il ? » Il n'évoqua pas immédiatement l'hystérie de Mrs. Bernstein. Ils mirent les bagages de Tom en consigne, puis se rendirent au Mayfair Yacht Club. Au bord de l'East River, des bateaux filant dans un sens et dans l'autre, Tom voulut tout savoir le concernant. L'éditeur lui raconta alors ses récents échanges avec Mrs. Bernstein. Wolfe, contre toute attente, ne sembla pas prendre cette affaire très au sérieux, il lui demanda même si c'était tout. Quand Max répondit par l'affirmative, Tom s'exclama : « Bon, eh bien, allons nous amuser, à présent ! »

Ils étaient en route pour le Lafayette Hotel quand Tom s'immobilisa au croisement de la 8e Rue et tendit une main : « J'habitais dans ce grenier, là, quand j'ai écrit *L'Ange exilé*. Allons voir si nous pouvons y entrer. » Ils gravirent les marches et frappèrent à la porte, mais personne ne leur répondit. Tandis que Tom insistait, Max jeta un coup d'œil par la fenêtre qui donnait sur l'arrière du bâtiment et découvrit un escalier de secours qui montait jusqu'à la lucarne ouverte du grenier. « Eh bien, Tom, si vous souhaitez vraiment voir le nid où l'aiglon a passé sa jeunesse, c'est possible ! » Ainsi, le directeur éditorial de Charles Scribner's Sons, en costume, un feutre sur la tête, allait une nouvelle fois s'introduire dans un appartement par effraction. Il se faufila jusqu'à l'escalier de secours, et après l'avoir escaladé, passa par la fenêtre. Wolfe lui emboîta le pas. « On peut dire qu'il s'agissait d'un grenier, écrirait-il des années plus tard à John Terry, car c'était au dernier étage d'un immeuble et les pièces étaient légèrement mansardées, mais c'était magnifique. Pas du tout le genre de grenier où l'on imaginerait vivre des poètes. En fait, je dirais même que c'était le plus bel endroit où Tom ait jamais habité. » Avant de partir, Wolfe saisit un crayon et griffonna sur le mur de l'entrée : « Thomas Wolfe a vécu ici. »

Après avoir pris un verre au Lafayette, ils franchirent l'East River et s'enfoncèrent dans Brooklyn. Sous le soleil couchant, ils dirigèrent leurs pas vers le St. George Hotel où ils montèrent sur le toit pour contempler la vue. Le spectacle était sur le point de débuter. La nuit tomba progressivement, et Manhattan se mit à scintiller de mille feux.

Ils quittèrent Brooklyn, regagnèrent le Lafayette pour un nouveau verre, puis, sous une chaleur étouffante, retrouvèrent les beaux quartiers, leur veste sur l'épaule. Ils discutèrent tout au long du trajet. À 3 heures du matin, ils se quittèrent dans un bar de l'East Side, près de la 49e Rue. À 9 heures, Perkins, les yeux rougis, l'esprit embrumé, prenait place sur la banquette d'une des voitures Pullman du White Mountain Express, qui brimbalait vers le nord, en direction de Windsor.

– 15 –

Une période critique

Perkins ne passa que quelques jours dans le Vermont. Tom Wolfe était de retour, et cela signifiait l'arrivée de problèmes aussi bien romantiques que judiciaires – en plus de ses fonctions éditoriales. Max jugeait donc sa présence à New York indispensable.

Alors que Tom était revenu depuis plus d'une semaine, il n'avait toujours pas répondu à la dernière lettre d'Aline Bernstein. Celle-ci ravala donc sa fierté et demanda de nouveau l'aide de l'éditeur. « Je suis bouleversée, avoua-t-elle à Max. Je vous serais extrêmement reconnaissante si vous pouviez lui demander de me répondre. Il doit être dans une colère noire. » Puis elle laissa une autre lettre pour Tom, sans enveloppe, afin que Max puisse la lire.

« J'aimerais que Mr. Perkins et vous sachiez que je ne vous intenterai aucun procès, ni à vous ni à vos éditeurs, pour ce que vous pourrez écrire sur moi et l'usage que vous ferez de ce qui m'appartient. Cela vous soulagera peut-être, ou non, je m'en moque. Si je ne parvenais pas à trouver un accord personnel et humain avec vous, autant tout abandonner. [...] Quand nous étions ensemble, je croyais que si vous sortiez ce livre sur nous, vous resteriez à mon côté, comme vous me l'aviez souvent promis. Vous m'aviez donné votre parole. Je sais très bien qu'il m'est impossible d'exiger l'amour de quelqu'un, si la personne que je suis n'est pas en mesure de le retenir. Sans doute suis-je naïve de vouloir être traitée de manière honorable : j'avais confiance en vous, Tom. »

Wolfe, qui ne savait que répondre à Aline, ne fit rien, pas même son travail. Pour l'inciter à se remettre à l'écriture, Max lui montra les sacs débordants de courrier qui l'attendaient chez Scribner. Aucun de ses auteurs n'avait jamais reçu autant de lettres d'admirateurs. Les lecteurs de Tom le vénéraient et souhaitaient exprimer leur gratitude. Il se rendit alors quotidiennement à la bibliothèque du quatrième étage de chez Scribner pour répondre à son courrier.

Wolfe s'était plutôt bien acclimaté à son retour, même s'il ne s'était pas encore penché sur les épreuves de son recueil de nouvelles. Il se contentait de tuer le temps en attendant le congrès des écrivains du Colorado. Max le connaissait suffisamment pour craindre qu'il prolonge ses prochains voyages, remettant toujours le recueil à plus tard. Ainsi, presque quotidiennement, devant un repas ou un verre, il le pressait de se mettre au travail. Un après-midi, peu de temps après sa réapparition, tandis qu'ils « prenaient le thé » ensemble au Chatham, Mrs. Bernstein entra dans l'établissement.

Elle s'installa seule à une petite table près du mur, la tête basse, les traits en partie dissimulés par le bord de son chapeau. L'ayant aussitôt reconnue, Perkins la désigna. Tom se précipita vers elle, mais il y avait bien trop de monde pour une rencontre de ce genre. Ils regagnèrent donc tous les trois les bureaux de l'éditeur. Sans prendre de gants, Wolfe évoqua aussitôt l'idée d'indemniser Aline en espèces pour toute l'aide qu'elle lui avait fournie. Il demanda à voir Max en aparté dans son bureau pour lui proposer de verser à cette femme une partie des droits d'auteur du *Temps et le Fleuve* qui s'était déjà écoulé à quarante mille exemplaires. Pendant ce temps, Mrs. Bernstein patientait devant la réception, près de l'ascenseur. Lorsque Tom descendit la retrouver, elle portait un flacon de comprimés à ses lèvres. Il se précipita vers elle et quand il lui arracha le flacon des mains, elle s'évanouit dans ses bras. Perkins, qui la soupçonnait d'avoir déjà ingurgité plus de barbituriques qu'il en fallait, appela le gardien de nuit qui les orienta vers le cabinet d'une dermatologue qui avait pour habitude de travailler tard, dans le même immeuble. Le médecin vérifia si tous les comprimés étaient encore dans le flacon. Ainsi se réconcilièrent Aline Bernstein et Tom Wolfe.

Quelques jours plus tard, Aline présenta ses excuses à Perkins : « Cela fait un moment que je suis au supplice, et je paie deux choses pour lesquelles je ne peux strictement rien. Je suis née trop tôt, et mon amour n'a aucune limite. Je regrette de ne pouvoir vous montrer le fond de mon cœur, ce que je pense de tout ce que vous avez fait pour Tom, et de vos autres qualités. Je vous ai dit des choses que je n'aurais jamais dû dire, car je sais le chemin que vous avez parcouru en sa compagnie. »

Elle tenta d'expliquer à l'éditeur ce qu'elle n'était pas parvenue à faire comprendre à son auteur : si Tom souhaitait rembourser sa dette avec de l'argent, elle ne l'accepterait jamais. « Tout ce que j'ai pu faire pour lui les premières années est uniquement dû à la plénitude de notre amour et à la confiance que j'avais en lui. Laissez-moi au moins cela, c'est la plus belle chose qui me soit arrivée. Je ne revendiquerai jamais d'indemnisation, et il est hors de question que l'on me rembourse quoi que ce soit. »

À cette époque, Aline travaillait nuit et jour au théâtre et était épuisée. De temps à autre, elle voyait Wolfe, mais rarement avec grande satisfaction. Il y avait un certain malaise entre eux, et lui avait l'esprit ailleurs. La dernière semaine de juillet, elle s'évanouit et ne reprit connaissance qu'au bout de trois jours. Elle était atteinte de pleurésie. « C'est affreux, je suffoque dans une tente à oxygène, et la douleur est atroce, se plaignit-elle à Wolfe lorsqu'elle eut recouvré ses esprits. C'est la première fois que je suis si malade, mais je vais m'en remettre, j'ai un tas de choses à terminer. Je vous souhaite de ne jamais souffrir de pleurésie. »

Le 27 juillet, Wolfe prit la direction de l'université du Colorado, à Boulder, pour la conférence des écrivains, et, à la mi-août, Max reçut la première lettre de sa part. « Ce voyage est exceptionnel ! » s'enthousiasma-t-il juste avant de partir pour Denver, puis de prendre la direction du Sud. Après toutes ces discussions, ces discours, ces lectures et ces fêtes, lui aussi était exténué.

Perkins s'inquiétait toujours pour son recueil de nouvelles, que l'auteur avait finalement intitulé *From Death to Morning – De la mort au matin*. Encore bouleversé par toutes les erreurs contenues dans *Le Temps et le Fleuve*, l'auteur lui écrivit : « Attendez mon retour à New York avant de mettre en forme définitive le recueil de nouvelles. Si pour cela il faut différer sa publication au printemps prochain, eh bien tant pis, mais, cette fois, je ne permettrai pas qu'on m'arrache ce livre, qu'on l'imprime et qu'on le mette en vente avant d'avoir eu le temps de relire les épreuves, ou, en tout cas, d'avoir pu vous entretenir de certaines modifications, révisions, amputations et d'ajouts nécessaires. Je suis très sérieux, Max. » Il ajouta : « Je propose plutôt de préparer mon travail à tout point de vue afin de pouvoir tenir compte, dans la mesure du possible, des critiques les plus sérieuses qui ont été émises contre mon dernier livre. »

Max avait relu les épreuves, et avait de nouveau été très impressionné. « Elles illustrent à quel point vous pouvez vous révéler objectif et éclectique », le félicita-t-il. En fait, ce livre allait être une réponse efficace aux reproches qu'on lui avait formulés.

Tandis que Wolfe parcourait l'ouest des États-Unis, fréquentant notamment Edna Ferber, et, à Hollywood, Dorothy Parker, Perkins lui rappela régulièrement de jeter un coup d'œil aux épreuves. Pour seule réponse, Wolfe lui envoya des cartes postales, s'extasiant devant la beauté des paysages, et racontant des anecdotes. Finalement, le 1er septembre, il décida de mettre un terme à ses vacances, qu'il avait prolongées à six mois. Il se sentait suffisamment coupable, avoua-t-il à son éditeur, pour reprendre le travail.

Sur la route, il avait réfléchi à ses projets. À Boulder, et ailleurs, il avait envisagé un « livre de la nuit » qui commençait à le hanter. Il expliqua à Perkins : « Je vous ai déjà dit qu'une bonne partie de mon existence s'était déroulée la nuit. Je vous ai parlé du pouvoir des ténèbres, de leur influence aussi étrange que magique sur nos vies, de l'Amérique au crépuscule, des fleuves, des plaines, des montagnes, des rivières au clair de lune ou dans l'obscurité la plus totale. » Wolfe était convaincu que les Américains étaient un « peuple nocturne » et qu'il s'agissait d'une des meilleures idées qu'il ait jamais eues, au point d'y consacrer un livre. Enfin, il envisageait d'écrire en s'imprégnant de ce qui l'entourait et non plus de ce qui provenait des tréfonds de son être, en inventant un univers dont il ne serait pas le centre absolu. Il révéla à Perkins : « Je souhaite une bonne fois pour toutes faire valoir mon droit d'être le Dieu tout-puissant d'un livre, d'être l'esprit qui l'anime sans jamais apparaître, empêchant quiconque de m'accuser d'avoir composé une autobiographie, alors que ce sera pourtant bien le cas, en dépit de son caractère impersonnel. »

« Sur quoi allons-nous travailler, ensuite ? » lui demanda-t-il en regagnant la côte Est. Il y avait *The October Fair*, le « livre de Pentland », le « livre de la nuit », des nouvelles… À moins qu'il accepte de donner des cours, comme on le lui avait proposé à de nombreuses reprises ? Wolfe continuant à musarder, Max eut tout son temps pour lui répondre. À la mi-septembre, par exemple, l'écrivain fit une halte à Reno et fut ébloui par la ville, ses casinos, ses bars, ses salles de bal ornées de néons éclatants.

Perkins était convaincu qu'il valait mieux pour le moment que l'auteur continue de produire des nouvelles en quantité. Il avait corrigé les épreuves sans oser procéder à un trop grand nombre de modifications, et les avait renvoyées à l'imprimerie pour qu'on lui en tire d'autres. « Dès l'arrivée de Tom, je vais tenter de les lui faire relire, écrivit-il à Frere-Reeves, à Londres. S'il refuse, j'essaierai de les lui soustraire et de les mettre en pages sans ses révisions. » Le livre comptait désormais 95 000 mots, une quantité de texte raisonnable, et Perkins craignait simplement qu'il désire ajouter de nouvelles histoires qu'il n'avait pas encore écrites. « Si c'est le cas, je me battrai bec et ongles pour qu'il y renonce. On dirait qu'il a honte à l'idée de publier un livre de taille normale. »

Le vendredi 25 juillet, Perkins se trouvait à Baltimore, pour une consultation avec le Dr Bordley. La dernière fois, il avait fait ce qu'il considérait à présent comme une promesse inconsidérée à Elizabeth Lemmon : il s'était engagé à passer chez elle sa première nuit. Elle l'accueillit le samedi après-midi, et, pour la seconde fois seulement en treize ans d'amitié, Max se rendit à Welbourne. Plus tard dans la journée, elle le conduisit dans son nouveau coupé Ford rutilant le long de Skyline Drive, que l'on avait récemment goudronnée, et qui serpentait entre les cimes du massif des Blue Ridge. Kilomètre après kilomètre, malgré ses yeux cernés, Max admirait sans ciller ce charmant paysage. Elizabeth le trouva très fatigué. Elle ne l'avait jamais incité à parler de son métier, mais ce jour-là, elle lui fit remarquer avec tact qu'elle ne savait presque rien de sa vie professionnelle. Il lui répondit qu'il lui expliquerait tout, un jour, dans une lettre.

Il passa la nuit à Welbourne, mais, tôt dans la matinée, il fit ses bagages pour partir. Elizabeth parvint à le faire rester un peu pour faire la connaissance de ses amis et de ses proches. Il rentra ensuite à New York. Puis, à distance respectable de sa visite, il lui écrivit : « Vous menez une existence merveilleusement heureuse et êtes parvenue à vous prémunir de toute interférence. C'est ce que vous avez toujours représenté, à mes yeux. [...] Elizabeth, vous aviez toujours l'air triste quand vous réfléchissiez – peut-être n'êtes-vous pas si heureuse, finalement, mais c'était bien imité. Dans une autre vie, je me rappellerai encore la façon dont vous m'avez accueilli à Baltimore, et je vous en remercierai. »

Il détestait être redevable envers qui que ce soit, « sauf envers vous, poursuivit-il. Ce qui est heureux pour moi, car je vous dois plus que ce que je puisse jamais vous rembourser. Chaque fois que je vous vois, j'ai toujours de nouveau l'impression que ce que l'on considère généralement comme une illusion existe véritablement. [...] Quant au dernier week-end, je m'en souviendrai toujours, et y repenserai avec une certaine reconnaissance et un réel plaisir. » C'était la dernière fois que Max se rendait à Welbourne, et il en conserva à tout jamais cette impression de perfection.

Homme de parole, Perkins décrivit à Miss Lemmon une journée de travail ordinaire, celle du mardi 29 juillet 1935. Comme toujours, il commençait par le tas de courrier qui l'attendait sur son bureau. « L'une des lettres, lui expliqua-t-il, provenait d'un agent nous demandant de signer un jeune auteur de l'East Side, Henry Roth, qui avait écrit *L'Or de la Terre promise.* » Il avait parcouru le roman et regretté de ne pas avoir eu l'occasion de le publier. Dès les premières pages, où l'auteur décrivait la foule agglutinée à Ellis Island, Max admirait le récit fidèle de la vie d'Américains près de l'« avenyuh D », à New York. Il déclara à Elizabeth : « Un tel auteur me causerait énormément de problèmes tant il semble n'avoir aucune retenue – encore moins que n'importe lequel de ceux que nous avons déjà publiés. Quand bien même, je lui ai fait part de mes encouragements et de mon intérêt pour son prochain livre. Nous sommes éditeurs, après tout. »

Plus tard, il s'entretint avec Charles Scribner au sujet d'un livre traitant du dressage des chiens d'arrêt, qu'ils avaient décidé d'accepter. Ils discutèrent ensuite d'une édition limitée des œuvres de William Butler Yeats. Scribner était par nature sceptique vis-à-vis de la poésie, mais Max considérait Yeats comme l'un des poètes de langue anglaise les plus importants du XXe siècle et soutenait qu'il existait une demande pour ce genre d'ouvrage. Il lui rappela qu'ils avaient gagné beaucoup d'argent avec les pièces de théâtre tout aussi peu prometteuses d'O'Neill. Scribner céda et lui demanda d'obtenir les droits de réédition auprès de Macmillan.

Puis, S.S. Van Dine l'appela pour « lui signifier » qu'il lui apporterait son nouveau manuscrit – *Un enlèvement* – le 1er août.

« Parfait, répondit-il, mais pourquoi cette précision ?

– Parce que vous m'avez reproché de ne plus être aussi ponctuel, depuis mon mariage. »

Perkins avait pour habitude de taquiner ceux qui attendaient d'avoir la quarantaine pour se marier, à l'image de Wright. « Après tout ce temps, pourquoi se donner cette peine ? » s'interrogeait-il.

Le reste de la matinée, il dicta du courrier. Scribner et lui allèrent déjeuner au Longchamp « climatisé », non loin de leur immeuble, et il en profita pour lui parler de cette route merveilleuse qui serpentait au milieu du massif des Blue Ridge.

De retour au bureau, il parvint à dicter le reste de ses lettres juste avant l'arrivée de la championne de tennis Helen Wills Moody. Elle avait publié son livre de cours de tennis chez Scribner. Elle se lançait à présent dans un récit, volée après volée, de son récent match contre Helen Jacobs. « Il est indéniable qu'elle est magnifique, dans son genre, robuste et saine, et naturelle comme on aimerait que ce soit le cas de toutes les Américaines », fit-il remarquer à Elizabeth. Et il reconnut que son premier livre avait été couronné de succès. Toutefois, « Helen Wills ne sait pas écrire ». Il avait envie de lui conseiller « de faire des enfants avant qu'il soit trop tard et d'oublier l'écriture ». Mais, se contentant d'examiner les chiffres de ventes de son livre, il fit réimprimer des exemplaires. « Je ne sais pas bien travailler ce genre de produits, expliqua-t-il, faisant allusion aux ouvrages non littéraires, parce qu'ils m'ennuient. »

S'ensuivirent plusieurs autres rendez-vous. Avant la fin de l'après-midi, il eut même des nouvelles de l'avocat de Thomas Wolfe. Son client, lui apprit-il, à force de fouiller dans ses papiers, avait fini par remettre la main sur sa correspondance avec Madeleine Boyd, qui le poursuivait en justice. Max estima que cela mettrait un terme à leurs ennuis avec elle. Plus tard, Wolfe lui demanda de faire tout son possible pour, à l'avenir, le tenir à distance de ce genre d'« invasion aussi scandaleuse que désastreuse ». Il pouvait compter sur lui. Perkins lui écrivit toutefois que ce genre d'attaques était monnaie courante. « À l'image des puces sur un chien, comme on dit, elles nous seront peut-être bénéfiques. »

Ce jour-là, il ne fut pas tenu de prendre un verre avec qui que ce soit. Il resta donc au bureau et lut, interrompu uniquement par un petit souci au sujet d'un slogan publicitaire. Dans l'ensemble, en conclut-il, « ce fut une belle journée ». Pour sa lecture vespérale, il enfonça dans sa serviette le récit d'un vieux chasseur du sud-ouest des États-Unis qui avait combattu les Apaches.

« Mon travail est beaucoup plus varié que celui de la plupart des individus », écrivit-il un jour à Miss Lemmon, lui expliquant comment il s'était dissuadé de prendre des vacances. En fait, son travail lui plaisait tellement qu'il ne voyait aucune raison de ne pas l'exercer sept jours par semaine. « Personne ne trouve que Dieu a fait du bon travail lors de la Création, lui fit-il remarquer. C'est sans doute ce qui l'a décidé à ne rien faire le septième jour. Raison pour laquelle nous ne travaillons pas le dimanche, ce que je déteste, ainsi que tous les autres jours fériés. Et les nuits. »

En septembre 1935, Louise et les deux filles revinrent d'Europe. Peggy laissait derrière elle un pilote automobile qui l'avait demandée en mariage – alors qu'il la connaissait depuis moins d'une semaine –, et qui avait tenté de se suicider après son refus.

À la fin du mois eut lieu un autre retour d'importance, celui de Tom Wolfe. Max s'était préparé à en découdre avec lui au sujet des épreuves du recueil, mais, à sa grande surprise, l'auteur les relut aussitôt, sans rechigner. L'éditeur, qui avait prôné une publication rapide, s'était manifestement montré convaincant. Moins d'un mois plus tard, le livre était en magasin.

Wolfe emménagea dans un nouvel appartement, au 865, 1re Avenue, à deux pâtés de maisons seulement de chez Max, en direction de l'East River. D'ailleurs, l'auteur qui faisait déjà partie des meubles, chez les Perkins, était à présent, « tout le temps chez eux, fit remarquer Elizabeth Nowell, son agent. Comme s'il était de la famille. Ou comme si c'était le fils de Perkins, ce qui était le cas, pour ainsi dire. Perkins semblait ne jamais le voir assez, et sa femme le nourrissait, s'occupait de lui, l'écoutait lui raconter ses problèmes, et recevait ses amis avec la patience d'une sainte ».

À l'automne 1935, Scott Fitzgerald connut de très gros ennuis. Cela débuta lorsque Edwin Balmer, le rédacteur en chef du magazine *Redbook*, ne voulut plus publier les épisodes de *Philippe, Count of Darkness* et ce, dès le troisième. Scott commença à accumuler des dettes, puis tomba malade et dut cesser de travailler. Il se laissa dépérir durant des semaines. Perkins ne recevait que des télégrammes et des demandes d'argent. « Je sais qu'il est malade et fauché, écrivit-il à Hemingway, mais sans doute est-ce dû en partie à sa vieille hypocondrie. »

Cet hiver-là, Fitzgerald exprima ses états d'âme dans un long article intitulé « The Crack-Up » – « L'effondrement[1] ». Il parut en trois parties dans les pages du mensuel *Esquire*, dont voici un extrait : « J'éprouvai le besoin irrésistible de me retrouver seul. [...] J'avais compris que même l'amour que j'éprouvais pour mes proches en était réduit à un semblant d'amour, que mes relations passagères – que ce soit avec un éditeur, un buraliste, l'enfant d'un ami – étaient devenues des obligations. »

Perkins ne savait que penser de cet article. Ayant prévu d'aller consulter son propre médecin à Baltimore, il rendit d'abord visite à Scott et le trouva au lit avec une grippe, la respiration sifflante, le souffle court. « Je suis allé voir Scott, mais ça ne lui a fait aucun bien, au contraire, raconta-t-il à Hemingway après sa venue. Comme il était impossible de lui parler, je l'ai laissé dormir, si on peut appeler cela "dormir". »

Mais, curieusement, l'article déprimant de Fitzgerald dans les colonnes d'*Esquire* prouva à Perkins que le cas de l'auteur n'était pas désespéré. Il expliqua à Hemingway : « Personne n'écrirait ce genre de chose si c'était réellement le cas. Je doute que quelqu'un de désespéré ou d'abattu le crie sur tous les toits. Il me semble qu'il le garderait pour lui, à l'image de ceux qui tentent de se suicider. Il me semble donc qu'au fond, quand il a écrit ce genre d'article, Scott a dû croire que les choses seraient différentes avec lui. Il a peut-être perdu cette passion dans l'écriture qui l'animait jadis, mais c'est un tel perfectionniste qu'il s'en tirerait certainement très bien s'il était capable de se maîtriser un peu et de se réconcilier avec la vie. »

Perkins partageait l'avis de John Peale Bishop, qui prétendait que seul un retour à l'Église catholique pourrait sauver Scott. « Depuis ses débuts, j'ai toujours su qu'il avait ce genre de pen-

---

1. Ce texte sera publié aux éditions Payot & Rivages en 2010. Il sera réédité chez Gallimard sous le titre *La Fêlure* en 2012.

chant », confia Max à Ernest. L'aveu public de la crise de foi de Fitzgerald poussa Perkins à supposer qu'il n'allait pas tarder à faire ce genre d'annonce.

Prêt à tout pour obtenir de l'argent, Fitzgerald passa le printemps à composer des saynètes pour *Esquire* et quelques histoires peu mémorables pour *The Post*. Cette année-là, ses revenus chutèrent à dix mille dollars, le niveau le plus bas depuis la publication de *L'Envers du paradis*.

Ernest Hemingway trouvait les différentes parties de « L'effondrement » aussi lamentables les unes que les autres. Tout le monde connaissait une période de vide au moins une fois dans sa vie, disait-il, et il estimait que, pour s'en sortir, il valait mieux se battre que se lamenter en public. Il lui avait écrit à plusieurs reprises pour tenter de lui remonter le moral, mais il lui avait semblé tirer une certaine fierté dans « l'insolence de la défaite ». Hemingway était convaincu que si Scott avait pris part à cette guerre qu'il regrettait toujours d'avoir manquée, on l'aurait fusillé pour lâcheté, et il ne devait s'en prendre qu'à lui-même s'il se trouvait dans un tel état, passant de l'enfance à la sénilité sans avoir été un homme.

Cette saison-là, Hemingway vint à New York, ce qui lui arrivait très rarement. Il s'inquiétait de l'accueil qui serait réservé aux *Vertes Collines d'Afrique*. À juste titre : face à la montée du fascisme en Europe, les « essayistes » de gauche, comme de nombreux critiques littéraires américains aimaient à s'appeler, prétendaient que le but de la littérature était de remédier aux maux de la société. Ils en voulaient énormément à Hemingway, l'une des voix les plus célèbres d'Amérique, qu'il ait refusé de se joindre à leur cause. Il n'appartenait à aucun groupe, et n'était engagé que dans l'écriture. Il avait toujours aussi bonne réputation, se vanta-t-il auprès de Perkins – André Gide, Romain Rolland et André Malraux venaient de l'inviter à un congrès international d'écrivains –, mais il ne se faisait pas d'illusions, les critiques ne lui feraient aucun cadeau. Il doutait cependant qu'ils soient capables de l'achever véritablement. « Papa est coriace », lui garantit-il.

Lorsque fin août 1935, Perkins reçut les épreuves corrigées des *Vertes Collines d'Afrique*, il ne trouva aucun problème, à l'exception d'une gifle assenée du revers de la main à Gertrude Stein que l'auteur avait insérée dans une scène. « Je crois qu'il aurait été préférable d'éviter de traiter la vieille fille de garce », lui recommanda Max à ce sujet. Hemingway lui fit remarquer qu'il n'avait pas cité le nom de Miss Stein, et que rien ne prouvait qu'il s'agissait effectivement d'elle. D'ailleurs, lui demanda-t-il, par quoi pouvait-il bien remplacer le terme de « garce » ? Sans doute pas par celui de « putain ». Il proposa « pouilleuse » et « lesbienne », mais si quelqu'un méritait d'être traité de garce, c'était bien Gertrude Stein. Il ne comprenait pas pourquoi l'éditeur en faisait toute une histoire, à moins qu'il craigne que ce terme donne aux critiques matière à « lui vomir dessus ».

Dans *Les Vertes Collines d'Afrique*, Hemingway rappelait que les écrivains qui lisaient les critiques couraient à leur perte. « S'ils croient celles qui les portent aux nues, ils doivent aussi accepter celles qui les traitent de nuls, ce qui leur fait perdre toute confiance en eux. Actuellement, deux excellents auteurs ne sont plus en mesure d'écrire, parce qu'ils ont perdu leur assurance à cause de ce genre d'articles [...]. Quand ils s'expriment, c'est tantôt bon, tantôt mauvais, mais c'est généralement le bon qui prend le dessus. Mais, après avoir lu les critiques qui les concernent, ils se sentent obligés d'écrire des chefs-d'œuvre. Comme ceux qui ont été acclamés par la presse. Il ne s'agissait pas de chefs-d'œuvre, cependant, mais seulement de bons livres. Et voilà qu'à présent, ils ne sont plus capables de produire la moindre ligne. » Il avait tenu à peu près le même discours à Perkins sur Scott Fitzgerald et Thomas Wolfe.

Bon gré mal gré, il modifia sa référence à Gertrude Stein, qualifiant simplement celle-ci de « femme ». En plus de faire plaisir à Perkins, il était convaincu que cela la rendrait d'autant plus furieuse.

Max s'attendait à une réaction glaciale de la part des critiques, mais pas forcément en raison de la vendetta anticipée par Hemingway. L'éditeur avait suffisamment d'expérience pour savoir que les carrières des auteurs étaient soumises à des fluctuations naturelles. De plus, si les critiques ne trouvaient aucun reproche à faire à Ernest, ils ne se gêneraient pas pour en inventer un. « Tous les écrivains semblent devoir traverser une période de turbulence, fit-il remarquer à Fitzgerald. Au pire, mieux vaut que cela lui soit arrivé alors qu'Hem publiait des livres qui, de l'avis général, n'étaient pas les plus marquants. »

Et, comme prévu, l'accueil réservé aux *Vertes Collines d'Afrique* fut mitigé. Dans le *New York Times*, Charles Poore soutint qu'il s'agissait de « l'histoire de chasse au gros la mieux écrite que l'on ait jamais lue », et que le style d'Hemingway était « meilleur que jamais, plus riche et plus profond, l'auteur cherchant constamment à le peaufiner ». Dans les colonnes du *New Republic*, Edmund Wilson s'en prit au livre d'une façon que Max qualifierait de « marxiste », le trouvant « des plus faibles ». Le chroniqueur avait été l'un des premiers admirateurs d'Hemingway, mais, en quelques années seulement, était devenu l'un de ses détracteurs les plus virulents.

Ernest eut beaucoup de mal à accepter ces reproches. Il avait connu le succès six ans plus tôt avec *L'Adieu aux armes* et trouvait son nouveau livre gâché par deux défauts en particulier, qui auraient pu être évités. Le premier, d'après lui, était d'avoir froissé les critiques en qualifiant les New-Yorkais de « vers dans un bocal » et ses contempteurs de poux parasitant la littérature, ce qui les avait poussés à se liguer contre lui. Mais Perkins était persuadé qu'ils n'auraient rien pu y faire. Il expliqua : « Je savais, et vous aussi, je n'en ai jamais douté, que, dans les pages des *Vertes Collines*, vous énonciez la simple vérité au sujet des critiques littéraires. J'aurais pu vous mettre en garde, mais ce n'était sans doute pas ce que vous souhaitiez entendre, et, je ne me fais aucune illusion, vous ne m'auriez jamais écouté. À raison. [...] Vous avez dit la vérité sur eux, et vous n'en subirez les conséquences que de manière temporaire. » Le second défaut concernait la promotion du livre. John Fox Jr., l'une des anciennes meilleures ventes de la maison d'édition, avait un jour écrit au vieux Charles Scribner : « Un éditeur est quelqu'un que l'on tient pour responsable en cas d'échec d'un livre, et envers qui l'on reste indifférent en cas de succès. » À présent, Hemingway en voulait à Scribner de ne pas mettre son livre suffisamment en valeur. « La publicité, déclara Perkins, est un sujet dont tout le monde se plaint, et il serait idiot de prétendre qu'il s'agit d'une science infaillible. » Mais *Les Vertes Collines* avait reçu le même soutien que les autres publications du moment, dont le dernier volet de *Our Times* de Mark Sullivan, *The Garden Murder Case – La Mort au jardin* – de S.S. Van Dine, et *Europa*, le succès controversé de Robert Briffault. D'expérience, Max savait qu'on ne pouvait pas « répondre à des critiques défavorables en y réagissant après deux ou trois jours. [...] C'est idiot, mais c'est comme ça ».

Au bout de deux mois, les ventes demeurant insignifiantes, Perkins expliqua l'échec du livre à son auteur de cette façon : « C'est en grande partie dû à une chose qui se produit souvent dans l'édition : il arrive que le public ait une première impression superficielle de certains livres. En l'occurrence, pour celui-ci, il pensait qu'il s'agissait du récit d'une simple partie de chasse en Afrique et, par conséquent, d'une œuvre mineure. [...] J'aurais dû le prévoir, poursuivit-il. Le public vous considère comme un romancier. » Comme à plusieurs reprises cette année-là, il lui répéta qu'il ferait bien de sortir un roman.

Hemingway se lança aussitôt dans l'écriture d'une œuvre plus proche des attentes du public. Il prévint Perkins que cela pouvait aussi bien être une histoire courte qu'un « récit diablement long » dont l'action se déroulait dans les Keys. Max aurait rêvé de pouvoir passer un moment à Key West, où ils auraient pu en discuter, mais l'absence aussi soudaine que temporaire de son bras droit l'en empêcha. John Hall Wheelock avait été contraint de prendre du repos, pour un temps indéterminé. « Encore une de ces mystérieuses dépressions nerveuses », confia-t-il à Hemingway.

La pression subie ces dernières années pour s'extraire de la crise de 1929 avait mis les nerfs de Wheelock à rude épreuve. Il avait parfois eu l'impression d'être inefficace, incapable de corriger ses auteurs, et même d'achever son propre recueil de poésie. Max s'était longuement entretenu avec lui avant son départ en congé, et avait cru comprendre que « son mal [était] en partie dû au sentiment que les employés de cette maison l'incitaient à s'attendre au pire ». En fait, personne chez Scribner n'était de cet avis. Wheelock se rendit dans une maison de repos à Stockbridge, dans le Massachusetts. Max le rassura quant à son avenir chez Scribner. « Vous êtes parti au meilleur moment, point de vue travail. Ne vous inquiétez pas. Vous pouvez me croire. » C'était un pieux mensonge. Quelques jours plus tard, il écrivait déjà à Elizabeth Lemmon : « Je ne vois pas comment je vais pouvoir m'en sortir sans lui, mais je n'ai pas le choix. »

En janvier 1936, Van Wyck Brooks rendit visite à Wheelock à Stockbridge. Les rôles s'étaient inversés. Comme toujours, Max était le seul avec qui il était possible d'évoquer la situation. Pour Brooks, l'état de leur ami était plus grave qu'on le croyait. « C'est un mal invisible, expliqua-t-il à Perkins. Jack a le sentiment que tout le monde pense qu'il cherche à se faire oublier. » Van Wyck proposa que Scribner envoie des poèmes de Wheelock à l'impression sans plus tarder. « Cela lui occupera l'esprit une bonne partie du printemps et lui permettra de comprendre qu'il a fait du bon travail. » Perkins prit aussitôt des mesures dans ce sens.

En février, Wheelock se sentait bien mieux et voulut reprendre le travail. Ses médecins, en revanche, n'étaient pas du même avis, mais acceptèrent qu'il revienne chez Scribner à titre « expérimental ». « Il va avoir du mal à ne pas se plonger immédiatement dans le travail, écrivit Max à Van Wyck. Il est impossible de l'en empêcher, à moins qu'il accepte de ne travailler qu'à certaines heures. C'est ce qu'il a de mieux à faire, et j'espère qu'il sera du même avis. » Il convoqua donc Wheelock et dressa avec lui un emploi du temps restreint. Il s'y plia et fut presque totalement rétabli à la parution de son recueil de poésie. Ce livre l'aiderait à remporter le prix Bollingen.

Tout comme Hemingway, Thomas Wolfe fut victime d'une réaction virulente de la part des critiques pour son premier recueil, *De la mort au matin*. Ceux-ci se plaignaient de son sentimentalisme mollasson et d'un manque de raffinement. Il leur en voulait tellement que cela finit par avoir des répercussions sur son comportement envers Perkins. Le 29 novembre 1935, Max et Louise se joignirent à Tom pour un dernier verre dans un restaurant du nom de Louis and Armand's. Cela se révéla être une erreur, car l'auteur n'était pas du genre à se contenter d'un seul verre, et, après deux ou trois, il pouvait devenir grossier. Ce soir-là, il s'en prit violemment à l'« injustice du capitalisme », qualifiant Max de « roi du capitalisme », et le couvrant d'injures. Le lendemain, Wolfe se présenta à son bureau à 13 heures, contrit et honteux, et lui promit de se mettre au travail ; mais lui demanda de l'aider à trouver un sujet pour son prochain livre. Max accepta de le revoir le lendemain soir pour en discuter, mais ni chez lui ni dans un café. Ils se retrouvèrent sur un des ponts de l'East River, à près d'un kilomètre de la bouteille de whisky la plus proche.

Quelques semaines plus tard, ils se disputèrent de nouveau, cette fois parce que Tom avait de nouveau proposé – de manière tout à fait saugrenue – de payer à Mrs. Bernstein ses services passés. Un jeudi soir, il exigea que Max vienne le voir au plus tard le lendemain matin à 11 heures avec mille cinquante dollars en espèces. Face à l'insistance de l'auteur, Max lui remit l'argent à l'heure convenue, mais, en le revoyant le soir même, apprit qu'il avait dormi tout l'après-midi. Il avait encore la liasse de billets dans la poche. L'éditeur lui fit promettre de se rendre sur-le-champ au Gotham Hotel, sans s'arrêter en chemin pour boire un verre, et de mettre l'argent en sûreté dans le coffre de l'établissement, en attendant de le déposer à la banque le lundi suivant. Plus tard, cette histoire fit beaucoup rire Perkins.

Puis vint le soir terrible où Tom se montra sous son jour le plus effroyable. La comtesse Eleanor Palffy, qui était une amie de Louise et de Max, avait récemment perdu un œil à cause d'une tumeur apparue quand, par jalousie, son mari l'avait frappée avec la crosse d'un revolver. Le lendemain de sa sortie de l'hôpital, la comtesse appela Max pour lui demander si elle pouvait dîner chez eux. Eleanor s'étant toujours intéressée aux écrivains, Louise lui suggéra d'inviter également Tom. Max savait que la rencontre pourrait se révéler explosive et tenta de l'en dissuader, convaincu que les manières de cette femme en société, son titre, et son attitude cosmopolite exaspéreraient Tom. Mais Louise obtint gain de cause. Pour l'occasion, Wolfe prit un peu d'avance, et, comme Max l'avait redouté, il était déjà ivre à son arrivée. À peine eut-il franchi le seuil de la porte qu'il se déchaîna contre Eleanor, gueulant qu'elle ne valait pas mieux que n'importe qui d'autre, et que lui ne valait pas moins qu'un autre. Convaincu qu'elle était snob et par conséquent antisémite, il lui raconta que son père, l'équarrisseur de pierre W.O. Wolfe, était rabbin. Cela la fascina. De frustration, Tom se leva de table, ôta sa veste pour lui en montrer l'étiquette et s'exclama : « Elle provient du meilleur tailleur de Londres ! »

Max tenta de dissimuler sa vulgarité en plaisantant du mieux qu'il put, mais comprit que seul son départ permettrait d'y mettre un terme. Puis, Wolfe en personne, en larmes, se leva et se dirigea vers la porte. Perkins le rattrapa dans l'entrée et tenta de le convaincre de rester et de faire preuve de courtoisie. Grosse erreur. Tom regagna sa chaise, mais reprit le même discours. Il se jeta sur chacune des paroles d'Eleanor, plus acrimonieux que jamais, jusqu'à ce qu'il brandisse son index devant elle – après un commentaire qui l'avait excédé – et déclara : « C'est aussi faux que... que cet œil ! »

Eleanor voulut prendre congé et rentrer à l'hôpital. Tom lui proposa de la raccompagner, mais Perkins prit les devants. Les deux hommes se retrouvèrent ensuite pour un verre au Manny Wolf's, et Tom reprit son invective. Perkins finit par en avoir assez. « Pour la première fois de mon existence, se remémora-t-il dix ans plus tard, j'ai perdu mon sang-froid et l'ai incendié. Quand je m'emporte, j'ai tendance à crier, et donc à attirer l'attention. » Max s'en prit à lui avec une telle véhémence que le serveur l'applaudit. Quelques semaines plus tard, Eleanor fut de nouveau invitée à dîner chez les Perkins, pour que Tom fasse amende honorable. « Il s'est présenté très humblement, avec un énorme bouquet de roses », se rappela l'éditeur. Tom lui présenta ses excuses et bredouilla quelques paroles bien intentionnées, mais il en voulait énormément à Max de l'avoir obligé à s'aplatir de la sorte devant elle.

Durant toute l'année, Perkins eut l'impression que Tom le jaugeait : il testait aussi bien son amitié que sa patience et sa confiance dans le travail de l'auteur. Un jour, il annonça même à Perkins qu'il avait fait lire son dernier manuscrit à l'un des éditeurs de Viking Press et que celui-ci lui avait conseillé de ne pas le publier. Wolfe avait été ravi de voir Perkins réagir violemment à cette fausse provocation. « Je n'aurais pas dû le croire, confia l'éditeur, mais Tom réussit toujours à me berner avec ce genre de déclarations. » Il s'était aperçu que « curieusement, Tom n'avait aucune confiance en lui et était persuadé qu'aucune autre maison d'édition n'aurait voulu de lui. Il nous signalait régulièrement qu'il allait nous quitter, mais je crois que c'était dans le simple but de voir ma réaction. Jusqu'à la fin du printemps 1936. »

Il avait le sentiment que Wolfe était à la recherche du moindre prétexte pour aller au conflit. « Je ne dis pas qu'il inventait délibérément des excuses pour nous quitter, écrivit-il des années plus tard, mais, même s'il ne s'en rendait pas encore compte, les véritables raisons étaient si fortes qu'il croyait que chacun de ses prétextes était sérieux. »

Wolfe travaillait désormais sur un livre qui mêlerait la préface originale du *Temps et le Fleuve* et des extraits des cours magistraux et des séminaires qu'il avait donnés à Boulder. Il ne s'agirait pas du tout de fiction, mais d'un essai inspiré de la réalité, intitulé *The Story of a Novel*.

En fait, le principe de ce livre est né d'une idée de Perkins, comme le reconnaît l'auteur au début de l'ouvrage : « Un éditeur, avec lequel je suis par ailleurs très ami, m'a confié il y a un an de cela qu'il était navré de ne pas avoir tenu de journal à propos du travail que nous avons tous les deux mené [sur *Le Temps et le Fleuve*], du début à la fin, les milliers d'ajustements, les modifications, les victoires et les redditions qui font partie de la conception d'un livre. Cet éditeur a reconnu que, par moments, celui-ci était formidable, souvent incroyable et toujours surprenant. Il s'est aussi montré suffisamment aimable pour m'avouer qu'il s'agissait de l'expérience la plus intéressante qu'il ait vécue en vingt-cinq ans de carrière. »

Wolfe raconta leur histoire et en fit un petit livre que le *Saturday Review of Literature* proposa de publier en sous forme de feuilleton. Au fond de lui, Perkins craignait que Tom enjolive le rôle qu'il avait tenu tout au long de la préparation du *Temps et le Fleuve*. Il estimait avoir déjà été suffisamment mis en valeur. Wolfe décrivait en détail le travail de son éditeur, sans jamais mentionner son nom. L'unique correction que Max lui demanda sur ce livre fut la suppression de deux ou trois paragraphes qu'il jugeait inutilement politisés et par conséquent « éloignés de l'objectif du livre, qui consistait à montrer à quel point il était écœuré par la pauvreté et l'injustice dont il était témoin un peu partout ». Mais, comme Max le redoutait, tout ce que Tom avait été incapable d'exprimer à son sujet dans la dédicace de son dernier roman figurait dans ce livre. Comme si Wolfe, en rendant un hommage appuyé à Perkins, tentait de se racheter pour avoir moins de mal à se débarrasser de lui – comme il avait tenté de soulager sa conscience à propos d'Aline Bernstein avec de l'argent.

Chaque jour, Wolfe avait pris l'habitude de venir chercher son courrier chez Scribner, à 16 h 30. C'était une bonne excuse pour faire une pause, et il était important pour lui de pouvoir observer les employés de Scribner qui avaient fait partie de sa vie au cours des six années précédentes. Si ses éditeurs l'ignoraient encore, il les jaugeait, aussi bien en tant que partenaires commerciaux que future source d'inspiration littéraire.

Wolfe s'apercevait que même s'il était resté seul une grande partie de son existence, jamais il n'avait été réellement indépendant. Il était désormais entré dans l'une de ces phases où il se devait de mettre de l'ordre dans son esprit – en se débarrassant de tous ceux sans qui il pensait pouvoir vivre. Ce genre de décision allait naturellement nuire en premier lieu à Aline Bernstein et à Max Perkins. Il récupéra donc le manuscrit de *L'Ange exilé*, le livre sur lequel ils avaient tous deux énormément travaillé, et calcula que sa vente permettrait de rembourser définitivement la dette qu'il avait envers Mrs. Bernstein. Au cours des mois qui suivirent, il insista auprès d'Aline et chercha à impliquer l'éditeur dans les négociations. Il lui avait offert ce manuscrit, mais lui demandait désormais d'écrire à Max que c'était une contrepartie aux sommes d'argent qu'elle lui avait versées. Elle savait bien sûr que ce n'était pas le cas. « J'ai compris au moment où vous me l'avez offert qu'il s'agissait d'un présent pour célébrer notre amour et notre complicité, d'un témoignage des sentiments que vous éprouviez envers moi à cette époque, écrivit-elle à Tom. Jamais je ne pourrai le considérer autrement. » Toutefois, dans la semaine, il la persuada d'écrire à Perkins tout ce qu'il lui dicta. Elle s'était aperçue, avoua-t-elle à l'écrivain, qu'elle avait été idiote de se laisser convaincre, mais, lui expliqua-t-elle dans une autre lettre : « Je vous aime beaucoup. »

Ses discussions avec Perkins se firent de plus en plus âpres et perdirent toute trace d'humour. Même lorsque Louise tenta de recoller les morceaux en invitant Tom chez eux, Wolfe poursuivit ses attaques. Un soir, la dispute fut si violente que les deux hommes faillirent en venir aux mains. Retrouvant rapidement son calme, Max préféra aller se coucher. Tom sortit en claquant la porte. Le soir même, Louise lui écrivit : « Écoutez, Tom. Jamais vous n'accepteriez que quelqu'un se montre aussi agressif que vous l'avez été ce soir ! Vous savez qu'il est votre ami – un véritable ami –, et que c'est quelqu'un de respectable. Cela ne vous suffit-il pas ? Je vous en prie, cessez de vous conduire de la sorte. C'est en partie parce que j'ai été méchante avec lui et parce que je l'ai déçu que je vous supplie de changer d'attitude. »

Les longues heures que Max avait passées avec Wolfe durant toutes ces années l'avaient éloigné de sa femme. Au fond, Louise lui en voulait d'avoir accordé tant d'attention à l'écrivain. Pour ne pas rester seule, Louise faisait du théâtre. Elle connaissait un large répertoire de rôles classiques et pouvait réciter par cœur des monologues, des discours et des poèmes. L'auteur dramatique Edward

Sheldon, l'un des amis de Max depuis Harvard, lui avait soutenu qu'elle avait « suffisamment de talent pour faire carrière sur scène ». Un soir, lors d'un dîner auquel les Perkins et Wolfe avaient été invités, Max et Tom se lancèrent dans une discussion passionnée au sujet de la littérature. Désirant participer à la conversation, mais s'apercevant qu'il allait lui être difficile de les interrompre, Louise donna un petit coup de coude à son voisin de table avant de lui chuchoter : « Demandez-moi de réciter, demandez-moi de réciter ! »

À ce sujet, Elizabeth Lemmon déclarerait : « Louise était jalouse de Max. Elle voulait constamment être au centre de l'attention. » Mais sans doute est-il plus juste de dire que c'était grâce à sa personnalité que Louise était à même d'entrer en contact avec les autres et de capter leur attention, tandis que c'était l'attitude distante de Max qui interpellait. En général, lorsque ce dernier avait une opinion négative sur quelqu'un, il la gardait pour lui. Un jour, quand l'un de ses interlocuteurs fit remarquer que tel auteur était un salaud, il lui répondit : « Oui, mais il n'en est pas conscient. » Louise, en revanche, avait les émotions à fleur de peau, et il n'était pas rare qu'elle fasse connaître son mépris. À la fin d'une autre soirée, tout au long de laquelle elle avait asticoté Tom Wolfe, elle avait regardé son contradicteur droit dans les yeux, avant de finalement déclarer à une amie : « Mince, ce qu'il peut me haïr. Et ce que je peux le haïr ! » Sa remarque avait été tout juste audible, mais Tom dressa l'oreille : « Pas du tout, Louise, intervint-il d'une voix grave et traînante. J'ai énormément d'admiration pour vous. » Max n'avait pas l'ouïe assez fine pour saisir la suite de la conversation, ce qui lui sembla tout aussi bien. À d'autres occasions, il était arrivé à Tom et Louise de s'entretenir jusqu'au bout de la nuit de l'amour et du respect qu'ils avaient chacun pour Max, et lorsqu'ils finissaient par se comprendre l'un et l'autre, leur rivalité s'estompait.

Alors qu'elle approchait des 35 ans, aussi bien pour faire plaisir à Max que pour satisfaire ses propres désirs créatifs, Louise se remit à l'écriture. Son mari fut ravi de la voir se rendre régulièrement au studio qu'elle avait loué sur la 2e Avenue. Elle parvint à vendre plusieurs nouvelles et quelques poèmes. Par le passé, elle avait composé des pièces de théâtre pour enfants (un florilège intitulé *Magic Lanterns* est toujours édité, depuis sa parution en 1923), mais, en 1936, Louise s'attela à un défi nettement plus stimulant : elle s'inspira de leur voisine, Katharine Hepburn. Louise lui écrivit une pièce en neuf scènes sur Pauline Bonaparte. Il s'agissait d'une pièce en costume aux dialogues incisifs et aux préoccupations plus importantes que les robes et les bijoux du personnage. L'obsession de longue date de Max pour Napoléon l'avait sans aucun doute incitée à s'intéresser à l'époque, mais ses propres recherches lui avaient fait développer une certaine fascination pour Pauline. Elle trouvait la relation entre cette dernière, la femme la plus passionnante de la cour, et son grand frère Napoléon très proche de celle qu'elle entretenait elle-même avec Max. Comme Louise, Pauline Bonaparte était « capable de se piquer une colère de chaton » ; elle avait une compréhension enfantine de la politique, et une passion pour le théâtre ; et elle vivait sous l'emprise d'un homme qu'elle idéalisait, même s'il l'empêchait de s'épanouir aussi vite qu'elle l'aurait souhaité. Dans la cinquième scène, lorsque Napoléon congédie Armand de Canouville, l'amant de Pauline, celle-ci déclare : « Je suis lasse de toutes ces déceptions et de ces peines. J'ai le sentiment d'avoir été traînée sur les pavés par la voiture de Napoléon. Mon existence, malgré toute l'intensité que j'y ai mise, s'est soldée par un échec. »

Pourtant, comme c'était le cas de Louise pour Max, Pauline demeurait le plus fervent défenseur de Napoléon. « Quand on me déteste, dit-elle, j'en suis navrée, et je tente de me faire aimer à nouveau. Mais lorsque quelqu'un déteste Napoléon, je le hais de tout mon cœur, au point de souhaiter sa mort. » La réflexion de Pauline quant à l'abdication de son frère pour le bien du pays correspond en tout point aux sentiments de Louise pour son mari, surtout après l'avoir vu soumis durant des années aux mauvais traitements de certains auteurs et à de nombreux sacrifices personnels. « Son âme est tel un éclair. [...] Qu'importe ce qu'on lui fait, jamais on ne pourra éteindre la lumière qui l'anime. Je l'aime désormais plus que quiconque, et je lui resterai fidèle jusqu'à ma mort. »

« C'était un être charmant – en quête d'un idéal inaccessible, il me semble –, qui vivait dans l'ombre d'un homme remarquable », déclara Katharine Hepburn au sujet de Louise Perkins. L'actrice considérait *Pauline* comme une « pièce sympathique », avec quelques défauts parfaitement remédiables. Mais Louise s'y consacrait, au mieux, de manière sporadique et ne parvint jamais à en résoudre les problèmes. « Ma mère était une femme très énergique, raconta sa fille Peggy, mais elle détestait travailler dur et était incapable de s'y contraindre, ce qui est sans doute la raison pour laquelle elle n'a pas écrit davantage. »

Les deux femmes, Louise et Katharine, tissèrent des liens d'amitié, mais l'actrice n'eut jamais véritablement l'occasion de faire la connaissance de Max. « Il montait ou descendait la 49e Rue soit en silence, soit en discutant avec mon chauffeur – que l'on surnommait le "maire de la 49e Rue" –, se remémora-t-elle. J'espérais qu'un jour il m'adresserait la parole. » Mais ce ne fut jamais le cas.

*

* *

Avant l'impression de *The Story of a Novel*, prévue pour le 29 avril, Perkins et Wolfe finirent par régler les détails contractuels de ce livre. Le petit essai étant nettement plus court que les livres que l'on trouvait habituellement sur le marché – sans parler de ses précédents romans –, il faudrait le vendre moins cher, ce qui empêcherait Scribner de rentrer rapidement dans ses frais. Perkins proposa par conséquent à Wolfe des droits d'auteur moins élevés sur le premier tirage. Tom accepta de renoncer à ses 15 % habituels et de se contenter de 10 % sur les trois mille premiers exemplaires. Toutefois, juste avant la parution, Wolfe apprit que le livre serait vendu un dollar cinquante, et non 1,25, comme on le lui avait laissé entendre. Il était furieux. Scribner lui versait des droits d'auteur plus faibles tout en vendant le livre plus cher. Il voulait voir Perkins pour discuter de ce problème, et ne tarda pas à se lancer dans l'une de ses diatribes injurieuses. Le lendemain matin, il lui rédigea un mot d'excuse. « Les paroles que j'ai prononcées sont inexcusables. Je tiens à vous assurer que j'en suis parfaitement conscient et vous demande de n'en tenir aucun compte. »

Cependant, Tom se sentait très concerné par ce problème. Il n'avait aucune envie de souffler sur les braises, mais s'il avait accepté ces conditions, c'était parce que Max lui avait garanti que sa publication en soi en valait largement la peine. Il demanda à l'éditeur de rétablir son ancien pourcentage pour prouver qu'on n'avait pas profité de lui. « Voilà maintenant sept ans que vous êtes mon ami, l'un des meilleurs que j'aie jamais eus, lui écrivit-il. Je n'ai pas envie de vous voir faire ce genre de chose maintenant, même si c'est sans doute légal et techniquement faisable, car, à mes yeux, il s'agit d'une pratique commerciale douteuse. » Wolfe lui accorda que ce n'était certainement pas lui qui avait fixé le prix du livre et le montant des droits, mais, ajouta-t-il : « Je sais aussi de quelle manière j'ai envie de vous voir réagir si vous êtes réellement mon ami. »

Wolfe s'indigna de plus en plus, chaque jour un peu moins accommodant. « Si votre refus est définitif, et si vous insistez pour que je m'en tienne aux termes du contrat que j'ai signé pour *The Story of a Novel*, ne croyez-vous pas que je serais fondé, comme n'importe qui d'autre, compte tenu du fait que les relations que j'ai tissées avec vous et Scribner étaient avant tout de nature professionnelle et commerciale, et puisque vous profitez ainsi de la situation, d'en faire autant, si l'occasion se présentait ? Ou croyez-vous que cela ne fonctionne que dans un sens ? Je ne pense pas que ce soit le cas, et je ne suis pas sûr que qui que ce soit d'impartial serait de cet avis. Vous n'avez pas le droit d'exiger la loyauté et le dévouement d'un homme d'un côté et de profiter de lui d'un autre. »

Le lendemain, Perkins fit en sorte que les droits de Wolfe pour *The Story of a Novel* soient de nouveau fixés à 15 %. La différence de revenus pour Wolfe s'élèverait à deux cent vingt-cinq dollars. « Nous n'avons aucunement l'intention de provoquer un tel ressentiment ni de perdre notre temps pour une si petite somme », lui fit-il savoir. Il ne voulait pas empêcher l'auteur d'agir au mieux de ses intérêts, mais il avait conscience que Wolfe avait donné à cet incident des proportions déraisonnables. « Je n'ai aucune envie qu'à cause de moi vous fassiez ce que vous considérez comme un sacrifice. Je sais que vous pensez avoir raison, que vous croyez sincèrement à ce que vous m'avez écrit dans cette lettre. Je n'ai jamais douté de votre sincérité et n'en douterai jamais. Je regrette que ce ne soit pas réciproque. »

Dès que l'éditeur eut rétabli ses droits d'auteur à 15 %, Wolfe refusa, préférant s'en tenir à sa signature. « Cela vaut également pour l'ensemble de mes obligations », garantit-il à Max. Il lui était soudain venu à l'esprit que « la vie est trop courte pour se quereller de la sorte avec un ami à propos d'un sujet qui a si peu d'importance ». Il lui expliqua qu'il avait pris sa décision avant de recevoir la lettre de Max. Il avait même tenté de l'appeler et de le rencontrer, rien que pour lui assurer qu'« aucun contrat au monde ne vaut votre amitié ». Il souhaitait s'atteler à son nouveau livre. Pour cette raison, il ajouta : « J'ai plus que jamais besoin de votre amitié et de votre soutien. »

Peu de temps après, un après-midi, alors que Perkins rentrait chez lui après le travail, Tom le rattrapa et lui annonça avec une insistance inhabituelle qu'il souhaitait s'entretenir avec lui. Ils tournèrent dans la 49e Rue pour se rendre au Waldorf Hotel plutôt qu'au Manny Wolf's, leur établissement de prédilection. Dès qu'ils se furent installés au comptoir, l'écrivain fit allusion aux dernières critiques que l'on avait proférées à son endroit. Puis il répéta qu'il souhaitait se lancer dans l'écriture d'un livre non autobiographique et totalement objectif.

« Il semblait désespéré, écrivit Max, des années plus tard. S'il souhaitait écrire de manière objective, ce n'était pas uniquement à cause des critiques, mais aussi parce qu'il s'était aperçu qu'il avait fait souffrir jusqu'à ceux qu'il aimait le plus. » Il faisait référence à la famille de Wolfe, à Asheville.

L'auteur lui décrivit ensuite son projet. Perkins fut transporté. Lorsque Tom exprima des doutes sur sa capacité à concevoir un tel livre, l'éditeur lui rétorqua qu'il n'avait aucune raison d'hésiter, et qu'il avait toujours su qu'un jour l'écrivain devrait s'attaquer à ce genre de livre, et qu'il était le seul aux États-Unis à pouvoir mener à bien une telle entreprise.

Wolfe avait intitulé ce livre *The Vision of Spangler's Paul*. Il se mit aussitôt au travail et ne tarda pas à imaginer une histoire de bout en bout : il ne s'était inspiré d'aucune de ses connaissances pour créer ses personnages. Durant des chapitres entiers, il se contraignit à user d'un style volontairement dépouillé, tellement dépourvu de fioritures que cela ne ressemblait à aucun autre de ses écrits. Il avait renoncé à l'abondance de lyrisme et de poésie dont il était coutumier, mais gagné en compacité ainsi qu'en objectivité.

Tom, d'après ses propres termes, s'était « remis à avancer comme une locomotive ». Un jour de ce printemps-là, à 3 heures du matin, une voisine des Perkins, l'auteur de Max, Nancy Hale, perçut les notes de plus en plus fortes d'une psalmodie monotone. Elle se leva de son lit et regarda par la fenêtre, qui donnait sur la 49e Rue, non loin de la 3e Avenue. Elle aperçut alors Thomas Wolfe, vêtu d'un imperméable et d'un chapeau mou noirs, marchant d'un pas de randonneur en scandant : « J'ai écrit 10 000 mots, aujourd'hui... J'ai écrit 10 000 mots, aujourd'hui... »

« Dieu sait quel en sera le résultat, écrivit Perkins à Elizabeth Lemmon, mais je sens que ça va m'achever. Je m'attends à une bataille plus acharnée que pour *Le Temps et le Fleuve*, à moins qu'il se décide à changer d'éditeur entre-temps. » Tom nomma le personnage principal Paul Spangler, puis Joe Doaks et George Spangler. Plus tard, il opta pour le nom de famille Joyner, qu'il abandonna finalement pour celui de Webber. À chacun de ces changements, Wolfe s'approchait inévitablement d'un format qu'il connaissait bien : l'autobiographie. À l'exception de quelques traits physiques, George Webber ressemblait en fait à Eugene Gant, le héros de *L'Ange exilé* et du *Temps et le Fleuve*.

Mais, au moins, Wolfe s'était volontiers lancé dans un nouveau roman, et Max aurait ainsi pu croire que ses problèmes appartenaient au passé, hormis, naturellement, son fatalisme indéracinable de Yankee qui se manifestait chaque fois que tout allait trop bien. Quelques jours plus tard, dans le numéro du 25 avril 1936 du *Saturday Review*, Bernard DeVoto, l'ennemi juré de Thomas Wolfe, lui donna des raisons de s'inquiéter.

Une photo du journaliste, le sourire jusqu'aux oreilles, posant avec un revolver armé, illustrait son article intitulé « Le génie ne suffit pas ». C'était Wolfe qu'il visait. Plusieurs paragraphes plus loin, DeVoto faisait remarquer que, pour partie, les progrès de Wolfe n'étaient guère visibles. « Enfin, écrivait-il, *The Story of a Novel* met un terme aux supputations et fournit quelques explications aussi inattendues que bienvenues. » Puis il expliquait :

« La preuve la plus évidente de son inachèvement est le fait que, jusqu'à présent, une part indispensable de l'artiste ait existé non en Mr. Wolfe, mais en Maxwell Perkins. Ainsi, la faculté d'organisation et l'intelligence critique nécessaires au livre ne viennent pas des tripes de son auteur, ni de son goût pour la forme ou l'esthétique, mais des bureaux de Charles Scribner's Sons. Depuis cinq ans, l'artiste déverse ses phrases « comme la lave incandescente d'un volcan » sans avoir la moindre idée de leur but, du livre dans lequel elles paraissent, de la relation qui lie une partie à une autre, de ce qui est logique ou hors de propos, ni de la force et de la couleur que le travail qu'on lui demande aura dans l'œuvre finale. C'est Mr. Perkins qui décide de ces questions, de l'extérieur, et en suivant un procédé que la rumeur qualifie d'« assemblage ». Mais on ne peut pas assembler des œuvres d'art comme s'il s'agissait de carburateurs. Il faut les faire pousser comme des plantes, ou, comme aime à le dire Mr. Wolfe, comme des embryons. L'artiste écrit 100 000 mots au sujet d'un train, mais Mr. Perkins décide que la scène n'en vaut que 5 000. Ce n'est pas à lui de prendre ce genre de décision. C'est à l'artiste d'en juger, de faire son autocritique en fonction du rythme qu'il souhaite donner à son livre. Pire encore, l'artiste continue d'écrire en attendant que Mr. Perkins lui annonce que le roman est achevé. [...]

« Mr. Wolfe sait écrire de la fiction, il est l'auteur des meilleurs romans de notre époque. Mais une grande partie de son œuvre n'est pas du tout de la fiction : il ne s'agit que de texte contre lequel le romancier s'est battu avant de s'avouer vaincu. [...] Mr. Perkins et la chaîne d'assemblage de chez Scribner ne lui seront jamais d'aucune utilité. [...]

« On ne peut que respecter la détermination avec laquelle Mr. Wolfe cherche à se réaliser au plus haut niveau et à atteindre l'excellence. Mais, si utile puisse être le génie dans l'écriture de romans, celui-ci ne suffit pas. Il n'a jamais été suffisant, quel que soit l'art, et ne le sera jamais. Il faut au moins qu'il soit soutenu par la capacité de donner forme à un texte, de se servir d'outils simples. Tant que Mr. Wolfe n'aura pas développé une plus grande maîtrise de son art, on ne pourra pas le considérer comme un romancier de premier plan. Pour cela, il lui faudra maîtriser ses émotions afin de donner un peu plus de profondeur à ses personnages, et aussi mettre un corset à sa prose. Encore une fois, seul son savoir-faire lui permettra de procéder à ces améliorations. Elles ne pourront jamais se produire dans le bureau d'un éditeur. »

D'un coup d'un seul, DeVoto avait fait voler en éclats le sentiment d'accomplissement de Wolfe. Il y avait une différence entre le fait de rendre justice à Perkins et celui d'accepter que les critiques retournent son geste contre lui pour donner l'impression que ses livres sortaient d'une « usine ». Wolfe se déchaîna contre DeVoto auprès de tous ceux qui voulaient bien l'écouter, mais, au fond de lui, c'était certainement à Max qu'il en voulait le plus. Le fait que ce dernier, préférant éviter ce genre de notoriété, ait toujours aspiré à rester dans l'ombre, lui était complètement égal tant il était dominé par ses émotions. Max lui avait expressément expliqué qu'il fallait que l'éditeur reste en retrait. À présent, grâce à DeVoto, il allait à tout jamais figurer sous le feu des projecteurs. Tom serait incapable de le supporter bien longtemps, et personne n'était mieux placé que Max pour le savoir.

– 16 –

La lettre

« *The Story of a Novel* est insupportable », écrivit Marjorie Kinnan Rawlings à Max Perkins. À cause de la franchise, de la férocité et de la beauté d'expression des angoisses de l'auteur, elle avait trouvé la lecture de cet ouvrage des plus pénibles. « Quand il sera un peu plus apaisé, ce sera le plus grand artiste américain de tous les temps. » Dans la même lettre, elle lui avoua une autre de ses certitudes : « Quand on sera tous morts, il y a de fortes chances que l'on vous considère comme le plus grand – et sans doute le plus malin – d'entre nous. »

Son dernier roman, *Les Pommes d'or*, n'ayant pas vraiment marqué les esprits, Marjorie Kinnan Rawlings put finalement se consacrer aux livres de cet écrivain, que Perkins lui avait suggérés quelques années auparavant et n'avait cessé de lui recommander depuis. En mars 1936, elle se claquemura dans une cabane abandonnée afin d'y écrire un livre pour enfants au sujet d'un garçon qui élevait un jeune animal en pleine nature. Elle demanda à Max ce qu'il pensait du titre *Le Faon*. « Je suis ravi que vous ayez poussé à ce point la réflexion sur votre prochain livre, lui répondit-il. Je trouve qu'il s'agit d'un bon titre, mais je ne suis pas sûr que ce soit le plus judicieux, car il pourrait sembler un peu trop poétique, voire sentimental. » L'auteur accepta de reconsidérer son choix.

Mrs. Rawlings ayant du mal à commencer son roman, elle demanda souvent conseil à l'éditeur. Elle ne cessa également d'évoquer les lettres qu'il lui avait envoyées en 1933, surtout l'une d'elles dans laquelle il déclarait : « Cela nous plairait beaucoup que vous écriviez un livre à propos d'un garçon vivant en pleine nature. Ce sont ces merveilleuses explorations sur les cours d'eau, la chasse, les chiens, les armes à feu et la camaraderie avec des personnes simples aux centres d'intérêt identiques à ceux des personnages du *Whisky du clair de lune.* » Elle finit par accepter trois points soulevés par l'éditeur : plutôt que d'écrire pour un garçon, mieux valait qu'il s'agisse d'un livre « sur » un garçon. Elle s'aperçut également que les intrigues complexes n'étaient pas son point fort, et qu'il était préférable qu'elle enchaîne de courtes séquences. Enfin, elle constata que ce qu'elle réussissait le mieux, c'étaient des histoires locales inspirées par les zones marécageuses qu'elle connaissait bien, et non celles qu'elle pouvait tirer de son imagination. Elle rédigeait des scènes sur les alligators, les serpents à sonnettes, les meutes de loups, la danse des grues, les Américains du nord-est des États-Unis en 1871, et les inondations qui suivirent.

Marjorie souhaitant une chasse à l'ours dans son histoire, elle battit la campagne à la recherche de quelqu'un de suffisamment expérimenté. Elle tomba sur un vieux pionnier bourru qui vivait sur la rive du fleuve Saint Johns, un fameux « dur à cuir » de la région. Elle logea chez lui jusqu'à ce qu'elle ait recueilli assez d'anecdotes, d'histoires de chasse et de détails sur la vie dans les régions sauvages pour pouvoir agrandir son panel de personnages et ajouter quelques scènes spectaculaires. De retour à sa cabane, elle dessina les contours de son roman, puis écrivit à Perkins : « Tout sera raconté du point de vue de l'enfant. Il aura 12 ans environ, et l'action se déroulera sur une période relativement courte, pas plus de deux années. Je souhaite profiter de son regard avant que la puberté s'en mêle et lui ôte une part d'innocence. Les garçons vont adorer ce livre, et si le résultat est à la hauteur de mes espérances, il plaira aussi à ceux qui ont aimé *Le Whisky du clair de lune*. Ce n'est que depuis la parution des *Pommes d'or* que j'ai compris ce qui intéressait mes lecteurs. Je ne dis pas que j'écris pour quelqu'un en particulier, mais je me sens désormais libre de me consacrer uniquement aux détails qui me touchent et qui, étonnamment, séduisent aussi les autres – sans doute principalement en raison de la sincérité de ma démarche. [...]

« S'il vous plaît, ne me faites pas l'une de ces réponses mesurées qui vous sont coutumières, du genre : "Faites comme bon vous semble." Je veux vraiment connaître votre avis. »

Perkins répondit : « Quand j'écris "faites comme bon vous semble", c'est parce que j'ai toujours été convaincu – et je ne vois pas comment l'on pourrait être contre – qu'il fallait faire des livres de la façon dont leurs auteurs les avaient imaginés, et que les soucis d'édition étaient secondaires. Autrement dit, il est préférable que l'éditeur évite de pousser ses auteurs à adapter leurs livres en fonction du marché, etc. Au contraire. »

Perkins voulait que Marjorie Rawlings se fie à son talent. Ce qui ne l'empêcha pas, à l'occasion, de lui faire quelques suggestions. Il l'encouragea à décrire la descente d'une rivière, « parce que c'est si agréable, les rivières. Et les voyages, dans un récit, sont toujours appréciés, surtout par les jeunes ». Il lui assura que le livre se vendrait bien si elle parvenait à lui donner une simplicité naturelle. « Je ne serais pas étonné que ce soit votre meilleur livre, lui annonça-t-il, et aussi celui qui se vendra le mieux. »

Comme un certain nombre des auteurs de Perkins, Mrs. Rawlings était souvent victime de périodes de doute et de dépression. Elle lui demanda de l'aider à les surmonter : « Je suis sous votre responsabilité, Max, et il faut vraiment que vous m'écriviez au moins tous les quinze jours. Parfois, seule une lettre de votre part peut me remonter le moral. Quand tout le reste s'écroule, cela me permet d'avoir la certitude qu'il est très important pour vous de savoir si j'ai rédigé telle ou telle partie, et de quelle manière. »

Jamais il ne la délaissa.

Après six mois d'écriture, Marjorie Rawlings était encore à la recherche d'un titre. Elle lui envoya une liste de propositions pour lui demander son avis. Il n'aimait pas trop *La Roue à aubes*. À propos de *L'Île aux genévriers*, il déclara : « Je ne trouve pas que les noms de lieux fassent de bons titres de livres. Ils ne laissent pas assez de place à l'humain. » Au sujet de sa troisième proposition, il confessa : « Le sens convoyé par *Le Faon* me semble fort judicieux. » Plus il y réfléchissait, plus il était convaincu. Il lui écrivit de nouveau au printemps 1937 : « Au-delà de sa signification, ce titre semble avoir des qualités qui correspondent parfaitement au livre. » Ils le conservèrent, et le livre s'intitula *The Yearling*[1].

Après avoir passé près d'un an sur son roman, Mrs. Rawlings douta brusquement de la qualité de l'écriture et jeta le manuscrit. Lorsqu'elle l'annonça à Perkins, celui-ci en fut bouleversé, mais n'eut d'autre choix que de l'inciter à s'y remettre. Ne cessant de recevoir des lettres d'encouragement de sa part, elle finit par reprendre la plume. Plus lentement, mais avec plus d'assurance.

En décembre 1937, elle lui fit parvenir son manuscrit. Il mit des jours à le lire, mais, comme il le lui avoua, c'était bon signe. « Plus un livre est bon, plus je prends mon temps. Je trouve d'ailleurs la seconde partie meilleure que la première, et le récit de mieux en mieux. Mais le début est parfait, désormais, me semble-t-il, et naturellement, le père, la mère et la description de leur mode de vie, le passage où Jody va sur l'île, tout cela me paraît impeccable. » Considérant que certaines parties du roman avaient un côté un peu trop théâtral et étaient teintées d'un trop grand romantisme, il proposa de les sacrifier afin de préserver le naturalisme de l'ensemble, la description sincère d'un milieu parfois cruel, voire terrifiant. *Jody et le faon* regorgeait de personnages coriaces, rappela-t-il à Mrs. Rawlings, et il fallait « que cette dureté soit plus présente ».

Le précédent roman de l'auteur avait joué de malchance, mais, pour celui-ci, tout se passa bien. Le Livre du mois en fit sa sélection du mois d'avril 1938. Depuis la crise de 1929, les ventes de livres avaient chuté de deux tiers, mais *Jody et le faon* obtint un succès monstre du jour au lendemain. Il remporta également le prix Pulitzer.

*
* *

Deux ans avant cette récompense, en juin 1936, Marjorie Rawlings était partie pour les îles Bimini avec un ami, faire de la pêche au gros. Sur place, elle découvrit qu'Ernest Hemingway

1. *The Yearling* est le titre original de *Jody et le faon*, paru en 1955 aux éditions Albin Michel.

était devenu un héros de légendes populaires. La dernière histoire en vogue racontait comment il s'en était pris à un type qui l'avait traité de « gros porc fainéant ». « Tu peux me qualifier de "fainéant", lui avait-il expliqué, mais pas de "gros porc fainéant". » Puis il lui avait assené un coup qui l'avait projeté à terre. Les natifs des Bimini avaient mis l'incident en musique : lorsqu'ils étaient certains qu'Hemingway n'était pas dans les parages, ils entonnaient sur un rythme calypso : « Le gros porc fainéant a débarqué en ville. »

Quand Hemingway apprit que l'un des auteurs de Perkins se trouvait au même endroit que lui, il lui rendit visite. « Vu l'affection que vous lui portez, j'aurais dû me douter qu'il ne s'agissait pas d'un ogre, répondit Marjorie à l'éditeur, mais tant de rumeurs circulent sur son compte à Bimini que je craignais qu'il m'annonce d'une grosse voix qu'il ne supportait pas les femmes écrivains. Mais c'est plutôt un homme sensible, tendu et sympathique qui, avec délicatesse, a pris ma main dans sa grosse patte et m'a avoué que c'était un grand admirateur de mon travail. »

La veille du départ de Marjorie, Hemingway lutta six heures et cinquante minutes avec un thon de plus de 230 kg. Lorsque son *Pilar* rentra au port, à 21 h 30, tous les habitants de l'île s'étaient agglutinés pour voir son poisson et entendre son histoire. « Un vieil homme prétentieux avec son nouveau yacht et sa jeune fiancée étaient arrivés peu avant, annonçant que la pêche au thon, d'après ce qu'il avait entendu dire, n'était pas si difficile que cela, poursuivit-elle. Alors, tandis que l'on amarrait le *Pilar*, Hemingway surgit du pont inférieur, totalement ivre, en rugissant : "Où est le fils de pute qui a dit que c'était facile ?" La dernière fois qu'on le vit, ce soir-là, il se tenait seul sur le quai où l'on avait accroché le thon géant, s'en servant de punching-ball. »

Durant son bref séjour aux Bimini, Mrs. Rawlings comprit qu'Hemingway était en proie à un conflit intérieur. « C'est un si grand artiste qu'il n'a jamais besoin de se mettre sur la défensive. Il est si formidable, si viril qu'il lui est inutile de frapper qui que ce soit. Pourtant, il protège ce que lui, du moins, considère comme une vulnérabilité. » Elle pensait que c'était surtout dû à ses fréquentations, des sportifs pour la plupart d'entre eux. « Hemingway est toujours au milieu de ces gens, qui l'admirent et l'aiment beaucoup – pour sa personnalité, ses exploits sportifs et son prestige littéraire. J'ai l'impression qu'il attache énormément d'importance à leur opinion – même inconsciemment. Il doit craindre de leur dévoiler les souffrances qu'endurent les artistes. De lever devant eux le rideau qui dissimule la beauté que l'on ne peut révéler qu'aux plus respectueux. Alors, comme dans les pages de *Mort dans l'après-midi*, il écrit merveilleusement, puis, soudain, il s'interrompt avec un commentaire désinvolte ou une grossièreté délibérée. Ses amis sportifs n'en comprendraient pas la beauté. Ils se contentent de rire avec délice de tant d'impertinence. »

Cette année-là, en 1936, Hemingway vécut ce qu'il appelait en français une « belle époque ». Il avait écrit deux nouvelles dont l'action se déroulait en Afrique, et il en était très satisfait. À son retour des Bimini, il se rendit dans le Wyoming, où il se mit au travail sur son nouveau roman. Tout ce que Perkins savait sur ce livre, c'était que l'action se déroulait dans les Keys, à La Havane, et sur les eaux des Caraïbes, et que Harry Morgan, le héros de deux des nouvelles parues dans les colonnes d'*Esquire*, en serait le personnage principal. « Je n'ai aucune idée de l'intrigue », écrivit-il à Jonathan Cape, qui travaillait pour la maison anglaise d'Hemingway. Mais il imaginait que certains des « personnages seront certainement des mariniers vivant de pêche et de contrebande et seront mêlés de près ou de loin aux révolutions cubaines, et le passage le plus important se déroulera pendant un cyclone. Cela me paraît très bien, et j'attends le résultat avec impatience. »

Les vertes collines du Wyoming se révélèrent un excellent substitut à celles d'Afrique. Hemingway y vint à bout de deux antilopes, trois grizzlis et 55 000 mots. Il s'était fixé pour objectif d'achever son premier brouillon, de le déposer dans un coffre, puis de partir pour l'Espagne. Chaque fois que l'auteur se mettait en danger, Perkins était mort d'inquiétude ; il l'avait même supplié de laisser les ours en paix tant qu'il n'aurait pas terminé son livre. Mais l'éditeur savait que rien ne pourrait le tenir à distance de la guerre d'Espagne. D'après ce qu'il avait lu dans la presse, lui avait confié Perkins, il était certain que l'on pourrait tirer une histoire magnifique de la défense de l'Alcázar de Tolède lors de son récent siège. « Si vous y aviez participé et que vous en étiez sorti vivant, quelle histoire ! Mais j'aurais préféré que vous évitiez de vous rendre en Espagne. [...] De toute façon, j'espère que vous ferez tout pour pouvoir publier un roman au printemps. Et cela va venir vite ! » Hemingway était déterminé à se rendre sur le front, mais rien ne pressait. Il était convaincu que les Espagnols allaient se battre encore un bon moment.

Au printemps 1936, il s'était remis à agresser Scott Fitzgerald. Dans plusieurs lettres adressées aussi bien à Max qu'à Scott, il s'en prenait à ce dernier, pourtant bien mal en point. Il refusait de croire qu'il était devenu le « Maxie Baer » des écrivains et qu'il vivait désormais dans la misère. Mais l'homme semblait tant vouloir se complaire dans « l'insolence de la défaite » qu'Hemingway n'avait pas eu le choix.

En juin 1936, Fitzgerald retourna à Baltimore, dans un appartement au septième étage, en face de l'hôpital Johns Hopkins. Zelda, toujours aussi malade, avait été transférée au Highland Hospital, une maison de repos près d'Asheville, Caroline du Nord. Scott était encore trop ébranlé pour s'atteler à l'écriture d'un roman, même s'il avait un tas d'idées, surtout des rééditions d'anciens travaux. Il avait sérieusement besoin d'argent, mais il résista un moment à l'envie d'en demander. Puis, en juillet, il quémanda mille cinq cents dollars, directement à Charles Scribner, le président de la maison d'édition. Celui-ci lui fit parvenir un chèque, mais il convoqua également le directeur général de la société, Max. Ils étudièrent tous deux les comptes de l'écrivain et calculèrent que sa dette s'élevait désormais à sept mille cinq cents dollars. « Tout cela est très pénible, et j'espère que ça ne vous fera pas mal à la tête, lui écrivit Scribner en lui joignant un récapitulatif détaillé de l'ensemble des avances qui lui avaient été versées. Mais Max et moi avons trouvé plus convenable, aussi bien pour vous que pour nous, de mettre tous ces chiffres noir sur blanc, pour être sûrs que nous sommes tous d'accord. »

En plus de l'argent de la maison d'édition, Fitzgerald en avait également emprunté à Perkins à de nombreuses reprises – même s'il ne lui avait jamais dû plus de trois mille dollars à la fois. Au cours des dix-huit derniers mois, il lui avait contracté sept emprunts pour un total de mille quatre cents dollars. Perkins écrirait à John Terry, un ami de Thomas Wolfe, à ce sujet : « Je lui ai avancé de l'argent parce que la maison n'avait simplement aucun intérêt commercial à laisser sa dette s'alourdir. Je préférais mettre Scott dans les meilleures conditions pour écrire, et éviter qu'il se fasse escroquer par Hollywood. »

À la mi-juillet, Perkins devant se rendre à Baltimore, il rendit à l'écrivain une courte visite. Les écrits de Scott à propos de cette période illustraient parfaitement ce que Max y découvrit. Dans son article « L'effondrement », il avait dépeint sa profonde dépression de l'hiver précédent, et voilà qu'il en rédigeait un nouveau pour le numéro d'août d'*Esquire* intitulé « Afternoon of an Author » – « L'après-midi d'un auteur » –, décrivant une amélioration : « À son réveil, cela faisait des semaines qu'il ne s'était pas senti aussi bien. C'était une évidence : il ne se sentait plus malade. Il s'appuya un moment contre le montant de la porte qui séparait sa chambre de la salle de bains, jusqu'à ce qu'il ait la certitude qu'il ne serait pas pris de vertiges. Ce ne fut pas le cas, pas même lorsqu'il se baissa pour ramasser l'une de ses pantoufles sous son lit. »

Dans sa nouvelle de 1938, *Les Finances de Finnegan*, un éditeur du nom de George Jaggers, qui renfloue en permanence l'« homme de lettres perpétuellement prometteur » en lui accordant des prêts, déclare : « C'est vrai, Finnegan était en pleine débâcle. Ces dernières années, il a encaissé les coups, mais, aujourd'hui, il est en train de se relever. »

Durant l'été 1936, Fitzgerald remonta la pente. Il vivait entre Baltimore et la Caroline du Nord, près de Zelda, et se sentait bien. Puis, en juillet, alors qu'il nageait dans une piscine près d'Asheville, il exécuta un saut de l'ange d'un plongeoir de cinq mètres. N'ayant pas la condition physique nécessaire à ce genre d'exercice, il fit un plat, se brisa la clavicule et se luxa l'épaule gauche. On lui posa une attelle pour qu'il puisse continuer d'écrire – celle-ci cependant l'obligeait à tendre le bras, comme s'il réalisait un salut nazi.

Pendant sa convalescence, Scott se lança dans une nouvelle version de *Tendre est la nuit* qu'il avait demandé à Bennett Cerf de considérer pour sa Modern Library[1]. Il entama son travail de révi-

1. Maison d'édition américaine fondée en 1917, puis rachetée en 1925 par Bennett Cerf et Donald Klopfer, surtout connue pour ses classements, comme « les 100 meilleurs romans », par exemple.

sion en passant en revue les critiques que Perkins lui avait faites lors de la première adaptation en feuilleton, deux ans plus tôt. Il comprenait à présent pourquoi le début du livre manquait de clarté. Tenant compte de cette remarque, il intervertit la première partie – sur la Côte d'Azur – avec la seconde – l'histoire de Dick Diver –, afin de présenter l'histoire de façon chronologique, sans flash-back. L'autre modification fut la suppression d'une phrase, lorsque Dick déclare : « Je n'ai jamais été homme à faire l'amour à un iceberg. » Désormais, il trouvait que la réplique était « forte, mais incontestablement offensante ».

Outre cette aventure, il se renferma sur lui-même. « Je ne me soucie de rien ni de personne », consigna-t-il dans son journal.

Dans le numéro d'août d'*Esquire*, huit pages avant l'article « Afternoon of an Author », figurait la nouvelle *Les Neiges du Kilimandjaro* d'Hemingway, que Max put lire pour la première fois. C'était l'histoire d'un écrivain en safari en Afrique qui espérait « se dégraisser l'esprit » pour pouvoir s'occuper des « idées qu'il avait mises de côté en attendant d'avoir les connaissances suffisantes pour les développer correctement ». Le personnage principal songeait : « [...] Tu disais vouloir écrire sur ces gens. Sur les très riches. Tu prétendais ne pas être l'un d'eux, mais un agent infiltré. Tu voulais écrire sur ce milieu en prétextant que, pour une fois, l'auteur saurait de quoi il parle. »

Il y avait naturellement un point commun entre les doutes de cet écrivain et ceux d'Hemingway. Mais, à la fin de l'histoire, Ernest touchait sa véritable cible. De nouveau au sujet des riches, il déclara : « Il se souvenait de ce pauvre Scott Fitzgerald et de l'admiration romantique qu'il avait pour eux, lui qui avait un jour commencé une nouvelle par : "Les riches sont différents de vous et de moi." Quelqu'un lui avait alors répondu : "Oui, ils ont plus d'argent." Mais Scott ne trouva pas cela drôle. Pour lui, les très riches étaient une espèce particulièrement attirante, et, lorsqu'il découvrit que ce n'était pas le cas, il en fut anéanti. »

Arnold Gingrich, le rédacteur en chef d'*Esquire*, déclara plus tard : « Cette pique contre Scott m'est passée totalement inaperçue. Je ne l'avais même pas remarquée. » Fitzgerald, en revanche, ne l'oublierait jamais. En toute justice, il écrivit à Hemingway, depuis Asheville, qu'il considérait *Les Neiges du Kilimandjaro* comme l'une de ses histoires les plus réussies, mais il avait le sentiment qu'il avait publié cette nouvelle pour répondre avec malveillance à « L'effondrement ». Il en voulait à Hemingway avec toute la gravité d'un fossoyeur. « Je vous prie de me ficher la paix dans vos œuvres », l'implora-t-il, avant d'ajouter : « Si je choisis parfois d'écrire *de profundis*, cela ne signifie en rien que je demande à mes amis de prier sur mon cadavre. Je n'ai pas de doute sur le fait que vous n'aviez aucune intention malveillante, mais cela m'a empêché de dormir toute une nuit. Et lorsque vous publierez cette nouvelle dans un recueil, auriez-vous la bonté d'en supprimer mon nom ? » Après coup, Fitzgerald écrirait : « Les riches ne m'ont jamais fasciné, sauf lorsqu'ils ont du charme ou de la distinction. »

Par la suite, Hemingway fit part de la réaction de Fitzgerald à Perkins. Depuis six mois, Scott révélait ces « horribles choses sur lui » dans les colonnes d'*Esquire*, mais dès qu'Hemingway lui avait reproché sa prétendue dépression, il s'en était agacé. Pendant cinq ans, se défendit Hemingway, il n'avait pas rédigé la moindre ligne sur qui que ce soit, car il les plaignait tous. S'étant soudain aperçu que le temps allait lui manquer, il s'apprêtait à renoncer à son statut de gentleman et à redevenir romancier.

Fitzgerald aussi écrivit à Max. Hemingway, lui annonça-t-il, avait répondu à sa sollicitation : « Il m'a envoyé une lettre un peu folle dans laquelle il se vante de son talent. [...] Je ne lui ai pas répondu pour éviter de mettre le feu aux poudres. Quelque part, je l'aime beaucoup, quoi qu'il dise ou fasse, mais encore une plaisanterie, et je me verrai contraint de jouer les gros bras et de lui mettre une raclée. Dans ses deux premiers livres, personne n'est parvenu à lui faire le moindre mal. Mais il a complètement perdu l'esprit, et plus il ennuie tout le monde avec cela, plus il ressemble à ces ivrognes qui se battent tout seuls dans les films. »

L'échange entre Fitzgerald et Hemingway au sujet des très riches est l'une des anecdotes littéraires les plus célèbres de cette époque. Mais elle est exagérée, car, comme Max Perkins le savait, la vérité était tout autre. Ce dernier avait assisté à la scène, dans un restaurant new-yorkais. Mais Fitzgerald était absent. Il n'y avait que Molly Colum, Perkins et Hemingway, ce soir-là. Et c'est Hemingway, en réalité, qui avait parlé des riches. « Je suis en train d'apprendre à connaître les riches », avait-il déclaré. Ce à quoi Molly Colum avait rétorqué : « La seule différence entre les riches et les autres, c'est que les premiers ont plus d'argent. » Mis à mal par une femme, Hemingway avait soulagé son ego en s'appropriant le trait d'esprit de Molly, et en faisant une fois de plus de Scott sa victime. Perkins trouvant cette attitude méprisable, il en fit part à Elizabeth Lemmon dans un courrier. Il s'abstint d'écrire à Hemingway pour le corriger, mais il veilla à ce que le nom de Fitzgerald ne paraisse pas dans son recueil de nouvelles.

La pique d'Hemingway mit la touche finale à l'été déplorable de Fitzgerald. En septembre, celui-ci raconta à Max tout ce qui lui était arrivé depuis qu'il avait l'épaule dans le plâtre. « Je m'y étais presque habitué quand j'ai chuté dans la salle de bains en tentant d'allumer la pièce. Je suis resté étendu par terre jusqu'à ce que je finisse par attraper une légère forme d'arthrite du nom de "miotoosis", qui m'obligea à garder le lit cinq semaines supplémentaires. » À cette époque, ce qui ne fit rien pour apaiser son angoisse, sa mère trouva la mort. Il tenta d'aller la voir sur son lit de trépas, à Washington, mais en fut incapable. De même, il avait passé tout l'été à Asheville, à moins de trois kilomètres de Zelda, mais il n'avait pu lui rendre visite qu'à quelques occasions. Ils échangeaient encore des paroles affectueuses, surtout des lettres dans lesquelles ils regrettaient leur ancien amour. Mais Zelda vivait désormais dans un monde de plus en plus imaginaire, et ne se déplaçait plus sans sa Bible.

Les vingt-six mille dollars en espèces et en obligations dont Scott hérita ne furent pas à la hauteur de ses espérances. Il projeta d'en utiliser une partie pour rembourser ses créanciers et prendre deux ou trois mois de vacances. Finalement, avoua-t-il à Perkins, « je n'ai plus la même vitalité qu'il y a cinq ans ». Tout ce qu'il avait produit au cours de cet été-là se résumait à une nouvelle et à deux articles pour *Esquire*.

La santé de Fitzgerald s'aggravant de nouveau, Perkins envisagea de lui envoyer du monde pour lui remonter le moral. Il contacta Marjorie Rawlings, qui, en quête de tranquillité pour poursuivre son travail sur *Jody et le faon*, s'était installée à Banner Elk, en Caroline du Nord, non loin d'Asheville. Il pensait que Scott serait content de recevoir sa visite.

Le lendemain, un nouveau fait démoralisant se produisit. À l'occasion du quarantième anniversaire de F. Scott Fitzgerald, le *New York Post* publia en une un article dont le titre était « L'autre aspect du paradis ». Il s'agissait d'une longue interview menée par

Michael Mok, dont l'objectif était visiblement de déterminer à quel point l'écrivain était effondré. Le simple fait de lire cet article donna la chair de poule à Perkins, car il eut le sentiment que Scott était déterminé à se détruire. De toute évidence, Mok avait manœuvré pour lui inspirer confiance et le faire parler avant de publier l'ensemble de ses propos, y compris ceux que le romancier avait crus confidentiels. « Il s'en est remis entièrement au journaliste, expliqua-t-il à Hemingway, et son infirmière aussi – quand un homme s'attache les services d'une infirmière qualifiée, il est temps de désespérer de lui. Et ils ont tous deux raconté des choses qui n'étaient assurément pas destinées à être publiées, comme le journaliste aurait pu s'en douter. » L'éditeur avait l'impression d'y voir « une personne totalement ivre et abattue, ayant perdu tout espoir et acceptant sa déchéance ».

« Pour Fitzgerald, cela risque d'être la goutte d'eau qui fait déborder le vase », prévint Marjorie Rawlings après avoir lu l'article. Même si elle aussi était tentée de condamner Fitzgerald sans la moindre compassion, elle était atterrée qu'un journaliste puisse rédiger un papier si cruel. Mais, poursuivit-elle, « je sais comme on peut se laisser insidieusement gagner par ce genre d'état d'esprit, car j'ai moi-même dû en venir à bout ». Elle avait souffert, durant quelques années, d'un mariage houleux et d'alcoolisme. Elle comprenait donc pourquoi Max lui avait demandé de rendre visite à Scott : « Ce type a pris une raclée, et... vous savez, moi aussi, j'en ai vu de toutes les couleurs, mais j'ai toujours refusé de me laisser abattre. »

Face à l'insistance de Perkins, Fitzgerald accepta de rencontrer Mrs. Rawlings alors qu'il était alité. Dès qu'il la vit, il se ragaillardit. « Il est loin d'être déprimant, contesta-t-elle par la suite auprès de l'éditeur. Je me suis vraiment amusée, et je suis certaine que ce fut également son cas. Il était tendu comme un arc, mais il n'avait pas bu – j'avais demandé à son infirmière de ranger ses bouteilles. » Lors du déjeuner, ils se contentèrent de Xérès et de vin de table, et ils trinquèrent en l'honneur de Max. Ils discutèrent à bâtons rompus jusqu'à ce que l'infirmière, à 5 h 30 du matin, se mette à faire des histoires et que Marjorie prenne congé. Plus tard, elle lui écrivit un mot, lui enjoignant de combattre sa dépression. Elle conclut en avouant : « Si quelqu'un savait à quel point mon petit calibre .32 m'a envoûtée, parfois... »

Max la remercia vivement pour ce qu'elle avait fait. « On se connaît depuis si longtemps et je l'aime tellement, lui expliqua-t-il, que son bien-être me concerne directement. Je ferais n'importe quoi pour l'aider à se remettre d'aplomb. » Mais, des mois durant, Fitzgerald continua à croire qu'il était fini.

Perkins demanda à un autre de ses romanciers, Hamilton Basso, qui vivait aussi en Caroline du Nord, d'aller rendre visite à Scott. Sous la supervision de Max, Basso écrivait *Courthouse Square*, une nouvelle autobiographique. (Vingt ans plus tard, Max en personne deviendrait l'un des personnages de son roman le plus célèbre, *Le Train du dernier retour*.) Pour Basso, ce genre de rencontres avec Fitzgerald étaient relativement difficiles, mais il tenait à rendre service à son éditeur.

Comme toujours, l'origine des problèmes de Fitzgerald résidait dans son compte en banque. Il était convaincu qu'avant de pouvoir sortir un nouveau livre, il lui faudrait deux années d'oisiveté, et il ne voyait pas de quelle manière il pourrait réduire ses dépenses annuelles sous la barre des dix-huit mille dollars. Lorsqu'il aurait remboursé ses dettes, il ne lui resterait plus grand-chose de son héritage. Et, après l'échec commercial de *Tendre est la nuit*, il était inutile d'espérer qu'on lui avance trente-six mille dollars ! Il comprit qu'il lui faudrait faire des piges pour le *Post* ou retourner prospecter à Hollywood. Mais il fit remarquer à Perkins : « Chaque fois que je suis allé à Hollywood, en dépit d'un énorme salaire, cela m'a coûté très cher, aussi bien financièrement qu'artistiquement. » Puis : « Certes, j'ai encore une nouvelle, mais il serait préférable qu'elle demeure au royaume des œuvres qui n'ont jamais été écrites. L'idée de mettre ma fille à l'école publique et d'envoyer ma femme dans un asile de fous m'a été donnée par des amis proches, mais quelque chose s'est brisé en moi. [...] Bon sang, geignit Fitzgerald, quelle horrible chose que les dettes. »

Ce mois de novembre-là, Fitzgerald donna à ses éditeurs une « justification commerciale » à toute future demande d'urgence en transférant la totalité de ses droits, titres et intérêts dans la succession de sa mère à Charles Scribner's Sons.

*

* *

Perkins commençait à bien connaître la réaction de ses auteurs face à la critique. Hemingway, par exemple, insistait généralement un peu trop sur son indifférence aux attaques. Thomas Wolfe, quant à lui, n'en parlait presque plus, ces derniers temps. Il avait passé des mois à souffrir en silence, et Perkins était certain qu'il continuait à être assailli par des images de lui et de l'« usine » Scribner assemblant ses livres. Il savait que la question de Bernard DeVoto le hantait toujours autant : le génie suffisait-il ? Était-il devenu un artiste ? Serait-il capable d'écrire un livre tout seul ?

Wolfe prit tout d'abord l'article de DeVoto comme un défi. Encouragé par Perkins pour qu'il poursuive son livre « objectif », il se mit à rédiger des milliers de mots chaque jour. À l'été 1936, sa colère le poussait à croire qu'il n'avait rien à envier à « tous les DeVoto du monde ».

Cet été-là, il se chamailla constamment avec Perkins, surtout à propos de son projet. Il parlait désormais de s'inspirer pour ses personnages de personnes qu'il avait connues chez Charles Scribner's Sons. « Quand Tom trouvera le temps d'écrire sur nous, gare à nous ! » avait plaisanté Max durant des années. Mais il finit par avouer à John Hall Wheelock, à Charles Scribner et à ses autres associés qu'il était désormais très inquiet. « Charlie a réagi avec beaucoup d'humour, se rappellerait-il quelques années plus tard, même si je suis convaincu que, au fond de lui, il était épouvanté. Il prit apparemment la question très à la légère, comme si c'était censé être amusant. En fait, j'étais le seul à me faire un sang d'encre, en grande partie parce que je me sentais responsable. »

Pour l'essentiel, le texte de Tom n'était pas le résultat d'observations directes, mais d'informations que Max lui avait fournies le soir, après qu'ils avaient passé de longues heures sur *Le Temps et le Fleuve*. « Max était un buveur résistant, reconnut John Hall Wheelock, et, même s'il ne s'exprimait jamais de manière inconsidérée, il buvait suffisamment avec Tom pour se confier à lui et lui accorder sa confiance, comme un père avec son fils. Le fils que Max n'avait jamais eu. » Il intitula la première partie de ce texte « Old Man Rivers », un récit qu'Elizabeth Nowell qualifierait de « portrait cinglant de Robert Bridges », l'ancien rédacteur en chef de

Scribner's Magazine. La suivante, « The Lion at Morning », dressait un portrait de Charles Scribner II. La troisième, « No More Rivers », s'inspirait de l'éditeur Wallace Meyer. La dernière décrivait les rouages d'une maison d'édition, James Rodney and Company, et ce fut la première partie que l'auteur expérimenta sur Perkins. Ce dernier la lut en présence d'Elizabeth Nowell. C'est ainsi qu'elle se remémora cette scène : « Au début, il resta assis bien droit à son bureau, les joues inhabituellement rouges et le regard étincelant, refusant de discuter de l'histoire. » Il finit par céder et emmena Miss Nowell boire un verre au Chatham. Une fois sur place, il se livra : « J'aurais dû m'en douter. Je lui ai raconté toutes sortes de choses hautement confidentielles au sujet de l'entreprise et de ses employés. » Wolfe savait, par exemple, que l'un des membres de la direction de Scribner n'avait « jamais été très bon ». Et que Max avait croisé, un soir, un vénérable cadre dans les bras de sa non moins vénérable secrétaire. Perkins s'abstint de protester contre ce que Tom avait écrit à son sujet. Mais il était très inquiet à propos de ce qu'il serait en mesure de divulguer sur ses collègues. « Figurez-vous, annonça-t-il à Miss Nowell, que si Tom révèle ces choses et les publie, cela ruinera la vie de ces gens, et ce sera ma faute ! »

Il parvint à la convaincre de demander à l'auteur d'opérer certaines modifications qui permettraient de rendre Wallace Meyer moins reconnaissable. Puis, après réflexion, il lâcha : « À la parution de ce livre, je me verrai contraint de démissionner. » Se rendant soudain compte de ce qu'il venait de dire, il lui demanda avec insistance de ne jamais le répéter à qui que ce soit, et surtout pas à Tom. À ce sujet, Miss Nowell déclarerait plus tard : « L'idée que Perkins puisse démissionner de chez Scribner m'avait semblé aussi inconcevable que le fait que Dieu puisse démissionner du paradis. » Mais elle le répéta maladroitement à son auteur, qui en fut bouleversé. « Cela ne lui pose aucun problème que j'écrive sur ces humbles gens de Caroline du Nord, mais on dirait que ses amis de chez Scribner forment une espèce à part », s'emporta-t-il. Tant pis pour Perkins, car Tom comptait bien continuer à écrire tout ce qui lui passerait par la tête. Il modifia « No More Rivers » en faisant de l'éditeur un pianiste et en supprimant les rumeurs sur la maison d'édition. Mais Perkins savait qu'il « fulminait, que cela semblait aller de mal en pis et qu'il devenait évident qu'il allait nous quitter ». En fait, Wolfe avait déjà rédigé plusieurs brouillons de lettres destinées à des maisons concurrentes pour leur demander le plus sérieusement du monde si elles accepteraient de publier ses œuvres. « Je me consacre actuellement à la réalisation d'un long roman, et puisque je n'ai aucune obligation personnelle, financière, contractuelle ou morale d'aucune sorte envers quelque société ou maison d'édition que ce soit, je vous écris pour vous demander si vous pourriez être intéressé par ce livre. [...] Sans vouloir dénigrer qui que ce soit, je ressens la nécessité d'un nouveau départ dans ma carrière artistique, expliqua-t-il dans un courrier destiné à Macmillan – Harpers – Viking – W.W. Norton – Little, Brown – Houghton Mifflin – Longmans – Dodd, Mead and Company – Harcourt, Brace.

Les deux amis avaient besoin d'un moment de répit. Fin juillet, Wolfe retourna en Allemagne. Les villes étaient envahies par des touristes du monde entier venus voir les Jeux olympiques, mais le pays, dans son ensemble, semblait merveilleusement propre et calme, comparé à New York. À Berlin, il vit des soldats défiler au pas de l'oie. « On ne saura jamais marcher comme ces types, écrivit-il à Max sur une carte postale représentant *Die Wachtruppe am Brandenburger Tor*[1]. Et on dirait qu'ils sont prêts à remettre ça. » Il fit la connaissance d'une femme du nom de Thea Voelcker, une artiste divorcée. En quelques jours, ils tombèrent follement amoureux, débordant de la même passion et des mêmes souffrances que toutes ses précédentes relations. Une fois qu'il eut quitté Berlin, Tom songea à l'épouser, jusqu'à ce qu'il réalise qu'il serait trop difficile de la faire venir aux États-Unis. Ils se séparèrent donc en bons termes.

Tandis que Wolfe était en Allemagne, Max et Louise se rendirent deux semaines au Québec pour y chercher un peu de tranquillité. En septembre, il donna la main de sa fille Zippy à Douglas Gorsline, un peintre avenant qu'elle lui avait présenté l'année précédente à Boston. Ses quatre sœurs assistèrent au mariage. Fitzgerald et Hemingway étaient invités, mais ne purent faire le déplacement. Thomas Wolfe était revenu aux États-Unis la veille, et Louise avait demandé à l'un de leurs amis communs de veiller à

1. « La garde devant la porte de Brandebourg », en allemand.

ce qu'il arrive à l'heure et correctement vêtu à l'église de New Canaan. Il choisit sa cravate dans le train, parmi plusieurs qu'il avait précipitamment enfoncées dans sa poche, mais aucune ne lui convenait vraiment. Dans le silence qui suivit la cérémonie, les invités entendirent soudain résonner son accent du Sud : « Tu ne m'as pas dit que le ruban de mon chapeau empestait la sueur ! » À la réception, Louise se répandit en effusions, car une nouvelle fois l'un de ses bébés la quittait. Max éprouvait le même sentiment, mais déclara à la cantonade : « Ça en fait deux en moins, plus que trois ! »

Wolfe était revenu d'Allemagne pour les élections présidentielles de 1936, les plus importantes, d'après lui, depuis 1860. Il se considérait comme un « social-démocrate », mais pour énerver Perkins, il jouait souvent au tribun communiste. Il était convaincu que les réformes de Franklin Roosevelt méritaient d'être soutenues par le plus grand nombre. Perkins était un démocrate indépendant. Il craignait que le New Deal prenne des dimensions titanesques, au point que seule une opposition vigoureuse puisse lui imposer les restrictions nécessaires. Ainsi, persuadé que Roosevelt serait réélu, il décida de voter pour les Républicains. Cette façon de penser consternait Wolfe. Il traitait son éditeur de « conservateur », l'accusant de faire partie de la classe dirigeante qui n'avait pas besoin de se battre pour survivre tant l'argent coulait à flots.

La relation qui unissait Wolfe à Perkins se dégrada très vite. L'auteur reconnut qu'il avait jadis eu besoin de Max. Dans son roman *L'Ange banni*, le personnage principal, George Webber, déclare à son éditeur : « Perdu, je cherchais quelqu'un de plus âgé et de plus sage pour qu'il me montre la voie à suivre, et je vous ai trouvé. Vous avez pris la place de feu mon père. » Mais Webber ajoute : « Désormais, la route prend une direction contraire à vos intentions. »

En novembre, la furieuse envie de Wolfe de rompre avec l'image du père avait presque pris le pas sur sa loyauté et sa gratitude. Ce mois-là, une femme du nom de Marjorie Dorman devint à son insu l'instrument du schisme. « J'ai toujours éprouvé une certaine culpabilité au sujet de l'affaire Marjorie Dorman », reconnut Perkins, dix ans plus tard. Miss Dorman avait été la propriétaire de l'écrivain, à Brooklyn, et avait servi de modèle à « Mad Maude »

Whittaker dans la nouvelle de Wolfe intitulée *No Door*. L'auteur y révélait la démence épisodique de Maude, ainsi que la maladie mentale de son père et de ses trois sœurs. Bien qu'elle fût elle aussi légèrement instable, Maude était parvenue à entretenir sa famille depuis qu'elle était gamine. L'histoire fut d'abord publiée dans les pages de *Scribner's*, puis dans le recueil de nouvelles *De la mort au matin*. Peu de temps après la parution du récit dans le magazine, Miss Dorman avait souhaité rencontrer Perkins. Elle lui avait demandé de lire un article qu'elle avait rédigé – Max le lut un peu plus tard et le lui retourna –, et avait profité de sa présence pour lui faire savoir à quel point le texte de Wolfe l'avait blessée.

De nombreux mois s'écoulèrent sans la moindre manifestation de Miss Dorman. D'après Perkins, si elle n'avait pas porté plainte pour diffamation lors de la parution du magazine – lu par environ trois cent mille personnes –, elle s'en abstiendrait aussi à la publication du recueil, qui se vendrait sans doute à seulement trente mille exemplaires. Toutefois, en décembre 1936, Miss Dorman et sa famille déposèrent une plainte. Perkins avait sa théorie sur cette soudaine décision et en fit part à John Terry : ils étaient fauchés et on leur avait mis dans la tête qu'ils pourraient obtenir beaucoup d'argent s'ils gagnaient contre la maison d'édition.

Chaque phrase consignée par Wolfe étant autobiographique, et presque chaque personnage étant inspiré par des connaissances, les risques de poursuites avaient toujours existé. « Je doute que Tom se soit posé la question, confia plus tard Max à John Terry, mais, naturellement, c'était à moi de le prévenir de ce genre d'aléas, dans la mesure du possible. »

Perkins ne doutait pas que Scribner puisse gagner le procès, mais cette épreuve mettait Tom dans tous ses états, si bien qu'il passait ses journées à broyer du noir ou à divaguer et cessa d'écrire. La famille Dorman cherchant à obtenir un accord, et Max redoutant le caractère imprévisible des jurés, Wolfe finit par perdre totalement son calme. Perkins et Charles Scribner comprirent qu'il allait leur falloir libérer l'auteur de cette angoisse paralysante. Un jour, ce dernier monta au quatrième étage de chez Scribner, et les trois hommes se retrouvèrent dans le bureau de l'éditeur, devant la fenêtre qui donnait sur la 5e Avenue. Charles Scribner expliqua que gagner le procès coûterait peut-être plus cher que de le perdre, sachant que la médiatisation de l'affaire pourrait donner des idées à d'autres – ils avaient d'ailleurs reçu quelques menaces. Wolfe accepta de se résigner à un accord, mais il ne tarda pas à raconter à tout le monde à quel point il en voulait à ses éditeurs de ne pas l'avoir défendu.

Vers la fin de l'année, l'auteur passa l'après-midi avec Perkins et déblatéra contre l'injustice dont il souffrait dans ce « pays d'imbéciles », tandis que l'Allemagne, en revanche, était « d'un blanc immaculé ». Il parlait souvent de « ce cher vieil Adolf » et de ses SS, qui savaient quoi faire de ces ordures qui s'en prenaient aux artistes. D'après lui, l'Amérique était devenue l'endroit « où les honnêtes gens se [faisaient] dévaliser et assommer par des vauriens ». Puis, agitant un doigt menaçant en direction de Perkins, il s'écria : « Et voilà maintenant que vous m'entraînez dans un procès en diffamation à cent vingt-cinq mille dollars ! » Wolfe et Scribner finirent par s'entendre avec les Dorman sur la somme de trois mille dollars, les frais de justice s'élevant à deux mille dollars supplémentaires. D'après le contrat de Tom, c'était à ce dernier d'assumer l'intégralité des dépenses, mais Scribner lui offrit d'en payer la moitié.

Le 12 novembre 1936, Wolfe mit la touche finale au brouillon d'une lettre à laquelle il réfléchissait depuis plusieurs mois, et l'envoya à Perkins : « J'aimerais beaucoup que vous m'adressiez au plus vite un courrier dans lequel vous m'indiqueriez clairement la nature de ma relation avec Charles Scribner's Sons. Où vous déclareriez que j'ai fidèlement et honorablement rempli toutes mes obligations envers cette maison d'édition, qu'elles soient financières, personnelles et contractuelles, et que nous ne sommes plus liés par aucun accord ni aucun engagement. » Au vu de tout ce qui s'était produit au cours de l'année précédente, poursuivait-il, les différences de convictions, les désaccords fondamentaux qu'ils avaient évoqués « de manière si sincère, si franche et si passionnée un millier de fois, et qui avaient conduit à cette rupture manifeste », il avait le sentiment que Perkins aurait dû, de son propre chef, lui rédiger cette lettre depuis longtemps.

L'éditeur reçut le courrier juste avant la réunion mensuelle du conseil d'administration de Scribner. L'assemblée ayant duré tout l'après-midi, Max n'eut pas le temps de lui répondre en détail. Il s'en tira avec une note manuscrite où il inscrivit : « Vous êtes la première personne avec qui je me sens à ce point sur la même longueur d'onde. Qui plus est, je sais très bien que vous êtes quelqu'un de sincère et que jamais vous ne feriez quelque chose que vous jugez injuste. »

Le lendemain, il dicta une lettre où il déclarait que Wolfe avait « fidèlement et honorablement rempli toutes ses obligations » envers les éditions Scribner, et qu'aucune des parties n'était « plus tenue par le moindre accord ». Il poursuivait : « Nos relations se réduisent simplement à celles qui sont susceptibles d'exister entre un éditeur qui admire profondément l'œuvre d'un auteur et qui est immensément fier de pouvoir publier ses écrits. Cela ne nous donne aucun droit d'aucune sorte à propos de ses futures œuvres. Contrairement à l'usage, nous n'avons même pas prévu d'option qui nous donnerait le privilège de lire en priorité tout nouveau manuscrit. »

Dans une troisième réponse, plus détendue cette fois, à la déclaration d'indépendance de Wolfe, Perkins écrivit à la main sur son papier à lettres personnel : « Je ne suis pas très à l'aise pour exprimer certains types de sentiments, mais il faut que vous sachiez que vous avez toute ma sympathie. Depuis *L'Ange exilé*, votre travail a toujours figuré au rang de mes priorités, et je n'ai jamais douté de votre avenir, sauf, parfois, lorsque je me suis demandé si vous seriez capable de maîtriser l'immense quantité de texte que vous avez accumulée pour l'intégrer dans vos romans. Vous semblez croire que j'ai tenté de vous contrôler, mais je me suis contenté de répondre à vos appels à l'aide en essayant de faire de mon mieux. Tout cela me paraît très déroutant, mais, quel qu'en soit le résultat, j'espère que l'on pourra toujours se voir et que vous continuerez à passer à la maison. »

Deux jours plus tard, conformément à ce qui était convenu, Scribner envoya à Wolfe l'argent qui lui était dû. « J'aurais bien aimé vous voir, écrivit Perkins dans une lettre d'accompagnement, mais je n'ai aucune envie de m'imposer. »

Ils finirent par se retrouver, sans que se produise le moindre incident fâcheux. Tom passa le réveillon de Noël chez les Perkins et évoqua joyeusement son départ pour La Nouvelle-Orléans le lendemain. Il ne dit pas un mot d'une longue lettre personnelle qu'il avait rédigée le 15 décembre 1936, expliquant les raisons pour lesquelles il avait décidé de rompre personnellement avec Perkins. Il s'abstint également de mentionner un complément à cette missive, une lettre « professionnelle », qu'il avait mise en forme le 23 décembre. Il conserva ce courrier durant des semaines, l'emportant même dans son périple, et se demanda longtemps s'il devait l'envoyer ou non. Il ne posta jamais la lettre professionnelle, mais, début janvier 1937, il prit la décision d'expédier la première.

C'est un fâcheux malentendu qui le poussa à le faire. Cornelius Mitchell, un avocat qui le représentait dans une autre affaire, le contacta à La Nouvelle-Orléans. Tom partit du principe que c'est Perkins qui lui avait indiqué où le joindre, contrairement à ses instructions. Wolfe reçut son message alors qu'il allait dîner avec un nouvel ami, William B. Wisdom, un admirateur de ses œuvres. Il commença à boire pendant le repas et continua tout au long de la soirée, même après que Wisdom l'eut quitté. Le lendemain, le 7 janvier, il télégraphia à Perkins : COMMENT AVEZ-VOUS OSÉ DONNER MON ADRESSE À QUELQU'UN ? Et retomba dans sa torpeur. Deux jours plus tard, il se réveilla étendu dans la baignoire de sa chambre d'hôtel, le pantalon déchiré au genou et l'esprit embrumé. Pour une raison inconnue, il renvoya un télégramme à l'éditeur pour lui demander : QUELLE EST VOTRE OFFRE ? N'ayant compris aucun des deux messages, Perkins lui répondit : « Si vous faites référence à un livre, mieux vaudrait en discuter à votre retour, un éventuel accord dépendant de vos exigences. » Il nia avoir donné son adresse et lui fit remarquer que lorsque Mitchell, son propre avocat, lui avait demandé avec insistance de le joindre, il s'était résigné à manquer à sa promesse.

Une fois sobre, Wolfe le pria de l'excuser pour ses télégrammes. En fait, il s'était trouvé dans un tel état d'ébriété qu'il ne se rappelait plus ce qu'il avait dit. Cherchant à se faire plaindre, il poursuivit : « Les soucis, les peines et les déceptions de ces deux dernières années m'ont presque anéanti, et cette lettre de Mitchell a été la goutte d'eau qui a fait déborder le vase. J'avais terriblement besoin de calme et de repos, et ce courrier a tout réduit à néant, notamment le bonheur et la joie que j'espérais pouvoir tirer de ce voyage. L'horrible injustice de tout cela m'a presque rendu fou. »

Cette lettre faisait référence à ce que Wolfe appelait une menace de « chantage » de la part d'un revendeur d'autographes du nom de Murdoch Dooher ; celui-ci était impliqué dans la vente de manuscrits de Wolfe et en avait gardé quelques-uns que l'auteur souhaitait récupérer. Perkins proposa de trouver un accord, quel qu'en soit le prix. Il considérait comme primordial de mettre un terme à ces poursuites, qui avaient un effet dévastateur sur l'écrivain. S'apitoyant sur son sort, Wolfe l'accusa, en voulant parvenir à un accord, de souhaiter sa perte. Il rédigea un nouveau courrier, qu'il expédia cette fois avec sa « lettre personnelle » : « Est-ce que vous – celui à qui j'ai accordé ma confiance et que j'ai vénéré pardessus tout – essaieriez, pour une raison folle que je ne parviens même pas à déterminer, de me détruire ? Comment dois-je interpréter les événements de ces deux dernières années ? Ne souhaitez-vous pas que j'aille de l'avant ? Ne désirez-vous pas que j'écrive un nouveau livre ? N'espérez-vous pas voir mon talent s'épanouir ? Dieu du ciel, de quoi s'agit-il, alors ? Ma santé est fragile – les soucis, les peines et les déceptions sont presque venus à bout de mon talent –, c'est ce que vous voulez ? Pourquoi ? »

Wolfe était furieux. Tout le monde était persuadé que, sans Perkins, il était impubliable. Un écrivain raté. Lui-même avait accrédité cette idée en révélant des faits que Perkins avait tenus secrets. C'était lui qui avait rédigé la dédicace du *Temps et le Fleuve*, et les longues parties de *The Story of a Novel* où il décrivait les contributions de Max afin de renforcer les liens entre les deux hommes, mais cela avait eu l'effet inverse. L'écrivain se voyait désormais contraint de voler de ses propres ailes. Dans sa lettre personnelle, il citait les critiques qui l'accusaient d'être dépendant « de l'aide technique et critique » de Perkins, et les désignait comme des êtres « méprisables, totalement dans l'erreur, si tant est [qu'il] ne craigne pas leurs révélations ».

Il admit cependant : « Vous m'avez accordé l'aide la plus généreuse, la plus rigoureuse et la plus précieuse qui soit. » Mais, prétendit-il, « n'importe qui d'un tant soit peu compétent aurait pu me fournir ce genre d'assistance ». C'était du moins ce que comprenait « un semblable que vous connaissez et vénérez non seulement en tant que personne de génie, mais aussi comme esprit d'une intégrité sans faille. J'ai besoin de cette aide, reconnut-il, celle que vous m'avez apportée, celle que j'espérerai toujours mériter et que je prierai de recevoir ».

Dans sa lettre, Wolfe était du même avis que Perkins : ils étaient « entièrement et foncièrement » d'accord. C'était l'un des plus grands paradoxes de leur union artistique, car, se demanda Wolfe : « Existe-t-il deux hommes aussi différents que vous et moi ? Connaissez-vous deux personnes qui, dans leur tempérament, leur façon de penser, leurs émotions et leur comportement sont aussi éloignées que nous ? » Il ignorait quel nom donner aux deux extrémités qu'ils représentaient, mais il considérait Maxwell Perkins surtout comme un « conservateur », tandis que lui était le « révolutionnaire ».

Au cours des deux mois précédents, Wolfe était convaincu d'avoir relevé le plus grand défi de son existence, et d'avoir fait preuve d'une grande imagination. Mais il n'osait pas parler de son travail à Perkins, « de crainte que cette chose que je suis incapable de traiter à la légère, qui ne survient peut-être qu'une fois dans sa vie, puisse être anéantie dès sa conception par une trop grande frilosité, de l'indifférence, de l'appréhension ou le dogmatisme de votre propre conservatisme ». Cette hésitation, ce sentiment d'aliénation de la part de Perkins lui semblaient être la preuve suffisante que leur rupture était déjà consommée. Si Max n'était pas de cet avis, disait Tom, alors « il ferait bien de me dire sur quoi nous sommes d'accord : pas sur la politique, ni l'économie, puisque nous sommes en parfait désaccord sur le système dans lequel nous évoluons, sur la façon de vivre des gens, sur les changements à apporter ».

Perkins lui avait répété à maintes reprises qu'il souhaitait publier tout ce qu'il écrirait. Mais Tom lui avait répondu qu'il doutait de la sincérité de ses intentions : « Il y a beaucoup de choses que j'aurais bien aimé que vous imprimiez, mais qui n'ont pas été publiées. Certaines étaient trop longues pour les pages d'un magazine, trop courtes pour en faire un livre, trop particulières dans leur conception pour correspondre à l'idée que l'on se fait d'une nouvelle, ou incomplètes pour que l'on puisse parler de roman. » Sans critiquer Perkins ou les mécanismes qui rendaient irréalisable la publication de ces œuvres, Wolfe soutenait que « certains des meilleurs écrits que l'on puisse produire ne suivaient pas forcément les règles certes pratiques, mais extrêmement limitées de l'édition moderne ». Mais, comme le « révolutionnaire » Wolfe l'avait répété à Perkins, « la façon d'être des choses, me semble-t-il, n'est pas toujours la meilleure ».

Il se mit alors à lui décrire l'œuvre qu'il avait en tête. Il était sur le point d'écrire son propre *Ulysse*, un travail d'une immense originalité et d'une puissance phénoménale qui ne correspondait en rien aux critères de l'édition. Il s'était déjà attelé au premier tome. « Comme Mr. Joyce, informa-t-il l'éditeur, je vais écrire comme bon me chante, et, cette fois, personne ne coupera mon texte, à moins que j'en fasse moi-même la demande. » Depuis la parution de *L'Ange exilé*, Tom avait l'impression que Perkins espérait qu'au fil des ans il adopterait « un plus grand conservatisme, qu'il s'adoucirait et se modérerait ». Jusqu'à un certain point, fit remarquer Wolfe, cela s'était déjà produit, mais, en cédant à cette pression bienveillante, il avait l'impression d'avoir failli à sa mission, de s'être laissé détourner de l'objectif vers lequel son talent le poussait. « Limitez mes adjectifs, certainement, disciplinez mes adverbes, modérez les extravagances techniques de mon exubérante incohérence, implora l'auteur, mais évitez de faire dérailler le train, d'entraîner le Pacific Limited sur des voies secondaires en direction de gares de campagne. »

Perkins, selon Wolfe, avait peur de ce qu'il était capable d'écrire, et sur qui – et ces craintes pouvaient obscurcir son jugement éditorial. Si cette timidité persistait et s'appliquait à tout ce que Wolfe comptait écrire dorénavant, cela porterait « un coup fatal » à sa carrière artistique. Il en conclut que, s'il souhaitait continuer à publier des livres chez Scribner, il lui faudrait désormais se soumettre « à la censure la plus stricte, une censure qui éliminerait de [ses] écrits toute partie, toute scène, tout personnage, toute référence susceptible d'avoir un lien, même lointain, avec les salariés de la maison d'édition Charles Scribner's Sons, leurs sœurs, leurs cousins et leurs tantes ».

Il s'agissait naturellement d'une allusion au tollé de l'été précédent au sujet des nouvelles que Wolfe avait peuplées d'employés de Scribner. Après que Perkins eut annoncé à Elizabeth Nowell qu'il lui faudrait démissionner si ces nouvelles étaient publiées – et qu'elle l'eut répété à l'écrivain –, l'éditeur avait dû se justifier auprès de lui. Il reconnaissait « toujours l'homme de talent », lui assura-t-il, et, plutôt que de le limiter, préférait démissionner. Son offre était probablement sincère. Il refusait que Wolfe commence à se censurer, et pensait qu'en quittant Scribner il pouvait endosser la responsabilité de tout ce que Wolfe pourrait écrire sur cette société.

« Eh bien, poursuivit Wolfe dans sa lettre, ne vous inquiétez pas, ce ne sera pas nécessaire. [...] Vos fonctions, tant éditoriales que directoriales, sont si précieuses et particulières que personne d'autre au monde ne pourrait vous remplacer. Votre entreprise ne pourrait plus s'en passer. Ce serait comme vivre dans une maison toutes lumières éteintes. » Ensuite, ajouta-t-il, il n'avait pas l'intention de laisser qui que ce soit démissionner à cause de lui « simplement parce qu'il m'est impossible de le faire. [...] Mettons fin à toutes ces manœuvres. Conduisons-nous comme des hommes. Passons à autre chose et tentons de faire notre travail sans restrictions, sans crainte et sans excuses ». Il lui affirma être prêt à se remettre à l'ouvrage. « Si ces conditions ne conviennent pas, je me verrai soit dans l'obligation de poursuivre seul, soit d'aller chercher du soutien auprès de quelqu'un d'autre. »

« Que souhaitez-vous faire ? [...] La balle est dans votre camp, car c'est à vous de prendre une décision. Le doute n'est plus permis quant à ce que je pense de la situation. Je ne vois pas comment vous pourriez croire que tout est simple avec quelqu'un d'une nature grave et désespérée. »

Finalement, le 10 janvier, Wolfe posta sa lettre manuscrite de vingt-huit pages. Personne ne vit la tête de Max Perkins quand il la découvrit. Tout ce que l'on sait, c'est qu'il fit des observations dans les marges. Quelques jours plus tard, il lui répondit dans trois lettres distinctes.

La première fut brève. Il souhaitait simplement établir deux principes essentiels. Il était convaincu, disait-il, que « l'objectif principal » était de faire progresser le travail de l'auteur : « Tout ce qui lui permet d'aller dans ce sens est une bonne chose, et tout ce qui l'en empêche en est une mauvaise. Ce qui l'entrave plus que tout, ce n'est pas la grande difficulté de la tâche, ni la souffrance qui en découle – car vous êtes tout sauf fainéant, vous seriez plutôt un travailleur acharné –, mais les perpétuels tracas extérieurs. Quand vous m'avez parlé de l'accord, il m'a paru évident, même si c'était déjà un peu le cas auparavant, que ce procès vous tourmentait tellement qu'il interférait dans votre travail. C'est uniquement pour cette raison que je vous ai donné ce conseil. J'y ai réfléchi, puis je n'y ai plus pensé, dégageant le passage pour ce qui était réellement important. À présent, cette sorte de chantage éclaire cette affaire sous un nouveau jour. »

Ensuite, il lui confirmait qu'il était prêt à faire de son mieux pour l'aider, dès que Tom le jugerait nécessaire : « Vous m'avez demandé de l'aide sur *Le Temps et le Fleuve*. J'ai été ravi et fier de pouvoir vous épauler. Personne ne pourrait croire que cela ait eu la moindre répercussion sérieuse sur le livre, qu'il ne s'agissait pas que d'une aide mécanique. Cette œuvre était trop vaste pour pouvoir tenir en un seul livre. C'était le premier problème. Il peut y avoir un problème dans un ouvrage, comme celui qui a causé l'interdiction de publication pendant des années de Joyce. Si vous l'aviez souhaité, nous aurions publié n'importe lequel de vos écrits – sauf s'il risquait de se faire interdire. Certains problèmes sont certes inévitables, mais je ne suis pas devin. Il est possible de remédier à un récit trop long en le publiant en plusieurs parties. Quoi qu'il en soit, sauf en cas de limites physiques ou légales hors de notre portée, nous publierons tout ce que vous voudrez. »

Ce soir-là, Max lut la lettre de Wolfe plus en détail. Il ne comprenait pas pourquoi il la lui avait envoyée si longtemps après l'avoir rédigée. « Elle ne contenait presque aucun élément auquel je ne puisse consentir entièrement, lui répondit l'éditeur, et, pour le reste, je comprends parfaitement. » Il trouvait qu'il s'agissait d'une « excellente déclaration de ses convictions d'auteur, aussi sincère que toutes celles que j'ai eu l'occasion de lire, et, même si j'ai un peu d'orgueil, comme n'importe qui, cela m'a également fait énormément plaisir de lire des propos courageux énoncés avec noblesse et sincérité ». Les seuls points de désaccord étaient les quelques sujets que Wolfe avait mal interprétés. En tentant de les lui expliquer, Perkins s'aperçut qu'il lui faudrait d'abord faire un peu d'introspection. « Mais quelle mission vous m'avez confiée là en m'obligeant à chercher au fond de moi – ce que je n'ai plus fait depuis bien longtemps – pour vous donner des réponses appropriées », écrivit-il le lendemain. Deux jours après, le 16 janvier 1937, il prit le problème à bras-le-corps et lui répondit plus en détail dans une seconde lettre.

Il souscrivait entièrement au credo de Wolfe en tant qu'écrivain : « Si vous, par exemple, n'étiez pas destiné à écrire ce que vous voyez, ressentez et pensez, les écrivains ne serviraient pas à grand-chose, et les livres ne seraient que des objets de divertissement. Et comme j'ai toujours été convaincu que rien n'était plus important qu'un livre, je n'ai pu m'empêcher de me mettre à votre place. Mais il serait impossible de prétendre que le temps, l'espace et les lois humaines n'ont pas de limites. » Il était persuadé que c'était à l'auteur de réaliser le livre qu'il souhaitait et que si, en raison de problèmes de place, il devait se voir amputé, c'était à lui de s'en charger. « Mais j'ai eu l'impression que vous me demandiez mon aide, que vous en aviez besoin. Je n'ai pas non plus eu le sentiment de vous imposer quelque modification que ce soit (vous n'êtes pas très influençable, Tom, et je ne suis guère manipulateur). Nous en avons toujours discuté, souvent des heures durant. » À moins que Wolfe ne désire de nouveau de l'aide à l'avenir, Max ne comptait nullement lui imposer la sienne : « Je reste convaincu que l'auteur doit constamment avoir le dernier mot, ce qui a été le cas avec vous. Je m'en suis toujours tenu à cette position, et, si cela a pu avoir un impact négatif sur certaines œuvres, ça a permis d'en améliorer beaucoup d'autres. Chaque livre appartient à son auteur. »

Il savait que Tom avait une mémoire phénoménale, mais il semblait pourtant avoir oublié de quelle manière ils avaient collaboré. Durant cette phase de travail, Max avait toujours tenu compte de son avis. (« Vous croyez-vous aussi facile à modeler que de l'argile ? lui demanda Perkins avec une certaine incrédulité. Je n'ai jamais vu quelqu'un d'aussi peu malléable. ») Il avait certes supprimé quelques parties du formidable manuscrit de Wolfe, mais toujours pour des raisons artistiques. (À un moment donné, durant les corrections de Wolfe, l'éditeur avait confié à Jack Wheelock : « Il est comme ça. Si on le publiait sans rien toucher, peut-être que le résultat serait encore meilleur. ») Perkins posait à présent à l'écrivain la question qu'il s'était souvent posée par le passé : « Si nous nous étions abstenus de faire des coupes et que le résultat eut été catastrophique, me l'auriez-vous reproché ? En tout cas, je m'en serais énormément voulu. » Il n'avait aucune envie que Wolfe se fasse plus « prudent ou conservateur » avec le temps, mais souhaitait au contraire qu'il apprenne à maîtriser pleinement son talent.

Il se demanda ensuite s'ils étaient ou non « d'accord sur l'essentiel ». « J'ai toujours eu l'impression que c'était le cas, lui expliqua-t-il. Et c'est la première fois que je rencontre quelqu'un avec qui j'ai autant de convictions en commun. Cela a été le cas dès que j'ai commencé la lecture de votre premier livre. À mon avis, rien d'autre n'aurait pu pousser des individus si différents à affronter de concert de telles épreuves. »

Perkins avait une conception de l'avancée sociale bien moins radicale que Wolfe : « Je pense que la seule chose qui puisse empêcher le progrès, c'est la violence, ou la finance imprudente, qui mène à la violence. C'est la raison pour laquelle Roosevelt a besoin d'une opposition, et c'est son unique défaut sérieux. Je suis persuadé que le changement vient des grandes causes, trop complexes pour que les dirigeants de notre époque, ou n'importe qui, peut-être, puissent les appréhender pleinement, et que, même lorsque de grands hommes comme Lénine tentent de bâtir un nouveau type de société, on peut être certain que cela va mal se terminer, et que l'issue la plus juste, la plus naturelle, viendra des efforts d'innombrables inconnus qui tentent de faire progresser les choses. »

Mais, sur ce thème aussi, Perkins lui fit remarquer qu'ils étaient plutôt d'accord : « Disons que j'aime et admire les mêmes choses que vous, et en méprise autant. Il en va également ainsi pour les individus. Sans compter que nous accordons une aussi grande importance aux choses. C'est du moins l'impression que j'en ai. »

La réponse sincère de Perkins satisfit suffisamment Wolfe pour retarder son départ de chez Scribner. Mais la rupture était déjà consommée. En janvier 1937, Tom se lança dans la rédaction d'une nouvelle lettre (probablement destinée à son avocat Cornelius Mitchell), qu'il n'acheva jamais. « Je sais que je suis seul, à présent, débutait l'un des paragraphes. Quant à Mr. Perkins, c'est le plus grand éditeur de notre époque. Je le considère aussi comme le plus grand homme, le plus grand ami et le plus grand personnage que j'aie jamais connu. À présent, je peux simplement vous dire que je crois toujours qu'il s'agit du plus grand éditeur de notre temps. Pour le reste… c'est quelqu'un d'honnête, mais de timide. Ce n'est pas un homme d'action. Je ne m'attends à aucune aide de… »

Une fois sa réponse envoyée, Perkins rangea la lettre de Tom dans un tiroir de son bureau. John Hall Wheelock raconta que Max la sortait souvent, au cours de la journée, pour tenter de lire entre les lignes. Il était triste que l'auteur se soit plaint de sa timidité et de sa faiblesse. « Après l'avoir pris pour un lâche, Tom ne le considérait même plus comme un homme, reconnut Wheelock. Cette lettre en particulier l'a fait énormément souffrir. Mais il n'a jamais riposté. Thomas Wolfe représentait à ses yeux le défi éditorial suprême, même si, pour cela, il lui fallait gérer son fort tempérament. » Un jour, ce printemps-là, se présentant à l'improviste dans le bureau de Perkins, Wheelock trouva ce dernier sur le point de fondre en larmes alors qu'il relisait la lettre. En le voyant, l'éditeur la rangea subrepticement dans son tiroir et fit mine de poursuivre son travail. Il n'en parla à personne, et ne chercha jamais à se faire plaindre.

– 17 –

De tristes adieux

Le 2 janvier 1937, Max reçut un télégramme d'Hemingway : il avait terminé son roman. Max avait déjà hâte de le lire. Le livre, pensait-il, « a le grand avantage de traiter d'une région au sujet de laquelle personne n'a jamais écrit, alors qu'il s'agit d'un lieu riche et pittoresque ». Il se remémora la première fois qu'il avait navigué dans ces eaux, huit ans auparavant. Ce jour-là, Hemingway lui avait confié qu'il serait incapable de parler « de ces eaux » avant d'avoir compris le rôle exact du pélican. « Mais vous êtes parvenu à vos fins, lui écrivit l'éditeur, lorsque vous avez assimilé l'idée générale des lieux et avez compris la fonction de chaque élément qui les compose. Je suis donc très impatient de lire ce roman. » Hemingway s'accordant généralement plusieurs semaines avant de se relire – il voulait avoir un nouveau regard sur le texte –, il s'écoulerait encore plusieurs mois avant que Max puisse y jeter un coup d'œil.

Dans l'immédiat, l'auteur projetait de se rendre en Espagne en tant que correspondant de guerre pour la North American Newspaper Alliance. C'était Martha Gellhorn[1] qui l'avait incité à s'intéresser à l'Espagne en tout premier lieu. Il avait fait sa connaissance cet hiver-là, fin 1936, un an après qu'elle eut rencontré Harry L. Hopkins, le directeur du Federal Emergency

1. Journaliste de guerre, écrivain et romancière, Martha Gellhorn, qui deviendrait la femme d'Hemingway durant cinq ans, publia un premier roman saisissant, *What Mad Pursuit*, à l'âge de 29 ans.

Relief Administration[1]. Hopkins lui avait demandé d'étudier les conditions de vie des bénéficiaires d'aides publiques dans les régions industrielles. Elle rédigea son rapport en quatre parties – comme des nouvelles –, et les rassembla dans un livre intitulé *Détresse américaine*[2]. Les convictions sociales de Miss Gellhorn ne se limitaient pas à l'Amérique. Elle s'était particulièrement documentée sur la guerre d'Espagne, et Hemingway buvait ses paroles. Au cours d'un bref séjour à New York, bien avant qu'il soit prêt à renoncer à son roman, il conseilla à Perkins de publier Martha Gellhorn. Elle avait écrit une nouvelle, *Exiles*, qu'elle espérait voir paraître dans les colonnes de *Scribner's*. Max avait adoré *Détresse américaine*. Quelques jours plus tard, la nouvelle figurait dans les pages du magazine.

Le 27 février, Perkins alla saluer Hemingway, un ami du nom d'Evan Shipman et le torero Sidney Franklin, qui embarquaient sur un paquebot à destination de la France. « J'espère qu'ils ne vont pas s'attirer d'ennuis, là-bas, écrivit Max à Scott Fitzgerald. On dirait qu'ils sont assoiffés de sang. » Un mois plus tard, Martha Gellhorn rejoignit Ernest à Madrid. Après avoir passé six semaines en Espagne, Hemingway décida soudainement de battre en retraite. Il voulait récupérer le manuscrit de son roman à Paris pour se rendre ensuite dans les îles Bimini afin de le relire dans le calme. Une fois sur place, il retrouva Pauline et les enfants. Quelques semaines plus tard, il regagna New York pour y donner un discours au second American Writers Congress de Carnegie Hall[3]. Lors des discours des autres intervenants, Martha était restée assise auprès de lui. Son influence expliquait sans doute le nouveau ton, plus politique, qu'il employa tout au long de son allocution. « Sous un régime tolérant, les meilleurs écrivains sont

1. Agence fédérale destinée à assurer la distribution de vivres aux plus démunis.

2. *The Trouble I've Seen*, en version originale.

3. La League of American Writers, une association de romanciers, dramaturges, poètes, journalistes et critiques littéraires fondée par le Parti communiste américain en 1935, se réunissait tous les deux ans lors de l'American Writers Congress, le congrès des auteurs américains. L'association mit fin à ses activités en 1943.

toujours récompensés, déclara-t-il en coulisse. Il n'existe qu'une forme de système incapable de produire de bons auteurs, le fascisme. Car il s'agit d'un mensonge proféré par des brutes. Un écrivain incapable de mentir ne peut ni vivre ni travailler sous un régime fasciste. »

À New York, Hemingway en profita pour passer chez Perkins. Juste avant son arrivée, on lui annonça que Scott Fitzgerald se trouvait également en ville. Louise Perkins, qui n'avait jamais beaucoup aimé Hemingway, le détesta encore plus après sa visite. Elle lui en voulait de considérer que son mari était à son service. « Quand Ernest Hemingway est arrivé, expliqua-t-elle plus tard à Elizabeth Lemmon, il a à peine jeté un coup d'œil à Max et a aboyé : "Où est le téléphone ? Il faut que j'appelle Scott. C'est la seule personne aux États-Unis qui mérite qu'on lui adresse la parole." » Mais Ernest trouva également le temps de discuter en privé avec l'éditeur. Il lui fit part de ses doutes quant à son nouveau roman : le craignant trop court pour pouvoir être vendu seul, il proposa de lui adjoindre quelques nouvelles. Il promit de lui en remettre le manuscrit le 5 juillet.

Volant vers le Sud, Hemingway eut une idée de génie. Il lui fallait quelque chose d'entièrement nouveau : « un recueil vivant ». Sous le titre *To have and Have Not*[1], écrivit-il à Max, le livre inclurait *Harry Morgan*, son roman de 50 000 mots, trois nouvelles récentes, un article sur l'ouragan de 1935 intitulé « Who Murdered the Vets ? » – « Qui a tué les vétérans ? » –, l'une de ses dépêches de Madrid, ainsi que le texte de son récent discours. Max pourrait qualifier l'ensemble « d'œuvre majeure » et ceux qui l'achèteraient en auraient pour leur argent. Il reviendrait à l'éditeur d'assembler le tout, car, manifestement, beaucoup de sang allait couler en Espagne au cours des mois à venir, et Hemingway souhaitait se trouver sur place, aux premières loges.

Perkins ne put obtenir un exemplaire de son allocution que quelques jours après la lettre. En lisant le texte, il eut une hésitation : « Je trouve que l'idée de publier un discours uniquement parce qu'il s'agit d'un discours risque de rendre le livre un peu

1. Dans sa future traduction française, *En avoir ou pas*, publiée chez Gallimard en 1945.

trop hétérogène », l'avisa-t-il. Il lui fit savoir qu'il préférait le laisser à l'écart, tout en continuant de considérer les avantages de cette compilation.

Hemingway regagna New York la première semaine de juillet 1937, et confia comme promis *Harry Morgan* à Perkins qui le qualifia d'« excellent, très émouvant », gardant pour lui la plupart de ses reproches. Il était ravi qu'Hemingway se soit remis à une fiction pleine d'action : « C'est une histoire difficile, débordant de violence et s'achevant dans la souffrance, écrivit-il à Waldo Pierce, un ami de l'auteur. On a de plus en plus d'admiration pour Harry Morgan, même si ce n'est pas un tendre – surtout parce que ce n'est pas un tendre. » La philosophie d'Hemingway semblait toujours aussi implacable : « N'importe comment, un type seul n'aura jamais aucune chance de s'en sortir », lâchait Harry Morgan avant de pousser son dernier soupir. Mais Perkins n'envisageait pas les personnages comme de simples héros de dessin animé. Il considérait Morgan comme l'incarnation d'un « genre ». Il n'en révéla rien à l'auteur, comme il lui arrivait de le faire. (Un jour, il avait confié à sa fille Jane : « Lorsqu'on a une suggestion à faire à Hemingway, il faut savoir la formuler au bon moment. ») Max savait qu'à ce stade Hemingway souhaitait davantage un soutien inconditionnel plutôt qu'une critique constructive.

À la fin du mois de juillet, Perkins trouva enfin la solution : et pourquoi ne pas publier un recueil de nouvelles, sans l'histoire principale ? Il finit par convaincre l'écrivain de publier le roman séparément, sous le titre prévu initialement : *En avoir ou pas*. « Ce livre pourrait très bien figurer dans les meilleures ventes », s'enthousiasma l'éditeur en recommandant cette œuvre à Jonathan Cape, son homologue anglais. Dès que le livre fut à l'impression, Max fit part de ses critiques à l'auteur, devant un « thé », chez lui, à New York. Il souhaitait que l'écrivain considère ses commentaires comme une aide pour ses prochains écrits. Mais Ernest n'était toujours pas d'humeur à accepter ce genre de reproches. Lorsqu'il en eut assez, il abattit sa main sur la table basse en s'exclamant : « Vous auriez dû demander à Tom Wolfe de vous l'écrire, alors ! »

Comme Perkins, la quasi-totalité des critiques trouvèrent *En avoir ou pas* passionnant et débordant de vie, mais eux aussi étaient mesurés dans leurs éloges. Son style avait tendance à s'autoparodier. Dans un essai rédigé quelques années plus tard, Edmund Wilson déclarerait : « À ce stade, la légende héroïque d'Hemingway a envahi sa fiction et, amplifiant et exagérant ses symboles, a donné naissance à un personnage hybride invraisemblable, à la fois humain et mythologique. » Même si Max le reconnaissait rarement et toujours à contrecœur, c'était également son avis.

En quelques semaines, *En avoir ou pas* entra dans le classement des meilleures ventes. Avec vingt-cinq mille exemplaires vendus, il se positionna directement en quatrième place. Perkins ne masqua pas son étonnement ; à ses yeux, ce livre était loin d'être aussi important que ses œuvres précédentes. Il ignorait si c'était dû à l'originalité du récit ou au fait qu'Hemingway se soit remis à la fiction. Mais cela permit à l'écrivain de reconquérir son titre de champion de littérature américaine qu'il avait perdu lorsque l'on avait commencé à oublier *L'Adieu aux armes*.

Le 11 août, quelques jours avant de reprendre la mer pour l'Espagne, Hemingway passa à l'improviste dans les bureaux de Scribner. Il alla au quatrième étage et dirigea ses pas vers le grand bureau de son éditeur. Dos à la porte, Max Eastman s'entretenait avec Perkins. Ils travaillaient sur une nouvelle édition du magazine *Enjoyment of Poetry*. Quand Ernest fit irruption dans la pièce, il reconnut aussitôt Eastman. Comme l'auteur l'avait souvent expliqué à Perkins, il l'aurait volontiers étripé pour l'article qu'il avait publié plusieurs années auparavant, « Bull in the Afternoon ». L'éditeur déglutit et tenta de réfléchir vite. Espérant que l'humour fonctionnerait, il annonça à Eastman : « Voici un de vos amis, Max. »

Hemingway lui serra la main, et ils échangèrent les politesses d'usage. Puis, Ernest, avec un large sourire, déchira sa chemise et exhiba son torse, suffisamment poilu – songea Perkins – pour impressionner qui que ce soit. Eastman éclata de rire, et, avec bonhomie, Ernest déboutonna celle d'Eastman, révélant un torse aussi glabre que le crâne d'un chauve. Le contraste les fit rire aux éclats. Perkins s'apprêta à montrer le sien, certain de pouvoir figurer en seconde place, lorsque Hemingway demanda à Eastman d'un ton agressif : « Pourquoi m'avez-vous traité d'impuissant ? »

Eastman niant les faits, s'ensuivit un échange relativement animé. Eastman déclara : « Vous ne savez pas de quoi vous parlez,

Ernest. Tenez, lisez ce que j'ai dit. » Il s'empara de son propre livre, *Art and the Life of Action*, que l'éditeur avait sur son bureau pour une autre raison, ne se souvenant même plus qu'y figurait l'essai « Bull in the Afternoon ». Mais, plutôt que de lire le passage que lui indiquait l'homme, Ernest se concentra sur un autre paragraphe, et se mit à grommeler des grossièretés. « Lisez tout, Ernest ! insista Eastman. Vous ne comprenez pas. [...] Tenez, laissez Max le lire. »

Perkins comprit que la situation était grave. Il se mit à lire le texte en question, espérant apaiser la situation. Mais Ernest lui arracha l'objet des mains, déclarant : « Non, c'est moi qui vais le lire. » Alors qu'il reprenait la lecture de l'essai, le visage écarlate, il se tourna et abattit le livre sur la tête d'Eastman. Ce dernier se jeta sur lui. L'éditeur, redoutant qu'Ernest finisse par tuer son adversaire, contourna précipitamment son bureau pour l'attraper par-derrière. Lorsque les deux auteurs s'empoignèrent, l'ensemble des livres et des documents en équilibre précaire sur le bureau s'écroulèrent, et les deux hommes se retrouvèrent bientôt à terre. Pensant qu'il s'agissait d'Hemingway, Perkins tenta de maîtriser le belligérant du dessus. Mais, en baissant les yeux, il s'aperçut qu'il s'agissait d'Eastman, Ernest étant étendu sur le dos, le regard rivé sur Max, ses lunettes brisées, un sourire narquois au coin des lèvres. Le coup porté à Eastman l'ayant subitement apaisé, il n'avait opposé aucune résistance lorsque ce dernier s'était jeté sur lui.

Dès qu'il eut séparé les deux adversaires, Perkins s'adressa aux employés qui s'étaient approchés. Ils acceptèrent tous de passer l'événement sous silence. Max Eastman, toutefois, consigna le récit de l'incident, et, le lendemain soir, lors d'un dîner auquel assistait une bonne partie du gotha de la presse, le lut à voix haute, apparemment sous l'insistance de sa femme. Le lendemain, Perkins vit débarquer une nuée de journalistes dans son bureau, et un autre groupe interrogea Ernest sur les quais, juste avant qu'il remette le cap sur l'Europe. D'après le *Times*, « Mr. Hemingway a expliqué qu'il était désolé d'avoir tourné en ridicule Mr. Eastman en le frappant au visage. "Cet homme ne sait pas se battre. Il s'est contenté de croasser à Max Perkins : *Qui avait rendez-vous avec vous ? Ernest ou moi ?* Alors, je suis parti." »

Vis-à-vis du public, l'éditeur préféra garder le silence et adopter une position neutre, mais il n'hésita pas à se confier à ses amis les plus proches, à l'image de Scott Fitzgerald et d'Elizabeth Lemmon. Il était convaincu qu'Hemingway aurait pu démolir Eastman, s'il s'en était donné la peine. Fitzgerald lui fut reconnaissant de lui avoir relaté les faits en détail, car on lui avait raconté toutes sortes de versions à propos de cette rixe, et « il n'aurait plus manqué qu'Eastman s'enfuie à Shanghai avec Pauline ». Scott en dit davantage : « Il s'est tellement réfugié dans son propre univers qu'il est devenu impossible de l'aider, même si je m'étais senti proche de lui en ce moment, ce qui n'est pas le cas. Mais je l'aime tellement que je grimace chaque fois qu'il lui arrive quelque chose. »

Hemingway se rendit en Espagne pour raconter la « grande guerre de mouvement » qui, d'après lui, allait permettre de libérer Madrid.

*

* *

Cette année-là, Scott Fitzgerald ne resta pas en place non plus, même s'il n'avait pas les mêmes objectifs qu'Hemingway. Après être passé à New York au début de l'année 1937, il écrivit à Perkins qu'il souffrait toujours autant du « même manque d'intérêt et de la même lassitude, alors que j'ai toutes les raisons de vouloir travailler, ne serait-ce que pour m'empêcher de réfléchir ». L'éditeur craignait que Scott perde son obsession de la réussite, convaincu que c'était dû à sa manie de toujours vouloir interpréter un rôle, le dernier en date étant celui de « l'homme exténué à 40 ans ». « Je crois qu'il ferait bien d'aller en Espagne afin d'y voir quelque chose d'entièrement différent », écrivit-il à Marjorie Rawlings. Au lieu de cela, Scott se réfugia à Tryon, en Caroline du Nord, où il préféra se placer sous surveillance médicale.

Au printemps, Fitzgerald envisagea une fois de plus de se rendre à Hollywood. Car une fois de plus, il avait besoin d'argent – après avoir remboursé ses dettes les plus urgentes grâce à l'héritage de sa mère, il ne lui restait plus que quelques centaines de dollars. Là-bas, il savait qu'il pourrait changer de décor. Il déclara à Perkins : « J'ai l'impression d'avoir vécu dans un cercueil pendant des années. »

Harold Ober, l'agent de Fitzgerald, fit en sorte qu'il travaille avec la MGM pour mille dollars par semaine. Une fois sur place, il écrivit à Max que cela faisait des années qu'il ne s'était pas senti si heureux. Tout le monde se montrait chaleureux envers lui, étonné et soulagé qu'il ait cessé de boire, et il se consacra sérieusement à l'écriture de scénarios, se contentant d'un budget restreint. Il comptait rester là-bas jusqu'à ce qu'il ait pu rembourser l'ensemble de ses dettes et suffisamment économisé pour éviter que son « drame des 40 ans » ne se reproduise. Il était navré de ne pouvoir allouer que deux mille cinq cents dollars à Scribner cette première année, mais il lui fallait rendre des milliers de dollars à Harold Ober, qui, à l'image de Perkins, était un particulier et avait donc la priorité sur la maison d'édition. Max lui rappela qu'il était inutile de lui rembourser plus tôt que prévu le prêt qu'il lui avait consenti. Mais Fitzgerald commença néanmoins à lui restituer son dû. L'éditeur écrivit à Hemingway : « Je ne sais plus quoi faire de tout l'argent qu'il m'envoie chaque semaine. Si seulement il acceptait de jouer celui qui fait son grand retour, tout serait pour le mieux. »

Fitzgerald voulait avoir des nouvelles de ses amis édités par Scribner ; il demanda alors à Perkins de lui parler d'Hemingway, de Wolfe et des nouveaux venus. L'histoire la plus intéressante que Max put lui raconter fut l'expérience inhabituelle que la maison d'édition avait eue avec Marcia Davenport, qui avait mis cinq ans avant de lui envoyer son nouveau roman, *Of Lena Geyer – Le Chant d'amour*[1].

Généralement, lorsque les livres ne connaissaient pas un succès immédiat, ils étaient considérés comme des échecs, et les ventes se maintenaient rarement plus d'un an. En l'absence de bonnes critiques, l'histoire de diva de Marcia Davenport mit des mois à atteindre les dix mille ventes. Puis, de manière inexplicable, l'histoire commença à obtenir du succès. Le roman s'écoula rapidement à dix mille exemplaires de plus, et les chiffres continuèrent de monter. Ni l'éditeur ni l'auteur ne considéraient *Le Chant d'amour* comme une œuvre majeure. Quand Perkins avait lu sa biographie de Mozart, il lui avait semblé évident qu'elle pourrait

1. Presses de la Cité, 1949.

écrire de la fiction. Il voyait à présent son roman comme une étape nécessaire de son évolution. Contrairement à des écrivains comme Thomas Wolfe, Mrs. Davenport confia dans ses mémoires, *Too Strong for Fantasy* : « J'ai surtout été poussée par la nécessité d'écrire ce que je savais, et non ce que j'étais. »

Après la sortie du *Chant d'amour*, Marcia avait fait la connaissance de Tom Wolfe sur le bateau qui le ramenait des Jeux olympiques de Munich. C'était sans doute le duo d'écrivains le plus incongru que Perkins ait jamais connu, aussi bien d'un point de vue physique que dans leur attitude et leur mentalité. Mrs. Davenport était petite, raffinée et cosmopolite. Wolfe ressemblait à un buffle sauvage, était tapageur et aimait se faire remarquer. Ils allèrent au bar du navire, Wolfe commanda à boire, et ils discutèrent. Cinq heures plus tard, ils étaient encore au bar, et Wolfe continuait à palabrer. « La conversation ne tournait qu'autour de lui, se rappela-t-elle. Encore et toujours. » Elle ne se souvenait pas de ses paroles avec précision, « mais il s'était fixé pour mission de me prouver qu'il n'était pas, contrairement à ce que prétendait le milieu littéraire, la créature de Max Perkins ».

« Je vais leur montrer que je sais écrire mes livres sans Max. Je vais le quitter pour un autre éditeur. Je vais partir de chez Scribner », lui confia-t-il. « Et la dédicace dans votre dernier livre ? s'enquit-elle. Seriez-vous hypocrite à ce point ? » Il fit comme s'il n'avait pas entendu et continua de se plaindre des coupes que Perkins avait faites – et qui étaient selon lui les meilleurs passages qu'il ait jamais écrits. Il répéta sans discontinuer son désir de quitter Scribner, jusqu'à ce que Marcia en ait assez. « Je crois que vous êtes un salaud, finit-elle par lâcher. Vous êtes ingrat et fourbe. Cette dédicace est écœurante. Vous ne l'avez pas écrite par dévouement pour Max, mais simplement pour vous répandre. Vous ignorez tout du dévouement et de la loyauté. Où seriez-vous sans Max et sans Scribner ? Vous refusez de voir la réalité en face. » Des mois plus tard, Wolfe n'avait toujours pas digéré ces accusations.

Après le retour de Tom de La Nouvelle-Orléans, et leurs longs échanges épistolaires, Perkins et l'auteur eurent le sentiment commun que leur amitié s'était dégradée. Mais, comme si de rien n'était, Wolfe se rendait encore quotidiennement chez les Perkins. En avril 1937, il écrivit à Hamilton Basso, un autre romancier de

Perkins : « Oui, tout va bien entre Max Perkins et moi. Je crois que ça a toujours été le cas, d'ailleurs. De temps en temps, je m'autorise quelques verres et je me livre alors à une lutte avec moi-même, mais je crois qu'il comprend. »

Tom continuait à se battre avec lui-même, mais il était convaincu de pouvoir s'en tirer. Il avait lu quelque part qu'« aucun auteur ne s'est jamais pendu alors qu'il lui restait encore un chapitre à écrire ».

Le calme ne dura pas longtemps. Un soir de ce même mois d'avril, Wolfe téléphona à Perkins pour le prévenir qu'un ami de Chapel Hill et sa femme venaient d'arriver en ville. Il s'agissait de Jonathan Daniels[1], rédacteur au *News and Observer* de Raleigh, Caroline du Nord. Tom invita le couple Perkins à dîner avec eux ainsi que d'autres, dont Noble Cathcart, l'éditeur du *Saturday Review of Literature*. Ils acceptèrent, et Louise insista aussitôt pour qu'ils viennent tous prendre un cocktail chez eux. Quand Max accueillit l'invité d'honneur de Tom, celui-ci lui répondit quelques banalités plutôt ennuyeuses et lui avoua même qu'il l'avait imaginé avec une longue barbe blanche. Dès lors, Perkins le trouva « suffisant ».

Le dîner au Cherio's débuta par une note festive. Wolfe était euphorique, jusqu'à ce qu'une femme arrivée en compagnie des Cathcart et qui n'avait pas quitté l'auteur des yeux depuis une bonne heure crut le reconnaître et lâcha : « Oh, je sais qui vous êtes. J'ai lu un papier sur vous, dans le *Saturday Review*. Un article de Bernard DeVoto… » Perkins fut consterné. Il comprit aussitôt qu'elle n'aurait rien pu dire de plus grave, car cet article mettait encore Tom dans une colère noire.

Max vit son auteur tenter de se dominer en se réfugiant dans le silence. Mais Daniels demanda alors pourquoi le *Scribner's* était le seul magazine à publier Wolfe. Il ne comprenait pas ce qui n'allait pas chez eux, la revue aurait pu être bien meilleure. « Mais Tom, manquant totalement de confiance en son talent – expliquerait Max bien plus tard –, comprit qu'ils auraient mieux fait de ne pas le publier. » La demi-heure suivante, l'humour de Tom se fit acerbe, et il s'en prit à l'ensemble des convives. Personne ne s'en

1. Il deviendrait en 1941 le conseiller particulier du président Roosevelt.

formalisa, mais, ayant trop bu, il commença à blêmir. Max comprit aussitôt que « ses doutes et ses craintes bouillonnaient dans son esprit. Il avait des envies de meurtre ».

Puis, un homme qui dînait avec une femme, à l'autre bout du restaurant, approcha en zigzaguant et marmonna quelque chose à Wolfe de la façon amicale typique des ivrognes. Se rendant compte de la tournure que prenaient les événements, les autres clients préférèrent gagner la sortie. Tom concentrait toute sa colère sur Perkins. Inquiet, Cherio demeura à proximité. Max n'était pas en mesure d'entendre les paroles de Wolfe, mais, avec ce type de deux mètres qui agitait les bras comme un lanceur de base-ball, ce n'était pas nécessaire. « Tom, dit-il. Je savais que si ce sujet revenait sur le tapis, il pourrait faire des dégâts considérables, mais il est possible de passer outre. » Wolfe lui lança un regard noir. En partie par égard pour Cherio, l'éditeur poursuivit : « Eh bien, si vous souhaitez vous battre, allons dehors. » Tandis qu'ils dirigeaient leur pas vers la sortie, un autre éditeur, Harrison Smith de chez Harcourt, Brace, pénétra dans l'établissement, leur serra la main et, plus ou moins en connaissance de cause, lança d'un air malicieux : « Je vois que vous avez des problèmes d'auteur… » Perkins s'entretint un moment avec lui, puis retrouva Tom sur le trottoir. L'éditeur déclara plus tard qu'il était alors convaincu que « seul un miracle pourrait empêcher que survienne un drame que tout le monde regretterait ». Ce fut plus ou moins ce qui se produisit.

D'un restaurant voisin surgit un groupe de personnes, dont une grande et magnifique jeune femme à la chevelure de jais. Elle s'élança droit vers Tom et, de manière inexplicable, se jeta à son cou en disant : « C'est pour voir ça que je suis venue à New York. » Fille d'une grande famille de Richmond dont Max et Tom avaient fait la connaissance à Middleburg, elle sortait d'un dîner avec la sœur et le beau-frère d'Elizabeth Lemmon, les Holmes-Morrison. Elle était vraiment impatiente de rencontrer l'auteur. Durant les trois ou quatre minutes qui suivirent, cette fille du fin fond de la Virginie discuta avec Tom sur un ton aussi grossier que jovial, avec une vulgarité que Perkins avait rarement entendue dans la bouche d'une femme. (« Les hôtesses de night-clubs ne lui arriveraient pas à la cheville », écrivit-il à Elizabeth.) Cette femme détourna complètement l'attention de Tom, et les deux groupes finirent harmonieusement la soirée au Manny Wolf's.

De retour chez lui, Wolfe se pencha de nouveau sur le brouillon d'une lettre qu'il enverrait à toutes les maisons d'édition à l'exception de Scribner. Il y exprimait son souhait de convaincre quelqu'un de suffisamment intéressé par son œuvre d'écouter son histoire et de publier ses futurs manuscrits. Il y décrivait en détail sa séparation avec Perkins. Il n'envoya jamais la missive, mais l'idée de recouvrer sa liberté le hantait tant qu'il ne parlait pas de grand-chose d'autre, même devant Max. Un jour, exaspéré, Perkins finit par s'exclamer : « Très bien, si vous devez quitter Scribner, allez-y, partez, mais, pour l'amour du ciel, cessez de vous plaindre ! »

À la suite de quoi le fils prodigue décida-t-il, pour la première fois depuis des années, de rentrer chez lui, à Asheville. Cet été-là, il loua une cabane dans les bois pour s'accorder « un moment de réflexion ». Il pensait surtout à sa nouvelle *Chickamauga*, qu'il avait rédigée au retour de ses voyages printaniers. Il la considérait comme l'une des meilleures qu'il ait jamais écrites, et avait donné instruction à Elizabeth Nowell de la proposer au *Saturday Evening Post*. Le journal la refusa, invoquant un « récit insuffisant ». À Asheville, *The American Mercury* ayant également décliné, Wolfe demanda à Miss Nowell d'essayer plusieurs autres petits magazines. Il savait qu'il pourrait se rabattre sur *Scribner's*, mais, pour prouver qu'il n'était pas entièrement dépendant de Charles Scribner's Sons, il préférait être publié ailleurs. Il espérait obtenir une réponse positive avant son retour à New York.

Les Perkins quittèrent également Manhattan pour l'été, retournant à New Canaan, mais Max restait souvent en ville, travaillant jusque très tard. À cause de la désertion de Tom, il se sentait plus seul que d'ordinaire. En août, après un an de silence, il écrivit à Elizabeth Lemmon l'une des lettres les plus mélancoliques qui soient. Il omit de préciser la raison de son abattement, due à la dégradation désolante de sa relation avec Wolfe. « D'une certaine façon, j'ai traversé une mauvaise passe, raison pour laquelle je ne vous ai pas écrit. Je n'aurais pas pu avant que la situation s'améliore. Quant à ma mauvaise passe, nous en connaissons tous, et qu'importe si nous parvenons à les surmonter. Mais je veux que vous sachiez de quoi il en retourne, et pourquoi je ne vous ai pas écrit. Vous êtes mon amie, et rien ne me satisfait plus que le fait de le savoir. Que l'avenir soit maudit, je me remémorerai le passé. »

Louise Perkins n'avait aucune envie de passer un été paisible à New Canaan. On l'avait invitée à se joindre à la grande actrice, disciple de George Bernard Shaw, Mrs. Patrick Campbell, et à une troupe de théâtre de Milford, dans le Connecticut, en tant que doublure de Mrs. Campbell. Consciente que ce genre d'occasion se représentait rarement, surtout à ce stade de sa carrière qu'elle entamait tout juste, elle accepta. Malheureusement, la vedette s'obstina à demeurer en bonne santé, et Louise dut patienter tout l'été dans les coulisses. Après cette expérience, Max écrivit à Tom Wolfe une lettre riche en confidences : « Je crois qu'elle en a plus qu'assez des comédiens lunatiques. »

À la fin des vacances, le *Chickamauga* de Wolfe finit par paraître dans le *Yale Review*, et Elizabeth Nowell parvint à placer une demi-douzaine de ses nouvelles dans d'autres magazines. Tom reçut même les compliments de Scott Fitzgerald pour *E*, paru dans le *New Yorker*. Ce dernier lui fit part de son admiration pour son œuvre, qualifiant son talent d'« incomparable dans ce pays et n'importe quel autre ». Puis il tenta de « mettre l'accent sur la nécessité de développer en [lui] un alter ego, un artiste plus volontaire »... « Plus les intentions d'un homme sont précises, écrivit Scott, plus il peut espérer qu'elles se voient, et plus il devra les atténuer et y faire appel avec parcimonie. Quant au récit de certains événements, il faut dire qu'un grand auteur comme Flaubert a consciemment laissé de côté des sujets que Pierre ou Paul (dans son cas, Zola) traitent déjà. Il ne considère que ceux qui l'intéressent. Ainsi, *Madame Bovary* deviendra intemporel, alors que Zola l'est déjà. »

« L'inattendue faconde de votre lettre m'a beaucoup touché, répondit Wolfe à Fitzgerald. Votre bouquet fleurait bon la rose, mais dissimulait astucieusement plusieurs critiques violentes. » Il trouva les reproches de Scott assez proches des critiques habituelles, et s'attendait à mieux de sa part. Il ne comprenait pas ce que Flaubert et Zola avaient à voir avec son œuvre.

« Je retourne dans les bois pour deux ou trois ans, lui écrivit-il. Je vais tenter de réaliser la meilleure œuvre, la plus importante de ma carrière. Il va falloir que je m'en sorte seul. Je vais perdre le peu de réputation que j'avais acquise, et vais de nouveau devoir écouter, connaître et supporter en silence le doute, la médisance, le ridicule, les autopsies que les gens sont si impatients de lire avant notre mort. Je sais ce que cela signifie, et vous aussi. Nous avons tous deux déjà connu cela. » Wolfe pensait pouvoir y survivre, mais il allait devoir chercher de la compréhension hors de Scribner. « Attaquez-moi franchement si vous pensez que je le mérite, demanda-t-il à Fitzgerald. Mais ne faites pas comme DeVoto. Sinon, je n'hésiterai pas à vous répondre. »

Cet automne-là, Scribner donna un coup de neuf à sa bibliothèque du quatrième étage en repeignant les murs et en installant une nouvelle moquette. Perkins annonça à qui voulait l'entendre que l'endroit ressemblait désormais à un « boudoir ». Mais il savait que certaines des femmes agents littéraires de New York s'y sentiraient plus à l'aise, et elles lui semblaient chaque jour plus nombreuses. En fait, elles embrassaient cette profession en si grand nombre que Max avait proposé que Diarmuid Russell, le fils du poète irlandais A.E. (George William Russell) et Henry Violkening, un ami de Wolfe anciennement professeur de français à l'université de New York, joignent leurs forces et lancent leur propre agence avant que « ces fichues femmes aient la mainmise sur l'ensemble de la profession ». Pendant les travaux de rénovation, on découvrit trois gros paquets qui contenaient des manuscrits de Thomas Wolfe. L'un d'eux était une partie importante de *The October Fair*, un roman qu'il laissa inachevé. L'auteur était persuadé que Scribner ou lui l'avaient perdu, mais Max se rappela que c'était Tom en personne qui les avait déposés à cet endroit même. « Tout ce que Tom a remis entre nos mains, expliqua-t-il à Elizabeth Nowell, s'y trouve encore, et en parfait état ! »

À l'exception de sa carrière... De retour à New York après avoir passé trois mois dans sa cabane en Caroline du Nord, Wolfe continuait de reconsidérer sa relation avec son éditeur. Une nouvelle raillerie de Bernard DeVoto dans le numéro du 21 août du *Saturday Review*, qui critiquait aussi bien Wolfe que Melville pour leurs « longs passages grossièrement sentimentaux », poussa plus que jamais Tom à se faire publier par une autre maison.

Un matin, en ce début d'automne, il appela plusieurs éditeurs, balbutiant à chacun qu'il s'appelait Thomas Wolfe et leur demandant s'ils voulaient le publier. Certains crurent à une plaisanterie. Mais, chez Alfred A. Knopf, Bernard Smith répondit qu'il serait enchanté de discuter avec lui de ses prochaines œuvres. Quant à Alfred Harcourt, il rendit visite à Perkins et à Charles Scribner pour leur demander si Harcourt, Brace pouvait accepter en toute équité la proposition de l'auteur. Perkins avait déjà la réponse : il ne croyait pas « qu'il puisse en être autrement », signifiant qu'il s'agissait d'un auteur trop important pour pouvoir se permettre de passer à côté. Scribner et lui lui garantirent qu'ils ne lui en voudraient pas, car Wolfe était visiblement déterminé à changer de maison d'édition. Harcourt quitta Perkins avec le sentiment que Wolfe signerait avec lui. Mais, après dix ans de fidélité à Scribner, l'écrivain souhaitait pouvoir savourer cette nouvelle attention qu'on lui portait. Il tenta de séduire tous ses prétendants.

Quelques semaines plus tard, Robert Linscott de Houghton Mifflin rencontra Wolfe dans leurs nouveaux bureaux new-yorkais. Très vite, ils s'appelèrent par leurs prénoms et s'accordèrent pour mettre en lieu sûr l'imposante malle qui renfermait les manuscrits de l'auteur. Comme s'il s'agissait d'une formalité commerciale, Linscott lui remit une note accusant réception de la malle. Ce soir-là, heureux d'avoir trouvé un éditeur qui lui plaise, Wolfe fouilla dans sa poche et en tira le reçu où il était inscrit, en partie : « En espérant que vous soyez conscient que, compte tenu des circonstances, la malle sera détenue par nos soins sous votre entière responsabilité. » Il se sépara de Houghton Mifflin à cet instant même, enrageant dans une lettre qu'il se garda de poster : « Il me semble que c'est à vous d'assumer ce risque, que l'entière responsabilité de mettre en lieu sûr la propriété d'un auteur, du moment que vous l'avez réclamée, vous appartient, et à vous seulement. » Il se remit en quête d'un nouvel éditeur.

Des semaines durant, Tom s'abstint de révéler à ses proches sa séparation d'avec Perkins. Max reçut une carte postale de Julia Wolfe, qui s'inquiétait de ne pas avoir de nouvelles de son fils depuis un mois. Fred, le frère de l'écrivain, contacta l'éditeur pour les mêmes raisons. Il lui répondit que Tom allait bien, mais qu'il fallait désormais le contacter par l'entremise d'Elizabeth Nowell et non plus chez Scribner. Dans sa lettre, il écrivit : « Il m'a également tourné le dos, ainsi qu'à Scribner. Je ne l'ai donc pas vu depuis un moment. » L'histoire de la séparation ne tarda pas à faire le tour de la volubile famille Wolfe. Tom leur confirma qu'il n'avait plus d'éditeur et qu'il avait eu envie de partir dès 1935. Il s'aperçut que sa rupture avec Scribner ne s'était pas faite proprement. Dans une lettre de 5 000 mots adressée à Perkins, il tenta de répondre à toutes les accusations qu'il avait entendues et qui étaient attribuées à son éditeur : « Tout d'abord, je ne vous ai pas "tourné le dos", ni à vous ni à Scribner, et il serait fallacieux et peu sincère d'affirmer que c'est le cas. » Ensuite, il trouvait injuste que l'on puisse soutenir qu'il n'avait aucune idée de la raison de leur séparation. Il était convaincu que Max en connaissait parfaitement les motifs, car ils les avaient passés en revue des centaines de fois. « Vous ne me devez rien, alors que je vous suis infiniment redevable, lui assura-t-il. Je refuse que l'on me remercie d'avoir compris que vous étiez un grand éditeur, même la première fois que je vous ai rencontré, mais cela a effectivement été le cas, ce que j'ai d'ailleurs reconnu en des termes imprimés par votre propre maison d'édition et désormais publics. Tout le monde l'aurait de toute façon compris », insista-t-il. Mais quand on lui rappelait solennellement que Perkins était quelqu'un de génial, il trouvait paradoxalement très amusant de signaler qu'il avait été le premier à le mentionner publiquement. « Comme de nombreux autres, je suis responsable de l'avoir mis sous le feu des projecteurs », se vantait-il.

« Cette lettre, poursuivit-il, est un triste adieu, mais j'espère qu'il s'agit pour nous deux d'un nouveau départ. » Il ajouta : « Je suis votre ami, Max, et c'est la raison pour laquelle je vous écris : pour vous le rappeler. Si les autres thèmes que j'aborde dans ce courrier venaient à occulter le message principal – le seul qui importe étant que je suis votre ami et que je souhaite que vous restiez le mien –, considérez, je vous prie, ce dernier paragraphe comme le résumé de ce que je désirais vous dire depuis la première ligne. »

Perkins fut ravi de revoir l'écriture de Wolfe. « Je suis votre ami et le serai à jamais, j'imagine », lui répondit-il. Ce qui l'avait le plus chagriné, ces derniers mois, était qu'il avait manœuvré dans son dos. Toutes ces manigances en cachette avaient été « humiliantes ». Au final, Max reconnut que tout cela lui était égal. « J'espère que nous aurons bientôt l'occasion de nous revoir en amis », souhaita-t-il, maintenant qu'ils ne travaillaient plus ensemble. En décembre, Perkins apprit de la bouche de Robert Linscott que l'auteur était sur le point de signer avec Edward C. Aswell, l'un des assistants d'Eugene F. Saxton chez Harper & Brothers.

L'année précédente, Wolfe avait passé Noël avec les Perkins. Cette année-là, il se rendit à Chappaqua, dans l'État de New York, avec les Aswell et leurs amis, avec qui il but du champagne et porta des toasts émouvants.

Il considérait son changement d'éditeur comme « l'une des expériences les plus heureuses » de son existence. Harpers lui proposa une avance généreuse, mais il ne fut pas simplement question d'argent. Wolfe fonda sa décision sur une intuition, car Ed Aswell, qui avait le même âge que lui, était également originaire de Caroline du Nord. « J'ai l'impression que nous allons vivre une expérience fabuleuse, écrivit-il à une amie, Anne Armstrong. Je trouve cet homme réservé, mais très sérieux, et sincère. Et il me prend pour le meilleur écrivain qui soit... Malgré tout, je suis encore un peu triste quand je repense au passé. » Mais, lui fit-il remarquer : « Il est impossible de toujours retourner à son point de départ, n'est-ce pas ? »

Perkins accepta le départ de Wolfe avec grâce, car il était convaincu de son caractère inéluctable. « J'imagine aisément, dans vingt ans, une biographie de Tom dans laquelle on attribuerait cette décision à son instinct et à sa virilité, à sa volonté de se libérer de ses liens et de poursuivre seul », écrivit-il à Marjorie Rawlings, quelques mois plus tard. Mais Max savait déjà qu'une page importante de son existence était tournée. À la fin de l'année, il expliqua à Tom Wolfe : « Chaque soir, je bois seul une bière au Manny Wolf's en attendant le journal. [...] Nous avons vraiment passé un excellent Noël, mais vous nous avez manqué. »

– 18 –

Ô âme perdue, par le vent tourmentée

Peu après Noël 1937, Thomas Wolfe, désormais auteur chez Harpers, fut contraint de demander de l'aide à Max Perkins. Le procès qui impliquait l'auteur et Murdoch Dooher, le jeune homme de 21 ans qui détenait une partie de ses manuscrits, était imminent, et Tom lui demandait de venir témoigner, « non seulement pour des raisons personnelles ou amicales, mais aussi pour prendre position en faveur de l'espèce humaine ». L'éditeur lui rendit volontiers ce service, et fut ravi que son ancien auteur ne fasse preuve d'aucun regret ni de la moindre anxiété. Seulement, après tant de temps, les détails de l'affaire étaient devenus plutôt flous dans son esprit, et, le soir du 1er février 1938, Tom et lui se retrouvèrent dans le hall du Chelsea Hotel – où Wolfe avait récemment emménagé, sur les conseils de Max – afin de les clarifier. C'était leur première entrevue depuis sept mois, et tout se déroula parfaitement.

L'affaire concernait notamment le manuscrit du *Temps et le Fleuve*. Dooher était déjà parvenu à revendre quelques objets ayant appartenu à l'écrivain – des livres et des documents –, et ce dernier l'avait autorisé à vendre le manuscrit de ce deuxième roman. Dooher était venu le chercher chez Scribner et avait entrepris de l'assembler. Ce faisant, il s'était aperçu qu'on ne lui avait pas remis le manuscrit à proprement parler, mais les passages supprimés. Sous l'insistance de l'auteur, il s'était rendu chez Scribner pour trier avec lui les pages de ce texte inédit.

Il se révéla que l'éditeur anglais de Wolfe, A.S. Frere-Reeves, était arrivé de Londres le jour même, et Perkins, qui ne le connaissait pas vraiment, devait aller le retrouver au Chatham à 17 heures. Désirant que Tom se joigne temporairement à eux, il pénétra dans la pièce où Dooher et l'auteur travaillaient et emmena ce dernier « juste pour un verre ». Mais Wolfe fut loin de s'en contenter, et fit attendre Dooher durant plusieurs heures. À son retour, celui-ci était furieux. Alors Wolfe se mit en colère et le congédia. Dooher partit en claquant la porte, et lui envoya une facture de mille dollars pour « services rendus » – notamment pour lui avoir présenté un acheteur et pour avoir travaillé sur le texte –, et en dédommagement de commissions auxquelles il pensait avoir droit. Dooher avait encore en sa possession de nombreuses pages du manuscrit de Wolfe qu'il refusait de lui rendre tant qu'il n'aurait pas été payé. Wolfe entama des poursuites judiciaires afin de récupérer son bien. Max, qui se sentait responsable de la situation, déclarerait plus tard : « C'est ma faute si Dooher n'a pas eu le bon texte, et c'est à cause de moi s'ils se sont retrouvés dans cette situation déraisonnable. »

Lors de son entrevue avec l'écrivain pour préparer le procès, Max se rappela que Tom, juste avant de partir pour l'Europe en 1935, lui avait remis un pouvoir de mandataire sur ses écrits. Wolfe accueillit ce souvenir avec joie. Il le considéra comme un élément clé de sa défense, car, à ses yeux, cela indiquait clairement qu'il n'avait jamais eu l'intention de laisser Dooher agir seul ni de signer le moindre contrat sans son accord – ou celui de Max, du moins.

Le 8 février 1938, Perkins se rendit donc à Jersey City pour le procès. Il trouva Wolfe « tout agité, les sourcils froncés sous le feu des critiques et des attaques », mais considéra qu'il donnait dans l'ensemble une impression de sincérité et de dignité. Les témoins de la défense se succédèrent à la barre, et il sembla bientôt évident pour Max que l'affaire était gagnée, au point qu'il était convaincu qu'il n'aurait même pas à témoigner. Mais il fut néanmoins appelé à la barre. Lorsqu'il posa la main sur la Bible, il vit que Wolfe avait du mal à contenir ses émotions. Elizabeth Nowell le constata aussi, et pour cause : pour la première fois en public, Max portait un appareil auditif. Il avait jusque-là obstinément refusé, même si la plupart de ses interlocuteurs avaient remarqué à quel point son audition s'était affaiblie. Mais Perkins pensait qu'il le devait bien à Wolfe, et que l'obligation de comprendre distinctement le déroulement du procès l'emportait sur l'embarras et la gêne occasionnés par ce machin mal conçu. Il se révéla le témoin le plus honnête, mais aussi le moins coopératif. L'avocat lui demanda à deux reprises si le pouvoir de mandataire lui avait été expressément remis dans le but de s'opposer à Dooher. « J'ai eu l'impression d'être un imbécile en soutenant que je ne pouvais pas vraiment dire ça, raconta-t-il à John Terry. Je suis sûr que l'avocat m'a autant détesté que je m'en suis voulu. » Tout ce qu'il avait pu sincèrement affirmer, c'était qu'on ne lui avait jamais remis un tel pouvoir auparavant, et qu'il était donc évident que c'était dans ce but.

À l'heure du déjeuner, Wolfe fut acquitté, et Perkins, soulagé que cette épreuve soit derrière lui, considéra cette matinée passée au tribunal comme « assez amusante ». Selon lui, la mise hors de cause de Wolfe avait « plus ou moins redonné à Tom la foi dans au moins une des institutions américaines ». Ils prirent ensemble le ferry pour Manhattan et déjeunèrent au Cherio's. Max s'aperçut à ce moment-là qu'il n'avait plus aucune raison professionnelle de revoir Thomas Wolfe.

Il prévint plusieurs de ses auteurs du départ de Tom, insistant sur le fait qu'il était dans son intérêt d'aller dans une autre maison d'édition, et que c'était inévitable. Hemingway, pour commencer, trouva que Perkins écrivait « de manière très élégante » à propos de tout cela, tandis que Wolfe s'était comporté comme un gros bébé. Il se demanda pourquoi cet homme ne pouvait pas se contenter d'écrire, puis se moqua de lui en déclarant qu'il devait être très difficile d'être un génie.

En janvier, Hemingway revint de la guerre d'Espagne. L'offensive loyaliste était tout juste parvenue à progresser. En fait, durant des mois, il y avait eu si peu d'action qu'Ernest ne s'était même pas donné la peine de rédiger la moindre dépêche pour la North American Newspaper Alliance. Il avait profité de cette accalmie pour se remettre au travail. À la fin de l'hiver, il avait achevé sa première pièce de théâtre, dont l'action se déroulait dans l'hôtel même où il logeait, le Florida, à Madrid. Dès que la nouvelle de sa pièce commença à se répandre, de nombreuses personnes du milieu du théâtre appelèrent Perkins. Ce dernier écrivit à l'auteur : « Je n'imagine pas qu'une de vos pièces puisse ne pas faire sensation et ne pas être un succès. » Alors qu'il en ignorait tout, à l'exception de l'endroit où se déroulait l'action.

De retour à Key West, Hemingway avoua à Perkins qu'il était « dans un sacré pétrin ». Il se sentait concerné par la guerre en Espagne, mais en était trop éloigné géographiquement. Il était impatient de transformer en fiction ce dont il avait été témoin, mais la réalité était encore trop prégnante. Il était également en conflit avec Pauline, qui tentait de le retenir, alors que sa liaison avec Martha Gellhorn semblait de plus en plus sérieuse. Pour lui permettre de monter la pièce plus rapidement, Perkins annonça que Scribner allait publier l'œuvre sans tarder, même si, d'ordinaire, on publiait les pièces après la première représentation. (*The Road to Rome*, *Reunion in Vienna* et *The Petrified Forest* de Robert Sherwood en étaient les meilleurs exemples.) « Mais votre pièce, garantit-il à son auteur, se vendra sans cela. » Ne serait-ce qu'en raison de la volonté du public de découvrir la situation en Espagne…

Hemingway n'avait qu'une envie, retourner en Espagne. Il expliqua à Max qu'il avait l'impression d'être « une merde » en se contentant de paresser à Key West alors que la guerre menaçait Madrid et l'Aragon. Contre la volonté de Pauline et de Max, il y retourna dès la mi-mars 1938. Il assura à son éditeur qu'il n'avait pas oublié le recueil de nouvelles qui devait paraître à l'automne. Il lui promit de le lui envoyer par la poste depuis Paris, avant de rejoindre l'Espagne, et même d'y adjoindre de nouvelles histoires juste avant que le livre parte pour l'imprimerie.

La publication de la pièce était également prévue pour l'automne. Même s'il devait encore apporter quelques corrections, et probablement modifier le titre, *La Cinquième Colonne*, il en avait laissé un exemplaire à Perkins. TRÈS ÉMU PAR LA PIÈCE. MAGNIFIQUE. BONNE CHANCE, lui câbla ce dernier. « Sinon, lui écrivit-il dans une lettre dès le lendemain, j'ai l'impression que vous allez avoir du mal à trouver un meilleur titre que l'actuel. » Ignorant tout de ses problèmes de couple, il écrivit aussi à Pauline : « Cette pièce m'a permis de comprendre pourquoi il lui fallait retourner en Espagne. » La considérant comme une œuvre littéraire, il ajouta : « Plus encore qu'*En avoir ou pas*, elle est la preuve qu'Ernest s'aventure dans de nouveaux territoires, de plus en plus vastes. »

À bord du transatlantique, Hemingway écrivit à Perkins une longue lettre dans laquelle il s'excusait de s'être montré si « pénible » au cours des semaines précédentes. Sur un ton d'enterrement, il le remercia de lui être resté fidèle malgré son humeur massacrante et son « caractère odieux ». Max lui garantit que c'était inutile. « Je trouve que vous nous avez très bien traités. Nous sommes tous de cet avis. Je vous suis énormément redevable. » Mais Perkins se sentit légèrement déprimé. Cette lettre le contraria tout le week-end, car elle lui donnait l'impression que l'auteur ne reviendrait jamais d'Espagne. « Je ne me fie que rarement aux prémonitions, expliqua-t-il à Fitzgerald, tentant de faire preuve d'un peu d'optimisme. Très peu de celles que j'ai pu avoir se sont réalisées. Hem semblait bien aller, et je l'ai trouvé de bonne humeur, même si ce n'était sans doute pas le cas. Je souhaitais vous prévenir qu'il a surtout fait allusion à vous. » Fitzgerald fut touché qu'Hemingway ait également pensé à lui dans ses « dernières paroles prémonitoires ». Il était toujours aussi fasciné par « l'intensité byronienne » de l'écrivain.

Scott était passé à New York, début 1938. Max avait déjeuné avec lui et une blonde séduisante d'une trentaine d'années que l'auteur lui avait présentée comme étant sa « petite amie » de Hollywood. Perkins fut ravi d'apprendre que ce n'était pas une actrice. Sheilah Graham était anglaise et rédigeait une rubrique sur Hollywood pour la North American Newspaper Alliance. Il n'en découvrit pas beaucoup plus à son sujet, sauf qu'elle semblait avoir une bonne influence sur Scott. Arborant un bronzage californien, celui-ci avait cessé de boire, semblait merveilleusement en forme et débordait de vitalité. Il avait aussi remboursé une grande partie de ses dettes – dont celle qu'il avait contractée auprès de Max –, et avait décroché un contrat encore plus juteux pour l'année à venir, ce qui lui permettrait d'effacer totalement son ardoise.

Dès son retour à Hollywood, il envoya à Max un chèque qui représentait une première partie de la somme qu'il devait encore à Scribner. « J'étais sûr qu'il allait le faire, mais personne n'y croyait, écrivit l'éditeur à Elizabeth Lemmon. D'ailleurs, il m'arrivait parfois de ne plus y croire non plus. » Dans le courrier qui accompagnait le chèque et qu'il avait rédigé dans sa chambre d'hôtel, au Garden of Allah, sur Sunset Boulevard, Fitzgerald reconnaissait avoir pris une cuite, à New York, après l'avoir quitté. Il jurait que cette beuverie n'avait duré que trois jours, et qu'il n'avait pas bu une goutte d'alcool depuis. Toutefois, quitte à se confesser, il crut devoir avouer une autre bavure, au mois de septembre précédent, là aussi trois jours durant. À l'exception de ces deux rechutes, cela faisait un an qu'il n'avait pas bu. « N'est-il pas horrible que nous, anciens alcooliques, soyons obligés de fournir des explications sur notre état avant de faire quoi que ce soit ? » s'enquit-il auprès de Perkins. Il lui confia qu'il travaillait au scénario d'un film avec Joan Crawford, intitulé *Infidelity*. Le flot régulier de lettres que l'auteur recevait de New York était l'unique preuve qu'il existait encore, bien que très peu, dans le milieu de la littérature.

Il se sentit même d'autant plus exclu ce printemps-là, quand Whitney Darrow, vice-président de Scribner et responsable commercial, l'informa que *L'Envers du paradis* était officiellement « épuisé », dix-huit ans après avoir enflammé les jeunes des années 1920. Il en fut déçu, mais guère étonné. « En y réfléchissant, confia-t-il à Max, j'ai l'impression qu'il s'agit de l'un des livres les plus amusants depuis *Le Portrait de Dorian Gray* tant il manque d'authenticité. Même si, ici ou là, on peut tomber sur une page d'une grande sincérité. » Il était conscient que, pour la génération qui avait succédé à la sienne, pour les enfants de ses contemporains, les thèmes abordés dans le livre pouvaient sembler très éloignés, et que les frasques qui pouvaient paraître extravagantes à l'époque devaient désormais avoir l'air bien fades. « Pour séduire cette nouvelle génération, il aurait fallu que je décrive un ou deux avortements. Ce que je ferais probablement si je devais le récrire. » Mis à part ces quelques défauts, il souhaitait savoir avec précision ce que signifiait « épuisé ». Cela impliquait-il qu'il pouvait chercher un nouvel éditeur pour le rééditer ? Et si c'était le cas, cela aurait-il pour effet de lui redonner une certaine valeur aux yeux de « Whitney Darrow, ou Darrow Whitney, quel que soit son nom » ?

Lorsqu'un livre était épuisé, cela signifiait que l'éditeur, en raison d'un manque de demandes, avait décidé de cesser de le réimprimer et de laisser les derniers exemplaires se vendre en librairie. L'auteur était alors en effet libre de chercher un nouvel éditeur. Mais Perkins avait sa petite idée pour continuer à faire vivre ce roman chez Scribner. « Je ne devrais même pas vous en parler, parce que cela risque de ne jamais se produire, mais j'ai le secret espoir qu'un jour – après le succès d'un nouveau roman –, nous pourrons publier une anthologie. » Elle rassemblerait *L'Envers du paradis*, *Gatsby le Magnifique* et *Tendre est la nuit*, ainsi qu'une longue introduction de l'auteur. « Même s'ils sont intemporels, ces trois livres illustrent trois époques distinctes. Et personne n'a aussi bien traité ces périodes. » Il refusait de gâcher cette occasion en publiant trop tôt ce trois-en-un. Il expliqua : « Avec le temps, et cela s'applique aussi bien à *Paradis* qu'à *Gatsby*, le passé prend un caractère romantique. Nous n'en sommes pas encore là avec *Tendre est la nuit*, et j'ai la nette impression que l'effet peut encore s'accentuer avec le temps pour *Paradis*. Raison pour laquelle, à moins de nous imaginer que nous ne connaîtrons plus le succès – et, à moins d'une guerre, je suis convaincu que le meilleur reste à venir –, nous ferions bien d'attendre encore un peu. »

Il espérait que Fitzgerald renoncerait à son roman moyenâgeux, *Philippe*. De toute façon, l'auteur n'avait pas le temps d'y travailler. Il prétendait que le monde incroyable du cinéma avait « une façon de vous projeter au sommet à une vitesse vertigineuse, puis de vous laisser vous enfoncer dans la déprime, vous empêchant d'entreprendre quoi que ce soit d'autre en attendant un nouveau projet ». Les studios de Hollywood regorgeaient d'« hommes talentueux et surmenés qui faisaient les films, mais aussi d'une sinistre foule d'imposteurs et d'écrivaillons, comme on peut l'imaginer ». Par conséquent, se plaignait-il, « tous les autres sont des charlatans, personne ne fait confiance à personne, et, pour cette raison, on perd un temps incroyable ». Il avait le sentiment de vivre une parenthèse particulière dans sa carrière, mais en regardant autour de lui, il comprit qu'il n'était pas le seul littéraire à ne pas être dans son élément. « Vos enfants vous en font voir de toutes les couleurs, Max, écrivit-il le 23 avril 1938 : Ernest est parti en Espagne, moi à Hollywood, Tom Wolfe est redevenu un plouc artistique… »

Quant à Max, c'était l'occasion pour lui de trouver un second souffle et de répartir différemment son énergie. Après un été paisible à New Canaan, les Perkins y étaient retournés s'installer. L'éditeur espérait que Louise resterait pour de bon à la campagne, mais la vie de citadine l'avait habituée à dépenser beaucoup de force. Sa passion pour la scène s'était atténuée, mais il fallait constamment qu'elle soit en mouvement. Elle chercha une occupation à l'extérieur, et finit par la trouver.

Au début de l'année 1938, plusieurs religieuses de la paroisse catholique de la région frappèrent à la porte des Perkins pour s'entretenir avec leur cuisinière, elle-même catholique. Louise bavarda quelques minutes avec les sœurs, puis leur remit un chèque des plus généreux. Elles restèrent un peu plus, et, à leur départ, Louise avait les yeux qui pétillaient d'admiration. Elle étudia la question du catholicisme, et, après plusieurs semaines, elle eut une discussion sérieuse avec le prêtre de la paroisse. « Qu'est-ce qui compte le plus à vos yeux, à l'exception de vos proches ? » lui demanda-t-il. Sans la moindre hésitation, elle lui répondit : « Le fait d'être douée pour le théâtre. » Il lui proposa : « Prenez votre talent et posez-le sur l'autel de Jésus-Christ. » À 50 ans, Louise quitta les coulisses pour un nouveau théâtre sacré, avec toute l'énergie, l'ingénuité et l'enthousiasme d'une nouvelle convertie. Comme le fit remarquer Elizabeth Lemmon, « Louise a toujours eu un faible pour la violine ». Que sa véritable motivation soit religieuse ou non, elle était intense. Des amis et des proches soutinrent que sa conversion n'était pas uniquement due à des considérations théâtrales. On prétendit même que c'était une « rébellion contre sa famille ». L'une de ses filles suggéra qu'il s'agissait d'une nouvelle étape dans « la quête permanente de créativité » de sa mère.

Max ne fut guère convaincu par la nouvelle ferveur de sa femme. Un jour, alors qu'elle se lançait dans l'une de ses croisades et tentait de réorganiser le fonctionnement de la maisonnée, il lui dit : « Tu prends toujours un ton affecté, chaque fois que tu parles de l'Église. » Lorsqu'elle lui demanda pour la énième fois : « Max, pourquoi n'essaierais-tu pas, un jour ? » – comme s'il s'agissait d'un nouveau remède contre la migraine –, il répondit : « Et tu as essayé Bouddha ? » Plus elle tentait de sauver son âme, plus il résistait. Leurs perpétuelles disputes avaient pris une nouvelle tournure : un silence réservé contre un enthousiasme effréné. Louise faisait du prosélytisme partout où elle allait, souvent au grand dam de son époux. Elle aspergea leur maison d'eau bénite, arrosant l'oreiller de Max plusieurs fois par semaine. Avec un soupir, il demanda à ses filles si elles ne pouvaient « rien faire » pour leur mère. Un soir, à court d'arguments, elle l'avertit qu'il brûlerait en enfer s'il refusait de confesser ses péchés et de communier. « Dieu merci, je n'irai pas au paradis… avec vous autres, les catholiques. »

En juin, elle se mit à effectuer de longues retraites d'une semaine. Max considérerait toujours avec un certain mépris l'intérêt que sa femme manifestait pour le catholicisme, mais, confia-t-il à John Hall Wheelock, il ne souhaitait pas particulièrement qu'il s'estompe. Il était las de ses incessantes attaques contre les protestants, mais comprenait à quel point l'Église lui permettait de s'épanouir.

La relation professionnelle que Perkins entretenait avec ses femmes écrivains était si intense qu'un certain nombre d'entre elles avaient l'impression de le comprendre mieux que sa propre femme. Déduisant un peu rapidement que les problèmes de couple de Max étaient à l'origine de son évidente mélancolie, et inconscientes de son profond respect et de son amour pour Louise, certaines allèrent jusqu'à lui offrir du réconfort et des conseils déplacés, surtout lors de la période de ferveur religieuse de son épouse. Marjorie Rawlings lui écrivit cette année-là : « Votre femme est très gentille, mais fait un peu pitié. Je la comprends. Vous êtes tellement plus malin qu'elle – ne soyez pas intolérant. Cette passade pour le catholicisme finira certainement par lui passer. » C'était aussi ce qu'il avait cru, au début. Il confia un jour à Elizabeth Lemmon : « Louise se passionne facilement pour certains sujets, mais elle s'en lasse tout aussi vite, ce qui n'est pas plus mal. Mais c'est si différent de ma façon de procéder que cela m'effraie toujours un peu. » Quelques semaines après les premiers pas de sa femme au sein de l'Église, il annonça à Elizabeth : « Louise est désormais une pratiquante accomplie. La maison déborde de littérature catholique ; de temps à autre, une religieuse vient nous rendre visite, et j'ai toujours l'impression qu'un prêtre est dissimulé derrière elle. »

Louise étant totalement accaparée par ses nouvelles activités spirituelles, la correspondance entre Max et Elizabeth Lemmon connut pendant un moment une forte recrudescence. « Dès que j'ai un stylo sous la main, je ne puis me retenir de vous écrire », lui avoua-t-il en février 1938. Mais, quelques mois plus tard, il déclara : « J'aurais mille choses à vous dire, mais je suis très occupé. J'ai toujours eu l'impression de travailler dur, mais j'ai chaque jour un peu plus de travail, tandis que les autres semblent en avoir de moins en moins, ce que j'ai beaucoup de mal à comprendre. Je travaille plus vite, aussi, même si c'était déjà le cas. Je n'arrive pas à saisir ce qui s'est passé. »

Cela s'expliquait, entre autres, par l'arrivée d'un nouvel auteur talentueux, mais prenant, une Anglaise du nom de Janet Reback. Depuis l'enfance, elle avait accumulé des piles de manuscrits inédits. En 1937, à l'approche de la quarantaine, elle avait présenté un roman à la maison d'édition Macmillan. Après s'être vu opposer une fin de non-recevoir, elle s'était découragée. L'un des éditeurs associés de Macmillan avait insisté pour que Max Perkins jette un coup d'œil à son livre, *Dynasty of Death – Dynastie de la mort*[1].

Dès les premières pages, Perkins fut conquis. Alors qu'il était en pleine lecture du manuscrit, l'éditeur et Charles Scribner déjeunèrent ensemble. Ce dernier se rappela que Max lui avait exprimé sa certitude : « C'était le premier livre d'un auteur qui allait devenir une romancière remarquable. » L'éditeur écrivit à Nancy Hale que le livre de Mrs. Reback était « un bon roman à l'ancienne, débordant de personnages », sur trois générations… « L'un de ces bouquins que l'on ne peut que trouver bons, même quand ils sont mauvais. »

Ayant un certain nombre de modifications à lui proposer, il souhaitait rencontrer l'écrivain avant d'accepter son manuscrit. Mrs. Reback quitta avec empressement son domicile près de Rochester pour se rendre à New York, mais ressortit passablement gênée de son entretien. Lorsqu'elle tentait de s'exprimer en présence d'inconnus, un vieux défaut d'élocution reprenait le dessus, et elle dépensait alors toute son énergie à tenter de le dissimuler. Résultat, elle craignait « d'être apparue comme une attardée mentale, d'une bêtise incommensurable ». Quant à l'éditeur taciturne, dont l'audition s'était beaucoup dégradée, il fut plutôt impressionné.

Ses critiques concernaient surtout sa tendance à l'exagération. Il lui suggéra des coupes dans des scènes où elle développait plus de thèmes que nécessaire – « parce que je suis sûr qu'il est possible

1. Il sera publié en France en 1945, aux Presses de la Cité. Son auteur, Janet Reback, n'est autre que Taylor Caldwell.

de s'en passer et qu'ils sont superflus » – et dans des descriptions plus longues qu'indispensables – « mieux vaut que le lecteur s'aperçoive par lui-même que ce personnage est d'une nature inflexible plutôt que tout lui expliquer ». Chaque fois qu'elle faisait des commentaires aussi évidents que des panneaux de signalisation, orientant l'action ou les émotions (« Puis May fit le geste le plus héroïque de sa vie »), Max lui proposa de couper, « car le lecteur saura ce qu'elle fait, et le ressentira de façon plus émouvante sans l'intervention de l'auteur ». L'arrière-grand-père de Max disait : « On devrait toujours quitter la table en ayant encore un peu faim. » De la même façon, Perkins conseillait à ses écrivains : « Mieux vaut en donner un peu moins au lecteur, plutôt que trop. »

Mrs. Reback avait également un faible pour les mélodrames. Le dénouement de ses intrigues était trop souvent heureux et soigneusement arrangé. C'était un défaut commun à nombre des auteurs de Perkins, qui soutenaient que de telles coïncidences étaient le reflet de la réalité. Mrs. Reback accepta de rendre les événements de son roman moins tirés par les cheveux et de lever le pied sur le mélo, malgré une petite résistance : « J'adore lorsqu'un personnage meurt avec fracas et grandiloquence ! »

Janet Reback préféra publier son roman sous un pseudonyme. « Les noms étrangers semblent plutôt suspects, aux États-Unis, ces temps-ci, se justifia-t-elle auprès de Perkins. Et "Reback" ne fait pas trop local. » Elle proposa d'associer les patronymes de ses grands-parents, Taylor et Caldwell. Il trouva que c'était une excellente idée, moins pour les raisons qu'elle avait évoquées que « pour le fait qu'un livre qui traite en grande partie du milieu des affaires a de meilleures chances de se vendre sous un nom que l'on pourrait croire comme étant celui d'un homme. »

Taylor Caldwell « réfléchit et travailla » aux corrections que son éditeur lui avait recommandées. « Quoi qu'il advienne, reconnut-elle, j'ai plus appris avec ce livre qu'en assistant à des cours d'écriture à l'université. » Perkins la prévint : « Les éditeurs sont des individus extrêmement faillibles, tous autant qu'ils sont. Ne vous fiez pas trop à eux. »

Après une révision approfondie, *Dynastie de la mort* fut publié à l'automne 1938 et reçut un grand nombre de critiques excellentes, les journalistes l'ayant lu d'un trait par pur plaisir. Perkins s'emporta lorsque d'autres chroniqueurs, voire des éditeurs pédants de chez Scribner, reprochèrent à Taylor Caldwell d'être une romancière de gare. Max était tout de même parvenu à susciter l'enthousiasme sur le livre, car, malgré tout ce que l'on pouvait dire du style, Taylor était une merveilleuse conteuse d'histoires. Le roman entra très vite dans le top des ventes, ce qui donna à Charles Scribner de nouvelles raisons de croire que Perkins était de très bons conseils. Taylor Caldwell valait la peine qu'on ait consacré toutes ces heures supplémentaires à son livre, temps qui aurait probablement manqué à Max si Thomas Wolfe était resté chez Scribner.

*

* *

Les chemins de Max et de Tom s'étaient séparés, mais ce dernier avait plus que jamais la manie de mastiquer chacune de ses expériences, en l'occurrence les années qu'il avait passées avec Perkins. Tom écrivit à Belinda Jelliffe – dont Perkins avait publié le roman autobiographique, *For Dear Life*, en 1936 – que sa relation professionnelle avec son ancien éditeur s'était « achevée de manière si douloureuse » que jamais il ne pourrait la reprendre. Puis : « À présent, ayant enfin pu récupérer mes forces et me reposer comme jamais, il serait de toute façon complètement inutile de la part de ceux qui s'estiment être mes amis – et je sais que vous en faites partie – de tenter de la raviver. » Il démentit toutes les rumeurs qui circulaient à New York d'après lesquelles Perkins souhaitait secrètement son échec – ce qui aurait souligné l'importance qu'il avait eue dans la carrière de l'auteur. Il était convaincu que, si l'éditeur avait fait de la sorcellerie sur ses manuscrits, cette période était révolue. À ses yeux, il ne restait plus pour célébrer sa relation professionnelle avec Maxwell Evarts Perkins qu'à l'immortaliser dans l'une de ses fictions. Il imagina donc un nouveau personnage, un éditeur. Il le baptisa Foxhall Morton Edwards, et le surnomma « The Fox », le Renard.

The Fox figurerait dans le livre que Wolfe composait pour Harpers, car il envisageait de le conclure en faisant le bilan de sa propre carrière. Il terminerait par une lettre ouverte intitulée

« Mes adieux à The Fox ». Cette dernière partie, écrivit-il à Elizabeth Nowell, « serait une sorte de résumé enflammé de l'ensemble du livre, de tout ce qui s'est passé auparavant, et une déclaration définitive de ce qu'est le présent. [...] Si je parviens à écrire [...] "Mes adieux à The Fox" comme je l'envisage, cette lettre se suffira à elle-même ».

En mai 1938, Wolfe signala à Edward Aswell, son éditeur, qu'il était arrivé au « même stade qu'avec *Le Temps et le Fleuve* en décembre 1933 ». Quand Perkins avait pu lire le manuscrit dans son intégralité pour la première fois. « Ce qu'il avait vu, naturellement, n'était qu'une sorte d'énorme squelette, mais, quoi qu'il en soit, cela lui a permis de se faire une idée de l'articulation de l'ensemble. » Il le prévint qu'il en résulterait un livre encore plus épais que *Le Temps et le Fleuve*. Mais il lui faudrait encore un an de travail ininterrompu pour obtenir un brouillon définitif.

À la fin du mois, il se déclara « crevé » à cause de tout ce qu'il avait écrit, de ses épreuves judiciaires, des bouleversements survenus dans sa vie personnelle, et de l'indignation générale. Il lui fallait changer de décor et savait que les « vieux sentiers battus » ne lui convenaient plus. Il envisageait de nouveau de prendre la route de l'Ouest, pour s'inspirer des plus grands arbres du pays, de ses plus hautes montagnes et de son air le plus pur. En son absence, il demanda à Aswell de se familiariser avec le manuscrit. Il lui promit : « Je ne partirai pas longtemps, on se reverra début juin, de toute façon. »

La semaine avant son départ, Tom se lança avec une certaine appréhension dans l'assemblage de son manuscrit. Et plus il avançait, plus il hésitait à le donner à Aswell. « Je sais où j'en suis, garantit-il à son agent, mais cela équivaut à présenter à quelqu'un les ossements d'un animal préhistorique qu'il n'a jamais vu ; il faut lui en mettre plein la vue. » Il demeura indécis durant plusieurs jours, mais, juste avant de partir, il confia son manuscrit à Harpers.

Perkins et Elizabeth Nowell déjeunaient ensemble à l'occasion, mais, désormais, les repas n'étaient plus si joyeux. Les remarques de l'éditeur étaient teintées de mélancolie. Un après-midi de juin, par exemple, alors que Wolfe était en voyage, il lui demanda tristement des nouvelles de ce dernier. (Treize ans plus tard, Miss Nowell se rappellerait ce jour où Perkins lui avait semblé « terriblement vieilli, las, abattu et sombre ».) Elle adressa à Wolfe un compte-rendu détaillé du déjeuner et de leur conversation. Après avoir fermé l'enveloppe, elle eut la désagréable impression de lui envoyer des cancans. « J'étais simplement attristée que Perkins puisse paraître si vieux et si tragique au sujet de Tom et du reste », raconta-t-elle. Elle envoya malgré tout sa lettre.

À la mi-juin, après avoir traversé le Midwest, Tom prenait la route de Seattle. Malgré une lutte acharnée avec sa conscience, il décida de poursuivre son périple. Il était fasciné par le Grand Ouest, mais il était aussi épuisé et déprimé, comme souvent. Le courrier de Miss Nowell le chagrina, et il se mit rapidement à broyer du noir, cette fois en raison des rumeurs qui animaient le milieu littéraire au sujet de son départ de chez Scribner. Son imagination lui jouant des tours, il commença à se représenter Perkins sous un nouveau jour. Il écrivit à son agent : « Il a été mon ami – le meilleur que j'aie jamais eu, me semblait-il – six années durant, puis, il y a un peu plus de deux ans, il s'en est pris à moi : tout ce que j'avais pu faire jusqu'alors était mauvais, il n'avait plus le moindre mot gentil pour mon travail ou pour moi... comme s'il souhaitait mon échec. [...] Qu'est-ce qui peut pousser quelqu'un à se comporter de la sorte ? »

Apprenant que les commerciaux de Scribner le dénigraient dans tout le pays, l'accusant d'avoir retourné sa veste, Tom eut la certitude qu'on leur « avait demandé de faire circuler » ces calomnies. Il partit du principe que Perkins en était à la source, lui qui « en faisait autant sous le masque de l'amitié ». « On dirait que, inconsciemment, prenant ses désirs pour des réalités, il souhaite que j'en vienne à échouer, comme une sorte d'os à ronger pour sa fierté et sa conviction inébranlable qu'il a toujours raison – son défaut le plus dramatique –, qui l'empêche de reconnaître qu'il ait pu faire du tort à quelqu'un ou commettre des erreurs. C'est vraiment son plus gros point faible qui, j'en suis convaincu, est à l'origine de ses déboires – sa réaction de plus en plus négative, son sentiment d'échec, l'état dramatique de sa vie privée, et sa vie de couple qui s'est dégradée au fil des ans. »

En arrivant à Portland, dans l'Oregon, Wolfe était convaincu que Max Perkins avait quelque grief contre lui et son travail. « Il faut que je rompe entièrement le lien. Un jour, peut-être, s'il y est disposé, je le rétablirai, assura-t-il à Miss Nowell. Mais, en attendant, évitons de jouer avec le feu. » Il lui donna des instructions formelles : « Ne lui dites rien sur moi ni sur ce que je fais. Croyez-moi, c'est le seul moyen d'éviter les ennuis. » Ce n'était plus une question de personnalités. « Si j'ai tort, cela se ressentira dans mon travail. Si c'est lui qui se trompe, cela se ressentira dans sa vie. »

Au cours des deux dernières semaines de juin, Wolfe longea toute la côte Ouest, de Seattle à la frontière mexicaine, puis s'enfonça dans les terres avant de reprendre vers le nord-ouest en direction de la frontière canadienne. Pendant ce temps, Edward Aswell parcourut le texte que l'écrivain lui avait remis. NOUVEAU LIVRE MAGNIFIQUE, TANT PAR SON ENVERGURE QUE SA CONCEPTION, CONTIENT MEILLEURS PASSAGES JAMAIS ÉCRITS, lui câbla-t-il à Seattle le 1er juillet 1938. SUIS ENCORE EN TRAIN DE M'EN IMPRÉGNER, CERTAIN QU'UNE FOIS ACHEVÉ SERA VOTRE PLUS GRAND ROMAN. ESPÈRE QUE VOUS NOUS REVIENDREZ EN BONNE SANTÉ, DÉBORDANT DE NOUVELLES IDÉES.

L'auteur préféra rester quelques semaines supplémentaires à Seattle pour travailler sur les notes qu'il avait prises durant son voyage et les faire dactylographier. Il décrivit son carnet de voyage à Aswell comme étant « une sorte de formidable kaléidoscope qui parviendra, je l'espère, à retranscrire tout un pan de mon existence et des États-Unis ». Aswell lui répondit : « Depuis Whitman, personne n'a plus ressenti l'Amérique dans son sang et sa chair, et n'a été en mesure d'exprimer ses sentiments comme vous le faites. »

Le 12 juillet 1938, le docteur E.C. Ruge de Seattle fit parvenir un télégramme à Aswell : THOMAS WOLFE TRÈS MALADE, ALITÉ AU SANATORIUM. TÉLÉGRAPHIEZ INSTRUCTIONS CONCERNANT FINANCEMENT DES SOINS. L'éditeur lui répondit aussitôt que le compte bancaire de Wolfe était suffisamment approvisionné pour couvrir toute dépense raisonnable, et qu'il fallait que les médecins le soignent au mieux. Ruge ne tarda pas à lui renvoyer un télégramme : THOMAS WOLFE TOMBÉ MALADE À VANCOUVER. A CONTRACTÉ UNE PNEUMONIE. ÉPUISÉ PAR VOYAGE ÉPROUVANT. HYPERTENSION ARTÉRIELLE ET FIÈVRE. POULS RAPIDE, TERRIBLES QUINTES DE TOUX. LUNDI SOIR, TEMPÉRATURE 40,5 °C.

MERCREDI MATIN, 37,7. CRISE SEMBLE PASSÉE. COMPLICATION RÉNALE AUSSI EN PROGRÈS.

Miss Nowell prit l'initiative de prévenir Perkins de l'état de l'écrivain, mais, en restant évasive, elle l'inquiéta d'autant plus. Le 25 juillet, Max écrivit à Fred Wolfe pour qu'il demande à Tom de lui envoyer ne serait-ce qu'une carte postale. « Je ne suis pas parvenu à obtenir le moindre renseignement fiable, lui expliqua-t-il, mais je sais qu'il a été très malade, et qu'il l'est peut-être encore. » Il désirait le contacter en personne, mais Miss Nowell lui fit comprendre qu'une simple lettre de sa part pourrait contrarier sa convalescence.

Fred Wolfe retrouva son frère à Seattle. De là-bas, il informa Perkins que Tom souffrait d'une vilaine pneumonie bronchique. En août, Wolfe commençait à se rétablir, même s'il avait du mal à reprendre des forces. Lorsqu'il fut suffisamment remis, son frère lui fit part de l'inquiétude de Perkins. Le malade lui demanda de lui envoyer ses vœux. « J'imagine que ce vieux Tom s'est épuisé dans le but de tomber malade, supposa Max dans un courrier à Fred. Je vais attendre que Tom ait récupéré avant de lui écrire. »

N'ayant aucune nouvelle pendant plusieurs jours, il lui rédigea néanmoins une lettre, pensant qu'il serait content de lire « quelques commérages » sur New York. « Je suis de nouveau un campagnard, comme c'était le cas à ma naissance, et comme cela aurait toujours dû être le cas. Je ne sors pas beaucoup. Mais chaque fois que je vais dans un lieu comme le Cherio's, le Chatham Walk ou le Manny Wolf's, tout le monde demande de vos nouvelles. » À New Canaan, il pouvait de nouveau profiter d'une véritable maison. Ses petits-enfants – Bertha avait désormais une fille, et Zippy un fils « au regard farouche » – pouvaient loger dans les chambres d'amis. Les affaires fonctionnaient à merveille, et il pensait que cela allait continuer au moins un an. *Jody et le faon* de Marjorie Rawlings était encore le grand succès de Scribner. Au bureau, personne n'avait changé, à l'exception de John Hall Wheelock, qui menaçait de « commettre la sottise » de se marier. Tous les amis de Wolfe étaient « très inquiets » pour sa santé. « Mais, franchement, Tom, conclut Perkins, c'est peut-être bien la meilleure chose qui vous soit arrivée, car, après un bon repos, cela vous permettra de prendre un nouveau départ. »

Avant de poster son courrier, il apprit par Miss Nowell que Tom avait été victime d'une légère rechute. Ainsi, plutôt que de l'envoyer directement à l'auteur, il l'adressa à son frère et demanda à ce dernier de décider du meilleur moment pour le lui remettre. « Si, pour une raison ou pour une autre, vous estimez qu'il vaudrait mieux qu'il évite de le lire, jetez-le. »

Wolfe fut très ému par sa lettre. Il rassembla ce qui lui restait de force et demanda du papier et un crayon. D'une main tremblante, il écrivit :

Cher Max,

Je vous écris en douce, contre l'avis des médecins – mais « j'ai eu une intuition » – et je souhaitais vous envoyer ces quelques mots.

J'ai fait un long voyage, je suis allé dans un étrange pays, et j'ai vu la Faucheuse de près. Je n'ai pas l'impression d'avoir eu très peur d'elle, mais je suis encore bien cramponné à la vie. Je désirais plus que tout rester dans ce monde, et c'est encore le cas. J'ai pensé à vous un millier de fois et souhaitais ardemment vous revoir. Je m'inquiétais pour tout le travail que je n'avais pas fait, pour tout ce qu'il me restait à accomplir. Je sais dorénavant que je ne suis qu'un grain de poussière, et j'ai l'impression d'avoir ouvert une grande fenêtre sur la vie. Je l'ignorais jusqu'à présent, et, si je m'en tire, j'espère que je pourrai devenir quelqu'un de meilleur. D'ailleurs, je suis incapable de me l'expliquer, mais, étrangement, je sais que je suis désormais plus sage. Si je parviens à me relever et à sortir de là, il me faudra des mois avant de pouvoir revenir, mais je reviendrai.

Quoi qu'il advienne… j'ai eu cette « intuition », et je souhaitais vous écrire pour vous certifier que, de toute façon, je continuerai à penser à vous et à ressentir pour vous la même chose que ce 4 juillet, il y a trois ans, quand vous m'avez retrouvé sur ce bateau, que nous sommes montés au sommet de ce grand immeuble et que se sont étalées sous nos yeux toute l'étrangeté, la gloire et la puissance de la vie et de la ville.

Votre serviteur,

Tom.

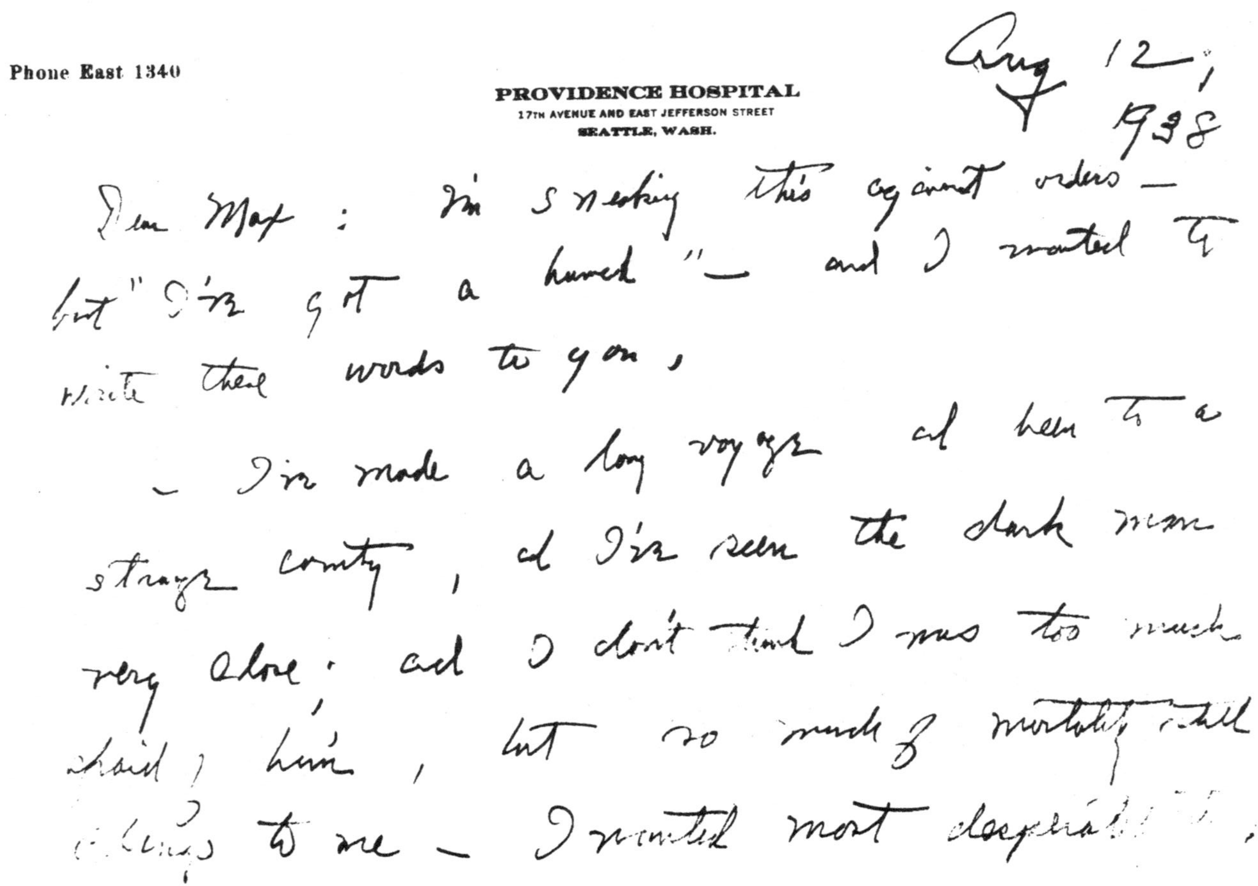

Phone East 1340

PROVIDENCE HOSPITAL
17TH AVENUE AND EAST JEFFERSON STREET
SEATTLE, WASH.

Aug 12, 1938

Dear Max: I'm sneaking this against orders — but "I've got a hunch" — and I wanted to write these words to you,

— I've made a long voyage and been to a strange country, and I've seen the dark man very close; and I don't think I was too much afraid of him, but so much of mortality still clings to me — I wanted most desperately,

By permission of the Houghton Library, Harvard University

« J'ai été très heureux de recevoir votre lettre, lui répondit Max le 19 août. Mais ne recommencez plus à écrire en douce, contre l'avis des médecins. Cela me suffit, elle comptera toujours beaucoup à mes yeux. Je me souviens parfaitement de la magie de cette soirée-là et de ce à quoi ressemblait la ville. J'ai toujours eu l'intention d'y retourner, mais peut-être ne vaudrait-il mieux pas, car les choses ne sont jamais pareilles, la seconde fois. »

La semaine suivante, Fred annonça à Perkins que Tom aurait peut-être mieux fait de s'abstenir de lui écrire. À la suite de ses efforts, sa fièvre était remontée, et il avait rechuté. Son mal semblait plus grave qu'une pneumonie bronchique, mais il semblait se rétablir. « Prions pour que ce soit le cas », lui écrivit-il.

*

*   *

Hemingway était rentré d'Espagne pour le Memorial Day, le dernier lundi du mois de mai, et avait retrouvé Perkins au Stork Club. L'éditeur le trouva « las et inquiet, mais sinon très bien ». Il prit l'avion le soir même pour Key West. Durant l'été, Max réfléchit à une meilleure façon de publier sa pièce, *La Cinquième Colonne*, ainsi que son recueil de nouvelles. Décision fut prise, lorsque Max était sur les charbons ardents à cause de la santé vacillante de Wolfe, de publier le tout dans un seul livre intitulé *The Fifth Column and the First Forty-Nine Stories*[1]. L'éditeur organisa son contenu et vérifia que le nom de Scott Fitzgerald avait bien été supprimé des *Neiges du Kilimandjaro*. Il découvrit qu'Hemingway se contentait désormais de l'appeler « Scott ». Sachant à quel point Fitzgerald était susceptible, il pressa l'auteur de changer son prénom.

Hemingway retourna à New York le 30 août, et prit le petit déjeuner avec Perkins au Barclay Hotel. Il accepta d'appeler « Scott » « Julian », puis lui demanda son avis quant à l'écriture d'un roman et de plusieurs nouvelles sur la guerre d'Espagne. Il

1. Le lecteur français pourra retrouver *Paradis perdu, suivi de La Cinquième Colonne* aux éditions Gallimard (première publication en 1949).

souhaitait se rendre une dernière fois en Espagne, puis écrire à Paris, où il pourrait travailler en paix tout en surveillant l'évolution des combats.

Perkins s'aperçut que les intellectuels américains de gauche qui soutenaient les loyalistes empêchaient son auteur de travailler correctement aux États-Unis. Ils le considéraient comme l'un des leurs, à présent, et ne cessaient de le harceler pour qu'il participe à des réunions publiques. Ainsi, l'éditeur approuva l'idée d'Ernest de quitter le pays.

Grâce à Harold Ober, Max se tenait régulièrement informé des activités estivales de Scott. Il avait entendu dire que l'écrivain projetait de s'attaquer à un nouveau roman, et qu'il avait été couvert d'éloges pour son adaptation à l'écran de *Trois camarades* d'Erich Maria Remarque. « Je savais que vous feriez du très bon travail, là-bas, et craignais simplement que vous soyez trop doué, lui écrivit-il. Je continue à le redouter, car si cela venait à trop vous captiver, cela vous empêcherait de vous remettre à l'écriture. »

Il lui raconta qu'il avait eu des nouvelles d'Elizabeth Lemmon. Elle venait d'emménager dans une maison voisine au domaine de Welbourne qui avait jadis fait office de chapelle aux serviteurs de la propriété. Elle avait élu domicile dans ce modeste lieu de culte pour le restant de ses jours. « Elle paraît très heureuse », poursuivit-il avant d'ajouter pensivement : « Mais cela me semble une erreur de vouloir vivre seule. »

À la fin de l'été, il demanda à Scott et à Elizabeth s'ils ne pourraient pas trouver le temps d'écrire à ce vieux « loup solitaire » de Wolfe. Tom avait souffert d'une forte fièvre durant sept semaines, et les médecins étaient très inquiets. Tout début septembre, ils le crurent victime d'une maladie au cerveau, un mal bien plus grave que ce qu'ils pouvaient traiter à Seattle. Sous l'insistance du personnel médical, la famille Wolfe organisa le transport de Tom en train, direction la côte Est, à l'hôpital universitaire Johns Hopkins de Baltimore, où le Dr Walter Dandy, un éminent neurochirurgien, serait sans doute à même de lui sauver la vie.

Wolfe entama son nouveau périple le soir du 6 septembre. Il monta en fauteuil roulant à bord de l'Olympian, et un médecin donna à l'infirmière, une fille d'Asheville, un tube de morphine pour le garder « dans un état second » si la douleur devenait insupportable ou s'il était pris de convulsions incontrôlables.

Le 10 septembre, Wolfe se reposait à Johns Hopkins, l'esprit parfois suffisamment alerte pour comprendre ce qui lui arrivait. Le Dr Dandy l'opéra dans l'après-midi. Lorsqu'il le trépana, du liquide crânien gicla dans toute la pièce à cause de la pression qui s'était accumulée. Les puissantes migraines de Tom se dissipèrent, et, pendant un temps, il crut être guéri. Le Dr Dandy diagnostiqua cependant sa maladie : c'était une méningite tuberculeuse. Le seul espoir pour lui était qu'il n'y ait pas plusieurs nodules, mais un seul, que l'on pourrait ôter lors d'une seconde opération.

Fred Wolfe arriva à Baltimore le dimanche à 4 heures du matin et envoya aussitôt un télégramme à Perkins : OPÉRATION PRÉVUE POUR TOM DEMAIN MATIN. AI L'IMPRESSION QUE VOTRE PRÉSENCE POURRAIT ÊTRE UTILE DÈS CE SOIR. Dès qu'il reçut le message, Perkins partit seul pour Baltimore. Aline Bernstein souhaitait l'accompagner, mais il l'en dissuada, sachant à quel point sa présence serait susceptible de contrarier la mère de Tom, qui la méprisait. Aswell, qui était arrivé à l'hôpital dès le samedi, retourna à New York pour préparer les employés de Harpers au pire. Wolfe était sous sédatifs si puissants que Perkins ne supporta pas de le voir dans cet état. Il ne lui fit même pas savoir qu'il était présent, se contentant d'attendre en silence dans la minuscule salle d'attente, comme s'il faisait partie de la famille, le résultat de l'opération. Mabel, la sœur de Tom, Fred et leur mère étaient au bord des larmes. Max s'approcha de Mabel et lui proposa :

« Venez, allons boire un verre ailleurs.

– C'est impossible, lui rétorqua-t-elle. Tout est fermé à Baltimore. C'est jour d'élection… Et, à Baltimore, on ferme tout, quand il y a des élections. »

Ils se contentèrent donc d'attendre à l'hôpital avec un café. Plusieurs heures plus tard, le Dr Dandy et l'infirmière qui avait accompagné Tom depuis Seattle surgirent dans la salle. Le médecin expliqua qu'il avait espéré ne trouver qu'une seule tumeur, mais qu'il en avait découvert « une myriade ».

Perkins posa alors son doux regard bleu sur chacune des personnes présentes. La mère de Tom accueillit la nouvelle avec courage. Les autres s'effondrèrent. C'était la première fois que Max entendait de tels hurlements. Il tenta de calmer Mabel en la prenant par l'épaule. Selon le Dr Dandy, Tom était susceptible de vivre encore un mois et de recouvrer une certaine lucidité. Tout ce que l'on pouvait faire pour lui, c'était essayer de soulager ses souffrances et d'apaiser autant que possible sa peur de la mort.

Ne voyant aucune raison de s'attarder, Perkins rentra chez lui. « Ce fut une journée extrêmement pénible, écrivit-il à sa mère. Exactement comme la scène dans *L'Ange exilé*. Ce sont des gens bien, mais d'une énergie et d'une force émotionnelle surhumaines. Leur vieille mère est merveilleuse, comme tous ceux qui sont originaires de la Nouvelle-Angleterre. »

Trois jours après l'opération, le 15 septembre 1938, dix-huit jours avant son trente-huitième anniversaire, Thomas Wolfe s'éteignit. Dans le télégramme qu'il adressa à Fred, Perkins exprima le peu qui lui vint à l'esprit : TOUTES MES CONDOLÉANCES. MON AMITIÉ POUR TOM UNE DES MEILLEURES CHOSES QUI ME SOIENT ARRIVÉES. TOUTE MA SYMPATHIE À MABEL ET À VOTRE MÈRE. VOUS ADMIRE TOUS BEAUCOUP. AISÉ DE COMPRENDRE COMMENT TOM POUVAIT AVOIR TOUTES CES QUALITÉS.

Il ne cessa de se répéter une tirade du *Roi Lear*, en guise de réconfort : « C'est le haïr que vouloir sur la roue de cette rude vie l'étendre plus longtemps. » Pour Perkins, Wolfe « était constamment "sur la roue" et l'aurait été à tout jamais », car sa mission d'écrivain était herculéenne, bien au-delà de sa portée.

« Il luttait comme aucun artiste n'aurait eu à le faire en Europe, écrirait plus tard Perkins pour le *Carolina Magazine*, avec toute cette matière littéraire qu'il avait sous la main, un grand pays que son peuple ignore encore. Cela n'a rien à voir avec les artistes anglais, qui font découvrir l'Angleterre à leurs compatriotes de génération en génération, chacune acceptant la réalité de la précédente, accumulant progressivement les connaissances, et ce depuis des siècles. Tom connaissait parfaitement la littérature étrangère et avait compris qu'elle était différente de la littérature américaine. Il savait que la lumière et la couleur des États-Unis étaient dissemblables. Que l'odeur et les sons, la population, l'organisation et la taille de notre continent étaient uniques. C'était avec cela qu'il luttait, et c'était ce combat seul qui, au sens large, régissait chacun de ses actes. Combien de temps aurait-il pu continuer à écrire de tels livres ? Personne ne le sait, mais la voie qu'il a tracée est désormais ouverte à tous. Des artistes américains finiront par la suivre et l'élargir pour exprimer des choses que leurs concitoyens ne connaissent qu'inconsciemment, pour révéler l'Amérique et les Américains aux Américains. C'était au cœur de l'existence effrénée de Tom. »

En vingt ans et sans doute autant de livres, Perkins était convaincu que Wolfe aurait pu atteindre son objectif. Mais de la même manière qu'il « devait s'adapter aux portes, aux véhicules et aux meubles d'individus plus petits que lui, il lui fallait accorder son expression à des critères conventionnels d'espace et de temps qu'il trouvait certainement trop étriqués pour le sujet qu'il souhaitait traiter ». Elizabeth Lemmon fut la seule à qui Max se confia au sujet de la mort de Tom. Il ne lui dit néanmoins pas grand-chose : « J'ai du mal à l'imaginer non torturé. Il souhaitait toujours en faire plus. Mais cela le faisait souffrir considérablement. »

Louise et Max se rendirent à l'enterrement à Asheville en express de nuit, dans la voiture Pullman K19 à propos de laquelle Tom avait tant écrit. Après s'être installés à leur hôtel, ils appelèrent un taxi et longèrent la crête des montagnes qui ceignaient la ville. En les voyant, Max comprit aussitôt à quel point elles avaient eu de l'influence sur l'auteur. Des années plus tard, il écrirait : « Un garçon avec une telle imagination, enfermé là, pouvait croire que tout ce qui se trouvait derrière était merveilleux, différent de ce lieu où rien ne lui suffisait. » Le vaste monde sur lequel il avait beaucoup lu et dont il avait tant rêvé se trouvait juste derrière ces monts. Plus tard, Max et Louise se rendirent sur la place principale de la ville et demandèrent leur chemin à un homme, devant une station-service. Celui-ci leur avoua qu'il avait connu Tom quand il était jeune, et Louise lui demanda à quoi il ressemblait, à l'époque. L'homme lui répondit : « Exactement comme c'est écrit dans le livre. »

Ce fut une journée vraiment maussade, pour Perkins. « Peut-être vaut-il mieux être sensible, dans ce genre d'occasion, déclarerait-il très longtemps après, mais c'est totalement contraire à notre éducation yankee et épiscopalienne. » Il se sentit obligé d'aller chez les Wolfe pour rendre hommage à la dépouille de Tom, dans son cercueil. Poudré, il portait une perruque pour dissimuler les traces de son opération. Max remercia le ciel que ce corps ne ressemble pas vraiment à celui qu'il avait été de son vivant. Fred l'implora de prononcer quelques paroles au défunt, mais il ne put s'y résoudre. Il demeura figé dans un silence de plomb.

Ce matin-là, Louise se rendit à sa paroisse pour demander qu'une messe soit dite en son honneur. Le prêtre afficha une certaine réticence : « Ah, c'était une famille de voyous. » Perkins savait qu'il ne pouvait en être autrement, « avec l'énergie prodigieuse et les autres forces qui les animaient. Ils avaient dû faire scandale ». Il confia à John Terry : « Je suis sûr que Tom était très sensible à ce fait, bien plus que les autres. Cela eut des répercussions tout au long de son existence. »

Mais une grande partie de la ville vint rendre hommage à son « fils ». Tout le monde s'entassa dans la Presbyterian Church pour y chanter des cantiques et écouter l'éloge funèbre, qui comprenait un passage du *Temps et le Fleuve*. Le long des rues qui menaient jusqu'au Riverside Cemetery, les hommes se découvrirent sur le passage du corbillard. Perkins ne vit pas grand-chose de l'enterrement, car il faisait partie des porteurs de cercueil. Il se tint à l'écart des autres, seul, sous les arbres. Il détestait ce genre de cérémonie. Comme cela avait déjà été le cas du vivant de Wolfe, il préféra rester dans l'ombre.

Le lendemain matin, un gigantesque ouragan souffla le long de la côte Est en direction du nord, comme s'il suivait le train de Max jusqu'à New York. Avant de s'abattre sur la Nouvelle-Angleterre. Depuis la forêt qui coiffait le mont Ascutney jusqu'aux rives du Connecticut à Windsor, les dégâts furent considérables. Le Paradis avait été réduit à néant.

Quatrième partie

– 19 –

Un temps pour tout

Dix ans après le krach de Wall Street, la guerre grondait aux quatre coins du monde. Les proches et les amis de Max Perkins comprirent bientôt que celui-ci était obsédé par ce sujet. Il ne croyait pas Neville Chamberlain quand celui-ci vantait les accords de Munich. « Je ne puis m'empêcher d'y réfléchir en permanence », écrivit-il à Hemingway en décembre 1938.

Cette idée fixe illustrait certainement une vieille façon yankee de gérer ses émotions, l'anxiété due à un drame personnel faisant place à une certaine inquiétude pour un sujet lointain et impersonnel. La mort de Thomas Wolfe avait aussi sans doute sensibilisé Max à la violence et à la destruction.

Un autre signe trahissait sa souffrance : à 54 ans, vieillissant et las, il se consacrait entièrement à ses livres. « Après les funérailles de Wolfe, il est revenu directement au bureau, dénonça Miss Wyckoff, et il s'est remis au travail sans perdre de temps. » Il restait un dernier indice. Un jour, il écrivit à Miss Lemmon : « Je trouve toujours *Guerre et Paix* très utile, dans les périodes les plus troubles. » D'ailleurs, à plusieurs reprises, John Hall Wheelock le surprit à lire l'exemplaire du livre qu'il gardait dans son bureau.

Dans ses dernières volontés, établies au printemps 1937, Wolfe désignait Perkins comme son exécuteur testamentaire. Ce dernier rechigna à endosser une telle responsabilité. Mais, comme il déclara à sa mère : « Je n'ai trouvé aucune raison convenable de ne pas le faire. » Quelques jours après l'enterrement, il comprit déjà qu'il allait au-devant de problèmes sans fin et de nombreuses injures. « Les Wolfe sont des individus étranges doués de grandes qualités, poursuivit-il, mais ils sont soupçonneux et incapables de laisser quoi que ce soit leur échapper, même lorsque c'est tout à leur avantage. » Ces tâches l'occupèrent tellement qu'il n'eut pas le temps de se laisser aller à la mélancolie.

La disparition de Wolfe s'accompagna d'une profusion d'articles et d'hommages. Le *Carolina Magazine* de l'université de Caroline du Nord demanda même à Perkins d'écrire un papier sur Wolfe, mais il dut décliner la proposition ; il lui était impossible de trouver le temps et la force émotionnelle nécessaires. Mais le magazine insista, et, sachant à quel point l'école avait été importante pour l'écrivain, Max câbla en réponse : FERAI MON POSSIBLE POUR VOUS ENVOYER QUELQUES MILLIERS DE MOTS AVANT LE 10 OCTOBRE. Il rédigea 3 000 mots. Au cœur de sa réflexion se trouvait cet extrait : « À ses yeux, son travail était la chose la plus importante au monde. C'était comme ça. Ce n'était pas dû à une quelconque ambition au sens péjoratif du terme, ni à ce que l'on pourrait qualifier de nombrilisme. Il subissait la pression du génie, et tous les obstacles qui se sont dressés face à son expression lui ont fait l'effet d'autant d'affronts et d'injures. Il savait parfaitement que l'homme était fait pour les ennuis – que tout le monde connaissait des périodes d'angoisse et pouvait se voir contrarier par des difficultés –, mais trouvait exaspérant que des futilités puissent interférer avec le travail qu'il était tenu de faire. Sans parler de sa lutte avec le travail en lui-même. »

Des mois durant, Perkins reçut à son bureau des poèmes, des hommages, des lettres de condoléances et des demandes de renseignements sur Thomas Wolfe. Il prit le temps de répondre à chacun des courriers. À ceux qui avaient eu vent de leurs dissensions, Max envoya une copie de la dernière lettre de Tom afin de prouver sa fidélité. Personne ne lui écrivit avec plus de perspicacité que F. Scott Fitzgerald : « [Je sais] à quel point sa mort a dû vous bouleverser, tant vous étiez lié à sa carrière littéraire et tant vous aviez d'affection pour lui. » Il lui était impossible d'imaginer que « ce grand gaillard remuant » avait fini par s'éteindre : « Il laisse un vide derrière lui. » Le fait que Wolfe ait désigné Perkins exécuteur testamentaire lui sembla très paradoxal. Mais curieusement, il semblait mieux maîtriser la destinée littéraire de Wolfe maintenant que ce dernier était mort.

La succession comprenait le brouillon de son dernier roman, qui se trouvait pourtant dans les coffres de Harpers – avec qui l'auteur était sous contrat. En tant qu'exécuteur, c'était à Perkins de veiller à sa publication dans les règles et de prendre toutes les dispositions nécessaires pour que les œuvres qu'il avait laissées derrière lui soient également publiées dans les meilleures conditions. Il eut donc accès à ses caisses de manuscrits, qu'Aswell lui fit parvenir, comme s'il était encore l'éditeur de Wolfe, et passa méthodiquement en revue leur contenu. Il étiqueta chaque partie de manuscrit du mieux qu'il le put et rassembla des pages qu'Elizabeth Nowell serait susceptible de vendre à des magazines.

Mais le plus urgent était d'organiser le carnet de bord que Wolfe avait tenu tout au long de ses voyages dans l'Ouest américain. À sa première lecture, l'éditeur eut du mal à se faire une impression d'ensemble des 10 000 mots – surtout des morceaux de phrase – que l'auteur y avait empilés. Ses notes étaient censées former les fondations d'un vaste roman d'action, mais, dès que Max eut relu les pages après les avoir fait dactylographier, il proposa de publier le carnet de bord tel quel. Il rappela avec tact à Miss Nowell et à Aswell qu'en ce qui concernait l'édition des précédents ouvrages de l'écrivain, aucune modification n'avait été apportée sans l'accord de ce dernier. Wolfe ne pouvant plus approuver le moindre changement, il fallait publier son texte comme il l'avait écrit, avec pour seules corrections celles que Tom aurait raisonnablement pu effectuer lui-même. Le récit tentaculaire de son périple à travers les parcs nationaux du Grand Ouest parut l'été suivant dans le *Virginia Quarterly Review* – avec ses phrases incomplètes, sa ponctuation lacunaire et tout le reste – sous le titre *A Western Journey*.

Quant au roman, Max – une fois qu'il en eut rassemblé et organisé l'essentiel – renvoya les 750 000 mots à Aswell. « En étudiant son manuscrit, j'ai eu l'impression de mettre au jour le site de l'antique Troie, écrivit l'éditeur de Harpers au sujet du trésor inédit de Wolfe. On y découvre la preuve de l'existence de civilisations entières, ensevelies et oubliées à différents niveaux. Il en a écrit certaines parties tout juste quatre mois avant sa mort, tandis que d'autres datent de l'époque de *L'Ange exilé*, et sont en fait des chutes de ce roman. Les autres ont été rédigées entre-temps. » Aswell comprit ce que Perkins savait depuis des années : Wolfe ne composait pas des livres au sens où l'on entendait habituellement. « Tom n'a véritablement écrit qu'un seul livre, long de 4 000 pages, comprenant la totalité de son travail, raconta Perkins. Les titres individuels qui portent son nom ne sont que les différents tomes d'une œuvre globale. Il faut se dire que chacune de ces parties a été publiée séparément, uniquement par commodité. »

Perkins soutenait que Wolfe avait une idée précise de l'ensemble de son œuvre. Le fait que ses parties puissent ou non être assemblées par un tiers était sujet à discussion. Guidé par les intitulés de Perkins – les observations qu'il avait formulées en étudiant le roman –, Aswell découvrit que « ce qu'il y a de merveilleux avec ce manuscrit – de vraiment merveilleux –, c'est qu'une fois qu'on en a supprimé le superflu, les parties inachevées et celles qui n'ont rien à faire là, ce qui reste se met en place et s'assemble comme les pièces d'un puzzle ».

À la fin de l'année 1938, en sa qualité d'exécuteur testamentaire, Perkins annonça qu'un roman-fleuve intitulé *The Web and The Rock* – *La Toile et le Roc*, dans sa future traduction française – serait publié par Harpers au début de l'été 1939. Il ajouta qu'il restait suffisamment de texte pour un recueil de nouvelles, prévu pour plus tard.

Il trouva des plus surprenants le long texte que Tom avait composé sur Foxhall Morton Edwards. Sur près de mille pages – dans une écriture si grosse et hâtive qu'il n'y avait généralement que 25 mots par page –, Thomas Wolfe caricaturait son éditeur. Il avait toujours pensé que le meilleur moyen de décrire quelqu'un était de l'observer dès le lever et d'énumérer ses habitudes, si insignifiantes soient-elles. Au fil de son portrait, il exagérait légèrement certains des traits de l'éditeur. La représentation de Perkins en était l'exemple parfait – même s'il était peu probable qu'il ait eu l'occasion de le voir dans son lit ou peu de temps après son réveil. Wolfe avait le sentiment indubitable de connaître si bien son sujet qu'il pouvait se permettre sans risque d'extrapoler à partir de ce qu'il savait :

> Endormi, The Fox était le portrait vivant de la candeur et de l'innocence. Il dormait du côté droit, les jambes légèrement repliées, les mains jointes sous son oreille, son chapeau à côté de

lui, sur l'oreiller. Lorsqu'on la voyait ainsi, la silhouette assoupie de The Fox était attendrissante, car, en dépit de ses 45 ans, il avait un air simplement juvénile. Avec un peu d'imagination, le vieux chapeau sur l'oreiller aurait pu être un jouet qu'il avait apporté dans son lit en allant se coucher. Ce qui, en réalité, était bien le cas !

Wolfe imaginait ensuite The Fox s'asseoir dans son lit, attraper son chapeau et se le visser sur le crâne avant de se lever et d'aller prendre une douche.

Après avoir ôté son pyjama, dans le plus simple appareil, à l'exception de son chapeau, il s'avance sous la douche – se rappelle, dans une grande confusion, la présence de son couvre-chef, et se voit forcé, contre son gré, de reconnaître le manque de sagesse de sa démarche –, claque rageusement des doigts, et, sur un ton d'assentiment et de dégoût lâche : « Bon, eh bien tant pis ! » Il ôte donc son chapeau, qui le serre désormais tant qu'il doit s'y prendre à deux mains pour l'arracher, le suspend à contrecœur sur une patère, à portée de main, l'inspecte un long moment d'un air indécis, comme s'il n'était pas encore prêt à y renoncer, puis toujours aussi hésitant, finit par se glisser sous les jets sifflants d'une eau suffisamment brûlante pour faire cuire un œuf.

Puis il le fit s'habiller :

Ils lui vont merveilleusement bien. Tout lui va, d'ailleurs. Il ne sait jamais ce qu'il porte. [...] Ses vêtements semblent être faits pour lui : ils prennent aussitôt la grâce, la dignité et l'aisance involontaire de celui qui les porte.

Il le suivit tout au long de sa journée de travail :

Ô, renard rusé, d'une ruse innocente et d'une innocence rusée, perfide aux entournures et direct dans la perfidie ! Trop droit pour être malhonnête, et trop serein pour être jaloux, trop bon pour être d'une intolérance aveugle, trop juste, trop lucide et trop fort pour haïr, trop vertueux pour être un escroc, trop brillant pour avoir de la défiance, trop naïf pour toutes les manigances et les bassesses... Pourtant, étonnamment, on ne t'a pas encore demandé de maquignonner !

Même son problème d'audition est expliqué :

> Sourd, mon œil ! Sourd comme un renard, oui ! Cette surdité est imaginaire – une ruse, une plaisanterie ! Il vous entend quand il en a envie ! Quand il souhaite vous entendre, il vous entend, même si vous chuchotez à quarante mètres de lui ! C'est un véritable renard, croyez-moi !

Ainsi, Wolfe, avec son imagination exubérante, dépeignit-il celui qui l'avait toujours fasciné. On ignore de quelle manière Perkins prit tout cela, même s'il déclara à Miss Lemmon avec un léger agacement qu'il n'avait pas conscience d'être allé « renifler partout avec mépris », comme Wolfe en accusait The Fox. Ce dont on est certain, c'est qu'il demanda à Aswell de ne rien modifier ni supprimer du texte sur Foxhall Edwards. Il avait passé avec succès l'épreuve suprême de sa propre politique de non-ingérence dans le travail d'un auteur.

Au cours des sept mois et demi qu'il fallut à Harpers pour assembler le livre de Wolfe, Perkins mit de l'ordre dans la succession de ce dernier. Il répondit à toutes les questions des curieux, et suggéra des articles à la presse afin de garder intact le souvenir de l'écrivain. Il négocia les frais médicaux et tenta de prendre la tête des opérations de son œuvre tout en essayant de ne pas marcher sur les plates-bandes de qui que ce soit. Après plusieurs semaines sans donner de nouvelles à Elizabeth Lemmon, Max finit par lui confier, et uniquement à elle, son épuisement émotionnel. Il songeait souvent à une existence pastorale dans son église de Middleburg, et, en décembre 1938, il lui avait même avoué : « J'aurais bien aimé avoir une petite tuberculose et être obligé d'aller passer six mois à Saranac. J'aimerais bien m'ennuyer, savoir que les journées sont interminables. Votre façon de vivre est assurément la meilleure. »

Ce même mois, Willard Huntington Wright – *alias* S.S. Van Dine – se présenta au quatrième étage de la maison Scribner et demanda à Perkins d'être l'exécuteur testamentaire de sa propre succession. On remuait le couteau dans la plaie ! Surtout que Wright avait quelques années de moins que lui seulement. Mais il accepta. Il voyait bien que son état de santé n'était pas au beau fixe, et qu'il était profondément déprimé. Ils avaient récemment pris le « thé » ensemble, et, devant un verre de Courvoisier, Wright avait lâché d'un air résigné : « Je suis content d'avoir pu boire tout ce cognac. J'adore ça. Je regrette simplement de ne pas en avoir bu davantage. »

Trois mois plus tard, Wright fut victime d'un petit infarctus. Il s'était à peine rétabli qu'une seconde crise cardiaque l'emporta. Perkins ne fut pas étonné que Van Dine laisse à sa mort le manuscrit d'un roman achevé, *The Winter Murder Case – Un crime dans la neige* –, irréprochable du début à la fin.

Tout l'hiver et le printemps 1939, l'éditeur se réfugia encore plus dans le travail. Durant cette période, il passa le plus clair de son temps sur *Artillery of Time* de Chard Powers Smith, une épopée dont l'action se déroulait pendant la guerre de Sécession, et qui avait pour thème l'esclavage et l'industrialisme. Comme cela avait déjà été le cas avec un grand nombre de ses auteurs, il avait fait parvenir à l'écrivain un exemplaire de *Guerre et Paix*, pour l'aider à saisir l'esprit de ce qu'était une nation en guerre. Mais, durant des mois, Smith avait tourné en rond. « [Ce livre] sera peut-être excellent, confia-t-il à Elizabeth Lemmon, mais uniquement au prix d'un travail acharné. J'ai causé des ennuis à un grand nombre d'écrivains – et à moi-même – en leur demandant de lire *Guerre et Paix*. » Smith n'était pas un auteur majeur, et Perkins ne tarda pas à comprendre que l'ouvrage ne serait jamais parfait. Pourtant, il travailla avec lui comme avec ses écrivains les plus illustres, et se donna autant de mal.

Le manuscrit comptait près de 500 000 mots. Perkins trouvait qu'en dépit de toute cette logorrhée l'histoire était bien mince. Il travailla sur le texte pendant des semaines, puis classa les intrigues principales et secondaires, cherchant les scènes susceptibles d'être développées. « Jamais il ne me suggéra de modifier un terme, à moins d'une erreur évidente, se rappela Smith. Il se contenta de tracer timidement de petits angles droits au stylo rouge au début et à la fin de différents passages, courant parfois sur plusieurs pages, et de me demander d'un ton mal assuré si je pouvais envisager de les supprimer. » Perkins lui expliqua ses raisons dans des lettres détaillées. Par exemple, il rappela à l'auteur que sa principale responsabilité était de raconter une histoire, et que le lecteur « ne supporte pas d'être constamment interrompu. Qui plus est, il est incapable d'assimiler toutes les informations que vous donnez du milieu de la page 32 jusqu'à la fin du chapitre. Il faut que vous généralisiez la description de la ville. [...] Rappelez-vous aussi que si vous donnez la bonne impression dès le début, les connaissances du lecteur s'accroîtront progressivement au fil de l'histoire. Vous en dites beaucoup trop ».

Il lui expliqua pourquoi sa description fouillée d'un trajet en train, pourtant intéressante en soi, perturbait le récit : « Sa présence semble uniquement due à votre volonté de dépeindre les voyages en train à l'époque, et, à de nombreux égards, ne fait pas du tout progresser l'histoire. »

Et ainsi de suite... Doté d'un ego inhabituellement serein, Smith trouva les propositions de l'éditeur extrêmement précieuses, et, à de très rares exceptions près, les accepta toutes. Suivant les conseils, il chercha à apporter des améliorations de son côté. Puis Max se lança dans des révisions très approfondies. À la fin, il révéla à Elizabeth Lemmon que le livre de Smith l'avait « presque poussé au suicide ». Après avoir lu les épreuves, cependant, il s'aperçut que ce livre était remarquable, et, avoua-t-il à Elizabeth : « J'ai honte d'avoir douté de lui, ou de son auteur. Mais je ne lui en ai jamais parlé, et il a réalisé un travail prodigieux. » C'était un exemple des deux qualités propres à l'éditeur : la faculté de repérer un bon livre malgré ses défauts, si consternants soient-ils ; et la volonté de travailler, en dépit des nombreux obstacles, pour atteindre le véritable potentiel du roman.

*
* *

À la fin de l'année 1938, depuis Paris, Ernest Hemingway écrivit à Perkins au sujet de Thomas Wolfe. Ce fut l'une des dernières lettres de condoléances qu'il reçut. Il lui expliquait qu'il ne lui avait pas écrit plus tôt, car il lui semblait inutile de discuter des « pertes ». Il convenait que la lettre que Wolfe avait rédigée sur son lit de mort était excellente – Max lui en avait fait parvenir une copie –, mais rétorqua que chacun pouvait écrire de belles choses à ses amis quand il voyait sa fin approcher. Hemingway imaginait par conséquent que Perkins avait dû en amasser un certain nombre, sans compter toutes celles qu'il espérait lui-même lui envoyer au cours des cinquante années suivantes. *The Fifth Column and the First Forty-Nine Stories* parut à la fin de l'année 1938, et Perkins lui fit parvenir tous les articles le concernant qu'il jugea importants. Peu de critiques avaient été aussi impressionnés par la pièce que Perkins. Edmund Wilson, en particulier, n'en avait pas eu une très bonne opinion. Hemingway expliqua à son éditeur que tous les prétendus révolutionnaires qui étaient en réalité des lâches et qui n'avaient pas pris part dans la défense de la République espagnole, à l'image de Wilson, se sentaient obligés de discréditer ceux qui avaient risqué leur vie au front. Hemingway n'en fit pas cas, même s'il n'éprouvait que de l'hostilité envers « ces pauvres cons ». Ces types pouvaient se liguer pour descendre un livre, mais, lui assura-t-il, cela n'allait pas l'empêcher de faire de vieux os et de continuer à « toujours aller aussi bien » quand ils seraient supplantés par toute une nouvelle génération de critiques. En feuilletant les six cents pages de son livre, il comprit que son « entreprise » serait « durable », même s'il devait mourir le lendemain.

Au cours des années précédentes, Hemingway s'était rallié à la cause loyaliste, mais il avait déjà retrouvé sa bonne vieille objectivité. Cette guerre qui allait se terminer en défaite pour les républicains, expliqua-t-il à Perkins, était un « carnaval de trahisons et de mauvais coups », et ce dans les deux camps. En raison de l'accueil mitigé de son livre, à son écœurement s'était ajouté un certain abattement, qui l'empêchait de travailler. « L'écriture est un métier difficile », lui assura-t-il, mais c'était ce qui lui permettait de se sentir bien. Avant qu'il lui arrive quoi que ce soit, il souhaitait garantir à Max qu'il pensait autant de bien de lui que Tom Wolfe – « même si je ne le dis pas aussi bien ». Il lui annonça qu'il allait effectuer un dernier voyage en Espagne avant de rentrer pour travailler sur un roman.

À la fin de 1938, une année des plus tristes pour Perkins, ses amis purent se rendre compte de l'étendue des ravages causés par son chagrin. Sa chevelure avait blanchi, sauf sur le sommet de son crâne, et sa dépression se devinait aussi bien dans son regard que dans ses commentaires. À propos de Noël et du Nouvel An, il écrivit à Fitzgerald : « Celui qui a décrété qu'il s'agissait de vacances devait être un maître ès sarcasmes. » En janvier 1939, il se rendit dans le Vermont, où il put constater les dégâts infligés à la ville de Windsor par l'ouragan qui avait sévi à l'automne précédent. Tout ce à quoi il tenait avait été anéanti. Il déambula au milieu des branches cassées et de ce qu'il restait de son Paradis. À un endroit, une rangée de pins avait résisté à la tempête. Max confia à sa fille Zippy que ces arbres fidèles feraient un bon sujet de poème, mais il ne le composa jamais.

De retour d'Espagne, Hemingway fit de nouveau une halte à New York, où il rencontra Perkins avant de regagner Key West. Il lui parla de trois longues nouvelles qu'il souhaitait publier. Celle qui était la plus nette dans son esprit contait l'histoire d'un vieux pêcheur seul dans son skiff, luttant contre un espadon durant quatre jours et quatre nuits avant d'en venir à bout, mais, incapable de le hisser à bord de l'embarcation, il verrait finalement sa prise se faire dévorer par des requins. S'il parvenait à l'écrire, ainsi que deux autres histoires de guerre qu'il avait en tête, il était certain de pouvoir soutenir sa famille le restant de l'année et reprendre son travail sur son nouveau roman.

Pendant ce temps, Hemingway attendait des nouvelles de ceux qui lui avaient promis de produire *La Cinquième Colonne* au théâtre. Il s'imaginait qu'ils hésitaient parce que le thème de la pièce semblait déjà dépassé par l'actualité. Après des mois de palabres sans la moindre prise de décision, il regretta de ne pas avoir écrit *La Cinquième Colonne* comme un roman, surtout maintenant qu'il avait beaucoup plus à dire sur la guerre. (On joua finalement la pièce qui resta à l'affiche durant dix semaines.) À Key West, il ne cessait de faire des cauchemars sur la guerre, à laquelle il s'était retrouvé mêlé lors de la dernière retraite espagnole. Perkins lui prescrivit de boire une bouteille de bière brune avant d'aller se coucher. « Plus d'une fois, ça m'a aidé à dormir, et à dormir bien. »

L'écrivain quitta Key West pour Cuba. Seul. Il avait rompu avec sa seconde femme, Pauline, et acheté une maison qui se révéla être un endroit merveilleux pour travailler. Il n'y avait pas le téléphone, et personne ne venait le déranger. Chaque matin, il se mettait à écrire à 8 h 30, et travaillait d'une traite jusqu'à 14 heures. Il avait vraiment eu l'intention de s'atteler aux trois nouvelles dont il avait parlé à Perkins, mais il se laissa distraire. Au printemps, lorsque Martha Gellhorn le rejoignit, il avait 15 000 mots pour un roman dont l'action se déroulait en Espagne pendant la guerre civile. Il hésitait à en discuter avec Max de peur que cela lui porte malheur. Il lui annonça cependant que, pour pouvoir travailler librement sur son histoire, il avait décliné des propositions de Hollywood et renoncé à une série de conférences. Il se verrait ainsi probablement contraint d'emprunter de l'argent à Scribner pour avancer. S'il souhaitait une garantie, il lui en offrirait une, mais il lui assura que Scribner n'en aurait pas besoin, parce que le livre progressait bien. Chaque jour, il en relisait chaque mot depuis la première page, et, chaque jour, il en venait à la conclusion qu'il aurait été incapable de mieux écrire.

Perkins le prévint qu'un autre de ses auteurs, Alvah Bessie, qui avait combattu au sein de la brigade Lincoln pendant la guerre espagnole, rassemblait une série d'histoires personnelles inspirées de faits vécus en Espagne. La concurrence n'inquiétait nullement l'écrivain. Il considérait Bessie comme l'un de ces « garçons idéologues », tandis que lui-même, comme il le reconnaîtrait plus tard, n'était ni un « écrivain catholique, ni un auteur engagé… ni même un homme de lettres américain. Juste un romancier ». Il s'en tint à 1 000 mots par jour. De même que les guerres étaient faites pour être remportées, disait-il, les romans étaient faits pour être achevés. Il trouvait qu'il avait beaucoup perdu, au cours des deux années précédentes, et, avec ce roman, aspirait enfin à la victoire.

À Cuba, il tomba sur un exemplaire de *Tendre est la nuit*, et le lut pour la troisième fois. Il avoua à Max à quel point il le trouvait « excellent », dans l'ensemble. Et si Fitzgerald lui avait donné une plus grande cohésion, il aurait été parfait. « C'est vraiment terminé, se demanda-t-il, ou va-t-il se remettre à écrire un jour ? » Il demanda à Perkins de lui transmettre toute son affection, dès qu'il lui écrirait. Il reconnut aussi éprouver à son égard un sentiment de supériorité aussi stupide qu'immature, comme un gamin coriace et résistant se moquant d'un autre, talentueux, mais fragile.

Fin 1938, Fitzgerald quitta brièvement Hollywood pour aller rendre visite à sa fille. Scottie, blonde et menue, était dans sa première année au Vassar College – tandis que Jane, la quatrième fille de Max, était en deuxième année. Scott voulait discipliner sa fille. Il craignait qu'elle passe un peu trop de temps à sortir avec des garçons et à danser, suivant les traces de sa mère. Il fit un détour pour aller demander l'avis de Perkins, et celui-ci lui donna le conseil le plus simple, mais le plus avisé qu'il connaisse : « Jamais, en aucun cas… ne permettez à la moindre hostilité de s'installer entre vous et votre enfant. »

En revenant de Vassar, l'écrivain passa de nouveau voir Max. Lors de sa première visite, ce dernier avait été ravi de le voir paraître plus jeune et en meilleure forme que depuis des années. Il semblait également plus sûr de lui et de son style. Mais, cette fois, il avait une idée derrière la tête. *L'Envers du paradis* étant officiellement épuisé, Scott redoutait que sa réputation littéraire en pâtisse. De retour en Californie, il écrivit à Max : « J'ai encore une certaine stature aux yeux de nombreuses personnes, et quand je vois encore mon nom dans le *Time* et dans le *New Yorker*, je me demande s'il faut la laisser s'étioler sans réagir – alors que certains de mes confrères, à l'image de Farrell et de Steinbeck, bénéficient de publicités géantes. »

Perkins évoqua avec Whitney Darrow l'idée de rééditer *L'Envers du paradis*, mais celui-ci refusa. Ainsi, comme cela avait déjà été le cas pour ce même manuscrit vingt ans auparavant, Max le proposa à un autre éditeur. Il pressa l'American Mercury House, une maison spécialisée dans les rééditions, de publier le roman dans l'une de leurs collections très bon marché, mais on lui rétorqua aussitôt que l'auteur appartenait à une époque révolue. Perkins mentionna alors une demande importante dans les bibliothèques de Windsor dans le Vermont, de Plainfield dans le New Jersey et de New Canaan dans le Connecticut, pour ne citer que trois villes. Entre-temps, ils acceptèrent de le rééditer à vingt-cinq mille exemplaires sur l'espace d'un mois seulement, mais ils ne le publieraient jamais.

La MGM aussi revint sur l'un de ses engagements vis-à-vis de Fitzgerald. Après avoir passé dix-huit mois à faire sous-traiter la révision de ses scénarios par d'autres auteurs contractuels, la société de production décida de renoncer à prolonger son contrat. Malgré la perte d'une rentrée d'argent régulière, Fitzgerald considéra ce licenciement comme un mal pour un bien. Il savait qu'il serait autodestructeur de poursuivre plus longtemps ce « travail à la chaîne ». Il relata à Max l'attitude des studios : « Nous avons fait appel à vous pour votre originalité, mais, tant que vous resterez, nous insistons pour que vous fassiez en sorte de la gommer. » Puis il lui expliqua : « Figurez-vous que dans ce boulot, pour *Autant en emporte le vent*, on m'avait formellement interdit d'employer des termes qui n'étaient pas ceux de Margaret Mitchell. Autrement dit, lorsqu'il fallait inventer de nouvelles phrases, quelqu'un se chargeait de parcourir le roman comme s'il s'agissait des Saintes Écritures, à la recherche de phrases susceptibles de convenir à la situation ! »

Un an plus tard, il avouerait à Perkins : « J'étais tout simplement incapable de faire l'écrivaillon. Comme pour tous les autres métiers, il fallait faire preuve d'une certaine excellence. »

Scott avait hâte de concrétiser plusieurs idées en se remettant à écrire. Il abandonna définitivement *Philippe* et imagina un roman moderne – « l'un de ceux que l'on ne peut concevoir que lorsqu'on déborde d'idées –, comme cela aurait dû être le cas dès le début pour *Tendre...*, dont l'action aurait entièrement dû se dérouler sur la Côte d'Azur ».

Au moment même où Perkins pensait que Fitzgerald était en train d'acquérir une nouvelle discipline à Los Angeles, celui-ci quittait la ville pour prendre des vacances avec Zelda. Il alla la chercher au Highland Hospital d'Asheville, et l'emmena boire et faire la fête à Cuba. Au cours des dernières années, l'état de sa femme s'était suffisamment stabilisé pour lui permettre d'effectuer de courts trajets pour rendre visite à sa mère, sa fille et son mari. Mais il semblait que chaque fois que Scott et elle se retrouvaient ensemble, elle sombrait un peu plus dans la démence. Cette fois, en revanche, ce fut au tour de Scott de s'effondrer. Ses excès le conduisirent droit au Doctors Hospital de New York. Profitant de ce que l'écrivain était cloué au lit, Max passa quelques heures avec Zelda, qui lui sembla aller nettement mieux. « Si j'avais ignoré qu'elle avait un problème, jamais je ne m'en serais douté, fit-il savoir à Hemingway. Mais elle donne aussi l'impression d'en avoir vu de toutes les couleurs. »

Il était convaincu que Scott avait une idée de roman en tête et qu'il envisageait d'y travailler. Extrêmement discret sur son idée, l'auteur s'était contenté de lui en donner un aperçu la dernière fois qu'ils s'étaient vus à New York.

Peu de temps après le retour de Fitzgerald à Los Angeles, Charles Scribner lui fit parvenir un message amical dans lequel il laissait entendre, compte tenu du fait qu'il avait travaillé à Hollywood, qu'il trouverait logiquement dans cette ville de nombreuses sources d'inspiration pour son roman. Cédant à la panique, Scott écrivit aussitôt à Perkins : « Cette information erronée figure peut-être déjà dans les colonnes des rubriques littéraires. Si jamais j'ai pu donner une telle impression, elle est entièrement infondée. J'ai dit que ce roman traiterait de choses qui me sont arrivées au cours de ces deux dernières années. » L'histoire se déroulerait indéniablement à Hollywood, mais, insista-t-il, il ne s'agissait « nullement d'un livre sur Hollywood (et si c'était le cas, ce serait bien la dernière impression que je souhaiterais en donner) ». Cette fois, il ébaucha le récit dans son intégralité, afin de pouvoir le reprendre « exactement au même point, aussi bien dans les faits que d'un point de vue émotionnel », au cas où, face à la nécessité de gagner un peu d'argent, il devait l'abandonner un mois.

Quelques semaines plus tard, il se retrouva de nouveau cloué au lit à cause de sa tuberculose chronique. Ses problèmes s'aggravèrent lorsque Harold Ober, son agent, qui avait toujours été son prêteur de dernier ressort, ne voulut plus le renflouer. Scott sortit alors de ses gonds. Au fil des ans, il lui avait emprunté énormément d'argent, mais il l'avait toujours remboursé. Ne serait-ce qu'au cours des dix-huit mois précédents, il lui avait restitué la totalité des treize mille dollars qu'il lui devait, avec huit mille dollars de commissions.

Scott dut donc emprunter six cents dollars à Scribner, et demanda à Perkins le nom des deux ou trois meilleurs agents de New York, au cas où il souhaiterait quitter Ober. L'éditeur lui recommanda Carl Brandt, « un type à la fois extrêmement malin et très agréable, même si on peut le trouver un peu mielleux », mais lui rappela qu'Ober était l'un des amis les plus fidèles de l'écrivain. « J'espère vraiment que vous allez continuer à travailler avec lui », insista-t-il. Fitzgerald lui répondit qu'il soupçonnait une prise de bec entre Scottie et Mrs. Ober – cette dernière ayant accusé la fille de l'auteur de leur rendre visite dans l'unique but de pouvoir profiter de leur maison new-yorkaise comme d'un pied-àterre – d'être à l'origine du problème. (Il est plus probable que Fitzgerald ayant enfin effacé son ardoise, l'agent ne souhaitait simplement plus recommencer à lui prêter de l'argent.) Pour en terminer sur ce sujet, Max déclara : « Si c'est une épouse qui est à l'origine du problème, il faut savoir se montrer charitable. [...] Elles peuvent parfois avoir un étrange effet sur leurs maris, dont ceux-ci ne peuvent être tenus pour responsables. »

Perkins avait peut-être songé à son propre couple. Ses collègues avaient remarqué qu'il perdait tout sens de l'humour et pouvait même se montrer caustique dès qu'il était question de religion. La conversion de Louise et la réaction de Max avaient réduit à néant ce qu'il restait de leur bonheur. Il devint alors plus aisé pour eux de s'éviter plutôt que de tenter de discuter, car Louise ne parlait plus que de religion. Elle se rendait à l'église quotidiennement et y passait tous ses dimanches. Il devint de plus en plus fréquent pour Max, lorsqu'il rentrait chez lui le soir, de la trouver en train de distraire un parterre de prêtres et de religieuses. Il avait du mal à supporter cette situation. Généralement, quand elle le prévenait, il préférait passer la nuit à New York – en fait, tous ses proches étaient lassés de son prosélytisme incessant, même ses filles. Lorsqu'on posait la question à Max, il répondait d'un air sinistre que la nouvelle religion de sa femme la rendait plus heureuse. Mais, à la fin de la première année de Louise à l'église, il avoua à Marjorie Rawlings qu'il attendait avec impatience le jour où elle ne serait plus novice. Les catholiques plus aguerris, d'après lui, « ne prenaient pas les choses tant à cœur ».

Début 1939, Peggy, la troisième fille de Max, décida d'épouser Robert King, un séduisant médecin d'Alliance, dans l'Ohio. Il lui plut beaucoup, mais il le trouva si délicat qu'il craignit que sa fille finisse par le dominer. Le dernier samedi du mois de mars, lors de la petite cérémonie de mariage privée organisée chez les Perkins à New Canaan, quelques dizaines d'invités vidèrent douze caisses de champagne.

*
*   *

Les années 1930 touchant à leur fin, Perkins commença à insister auprès de Charles Scribner pour qu'il recrute des employés un peu plus jeunes. Il trouvait ceux qui débutaient dans le monde de l'édition mieux éduqués d'un point de vue littéraire, comme cela avait été son cas à leur âge. Et il se rendait compte que son intuition, quand il lisait un manuscrit, n'était plus aussi fiable que jadis. Plus jeune, il pouvait prédire l'avenir brillant d'un auteur rien qu'en lisant une dernière page spectaculaire ou une phrase accrocheuse. Il lui était même arrivé de promettre à quelqu'un de le publier après une simple conversation. Il avait toujours eu un faible pour les mémoires et les fictions autobiographiques d'auteurs dont il pensait qu'ils avaient vécu une existence intéressante ponctuée de rencontres avec des personnages hauts en couleur, et d'événements sensationnels. Mais, la plupart du temps, s'était-il finalement aperçu, ces mêmes personnes manquaient de persévérance ou de talent d'écriture. Il donna une avance conséquente à un artiste célèbre pour raconter son histoire. Celui-ci dépensa l'argent pour recruter des jolies secrétaires. « Qu'importe le chapitre de sa vie qu'il envisageait de leur dicter, rapporta Malcolm Cowley dans le *New Yorker*, au début des années 1940, les seules paroles qu'il parvenait à prononcer étaient : “Miss Jones, vous a-t-on déjà dit que vous étiez magnifique ?” Il n'a pas encore entamé son livre, mais Perkins est persuadé que l'artiste l'a encore en lui et qu'il le ressortira un jour. »

Comme dans toute maison d'édition, Scribner perdait des milliers de dollars sur des livres qui ne voyaient jamais le jour, et cela pesait lourdement sur la conscience de Max. Quand il recevait un manuscrit impubliable, il s'en voulait encore plus. « C'est comme ça, expliqua-t-il à Elizabeth Lemmon. Toute ma vie, toujours, je me suis mis dans le pétrin et j'ai dû m'en sortir pour ne pas mourir, tout cela à cause de mon insouciance et de ma bêtise. J'accepte ces livres pour ce que je crois déceler chez l'auteur. Je reçois ensuite le manuscrit ou une première partie du texte. Il m'est impossible de la confier à qui que ce soit. On me rétorquerait que c'est nul, et que ça ne vaut pas la peine de perdre du temps dessus. Il faut donc que je fasse moi-même le travail, mais cette situation semble se répéter à l'infini. J'ai parfois honte de montrer mon désespoir. » Désormais, chaque fois qu'il était confronté à ce genre de problème, il trouvait du courage en se rappelant dans quel bourbier il s'était mis avec *Artillery of Time* de Smith, qui se révéla finalement être un succès de librairie et fut acclamé comme le « *Autant en emporte le vent* du nord des États-Unis ».

Pour Max, qui écoutait les nombreuses plaintes de ses auteurs, sa correspondance avec Elizabeth était comme un exutoire. « J'aimerais bien pouvoir discuter avec vous, mais je n'en ai jamais la possibilité ou la volonté », lâcha-t-il un soir de juin 1939, alors qu'il ne pouvait rentrer chez lui parce que Louise avait invité ses coreligionnaires. Seul au Harvard Club, il se remémora les bons moments qu'ils avaient passés ensemble. « Je suis si heureux d'être avec vous que je ne peux rien dire. Même si cela ne changerait rien, de toute façon. Je crois sincèrement que cela ne changerait rien. Je suis persuadé que l'existence que vous menez dans cette maison, avec le jardin et tout le reste, vous convient parfaitement. Vous avez toujours été quelqu'un de bien, ce qui n'a pas été facile. Vous méritez tout à fait d'avoir la vie la plus agréable qui soit. » Depuis leur rencontre en 1922, leurs échanges épistolaires étaient restés chastes malgré l'intimité, tout comme l'amour qu'ils avaient l'un pour l'autre. Louise savait qu'ils correspondaient, mais pas à cette cadence, et ignorait tout du contenu de leurs courriers. Elizabeth adressait ses missives au bureau de Max. Quand l'une des filles Perkins découvrit leur relation, trente ans plus tard, elle déclara en souriant : « Je suis ravie que mon père ait eu quelqu'un à qui parler. »

Au printemps 1939, la date de parution de *La Toile et le Roc* de Thomas Wolfe approchant, Perkins connut une longue période d'agitation. « Et voilà que je m'angoisse toujours autant pour Tom, même plus, en fait », fit-il savoir à Elizabeth. Il s'inquiétait surtout pour Aline Bernstein. Après l'enterrement de Wolfe, ils avaient tous deux tissé des liens amicaux et s'étaient revus à plusieurs occasions. Mais le livre contre lequel elle s'était battue avec tant d'acharnement durant toutes ces années était sur le point de révéler les détails de leur liaison amoureuse. « Je redoute vraiment qu'elle mette fin à ses jours, poursuivit-il. Je l'aime bien, et je l'admire, mais je ne peux rien lui dire. »

Durant les trois cents premières pages de son manuscrit publié à titre posthume, Wolfe revenait sur le début de sa vie, même si le héros de cette histoire n'était pas Eugene Gant d'Altamont, mais bien George « Monk » Webber de Libya Hill. Perkins y avait aperçu des signes de la vitalité qui avait animé Tom depuis leur travail sur *Le Temps et le Fleuve*, mais il regrettait que l'auteur se soit senti obligé de mettre de côté tout aspect lyrique et autobiographique. Il comprenait toutefois ses raisons. « Il avait conscience d'avoir énormément fait souffrir ses proches ainsi que d'autres personnes en s'inspirant d'eux pour ses personnages, même s'il avait laissé son imagination les transformer. Les membres de sa famille ne s'étaient jamais plaints, mais ils avaient été très éprouvés, sachant que Tom les considérait comme des "gens géniaux, des personnages géniaux", mais ne s'était pas rendu compte de l'aspect personnel de la question. Il se l'était toujours reproché, et, en fin de compte, je crois qu'il a jugé préférable de les travestir complètement. »

Toutefois, Wolfe n'avait qu'une histoire à raconter. Il avait modifié les noms, mais lorsqu'il raconta pour la seconde fois son extraordinaire rencontre avec Esther Jack à bord d'un navire, ce fut de nouveau par les yeux d'Eugene Gant que le lecteur vit Aline Bernstein :

> À partir de ce soir-là, Monk ne fut plus jamais capable de voir cette femme comme elle était sans doute, comme elle avait dû sembler à tant d'autres, comme elle lui avait paru au premier regard. Il ne fut plus jamais capable de la voir comme une femme d'âge mûr, comme un être au petit visage rieur et à l'énergie toujours indomptable, comme une personne d'action immensément talentueuse, habile et perspicace, tout à fait capable de se défendre au milieu d'hommes. [...]
>
> Elle est devenue la plus belle femme au monde. Pas seulement d'un point de vue symbolique ou idéaliste, mais avec toute la concrétisation contemplative, littérale et insensée de son imagination.

Dans les six cents pages suivantes, il racontait avec une intimité audacieuse chacune des émotions et des péripéties de leur liaison. Perkins alla jusqu'à recommander à certains de ses auteurs d'éviter de lire *La Toile et le Roc*, même s'il trouvait que la première moitié contenait certaines des meilleures histoires de Wolfe. L'éditeur confia à Marjorie Rawlings : « Il est vrai que la seconde moitié du livre – la liaison amoureuse – n'est pas ce qu'elle aurait dû être. Il aurait dû l'écrire quinze ans plus tard, peut-être. Mais il était dans une situation délicate. Il s'est fait rattraper par le temps, et quand il écrivait sur des sujets encore trop présents dans sa mémoire, il était incapable de prendre suffisamment de recul. C'était une situation vraiment difficile, et j'ignore ce qui aurait pu en ressortir. »

À la parution de *La Toile et le Roc*, en juin 1939, Perkins comprit enfin pourquoi il fallut tant de temps pour l'assembler. Le manuscrit que Tom avait laissé était si épais qu'il avait été nécessaire de le diviser de façon arbitraire en deux livres. Il était également composé de blocs de texte destinés à une demi-douzaine d'ouvrages différents. Des extraits inachevés prévus pour son roman *The Vision of Spangler's Paul* se retrouvèrent par exemple dans la première partie de ce livre. Ce que Tom avait intitulé *People of the Night*, qui contenait le portrait de Foxhall Edwards, serait intégré à la suite de *La Toile et le Roc*, et reprendrait à l'endroit même où ce dernier s'achevait. Sa dernière phrase servirait de titre au tome suivant : « You can't go home again[1]. »

Gêné, Perkins préférait éviter que le public découvre qui se cachait derrière The Fox, et avoua à des amis que cela l'inquiétait beaucoup. Même si l'écrivain s'était abstenu de le dénigrer. « Je déteste qu'on écrive sur moi, c'est tout, reconnut-il dans un courrier destiné à Scott Fitzgerald. Et il me semble étrange qu'avec tout ce qu'il avait à reprocher à Scribner, le seul passage qui s'intègre parfaitement au livre – et il est plutôt long – soit celui qui me concerne. »

Harpers publia *L'Ange banni* en 1940, le qualifiant de « dernière œuvre de Wolfe et la plus mature ». Perkins, qui avait eu l'occasion de lire le manuscrit en plusieurs morceaux, était un peu moins enthousiaste, en partie parce qu'il pâtissait de la même structure en carton-pâte que *La Toile et le Roc*, et surtout parce qu'il faisait irrémédiablement de lui The Fox, l'éditeur du héros George Webber. Il s'en plaignit auprès d'Elizabeth Lemmon : « Je n'ai jamais été un renard. Vous trouvez que c'est le cas ? Vous n'êtes pas obligée de répondre, sauf par un "non", sinon, je risquerais de ne plus vous adresser la parole. Mais je n'ai jamais été cet

1. Il serait publié en 1985 aux éditions L'Âge d'Homme sous le titre *L'Ange banni*.

animal. Peut-être quelque chose de pire, mais pas celui-là. Je n'ai jamais été machiavélique. » Deux semaines plus tard, il put voir tous ces chapitres imprimés et les parcourir. « J'avais tort à propos du renard, se reprit-il. J'avais hésité à tout lire, et le passage sur lequel je me suis penché m'a donné une mauvaise impression d'ensemble. » Lorsqu'il s'aperçut que le portrait était plutôt flatteur, il écrivit à Fitzgerald : « En le lisant, je me suis même dit que si je ressemblais vraiment à cet homme, je pouvais être fier de moi. » Il déclara par la suite à Miss Wyckoff : « Je ne m'en tire pas si mal, finalement. »

Peggy, l'une de ses filles, se rappela avoir vu son père éclater de rire en lisant le comportement de The Fox dans *L'Ange banni*. Mais il fit remarquer à l'agent Henry Volkening : « Je crains que plus aucune femme n'accepte de signer avec nous, quand elles auront lu ce livre, vu comme, d'après lui, je donne toujours l'air de jurer contre les femmes. »

Les dernières phrases de ce grand roman en deux volumes pouvaient sembler ironiques, car Wolfe les avait rédigées quelques mois à peine avant de tomber malade dans le nord-ouest des États-Unis. Elles concluaient une lettre de trente-six pages que George Webber adressait à Foxhall Edwards.

> Cher Fox, mon vieil ami, ainsi sommes-nous parvenus au bout du chemin que nous avons parcouru ensemble. Mon histoire s'achève – adieu.
>
> Mais, avant de partir, il me reste une chose à vous dire :
>
> J'ai entendu une petite voix, cette nuit, brûlant les cierges de l'année qui touche à sa fin. Cette petite voix m'a annoncé que j'allais mourir, j'ignore où. Elle m'a dit :
>
> « Tu vas perdre la Terre que tu connais, pour de plus amples connaissances. Tu vas perdre la vie, pour une plus grande encore. Tu vas quitter ceux que tu aimes, pour davantage d'amour, pour un lieu où tu te sentiras encore mieux que chez toi, plus vaste que la Terre...
>
> « ... Où les piliers de cette Terre sont enfouis, et vers lequel s'achemine la conscience universelle... Le vent se lève, et l'onde des fleuves se propage. »

*
* *

Le 1er septembre 1939, les troupes allemandes firent irruption en Pologne, et la guerre éclata en Europe. Dans son paisible L-Bar-T Ranch, dans le Montana, Hemingway travaillait à son roman sur l'Espagne. Quand il apprit la nouvelle, il prévint Perkins qu'il avait pris de nombreux engagements concernant cette guerre, mais qu'il n'en honorerait aucun avant d'avoir terminé son manuscrit. Il n'avait aucune hâte de retourner en Europe, car il était convaincu que « la guerre n'allait pas se terminer de sitôt ». Avec le fatalisme qui le caractérisait chaque fois qu'il humait l'odeur de la poudre, il lui annonça qu'il ne s'attendait pas à survivre à ce conflit.

Perkins espérait que l'Angleterre choisirait Winston Churchill comme Premier ministre, au moins le temps de la guerre. « C'est peut-être un fasciste, avait-il écrit à Ernest en juillet 1939, mais il serait idéal en temps de guerre. » Des mois plus tard, il eut vent d'une rumeur fascinante, d'après laquelle Churchill serait en train d'écrire l'histoire du peuple anglophone. Il fut tout d'abord relativement décontenancé, car c'était lui, près de dix ans auparavant, qui lui avait suggéré de publier un tel livre. Au cours de la décennie précédente, Scribner avait fait paraître ce que Perkins qualifiait de « magnifiques » histoires de Churchill sur la dernière guerre, ainsi que sa « biographie vraiment extraordinaire » du duc de Marlborough, qui « aurait pu être encore un peu meilleure s'il avait été moins subjectif ».

Quand Churchill s'était rendu aux États-Unis en 1931, pour faire la leçon aux Américains sur « cette nouvelle tyrannie » qu'était devenue la Russie soviétique, et sur le manque de coopération entre les États-Unis et l'Angleterre, Perkins et Charles Scribner s'étaient longuement entretenus avec lui. C'était la première fois que Max avait autant apprécié quelqu'un dès la première rencontre. « Il ressemble plus à un Américain qu'à un Anglais, écrivit-il au professeur Copeland. Il s'est levé pour s'exprimer, arpentant le bureau son cigare vissé au coin des lèvres. Je lui ai suggéré de retracer l'histoire de l'Empire britannique. C'est alors qu'il s'est levé et qu'il s'est mis à faire les cent pas. À cet instant, il donna l'impression d'échafauder un projet – l'histoire de la population anglaise, qui devait également nous inclure. Il devait déjà y avoir réfléchi, mais nous avons eu l'impression qu'il avait saisi au vol cette idée d'Empire et l'avait aussitôt élargie et améliorée. »

Lors de son séjour à New York, réfléchissant à la proposition de Perkins, Churchill souhaita faire appel aux services d'une secrétaire pour une journée. Max lui recommanda la sienne. Irma Wyckoff fut naturellement intimidée par sa présence, mais, comme la plupart des auteurs, elle s'aperçut que « lorsqu'il y avait du travail, Mr. Perkins était capable de vous convaincre que vous étiez la seule personne au monde à pouvoir en venir à bout ». La veille de son rendez-vous au Waldorf Hotel, l'éditeur lui rappela que Churchill avait pour habitude de dicter son courrier le matin, depuis son lit, et qu'il ne portait pas de pyjama. Et, plaisanta-t-il, « il est susceptible de se lever à tout moment. Sans prévenir ». Mais Irma Wyckoff était prête, et Churchill un gentleman.

Selon Perkins, le Premier ministre faisait partie de ceux qui « n'ont pas une très haute opinion de l'argent, mais qui en ont énormément besoin ». Ainsi, plutôt que de publier ses livres en négociant un contrat, il les vendait à l'avance pour une grosse somme à un éditeur anglais. Ce qui fut de nouveau le cas pour son projet, signant avec Cassell's à Londres pour la somme considérable de vingt mille livres. L'éditeur britannique le vendit ensuite aux enchères aux maisons d'édition américaines. Scribner connaissait alors des restrictions budgétaires, et, pour une entreprise familiale, il était inimaginable de faire une offre de trente mille ou quarante mille dollars pour un livre qui n'était pas encore écrit. Ce fut Dodd, Mead and Company qui remporta l'enchère. Perkins demeurait un si fervent admirateur de l'homme qu'il conservait toujours une photo de lui dans son bureau.

Si Churchill allait devoir différer son projet de plusieurs années, Hemingway ne perdit pas de temps. Il quitta le Montana pour Sun Valley, une nouvelle station de ski dans l'Idaho. Il eut bientôt rédigé 90 000 mots pour son roman espagnol, dans lequel il allait raconter le déroulement réel de la guerre. S'il devait sortir « un gros bouquin avec plein de personnages », déclara-t-il à Max, mieux valait qu'il l'achève avant de partir et peut-être se faire tuer. Si l'éditeur souhaitait lui rendre visite avant la fermeture de la chasse, ajouta-t-il, il lui promettait de lui faire descendre en canoë un cours d'eau débordant de truites et de lui présenter « de très jolies filles » qui allaient divorcer dans l'Idaho. Martha Gellhorn faisait un reportage sur la guerre en Finlande pour *Collier's*. Ernest désormais séparé de Pauline baptisa sa garçonnière à Sun Valley Lodge « Hemingstein's Mixed Viceing and Diceing Establishment » (« Chez Hemingstein, établissement de jeu et de vice »).

Perkins ne pouvait cependant pas quitter New York avant d'avoir contenté le fisc au sujet de la succession de Tom Wolfe. Puis il se rappela qu'il devait rester disponible pour préparer son programme de printemps, auquel il espérait pouvoir inclure le roman d'Hemingway. Il écrivit à ce dernier : « Je donnerais n'importe quoi pour avoir quelques informations sur son contenu et connaître son titre afin de pouvoir rédiger une note. » En janvier 1940, de retour à Cuba, Hemingway lui envoya les huit premières pages de son livre et trente tirées du milieu du récit. Le héros, Robert Jordan, un professeur d'université américain quelque peu idéaliste, était parti pour l'Espagne afin de se battre aux côtés de l'armée républicaine. Sa mission consistait à faire sauter un pont d'une importance stratégique. Perkins lui télégraphia presque aussitôt : EXTRÊMEMENT IMPRESSIONNÉ. STOP. PAGES D'INTRODUCTION MAGNIFIQUES ET CHAPITRE 8 FORMIDABLE. VOUS ENVOIE CONTRAT.

La conception du roman touchant à sa fin, Hemingway, qui avait pourtant des habitudes de travail rigoureuses, commença à se laisser aller. Les week-ends, il se faisait plaisir avec des amis et buvait beaucoup. Il entamait chacun de ses dimanches avec une gueule de bois et un message larmoyant destiné à Perkins. Il espérait que ce dernier ne verrait rien à redire à ses écarts occasionnels et conviendrait qu'il valait mieux, dans son état, qu'il se consacre à son courrier personnel plutôt qu'à l'écriture de son roman. Rien ne s'arrangea pour lui avant le retour de Martha Gellhorn d'Helsinki, au milieu du mois de janvier. Il poursuivit ses beuveries du week-end, mais elle lui sembla si enthousiaste pour son roman que les dernières pages lui furent plus faciles à composer. Après plusieurs autres dimanches – « Mince, qu'est-ce qu'ils passent vite ! » –, Hemingway parvint à la fin de son récit. Mais il sécha momentanément sur la conclusion du roman le plus long qu'il ait jamais conçu. Perkins était convaincu qu'Ernest connaissait l'issue de l'intrigue, mais qu'il avait du mal à l'exprimer. « De toute façon, répondit-il à l'écrivain, les fins sont rudement difficiles à travailler. »

Dans le même temps, sous l'insistance de son éditeur, Hemingway cherchait un titre. Il en voulait un qui en impose, et ne craignait pas d'en trouver un qui soit « trop pompeux ». Il en cherchait souvent dans les recueils de littérature anglaise. Quand, en fouillant dans son *Oxford Book of English Prose*, il tomba sur le dernier poème de « Meditation XVII » de John Donne, qui débutait par « No man is an island » – « Aucun homme n'est une île » –, il comprit qu'il avait trouvé le bon titre. Le jour de la date butoir, que Perkins avait fixée arbitrairement au 22 avril, Hemingway envoya à son éditeur les 512 premières pages de son manuscrit sous le titre provisoire de *For Whom the Bell Tolls*[1]. D'après l'auteur, ce titre avait la « magie » que le livre méritait. Si Perkins était d'un avis différent, il en avait une trentaine d'autres en réserve. Mais celui-là, lui expliqua-t-il, était le premier qui avait trouvé une certaine résonance en lui – à moins que le public puisse s'imaginer qu'il s'agissait de la compagnie de téléphone Bell. SUIS BOULEVERSÉ, lui câbla Max. ROMAN ABSOLUMENT MAGNIFIQUE ET ORIGINAL. TITRE SUPERBE. FÉLICITATIONS.

Si Perkins était si enthousiaste, c'était en partie parce qu'il s'était écoulé plus de dix ans depuis le dernier gros roman d'Hemingway, et aussi en raison de la magnifique description qu'il avait faite de la guerre. En lisant *Pour qui sonne le glas*, Max eut l'impression d'entendre siffler les balles. Il écrivit à l'auteur : « Les descriptions sont si précises que j'ai le sentiment de les avoir vues. C'est vraiment incroyable. » Il était convaincu, comme il le confia à Elizabeth Lemmon, que « Hem a écrit son meilleur livre. C'est une certitude ».

Le 1er juillet 1940, l'écrivain lui télégraphia : PONT A EXPLOSÉ. Cela signifiait qu'il avait trouvé comment conclure *Pour qui sonne le glas*. Il se rendit alors à New York, où il apporta la dernière touche à son roman. Perkins envoya à l'imprimeur les différentes parties du manuscrit au fur et à mesure que l'auteur les lui remettait. Il avoua à Marjorie Rawlings qu'il l'avait lu avec une intense concen-

---

1. En français, la première édition de *Pour qui sonne le glas* sortira en 1944 chez Heinemann et Zsolnay. Il est aujourd'hui disponible dans la collection de poche Folio.

tration, même si, la plupart du temps, Ernest se tenait derrière son fauteuil et lisait par-dessus son épaule. Quand Hemingway ne se trouvait pas dans les bureaux, il faisait la bringue au Barclay Hotel. En août, il mit fin à sa présence en ville.

Perkins et Hemingway, qui était retourné à La Havane, se consacrèrent bientôt à la relecture de leurs épreuves respectives. Les annotations marginales de l'éditeur étaient surtout des interrogations stylistiques, mais aussi sur des sujets plus importants. Max et Charles Scribner considéraient par exemple qu'il fallait « adoucir » plusieurs passages. Charles trouvait que le discours de Pilar, la vieille femme, à propos de « l'odeur de la mort à venir » était absolument terrifiant. Ernest insista sur le fait que cette scène n'était ni gratuitement grossière ni impubliable. Plus loin, Robert Jordan se masturbe la veille d'un assaut. Hemingway rappela à Perkins que c'étaient les détails de ce genre qui rendaient cet homme crédible. En fin de compte, il supprima ce passage. Perkins lui assura que le « discours sur la mort » était très bien comme il était et l'autre passage bien mieux une fois corrigé.

Puis Hemingway eut l'idée d'achever son livre avec un épilogue. Il rédigea deux nouveaux chapitres, dans lesquels il récapitulait l'échec de l'offensive sur Segovia, revenant sur le sabotage du pont et la disparition de Jordan, et expliquant ce qu'étaient devenus les autres personnages. Il trouvait qu'ils se lisaient bien, mais il avait l'impression de « retourner au vestiaire après le combat ». « Faut-il ajouter cet épilogue ? Est-il nécessaire ? » demanda-t-il à Perkins, craignant que ces mots soient creux et nuisent à l'émotion sur laquelle le livre se refermait auparavant. Perkins trouvait la première fin incroyablement efficace. Se prononçant contre l'épilogue, les dernières pages furent définitivement abandonnées.

Cette saison-là, Scribner transforma sa librairie en autel à la gloire d'Hemingway, et garnit les vitrines de la 5e Avenue d'exemplaires de son roman. « Toute la ville est au courant qu'il s'agit d'un livre vraiment extraordinaire, confia Perkins à l'auteur, et que sa publication est un événement majeur. Tout le monde, en dehors du milieu de l'édition, en a entendu parler. »

Si la carrière d'Hemingway atteignait son point culminant depuis l'association du romancier avec Perkins, ce dernier vit s'éteindre une autre de ses relations professionnelles. Cette saison-là, vingt ans après la publication de sa célèbre nouvelle *Winesburg, Ohio*, Sherwood Anderson lui annonça qu'il était mécontent de la façon dont Scribner s'occupait de ses livres. « J'ai toujours eu l'impression, Max, que l'on s'intéressait curieusement peu à ce que je faisais et à ce que je proposais », écrivit-il.

Anderson avait commencé sa carrière chez Scribner en 1933, l'année de la mort d'Horace Liveright et de la liquidation de sa maison d'édition. Perkins l'avait alors aussitôt contacté pour lui suggérer de signer avec Scribner. Ils s'étaient rencontrés à New York. Max lui avait alors proposé d'écrire soit un roman intime, soit un récit personnel ininterrompu, quelque chose dans la lignée de son *A Story Teller's Story*, paru en 1924. Lorsque l'auteur eut regagné sa ferme dans les collines de Troutdale, en Virginie, il lui avait annoncé sa décision de le rejoindre – « non pour l'avance que vous pourriez m'accorder, ni pour la publicité que vous pourriez faire à mes ouvrages, mais pour le respect que j'ai depuis longtemps pour la maison Scribner, et aussi, dirais-je, parce que, instinctivement, je vous ai apprécié, monsieur Perkins. » Sous le titre provisoire *I Build My House*, Anderson avait entamé ses mémoires. Dans la même lettre, il expliquait ce qu'il attendait de son nouvel éditeur : « Je crois que je devrais pouvoir venir vous rendre visite de temps à autre pour discuter de l'avenir, comme je le ferais avec un ami. J'ai une certaine conception de ce que devrait être la relation entre un auteur et son éditeur. Une relation qui, dans le meilleur des cas, devrait ressembler à un mariage intellectuel… »

Dans ses lettres suivantes, en revanche, il révélait être plus intéressé par un partenaire silencieux. Durant les années qui suivirent, il se servit surtout de Perkins pour tester ses idées. Dans un courrier, il fit allusion à sa superstition, et à son refus de discuter de ses romans tant qu'il ne les avait pas terminés.

Il repoussa son travail sur ses mémoires, considérant qu'un livre sur ses souvenirs marquerait la fin de sa carrière. Il avait plusieurs idées de livres, qu'il tenta de mettre en œuvre par intermittence. En 1934, par exemple, il envoya à son éditeur un grand nombre d'essais sans rapport les uns avec les autres pour qu'il les rassemble dans un recueil. Perkins en regroupa quelques-uns, qui furent publiés sous le titre *Puzzled America*. L'auteur s'attela ensuite à un roman, *Kit Brandon*. Scribner le fit paraître en 1936, sans la moindre retouche. Puis il se lança dans un nouveau projet qu'il imaginait comme « un roman sans but, qui n'aurait pas pour objectif de faire réfléchir qui que ce soit, ni de faire changer le monde, mais qui serait simplement l'histoire d'un petit homme assez timide et de ses aventures mi-comiques, mi-tragiques ». Il expliqua à Perkins : « La plupart du temps, quand j'écris, je me mets à ricaner. » Après avoir envisagé le roman sous différents angles, il prit une autre direction, revenant à l'idée originale de Perkins. Les faux départs et les revirements s'enchaînèrent.

Anderson passa chez Scribner ses années les plus mouvementées. À l'image de Scott Fitzgerald, il fut incapable de confirmer la brillante réputation qu'il s'était forgée au début de sa carrière. Il passait d'un projet à l'autre, se perdant en futilités dans son travail autobiographique durant sept ans. Au cours de l'été 1940, à 64 ans, Anderson s'aperçut qu'il n'était pas satisfait de sa carrière. Il le reprocha à ses éditeurs, et particulièrement à Max Perkins. « Comme vous le savez, Max, je suis venu vous voir de temps à autre, vous aimant beaucoup d'un point de vue personnel, mais rarement, en ma présence, m'avez-vous demandé de quoi j'étais capable. En certaines occasions, Max, il vous est même arrivé de me montrer tout l'intérêt que vous portiez à certains de vos auteurs, et je ne puis vous reprocher de ne pas vous être passionné pour mon travail. Mais, entre-temps, d'autres éditeurs m'ont manifesté leur enthousiasme. »

Lorsqu'on lui demandait s'il était satisfait de son éditeur, il répondait : « Ce serait le cas si je n'avais l'impression qu'ils se désintéressent totalement de moi. [...] Il vaudrait mieux que je rejoigne une maison d'édition qui me donne le sentiment d'être désiré ».

Perkins espérait qu'il ne mettrait pas sa menace à exécution. Dans la lettre la plus obséquieuse de carrière, Perkins lui expliqua son attitude en prétendant que, contrairement à certains de ses jeunes auteurs, Anderson n'avait pas besoin d'être surveillé en permanence. « Tout vient du fait que j'ai eu le sentiment que vous saviez parfaitement ce que vous vouliez et aviez une façon de faire qui vous était propre, au point qu'il m'aurait semblé déplacé de vous interroger, de vous presser, ou de tenter de vous diriger. Je vous considère depuis si longtemps comme un maître, et comme le père de tant de ces écrivains qui ont acquis une certaine notoriété que je n'ai pu m'empêcher de vous en parler. »

Anderson fut très touché par ce courrier auquel il répondit ceci : « Je ne puis me satisfaire du seul fait d'être parfois considéré comme un maître dans mon art. » Il était persuadé que les livres n'étaient pas simplement achetés par les Américains ; on les leur vendait. Il fallait donc qu'un éditeur « soutienne » ses livres. « J'ai eu l'impression en signant chez Scribner, ajouta-t-il, que je bénéficierais de ce genre d'intérêt. Je soupçonne Mr. Scribner de ne pas me l'avoir accordé, parce qu'il m'estimait trop âgé pour dépenser de l'argent sur moi. »

Quelques mois plus tard, Anderson, Scribner et Perkins se réunirent dans les bureaux de la maison d'édition. Le registre des ventes indiquait que les trois livres de l'auteur confondus s'étaient vendus à moins de six mille cinq cents exemplaires. Anderson leur reprocha l'insignifiance de ces chiffres. Perkins comprit sa déception et le fait que « même s'il n'est pas forcément question d'argent, un auteur écrit ses livres pour qu'on les lise, et souhaite qu'ils soient lus par le plus grand nombre ». Mais il était convaincu que le meilleur commercial au monde aurait été incapable de mieux vendre ses œuvres.

Anderson demeura inflexible et partit chez Harcourt, Brace. Quelques mois plus tard, en juin 1941, il mourut de péritonite. (Harcourt, Brace publia plus tard les mémoires dont l'auteur et Perkins avaient discuté durant tant d'années.) À la même époque, Max fut bouleversé par le suicide de Virginia Woolf, qu'il n'avait jamais eu l'occasion de rencontrer, mais qu'il admirait néanmoins. Avec sa mort, considérait-il, une page de la littérature se tournait. « Les écrivains tombent comme des mouches, en ce moment », fit remarquer Hemingway avec une certaine froideur.

En octobre 1939, Scott Fitzgerald avait donné à Perkins des raisons de croire qu'il fallait encore compter sur lui. Il lui télégraphia : S'IL VOUS PLAÎT, DÉJEUNEZ AVEC KENNETH LITTAUER DE CHEZ *COLLIER'S*, CONCERNANT LE FEUILLETON DONT JE LUI AI DONNÉ UN AVANT-GOÛT. OBER ABSOLUMENT EXCLU DES NÉGOCIATIONS. PRIS MON DERNIER VERRE EN JUIN DERNIER. SI IMPORTANT, DITES À LITTAUER QUE J'AI BÊTEMENT DÉCLINÉ L'OFFRE DE LA GUILDE LITTÉRAIRE POUR *TENDRE EST LA NUIT*. ÉCRIVEZ-MOI SI VOUS LE POUVEZ. PROJET DE ROMAN ABSOLUMENT CONFIDENTIEL, CAR PAS ENVIE QU'ON EN PLAGIE NE SERAIT-CE QU'UN SOUPÇON.

Le héros en était Monroe Stahr, le magnat d'une société de production cinématographique. Pour ce personnage, l'auteur s'était inspiré du patron de la MGM, Irving Thalberg, qui l'avait fasciné durant des années. Scott promit à Max : après avoir dessiné les contours « de chaque scène et situation... je crois bien que je vais pouvoir écrire ce livre comme une biographie, car je connais le caractère de cet homme ». Après avoir eu un simple aperçu de son travail, Perkins tenta de convaincre Littauer « que Fitzgerald était le seul à pouvoir entreprendre un projet tel que celui-ci ». Comme il doutait naturellement de la fiabilité de Fitzgerald, ce dernier lui annonça que *Collier's* était intéressé, mais qu'il leur faudrait d'abord jeter un coup d'œil au manuscrit avant de pouvoir formuler une offre.

Après avoir été au bord de la ruine, autant d'un point de vue émotionnel que financier, Fitzgerald avait bénéficié de deux gros coups de chance : il avait trouvé le bonheur avec Sheilah Graham, la chroniqueuse de Hollywood ; il envisageait même de l'épouser, si Zelda « parvenait à se rétablir suffisamment pour aller passer le restant de ses jours chez sa mère, ou si elle sombrait définitivement dans la démence, au point de perdre tout contact avec la réalité ». À la même époque, Scott avait vendu à *Esquire* une série de nouvelles à propos d'un écrivaillon du nom de Pat Hobby. Le magazine ne lui offrit que deux cent cinquante dollars par histoire, soit moins d'un dixième de ce que le *Post* lui avait jadis proposé. « Quand on est pauvre, déclara-t-il, on est prêt à vendre des choses pour le quart de leur valeur. » Cet argent lui permit de continuer à vivre, mais, naturellement, Fitzgerald comptait toujours autant sur Perkins.

Le 20 novembre, il était prêt à faire lire à son éditeur les 10 000 premiers mots de son nouveau roman. « Beaucoup de choses dépendent de ce qui se passera cette semaine », lui écrivit-il. Le texte étant « fort », ce serait une source de revenus régulière si *Collier's* l'acceptait. « Bien sûr, s'il me soutenait, cela me sauverait la vie, écrivit-il à propos de Kenneth Littauer, mais je n'ai aucune raison de croire que je deviendrai à nouveau un auteur populaire. Ce livre sera toutefois un moyen comme un autre de le découvrir rapidement. »

Les rédacteurs de *Collier's* en débattirent pendant une semaine avant de finir par rejeter son texte. Perkins reçut aussitôt un télégramme de Fitzgerald, qui lui enjoignait d'en envoyer un exemplaire au *Post*. Il ajouta : IMAGINE QU'IL NE RESTE PLUS DE GRANDS RÉDACTEURS EN CHEF DE MAGAZINES. Perkins lut le texte et câbla à l'auteur : MAGNIFIQUE ENTAME, ÉMOUVANTE ET ORIGINALE. PEUX VOUS ENVOYEZ 250 DOLLARS, ET MILLE EN JANVIER. Le lendemain, il lui écrivit plus longuement : « Ce livre a la magie dont vous savez saupoudrer toute chose. Le milieu des affaires et des multinationales, si puissant et si nouveau pour des personnes comme moi et pour une grande partie du public, est merveilleusement décrit, et vous parvenez à susciter pour Stahr un vif intérêt et une intense curiosité. [...] Il est admirable en tout point, et je m'y connais. »

Les mille dollars que Perkins lui promit dans le télégramme provenaient d'un petit legs qu'il avait reçu de la succession de sa grand-mère. C'était « ce qu'on appelle du "velours", expliqua-t-il à Scott. Et autant que vous en profitiez si cela vous aide pour votre livre. Je suis certain que vous avez eu accès au cœur même de Hollywood, à tout ce qu'il comporte de merveilleux et à tout le reste ». Il lui suggéra de « persévérer avec courage, car vous en avez parfaitement le droit ».

« Votre proposition de me prêter mille dollars est des plus aimables, lui répondit Scott. Quand Harold [Ober] a renoncé à l'honneur douteux d'être mon banquier, je me suis retrouvé étranglé financièrement, et me suis soudain demandé ce qu'était l'argent et d'où il venait. Il semblait toujours y en avoir un peu plus quelque part, et, désormais, ce n'est plus le cas. »

Ce fut ensuite au tour du *Post* de rejeter le roman de Scott. Perkins proposa alors à son auteur de lui avancer l'argent dès Noël, ce qu'il accepta officiellement le 26 décembre.

Au changement de décennie, Perkins habilla sa lettre suivante en carte de vœux. Particulièrement fier de son talent de dessinateur (surtout quand il faisait des profils de Napoléon, qui avaient toujours un petit air d'autoportrait), Max croqua un homme une bouteille à la main, déclarant avec le sourire : « Santé ! » Après coup, il inscrivit « Coca-Cola » sur l'étiquette. Cédant à la paranoïa, l'écrivain lui envoya une réponse compassée. « Entre les lignes de votre courrier et sur le dessin de l'homme au Coca-Cola, je devine un certain trouble, écrivit-il avant de se défendre aussitôt. Au début du mois de décembre, je me suis disputé avec

Sheilah Graham, puis j'ai fait la connaissance d'un connard de La Nouvelle-Orléans… qui travaillait pour *Collier's* et qui m'a soutenu que mon roman n'était pas bon. […] C'est tout… Après cinq longues journées, au cours desquelles je ne me suis pas éloigné de chez moi, Sheilah et moi nous sommes réconciliés. » Cela faisait quatre semaines qu'il n'avait pas bu une goutte, et racontait qu'une simple dose d'alcool pourrait le rendre malade à en mourir.

Perkins ne s'était pas attendu à une telle réponse de sa part. « Je ne suis pas très subtil. Je suis quelqu'un de simple, répliqua-t-il. Je ne sous-entendais rien avec ce dessin. C'était pour que vous puissiez admirer mon talent. Et cet homme, ce n'est pas vous. C'était censé me représenter, et indiquer mes bonnes résolutions. Évitez de chercher un sens caché dans ce que j'écris et ce que je dessine. Je souhaitais simplement vous révéler un autre de mes talents. » Il ne put s'empêcher de répéter l'anecdote à quelques-uns de ses amis. « Vous voyez ce qu'il advient, quand on n'a pas la conscience tranquille ? » écrivit-il à Struthers Burt. Fitzgerald regretta d'avoir réagi de la sorte et reconnut qu'il avait tendance à mal interpréter les choses. Il rappela à Max l'époque où il l'accusait de lui avoir fait parvenir les mémoires de Gant pour lui montrer la vie d'un autre échec.

Fitzgerald en était réduit à pondre des histoires à la va-vite et à accepter l'écriture de toutes sortes de scénarios. Vivant au jour le jour, il n'avait plus aucune vision à long terme et n'avait pour seuls objectifs que l'achèvement de son livre et la réussite de sa fille à Vassar. « C'est un immense privilège, déclara-t-il à Max, que d'avoir un travail si captivant qu'on en oublierait les problèmes à l'étranger et chez soi. »

À Hollywood, il avait gagné beaucoup d'argent et s'était mêlé aux plus riches et aux plus célèbres, mais il avait le sentiment d'être un paria, un ringard que le milieu littéraire avait oublié et laissé pour mort. Il s'imaginait à quel point cela allait être étrange, d'ici un an ou deux, lorsque Scottie « soutiendra à ses amis que je suis écrivain, et qu'ils ne seront pas en mesure de mettre la main sur le moindre de mes écrits ». Quelles qu'en soient les raisons, il était conscient que ce n'était pas la faute de Perkins : « Vous (et un autre homme, Gerald Murphy) avez été mon ami à chacun de mes passages à vide au cours de ces cinq dernières années. J'ai jadis cru en l'amitié, cru que je pourrais (ne serait-ce que parfois) rendre les gens heureux, et que ce serait très amusant. À présent, j'ai l'impression qu'il ne s'agit plus que d'une représentation aussi médiocre que vaudevillesque du paradis, d'un vaste spectacle de ménestrels où c'est toujours le même qui incarne le souffre-douleur. » Il demanda à son ami : « Les collections à vingt-cinq cents permettraient-elles de garder *Gatsby* sous le feu des projecteurs, ou ce livre est-il mal-aimé ? A-t-il eu sa chance ? Une réédition plus populaire, avec une préface non pas de moi, mais de l'un de ses admirateurs – je pourrais peut-être en choisir un – pourrait-elle en faire le livre préféré des élèves, des professeurs, des amoureux de la prose anglaise… de n'importe qui ? M'éviter de disparaître aussi totalement qu'injustement après avoir tant donné ? Aujourd'hui encore, beaucoup de fictions publiées aux États-Unis s'inspirent de mon style. En un sens, je suis une sorte d'original. »

Après avoir vécu trois ans en Californie, Fitzgerald perdit toutes ses illusions. Ce n'étaient qu'une série de rêves imprimés sur des pellicules de celluloïd. Dans ses lettres à Max Perkins, aux Murphy et à Edmund Wilson (avec qui il s'était réconcilié), il exprimait son espoir et sa conviction d'être encore créatif malgré les nombreuses années où il était resté inactif et le peu de temps qu'il avait devant lui. Cet automne-là, il écrivit à sa fille Scottie : « Je suis revenu à la vie – il a été utile que je sois contraint de me débrouiller tout seul en octobre –, avec toutes ses tensions, ses exigences, ses humiliations et ses luttes. J'ai cessé de boire. Je ne suis pas quelqu'un d'exceptionnel, mais j'ai parfois l'impression que mon talent impersonnel et objectif, et les sacrifices qu'il m'impose pour préserver sa valeur fondamentale ont une sorte de grandeur héroïque. Quoi qu'il en soit, chaque soir après le travail, c'est de ce genre d'illusions que je me berce. »

Fidèle à sa parole, Scott écrivit à Zelda, de nouveau hospitalisée en Caroline du Nord. Cet été-là, dans une lettre, il s'effondra en quelques phrases et constata avec regret : « Il y a vingt ans, *L'Envers du paradis* figurait parmi les meilleures ventes, et nous nous étions installés à Westport. Il y a dix ans, c'était à Paris la dernière grande saison américaine, mais nous avons abandonné les festivités, et tu es partie pour la Suisse. Il y a cinq ans, j'ai fait ma première dépression et suis allé à Asheville. Notre château de cartes a commencé à s'écrouler bien trop tôt. »

Jamais Fitzgerald ne s'était senti si éloigné du bouillonnement de la côte Est, qui l'avait pourtant toujours captivé. Il comptait sur Perkins pour obtenir des nouvelles de leurs amis communs, au rang desquels se trouvaient Hemingway et Elizabeth Lemmon – « La vierge sacrifiée, enthousiaste et charmante, victime de la vanité de sa famille, comme je l'ai peu à peu découvert. » Scott avait d'ailleurs cessé tout contact avec elle, mais il lui était impossible d'oublier ces personnages sans grâce qui se succédaient à Welbourne et se prenaient pour des aristocrates – « Et, au milieu d'eux, l'immaculée Elizabeth. C'était trop difficile à supporter. » Après avoir conclu des années durant les lettres qu'il destinait à Max par « Votre dévoué » ou « Cordialement », il signa celle-ci par : « Je vous aime tous, quelle que soit la génération à laquelle vous appartenez. »

Perkins aussi pensait à Miss Lemmon. Louise et lui l'avaient vue récemment, lors d'un de ses brefs passages à New York. Elle venait présenter certains des boxers de race qu'elle élevait. C'était la première fois que les Perkins lui semblaient si éloignés l'un de l'autre. « Louise jouait continuellement l'épouse incomprise », se rappela-t-elle. À un moment où les deux femmes s'étaient retrouvées seules, Louise lui avait demandé de manière spontanée : « Elizabeth, si nous divorçons, comptez-vous épouser Max ? » Il n'avait jamais été sérieusement question qu'ils se séparent. C'était simplement sa façon d'évacuer ses frustrations. Quant à Miss Lemmon, ses amis de Middleburg prétendaient qu'elle n'avait jamais rencontré d'homme à la hauteur de Perkins. Elle ne s'était jamais mariée.

Avant de reprendre la route du Sud, elle rappela à Max que l'astrologue Evangeline Adams avait prédit que les États-Unis seraient réduits à néant à la fin de l'année 1941 ou au début de l'année 1942. « Vous auriez mieux fait de ne pas m'en parler, lui écrivit-il. J'y pense constamment. » À cette époque, il se montra de plus en plus fataliste, même au sujet de son amitié avec Miss Lemmon. « Elizabeth, je ne crois pas avoir l'occasion de vous revoir un jour, lui annonça-t-il en mai 1940. Mais je me souviens de tout chaque fois que l'on s'est vus, et rien dans mon existence n'est à la hauteur de ce que j'ai pu vivre à vos côtés. J'ai toujours pensé à vous, sans relâche. »

Ils se revirent. En 1943, elle se rendit à New York et le retrouva au Ritz Bar. Ils s'installèrent à une petite table, et, pour la première fois, discutèrent de leur relation. « Oh, Elizabeth, dit-il en tendant la main vers la sienne sans pour autant la toucher. C'est sans espoir. » Elle le regarda dans les yeux. « Je le sais. » Cela mit un terme à la seule et unique conversation qu'ils aient jamais eue sur le sujet. Ils continuèrent cependant à correspondre.

En octobre 1940, Max alla rendre visite à sa mère à Windsor. Quelques jours plus tard, Elizabeth Perkins, le dernier des enfants du sénateur Evarts, s'éteignit à l'âge de 82 ans.

Perkins avait remarqué que la population new-yorkaise « s'intéressait finalement beaucoup à la guerre et redoutait qu'il faille se tenir prêt à aider l'Angleterre par tous les moyens ». Hemingway, quant à lui, d'ordinaire belliqueux, se retrancha joyeusement dans ce qu'il appelait sa « bicoque en haut d'une colline ». Sa vaste propriété, Finca Vigia, donnait sur le port de La Havane. C'était censé être un secret, mais Max raconta à Scott Fitzgerald que Martha Gellhorn y vivait avec Ernest. « Voyez-vous, j'ai l'impression que Pauline et lui ne vont pas tarder à divorcer, et il va sans doute épouser Miss Gellhorn. Tout le monde étant au courant, vous en avez certainement entendu parler. Dans le cas contraire, considérez qu'il s'agit d'un sujet strictement confidentiel. » Fitzgerald trouva « étrange d'imaginer Ernest marié à une femme vraiment séduisante ». « J'ai l'impression qu'il ne pourra pas se conduire avec elle comme le font ses personnages, à qui il donne des airs de Pygmalion. » Fin novembre, Hemingway et Martha firent une halte à New York lors de leur lune de miel. À peine leur liaison avait-elle été « légalisée » qu'elle avait pris la direction de la Birmanie, pour y effectuer pour *Collier's* un reportage sur la guerre en Chine. Ernest envisageait d'aller la rejoindre en Extrême-Orient le mois suivant.

Entre-temps, *Pour qui sonne le glas* parut en librairie. Perkins en fit parvenir des exemplaires gratuits à presque toutes les personnes qu'il connaissait. Quoi qu'il en soit, tout le monde dans le pays semblait vouloir acheter le sien. L'éditeur jubila en lisant les dizaines de critiques qui faisaient amende honorable. « Et encore, ils ignorent qu'Hemingway traversait une période difficile, écrivit-il à Miss Lemmon. Et, même s'il aurait pu ne pas s'en remettre et refuser de tourner la page, il ne pouvait aller de l'avant qu'en vivant ce genre de phase. » Les ventes grimpèrent en flèche, et Le Livre du mois s'attendit également à écouler pas moins de deux cent cinquante mille exemplaires.

Ernest dédicaça un livre à Scott Fitzgerald, « avec affection et estime ». Ce dernier ne trouvait pas que ce livre correspondait à ce que Perkins et tous les autres semblaient en percevoir. Il confia à Sheilah Graham qu'il n'était « pas à la hauteur de ce que publie habituellement Hemingway. Il l'a écrit pour le cinéma ». Mais il répondit à Ernest sans le moindre ressentiment. « C'est un excellent roman. Meilleur que ce que n'importe quel autre écrivain aurait pu en faire. Je vous remercie pour la dédicace. » Après avoir indiqué ses scènes préférées et comparé certains passages à du Dostoïevski « de par leur intensité implacable », il le félicita pour son succès. « Je vous envie diablement, sans la moindre ironie. » (Des années auparavant, dans ses carnets, sous la lettre « L » pour « Littérature », Scott avait griffonné : « Je m'exprime sous l'autorité de l'échec. Ernest sous celle du succès. Nous ne pourrons plus jamais nous entendre. »)

Même s'il ne pouvait se le permettre, Scott décida de se consacrer à son livre sur Hollywood. Le 13 décembre 1940, il écrivit à Max que l'écriture du roman progressait rapidement : « Je n'arrêterai pas avant d'avoir terminé un premier jet, sans doute peu de temps après le 15 janvier. Toutefois, faisons comme si de rien n'était jusqu'à ce qu'il soit dans un état plus avancé. Je voudrais éviter qu'il devienne... "une légende avant d'avoir été écrit", l'expression que Wheelock a employée pour *Tendre est la nuit*, il me semble. » Dans un post-scriptum, il demanda : « Combien comptez-vous vendre les planches de *L'Envers du paradis* ? Je suis persuadé que ce livre pourrait avoir une seconde vie. »

C'était en théorie à l'auteur de fournir les planches d'impression à une autre maison d'édition, s'il acceptait d'en payer le coût, soit environ mille dollars. Max répondit : « Cela ne me plairait pas du tout de devoir me séparer de ce livre. » C'était le symbole de leur coopération. Maxwell Perkins et Scott Fitzgerald avaient bouclé la boucle : le plus ancien livre de l'auteur était épuisé, et un nouveau était sur le point de voir le jour. Les espoirs des deux hommes reposaient sur le roman dont l'écrivain annonçait pouvoir achever une première version au milieu du mois suivant. Huit jours avant Noël, l'éditeur écrivit : « Eh bien, j'ai hâte d'être "peu de temps après le 15 janvier". »

– 20 –
Réductions

À la fin de l'année 1940, Scott Fitzgerald emménagea chez Sheilah Graham. Le 20 décembre, il entama le chapitre six de son roman, un moment crucial dans l'évolution de son héros, Monroe Stahr. Il contenait une scène dans laquelle il buvait énormément, présageant le fait que le portrait d'Irving Thalberg prendrait peu à peu les qualités et les défauts de Fitzgerald. À la fin de la journée, il put annoncer à Miss Graham : « Tout s'est bien passé. Ma chérie, ce livre va être excellent. Il nous rapportera peut-être même suffisamment d'argent pour aller vivre tous les deux à Hollywood. » Le lendemain, chez elle, Scott Fitzgerald succomba à une crise cardiaque.

Ce samedi-là, Perkins était chez lui. Ce fut Harold Ober, prévenu par Miss Graham, qui lui annonça la nouvelle. Il n'y a aucune trace du moindre télégramme envoyé à Zelda, mais c'est ce que Max aurait fait. Le courrier qu'elle lui envoya quelques jours plus tard ressemble à une réponse. Elle y déclare notamment : « J'aimerais vous communiquer toute l'affection que j'ai pour vous, ainsi que l'attachement et le plaisir avec lesquels Scott envisageait toujours de "contacter Max". [...] Scott était courageux et fidèle à Scottie et à moi, et c'était un ami si dévoué que je suis certaine qu'il en sera récompensé. Et qu'il restera dans les mémoires. »

Elle se demandait s'il était envisageable de publier les 50 000 mots de son roman inachevé. « Son travail comptait énormément pour lui, expliqua-t-elle, et il aurait beaucoup aimé pouvoir atteindre une nouvelle fois son public. Et ce serait vraiment extraordinaire pour Scottie. »

Perkins lui répondit le lendemain de Noël. Il était trop tôt pour connaître la situation financière précise de Fitzgerald chez Scribner, et pour savoir s'il serait concevable de publier son roman. Ces questions seraient étudiées avec soin. « Nous ferons de notre mieux par égard pour Scott, lui garantit Max. Et pour vous et Scottie. »

Zelda n'assista pas aux obsèques. Ses médecins estimaient qu'il se serait agi d'un effort trop important pour elle.

Perkins prit soin de prévenir tous les amis de l'écrivain, mais quelques-uns seulement purent gagner Baltimore à temps pour les funérailles. Louise et Max prirent le train à Wilmington en compagnie de Gerald et Sara Murphy, et de John Biggs, ami de Scott depuis Princeton, et ancien romancier de Perkins devenu juge fédéral à Philadelphie. Ce fut une journée éprouvante pour l'éditeur, notamment, comme il le confia à John Peale Bishop, parce que la cérémonie d'enterrement se déroula dans une « maison funéraire ». Cela avait été la seule possibilité, car l'Église catholique n'aurait pas permis à l'écrivain, qui était mort athée, de se faire ensevelir au cimetière catholique de Rockville, auprès de sa famille paternelle. Pendant la cérémonie, à l'Union Cemetery de Rockville, Mrs. Bayard Turnbull, amie des Fitzgerald depuis l'époque où ils avaient vécu à La Paix, non loin de Baltimore, ne quitta pas Max du regard. « Il n'a adressé la parole à personne… raconterait-elle plus tard. Puis, à plusieurs reprises, sans prêter la moindre attention à ce qui se passait, il a secoué la tête et a levé lentement les yeux vers le ciel. »

À son retour à New York, Max se consacra à une tâche qu'il avait remise à plus tard : annoncer la disparition de Fitzgerald à Hemingway. « J'ai envisagé de vous envoyer un télégramme, mais cela m'a semblé inutile, écrivit-il à Ernest, qui, se trouvant à Cuba, n'avait sans doute pas appris la nouvelle. Quoi qu'il en soit, il n'a pas souffert, ce qui est déjà bien. Il a succombé à une crise cardiaque de façon subite. Même si les médecins s'aperçoivent maintenant qu'il a souffert d'un léger infarctus peu de temps auparavant. »

Fitzgerald avait retiré beaucoup d'argent de son assurance-vie, ces dernières années, mais, lui expliqua-t-il, elle se montait encore à quarante mille dollars. Suffisamment, estima Perkins, pour financer les études de Scottie et rembourser ses dettes. Ses dernières volontés étaient néanmoins assez confuses. Dans leur version originale, l'auteur avait nommé Harold Ober exécuteur testamentaire. Après leur récent désaccord, Scott avait barré son nom et inscrit celui de Perkins. La légalité de ce changement était mise en question, et, pour le moment, Max était empêtré dans cette affaire. « Je crains que cela réduise à néant la dernière occasion qui m'était offerte d'aller passer un moment à Cuba, se plaignit-il auprès d'Hemingway. Car il va me falloir plusieurs semaines pour tirer les choses au clair. » Finalement, Perkins et Ober renoncèrent tous deux à cette charge en faveur du juge Biggs. Il s'avéra que, pendant plusieurs années, ce dernier avait fait appel à Perkins pour prendre chacune des décisions concernant l'héritage littéraire du défunt.

L'éditeur rédigea ensuite une poignée de lettres de condoléances. Le faible nombre de personnes à pleurer sa disparition souligna l'aspect pathétique de la mort de Scott. Frances Kroll, la secrétaire de Fitzgerald à Hollywood, proposa ses services à Perkins : « Je l'ai accompagné tout au long de la conception et de l'écriture du roman, et vous vous poserez peut-être des questions en lisant le manuscrit définitif. » Andrew, le fils de Mrs. Turnbull alors en troisième année à Princeton, lui écrivit également. « J'ai souvent entendu Mr. Fitzgerald parler de vous, au cours des dix-mois qu'il a passés ici, en 1932 et 1933, alors que je n'avais que 11 ans. » Il lui annonça qu'à la mort de l'auteur il avait couché sur le papier les souvenirs qu'il avait de lui de peur de les oublier. Il espérait que Perkins pourrait l'aider à les faire publier, car le nom de Fitzgerald était devenu « le symbole d'une génération de décadence et de débauche. Et je sais d'expérience qu'aucun gamin ne pourrait espérer trouver compagnon plus aimable, ou ami plus sincère de ce côté du paradis ». L'éditeur lui répondit qu'il avait apprécié son texte, mais qu'il regrettait de ne pouvoir l'aider à le publier. (Turnbull deviendrait plus tard l'un des principaux biographes de Fitzgerald.)

Début juillet, Max écrivit de nouveau à Zelda : « D'une certaine manière, le public se souviendra de lui comme de l'emblème d'une certaine époque. Il a écrit un certain nombre de textes qui sont hors du temps, intemporels. » Il était néanmoins important de procéder avec précaution, de produire un travail qui ferait honneur à l'écrivain et démontrerait qu'il serait réducteur de l'identifier uniquement à l'Ère du jazz. Le plus douloureux, confia-t-il à Miss Lemmon, était le fait que « ce livre qui aurait pu le légitimer – la première partie en était extrêmement prometteuse – est loin d'être terminé ».

Le temps que l'on estime la succession, Scottie, la fille de Fitzgerald, se vit privée de toute source de revenus. Perkins s'arrangea donc avec le juge Biggs, Gerald Murphy et Harold Ober pour lui financer ses études à Vassar, et lui fournir une avance mensuelle. « Je ne saurais suffisamment vous remercier pour les fleurs, écrivit-elle à Max, pour être venu jusqu'à Baltimore, et, surtout, pour avoir eu la bonté de me prêter l'argent nécessaire à mes études. [...] Si le monde ne s'est pas entièrement écroulé en 1944, je serai en mesure de vous rembourser. D'ici là, j'espère également avoir composé un roman que je vous soumettrai. » Max lui donna quelques conseils littéraires, les mêmes que ceux qu'il prodiguait à tous les étudiants qui faisaient appel à lui. Il mit l'accent sur l'importance des études de lettres, mais la pressa d'éviter les cours d'écriture. « Il faut que chacun trouve son propre style, insista-t-il. Et le meilleur moyen de le trouver, c'est de lire de la littérature. »

La jeune fille était devenue très consciencieuse dans ses études, mais elle envisageait de quitter Vassar pour trouver un travail. Max savait combien il avait été important pour Scott qu'elle devienne la première de la famille à obtenir un diplôme universitaire. Avec le même ton subtil qu'il employait avec Scott pour l'encourager à achever ses romans, il écrivit à Scottie à la fin de sa troisième année : « Il ne vous reste pratiquement plus qu'un an à l'université, et cela va passer vite. Ensuite, vous serez encore très jeune et armée d'un diplôme. »

La situation financière de Zelda étant également en péril, elle lui demanda s'il avait moyen de lui faire parvenir de l'argent pour qu'elle puisse payer ses repas – elle vivait dorénavant chez sa mère, à Montgomery, en Alabama. Elle pensait qu'il s'agissait du « moment idéal pour se mettre à travailler sur le livre [de Scott], si vous envisagez encore de le publier ». Elle écrivit : « Il s'agit de l'histoire d'Irving Thalberg, comme Scott vous l'a peut-être signalé. Ces esprits qui orientent l'opinion publique l'intéressaient considérablement. Il souhaitait rendre palpables l'implacable volonté et la violente nécessité de réussite qui caractérisent ces hommes, ainsi que leur habileté à jongler avec des forces mystérieuses. »

L'éditeur ne pouvait cependant pas encore arrêter un plan définitif.

En ce mois de janvier, Sheilah Graham, qui, pour sauver les apparences, n'avait pas assisté à l'enterrement de Fitzgerald, alla rendre visite à Perkins à New York. Malgré les circonstances, Max fut heureux de la voir. « Je suis convaincu qu'elle avait une excellente influence sur lui, et que c'est quelqu'un de bien », expliqua-t-il plus tard à Hemingway. Elle parla longuement du roman de Scott. Max était déjà convaincu de pouvoir publier d'une manière ou d'une autre certaines parties du manuscrit.

Trois semaines après la mort de l'écrivain, elle lui envoya un exemplaire dactylographié de l'original de l'œuvre inachevée, provisoirement intitulée *The Love of the Last Tycoon*, ainsi qu'un grand nombre de notes. Elle l'orienta vers l'une d'elles en particulier, qui révélait les intentions de l'auteur de reconquérir son lectorat. Ce livre, faisait-il remarquer, était destiné à deux générations différentes, deux types de lecteurs : « À la fois pour les jeunes de 17 ans comme Scottie, et pour Edmund Wilson, qui en a 45. » Était jointe à l'envoi une lettre que Fitzgerald n'avait jamais envoyée. Elle était adressée à l'actrice Norma Shearer, la femme d'Irving Thalberg[1].

Chère Norma,

Vous m'avez dit peu lire à cause de vos yeux, mais je suis certain que ce livre vous intéressera. Même si l'histoire en est purement imaginaire, peut-être y verrez-vous le moyen de préserver quelque chose d'Irving.

Pour le personnage de Stahr, je me suis inspiré de l'effet saisissant qu'il a eu sur moi le peu de temps où j'ai eu l'occasion de le voir. J'ai bien entendu ajouté des éléments que je suis allé puiser chez d'autres, et, inévitablement, chez moi. J'ai imaginé

1. Il fut P.-D.G. de la Metro-Goldwyn-Mayer jusqu'à sa mort en 1936, à l'âge de 37 ans.

une histoire tragique, même si, naturellement, l'existence d'Irving n'avait rien de dramatique, à l'exception de sa lutte contre la maladie, car personne n'a encore écrit de tragédie sur Hollywood. (L'histoire d'*Une étoile est née*[1] est pathétique, souvent belle, mais il ne s'agit pas d'une tragédie.) Les personnages y commettent des actes voués à l'échec, et d'autres héroïques.

Miss Graham avait également mis la main sur un mot que Fitzgerald s'était lui-même adressé, et elle l'avait trouvé si émouvant qu'elle avait voulu l'envoyer à Max.

« Je souhaite concevoir des scènes à la fois effrayantes et inimitables. Je n'ai aucune envie d'être aussi intelligible pour mes contemporains qu'Ernest, qui, pour reprendre les paroles de Gertrude Stein, a sa place dans un musée.

« J'ai pris suffisamment d'avance pour pouvoir devenir immortel, si jamais je parviens à rester en bonne santé. »

Fin janvier, Max fit part à Miss Graham des avancées sur le livre de Fitzgerald. Il regrettait de ne pouvoir lui annoncer qu'une décision avait été prise quant à la publication du roman. « Tout ce que je sais, c'est que cette œuvre promettait d'être la plus mature, la plus riche et la plus brillante qu'il ait jamais produite. Je trouve que Stahr, même s'il est encore incomplet, est son meilleur personnage. [...] C'est un crève-cœur que de ne savoir ce que ce livre aurait pu être une fois terminé. »

Les paroles de Perkins la firent fondre en larmes. « Je vous en prie, faites-en quelque chose, l'implora-t-elle. Cela me rend folle de me souvenir de son enthousiasme et de son travail acharné juste avant de mourir. » Elle était d'accord avec lui sur le fait que personne à l'exception de Scott ne pourrait achever ce livre, mais il lui semblait que si on le publiait tel quel, après avoir éliminé les passages les moins aboutis – que l'auteur aurait lui-même probablement modifiés ou supprimés –, cela n'en demeurerait pas moins une œuvre importante, « une sorte de symphonie inachevée ».

Comme à la mort de Ring Lardner, Perkins demanda l'opinion

1. *A Star Is Born* (1937) est un film américain réalisé par William A. Wellman. Il conte l'histoire d'une actrice partie à Hollywood pour devenir une star.

de Gilbert Seldes, qui, d'après lui, était « toujours d'un avis aussi pragmatique que critique ». Seldes lut le manuscrit, et, la semaine suivante, l'éditeur prévint John Biggs, l'exécuteur testamentaire de Scott, que Seldes et lui étaient d'accord. « Le livre inachevé est des plus intéressants. C'est un drame qu'il ne l'ait pas terminé. C'est un grand pas en avant. Je ne dis pas que le style est meilleur que celui de *Gatsby le Magnifique*, ni même que cela aurait pu être le cas, mais il bénéficie de la même bonne vieille magie, celle que Scott sait mettre dans une phrase, un paragraphe ou une expression. Il y a insufflé une sorte de sagesse qui lui est propre, et personne ne s'est jamais immiscé à ce point dans le milieu du cinéma. Il allait s'agir d'un livre exceptionnel. Il compte 56 000 mots. Si on le publiait tel quel, il serait considéré comme une simple curiosité d'un intérêt uniquement littéraire, car personne ne lit des récits inachevés. Mais, par égard pour le nom de Scott, il faut le publier d'une manière ou d'une autre. J'ai donc eu l'idée de rassembler *Gatsby le Magnifique*, cinq ou six de ses meilleures nouvelles, et ce roman inachevé. »

Perkins et Seldes furent également d'accord pour que ce soit Edmund Wilson, dont Scott respectait l'avis plus que tout autre, qui rédige à ce livre une introduction explicative. Malgré des désaccords et de vives discussions – principalement au sujet de « L'effondrement », l'article de Scott en trois parties que Wilson souhaitait inclure au recueil –, Perkins finit par convaincre ce dernier d'accepter l'ensemble de ses conditions. Il le persuada même de corriger le manuscrit et de rédiger un résumé de l'intrigue que l'auteur avait en tête pour le reste du roman. Le recueil renfermerait *Gatsby le Magnifique*, ainsi que les nouvelles les plus intemporelles de Scott – *Le Premier Mai*, *Un diamant gros comme le Ritz*, *Le Garçon riche*, *Absolution* et *Un dimanche de fous* –, et l'œuvre inachevée.

Wilson fit d'abord appel à Sheilah Graham pour lui soutirer chacune des paroles que Scott lui avait confiées au sujet de ce livre. Il passa ensuite des mois à étudier les notes de l'auteur. Moins de six mois après la disparition de l'écrivain, il mit la touche finale à l'anthologie. Avec ce premier travail collaboratif depuis *The Evil Eye*, au Princeton Triangle Club, en 1915, il avait largement prouvé sa loyauté envers Fitzgerald.

Dans son introduction, il écrivit :

« *Le Dernier Nabab*[1] est l'œuvre la plus aboutie de Fitzgerald. Elle se distingue de ses autres romans, car il s'agit de la première à traiter sérieusement une profession ou un secteur professionnel. Ses précédents livres s'intéressaient à des débutantes et à des étudiants dépensiers au rythme de vie échevelé des jeunes de 20 ans. [...] En parcourant l'immense quantité de brouillons et de notes de Fitzgerald, on a la confirmation qu'il s'agit d'un auteur de premier plan dans l'Amérique d'aujourd'hui. Les dernières pages de *Gatsby le Magnifique*, aussi bien du point de vue de la dramaturgie que de la prose, font certainement partie des meilleures de la fiction de notre génération. À propos de ce livre, T.S. Eliot a déclaré que Fitzgerald était le premier à franchir un cap d'une telle importance dans la littérature américaine depuis Henry James. Sans conteste, *Le Dernier Nabab*, même inachevé, a sa place parmi les œuvres les plus remarquables. »

Alors que Wilson s'attelait à l'introduction, Max cherchait à raviver un minimum d'intérêt envers Fitzgerald. Il avait eu vent que des personnes influentes à Princeton le considéraient d'un mauvais œil. Espérant être en mesure d'étouffer ces on-dit, il suggéra à l'université de sortir un livre en son honneur. En vain. Les Amis de la bibliothèque de l'université de Princeton n'allaient pas publier de recueil des œuvres de Fitzgerald avant quinze ans.

Il tenta également d'inciter des auteurs à l'écriture d'une biographie, mais c'était encore un peu tôt. Il trouva cette absence totale d'engouement pour l'écrivain si alarmante qu'elle lui donna du courage. Il pressa Matthew Josephson, un ancien employé du *New Republic*, de se lancer dans le récit « d'un personnage brillant qui a marqué son époque [...], du contexte de cette étrange période, avec Scott au premier plan ». Josephson releva le défi, mais ne tarda pas à jeter l'éponge. Il expliqua pourquoi : « Je connaissais l'histoire de Zelda et envisageais de la placer au centre de l'existence tragique de Scott. [...] J'ai alors appris qu'elle venait de quitter une nouvelle institution, où elle était restée enfermée deux ans, et avait été déclarée entièrement "guérie". J'ai donc mis

1. *The Last Tycoon*, en anglais.

mon travail en suspens. Pour le moment, il m'était impossible de raconter son histoire, même si j'étais certain qu'elle allait de nouveau se faire interner, et j'ai préféré prendre mon mal en patience. » Tandis qu'il patientait, Arthur Mizener, un ancien de Princeton désormais professeur au Carleton College, dans le Minnesota, étudia la carrière de Fitzgerald et en vint à faire la connaissance de ses proches. Sa biographie, *The Far Side of Paradise*, la première sur l'écrivain, parut en 1951. Tout juste onze ans après sa mort.

Perkins ayant passé une bonne partie du printemps à se consacrer à son malheureux auteur, Ernest Hemingway eut l'impression d'être fortement négligé. Il était parti pour Hong Kong, en reportage sur la guerre sino-japonaise, et depuis qu'il était en Asie, se plaignit-il, quatre clippers chinois avaient accosté sans la moindre nouvelle de Scribner. « Quel est le problème ? » s'enquit-il auprès de Perkins. Ce dernier lui écrivit à cinq reprises, le mois suivant, principalement au sujet de *Pour qui sonne le glas*. On approchait des cinq cent mille exemplaires vendus. Préoccupé par la guerre en Europe, l'éditeur lui écrivit qu'il regrettait « de ne pas avoir le tempérament de Van Wyck Brooks, qui, en apparence, observe le monde tel Bouddha, avec un détachement total, même s'il s'intéresse énormément à ce qui se passe. Il est capable de travailler sereinement ».

Malgré son amitié pour Brooks, Perkins soutenait en privé que le critique américain de littérature contemporaine le plus avisé était Edmund Wilson. Cela lui aurait été douloureux de le reconnaître, car, après leur travail sur *Le Dernier Nabab*, il cessa d'être son éditeur. Leur relation prit irrémédiablement fin à cause du dernier recueil d'essais de Wilson intitulé *The Wound and the Bow*. Dans l'un des textes, il attaquait Hemingway. Il l'accusait, au fur et à mesure que la qualité de son œuvre s'amenuisait, de vouloir de plus en plus que l'on parle de lui, et lui reprochait un travail désormais dominé par ses fantasmes. Il critiquait son attitude envers les femmes, et particulièrement envers « la petite Espagnole Maria qu'il traite comme une amibe » dans *Pour qui sonne le glas*. « Cette histoire d'amour dans un sac de couchage, fustigeait-il, totalement dépourvue des concessions mutuelles que se font les hommes et les femmes dans la vie réelle, ressemble exagérément au rêve érotique bien trop parfait d'un adolescent. »

Perkins défendit Hemingway. Il trouvait l'essai de Wilson « fascinant », mais absolument faux. Dans le milieu, on comprenait que Perkins, se sentant victime d'un coup bas, refuse de publier un ouvrage si désobligeant envers l'écrivain. Caroline Gordon se rappela avoir entendu dire que Wilson et l'éditeur s'étaient longuement entretenus sur ce chapitre particulier du livre.

À cette époque, Perkins fit la connaissance d'un autre critique littéraire, Maxwell Geismar, professeur de 32 ans au Sarah Lawrence College, qui menait une étude sur le roman moderne américain. Il lui proposa d'analyser l'œuvre d'une demi-douzaine d'auteurs de l'entre-deux-guerres dans un ouvrage intitulé *Writers in Crisis*. Sur la proposition d'un ami commun, Geismar avait fait parvenir à l'éditeur des chapitres sur Ring Lardner, Thomas Wolfe et John Steinbeck. Perkins fut ravi qu'un érudit reconnaisse enfin le talent de Lardner, et il considéra son travail sur Wolfe comme étant « le meilleur que l'on ait jamais produit ». Il savait que le jeune critique avait déjà écrit en termes favorables sur *Torrents de printemps*, mais, désormais prudent, il n'accepta pas son livre avant d'avoir lu son texte sur Hemingway. Il lui proposa également d'inclure William Faulkner dans son étude, ce que le critique accepta.

Le différend qui opposait Perkins et Wilson se fit de plus en plus intense. Lors d'une de leurs discussions, l'éditeur fit allusion au travail de Geismar. Wilson contacta le critique, et ils se lièrent d'amitié. Ils s'aperçurent tous les deux que Perkins les avait mis dans la même situation difficile. Il les faisait mariner avant d'accepter leurs livres. Wilson se plaignit des maisons d'édition en général, et lui fit remarquer que les éditeurs n'étaient pas des gens très occupés, mais qu'ils mettaient un temps effarant à prendre la moindre décision.

Leur dispute atteignit bientôt son point culminant. Caroline Gordon Tate se rappela avoir entendu que, lors d'une réunion avec Perkins, Wilson s'était écrié : « Tous les éditeurs sont des fils de putes ! » Peu après, il proposa son livre à Houghton Mifflin, et, comme Scribner faisait encore traîner les choses avec celui de Geismar, il se vengea de Perkins en convainquant sa nouvelle maison de publier aussi le livre du jeune critique.

Quand Geismar montra à Wilson son essai sur Hemingway, il fut ravi d'obtenir son approbation. Il raconta des années plus tard :

« Je n'ai pas fermé l'œil de la nuit. Wilson a pris un air sinistre, et m'a déclaré avec son léger bégaiement : "Je trouve votre essai sur Hemingway... meilleur que le mien !" » Geismar était convaincu que c'était le cas, car son nouvel ami « n'est pas allé suffisamment en profondeur, n'a pas suffisamment étudié la blessure profonde d'Hemingway, ni son ignorance crasse dans les domaines sociétal et historique qui l'ont tant fait souffrir ». Après la parution du livre, Ernest et Martha Gellhorn Hemingway rendirent visite aux Geismar, à Bronxville, dans l'État de New York. « Ils revenaient d'une promenade le long de la Bronx River, se rappela le jeune professeur. À les entendre, ils venaient de faire un safari au cœur de l'Afrique. Ils ne cessaient de se donner du "mon cher" et du "très chère". » Pendant le dîner dans un restaurant italien, Martha, qui n'avait jamais eu de mots tendres pour les critiques sur Hemingway, déclara : « Vous savez ce que je préfère, dans votre essai ? Ce sont les citations que vous avez employées. Je ne m'étais jamais aperçue à quel point elles étaient excellentes. »

Perkins était mécontent d'avoir perdu deux livres au profit de Houghton Mifflin, et rumina durant des années la réflexion de Wilson sur les éditeurs. Caroline Gordon Tate soutint qu'il lui en parlait « avec plus de tristesse que de ressentiment » chaque fois qu'ils se voyaient. Il continua à flatter Geismar en le qualifiant de meilleur essayiste littéraire en devenir. Les attaques de Wilson avaient toujours quelque chose de personnel, disait-il, tandis que Geismar « prend beaucoup de recul et déborde d'enthousiasme dès qu'il perçoit un soupçon de talent ».

*
* *

« La promotion du talent et de la littérature américaine. Voilà ce qui l'intéressait, confia John Hall Wheelock à propos de Perkins. Il se préoccupait moins des jeunes espoirs des autres pays. » Avec le temps, Wheelock avait fini par cerner certains de ses traits de caractère : « Pas mal de préjugés agaçants et de manies irrationnelles, une volonté "de fer, solide comme le roc"... Voilà ce qui le caractérisait. [...] Il était moins intéressé par la science et les idées abstraites que par les livres traitant de sujets controversés et de l'application d'une théorie ou d'une idée. Il se passionnait pour l'authenticité rare, l'étincelle de poésie qui illuminait un personnage ou une scène et révélait le talent en action. » D'après Wheelock, le penchant de Perkins pour les romans avait fini par devenir un centre d'intérêt exclusif. Lorsqu'il était attiré par une œuvre non romanesque, il s'agissait généralement d'un livre « foldingue ». Ces derniers temps, poursuivait Wheelock, en aidant des auteurs qu'il venait de signer à donner forme à leur travail, « il s'entêtait souvent, au risque de se contredire. Un vrai Yankee ».

Fréquemment, désormais, Perkins signait des auteurs, puis tentait de leur instiller des idées qu'il chérissait depuis des années. Cela fonctionnait rarement. Tandis que Dixon Wecter, par exemple, travaillait sur un livre intitulé *The Hero in America*, l'éditeur lui suggéra d'écrire un ouvrage qu'il souhaitait appeler *The Trouble Makers* : « Il s'agirait d'un récit historique qui expliquerait de quelle manière l'intelligence, en temps de crise, se fait presque toujours déborder par les émotions, qui démontrerait que les hommes de bonne volonté, qui savent prendre du recul, qui ont une vision à long terme et un certain intellect, se font dominer par les impétueux prompts à la violence qui ont une grande force d'esprit. » Perkins en personne voyait le défaut de ce postulat. Il reconnaissait qu'« aucun progrès ne serait sans doute fait sans les hommes les plus résolus. Ce sont eux qui donnent l'impulsion qui permet de faire avancer les choses, même si c'est en passant d'abord par une phase de destruction ».

En 1942, Perkins lisait un manuscrit que seule son obstination lui permettrait de publier. Il s'agissait du *Will Shakspere and the Dyer's Hand* d'Alden Brooks. Pendant un certain temps, il se passionna pour cet ouvrage. À chaque réunion éditoriale, il évoquait le sujet, et le comité votait contre à l'unanimité. « Mais, d'une patience infinie, se rappela un employé de chez Scribner, il réitérait sa proposition à la réunion suivante, avec le même résultat. » Ce qui le séduisait dans cette étude, c'était que son auteur attribuait à Sir Edward Dyer, un éditeur, le succès de Shakespeare. Il était désormais convaincu que « Shakespeare n'était pas l'auteur de son œuvre ». Le comité finit par céder, pour lui faire plaisir. Il en fit parvenir un exemplaire à de nombreux critiques, espérant obtenir du soutien. Presque tous considérèrent qu'il s'agissait de simples spéculations. Ce qui n'empêcha pas Perkins de garder foi en ce livre et de lui accorder tout son respect. Il lui permettait de prendre conscience, expliqua-t-il à Hemingway, « de [sa] terrible ignorance en littérature, alors que cela ne devrait naturellement pas être le cas pour un éditeur ».

Il rencontra une moindre opposition et plus de succès en éditant un ouvrage non romanesque de James Truslow Adams, l'auteur à succès qui avait remporté le prix Pulitzer et à qui l'on devait *The March of Democracy*. En août 1941, Adams lui envoya l'introduction et un aperçu des chapitres de sa nouvelle œuvre, *The American*. Le texte était accompagné d'une requête. L'auteur ne connaissait pas grand monde qui incarnait aussi bien que Maxwell Evarts Perkins les principales caractéristiques de la nation américaine. Il lui demanda donc de mettre par écrit ses observations pour l'aider à réaliser le portrait de l'Américain type. Max s'exécuta, et l'auteur intégra l'ensemble de ses remarques, le citant souvent directement.

L'une des plus frappantes faisait référence à la position et l'influence des femmes américaines, sujet qui, d'après Max, n'avait jamais vraiment été traité dans un livre. « Quand j'étais enfant, dans le Vermont, écrivit-il à Adams, je voyais les hommes d'âge mûr se rendre à l'église, non pas avec leurs femmes, ni devant elles, mais à quinze ou vingt mètres derrière. » Il se souvint en avoir parlé à sa mère, qui lui avait répondu en éclatant de rire : « C'est comme ça que ça se passe en Nouvelle-Angleterre ! » Mais Perkins avait le sentiment que ce n'était pas tout. Les femmes de la Nouvelle-Angleterre, et il en était convaincu, exerçaient une pression morale symbolisée par leur place sur le chemin de l'église. Adams rebondit sur ce point et fit remarquer que, tandis que les hommes américains avaient régulièrement tenté de placer les femmes sur un piédestal, celles-ci avaient eu le bon sens d'en descendre rapidement pour reprendre le travail. En fait, Perkins avait toujours eu beaucoup de respect pour les femmes d'action. Il attendait d'elles non seulement qu'elles volent de leurs propres ailes, mais aussi qu'elles osent s'aventurer dans le grand monde. Aucune femme écrivain n'incarnait mieux cette idée que Martha Gellhorn, dont Scribner commençait à publier les livres. Non seulement était-elle une aventurière accomplie, mais elle maîtrisait aussi parfaitement sa carrière et sa prose. Elle avait le privilège de faire partie des auteurs talentueux de Perkins – ceux qui n'avaient pas besoin de son aide.

Ce qui était loin d'être le cas de tous. Après avoir rencontré un certain succès avec *Dynastie de la mort*, Taylor Caldwell avait ressorti de son tiroir plusieurs manuscrits qu'elle avait fait parvenir à Perkins. Il les avait tous rejetés. Loin de se décourager, elle se lança dans une suite à *Dynastie de la mort* intitulée *Oiseaux de proie*. Elle l'apporta en personne de Rochester et demanda à l'éditeur qu'il lui donne un avis franc sur son récit et sur son talent de manière générale.

Il trouvait cette suite plus faible que *Dynastie de la mort*. Mais Scribner la publia, et Taylor Caldwell la dédia à Perkins. Au moins, son travail lui permit de garder confiance pour l'avenir. « Votre principal atout, lui écrivit-il, c'est votre talent incroyable pour raconter des histoires à grande échelle. C'est un talent plutôt rare. » Il garantit qu'il lui suffisait de trouver des thèmes suffisamment vastes pour elle. Il l'incita à se pencher sur un roman historique. Dans une lettre datée du 17 octobre 1939, il déclara : « J'espère à présent que vous réfléchirez à la possibilité de publier ce genre de livre. » Cette idée l'impressionna. Elle trouva tout d'abord un titre, *The Earth is the Lord's – La Terre appartient au Seigneur*[1]. Quelques jours plus tard, tandis qu'elle cherchait un sujet à explorer, elle songea à Gengis Khan. « Pourquoi Gengis Khan ? Je n'en sais rien, dit-elle à Perkins. Tout ce que je sais de lui, c'est qu'il avait une charmante tendance à éradiquer des populations entières, qu'il a envahi l'Asie et une partie de l'Europe, qu'il a vécu quelque part vers la fin du XIIe siècle, que c'était un Mongol, fils d'un chef et d'une femme blanche, qu'il avait fière allure et qu'il ne fallait pas le confondre avec Kubilai Khan. Mais des idées ne cessent de me venir, inspirées par je ne sais quoi. »

En général, Perkins acceptait que les auteurs laissent leurs personnages orienter l'intrigue de leurs récits, mais il donna pour instruction à Miss Caldwell de réfléchir à l'intégralité de son histoire avant d'écrire. Il lui expédia toutes les informations historiques sur Gengis Khan qu'il avait à portée de main, ainsi que des

1. Presses de la Cité, 1951.

livres dans lesquels on décrivait l'Asie centrale. Il lui suggéra, plutôt que de faire de Gengis le personnage central de son récit, de retracer l'histoire personnelle de quelqu'un qui l'a accompagné : « Parfois, les livres qui concernent des périodes si lointaines et qui traitent d'actes aussi épiques sont trop généraux, trop éloignés d'un individu ou d'un groupe d'individus en particulier. Prémunissez-vous contre ce risque, particulièrement avec votre imagination qui a tendance à voir les choses en grand. »

Pour prendre le coup de main indispensable aux romans historiques, il lui recommanda de lire Walter Scott et Dumas.

La Terre appartient au Seigneur parut en 1941. Les critiques ne prirent pas son histoire au sérieux, et le livre n'eut pas beaucoup de succès. Mais il servit de modèle aux fictions qu'elle allait imaginer pendant près de quarante ans, inspirées notamment par saint Paul, Cicéron et Périclès. Avec cette simple intuition – qui le poussait à croire que Taylor Caldwell devrait se consacrer à des romans historiques –, Perkins fut à l'origine d'une des carrières les plus durables et les plus rentables de l'histoire de l'édition. Une carrière qui perdura trente ans encore après sa mort.

Marjorie Kinnan Rawlings faisait également partie des auteurs à succès qu'il avait lancés au cours des années 1930. Tandis que *Jody et le faon* figurait pour la seconde année consécutive dans les classements des meilleures ventes – avec cinq cent mille exemplaires vendus et un prix Pulitzer –, Max réfléchissait déjà à son livre suivant. Il lui semblait évident qu'elle avait un don pour décrire la vie dans les milieux qui lui étaient proches. Quand elle s'en éloignait, son style perdait de son charme et de son autorité. Il lui conseilla donc de réfléchir à un recueil d'histoires vraies dont l'action se déroulerait dans son coin perdu de Floride.

« Votre idée au sujet d'un livre documentaire est vraiment troublante », lui répondit-elle. En fait, elle avait envisagé de réaliser un tel travail sur sa ville, Cross Creek, avant de s'atteler à un nouveau roman, mais elle n'avait encore aucune certitude. À la fin de l'été 1940, Mrs. Rawlings lui soumit plusieurs ébauches de son travail et lui demanda comment il imaginait le livre. Il lui répondit le 20 septembre qu'il se le figurait articulé autour de différents événements, le lieu lui-même étant le héros de l'histoire : « Je pense que le livre devrait être un récit agrémenté de descriptions et de réflexions. Pour utiliser une image, il devrait s'agir d'un seul bout de ficelle jalonné de nœuds – les différentes histoires –, chacun étant lié aux autres par diverses péripéties, etc. »

Max savait que ce genre de généralisation ne suffirait pas à Mrs. Rawlings. Comme lorsqu'elle avait entamé *Jody et le faon*, elle insista pour qu'il lui fournisse des indications plus précises. Il lui répondit par une longue lettre débordant de propositions concrètes. Il lui suggéra, par exemple, de composer un premier chapitre de quelques pages seulement, dans lequel elle pourrait intégrer sa nouvelle intitulée *The Road*. « Le fait de longer la route, lui fit-il remarquer, pourrait vous permettre de manière très naturelle de donner, au début, une idée des environs. » Ainsi commença *Le Pays enchanté*[1] :

> Par la terre, Cross Creek est un virage sur une route de campagne. Par les eaux, c'est un cours d'eau entre Lochloosa Lake et Orange Lake. Nous sommes à plus de sept kilomètres à l'ouest du petit village d'Island Grove, et à quinze à l'est d'une pinède. Dans les autres directions, les distances n'ont plus d'importance, car les deux lacs et les vastes marécages créent un espace infini entre nous et l'horizon. On y trouve quatre familles blanches ; « Old Boss » Brice, les Glisson, les Mackay, et les Bernie Bass ; et deux familles de couleur ; Henry Woodward et les Mickens. À Island Grove, on nous trouve juste un peu vaniteux et passablement étranges.

Perkins lui donna également des clés pour lier les différentes histoires entre elles – en utilisant le cycle des saisons, pour ne citer qu'un exemple. Il l'avisa enfin sur les personnages et les histoires qu'il jugeait utile de développer. Elle suivit ses conseils à la lettre, et, après quatre versions, rédigées en près de deux ans, *Le Pays enchanté* fut un nouveau succès, à la fois critique et commercial.

Perkins dut également guider avec soin la carrière de Nancy Hale. Dans son cas, le problème n'était pas la prose, mais son moral. Elle avait dû interrompre l'écriture de son troisième roman, *The Prodigal Women – Femmes perdues et retrouvées* dans sa parution

1. *Cross Creek*, dans sa version originale.

française –, en raison de la dissolution de son second mariage et d'une dépression nerveuse.

L'éditeur éprouvait toujours autant de compassion pour les écrivains tourmentés. À la même époque, il écrivit à l'un d'eux avec presque les mêmes termes que ceux employés jadis avec Thomas Wolfe et Scott Fitzgerald, lui conseillant de faire une pause créatrice : « Vous ne perdrez pas votre temps, car le repos vous permettra de retrouver votre jeunesse, si l'on peut dire. Et tout auteur doit parfois savoir ressasser et réfléchir dans le calme. C'est le problème, avec les auteurs d'aujourd'hui : ils ne savent pas saisir ce genre d'occasions et ne supportent pas ces situations. Galsworthy, qui ne s'est jamais surestimé alors que c'était un auteur éminent, a toujours soutenu que les écrivains n'étaient jamais plus productifs que lorsqu'ils ressassaient dans le calme. »

Max prescrivit ce remède efficace à Nancy Hale. Elle passa plusieurs mois dans le sud-ouest des États-Unis, et, fin 1941, se remit à l'écriture. Mais elle s'engagea de nouveau dans une impasse ; Perkins réagit avec le calme de celui qui avait déjà vécu ce type de situation : « Je ne m'inquiète pas pour votre roman. Je me souviens très bien de ses qualités, et je sais que vous avez l'esprit sensible et créatif. En fait, je serais bien plus préoccupé si vous ne connaissiez jamais de périodes de désespoir, d'angoisse et de mécontentement. Il est vrai que ce n'est pas le cas de tous les romanciers, mais je reste convaincu qu'il s'agit de l'apanage des meilleurs, et je ne vois pas comment il pourrait en être autrement. Écrire comme vous le faites est un travail affreusement difficile.

« Je suis pour ma part certain, si vous parvenez à surmonter cette épreuve, que cela se terminera très bien. Cette lutte fait partie du processus. Il est peu probable que Jane Austen ait jamais eu ce genre de problème, mais je suis certain que cela a été le cas de Charlotte Brontë et de la quasi-totalité des meilleurs, à l'exception de Jane, qui est également très douée, naturellement. »

Nancy Hale vint à bout de son blocage et mit un point final à *Femmes perdues et retrouvées*.

Marcia Davenport dut elle aussi interrompre son travail, en 1940, lorsque Wendell Willkie se présenta à la présidence des États-Unis et que son mari et elle intégrèrent son équipe de campagne. Connaissant les opinions de Perkins au sujet de Roosevelt, elle eut moins honte de laisser son roman de côté. Au bout de quelques semaines, après que Willkie se fit battre à plate couture, elle se remit toutefois à son récit, l'histoire d'un industriel de Pittsburgh. Perkins la surveilla de près durant plusieurs mois, jusqu'à ce qu'elle ait achevé une première version de son livre, lui envoyant régulièrement de petites notes, et l'invitant à venir prendre le « thé ». Ses conseils étaient toujours les mêmes : « Écrivez tout ce qui vous passe par la tête, puis nous verrons ce que nous pourrons en faire. » Quand elle lui fit enfin parvenir son manuscrit, en 1941, il faisait près de 800 000 mots et était totalement décousu. En fait, pendant l'écriture de son roman elle s'était rendu compte qu'elle était incapable d'en trouver l'issue. Elle était désormais prête à tout laisser tomber.

The Valley of Decision – en français, *La Vallée du jugement* – était le manuscrit le plus chaotique que Perkins ait jamais vu. Chaque soit, il rentrait chez lui avec la liasse de feuilles, pour y réfléchir. Un jour, Louise, sans savoir qui était l'auteur de ce texte, mais reconnaissant le papier jaune sur lequel Max passait ses soirées et ses week-ends, demanda à son mari : « Comment se fait-il que tu passes autant de temps sur ça ? » Il lui répondit : « Parce que je suis un sacré idiot. » Il confia plus tard à Marjorie Rawlings : « Cela en vaut la peine parce qu'on ne peut pas laisser Marcia échouer dans cette gigantesque entreprise. Cela pourrait ruiner sa carrière. Elle est si empêtrée dans son récit qu'elle ne maîtrise plus rien. » Après plusieurs semaines de lent travail sur le manuscrit de Mrs. Davenport, il lui écrivit : « Le plus gros problème qui nous empêche de donner forme à *La Vallée du jugement* est celui, bien connu, de l'arbre qui cache la forêt. Et il y a vraiment beaucoup d'arbres, dans ce roman. Il nous faut donc mettre l'accent sur le plan du livre, afin que le lecteur puisse entrapercevoir la forêt en dépit des nombreux arbres. Cela signifie qu'il faut réduire le nombre de ces derniers, dans la mesure du possible, même si, jusqu'à présent, cela m'a posé énormément de difficultés. »

Après plusieurs lectures, Max organisa ses propositions en une série de lettres, dont une de plus de trente pages. Son approche du texte était aussi ordonnée que celle d'un généalogiste dessinant un arbre familial. Il releva tout d'abord les principales trames narratives, celles qui, d'après lui, devaient se poursuivre d'un bout à l'autre du roman. Tout ce qui les affaiblissait n'avait rien à faire dans ce livre. Sans tenir compte du fractionnement de Mrs. Davenport, il divisa le récit en trois parties majeures et indiqua l'objectif de chacune d'entre elles. Puis il suggéra une répartition de l'histoire chapitre par chapitre, avec des commentaires détaillés. Enfin, il épura chacun des personnages, les affinant et précisant leurs caractéristiques dans un résumé. Tout cela pour un roman dont il ne savait pas encore s'il serait publié.

Plus tard, Marcia Davenport révéla à Malcolm Cowley : « Tout ce que fait Max a pour objectif de rendre le livre plus efficace. [...] Il croit dans nos personnages. Ils deviennent totalement réels, à ses yeux. [...] Il est capable, en partant du chaos, de nous fournir un échafaudage grâce auquel il nous devient possible de bâtir une maison. [...] Il est parfaitement à son aise dans la souffrance et la confusion. » Comme tant d'autres des auteurs de Perkins, elle découvrit en se remettant au travail que ses observations agissaient de manière presque subliminale. Il avait une façon de les prodiguer en douceur, comme on jetterait de petits cailloux dans une mare, produisant une onde de sens qui s'agrandissait jusqu'à effleurer la conscience de l'auteur.

Mrs. Davenport déposa la lettre de Perkins d'un côté de sa machine à écrire, son manuscrit de l'autre, et se lança dans la révision de son roman en suivant son plan. Ce travail lui prit cinq mois. L'éditeur pensait que le résultat serait décevant, mais elle le surprit considérablement. Elle récrivit son livre presque entièrement, le réorganisant et le resserrant avec autant de rapidité que d'habileté. Elle supprima ainsi près de la moitié du texte. « C'est une femme de caractère très déterminée », expliqua-t-il à Marjorie Rawlings. Quant à Marcia Davenport, partout où elle allait, elle chantait les louanges de Max, lui accordant tout le mérite qui lui revenait, comparant leur coopération à celle de « Trilby et Svengali[1] ». Max s'apprêta à publier le roman en 1942, ne soupçonnant aucunement le succès qu'il allait obtenir.

1. Svengali est un personnage du roman *Trilby* de George du Maurier, paru en 1894. Hypnotiseur, Svengali incarne l'archétype du personnage maléfique manipulateur, capable d'amener les gens à faire ce qu'il désire. Son nom est entré dans l'anglais courant pour désigner un individu extrêmement manipulateur et aux intentions mauvaises.

Avec le bombardement de Pearl Harbor, l'obsession de Max pour la guerre ne fit que s'intensifier. Il lisait à son sujet tout ce qui lui tombait sous la main. Comme d'habitude, il pouvait compter sur Elizabeth Lemmon pour trouver du réconfort. « Inutile de discuter de la guerre, lui écrivit-il le 23 décembre, après un an de silence. Vous êtes toujours plus ou moins parvenue à rester chez vous, et je suis convaincu que c'est l'idée la plus judicieuse et la plus satisfaisante que l'on puisse avoir. » Lui-même devenait de plus en plus casanier et restait dans son bureau, réduisant considérablement sa vie sociale. Même Windsor l'attristait, désormais. « Je n'aime pas aller là-bas, reconnut-il, et j'ai du mal à comprendre comment, les souvenirs s'accumulant au fil des générations, on peut toujours rester au même endroit plusieurs centaines d'années. On pourrait croire que le passé leur deviendrait insupportable. On veut y retourner, mais c'est impossible. On ne peut plus rentrer chez soi. »

Durant les derniers mois de l'année 1941, la correspondance entre Perkins et Hemingway se fit de nouveau moins intense. Max avait songé à une sorte d'anthologie des œuvres les plus courtes de l'auteur, mais son idée était encore trop floue pour la préciser, annonça-t-il à l'écrivain en septembre. Il lui confia également avoir entendu dire que Robert Penn Warren, poète et romancier, concevait une anthologie des fictions d'Hemingway pour un usage universitaire. Warren souhaitait y inclure *The Killers – Les Tueurs –*, suivie d'une étude de la nouvelle. Perkins s'imaginait que l'essai allait se révéler « bien trop élaboré et technique », mais il assura à l'écrivain qu'« il n'y a rien de tel pour immortaliser un auteur que de le faire lire dans les écoles ». Hemingway était d'accord avec lui sur ce point, « même si ça doit être très difficile pour ces pauvres étudiants ».

Quant aux envies de postérité de Scott Fitzgerald, Max pria pour qu'elles soient exaucées par la publication du *Dernier Nabab*. Il parut en novembre 1941, et les espoirs de Max furent comblés. Pour certains critiques, le roman leur avait fait clairement comprendre que Fitzgerald n'était pas qu'un simple chroniqueur de l'Ère du jazz. La critique publiée dans le *New York Times* était excellente, et Stephen Vincent Benét, qui écrivait dans le *Saturday Review*, déclara : « Vous pouvez lui tirer votre chapeau, messieurs, et je crois que vous feriez bien de le faire. Ce n'est pas une légende, c'est une réputation, et, avec du recul, il pourrait très bien s'agir de la réputation la plus sûre de notre époque. »

À quelques vieux amis, Zelda exprima son antipathie pour l'héroïne de Scott, une Anglaise du nom de Kathleen Moore, mais déclara que le roman, dans son ensemble, lui plaisait. « J'espère que le livre se vendra bien, confessa-t-elle à Max. Au moins assez pour vous rembourser. » En dépit de toutes les louanges et les prières, *Le Dernier Nabab* ne s'écoula qu'à 3 268 exemplaires lors de la première année.

Pendant un long moment, Hemingway se demanda s'il devait révéler à Perkins ce qu'il pensait de ce livre. Lorsqu'il se décida, ce fut violent. Il déclara y avoir découvert quelques passages formidables, mais avait l'impression que l'œuvre était gagnée par une certaine torpeur, ce qu'il trouvait incroyable de la part de Fitzgerald. Il le compara à une tranche de bacon sur laquelle de la moisissure se serait formée. On pouvait gratter ce qui se trouvait en surface, mais la viande conservait un goût de moisi. N'ayant toujours pas digéré les critiques d'Edmund Wilson à son égard dans son livre *The Wound and the Bow*, Hemingway, tout en concédant que l'homme avait fourni « un travail crédible » d'explication, de tri, d'enrichissement et d'organisation, déclara que Scott n'aurait jamais achevé le travail, selon le « tableau ridiculement gigantesque » que Wilson avait dressé.

Hemingway savait que Perkins avait été impressionné par « ces trucs palpitants à propos des trajets en avion ». Mais, c'était d'après lui parce que Max n'avait pas beaucoup voyagé. Fitzgerald avait volé si récemment que cela l'avait également bouleversé, et il était parvenu à instiller un peu de sa « vieille magie » dans ses passages sur le voyage en avion. Lorsqu'il écrivait sur les relations entre les hommes et les femmes, Scott donnait cependant l'impression d'avoir perdu tout son talent. Il n'avait rien compris à ses semblables, toujours d'après Hemingway, et ses personnages étaient très étranges. Il savait que Perkins avait récemment déclaré à Martha Gellhorn que Hollywood n'avait pas corrompu le malheureux auteur. Peut-être, songeait Ernest, mais uniquement parce que Fitzgerald était déjà corrompu avant son départ. Le pouls de Scott avait cessé de battre dans la France de l'après-guerre, disait-il, et ce qu'il restait de lui « est mort à petit feu par la suite ». Pour Hemingway, lire *Le Dernier Nabab*, c'était comme regarder un vieux lanceur de base-ball qui n'aurait plus rien dans le bras et qui compenserait par son intelligence lors des premiers coups, avant de finir par se faire battre.

Des années plus tard, dans *Paris est une fête*, Hemingway résumerait la carrière de Fitzgerald avec une image qui lui était venue à l'esprit en lisant *Le Dernier Nabab* : « Son talent était aussi naturel que le motif dessiné par la poussière sur les ailes d'un papillon. En même temps, il ne le comprenait pas plus que le papillon, et ignorait quand il le gâchait. Il prit plus tard conscience de ses ailes abîmées et de leur structure, apprit à réfléchir et ne put continuer à voler parce qu'il en avait perdu le plaisir, ne se souvenant que des moments où il y parvenait sans le moindre effort. »

Avec une certaine retenue, Perkins lui répondit qu'il trouvait ses reproches « très intéressants », puis attira son attention sur les critiques intelligentes et souvent favorables que recevait Fitzgerald. « Je suis ravi d'avoir publié ce livre, dit-il simplement. Le public n'a pas suffisamment fait honneur à Scott, pour *Tendre est la nuit*. »

Ernest et Martha s'étaient rendus à Sun Valley, dans l'Idaho. Au début de l'année 1942, ils regagnèrent leur propriété à Cuba, où Max leur souhaitait dans une lettre de « travailler [tous deux] dans le calme ». Hemingway fut toutefois distrait de ses nouvelles par un employé de la Crown Publishing Company, qui lui demanda de rédiger un avant-propos à une anthologie de grands récits de guerre, des Thermopyles à la bataille de Caporetto. Le livre allait s'intituler *Men at War*, et, pour Hemingway, ce projet était louable. Mais il confia à Max que les textes sélectionnés étaient épouvantables, et insista pour en inclure d'autres.

Au fil du temps, son introduction s'allongea, et il devint l'anthologiste du livre. Incapable de transmettre à Perkins le manuscrit de ses nouvelles début juillet, comme prévu, il fut navré de décevoir son éditeur, mais cette « satanée anthologie de guerre », ne cessait-il d'insister, lui prenait tout son temps.

Perkins était fasciné par cet ouvrage. Lorsqu'il comprit que Crown était en train de le bâcler, l'éditeur en fut consterné. Il ne put s'empêcher de prodiguer ses propres conseils, et ce dès qu'il en avait l'occasion. Il rappela à Hemingway certains de ses passages de guerre préférés, qu'ils soient de Stephen Crane, Ambrose Bierce, Winston Churchill et Thomas Nelson Page. Il le pressa d'inclure au moins un extrait du *Through the Wheat* de Thomas Boyd, et lui indiqua les passages les plus tragiques de Tolstoï. Finalement, et bien qu'il se fût lui-même pris au jeu, Max était terriblement ennuyé qu'Hemingway s'implique autant dans ce recueil, au point de négliger l'écriture de ses propres nouvelles. Mais, en voyant le résultat, et particulièrement l'essai patriotique d'Hemingway au début du livre, il se sentit mieux. « Quand j'ai lu l'introduction, lui confia-t-il début septembre, j'en ai été extrêmement content. Je ne l'oublierai jamais. Elle m'a remonté le moral. »

Perkins avait bien besoin qu'on lui remonte le moral. En avril, son neveu Robert Hill Cox, le fils de sa sœur Fanny, s'était fait tuer dans la campagne de Tunisie. Par la suite, il était tombé sur une histoire que le jeune homme avait écrite, et avait pu constater qu'il était doué. Il regrettait de ne jamais avoir eu l'occasion d'en discuter avec lui. Sa mort l'avait considérablement attristé, et continuait à avoir des répercussions sur son humeur. Et puis, en août 1942, ce fut au tour de Will James ; non seulement un auteur prolifique de la maison Scribner, mais aussi un ami proche de Max, le cow-boy qui lui avait envoyé un chapeau. James avait 50 ans, huit ans de moins que son éditeur. Encore un auteur bien-aimé qui disparaissait.

– 21 –

Portrait en noir et blanc

« Tu ne boirais pas un peu trop, papa ? demanda Nancy, la plus jeune fille de Max, à son père, un jour de 1942.

– Churchill boit trop, lui rétorqua-t-il. Tous les grands hommes boivent trop. »

Il était indéniable que ce grand homme buvait trop. De plus en plus souvent, il s'esquivait de son bureau, en fin de matinée, « pour aller acheter le journal » – et boire un verre. Il revenait plus détendu, le visage congestionné. À sa table, au Cherio's, ses apéritifs étaient devenus des doubles, et plus il en consommait, moins il mangeait. Il dînait souvent seul, lisant le journal de la première à la dernière page, à la recherche de la moindre information sur la guerre. « C'était tous les jours la même chose, se rappela Cherio, le patron. Il aimait être au calme. Il ne disait jamais un mot, sauf quand on lui adressait la parole. Il s'exprimait avec délicatesse et douceur, et on n'en perdait pas une miette. »

Rien dans l'attitude de Max ne trahissait sa forte consommation d'alcool, et aucune de ses facultés ne semblait en pâtir. Mais son apparence révélait le poids des ans et la tension à laquelle il était soumis. Sous le bord de son feutre, désormais usé et cabossé, enfoncé comme jamais sur son crâne, il semblait bien pâle. Le bleu de ses yeux faisait place à du gris. Ses cernes s'étaient creusés et noircis. Il affichait souvent le sourire bienveillant des malentendants qui n'avaient pas compris un mot de ce qui s'était dit, mais souhaitaient paraître sympathiques et attentionnés. Sa toux sèche de fumeur était de plus en plus prononcée. Parfois, on voyait ses mains trembler.

En juillet 1942, il écrivit à Elizabeth Lemmon : « Louise et moi passons un été solitaire. » Les différences qui les séparaient étaient encore plus visibles. Leurs conversations étaient désormais plus courtes, et leurs disputes plus vives. Elle aurait dit n'importe quoi pour lui faire abandonner son flegme de Yankee, et il aurait dit n'importe quoi pour la réduire au silence. Il avait désormais l'attitude classique des hommes malheureux dans leur couple. Il rentrait de plus en plus tard chez lui. Il faisait d'abord une halte à son endroit de prédilection, le Ritz Bar, pour y boire quelques verres. Ensuite, il rendait visite à l'une de ses filles mariées – Zippy, qui habitait en ville, ou Bertha, à New Canaan –, et restait un moment avec elle et sa famille. Certains soirs, il ne rentrait même pas chez lui, préférant passer la nuit dans un fauteuil. Le lendemain matin, il arrivait au bureau avec la même chemise froissée et le même costume que la veille. Et il se réfugiait davantage encore dans son travail. Il se plaignait que l'immeuble où se trouvaient les bureaux de Scribner soit fermé le samedi. « Un week-end de deux jours… confia-t-il à un ami, c'est beaucoup trop. » Chez lui, il passait son temps à lire. Quand Louise lui proposait d'aller quelque part, il répondait : « J'ai du travail », et lisait ses manuscrits une bonne partie de la nuit. Lorsqu'elle invitait des amis, il cherchait une excuse, prétextant être « coincé » sur un texte. Certains soirs, il ne descendait même pas accueillir les invités.

Au bureau, il devint irascible. Il se mit à commenter des futilités d'un ton acerbe. Comme le départ d'un collègue cinq minutes avant l'heure. Son humour se fit cinglant, sarcastique. Lorsque Miss Wyckoff, sa secrétaire dévouée, lui demanda de prendre ses congés annuels, sa réponse fut cruelle : « Pour quelle raison auriez-vous besoin de vacances ? » Un jour, l'un de ses auteurs lui écrivit qu'elle méritait une médaille pour son assiduité et son efficacité. Il appela Miss Wyckoff en personne pour lui dicter sa réponse : « Aucune secrétaire n'a jamais été traitée avec plus d'indulgence et d'affection. Et, après tout, même si elle travaille dur… elle n'est là que cinq jours par semaine. »

Il lui arrivait de demeurer figé à son bureau, rêvant les yeux ouverts. Régulièrement, il s'assoupissait, auquel cas Miss Wyckoff fermait doucement la porte pour éloigner les intrus. Un après-midi, l'un de ses auteurs les plus envahissants vint le voir ; sa secrétaire lui annonça qu'il était occupé. Ne percevant aucun bruit dans son bureau, il décida d'aller s'en assurer par lui-même. Il traîna une chaise devant la porte, y grimpa et jeta un coup d'œil par l'imposte. Miss Wyckoff le sermonna d'un air indigné : « Ignorez-vous donc qu'il ne dort pas beaucoup ? »

Même quand la porte était ouverte, Perkins n'était guère accessible. Ses silences habituels étaient désormais accompagnés de regards noirs qui intimidaient nombre de ses auteurs. « À l'occasion, ce silence pouvait se révéler terrifiant, se rappela John Hall Wheelock. Lorsqu'il était poussé au désespoir par un interlocuteur trop bavard, il lui arrivait de l'interrompre d'un ton agacé avec un : "Eh bien, où voulez-vous en venir ?" qui permettait généralement d'en arriver au fait. Il n'était vraiment pas toujours avenant. » Malgré tout, son côté grincheux faisait partie de son charme.

À la fin de l'été 1942, Hemingway écrivit à Perkins que le moment était idéal pour recevoir « un vieil ami des Dry Tortugas ». Cela faisait près de dix ans qu'il tentait de le convaincre de passer ses vacances avec lui, et ce fut un nouvel échec. Scribner manquait de personnel : quelques-uns étaient à l'armée, on en avait laissé partir d'autres parce que les affaires n'étaient pas bonnes, et d'autres encore étaient en vacances. Max se sentait obligé de rester à New York. « Franchement, Ernest, je ne peux pas. »

À de rares exceptions près, Perkins ne voyait personne à l'extérieur du bureau. Au cours des mois précédents, il avait cependant renoué avec Alexander Woollcott. Ils avaient fait leurs classes ensemble au *New York Times*, et quand Max s'était orienté vers l'édition, Woollcott avait poursuivi dans le journalisme, avant de devenir un célèbre critique dramatique et une figure emblématique de son époque. Les deux hommes partageaient la même affection pour le Vermont. Depuis les années 1920, le journaliste aimait passer ses vacances au milieu de ses admirateurs, dans sa résidence d'été, sur une petite île du lac Bomoseen et avait récemment décidé de s'y installer. En janvier 1943, il annonça à l'éditeur qu'il quittait sa maison de campagne. « Quel dommage que vous deviez abandonner le Vermont, le plus bel endroit qui soit, lui écrivit Max, le 18 janvier. J'y ai moi-même déjà renoncé, à cause de la mort d'un trop grand nombre de proches. Il y a trop de fantômes, d'où je viens. » Il lui fit savoir qu'il aurait bien aimé pouvoir remonter dans le temps pour retrouver leur bande de jeunes journalistes au dix-septième étage du Times Building. Une semaine après avoir reçu la lettre de Max, Alexander Woollcott mourut.

Depuis des années, Perkins parlait de se retirer dans le Vermont pour y éditer sa propre gazette locale. Il souhaitait imprimer toutes les nouvelles qu'il jugeait intéressantes. Il parviendrait peut-être à toucher des millions de lecteurs, le journal obtiendrait une certaine renommée dans le reste du pays, et lui deviendrait, pourquoi pas – un rêve éveillé dont seuls ses amis les plus proches étaient au courant – une figure nationale... avant de se faire élire président. « Naturellement, Max n'a jamais réellement souhaité devenir président », tempéra John Hall Wheelock. Il se tenait simplement prêt en secret, exprimant ses positions sur différents sujets à qui voulait l'entendre, se préoccupant de son pays. Il n'avait plus envie de se retirer dans le Vermont. (« J'ai toujours eu l'intention de finir mes jours là-bas, avait-il écrit à Woollcott, mais cela m'est impossible. ») Il était toutefois toujours aussi inquiet pour son pays.

Le New Deal s'éloignant de plus en plus de ses principes jeffersoniens, Max commença à s'agacer sérieusement. Les fondements mêmes de la démocratie américaine, tels qu'il les comprenait, étaient ébranlés par « cet homme à la Maison-Blanche ». En février 1943, il écrivit à Mr. Raymond Thompson : « Je suis convaincu que ces adeptes jusqu'au-boutistes du New Deal ont pour la plupart les meilleures intentions du monde, mais si on les laisse faire, cela va inévitablement conduire à une concentration du capital et du pouvoir entre les mains du gouvernement, et ce dernier, qu'il le veuille ou non, deviendra nécessairement une dictature. Le pays sera alors dirigé par une bureaucratie qui deviendra, comme cela s'est produit en Russie, une sorte d'aristocratie, de classe privilégiée. »

Selon Perkins, le seul espoir pour l'humanité reposait « dans une dispersion du pouvoir. Si un petit groupe d'hommes parvient à s'en emparer, nous sommes cuits dans tous les domaines, sauf peut-être d'un point de vue matériel. Chacun aura sans doute suffisamment à manger, etc., mais c'en sera terminé de la liberté. En outre, le capitalisme ne fonctionnera peut-être plus, et il nous faudra alors consentir au communisme ».

Les opinions politiques de Perkins se retrouvèrent dans une publication de Scribner, *The Fifth Seal*, le roman résolument antisoviétique de Mark Aldanov. Dans la conclusion, l'immigré russe fait dire à l'un de ses personnages : « Oui, bien sûr que je déteste plus Hitler que les bolcheviks. Mais s'il faut défendre la liberté et la dignité humaine, autant le faire franchement : contre tous les tyrans et les corrupteurs. »

Perkins était de cet avis. Les communistes américains firent de leur mieux pour dissuader Scribner de publier *The Fifth Seal*, et le livre fit l'objet d'une controverse dès le début de l'année 1943.

Les maisons d'édition, contrairement aux fabricants de dentifrice, ne mettaient pas en vente les mêmes produits d'une année sur l'autre. Chaque livre était unique, avec ses qualités propres, et requérait une attention particulière. Après avoir créé un marché pour son produit, il ne restait plus au fabricant de dentifrice qu'à le préserver. Les éditeurs devaient créer un nouveau marché pour chacun de leurs livres – environ plusieurs centaines chaque année. (Cette triste réalité expliquait en partie pourquoi on vendait si peu de livres – dans un pays de deux cents millions d'habitants, lorsqu'un premier roman se vendait à cinq mille exemplaires, c'était un excellent chiffre –, et pourquoi l'édition était un milieu si peu lucratif.) En outre, si le fabricant de dentifrice pouvait prévoir ses ventes avec une certaine précision, c'était rarement le cas de l'éditeur, car aucun livre – à l'exception de ceux des auteurs bien établis – ne se vendait de la même façon. Sans savoir pourquoi, les ventes pouvaient se révéler incroyablement faibles, ou l'éditeur pouvait être surpris par un soudain afflux d'acheteurs. Il arrivait que des œuvres signées des années auparavant et travaillées dans l'anonymat voient leurs ventes monter en flèche. Ceci arriva à Scribner en 1943 et *The Fifth Seal* fit partie d'une série de pas moins de sept succès. Au cours des neuf premiers mois de l'année, leurs ventes cumulées s'élevèrent à deux millions d'exemplaires.

Seul l'un d'eux n'était pas une fiction : *Paris Underground*, un recueil de récits personnels d'Etta Shiber sur la guerre en Europe.

Perkins attribua cette recrudescence de romans au fait que le public avait été « éloigné par la guerre de ses anciennes distractions ». La troisième année, *Pour qui sonne le glas* s'écoula à cent cinquante mille exemplaires. *The Gaunt Woman* d'Edmund Gilligan faisait également partie du lot. Mais c'est surtout le succès des trois derniers qui ravit particulièrement Perkins.

La Vallée du jugement de Marcia Davenport, paru à l'automne 1942, se vendit à trois cent mille exemplaires en douze mois – ce chiffre finirait par doubler. L'auteure fut bouleversée par un tel succès, et sidérée d'avoir si bonne presse. Un soir, lors d'un dîner en compagnie de Charles Scribner et de Max, la conversation dévia sur Thomas Wolfe, et Max soutint que ce dernier n'aurait pu avancer dans son travail qu'en quittant Scribner, comme cela fut effectivement le cas.

« Oh, non ! s'exclama Mrs. Davenport. Il avait autant besoin de vous que moi. Sans vous, je serais bien incapable d'écrire un livre.

– Si c'était vrai, lui rétorqua-t-il, vous auriez fait tout ce travail pour rien. »

Selon Perkins, elle devait davantage se livrer dans ses écrits si elle voulait découvrir l'étendue de son talent. Il souhaitait l'aider à se lancer dans une fiction autobiographique, car il trouvait qu'elle se retenait de mettre plus de passion et d'honnêteté dans ses œuvres. Au bout d'un an, face à son insistance, elle finit par céder. En 1945, elle commença un roman inspiré de sa vie à Manhattan : *Les Rumeurs de la ville*[1].

Un jour, elle fit trembler Charles Scribner en lui révélant son souhait le plus cher : sortir un livre qui ne se vendrait peut-être qu'à mille deux cents exemplaires, mais que l'on pourrait qualifier de chef-d'œuvre. Sous l'égide de Perkins, elle pensait que c'était réalisable. Quand elle s'entretenait avec lui, les résultats financiers n'avaient pas d'importance. Un jour, après avoir entendu quelqu'un se plaindre des velléités commerciales d'une certaine maison d'édition, il avait lâché : « Ce que vous voulez dire, c'est que ces gens n'aiment pas les livres. »

Nancy Hale, quant à elle, n'avait aucun mal à se livrer. Dans son roman *Femmes perdues et retrouvées*, paru en même temps que

1. *East Side, West Side*, dans sa version originale.

La Vallée du jugement – au cours de l'année phénoménale de Scribner –, il n'était question que de son expérience personnelle. Le livre se vendit remarquablement bien. Perkins aimait aussi la façon dont elle révélait sa féminité. « Dès le début, lui écrivit-il en réponse à une lettre de remerciements, j'ai cru en vous, et je vous l'ai dit. Même si je ne pense pas que les ventes puissent prouver quoi que ce soit, il s'agit pour certains, comme les libraires, à qui j'ai vanté vos mérites, du seul et unique indicateur qui soit. Alors, inutile de me remercier. C'est à moi de vous témoigner ma reconnaissance. »

Il détestait les transactions commerciales, mais c'était un négociateur avisé. Laissant toujours de bons pourboires dans les restaurants, bonne pâte avec ses amis ou les inconnus qui désiraient lui emprunter de l'argent, il était dur en affaires. Lorsqu'il s'agissait d'accorder une avance ou des droits à un agent ou à un auteur, il demeurait assis en silence à son bureau, impassible, griffonnant ses portraits de Napoléon, laissant son interlocuteur formuler ses exigences. Face à Perkins, qui était presque sourd, même le marchandeur le plus endurci finissait par se taire. George Schieffelin, le petit-fils de Charles Scribner, déclara : « Max n'accepte de conclure un marché que lorsque son interlocuteur se soumet à ses conditions, ou quand il a terminé son croquis – en fonction de ce qui se produit en premier. »

Le septième livre de Scribner à battre des records de ventes cette année-là fut *Indigo* de Christine Weston. Elle avait été présentée à Max au printemps 1939 par leur ami commun, Waldo Peirce. « J'avais entendu dire que Perkins aimait recevoir de futurs écrivains avec de gros manuscrits, se rappela-t-elle, ce qui était le cas du mien. J'étais timide et inexpérimentée, et jamais je n'aurais cru que cet homme aurait accepté d'y jeter un coup d'œil, même si Waldo Peirce m'avait garanti qu'une fois que Max s'engageait à lire quelque chose, il tenait parole. » L'éditeur avait publié ses deux premiers romans, qui s'étaient vendus au total à cinq mille exemplaires. Son troisième, *Indigo*, dont l'action se déroulait en Inde où elle était née et avait vécu jusqu'à ses 20 ans, parut en 1943. Il attira deux cent trente mille lecteurs en quelques mois seulement.

Il était inutile de vendre autant de livres qu'Hemingway, Davenport, Hale, Rawlings, Weston et Taylor Caldwell pour obtenir le soutien de Perkins. En fait, il était particulièrement attiré par ceux qui désiraient plus que tout devenir auteurs, mais qui étaient incapables de produire un bon livre. En l'occurrence, il s'agissait souvent de femmes, qui, séduites par son attitude, ne résistaient pas à l'envie de revenir chez Scribner. Une femme passa le voir tous les jeudis durant des mois, chaque fois avec un chapeau différent. Ignorant de quelle manière honorer sa persévérance, il l'invitait à prendre « le thé ». Quand ses collègues lui demandèrent pourquoi il passait tant de temps avec un auteur si peu prometteur, il leur répondit : « Je crains qu'elle se suicide, sinon. » Il l'amenait au bar du Chatham Hotel, dont elle sortait généralement un peu éméchée. Un après-midi, elle tomba complètement ivre. Max ne pouvant décemment pas la laisser au bar, il la conduisit dans une chambre à l'étage, où elle put reprendre ses esprits. Une fois à l'intérieur de la chambre, elle défit sa robe, ôta ses chaussures, se jeta sur le lit, et s'endormit. Max déposa la clé sur la table de nuit et s'éclipsa. Lorsqu'il eut refermé la porte, doucement, mais avec fermeté, il s'aperçut qu'il avait coincé son pardessus. Une femme de chambre lui vint finalement en aide, et, après avoir jeté un coup d'œil à l'intérieur, lui lança un regard méprisant qu'il n'oublia jamais.

Les femmes : la rumeur courait dans le monde de l'édition qu'il était toujours aussi critique à leur égard. On avait soutenu à Christine Weston, par exemple, qu'il était nettement plus détendu avec ses interlocuteurs du même sexe. Elle n'était pas du même avis : « Il était plus à l'aise avec une catégorie de personnes qu'avec une autre. J'imagine qu'il se sentait mieux avec des individus aussi égocentriques et bruyants qu'Hemingway et Waldo Peirce, et qu'il faisait preuve d'une plus grande prudence avec les plus timides, qui le mettaient probablement mal à l'aise. [...] Personnellement, malgré sa distance, je le trouvais séduisant. »

Max continuait à se plaindre des femmes auteurs : « Elles attendent beaucoup de choses de votre part, en plus de travailler sur leurs livres », écrivit-il au professeur Copeland, au début des années 1940. Perkins invitait les grandes romancières « à boire le thé » à chaque publication. Une autre femme l'appela en larmes : « Mon chat, John Keats, est en train de mourir. » Il ne lui offrit que ses condoléances. Elle insista : « Il faut que vous m'envoyiez un vétérinaire. » Il lui répondit qu'il n'en connaissait pas beaucoup et lui demanda s'il n'y en avait pas un près de chez elle. « Mais je n'ai pas d'argent, geignit-elle. Vous pouvez le payer ? » Pour qu'elle se remette au travail, il accepta.

Afin de convaincre Michael Strange, la poétesse et ex-épouse de John Barrymore, d'achever ses mémoires, il dut dîner plusieurs soirs en tête à tête avec elle pour qu'elle écoute ses suggestions. Mais elle organisait des repas si somptueux et avait tant de conversation qu'ils travaillaient généralement très peu. La plupart du temps, ils se livraient à des discussions politiques et économiques, c'était une radicale, qui croyait en une société égalitaire. Un soir, devant un café, Michael Strange était en train de prêcher sur ce thème, alors que la bonne faisait la vaisselle. Soudain, elle s'interrompit, lançant par-dessus son épaule : « Bon sang, Kate, cessez de faire s'entrechoquer ces plats ! »

Malgré ses difficultés avec le sexe faible, Max travailla avec plus de femmes que jamais : les romancières Dawn Powell, Edith Pope, Ann Chidester et Catherine Pomeroy Stewart, toutes très connues à leur époque. Il pressa Anaïs Nin de publier son journal intime. La plupart des femmes qui travaillaient avec lui en parlaient avec admiration.

L'une d'elles, qui écrit encore aujourd'hui, en pinçait pour lui depuis les années 1930. Elle faisait preuve d'un piètre talent, mais d'un immense désir. À ses lettres interminables, débordant de divagations littéraires grandiloquentes et d'avances à peine déguisées, il répondait sèchement, mais avec courtoisie. Il n'eut l'occasion de lui parler de vive voix qu'à deux reprises, et chaque fois pas plus d'un quart d'heure. « Cela m'était égal, déclarerait-elle quarante ans plus tard, car notre amour était bien plus grand. Je suis entrée dans sa vie à un moment où il était plutôt las, et il s'intéressa énormément à mon parcours. [...] L'éclat de son génie a laissé une étincelle dans mon esprit. » Année après année, elle continua de composer de la poésie et de la prose. Aucune de ses œuvres ne fut publiée, sauf à compte d'auteur. Elle persévérait pourtant, en raison de la « foi » de Max en son talent. Et elle le lui rendait au centuple : « Du jour où j'ai fait sa connaissance et où nous sommes tombés amoureux l'un de l'autre, je n'ai plus jamais couché avec mon mari. Je refusais d'être infidèle à Max. »

*

* *

En février 1943, Perkins assista au mariage de Scottie Fitzgerald avec le lieutenant Samuel Lanahan. Ce furent Harold Ober – qui conduisit la mariée à l'autel – et lui qui payèrent la cérémonie. Quand il vit Scottie longer l'allée centrale de l'église Saint-Ignace-de-Loyola de New York, Max trouva qu'elle ressemblait énormément à Zelda vingt-cinq ans plus tôt. « Elle n'était pas aussi jolie qu'elle, écrivit-il à Hemingway, mais elle était plus resplendissante. »

La mère de la mariée n'avait pas pu assister à cette union, car elle était employée en tant qu'apprentie machiniste à Montgomery. (Elle ne tarderait pas à se faire renvoyer.) Elle remercia Max pour sa description détaillée de cette magnifique cérémonie. Cela lui rappela « l'éclat de la fin du printemps, il y a tant d'années, quand, sous vos auspices amicaux, nous nous sommes mariés ». Quelques mois plus tard, elle lui écrivit de nouveau : « Bêtement, je fais beaucoup référence au passé, mais j'attends avec grande impatience le jour du Jugement dernier. »

Alors qu'il approchait des 60 ans, Max passa plusieurs jours aussi fascinants qu'émouvants à relire sa correspondance avec Scott Fitzgerald. Edmund Wilson lui avait demandé certaines de ses lettres pour un livre sur le phénomène que l'auteur avait créé autour de lui, dont la pièce maîtresse serait « L'effondrement ». Ce n'était pas Scribner qui le publiait, car Max soutenait que Scott aurait refusé de voir cet article lugubre figurer dans un livre. Néanmoins, il accepta qu'une autre maison publie le recueil – pour les mêmes raisons que celles qui le poussaient à répondre favorablement quand on lui demandait, à l'occasion, d'inclure un texte de l'auteur dans une anthologie. Il souhaitait faire tout ce qui était en son pouvoir pour maintenir en vie la réputation de l'écrivain.

Il relut également les écrits de Thomas Wolfe. À l'approche de Noël 1943, il écrivit à Mabel, la sœur de l'auteur : « À cette période de l'année, je pense beaucoup à Tom, et je me souviens du bon vieux temps, lorsqu'on pouvait s'attendre à le voir passer au bureau à tout moment. » Chez lui, tard dans la soirée, il lui arrivait de relire attentivement ses passages préférés du *Temps et le Fleuve*.

Thomas Wolfe était mort cinq ans plus tôt, mais sa réputation littéraire s'améliorait de façon régulière. D'ordinaire, avait remarqué Perkins, même les plus éminents auteurs avaient tendance à disparaître peu de temps après leur mort. Dans le cas de Wolfe, l'inverse s'était produit, et sa succession littéraire prenait encore beaucoup de temps à Max. Aline Bernstein, qui vivait à Mount Kisco, dans l'État de New York, apprit que William B. Wisdom, un ami de Wolfe de La Nouvelle-Orléans, était en train d'acheter tous les papiers de Wolfe. Elle était contrariée, car les lettres qu'elle lui avait adressées feraient partie du lot. « Rien ne peut justifier une telle chose, se plaignit-elle à Perkins au milieu de l'année 1943. Et je ne crois pas me tromper en estimant que l'on aurait pu me prévenir. C'est la seule chose que vous ayez faite qui soit amorale. »

Le contenu de ses lettres – les mots sur les pages – lui appartenait, et personne ne pouvait le publier sans sa permission. Mais les documents qui étaient en possession de Wolfe à sa mort appartenaient à sa succession. Perkins lui expliqua : « Il était de mon devoir de vendre tout ce que je pouvais au profit de la succession. » Mais il était moins intéressé par le fait de récolter de l'argent que par celui de mettre les papiers de Wolfe à la disposition des écrivains et des universitaires. Il considérait cela comme essentiel pour la réputation et l'influence d'un auteur notoire. C'était le moins que l'on pût faire pour Thomas Wolfe, qui, d'après Max, continuerait d'être lu, car « il y aura toujours une nouvelle génération d'étudiants pour le découvrir et l'aimer ».

Cela faisait des années que William B. Wisdom rassemblait les écrits de Wolfe. Il envisageait d'établir un mémorial à Harvard – une collection de tout ce que l'auteur avait écrit, y compris, l'espérait-il, les lettres d'amour enflammées entre Wolfe et Mrs. Bernstein. Leurs sentiments les plus beaux comme les plus laids se retrouvaient dans cette correspondance. On pouvait aussi y lire l'une de ses plus jolies formules de politesse : « Ma garce juive à la poitrine généreuse et à la chevelure argentée, j'adore la pestilence de tes aisselles prune. »

En juin 1943, Aline écrivit à Perkins : « Je crois bien que je pourrais me faire à l'idée que l'on puisse vendre les lettres que j'ai adressées à Tom, mais ce n'est pas encore le cas, en dépit du fait que ce soit légal. C'est un véritable choc pour moi, mais ce n'est rien par rapport à tous ces gens qui souffrent sur terre. Alors, entre nous, je cesserai de me plaindre. Je continuerai cependant à regretter que notre relation, à Tom et à moi, ne se soit pas régularisée de son vivant. Peut-être cela n'aurait-il jamais pu être possible. Elle était intense et a duré longtemps, une période merveilleuse. Même à la fin, il devait savoir, au fond de lui, ce que nous étions l'un pour l'autre. »

Peu après, Perkins demanda à Aline de se séparer des lettres que lui avait envoyées Tom au profit de la collection. Elle y consentit, mais refusa de les céder gratuitement à Wisdom, qu'elle soupçonnait de tirer avantage des écrits de Wolfe. Après plusieurs années de négociation, Wisdom finirait par les lui acheter. Mrs. Bernstein exigerait que chaque centime de la somme convenue soit directement versé à la Federation of Jewish Philanthropies. Évoquant ce sujet avec Max, elle déclarerait : « Ce sera en représailles de toutes les insultes à l'égard des juifs que Tom a proférées contre moi. »

Cet été-là, Perkins vit l'adaptation cinématographique de *Pour qui sonne le glas*. Il avait été ravi d'apprendre que Gary Cooper tiendrait le rôle principal – il l'admirait tant qu'il était allé voir *Sergent York* à deux reprises. En voyant le nouveau film, toutefois, il se rendit compte des limites de son acteur préféré – et même du cinéma. Il écrivit à Evan Shipman : « Naturellement, Gary Cooper est fidèle à lui-même – ce qui est bien, mais ce n'est pas Robert, il n'a rien de commun avec lui. C'est en partie parce qu'on a supprimé la totalité ou presque de la partie subjective de l'histoire. Sans doute par nécessité. »

Ernest Hemingway avait passé une grande partie de l'année précédente à Cuba – « pour y faire je ne sais quoi », expliqua Max à Evan Shipman. Il patrouillait avec son bateau, à la recherche de sous-marins allemands. C'était une mission importante, prétendait-il, et il serait bien incapable d'écrire tant que la guerre faisait rage. Perkins lui accorda le bénéfice du doute, mais était convaincu qu'il lui cachait quelque chose. Martha Gellhorn Hemingway venait de lui faire parvenir son dernier roman que

Scribner allait publier ; elle avait passé les trois années de leur mariage à parcourir le monde et à rédiger des articles poignants pour *Collier's*. « Quand on est rentrés de notre voyage en mer, se rappela plus tard Gregory, le plus jeune fils d'Ernest, Marty croyait que mon père allait se remettre à l'écriture. Mais il avait d'autres projets. "C'est toi l'écrivain de la famille, à présent, Marty", lui a-t-il annoncé. Et il le pensait sincèrement ! [...] Elle en fut d'abord flattée, puis stupéfaite, et finalement écœurée. Elle voulait bien qu'il l'aide dans sa carrière, mais elle trouvait inconcevable que le romancier le plus important d'Amérique puisse prendre sa retraite à 44 ans (*sic*), deux ans seulement après *Pour qui sonne le glas*. Même pour une pionnière du féminisme comme elle. » Elle se demandait ce qu'il était advenu de l'Ernest qui était allé jusqu'en Espagne six ans auparavant. Tandis qu'il passait les Caraïbes au peigne fin, elle se rendit en Angleterre afin d'y poursuivre sa mission de correspondante de guerre. Dans l'esprit de l'écrivain, elle lui avait tourné le dos. Il écrivit à Perkins qu'il se sentait « sacrément seul » et qu'il tenait « sacrément à se remettre à l'écriture ».

Pourtant, maussade et en mal d'amour, il s'emporta bientôt à cause d'un différend insignifiant au sujet de ses droits d'auteur pour la réédition de ses livres, et il en vint à croire que Charlie Scribner cherchait les ennuis. Cela lui était égal que Scribner pense que le vieux Papa lui « manquait de respect » ou lui causait plus de problèmes qu'il n'en valait la peine. Pendant un moment, on eut l'impression qu'il souhaitait ruiner sa relation professionnelle comme il avait ruiné la plupart de ses relations depuis dix ans. Gregory Hemingway déclarerait au sujet de son père : « Il a rompu tout contact avec ses amis de longue date, ceux qui l'avaient aidé : Sherwood Anderson, Gertrude Stein, Scott Fitzgerald... Le mythe de "Papa" commençait à devenir un fardeau trop lourd à porter. » Mais, même en pleine mégalomanie, se rappela son fils : « Jamais il ne s'est éloigné de Perkins. » Sans doute en raison de la morale inébranlable de Max.

Hemingway promit de rester chez Scribner à une condition : que Perkins ne se batte jamais contre lui, « parce que vous êtes mon meilleur ami et mon fichu éditeur ». Il jura à ce dernier qu'il n'était ni « en manque d'imagination ni devenu alcoolique ou auteur à problèmes ». En fait, il désirait tellement écrire que le fait de ne pas en avoir le temps était « pire que d'être en prison ». Depuis un an, il n'avait pas eu un moment à lui pour écrire le moindre mot, et il espérait que Perkins le comprendrait. Pendant tout ce temps, il avait eu énormément d'idées, et dès qu'il serait prêt, il pourrait imaginer une histoire autour de cette expérience. Mais il lui faudrait, comme toujours, un moment pour retrouver le bon état d'esprit et se remettre au travail. Jamais Perkins n'exprima le moindre scepticisme à son égard, mais il avoua à l'un de ses collègues : « Je crains qu'Ernest se soit mis à croire les légendes qui l'entourent... et qu'il ne soit plus jamais en mesure d'écrire avec authenticité. »

En mai 1944, Hemingway arrêta de chasser les sous-marins dans les Caraïbes. Il décida de rejoindre Martha en Europe et d'aller voir la guerre de plus près. Il fit une halte à New York pour rendre visite à Perkins, qui le trouva en pleine forme, arborant la magnifique barbe grisonnante qu'il s'était laissé pousser pour se protéger contre le soleil et le vent marin. En juin, il fit un reportage pour *Collier's* sur le débarquement en Normandie des deux côtés de la Manche. Puis il se joignit à la quatrième division et resta durant plusieurs semaines au plus près de l'action. S'il rentrait vivant, promit-il à Max, il écrirait pour Scribner une histoire qui en vaudrait vraiment la peine, ayant découvert « un excellent filon lors de ce dernier voyage de prospection ». Il mettrait dans ce livre « la mer, le ciel et la terre ». Il lui assura également que son activité récente l'avait « guéri » de sa femme. Il était amusant, trouvait-il, qu'il faille une guerre « pour laisser entrer une femme dans son fichu cœur, et une autre pour l'en faire sortir ».

Max Perkins trouvait sa force grâce à ses auteurs, mais Harold Stern, James Boyd et John Peale Bishop, de qui il était très proche, venaient de mourir. Il se renferma alors plus que jamais, cherchant de plus en plus l'intimité. Au début des années 1940, il reçut un grand nombre d'invitations à venir discuter publiquement de son métier, qu'il déclina pour la plupart avec une simple explication : « Les éditeurs sont censés aspirer à l'anonymat. » Il voulait surtout qu'on lui fiche la paix.

À l'automne 1943, l'un des proches d'Elizabeth Lemmon eut l'idée de rédiger un article sur Max Perkins pour *Town & Country*. Dans un premier temps, ce dernier refusa catégoriquement d'adresser la parole au journaliste, mais il finit par accepter, jugeant que ce papier de Poyntz Tyler le mettrait à l'abri d'une plus grande exposition médiatique. En septembre, il expliqua à Elizabeth : « Je déteste que l'on écrive sur moi. Jamais je ne me permettrais de vous dire une telle chose si c'était faux, vous me connaissez trop bien. Je suis vraiment à la recherche de cet anonymat dont Roosevelt parlait tant. En outre, je suis convaincu que les éditeurs feraient mieux de rester anonymes. Mieux vaut éviter qu'ils prennent de l'importance, du moins aux yeux du public, car ce sont les auteurs qui comptent. Mais Mr. Tyler a attiré mon attention sur un point auquel je n'avais pas songé : si *Town & Country* publie un sujet sur moi, le *New Yorker* s'abstiendra de réaliser mon portrait. Ce qui me pend au-dessus de la tête comme une épée de Damoclès depuis des mois. Même si je crois que c'est tombé à l'eau. »

Dans les années 1930, c'était à Thomas Wolfe que le *New Yorker* avait proposé de rédiger un profil sur Perkins. L'écrivain avait demandé à Elizabeth Nowell, son agent, de sonder l'intéressé sur le fait qu'il figure dans un tel article. « Perkins sembla dédaigner la proposition, mais il n'a pas refusé catégoriquement, se rappelat-elle. Tom et moi nous sommes demandé si, au fond de lui, en dépit de sa timidité, l'idée ne lui plaisait pas. » Incapable de le cerner, elle avait fini par se rendre dans son bureau :

« Bon sang, monsieur Perkins. Vous voulez un portrait de vous dans le *New Yorker* ou pas ? Répondez-moi simplement "oui" ou "non". »

Il l'avait fusillée du regard :

« Seriez-vous également yankee, Miss Nowell ?

– Oui, avait-elle répondu.

– Très bien. Alors vous devriez savoir qu'il vaut mieux éviter de me poser ce genre de question. »

Wolfe abandonna l'idée mais, des années plus tard, le critique Malcolm Cowley la récupéra, sous les encouragements du magazine, convaincu que Perkins était à la fois la personne la plus importante de la littérature contemporaine, et la plus méconnue. Pour ceux qui ne travaillaient pas dans le milieu, le rôle de l'éditeur était méconnu, et Cowley était persuadé que Perkins préférait demeurer désespérément dans l'ombre, telle une « éminence grise ». Avant de demander un entretien avec lui, il chercha d'abord à rassembler des faits. « J'ai découvert que Perkins était un grand homme du monde littéraire, expliqua-t-il à William Shawn, son rédacteur en chef au *New Yorker*. Les légendes s'amoncellent autour de lui comme les truffes autour d'un chêne en Gascogne. » Fin 1943, après des mois de recherches – et plusieurs courriers et entrevues avec les amis de Perkins, des auteurs, des collègues, etc., il fut fin prêt à affronter « le Renard » en personne.

Figure littéraire d'importance, mais aussi redoutable séducteur, Cowley ne tarda pas à trouver la faille dans la modestie pathologique de Perkins. Au départ, ce dernier minimisa ses réalisations – « Je ne vois pas pourquoi ils nous attribuent le mérite de découvrir des livres, alors que nous nous contentons de lire des manuscrits » – et fulmina contre l'obscénité de faire l'objet d'un tel portrait. Puis il se détendit et accepta le principe d'une interview officielle. En fait, il se soumit à plusieurs séances de questions.

À un moment, l'éditeur confia qu'il avait toujours rêvé de ressembler au général de division John Aaron Rawlins. D'après le *Dictionary of American Biography*, c'était l'officier « le plus indispensable » de l'état-major du général Grant. Il avait pour mission d'empêcher ce dernier de boire ; de réviser ses documents importants et de les finaliser ; de faire preuve de tact et de persévérance afin de se faire entendre sur des sujets essentiels ; et, souvent, de lui redonner confiance en lui.

Lors de leurs entretiens, Cowley et Perkins discutèrent d'écrivains contemporains. Ces derniers temps, l'éditeur s'était beaucoup intéressé à Robert Penn Warren, et, naturellement, il suivait William Faulkner depuis ses débuts. « Je crains malheureusement qu'il soit tombé à un niveau qui ne lui correspond pas, et, lorsque cela se produit, il est extrêmement difficile de faire changer le public d'opinion. Tout le monde serait ravi de le publier, mais j'aurais peur de ne pas être en mesure de faire suffisamment mieux que ses éditeurs actuels pour le satisfaire. »

Comptant au nombre de ses plus grands admirateurs, Cowley était conscient que Faulkner avait été relégué au second plan. En répondant à son ami qui souhaitait avoir un aperçu de sa notoriété dans le milieu littéraire new-yorkais, Cowley lui expliqua : « Dans le monde de l'édition, vous n'êtes rien. Tout le monde est convaincu que vos livres ne se vendront jamais, "ce qui est dommage, hein ?"

disent-ils d'un air satisfait. » Faulkner avait publié dix-sept œuvres de fiction, alors toutes épuisées, parues dans quelque six maisons d'édition. À présent, Cowley lui conseillait d'en trouver une nouvelle. Il songea à Scribner, car il avait du respect pour Max Perkins, et savait que ce dernier avait un faible pour l'auteur. Ainsi, il lui parla de l'écrivain, mais Perkins se révéla peu enthousiaste. Il le considérait depuis longtemps comme un virtuose, mais, songeant plus aux futurs écrits de l'auteur qu'à sa réputation, il répondit à Cowley d'un ton catégorique : « Faulkner est fini. »

Il était évident dans les commentaires de l'éditeur qu'il n'attendait pas grand-chose des écrits des années 1940, et encore moins de ceux des années suivantes. « Le problème avec la littérature aujourd'hui, confia-t-il au critique, c'est qu'il n'y a plus autant de voyous qu'avant. »

Une fois sa série d'interviews terminée, Cowley s'effaça. Tandis qu'il rédigeait son papier, Perkins reprit son travail. Il collaborait pour le moment, non pas avec un voyou, mais avec un écrivain délicieusement facétieux : Arthur Train. Suite au succès de son autobiographie, Perkins lui avait suggéré de se pencher sur l'histoire de Mr. Tutt, son fameux héros dont les aventures imaginaires avaient régalé des millions de lecteurs, au cours des vingt-cinq dernières années. Le résultat s'intitula *Yankee Lawyer : The Autobiography of Ephraim Tutt*, avec une préface de Train. Le livre fut « authentifié » par des « photos » du jeune Tutt et son portrait tiré du *Saturday Evening Post*, dans sa posture traditionnelle, avec les pouces dans son gilet – un portrait, qui, curieusement, ressemblait beaucoup à Max Perkins. À la parution de *Yankee Lawyer*, en 1943, ceux qui avaient admiré les talents juridiques de Tutt, mais qui se demandaient s'il s'agissait ou non d'un personnage imaginaire, en eurent la conviction : il existait bel et bien. Tous les jours, le facteur déposait à la maison d'édition des lettres de personnes inquiètes souhaitant demander conseil à Mr. Tutt. Une vieille femme seule le demanda même en mariage. Une autre femme appela Scribner et fut malencontreusement dirigée sur la ligne directe de Max. Durant un long moment, elle refusa de croire qu'Ephraim Tutt n'existait pas. « Mais Mr. Tutt existe forcément », insista-t-elle avant de fondre en larmes.

Puis la plaisanterie littéraire se retourna contre son auteur. En mars 1944, un employé de la Cour suprême de New York remit à

Arthur Train une assignation à comparaître. Le plaignant, un habitant de Philadelphie du nom de Lewis R. Linet, se décrivait comme « un avocat qui aime lire et qui, trompé par la couverture, le titre, les illustrations et le texte imprimé de *Yankee Lawyer*, s'est fait escroquer de trois dollars et cinquante cents avec un roman de pure fiction ». Linet exigeait un remboursement d'un dollar, non seulement pour lui, mais pour chacune des cinquante mille personnes qui avaient acheté le livre. Il poursuivait également Charles Scribner's Sons et le complice éditorial de l'auteur, Maxwell E. Perkins pour « escroquerie et tromperie sur la marchandise ».

L'histoire, quand elle figura dans la presse, sembla si incroyable que Perkins fut accusé de l'avoir inventée à des fins promotionnelles. Mais l'injonction et le remboursement des cinquante mille dollars requis par Linet étaient bien sérieux. Les prévenus firent appel au meilleur avocat de leur entourage, John W. Davis, ancien candidat démocrate à la présidence des États-Unis, ex-ambassadeur en Grande-Bretagne, et grand admirateur de Mr. Tutt depuis des années. La vente de produits prêtant à confusion était en effet passible de poursuites ; la question était de savoir si ces règles commerciales s'appliquaient également aux livres. L'argumentation de la défense reposait sur la tradition littéraire de la biographie apocryphe et du récit historique à des fins politiques ou de satire. *Robinson Crusoé* et *Les Voyages de Gulliver*, tous deux publiés comme des récits authentiques, en étaient des exemples parfaits. Alors que le procès n'avait pas encore été instruit, Arthur Train trouva la mort, avant de voir Mr. Tutt entièrement disculpé.

Fin 1943, quand Mr. Cowley se présenta à Perkins, ce dernier travaillait sur un autre projet inhabituel, avec un homme de 35 ans originaire de Junction City, Kansas. Joseph Stanley Pennell (« Ça rime avec "kennel[1]" », avait-il pour habitude d'ajouter) venait de terminer son premier roman, *The History of Rome Hanks and Kindred Matters*, juste avant son incorporation dans l'armée. L'une de ses amies, qui se chargeait de proposer son manuscrit aux maisons d'édition, l'avait envoyé à Scribner au début de l'année 1943. Perkins avait appris l'existence de ce livre en entendant

1. « Chenil », en anglais.

deux de ses associés en discuter. L'un d'eux avait déclaré : « Encore une de ces œuvres de génie. » Certains éditeurs blasés étaient insensibles aux manuscrits singuliers, mais brillants, et d'autres, à l'image de Perkins, s'en délectaient. Ce dernier emporta le livre chez lui. La syntaxe et la ponctuation étaient loin d'être conventionnelles, et, de manière générale, les problèmes de ce manuscrit semblaient insurmontables, mais Max y décela une grande habileté. Il affirma à un ami : « Un éditeur ne croise ce genre de talent que cinq ou six fois dans son existence. Et, lorsque c'est le cas, il est tenu de tout faire pour le mettre en valeur. »

Si cette déclaration faisait écho à la réaction qu'il avait eue pour Thomas Wolfe, ce n'était guère étonnant. Pennell était influencé par ce dernier, et son livre avait de nombreux points communs avec l'œuvre de Tom. Tout d'abord, le récit était manifestement de nature autobiographique, suivant à la lettre la maxime qui voulait que « nous constituons la somme de tous les moments de notre existence ». Pratiquement tous les « moments » de Pennell semblaient figurer dans son livre. « Fork City », le nom qu'il donnait à sa ville natale de Junction City, était l'équivalent d'Altamont pour Wolfe. Sa prose avait souvent la qualité de vers non rimés, et ses chapitres étaient souvent précédés de passages de philosophie lyrique en italique, dont certains auraient pu passer pour les panégyriques de Wolfe. Et puis, le narrateur de Pennell, Lee Harrington, surenchérissant sur Eugene Gant, composait des sonnets pour sa belle, une magnifique blonde du nom de Christa, à qui il racontait l'histoire de ses ancêtres dans le but de l'impressionner, et ces poèmes étaient intégrés au récit. Enfin, Pennell destinait son roman à être le premier d'une trilogie qu'il appelait *An American Chronicle*.

Perkins considéra *Rome Hanks* comme un mélange complexe de récits passant d'un siècle à l'autre, mêlant une histoire d'amour contemporaine et une relecture de la guerre de Sécession. Après avoir passé plusieurs jours sur ce délicat manuscrit, il écrivit à l'auteur et reconnut qu'il n'avait pas encore cerné le livre. « Je n'ai toujours pas compris ce qui motivait ce mélange du présent et du passé, etc. [...] Mais j'ai passé un excellent moment à le lire. Je dois vous dire que c'est un de mes collègues qui m'a fait découvrir ce passage sur la charge de Pickett, et je crois bien ne jamais avoir vu un récit de guerre qui le surpassait, sans oublier Tolstoï. »

Des plus enthousiastes, l'éditeur en salivait. Sans doute avait-il le sentiment que *Rome Hanks* allait révéler un nouveau Tom Wolfe. Mais il évita de donner de faux espoirs à l'auteur. Il n'avait pas terminé sa lecture, et il entrapercevait déjà quelques problèmes.

Le 29 mars 1943, il écrivit de nouveau à Pennell : « Nous sommes tous d'accord pour chercher un moyen de publier ce livre, et ce malgré quelques obstacles relativement sérieux, que l'on ne pourrait surmonter qu'au prix de coupes drastiques. J'ignore si vous y consentirez. Je suis pourtant convaincu que ce livre doit être publié, mais je ne crois pas qu'un éditeur puisse faire paraître grand-chose en l'état. »

Le premier problème, selon Perkins, concernait les parties contemporaines qui semblaient insignifiantes au regard des passages historiques. Le lecteur, d'après lui, prendrait conscience, en lisant l'histoire moderne que « ça ne se marie pas au reste, et c'est de moins bonne qualité. En fait, en lisant ces parties, on est impatient de retourner dans l'Amérique d'antan, durant la guerre et après la guerre ».

Le second problème avec le récit moderne était qu'il contenait l'ensemble des passages « indécents ». Il faudrait probablement récrire une grande partie de l'histoire d'amour. Et puis, il y avait Christa, l'objet des poèmes du héros. Originaire de Saint-Louis, blonde, avec de longues jambes, elle ressemblait tant à Martha Gellhorn qu'il craignait un procès en diffamation. Les similitudes, disait-il, étaient « manifestes, à moins d'une succession incroyable de coïncidences ». Il prévint l'auteur que personne ne pourrait imprimer un tel portrait d'elle sans risquer un procès. Et, de toute façon, Scribner éditant Miss Gellhorn, il leur était impossible de la diffamer, quoi qu'en dise la loi. « J'ai l'impression que vous pourriez produire une œuvre magistrale, poursuivit-il, probablement encore meilleure que c'est le cas actuellement, si vous renonciez à une grande partie des passages contemporains et vous vous consacriez à la guerre de Sécession et à la période qui suivit – à l'Amérique d'antan. »

Pennell, désormais en Californie, répondit qu'il avait réfléchi à ces « coupes drastiques », mais avait du mal à s'y résoudre. « Tout d'abord, expliqua-t-il, sans doute est-ce dû à l'amour déraisonnable que l'on peut avoir pour ses propres paroles, et, ensuite, *Rome Hanks* n'est qu'une partie d'un projet à plus long terme. »

Pourtant, Pennell souhaitait prendre en considération les propositions de Max. « La vie, monsieur, est à la fois curieuse et merveilleuse. Et il me semble extrêmement étonnant de devoir rester ici, avec mes armes, en Californie, vous écrivant à New York, à vous, dont j'ai d'abord admiré le nom avec certaines réserves, avant de m'émerveiller devant le portrait dans le livre d'un auteur de Caroline du Nord. »

Cette affaire rongeait Perkins. Il souhaitait s'occuper de ce livre, mais il ressentait le besoin de le modifier. À titre d'expérience, il supprima toutes les parties contemporaines du roman, puis remit le reste à un autre éditeur de la maison. Ensuite, il lui montra ce qui avait été coupé. Ce collègue, fit-il remarquer à Pennell, « avec nettement plus de certitude que moi, qui n'ai guère confiance en mon jugement, est convaincu que ce livre serait nettement mieux sans les parties contemporaines ». Mais, ajouta-t-il, en ne lui proposant toujours pas de contrat, « je me refuse à aller à l'encontre de votre opinion ». Penell accepta ses propositions. Pendant une bonne partie de l'année, ils travaillèrent ensemble par courrier. Ils firent tous deux des compromis. Pennell travailla dans les limites fixées par l'éditeur, mais inséra quelques-uns de ses intermèdes modernes. Il modifia les contours de Christa afin qu'elle ressemble moins à Martha Gellhorn.

« Quelle plaisanterie si Martha n'avait pas choisi le bon génie ! » lui écrivit Marjorie Rawlings après qu'il lui eut parlé du roman. Il en parla d'ailleurs à tout le monde, car cela faisait des années qu'un livre ne l'avait pas tant enthousiasmé. Il en lut des pages à ses amis, et en remit des exemplaires à ceux qui passaient le voir à son bureau. Et, à la parution de *The History of Rome Hanks and Kindred Matters*, durant l'été 1944, il apparut que son engouement était justifié. La première édition fut épuisée du jour au lendemain, le roman ayant attiré l'attention partout aux États-Unis.

« Personne n'aura la bêtise de prétendre que le roman connaît une période particulièrement florissante, ces temps-ci, parce que ce n'est pas le cas, écrivit Hamilton Basso dans les colonnes du *New Yorker*, le 15 juillet 1944. Mais force est de constater que ceux qui rêvent d'enfoncer le dernier clou de son cercueil peuvent, du moins pour le moment, ranger leurs marteaux. [...] *Rome Hanks* est un livre qui, sauf erreur de ma part, causera plus d'agitation que n'importe quel autre premier roman depuis *L'Ange exilé* de Thomas Wolfe.

« Ce qui va se produire, je suis prêt à en prendre le pari, c'est que Mr. Pennell, ancien journaliste désormais dans l'armée, va se faire qualifier, par ceux qui ne manquent jamais une occasion de le faire, de nouveau Thomas Wolfe. À raison, car Mr. Pennell, comme Wolfe, commet tous les péchés des hommes de lettres, et, toujours comme Wolfe, en imagine même qui lui sont propres. »

Six mois seulement après sa sortie, *Rome Hanks* approchait des cent mille exemplaires vendus.

Tandis que *Rome Hanks* faisait la réputation de son auteur, le portrait de Malcolm Cowley parut dans le *New Yorker* et donna à Max la renommée qu'il avait toujours fuie. L'article était intitulé « L'ami inébranlable », en référence à la dédicace de Wolfe dans *Le Temps et le Fleuve*, et fut publié dans deux numéros consécutifs, en avril 1944. Les portraits étaient si longs qu'il avait fallu les scinder en deux ; c'était plutôt rare pour le magazine, mais son auteur avait convaincu William Shawn que Perkins était un personnage de premier plan. D'abord bouleversé par une si soudaine notoriété, Max alla jusqu'à consulter un avocat pour connaître les moyens légaux dont il disposait pour interdire la publication de tels articles, mais il n'alla pas plus loin. Il préféra plutôt prendre ses distances. Quand on l'interrogeait sur ces articles, il répondait : « Ça ne me dérangerait pas de ressembler à ce type. » La personne décrite, d'après lui, était « quelqu'un de nettement mieux » que lui. Les amis de Perkins l'entendirent râler pendant des semaines contre Cowley, qui l'accusait de porter les mêmes costumes gris élimés. « Si c'est dans le *New Yorker*, écrivit Cowley à William Shawn, c'est parce que c'était effectivement le cas, ai-je eu envie de lui dire. »

Avec le temps, Perkins comprit qu'il ne s'en tirait pas si mal, dans les articles, et fut ravi que Cowley se soit souvent éloigné du personnage pour l'interroger sur le monde de l'édition. Mais ce portrait lui causa aussi bien des problèmes. Pendant un temps, il eut l'impression que tous les aspirants écrivains des États-Unis souhaitaient faire appel à ses services – l'article mentionnait le don de Perkins pour repérer les talents incompris. La quantité de manuscrits qui arriva dans les locaux de Scribner fut écrasante, et

Miss Wyckoff fit de son mieux pour repousser les appels d'inconnus... et les visiteurs. Cowley avait cité Max proclamant : « On peut en apprendre autant sur un auteur en le voyant qu'en lisant son manuscrit », ce qui poussa des personnes dont le manuscrit avait été refusé à demander une entrevue.

*
* *

Ce printemps-là, Hendrik Willem Van Loon, ami et voisin de Max, perdit la vie. La même semaine, le lieutenant-colonel John William Thompson, auteur et illustrateur maison, mourut au Naval Hospital de San Diego à 51 ans. À l'été, Perkins fut encore plus bouleversé par le terrible mal évolutif d'un ami proche, le dramaturge Edward Sheldon. Ce dernier, que Max connaissait depuis Harvard, était cloué au lit par l'arthrite depuis près de quinze ans. Désormais, la maladie l'avait rendu sourd, muet et aveugle, et l'avait entièrement paralysé. Son existence se résumait à l'épouvantable monotonie de l'obscurité et du silence.

Puis il commença à sentir sa propre santé se dégrader, au point que même lui ne put y rester indifférent. Un jour, il vit l'une de ses chevilles et ses deux mains gonfler de façon alarmante. Le médecin lui annonça que c'était probablement dû à la fatigue. Il ne se sentait pourtant pas fatigué, même s'il avait conscience de ne plus lire de manière aussi attentive qu'auparavant. On le persuada de prendre du repos, et, deux semaines durant, il passa ses journées à dormir.

L'une de ses arrière-grands-mères disait souvent : « C'est génial de tomber malade ! » Et il avait toujours fait mine de la croire. Cette fois, Louise lui fit passer un examen médical approfondi. À son grand étonnement, les résultats se révélèrent négatifs. Il n'avait rien de grave, juste de la fatigue. Mais les médecins étaient atterrés que ses repas soient surtout composés d'alcool et qu'il ne se nourrisse pas suffisamment.

Depuis quelques années, Max était incroyablement difficile sur la nourriture. Il ne montrait guère d'intérêt ne serait-ce que pour ses plats préférés, le blanc de pintade et le chevreuil maison du Ritz. Louise imaginait des plats tentants qu'elle commandait à la cuisinière, mais il n'y touchait presque jamais. (Un jour, ses deux filles cadettes, Jane et Nancy, dressèrent une liste de mets qu'il accepterait de manger, et la lui firent signer. Ce fut probablement l'unique contrat qu'il enfreignit délibérément.) Le médecin lui prescrivit des vitamines et le limita à deux cocktails par jour. Il s'en autorisa un troisième le week-end. L'alcool lui permettait d'oublier sa solitude et le temps qui filait. « Tout va trop vite, de nos jours, confia-t-il à Marjorie Rawlings, et *John Barleycorn*[1] me permet de ralentir le rythme. Je me suis toujours dit que si je vivais très vieux, je me mettrais au hachisch, car cela détruit toute notion du temps et donne l'impression d'être éternel. »

À la surprise générale, à son retour au bureau, il annonça que son récent coup de fatigue l'avait convaincu de se reposer un peu. Il prit quelques jours de congé en octobre pour rendre visite à sa fille Peggy à Alliance, Ohio. Son mari avait fait l'acquisition de deux chevaux de selle qui avaient besoin d'être dressés. « J'aimerais bien y assister, confia-t-il à Mrs. Rawlings. C'est la première destination qui m'intéresse depuis des années. » Le mois d'octobre venu, cependant, Max fut victime d'un nouveau mal, l'eczéma, qui se propagea sur tout le corps, l'empêchant de voyager. Une fois de plus, les médecins lui affirmèrent qu'il était épuisé. « Je vais très bien », protesta-t-il, même s'il reconnaissait, toujours auprès de Marjorie : « Je vais de mal en pis. » Il se souvint d'Arthur Train, qui lui avait recommandé un jour : « Ne changez jamais vos habitudes. » Il maudissait désormais les médecins de l'avoir fait tomber malade en l'obligeant à modifier sa façon de vivre. Il annula ses projets de vacances et se remit à travailler, manger et boire comme avant, reprenant un rythme de quatre ou cinq cocktails par jour.

Au printemps 1944, Scribner publia un roman de Taylor Caldwell, *The Final Hour*, où l'auteur donnait un aperçu du monde de l'édition. L'un de ses personnages, Cornell T. Hawkins, était un descendant de puritains de la Nouvelle-Angleterre aux cheveux grisonnants et au regard bleu acier. Il s'agissait d'un éditeur qui ne quittait que rarement son feutre élimé. En décrivant son bureau, Miss Caldwell s'inspira de celui de Max :

1. Une chanson folklorique britannique qui parle d'alcool.

> Il était sans prétention, sans épais tapis ni mobilier raffiné pour impressionner le commun des mortels. Son bureau abîmé était jonché de manuscrits, de cendriers remplis à ras bord, de piles de lettres anarchiques, de stylos et de crayons. Le sol crasseux avait perdu sa couleur. On avait plaqué contre les murs moisis des chaises aux pieds grinçants. C'était pourtant dans ce désordre, cette négligence et cette indifférence à l'élégance qu'avaient pris forme certaines œuvres littéraires parmi les plus merveilleuses et les plus nobles. Dans cette pièce ordinaire baignée par les rayons blafards du soleil, cet homme dégageait à la fois un sentiment de grandeur et de simplicité. On devinait instinctivement qu'un simple auteur néophyte y serait reçu avec la même courtoisie et la même considération que les écrivains les plus renommés avec dix ou vingt « grands tirages » à leur actif.

Perkins s'amusa de ce tableau, mais craignit que les détails les plus sordides puissent en effrayer certains. Il chargea Miss Wyckoff de faire rénover les lieux. Même après les travaux, il aurait été difficile de soutenir que le bureau était devenu élégant. Il était juste assez beau pour mettre Max mal à l'aise. Il confia à Malcolm Cowley : « J'ai eu de la chance d'échapper à la moquette. »

Au milieu des années 1940, la littérature américaine était fortement marquée par la Seconde Guerre mondiale. En 1944, par exemple, sept des dix œuvres non romanesques les plus lues aux États-Unis étaient des livres de guerre, des chroniques humoristiques du front de Bob Hope au reportage de guerre d'Ernie Pyle. Si ces ouvrages se vendaient par centaines de milliers, le milieu de l'édition souffrait néanmoins des effets du conflit. Les pénuries de papier, par exemple, provoquaient des ruptures de stock. Pour s'assurer d'en avoir suffisamment pour les meilleures ventes – les livres qui permettaient de payer les factures –, Perkins dut réduire les tirages des ouvrages les moins commerciaux, et se retrouva à annoncer à certains auteurs ce qu'il avait été contraint de signifier à Scott Fitzgerald vingt-cinq ans plus tôt au sujet de *The Romantic Egotist* : Scribner ne pouvait se permettre de prendre de nouveaux risques. Cela le faisait souffrir. L'état de l'édition le démoralisait. Les valeurs de la culture évoluaient, et les œuvres de pure littérature se firent indésirables. Une nouvelle ère dominée par le matérialisme et l'opportunisme semblait pervertir les amateurs de livres sérieux. « J'aimerais bien que tout cela se termine et que le calme revienne, écrivit-il à Hemingway au début de l'année 1945. Mais je sais que ce ne sera plus jamais le cas, et que ce qui nous semblait réel n'était qu'illusion. J'étais déjà convaincu que les choses prendraient cette direction après la précédente guerre, et étais persuadé, notamment, que vous iriez vivre dans un endroit tranquille pour vous consacrer à la pêche, à la chasse et à l'écriture. Mais c'est devenu impossible, et j'imagine que ce n'est pas près de changer. »

À son retour d'Europe, Hemingway rendit visite à Max avant de regagner sa Finca Vigia, à Cuba. Il lui annonça qu'il lui serait désormais difficile de publier un bon livre. « C'est chaque fois plus compliqué. » Jadis, Perkins l'aurait gentiment exhorté à se remettre devant sa machine à écrire. Mais cette fois, il était plus maussade, plus complaisant. « Je pense que vous devriez vous détendre, lui répondit-il. Allez naviguer dans ces bonnes vieilles Caraïbes, où tout semble toujours aller pour le mieux – pas forcément pour vous, mais de manière générale. »

Si la vitalité et l'espoir de Max déclinaient, ce n'était pas le cas de sa réputation. Tous les futurs auteurs le connaissaient, et ceux qui avaient du mal à se faire éditer continuaient de le considérer comme un « faiseur de miracles ». Lorsqu'ils se faisaient éconduire, certains écrivains se replongeaient dans *L'Ange banni* pour chercher quelles caractéristiques de Foxhall Edwards avaient pu empêcher Max Perkins de réagir favorablement à leur œuvre. En général, ils le harcelaient pour obtenir des explications, et il n'était pas rare pour l'éditeur de passer des journées entières à leur répondre.

Une femme en particulier, auteur en herbe dont le roman s'était vu refusé, pesta contre lui dans un certain nombre de lettres, chacune plus incendiaire que la précédente. Elle pensait s'être fait rejeter à cause de ses opinions politiques, parce que l'ultralibéralisme qu'elle exprimait dans son livre entrait en conflit avec le conservatisme de Max. Elle se plaignait que ce dernier la prive de son droit de livrer son message au reste du monde. Elle le qualifia d'individu arbitraire si aveuglé par ses préjugés qu'il en était devenu un éditeur irresponsable. Elle poursuivit ses assauts contre lui pendant deux ans.

Perkins trouvait que son manuscrit, en dépit de graves défauts de maîtrise de la langue anglaise, avait quelques qualités. Il lui répondait toujours, d'abord par politesse, puis par justice, et enfin par compassion. Ses nombreuses lettres lui permirent de dessiner les contours de principes essentiels dans l'édition américaine et de dévoiler ses propres critères éditoriaux. « L'idéal serait de pouvoir proposer une sorte de forum où toutes les sensibilités humaines seraient représentées, qu'elles aient pour objectif d'instruire, de divertir, d'effrayer, etc., disait-il. Il existe néanmoins certaines règles de qualité et de pertinence, que l'on ne peut déterminer que par une sorte de sélection, ce que l'éditeur, représentant l'humanité au sens large, tente de faire – même s'il lui arrive de commettre des erreurs. Autrement dit, les artistes, les saints, et les autres représentants de l'espèce humaine sont, pour ainsi dire, à la frontière du temps, des pionniers et des guides vers l'avenir. Et l'éditeur, en sa qualité, se doit d'estimer l'importance et le bien-fondé de leurs rapports. Pour ce faire, il n'a aucun repère auquel se fier, à l'exception de la capacité à juger dont Dieu lui a fait don. »

La femme l'accusa d'avoir peur de publier son travail et de craindre d'éventuelles représailles de la part du public. Mais Perkins n'était pas un censeur, et il le savait. Il lui fit remarquer que Scribner avait édité *A Guide for the Bedevilled*, le manifeste de Ben Hecht contre l'antisémitisme, ainsi que *Soviet Communism* de Beatrice et Sidney Webb.

À un moment, las de ses vitupérations incessantes, il lâcha : « Notre correspondance est vaine, mieux vaudrait y mettre un terme. » Furieuse, elle lui demanda pour qui il se prenait. Max prit la question au pied de la lettre : « Je suis, déclara-t-il dans un courrier du 19 mai 1944, ou du moins, cela devrait-il être le cas si je remplissais parfaitement mon rôle, John Smith, un Américain lambda. » Il donna plus de détails sur sa vision de lui-même : « C'est un homme qui ne connaît pas grand-chose et qui ne pense pas en savoir beaucoup. Il a eu beaucoup d'ambition, mais, au fil du temps, les obligations s'accumulent, de plus en plus nombreuses. Elles débutent avec la famille dont il a hérité, et se poursuivent avec celle qui résulte de son mariage, avant de se multiplier avec ses collaborateurs et ceux qu'il représente. Il découvre alors rapidement que tout ce qu'il peut faire, et encore, à peu près, c'est se conformer à ces obligations. Il sait qu'il a raté sa vie, et qu'il n'y peut rien, parce que, contrairement à certains, il n'est pas dans la confidence des dieux et ignore tout des projets divins. Il sait ce qu'il a entrepris de faire, et prie le ciel d'y parvenir, au moins dans une certaine mesure. Il est sérieux, car, au vu de ses observations, il ne peut guère être sûr de lui ni croire que son sort ait la moindre importance. Il peut également accepter l'échec, tant que ce n'est pas dû à sa propre négligence, et donc la trahison.

« John Smith a conscience qu'il peut avoir tort. Souvent. Il a droit à l'erreur. Il fait simplement de son mieux et espère ne jamais avoir à laisser tomber qui que ce soit, ni à trahir l'un des principes auxquels il croit profondément. »

Pour Perkins, le chemin de l'aspiration, qui avait débuté au Paradis, s'était assombri avant de pouvoir atteindre ses grands objectifs. Il en avait conscience, pourtant, il persévérait, continuant à donner une impression convaincante de solidité, même lorsque les déceptions personnelles et la pression professionnelle s'accumulaient. Il n'avait pas de « Caraïbes » où se réfugier, juste un fardeau d'angoisses de plus en plus lourd à porter. Il souffrait de la détresse de ses auteurs, de plus en plus horrible, souvent macabre : l'une d'elles lui demanda conseil au sujet de sa fille, qui faisait une dépression nerveuse. Une autre lui raconta des histoires épouvantables : on l'avait forcée à exhumer le cadavre de sa sœur et à lui passer des vêtements de poupée.

Aussi, des parents éloignés avaient dû lui emprunter de l'argent ou étaient à la recherche d'un emploi ; des beaux-parents avaient des problèmes de mariage ; des clubs de femmes faisaient campagne contre les obscénités dans la littérature ; des groupes ethniques et politiques protestaient contre la description de certains personnages ; de jeunes gens cherchaient conseil pour devenir écrivains ; des membres de sa famille avaient péri à la guerre ; un auteur démontra dans son livre que la Terre était ronde, mais que nous vivions à l'intérieur, tandis qu'un autre avait écrit un roman en cinq tomes intitulé *Dieu*. Malgré tout cela, il garda la tête froide, tandis que ceux qui l'entouraient la perdaient au fur et à mesure.

Une fois encore, Elizabeth Lemmon fut sa seule confidente. En mai 1945, elle lui fit parvenir plusieurs lettres que Tom Wolfe lui avait adressées, pensant qu'elles pourraient l'intéresser pour l'anthologie des lettres de l'auteur que Scribner était en train de concevoir. Il lui répondit : « J'aurais moi-même aimé pouvoir vous écrire plus souvent, sauf que, contrairement à Tom, je suis incapable de rédiger une lettre lorsque je suis réduit au désespoir. Je me suis impliqué dans trop de choses en dehors de mon travail, et j'aurais mieux fait de m'en abstenir. » Il lui confia que sa vulnérabilité aux situations compliquées provenait de la résolution qu'il avait prise en devenant un homme, le jour où il avait failli laisser Tom McClary se noyer : « Ne refuse jamais la moindre responsabilité. »

« Je n'ai rien fait par obligation, lui expliqua-t-il, mais je m'en suis rendu compte en le faisant, presque inconsciemment. Cela me fait penser à l'une des obsessions du général Grant qui l'empêchait de revenir sur ses pas, et qui a fini par le conduire à Richmond. »

– 22 –

Chapeau bas

James Jones, originaire de Robinson, Illinois, s'engagea dans l'armée de l'air en 1939, fut transféré dans l'infanterie, obtint le grade de sergent et fut rétrogradé simple soldat à deux reprises. Il était en poste à Hickam Field, à Hawaï, lorsqu'il découvrit l'œuvre de Thomas Wolfe. Il releva un certain nombre de points communs entre ses proches et les Gant. « Wolfe semblait avoir une vie de famille assez semblable à la mienne, et des sentiments relativement proches des miens, se rappela-t-il plus tard. Au point de m'apercevoir que j'avais toujours été un écrivain sans le savoir, sans avoir jamais écrit la moindre ligne. Quand je me suis décidé, cela m'a semblé inévitable, comme si le sort en avait décidé ainsi depuis ma naissance. » En 1944, décoré de la Bronze Star Medal et de la Purple Heart[1], il regagna la vie civile et entama une carrière d'écrivain.

En février 1945, Jones, qui vivait désormais à New York, acheva le brouillon d'un roman très wolfien intitulé *They Shall Inherit the Laughter*. L'étape suivante lui sembla évidente : il allait le remettre en personne au légendaire Maxwell E. Perkins, chez Charles Scribner's Sons. Il pénétra donc dans l'immeuble de la

1. Créée en 1944, la « médaille de l'étoile de bronze » récompense la conduite héroïque ou la tenue exemplaire des militaires. Le « Military Order of the Purple Heart » – ou le « cœur pourpré », a quant à lui été institué en 1782 avant de ne plus être attribué. Il a été rétabli en 1932 (pour l'armée de terre) et 1942 (pour la Marine), comme insigne des blessés de guerre.

maison d'édition avec un carton fermé par une ficelle et monta au quatrième étage. Là-haut, une vieille réceptionniste l'intercepta. Elle lui annonça que Mr. Perkins n'était pas dans son bureau, mais lui promit que s'il lui confiait son manuscrit, il le lirait. Jones répondit que si l'éditeur était absent, il repartirait avec son roman. La femme s'éclipsa brièvement, puis lui fit savoir que Mr. Perkins venait de regagner son bureau par une autre porte. Elle accompagna le jeune homme jusqu'à lui. Il s'apercevrait bien plus tard qu'il n'existait pas d'autre porte.

En pénétrant dans le bureau, le petit homme trapu de 24 ans s'attendit à voir le visage que Wolfe avait décrit dans son portrait de Foxhall Edwards, mais comprit rapidement que l'auteur avait exagéré. Il trouva les traits de Perkins bien plus fins – à l'exception de son sourire. « Il était aussi sournois que celui du Renard », déclarerait-il des années plus tard. Aussitôt, l'éditeur amena la conversation sur les états de service du jeune homme. Ils se mirent à discuter de la guerre, et ils oublièrent le roman avant même que Jones ait eu le temps de le lui décrire. Leur entretien se prolongea si tard qu'il n'y avait plus personne dans les bureaux. Au bout du compte, Perkins se leva, enfonça son chapeau sur ses oreilles et conduisit l'auteur au Ritz Bar pour aller boire « le thé ».

L'éditeur ne lut pas le manuscrit ce soir-là. Il préféra le remettre le lendemain à deux de ses confrères, qui trouvèrent son intrigue plutôt mince. Perkins était sur le point de le refuser au nom de Scribner quand, poussé par la bonne impression que lui avait faite le jeune homme, il le feuilleta. Il y découvrit de nombreux éléments de satisfaction. « Il s'agit d'une tentative sérieuse de produire une œuvre imposante, et l'auteur a le tempérament et la sensibilité d'un écrivain, écrivit-il à l'agent Maxwell Aley, qui l'avait pris sous son aile après sa rencontre avec Perkins. Nous n'avons cependant pas le sentiment que *They Shall Inherit the Laughter* ressemble à un roman, ni à n'importe quoi d'autre susceptible de nous inciter à vous faire une offre. »

Sans se laisser décourager, Jones consacra une grande partie de l'année 1945 à remanier son roman, puis le proposa une nouvelle fois à Perkins au mois de janvier suivant. « Je rêve de mettre à exécution de nombreux projets, mais tous dépendent de ce livre, lui expliqua-t-il. Qu'il soit accepté ou refusé, que vous considériez qu'il me faille encore travailler dessus – je suis personnellement convaincu que ce n'est pas le cas, mais il est possible que mon jugement soit partial. Il s'agit également d'une question d'argent, de l'importance de l'avance et de la date où elle me sera versée. Je suis complètement fauché, là. » En attendant la réponse de Max, Jones fit le tour des États-Unis en auto-stop.

Perkins s'intéressa autant aux idées qu'il décrivait dans sa lettre qu'au manuscrit révisé. Entre autres, Jones souhaitait entamer un nouveau livre sur l'armée en temps de paix, juste avant Pearl Harbor. Le genre d'homme qu'il désirait représenter dans son second roman ressemblait peu ou prou aux peu reluisants Flagg et Quirt dans *What Price Glory ?*, la pièce de Maxwell Anderson et Laurence Stalling sur la Première Guerre mondiale. Comme Jones l'expliquait : « Les simples soldats passaient leur temps à en vouloir aux officiers. Où j'étais, organisé comme ça l'était, des hommes comme Quirt et Flagg auraient été nommés officiers. Cette distinction de classes m'exaspérait, et c'est ce contre quoi je voudrais lutter dans mon livre. »

En février 1946, un mois après que Scribner eut reçu la version révisée de *They Shall Inherit the Laughter*, Jones retourna chez lui, dans l'Illinois. Un télégramme de Perkins l'attendait chez des amis, lui proposant une option de cinq cents dollars sur son futur roman, avec un nouveau paiement à remise des 50 000 premiers mots. SOUHAITERAIS COOPÉRER, poursuivait Perkins, MAIS AI PLUS CONFIANCE EN SECOND ROMAN, ET AI PLUSIEURS RÉVISIONS À PROPOSER POUR *LAUGHTER*. Jones accueillit la proposition avec un sentiment mitigé. « Mon orgueil en a souffert, et après tout le travail que j'avais fourni, je refusais de renoncer à mon premier livre. Mais je connais l'histoire de F. Scott Fitzgerald et de Thomas Wolfe, et la façon dont Max Perkins avait pris des risques et fait des merveilles sur leurs premiers romans. » Deux jours plus tard, il répondit : M'EN REMETS À VOUS ET ATTENDS VOTRE LETTRE... POUVEZ CÂBLER CINQ CENTS DOLLARS À TOUT MOMENT.

Perkins fut ravi de cette décision. Son nouveau roman conterait l'histoire d'un jeune soldat du nom de Prewitt « qui n'en fait qu'à sa tête », face à l'adjudant Milton Anthony Warden. Jones avait choisi de dresser le portrait d'un « personnage pérenne », Perkins en était convaincu : « Il nous semble, d'après ce que vous nous avez affirmé, que vous ayez mis le doigt sur quelque chose de très important, et que vous aviez vu juste dans votre description de ce genre d'homme, qui n'a jamais été représenté de façon défendable. »

Jones rechignait à renoncer à son premier manuscrit, mais il écrivit à l'éditeur : « Vu le travail que vous avez accompli par le passé et votre formidable expérience, j'accepte de me fier à votre jugement. Et j'ai très envie de faire un bout de chemin en votre compagnie. [...]

« Je suis sûr que vous en savez plus long que moi à ce sujet, raison pour laquelle j'accepte d'y renoncer et de me consacrer à Prewitt. Comme je vous l'ai dit, je m'en remets entièrement à vous – personnellement –, parce que j'ai confiance en votre capacité à voir plus loin que toutes les personnes que j'ai pu rencontrer ou dont j'ai entendu parler dans le milieu de l'édition. »

Perkins était aussi impatient que Jones de présenter le livre au public. Il s'attendait à l'émergence d'un nouveau mouvement littéraire d'après guerre, et il souhaitait publier son roman avant que de nouveaux auteurs commencent à se faire connaître et à occuper le terrain avec des œuvres de qualité médiocre. « J'ignore si la forme du roman sera très différente, écrivit-il à Jones, mais ce sera le cas de l'esprit et l'expression. Les véritables auteurs feront preuve de détermination, presque inconsciemment, et, ce faisant, la retranscriront dans leurs écrits. »

Jones eut une demi-douzaine d'entretiens privés avec son éditeur. « Perkins avait une parfaite maîtrise de lui, se rappela-t-il. Avec sa démarche régulière, il aurait été impossible de deviner qu'il était ivre. » Max semblait impatient de lui enseigner l'écriture en faisant appel à l'expérience qu'il avait accumulée tout au long de sa carrière. C'était Hemingway, l'unique survivant de son grand triumvirat des années 1920, qui lui avait inspiré son premier conseil : « Interrompez-vous toujours quand vous progressez facilement. Ensuite, en vous y remettant, vous profiterez de l'élan procuré par la sensation que ce que vous avez écrit est de bonne qualité. N'attendez pas de sécher ou d'être bloqué. » Pendant les premiers mois de travail sur son nouveau roman, Jones trouva cette astuce des plus efficaces.

Ce ne fut pas la seule règle maison à l'impressionner. « Je me souviens avoir lu quelque part ce que je considère comme une évidence, lui écrivit Perkins, dans le sens où n'importe qui est capable de découvrir si c'est un véritable auteur ou non. Quand c'est le cas, lorsqu'il tente d'écrire, à propos d'un jour particulier, grâce à ses efforts, il se souvient avec précision de la sensation que lui procuraient la lumière et la chaleur. La plupart des individus en sont incapables. S'ils y parviennent, cela ne signifie pas qu'ils auront du succès au sens pécuniaire du terme, mais qu'ils possèdent cette capacité aux fondements de l'écriture, j'en suis convaincu. »

En juillet 1946, Jones eut composé suffisamment de pages à son roman pour pouvoir les montrer. Il les envoya à Perkins, qui lui fit part de sa réaction : « J'ignore si ce livre se vendra bien ou non, et je pense que la lutte risque d'être âpre en ce qui concerne les coupes et la mise en forme de l'ensemble, mais je le trouve extrêmement intéressant. L'armée est un milieu particulier, et je n'ai pas l'impression que quelqu'un l'ait déjà présentée avec un tel réalisme. En revanche, si je pense qu'il faut procéder à de nombreuses coupes, c'est parce que vous donnez beaucoup trop d'explications. Vous faites trop de descriptions. [...] Lors de la phase de révision, il faudra faire en sorte de fournir ces précisions à travers l'action et les dialogues (qui sont une forme d'action). »

Des années durant, Jones se rappellerait combien il avait souffert en lisant « lors de la phase de révision ». Il déclara : « Ces mots me sont restés dans les fesses comme du barbelé. » Mais les leçons d'écriture de Perkins avaient du sens. « En fin de compte, poursuivit-il, il s'est produit un déclic dans mon esprit : pour la première fois, j'ai compris le concept de paragraphe. Je me suis aperçu du pouvoir que je détenais sur le niveau émotionnel des lecteurs en fonction de l'endroit où j'achevais mes paragraphes. » En même temps, Jones, dont les parents avaient trouvé la mort lorsqu'il était à l'étranger, devenait de plus en plus dépendant de l'éditeur. « J'étais trop modeste pour me dire que je pourrais un jour remplacer Tom Wolfe. On ne peut avoir un premier fils qu'une fois. Mais Perkins a été un père pour moi. »

Durant l'année 1946, il trouva un titre pour son roman : *From Here to Eternity – Tant qu'il y aura des hommes*. Il expliqua à l'éditeur qu'il s'était inspiré de la chanson de Yale *Whiffenpoof Song* :

« Gentlemen songsters out on a spree, damned from here to eternity[1]*... »* Ce titre plut énormément à Perkins, mais, comme ses filles auraient pu le faire remarquer à l'auteur – leur père le leur ayant lu –, ce vers faisait partie du refrain de « Gentleman Rankers », une des chansons de Kipling figurant dans le recueil *Barrack-Room Ballads*.

Fin 1946, Perkins avait reçu plus de deux cents pages de *Tant qu'il y aura des hommes*. Le même hiver, la santé de l'éditeur recommença à se dégrader. Ses quintes de toux avaient fait place à des crises respiratoires. Il avait les mains si ankylosées qu'il lui arrivait souvent de présenter ses excuses pour son écriture irrégulière, parfois illisible. Cela ne l'empêchait pas de boire plus que jamais.

Cette année-là, il prit sous son aile un autre jeune homme qui avait fait la guerre, Vance Bourjaily. Dans le Pacifique, ce dernier avait composé une pièce et l'avait envoyée à sa mère, romancière à succès. Elle avait remis le manuscrit à son agent, Diarmuid Russell, qui l'avait à son tour fait parvenir à Perkins. Après avoir lu son texte, celui-ci lui avait demandé sans rien laisser paraître si « ce jeune gars » souhaitait écrire un roman. Puis il accompagna la question d'une proposition financière. L'agent télégraphia aussitôt à Bourjaily l'offre de Scribner, une avance de sept cent cinquante dollars pour une œuvre en prose. « À cet instant, se rappela-t-il, j'ai cessé d'être dramaturge pour devenir romancier. »

De retour aux États-Unis, il rédigea le premier jet de *The End of My Life*, un roman sur la désintégration morale et psychique d'un jeune homme pendant la Seconde Guerre mondiale, qu'il avait laissé à dessein « cruellement en suspens ». Il le relut rapidement et l'envoya à Perkins. En décembre 1946, plusieurs jours après avoir reçu les pages, ce dernier le fit venir.

Ils se retrouvèrent chez Scribner. L'auteur le vit pour la première fois derrière son bureau, son feutre sur la tête. Max le salua d'un ton bourru, puis, sans un mot sur le manuscrit, déclara : « Très bien, allons déjeuner. » Ils se rendirent au Cherio's, où

1. « Gentlemen chanteurs en goguette, nous sommes maudits pour l'éternité... »

Bourjaily, comme cela avait déjà été le cas de James Jones, eut l'occasion de voir Perkins sous un nouveau jour. Ce modeste éditeur semblant désormais conscient de sa réputation, évoqua son travail avec Fitzgerald, Hemingway et Wolfe durant presque deux heures, répétant les suggestions qu'il leur avait faites au fil des ans. Bourjaily l'écouta avec respect et admiration.

Lorsqu'on leur servit le café, Perkins se tourna vers l'auteur : « Parlons de votre livre, à présent. Il vous reste un dernier chapitre à écrire. Il faut qu'on sache de quelle manière cela se termine. Aussi, cette fille, Cindy, est un personnage important, et il ne faut pas attendre si longtemps avant de la présenter. Il vous faudra donc écrire un premier chapitre. » En trente secondes, il avait analysé le manuscrit, identifié deux défauts majeurs, et défini les solutions à apporter. (Perkins savait qu'il possédait « une perception infaillible de la structure d'une œuvre », et qu'il ne trouvait plus très stimulantes la découverte de nouveaux talents et l'édition de leurs œuvres, qu'il considérait désormais comme une simple routine.) Bourjaily répondit « oui, monsieur » à ses deux préconisations, le remercia pour le repas, puis rentra chez lui pour rédiger une introduction et une conclusion à son livre. Il fut publié l'année suivante, annonçant le début d'une longue carrière.

Un jour de juillet 1946, n'ayant pas vu grand-chose de la campagne du Connecticut depuis le début de la guerre, à l'exception de ce qu'il apercevait par la vitre du train qu'il prenait chaque jour pour se rendre au travail, Max décida d'aller y faire un tour en voiture, bien qu'il n'ait pas le permis de conduire. « Il faisait bien trop noir pour que l'on puisse y voir quelque chose, écrivit-il plus tard à Hemingway, et, au bout d'un moment, j'ai préféré rentrer travailler. Je conduisais trop vite, j'imagine. Quoi qu'il en soit, dans un léger virage, j'ai deviné l'ombre d'un camion, devant moi. J'ai l'impression que ses feux arrière n'étaient pas allumés. J'ai envisagé de le dépasser en dérapant, mais quelqu'un aurait pu en sortir. Il se trouvait au milieu de la chaussée. J'ai freiné autant que j'ai pu, mais l'impact a dû être violent, parce que ma voiture est toute cabossée, sur l'avant. Je m'en suis bien tiré. Je n'avais rien, mais, à ma grande surprise, je me suis mis à saigner du nez. » Les deux routiers le remorquèrent jusque chez lui, et, le lendemain, il se sentait en pleine forme. Mais, le surlendemain, il était si engourdi qu'il avait du mal à tenir son téléphone. Le simple fait de respirer le faisait souffrir, et sa toux lui était devenue insupportable. Un médecin lui banda ses côtes brisées avec de l'adhésif, en vain. Il ne pensait rien de bon des remèdes des praticiens, de toute façon. Il préféra donc concevoir son propre corset en carton, dont il se ceignit à l'aide d'une ceinture. Il le porta pendant des semaines. L'une de ses filles insista pour qu'il boive moins avant de prendre le volant. Il renonça plutôt à la voiture. Il souffrit pendant deux mois, mais, à ses yeux, la douleur avait des vertus thérapeutiques. Il appliquait le même raisonnement au froid polaire – il allait faire ses courses sans prendre la peine d'enfiler un pardessus. « Tu n'as pas froid, Max ? » lui demanda un jour l'un de ses collègues inquiets. « Froid ? gronda-t-il. Je suis frigorifié ! »

Durant l'été 1946, on diagnostiqua à Louise, à tort, des calculs biliaires, qui nécessitaient une intervention chirurgicale. Sur la table d'opération, les médecins lui découvrirent un ulcère du duodénum. Elle demeura affaiblie pendant des mois. Max était inquiet pour sa femme. Quant à Charles Scribner, il se faisait du souci pour Max, dont il ne pouvait quitter des yeux les mains tremblantes. « Il a vraiment besoin de repos, mais il refuse de prendre des vacances, écrivit Charles à Hemingway sur le ton de la confidence. Il semblerait qu'en dehors de son travail, rien ne l'intéresse. J'aimerais bien que vous tentiez de le convaincre, mais, pour l'amour du ciel, ne lui dites pas que je vous ai suggéré une telle idée. »

Hemingway se trouvait à Sun Valley avec sa quatrième femme, Mary Welsh. Lors de leur rencontre, durant la guerre, elle était journaliste pour *Time* et *Life*. Ils s'étaient mariés trois mois après son divorce avec Martha Gellhorn. Dans un courrier destiné à Max, il fit l'éloge de la campagne et l'invita à Sun Valley. Mais, peu de temps plus tard, il fit allusion à l'état de santé de Max à l'un de leurs amis communs, et, quand l'éditeur apprit qu'Hemingway le croyait malade, il démentit catégoriquement. Pour le prouver, il travailla tout l'été, et ce jusqu'à la nouvelle année.

Six ans s'étaient écoulés depuis la parution de *Pour qui sonne le glas*, quand Ernest Hemingway se mit à travailler sur *The Garden of Eden* – publié en français sous le titre littéral, *Le Jardin d'Éden*[1]. Le spécialiste d'Hemingway Carlos Baker qualifia ce roman inachevé d'« amalgame expérimental de passé et de présent débordant d'inepties stupéfiantes, s'inspirant pour partie de souvenirs de ses mariages avec Hadley et Pauline, avec quelques incursions dans les coulisses du couple qu'il formait désormais avec Mary. Pour ses premiers chapitres, il a choisi le cadre de la cité portuaire du Grau-du-Roi, dans l'estuaire du Rhône. Il y avait passé sa lune de miel avec Pauline, en 1927. À l'image d'Ernest à l'époque, le héros, David Bourne, n'était marié que depuis trois semaines et était l'auteur d'un roman à succès. Sa femme Catherine partageait fougueusement ses envies et ses plaisirs. Il passait ses journées à la regarder bronzer nue sur des plages désertes. Ils consacraient leurs nuits à des expériences, échangeant leurs identités sexuelles, jeu dans lequel elle se faisait appeler Pete, et lui Catherine. »

Perkins savait qu'Ernest avait travaillé « d'arrache-pied » sur ce livre. En fait, l'auteur avait interrompu presque toute communication. Max le comprenait. « Il est merveilleux que vous puissiez cesser de correspondre, sauf quand vous y êtes contraint. Je n'imagine pas, après une dure journée de travail d'écriture, devoir me mettre à faire du courrier. » Perkins écrivait lui-même de moins en moins – il s'était écoulé plus d'un an depuis sa dernière lettre à Elizabeth Lemmon –, se consacrant aux manuscrits décevants qu'on lui soumettait. Le fait de rédiger des lettres, disait-il, « requiert de la réflexion, mais on n'a plus le temps ».

Mais cette année-là encore, Max dut faire le deuil de certains de ses amis. Après des années de souffrance, Edward Sheldon succomba. Ainsi que le critique et auteur irlandais Ernest Boyd, le mari de Madeleine Boyd. Encore plus proche de lui, l'une de ses nièces décéda tragiquement, écrasée par un bus sur la 5e Avenue. Ses filles déclarèrent alors que plus jamais elles ne pourraient séjourner à Windsor, à cause des souvenirs qu'elles y avaient avec leur cousine. Perkins avait quant à lui renoncé à Windsor depuis longtemps pour des raisons similaires. « Je ne sais pas comment font les Anglais pour toujours vivre au même endroit, génération

1. Gallimard, 1986.

après génération, écrivit-il à un ami, alors que tant de tragédies ont dû s'y dérouler. »

*
* *

En 1946, Charles Scribner's Sons fêta ses cent ans d'« édition responsable » en publiant l'histoire non officielle de la maison dans un ouvrage intitulé *Of Making Many Books*. L'auteur était Roger Burlingame, dont le père avait été éditeur chez Scribner lorsque Perkins avait rejoint la société, trente-six ans auparavant. Burlingame décrivit la lutte de la maison d'édition pour pouvoir continuer à suivre ses principes, en dépit des coûts de fabrication qui avaient doublé au cours des six dernières années, notamment en raison de l'augmentation des salaires. Ailleurs, le métier raffiné et courtois d'éditeur avait fait place à des procédés modernes statistiques et impersonnels. Scribner tentait désespérément de se raccrocher à des méthodes bien établies, dignes d'une entreprise familiale. En tant que président, Charles Scribner travaillait dans le vieux bureau, sous le portrait de son père et de son grand-père. Il accueillait ses visiteurs, ses auteurs et ses employés « avec humour et douceur, remarqua Burlingame, ce qui avait demandé trois générations pour évoluer ». Depuis plus de dix ans, Maxwell Perkins était à la tête du service éditorial, il continuait « de croquer, tout en travaillant, des portraits de Napoléon qui lui ressemblaient de plus en plus ». Une nouvelle génération se mettait en place. Le fils de Scribner, le quatrième Charles, occupait un bureau au service marketing, et George McKay Schieffelin, un des petits-fils du vieux Charles, avait quitté la Navy et s'était remis à travailler pour la société. Plusieurs autres jeunes avaient été recrutés, dont Burroughs Mitchell, un garçon qui sortait du Bowdoin College à Brunswick, Maine, et qui allait lui aussi devenir un illustre éditeur.

Certains des employés parmi les plus jeunes craignaient que Perkins finisse par perdre son flair. Des années plus tard, le quatrième Charles Scribner se remémora : « Max laissait filer un grand nombre de manuscrits évidents – des livres remarquables –, passant ainsi à côté de nouveaux auteurs plutôt doués. » Dans le même temps, il prenait des risques à long terme avec certains auteurs réguliers, craignant tellement de les décevoir qu'il était incapable de se résoudre à les refuser. De plus, les jeunes de Scribner avaient l'impression qu'il ne les écoutait pas. Lors des réunions éditoriales, il permettait rarement aux autres de prendre la parole. Il présentait lui-même l'ensemble des livres potentiels, souvent d'une manière que le quatrième Charles décrivait comme « pickwickienne à l'extrême ». Scribner trouvait qu'il surchargeait leur catalogue de fiction médiocre, et n'était pas suffisamment vigilant à la nouvelle soif des Américains de littérature non romanesque.

D'un autre côté, son contemporain John Hall Wheelock déclara : « Malgré tous les problèmes qu'il rencontrait, qu'ils soient artistiques, financiers ou je ne sais quoi, Perkins est parvenu à maintenir sa ligne de conduite sur le long terme, alors que n'importe qui d'autre se serait contenté de publier les meilleures œuvres qu'on lui présentait. Il existait une sorte de littérature apaisante, des livres dont on se délectait, et il y avait des ouvrages instructifs, où les auteurs proposaient leur vision de la réalité. » Tout au long de sa carrière, d'après Wheelock, Max soutenait que « personne n'avait encore décidé ce qui était le mieux. Estimant les deux genres, il se souciait uniquement du talent ». Van Wyck Brooks écrivit : « Si l'on doit se souvenir de Max après sa mort – on se souviendra d'ailleurs bien mieux de lui que de certains des auteurs avec qui il a travaillé –, ce sera surtout pour sa bienveillance et sa compréhension, et pour les critères de qualité qu'il est parvenu à maintenir. » Perkins était convaincu que les meilleurs livres s'adressaient aussi bien aux lettrés qu'au commun des mortels. « Les grands livres touchent tout le monde », soutenait-il.

En 1947, on lui apporta l'un de ces manuscrits. Il le reçut des mains d'un certain Aubrey Burns, qui travaillait pour la National Conference of Christians and Jews[1] de San Francisco. « En décembre [1946], un homme effacé à l'accent britannique se présenta au bureau de la NCCJ de San Francisco », se rappela Burns. Il s'agissait d'Alan Paton, qui avait quitté l'Éducation nationale

1. La Conférence nationale des chrétiens et juifs de San Francisco a été fondée en 1927 en réponse à la montée d'anticatholicisme qui se manifesta lors de la campagne présidentielle de 1928. Depuis 1990, elle se nomme National Conference for Community and Justice.

sud-africaine pour mener une enquête sur les prisons et les maisons de redressement aux quatre coins du monde. Séduit par l'esprit et la compassion de cet inconnu, Burns insista pour qu'il loge chez lui et son épouse, Marigold, le temps de son séjour en Californie du Nord. Paton accepta à une condition : « J'ai dans ma sacoche le manuscrit d'un roman, et je ne viendrai que si vous me promettez tous les deux de le lire et de me dire quels sont les passages qui vous agacent le plus. »

Quelques jours plus tard, après le dîner, alors qu'ils étaient attablés dans la salle à manger, il tira de sa sacoche un manuscrit intitulé *Cry, The Beloved Country – Pleure, ô pays bien-aimé*[1]. Il faisait quelques centaines de pages, rédigé en caractères serrés. « J'ai eu du mal à le lire, confia Burns, en partie à cause de l'écriture et de l'étrangeté des noms, mais surtout parce qu'il est difficile de lire avec les yeux humides – mes larmes coulaient comme un torrent de printemps, de phrase en phrase, d'émotion en émotion. » Il comprit très vite qu'il avait entre les mains une œuvre de génie. C'était l'histoire d'un pasteur en terres zouloues, en Afrique du Sud, qui, se rendant en ville, découvrait que sa sœur avait été contrainte de se prostituer, et que son frère était poursuivi pour meurtre. Après le procès, aux deux tiers du livre, l'intrigue faisait place à un état des lieux de l'apartheid en Afrique du Sud.

Les Burns étaient certains que n'importe quel éditeur voudrait publier ce manuscrit. Mais Paton souhaitait encore en réviser la seconde moitié, même s'il manquait de temps. Il devait embarquer sur un cargo à Halifax, au Canada, pour regagner Le Cap. Il commençait à manquer d'argent et avait la certitude qu'aucun éditeur n'accepterait de jeter un coup d'œil à un manuscrit non dactylographié.

Marigold lui suggéra de le leur confier pour qu'elle puisse le saisir, et pour que son mari et elle le soumettent à un éditeur en son nom. Burns lui proposa de rédiger une lettre d'accompagnement aux cinq premiers chapitres, expliquant que l'auteur ne pouvait pour le moment faire publier son œuvre dans son intégralité, et qu'il envoyait ces pages à cinq éditeurs simultanément, comme un échantillon de son travail. Il suffirait à ceux qui souhaitaient

1. Le lecteur pourra trouver cet ouvrage au Livre de Poche.

lire le roman dans son intégralité de lui répondre. Avant de partir, Paton accepta. Burns fit parvenir le manuscrit à cinq éditeurs, dont Max Perkins. Pour ce dernier, il ajouta un mot. Songeant à Foxhall Edwards, il tenta de donner une brève description de Paton : « Alan est quelqu'un de timide, peu disposé à plaider sa cause. » En deux jours, deux maisons d'édition lui demandèrent de lire la conclusion du manuscrit. Scribner en faisait partie ; Perkins avait hâte de rencontrer l'auteur : « Je suis moi-même extrêmement timide, et je suis persuadé que nous nous sentirions très à l'aise l'un avec l'autre. »

Le 7 février 1947, à 16 h 30, Paton se présenta dans les bureaux de Scribner à New York, et constata rapidement que Perkins s'était lourdement trompé en pensant pouvoir le mettre à l'aise. Il trouva cet après-midi-là des plus étranges. Paton fut incapable de déterminer si Perkins avait été ému ou non par le livre. L'éditeur qualifia l'ouvrage de « biblique », mais Paton se demanda s'il s'agissait d'un compliment ou d'un simple état de fait. Le manuscrit à la main, Max conduisit l'auteur dans un autre bureau du quatrième étage et annonça : « Charles, il faut que nous le signions. » Ce ne fut que bien plus tard que Paton comprit que ce collègue qui ne lui avait pas été présenté était en fait Charles Scribner en personne. Quand Perkins demanda à Alan s'il s'était déjà saoulé, il hésita à lui répondre, se demandant ce que l'on pouvait attendre d'un auteur « biblique ». Ils se rendirent dans un bar, mais l'alcool ne facilita pas les choses. L'auteur était de plus en plus perdu. Comme il le rapporterait plus tard à Aubrey Burns : « Il a levé son verre pour porter un toast, mais il s'est abstenu de me révéler en quel honneur il souhaitait boire. Il m'a raconté toute la vie de Thomas Wolfe. Il m'a prévenu que je ne gagnerais pas forcément beaucoup d'argent. Il ne pouvait me garantir que le public achèterait mon livre. [...] Je lui ai offert un second verre, mais il l'a payé aussi. Il m'a dit : "Vous paierez la prochaine fois", mais il ne m'a pas dit quand ce serait. J'ai jugé bon de donner un tour concret à la conversation en trinquant "à notre collaboration", mais, pour seule réponse, il vida son verre. »

Devant leur dernier verre, Max dit que l'Afrique du Sud devait être un pays triste. Paton lui demanda ce qui le lui faisait croire ; ignorant tout de ses problèmes d'audition, il trouva étrange qu'il ne lui réponde pas. « Je ne sais si c'est par timidité ou pour une autre raison », s'interrogea-t-il. Ce « curieux rendez-vous » s'acheva brusquement lorsque l'éditeur dut partir pour Grand Central Station. Paton en demeura si perplexe qu'il demanda à Aubrey Burns d'écrire à Perkins pour tenter de découvrir ce qu'il pensait du livre.

L'éditeur et l'auteur se virent de nouveau le lundi matin suivant. Lors de cette entrevue, Perkins lui annonça : « Ne vous inquiétez pas, si je ne vous remets pas de contrat tout de suite. Je ne vois pas comment Scribner pourrait refuser un tel livre. » Il semblait moins énigmatique, désormais, mais Paton rentra chez lui avec peu de certitudes.

Pendant son long voyage, Paton lut et relut les romans de Thomas Wolfe. Peu après son arrivée à Johannesburg, il reçut les remarques de Perkins sur *Pleure, ô pays bien-aimé*. Il les trouva étonnamment directes. En avril 1947, il raconta à Burns que Perkins pensait que les critiques allaient dénigrer l'histoire parce que le dernier tiers du livre, la présentation de l'apartheid, pouvait sembler tomber à plat après le procès, l'apogée dramatique du roman. Se rangeant à son avis, il se tint prêt à apporter des corrections. Mais le Perkins qu'il allait connaître était très différent de celui qui avait travaillé si patiemment avec Thomas Wolfe.

En mai, l'éditeur lui envoya enfin un contrat pour *Pleure, ô pays bien-aimé*. Entre-temps, Max avait fini par comprendre ceci : « Le véritable héros de ce livre est la terre magnifique et tragique d'Afrique du Sud, mais, si l'on parle du personnage principal, il s'agit du pasteur zoulou, et il est formidable. On pourrait trouver le dernier tiers du livre quelque peu décevant, mais je ne crois pas qu'il faille considérer cette partie de manière conventionnelle. Elle donne un aperçu extraordinaire de ce pays et de la question raciale, que vous ne traitez pas comme un problème en soi, mais comme un contexte. C'est une œuvre triste, mais c'est une nécessité. C'est aussi le cas de l'*Iliade* et de la Bible. Mais, comme il l'est écrit dans l'Ecclésiaste, "la Terre est éternelle". »

Perkins envoya précipitamment le manuscrit à l'imprimeur, puis écrivit à Paton avec regret que « les conditions sont malheureusement telles que tout progresse très lentement, ici. Nous ne travaillons pas suffisamment, à vrai dire : nous avons trop de vacances, et des journées trop courtes. » Quand l'auteur reconnut qu'il n'avait pas su voir l'importance du positionnement du point culminant du récit, et qu'il proposa de couper plusieurs scènes dans la seconde moitié du livre, l'éditeur lui répondit : « Il faut tellement de temps pour publier un livre, de nos jours, que je déteste faire quoi que ce soit qui puisse ralentir ce processus. » Le livre parut tel quel. Perkins n'était plus si exigeant qu'autrefois. Parfois, l'édition lui demandait trop d'efforts, trop d'endurance.

Paton retourna servir dans son pays natal. Il écrivit à Max : « Cela vous intéressera sûrement de savoir que je continue à penser à vous, et que j'ai le pressentiment que nous allons de nouveau nous rencontrer dans l'indicible prison qu'est cette planète. »

Pleure, ô pays bien-aimé se vendit extrêmement bien et fut encensé par la critique.

« Évitez de faire d'un brillant élève une réplique de vous-même, écrivit Gilbert Highet dans *L'Art d'enseigner*. Si vous pouvez lui inculquer un cadre de référence ainsi que les ficelles du métier, vous ferez de lui votre disciple à tout jamais et aurez mérité sa reconnaissance éternelle. » Dans son livre, il qualifia Perkins d'« enseignant admirable », soutenant qu'un certain nombre de grands écrivains auraient perdu leur talent s'il ne leur avait pas montré « comment diriger leur force herculéenne ».

Au printemps 1946, Perkins, qui avait jusqu'alors surtout prodigué ses enseignements par courrier, accepta de devenir professeur, une proposition que lui avait faite Kenneth D. McCormick, un jeune éditeur de Manhattan qui donnait des cours sur l'édition à l'université de New York. McCormick déclarerait des années plus tard : « Je lui ai promis une classe de jeunes ambitieux, et cela l'a enthousiasmé. »

Storer Lunt, récent président de W.W. Norton, assista au cours en compagnie de Howard Wilson, vice-président et trésorier de la société. Lunt décrivit une assemblée captivée, et, en fin d'après-midi, il eut le sentiment d'avoir en face de lui « l'incarnation de l'éditeur parfait ». Il n'était pas le seul à le penser ce jour-là. « Son discours s'est révélé aussi fluide qu'un roman de James Joyce, se rappela-t-il, et il m'a parfois fait penser à Charles Lamb. Max Perkins m'a semblé intemporel. »

McCormick était du même avis : « À la fin de la journée, on s'est aperçu de l'impact qu'il avait eu sur son auditoire. Il l'a enfumé en employant la manière douce, sans un mot qui mettrait en valeur sa propre réputation littéraire. » Sur Broadway, en bas de la rue, on donnait plusieurs shows. Après la conférence, alors qu'ils passaient devant le fronton des théâtres, Howard Wilson et Storer Lunt se consultèrent du regard et déclarèrent à propos de Perkins : « C'était le plus beau spectacle de la saison. » Lorsque l'éditeur eut quitté les lieux pour prendre son train et que les étudiants se furent dispersés, McCormick demeura seul dans la salle déserte et songea à ce que Booth Tarkington avait dit un jour, peu avant sa mort : il avait de moins en moins de réactions quand il lisait un livre. « Je connais toutes les ficelles. » Il avait passé trop de temps à les interpréter. « De la même manière, confia McCormick, j'ai le sentiment que Max connaît toutes les astuces de son métier, et qu'il commence à s'en lasser. »

Perkins avait bousculé Paton, son nouvel auteur, mais il parvenait encore à rassembler ce qui lui restait d'énergie pour des habitués comme Marcia Davenport. Au cours des premiers mois de l'année 1947, pendant qu'elle travaillait sur *Les Rumeurs de la ville*, elle avait eu l'occasion de rencontrer Max à plusieurs reprises, surtout pour obtenir son soutien. Elle lui avoua qu'elle trouvait son livre « fondamentalement trop autobiographique, et par conséquent trop arrangé, pour compenser cet effet que je cherche toujours à repousser comme une monture récalcitrante. Je me retrouve donc constamment en conflit avec moi-même, et j'ai beaucoup de mal à croire en ce roman ». Disciplinée, et pour honorer la parole qu'elle avait donnée à Perkins, elle poursuivit son travail. Le 11 avril, à 3 h 45 du matin, elle acheva son manuscrit, qu'elle apporta à l'éditeur dans l'après-midi. Elle constata qu'il avait l'air épuisé et frêle, et s'inquiéta de voir ses mains trembler à ce point. Elle se remémora, quinze ans plus tôt, avoir fait le tour du quartier pendant deux heures avant d'aller déposer *Mozart*. « Cette fois, lui annonça-t-elle, je suis trop désespérée pour en faire ne serait-ce qu'une fois le tour. J'ai juste envie de me prendre la tête dans les mains et de chercher un emploi de cuisinière. »

Mrs. Davenport souhaitait aller à Prague. Elle irait y réviser son livre. Avant son départ, elle fit un crochet par les bureaux de Scribner pour y récupérer le texte dactylographié et les suggestions de Max, un document de 3 000 mots débordant d'encouragements et de conseils. « Votre première version est remarquable, mais, comme n'importe quel livre, elle mérite certaines révisions. Il ne s'agit presque que d'une question de relief, car le plan est excellent. Après vous être tant battue, il serait dommage d'échouer si près du but. »

Dans *Les Rumeurs de la ville*, l'auteur raconte la vie de la romancière Jessie Bourne durant une semaine décisive pour elle. Dans sa longue lettre, Perkins faisait montre d'une grande sagesse éditoriale, non seulement applicable au roman de Mrs. Davenport, mais aussi plus généralement à la fiction :

« Les généralisations sont inutiles. Préférez donner un élément spécifique, et laissez l'action faire le reste. [...]

« Lorsque vous faites parler vos protagonistes, vous obtenez une scène. Il faut les interrompre avec des paragraphes explicatifs, mais il faut également que ces derniers soient les plus courts possible. Le dialogue, c'est de l'action. [...]

« Vous avez tendance à donner trop d'explications. Il en faut, mais on a l'impression que vous vous méfiez de votre récit et de vos dialogues. [...]

« Il vous suffit de donner un peu de densité à ce qui existe déjà – de toute façon, je suis certain que vous l'auriez fait naturellement lors de la révision. Il s'agit surtout d'une question de consistance – et encore. [...]

« On ne peut connaître un livre que lorsqu'on l'a terminé. Ensuite, on doit le modifier en conséquence. »

« Avec vous, on a l'impression que tout se fait tout seul, lui écrivit-elle depuis Prague. Je crois que si j'avais dû me débrouiller seule, j'aurais tout laissé tomber. » Au cours de la première semaine de juin, moins d'un mois après son départ en Tchécoslovaquie, elle lui fit parvenir les dix premiers chapitres qu'elle avait corrigés. AVEZ FAIT EXCELLENT TRAVAIL DE RÉVISION SUR 121 PREMIÈRES PAGES, lui câbla-t-il.

« Ce livre est vraiment curieux, répondit-elle dans une lettre. Je n'ai jamais su quoi en dire et me suis même demandé s'il s'agissait réellement d'un livre, et me voilà en train d'avancer comme une idiote en pleine tempête, ravie de pouvoir compter sur vous. » Elle lui demanda également de faire attention à la réaction du Livre du mois. Si, pour une raison ou une autre, ils souhaitaient conclure un de leurs accords à réaction différée, ce qui aurait pour conséquence de repousser la sortie de son roman à une date proche de celle de la parution du nouveau livre d'Ernest Hemingway, elle refuserait catégoriquement. « Je me fais suffisamment de soucis comme cela, confia-t-elle. Je n'ai pas envie, en plus, de me retrouver face au rouleau compresseur d'Hem. »

Il lui était inutile de s'inquiéter. Même s'il avait déjà composé près de mille pages manuscrites pour son roman, Hemingway était loin de l'avoir terminé. Perkins ignorait encore presque tout de ce livre.

Cela faisait près de dix ans qu'il n'avait pas publié d'œuvre significative, et Max se faisait de plus en plus pessimiste quant à l'avenir de son auteur. Étonnamment, un jour de printemps, il confia à Louise : « Hemingway est fini. »

*

* *

Au printemps 1947, William B. Wisdom présenta, à la bibliothèque du Harvard College, la dernière partie de l'impressionnante collection des textes rédigés par Thomas Wolfe qu'il avait rassemblés les dix années précédentes. Il lui avait semblé évident que Maxwell E. Perkins, de la promotion 1907 de Harvard, serait la personne idéale pour présenter ces documents. L'éditeur accepta de travailler sur un article pour le *Harvard Library Bulletin*.

Profitant de ses rares moments libres pour écrire, il collaborait toujours avec James Jones, qui vivait dans l'Illinois et continuait à progresser sur *Tant qu'il y aura des hommes*. Max n'avait pas encore une bonne connaissance du livre pour l'appréhender dans son ensemble, mais, au mois de mai, dans un courrier, il parvint à formuler quelques remarques. L'une d'elles marqua particulièrement l'écrivain. Lorsqu'un auteur se souciait trop de l'intrigue, d'après Max, il pouvait « se contracter l'esprit », alors qu'il était préférable de conserver une certaine souplesse. « Quelqu'un d'habile peut être en mesure de lancer naturellement son chapeau sur une patère à l'autre bout de la pièce, écrivit Perkins, mais il le manquera à coup sûr s'il tente de réfléchir à son geste. Cette comparaison est aussi ridicule qu'exagérée, mais elle n'est pas si absurde que cela. »

Cette lettre, débordant de chaleur, d'espérance et de bons

conseils, fut très importante pour Jones : « J'ai eu l'impression d'être l'un de ses garçons. Elle a fait son effet. »

« J'ai très envie de venir à New York, lui écrivit l'auteur, ne serait-ce qu'un moment, pour vous voir. J'ai l'impression que vous pourriez m'apprendre énormément de choses. » Perkins ne la reçut jamais.

Le jeudi 12 juin 1947, Charles Scribner déjeuna avec l'éditeur. Ce dernier lui sembla extrêmement las, comme chaque jour depuis le début du mois, plein de tics et de quintes de toux. Mais il refusait toujours de prendre du repos. Le lendemain, il prit « le thé » avec Caroline Gordon Tate. Ils discutèrent du recueil de poèmes qu'achevait son mari, et des anthologies de fiction et d'essais sur lesquelles le couple travaillait. En fin d'après-midi, il rentra chez lui à New Canaan, la sacoche débordant de manuscrits et d'épreuves qu'il envisageait de lire durant le week-end. Le dimanche soir, il se sentit suffisamment mal à l'aise pour se plaindre. Il avait 39,5 °C de fièvre, et sa toux n'était pas belle à entendre. Louise et lui crurent qu'il s'agissait d'une crise de pleurésie. Le lendemain matin, malgré ses protestations, Max se leva pour aller travailler. Il se fit couler un bain, mais eut tout juste la force d'ôter son pyjama. L'après-midi même, le soupçonnant de souffrir d'une pneumonie, Louise appela une ambulance. Tandis que l'infirmier venait le chercher avec un brancard, l'éditeur demanda à sa fille Bertha de prendre les deux manuscrits qui se trouvaient sur sa table de chevet – *Pleure, ô pays bien-aimé*, et une partie de *Tant qu'il y aura des hommes* – et de les remettre à Miss Wyckoff, « et à personne d'autre ». Tandis qu'on le transportait hors de la maison, il appela la cuisinière, qui s'efforçait depuis des années de satisfaire à ses goûts de plus en plus difficiles, et elle accourut. Sur sa civière, il se tourna vers elle et lui déclara avec un sourire, comme s'il savait :

« Adieu, Eleanor.

– Au revoir, monsieur Perkins. Vous avez l'air resplendissant », lui assura-t-elle.

En réalité, il avait les traits tirés et le visage pâle. Il ressemblait à un mourant. Peu après son admission au Stamford Hospital, on lui diagnostiqua une infection avancée de pleurésie et de pneumonie. Chaque fois qu'il toussait, sa poitrine le faisait atrocement souffrir. Il battait alors désespérément des bras, tentant d'arracher la tente à oxygène qu'on avait posée sur lui. « Vous pourriez au moins m'apporter un verre ! » ne cessait-il d'exclamer, sachant que cela le détendrait. Mais le règlement de l'hôpital interdisait formellement les cocktails.

Louise resta toute la nuit à son chevet. Les médecins lui prédisaient un prompt rétablissement, mais la pénicilline se révéla impuissante contre sa lassitude de la vie. Aux premières heures du jour, sa respiration, bien que toujours aussi irrégulière, semblait moins l'éprouver. Louise, sentant que la fin était proche, s'approcha plus près du lit et lui chuchota ses vers préférés de *Cymbeline*, la tragédie de Shakespeare :

> Ne crains plus la chaleur du soleil,
> Ni les rages du vent furieux.
> Tu as fini ta tâche en ce monde,
> Et tu es rentré chez toi, ayant touché tes gages.
> Garçons et filles chamarrés doivent tous
> Devenir poussière, comme les ramoneurs[1].

Perkins disait toujours qu'il lui serait égal d'être mort, mais qu'il redoutait le passage dans l'au-delà. Il somnolait. Il était aussi agité que le prince mourant Andrei de Tolstoï, qui, conscient de la tentative d'intrusion d'une « chose » horrible dans sa chambre, se leva pour aller se plaquer contre la porte.

> Une fois de plus, elle poussa de l'extérieur. Ses derniers efforts, si surhumains soient-ils, furent vains, et les deux battants de la porte s'ouvrirent en grinçant. Elle pénétra dans la chambre. C'était la mort[2]…

Le mardi 17 juin 1947, à 5 heures du matin, Max se leva de son lit en titubant, comme s'il s'était fait surprendre par l'irruption d'un intrus dans sa chambre, et attendit devant la porte, la pièce

1. Shakespeare, *Cymbeline*, acte IV, scène 2, traduction de François-Victor Hugo, 1868.

2. Le prince Andrei Nikolaievich Bolkonsky est l'un des personnages principaux de *Guerre et Paix* de Léon Tolstoï. Blessé à la bataille de Borodino contre les armées napoléoniennes, il succombera un mois plus tard.

baignée par les premières lueurs de l'aube. Seule Louise était présente, mais il appela deux de leurs filles : « Peggoty ! Nancy ! » Pointant l'angle de la chambre, il demanda : « Qui est-ce ? » Il s'écroula alors sur son lit et s'éteignit. Il avait 62 ans.

*
* *

Même si tous les employés de Scribner savaient que Perkins était en train de mourir à petit feu, ils furent tous choqués d'apprendre sa disparition. « C'était le meilleur ami que j'aie jamais eu », écrivit Charles Scribner à Hemingway. Le mercredi 18, il réunit le personnel de la maison d'édition et répartit les responsabilités que Perkins avait endossées jusqu'alors. Il s'aperçut que sa mission la plus difficile allait être « de faire dans les prochains jours tout ce qui est en [son] pouvoir pour combler le vide qu'il laisse dans l'organisation de la société ». Il confia une grande partie du travail à John Hall Wheelock. Heureusement, Wallace Meyer et Burroughs Mitchell, la dernière recrue de Perkins, allaient reprendre le flambeau. Scribner fit aussitôt appel à des jeunes des étages inférieurs. Les éditeurs contactèrent les nouveaux auteurs dont ils avaient la charge et firent de leur mieux pour les rassurer. « Par chance, annonça Charles à Hemingway, la plupart d'entre eux continueront d'écrire et feront de leur mieux, comme Max l'aurait souhaité. » Hemingway, qui avait déjà perdu plusieurs amis cette année-là, lui fit cette remarque : « Dieu le Père vient de distribuer ses dernières cartes. »

En raison de toutes les catastrophes qu'elle avait prédites dans l'existence d'amis et de proches, Elizabeth Lemmon avait abandonné l'astrologie des années plus tôt. Le lendemain de la mort de Perkins, après avoir lu la nécrologie de ce dernier dans le *New York Times*, sa sœur se précipita chez elle. Dans l'encadrement de la porte de la chambre, elle se contenta d'un « Oh, Beth… » Elizabeth se redressa dans son lit et déclara : « Max est mort. » Quelques jours plus tard, elle écrivit à Louise : « J'ai connu certaines personnes que l'on considérait comme des forces de la nature et qui adoraient que l'on puisse compter sur elles, mais Max parvenait à motiver les autres. » Dès lors, elle conserva toutes les lettres qu'il lui avait envoyées, classées par ordre chronologique, dans une boîte à chaussures.

Le jeudi 19 juin, à midi, les obsèques de Maxwell Evarts Perkins eurent lieu à St. Mark, à New Canaan. Des deux cent cinquante personnes présentes, une partie dut patienter à l'extérieur de la petite église épiscopale bondée. Les Evarts et les Perkins y assistèrent aux côtés des Scribner et des employés de la maison d'édition, d'amis de New Canaan, entre autres, sans oublier Stark Young, Allen et Caroline Gordon Tate, ainsi que Hamilton Basso. Chard Powers Smith déclara qu'il n'avait « jamais vu tant de personnes du beau monde tentant vainement de dissimuler leurs larmes ». Hemingway ne put y assister en raison d'obligations familiales. Zelda écrivit à Louise une lettre débordant de paroles religieuses réconfortantes. Marcia Davenport mettait la touche finale aux *Rumeurs de la ville*, qu'elle dédia à Perkins. En apprenant la mort de l'éditeur, Taylor Caldwell perdit connaissance et fut conduite à l'hôpital. Van Wyck Brooks, ami de Max depuis plus de cinquante-cinq ans, était lui-même gravement malade. Il avait écrit à Louise que son médecin lui interdisait d'assister à l'enterrement, mais, ajouta-t-il, « je ne pourrai penser à rien d'autre, et ce pour un certain temps ». Perkins fut enseveli l'après-midi même au Lakeview Cemetery, comme il l'avait mentionné dans ses dernières volontés. Plus tard, Louise demanda une grand-messe en son honneur.

Le courrier de James Jones arriva au bureau de Perkins près d'une semaine après les funérailles. Lorsqu'on avait réparti les auteurs de Max entre ses différents collègues, on avait oublié Jones. Celui-ci n'apprit son décès que quelques jours plus tard, quand Wheelock lui annonça la nouvelle. Il lui répondit : « Cela faisait longtemps que j'avais le sentiment qu'il valait mieux que je me rende à New York, qu'il pouvait mourir, qu'il fallait que je cesse d'écrire égoïstement et que je vienne le retrouver, ne serait-ce que pour tout ce qu'il pouvait m'enseigner. Mais, comme je l'ai dit, la vie a fait qu'il en a été autrement. Le temps a voulu qu'il transmette ses enseignements à Thomas Wolfe et non à moi. » Des jours durant, il ne cessa de ressasser cette phrase qui l'avait poussé à l'écriture : « Ô âme perdue, par le vent tourmentée. »

Tant qu'il y aura des hommes ne paraîtrait qu'en 1951 et remporterait un succès considérable, une dernière confirmation du don de Max.

Sous une pile de documents sur le bureau de Perkins était enfouie l'introduction qu'il avait rédigée pour la bibliothèque de Harvard. Tout comme les mots que Tom avait griffonnés sur son lit de mort dans sa lettre destinée à Perkins étaient les derniers, l'hommage que l'éditeur avait rendu à Wolfe fut le dernier texte qu'il publia.

*

* *

Durant les mois qui suivirent la mort de Max, Louise semblait totalement à la dérive. Elle se sentait seule et vulnérable. Commençant à avoir du mal à trouver le sommeil, dans la chambre du haut qu'elle avait partagée avec lui, elle fit installer de nouvelles serrures sur toutes les portes. Elle fit d'ailleurs rénover la maison, ajoutant un appartement communicant. Au cours de cette période, l'Église fut son unique soutien ; elle évoqua même l'idée d'entrer au couvent. Elle envoya à des amis de longue date des lettres dans lesquelles elle leur expliquait qu'elle priait pour que l'âme de son mari puisse recevoir la miséricorde et l'amour de Dieu. Cet été-là, Molly Colum confia à Van Wyck Brooks : « Elle écrit comme une vieille nonne. [...] Louise croit-elle vraiment en savoir autant que Max à propos de Dieu ? »

Cinq ans plus tard, après plusieurs croisières dans les Caraïbes, autant de pèlerinages religieux et de séjours en Europe, Louise menait toujours une existence aussi agitée à New Canaan. En juin 1952, son aînée, Bertha, et son gendre acceptèrent d'emménager dans la maison familiale, et Louise s'installa dans l'appartement.

À la soixantaine, elle commença à souffrir d'alcoolisme. « J'ai l'impression d'être une véritable hypocrite, confia-t-elle à Elizabeth Lemmon. Je vais à la messe tous les matins, et je me saoule tous les soirs. »

Le dimanche 21 février 1965, on appela les pompiers au 56, Park Street, à New Canaan, car de la fumée s'échappait de l'appartement de Louise Perkins. Avec sa cigarette, elle avait mis le feu au fauteuil dans lequel elle était assise. Brûlée au troisième degré et asphyxiée par la fumée, elle fut conduite au Norwalk Hospital. Elle mourut dans la nuit, à l'âge de 78 ans.

Le mercredi suivant, à 11 heures, à l'église Saint-Aloysius, on l'honora d'une messe de requiem. Sous une légère averse de neige, Louise Saunders Perkins fut ensevelie au côté de son époux. Leurs stèles, sobrement gravées de leurs noms, de leurs dates de naissance et de mort, étaient ornées d'une simple croix à leur sommet. Elles dominaient un étang paisible, plus petit que celui qui symbolisait le Paradis, où Max emmenait leurs filles quand il n'avait pas le temps pour une véritable promenade.

Remerciements

« Il est encore trop tôt pour mesurer l'ampleur du travail accompli par l'éditeur Maxwell Perkins. Il fait partie de l'histoire littéraire contemporaine des États-Unis », écrivit John Hall Wheelock en 1950, dans l'introduction d'*Editor to Author*. Lorsque j'ai entamé mes recherches pour cette biographie, en 1971, j'ai découvert, à mon grand étonnement, que personne ne s'était encore penché sur la carrière Perkins, et que des pans entiers de son existence demeuraient toujours aussi mystérieux, même pour ceux qui l'avaient fréquenté au quotidien.

Pour éviter autant que possible les informations de seconde main, je me suis fié presque exclusivement à des sources directes : des dizaines de milliers de lettres que Perkins a rédigées ou reçues ; les manuscrits qu'il a édités ; des entretiens avec ceux qui le connaissaient bien. De nombreuses personnes m'ont aidé, soit à rassembler ces informations, soit à les interpréter, soit à les retranscrire dans ce livre. J'exprime ma reconnaissance à tous ceux que je cite plus bas et à ceux trop nombreux pour en dresser la liste, et espère avec ce travail faire honneur aux efforts et au temps qu'ils y ont consacré.

Je suis extrêmement redevable à Louise et aux cinq filles de Max Perkins – Mrs. John Frothingham, Elizabeth Gorsline, Mrs. Robert King, Mrs. George Owen et Mrs. Reid Jorgensen. Chacune d'elles m'a accueilli chez elle, m'a offert l'hospitalité et m'a fourni de précieux renseignements. Elles n'ont formulé aucune exigence et ne m'ont imposé aucune restriction. Six années durant, elles se sont révélées bien plus que des sources d'informations : elles sont devenues de véritables amies.

Trois autres proches de Max m'ont accordé une bonne partie de leur temps : sa sœur Mrs. Archibald Cox, son frère Edward N. Perkins, et sa nièce Joan Terrall m'ont rapporté de merveilleuses anecdotes. Mrs. Terrall, surtout, m'a précieusement aiguillé au début de mes recherches, alors que les pistes étaient innombrables.

Je suis tout aussi redevable envers deux de ses amis les plus proches, John Hall Wheelock et Elizabeth Lemmon. Le disert Mr. Wheelock s'est tellement investi, se creusant la mémoire pour retrouver des souvenirs précis de ce qui s'était produit au cours des quatre-vingt-dix années précédentes, qu'à la fin de nos longs entretiens, il avait la migraine. La charmante Miss Lemmon s'est montrée tout aussi généreuse. Sa boîte à chaussures débordant de lettres personnelles que Perkins lui avait adressées eut autant de valeur à mes yeux que les innombrables heures qu'elle consacra au projet, notamment avec ses charmantes discussions.

Malcolm Cowley m'a aidé de trois façons différentes : avec son portrait de Perkins dans le *New Yorker*, « L'ami inébranlable », paru en 1944, il fournissait la description la plus complète de l'éditeur à ce jour. Il se révéla un excellent guide au cours de mes premières recherches. Mr. Cowley m'accorda une grande partie de son temps, répondant à des dizaines de questions. En fin de compte, il me fournit la totalité des notes qu'il avait prises en préparant « L'ami inébranlable ».

La plus grande collection d'écrits concernant Perkins se trouve dans les archives de Charles Scribner's Sons, à la bibliothèque de l'université de Princeton. Je remercie Charles Scribner Jr. de m'avoir donné l'autorisation de fouiller librement dans les boîtes bleues regorgeant de courrier. De surcroît, il me fit part de ses souvenirs durant des heures, m'aida à contacter d'autres personnes qui l'avaient connu, et me prêta un bureau où travailler tandis que je passais au peigne fin les classeurs du quatrième étage des locaux de Scribner, à New York. Je remercie également Burroughs Mitchell, qui m'a aidé au début de mes recherches et de l'écriture de ce livre. Mes remerciements sincères à Irma Wyckoff Muench, secrétaire de Max pendant vingt-cinq ans, et exécutrice testamentaire, pour ses souvenirs et les différents services qu'elle m'a rendus.

Pour les interviews, leur correspondance instructive, les autorisations juridiques, les lettres et les informations qu'ils m'ont fournies sur Max Perkins, je remercie : LeBaron R. Barker Jr., Elizabeth Cox Bigelow, le juge John Biggs Jr., le Dr John Bordley, Vance Bourjaily, Nancy Hale Bowers, Madeleine Boyd, Carol Brandt, le professeur Matthew J. Bruccoli, Aubrey Burns, Katherine Newlin Burt, Nathaniel Burt, Erskine Caldwell, Taylor Caldwell, Melville Cane, Cass Canfield, Marguerite Cohn, Corinne Cornish, Edla Cusick, Marcia Davenport, le Dr Josephine Evarts Demarest, Elizabeth et Prescott Evarts, Katherine Evarts, Richard C. Evarts, Anne Geismar, Martha Gellhorn, Paul Gitlin, Arnold Gingrich, Sheilah Graham, Christine Weston Griswold, Laura Guthrie Hearne, le Dr Gregory Hemingway, Mary Hemingway, Katharine Hepburn, Mary Iacovella, Reid Jorgensen, Matthew Josephson, Frances Kellogg, le Dr Robert King, Jean Lancaster, Ring Lardner Jr., Alice Roosevelt Longworth, Storer Lunt, Archibald MacLeish, Kenneth D. McCormick, Wallace Meyer, Hadley R. Mowrer, Robert Nathan, George Owen, Alan Paton, Emily Perkins, Marjorie Morton Prince, David Randall, Diarmuid Russell, Robert Ryan, William Savage, Herman Scheying, George Schieffelin, Scottie Fitzgerald Smith, Elizabeth Streeten, H.N. Swanson, Allen Tate, Caroline Gordon Tate, Edward Thomas, Margaret Turnbull, Howard White, Edmund Wilson et Elizabeth Youngstrom. Je tiens à remercier tout particulièrement Maxwell Geismar et James Jones, qui m'ont donné l'impression de rembourser leur dette personnelle envers Perkins par mon intermédiaire.

J'ai effectué la plupart de mes recherches documentaires dans la section « ouvrages rares » et dans la salle des manuscrits de la bibliothèque de l'université de Princeton. Toute ma reconnaissance à Alexander Clark, Wanda Randall et au reste du personnel pour leur aide et leur gentillesse au cours des mois que j'y ai passés. J'ai été aussi bien accueilli à la bibliothèque Houghton de l'université Harvard. Un grand merci à Rodney Dennis et à Marte Shaw. Neda Westlake à la bibliothèque de l'université de Pennsylvanie et Diana Haskell à celle de Newberry se sont également surpassées.

Pour m'avoir permis d'accéder au bulletin de notes de Maxwell Perkins ainsi qu'à son dossier et à toutes sortes d'informations concernant les années qu'il a passées à Harvard, je remercie le secrétariat général, et en particulier Phyllis Stevens.

Je suis également très reconnaissant envers plusieurs amis personnels pour leur fidélité et leur générosité au cours de ces sept dernières années : Alan D. Brinkley, Ann Brinkley, Constance Congdon, Ann Douglas, George Forgie, McKinley C. McAdoo, Paul F. Mickey Jr., et mes grands-parents Rose et George M. Freedman.

Ralph L. Stanley, mon meilleur ami, n'a jamais perdu foi en ce que nous appelions entre nous « Le Livre ». À lui seul, ou presque, il m'a tiré de nombreux mauvais pas. Colleen Keegan m'a également beaucoup inspiré. « Le Livre » est le leur autant que le mien.

Depuis la mort de Perkins, il y a trente ans, on a dit énormément de choses sur l'aspect commercial de l'édition, qui prenait le pas sur le côté artistique. Malgré tout, chez E.P. Dutton, j'ai découvert de nombreuses personnes qui chérissaient toujours autant la littérature. Je remercie particulièrement Ann LaFarge et Deborah Prigoff pour leurs contributions rédactionnelles et leur amitié.

Thomas B. Congdon Jr., l'éditeur de ce livre, a accepté d'endosser une double responsabilité : non seulement a-t-il travaillé sur un épais manuscrit, mais il a également pris le risque d'être comparé à l'un des maîtres du genre. Depuis notre rencontre en 1973, il a employé son temps et son talent sur cet ouvrage, me fournissant un soutien indéfectible ainsi que des conseils débordants d'imagination – parfaitement dans l'esprit de Perkins.

Enfin, un immense merci aux personnes à qui je dédie ce livre. Sans les encouragements et les conseils du professeur Carlos Baker, mon ancien directeur de thèse à Princeton – où j'ai consacré mon mémoire à… Perkins –, jamais je ne me serais lancé dans l'écriture de ce livre. Sans l'amour et le soutien de mes parents, Barbara et Richard Berg, jamais je ne l'aurais achevé.

Los Angeles
1978
A. Scott Berg.

Sources bibliographiques

Ouvrages généraux

Ouvrages parus exclusivement en anglais

ADAMS (HENRY), *The Education of Henry Adams*, New York, Random House / Modern Library Edition, 1931.

ADAMS (J. DONALD), *Copey of Harvard*, Boston, Houghton Mifflin, 1960.

ADAMS (RICHARD FRANCIS), *Richard Henry Dana : A Biography*, Boston, Houghton Mifflin, 1891.

BAKER (CARLOS), *Ernest Hemingway : A Life Story*, New York, Scribner, 1969.

BERNSTEIN (ALINE), *Three Blue Suits*, New York, Equinox Cooperative Press, 1933.

BROOKS (VAN WYCK), *An Autobiography*, New York, Dutton, 1965.

BRUCCOLI (MATTHEW J.), *The Composition of* Tender Is the Night *: A Study of the Manuscripts*, Pittsburgh, University of Pittsburgh Press, 1963.

BURLINGAME (ROGER), *Of Making Many Books*, New York, Scribner, 1946.

CALDWELL (ERSKINE), *Call It Experience*, New York, Duell / Sloane and Pearce, 1955.

CALLAGHAN (MORLEY), *That Summer in Paris*, New York, Coward-McCann, 1963.

CANFIELD (CASS), *Up and Down and Around*, New York, Harper's Magazine Press, 1971.

COLL., *Dictionary of American Biography*, vol. III et vol. VII, New York, Scribner, 1929, 1931.

COLL., *W. C. Brownell : Tributes and Appreciations*, New York, Scribner, 1929 (édition privée).

COLUM (MARY), *Life and the Dream*, New York, Doubleday, 1947.

COWLEY (MALCOLM) (ed.), *The Stories of F. Scott Fitzgerald*, New York, Scribner, 1951.

DAVENPORT (MARCIA), *Too Strong for Fantasy*, New York, Scribner, 1967.

GEISMAR (MAXWELL), *Ring Lardner and the Portrait of Folly*, New York, Crowell, 1972.

GRAHAM (SHEILA),

College of One, New York, Viking Press, 1967.

– *The Real F. Scott Fitzgerald : Thirty-Five Years Later*, New York, Grosset & Dunlap, 1976.

HART (HENRY) (ed.), *The Writer in a Changing World*, New York, Equinox Cooperative Press, 1937.

HAYCRAFT (HOWARD), *Murder for Pleasure*, New York, Biblo and Tannen, 1951.

HOOPES (JAMES), *Van Wyck Brooks*, Amherst, University Of Massachusetts Press, 1977.

KENNEDY (RICHARD S.) et REEVES (PASCHAL) (ed.), *The Notebooks of Thomas Wolfe*, Chapel Hill, University of North Carolina Press, 1970.

LARDNER (RING),

– *How to Write Short Stories*, New York, Scribner, 1924.

– *The Story of a Wonder Man : Being the Autobiography*, New York, Scribner, 1927.

LARDNER (RING JR.), *The Lardners : My Family Remembered*, New York, Harper & Row, 1976.

LEWIS (RICHARD W. B.), *Edith Warton*, New York, Harpers & Row, 1975.

LITZ (ARTHUR WALTON), « Maxwell Perkins as Critic », in William James Howard (ed.), *Editor, Author and Publisher*, Toronto, University of Toronto Press, 1969.

MADISON (CHARLES), *Book Publishing in America*, New York, McGraw-Hill, 1966.

NOWELL (ELIZABETH), *Thomas Wolfe*, Garden City (NY), Doubleday, 1960.

OVERTON (GRANT), *American Night's Entertainment*, New York, D. Appleton & Co., 1923.

ROOSEVELT LONGWORTH (ALICE), *Crowded Hours*, New York, Scribner, 1933.

ROTH (HENRY), *Call It Sleep*, New York, Pageant Books, 1960.

SCRIBNER BIGHAM (JULIA) (ed.), *Marjorie Rawlings Reader*, New York, Scribner, 1956.

SKIPP (FRANCIS E.), « The Editing of *Look Homeward, Angel* », *Papers of the Bibliographical Society of America*, vol. LVII, first quarter, 1963.

SKLAR (ROBERT), *F. Scott Fitzgerald : The Last Laocoön*, New York, Oxford University Press, 1967.

SULLIVAN (MARK), *Our Times*, vol. *VI : The Twenties*, New York, Scribner, 1935.

TOMKINS (CALVIN), *Living Well Is the Best Revenge*, New York, Viking Press, 1971.
TRAIN (ARTHUR), *My Day in Court*, New York, Scribner, 1939.
TURNBULL (ANDREW),
– *Scott Fitzgerald*, New York, Scribner, 1962.
– *Thomas Wolfe*, New York, Scribner, 1967.
WHEELOCK (JOHN HALL), *Editor to Author : The Letters of Maxwell E. Perkins*, New York, Scribner, 1950.
WILSON (EDMUND),
– « Hemingway : Gauge of Morale », in *The Wound and the Bow*, Boston, Houghton Mifflin, 1941.
– *The Shores of Light*, New York, Farrar, Straus and Giroux, 1952.
– *The Twenties*, New York, Farrar, Straus and Giroux, 1975.
WOLFE WHEATON (MABEL), *Thomas Wolfe and His Family*, Garden City (NY), Doubleday, 1961.

Ouvrages parus en français

MILFORD (NANCY), *Zelda*, Paris, Stock, 1972.
STEIN (GERTRUDE), *Autobiographie d'Alice Toklas*, Paris, Mazenod, 1965 ; Paris, Gallimard, 1973.
TOKLAS (ALICE B.), *Ma vie avec Gertrude Stein*, Monaco, Éditions du Rocher, 2000.

CHOIX D'OUVRAGES PUBLIÉS PAR PERKINS

CALDWELL (ERSKINE),
– *Mais l'art est difficile*, Paris, Gallimard, 1955.
– *Le Petit Arpent du bon Dieu*, Paris, Gallimard, 1936 ; « Folio », Paris, Gallimard, 1973.
– *La Route au tabac*, Paris, Gallimard, 1937 ; « Folio », Paris, Gallimard, 1973.

CALDWELL (TAYLOR),
– *Dynastie de la mort*, Paris, Presses de la Cité, 1945.
– *Les Oiseaux de proie*, Paris, Presses de la Cité, 1947.

DANA (RICHARD HENRY), *Deux années sur le gaillard d'avant*, Paris, Robert Laffont, 1990 ; Paris, Payot, 2002.

DAVENPORT (MARCIA),
– *La Vallée du jugement*, Paris, Presses de la Cité, 1946.
– *Le Chant d'amour*, Paris, Presses de la Cité, 1949.
– *Les Rumeurs de la ville*, Évreux, Le Livre contemporain, 1960.

FITZGERALD (FRANCIS SCOTT)

Romans

L'Envers du paradis (This Side of Paradise, 1920), Paris, Gallimard, 1942.

Les Heureux et les Damnés (*The Beautiful and Damned*, 1922), Paris, Gallimard, 1964.

Gatsby le Magnifique (*The Great Gatsby*, 1925), Paris, Éditions du Sagittaire, 1926.

Tendre est la nuit (*Tender Is the Night*, 1934), Paris, Delamain et Boutelleau, 1951.

Le Dernier Nabab (The Last Tycoon, 1941, roman inachevé), Paris, Gallimard, 1952.

Essais et recueils de nouvelles

Garçonnes et Philosophes (*Flappers and Philosophers*, 1920), in *Romans, nouvelles et récits*, t. I, « Bibliothèque de la Pléiade », Paris, Gallimard, 2012.

Contes de l'âge du jazz (Tales of the Jazz Age, 1922), in *Romans, nouvelles et récits*, t. I, « Bibliothèque de la Pléiade », Paris, Gallimard, 2012 ; « Folio », Paris, Gallimard, 2013.

Tous les jeunes gens tristes (*All the Sad Young Men*, 1926), in *Romans, nouvelles et récits*, t. II, « Bibliothèque de la Pléiade », Paris, Gallimard, 2012 ; « L'Imaginaire », Paris, Gallimard, 2013.

Quand sonne la diane (Taps at Reveille, 1935), in *Romans, nouvelles et récits*, t. II, « Bibliothèque de la Pléiade », Paris, Gallimard, 2012.

Ma ville perdue (*My Lost City*, 1940), in *Merci pour le feu !*, Paris, L'Herne, 2013.

La Fêlure (*The Crack-Up*, 1945), in *Romans, nouvelles et récits*, t. II, « Bibliothèque de la Pléiade », Paris, Gallimard, 2012 ; « Folio », Paris, Gallimard, 2014. Connu également sous le titre de *L'Effondrement*, Paris, Payot & Rivages, 2010.

L'Après-Midi d'un écrivain (*Afternoon of an Author*, 1936), in *La Fêlure et autres nouvelles*, « Folio bilingue », Paris, Gallimard, 2004.

Un diamant gros comme le Ritz (*A Diamond as Big as the Ritz*, 1922), Paris, Robert Laffont, 2005.

Théâtre

Un légume (The Vegetable, 1923), Paris, Grasset, 2010.

FITZGERALD (ZELDA), *Accordez-moi cette valse* (*Save Me the Waltz*, 1932), Paris, Robert Laffont, 1972.

GALSWORTHY (JOHN), Histoire des Forsyte, vol. I et II (éditions revues et complétées de *La Dynastie des Forsyte*), Paris, Robert Laffont, 1993.

HALE (NANCY), *Femmes perdues et retrouvées*, Paris, Le Rouge et le Noir, 1949.

HEMINGWAY (ERNEST),

Romans et récits autobiographiques

Torrents de printemps (*The Torrent of Spring*, 1926), in *Œuvres romanesques*, t. I, « Bibliothèque de la Pléiade », Paris, Gallimard, 1966.

Le soleil se lève aussi (*The Sun Also Rises*, 1926), Paris, Gallimard, 1933.

L'Adieu aux armes (*A Farewell to Arms*, 1929), Paris, Gallimard, 1938.

Mort dans l'après-midi (*Death in the Afternoon*, 1932), Paris, Gallimard, 1938.

Les Vertes Collines d'Afrique (*Green Hills of Africa*, 1935), Paris, Gallimard, 1937.

En avoir ou pas (*To Have and Have Not*, 1937), Paris, Gallimard, 1945.

La Cinquième Colonne (*The Fifth Column and the First Forty-Nine Stories*, 1938), Paris, Gallimard, 1949.

Pour qui sonne le glas (*For Whom the Bell Tolls*, 1940), Paris, Heinemann et Zsolnay, 1948.

Paris est une fête (*A Moveable Feast*, 1964, publication posthume), Paris, Gallimard, 1964 ; édition revue et augmentée, coll. « Du monde entier », Paris, Gallimard, 2011.

Recueils de nouvelles

In Our Time,

Cinquante mille dollars (*Fifty Grand*, nouvelle publiée dans *The Atlantic Monthly* en 1927), Paris, Gallimard, 1928.

Winner Take Nothing, in *Œuvres romanesques*, t. I, « Bibliothèque de la Pléiade », Paris, Gallimard, 1966.

James (Will),
- *L'Enfance d'un cow-boy solitaire*, Montréal, Boréal, 1991.
- *Smoky*, Arles, Actes Sud, 2013.

JONES (JAMES), *Tant qu'il y aura des hommes*, Paris, Presses de la Cité, 1952 ; Paris, Pocket, 1999.

KINNAN RAWLINGS (MARJORIE),
- *Les Pommes d'or*, Paris, Albin Michel, 1948.
- *Le Whisky du clair de lune*, Paris, Albin Michel, 1950.
- *Le Pays enchanté*, Paris, Albin Michel, 1951.

LARDNER (RING) (Ringgold Wilmer Lardner), *Champion et autres nouvelles*, Paris, Robert Laffont, 1963 ; Paris, 10/18, 1981.

MADOX FORD (FORD), *Finies les parades*, Paris, Librairie de la Revue française, 1933.

MARQUAND (JOHN P.),
– *Feu George Apley*, Paris, Robert Laffont, 1947.
– *Thank you, Mister Moto*, Paris, Payot et Rivages, 1986.
– *Bien joué ! Mister Moto*, Paris, Payot et Rivages, 1986.
– *Mister Moto est désolé*, Paris, Payot et Rivages, 1987.
– *À votre tour, Mister Moto*, Paris, Payot et Rivages, 1988.
– *Rira bien, Mister Moto*, Paris, Payot et Rivages, 1990.

PATON (ALAN), *Pleure, ô pays bien-aimé*, Paris, Albin Michel, 1950.

VAN DINE (S.S.) (Willard Huntington Wright),
– *La Mystérieuse Affaire Benson*, Paris, Gallimard, 1928 ; réédition sous le titre *L'Affaire Benson* dans *S.S. Van Dine*, vol. I, Paris, Librairie des Champs-Élysées, 1999.
– *L'Assassinat du canari*, Paris, Gallimard, 1930 ; Paris, Denoël, 1952 ; réédition dans *S.S. Van Dine*, vol. I, Paris, Librairie des Champs-Élysées, 1999. Aussi publié sous le titre *L'Affaire du canari*, Paris, 10/18, 1987.
– *La Série sanglante*, Paris, Gallimard, 1931 ; réédition dans *S.S. Van Dine*, vol. I, Paris, Librairie des Champs-Élysées, 1999.
– *Le Fou des échecs*, Paris, Gallimard, 1932 ; Paris, Le Livre de Poche policier, 1968. Publié en français dans une traduction revue et complétée sous le titre *L'Affaire de l'évêque*, Paris, 10/18, 1987.
– *La Mort au jardin*, Paris, Gallimard, 1940.
– *Un crime dans la neige*, Paris, Gallimard, 1941.

WILSON (EDMUND), *J'ai pensé à Daisy*, Paris, Julliard, 1969 ; Paris, 10/18, 1981.

WOLFE (THOMAS),

Romans

L'Ange exilé : une histoire de la vie ensevelie (Look Homeward, Angel : A Story of the Buried Life, 1929), Lausanne, Éditions L'Âge d'homme, 2008.

Le Temps et le Fleuve (Of Time and the River, 1935), Lausanne, Éditions L'Âge d'homme, 1984.

La Toile et le Roc (The Web and The Rock, 1940), Lausanne, Éditions L'Âge d'homme, 1990.

L'Ange banni (You Can't Go Home Again, 1940), Lausanne, Éditions L'Âge d'homme, 1985.

Recueils de nouvelles

De la mort au matin (From Death to Morning, 1935), Paris, Stock, 1987.

The Story of a Novel, New York, Scribner, 1936.

Table des matières

Composition PCA

IMPRIM'VERT® PEFC™ 10-31-1510

Imprimé en France
par Corlet Imprimeur
14110 Condé-sur-Noireau
Dépôt légal : juillet 2016
N° d'impression : 178499
ISBN : 978-2-7499-2822-7
LAF : 2149